現代の地図

・科学史・
ライブラリー

JOZEF T. DEVREESE　GUIDO VANDEN BERGHE

科学革命の先駆者
シモン・ステヴィン

―不思議にして不思議にあらず―

山本義隆
[監修]

中澤　聡
[訳]

朝倉書店

Wonder en is gheen wonder

De geniale wereld van Simon Stevin 1548-1620

JOZEF T. DEVREESE

GUIDO VANDEN BERGHE

Davidsfonds/Leuven

©2003, Jozef T. Devreese en Guido Vanden Berghe and Davidsfonds Uitgeverij NV,
Blijde-Inkomststraat 79-81, 3000 Leuven, Belgium
This Japanese edition is published by arrangement with Davidsfonds Uitgeverij NV.

訳者まえがき

　本書は，Jozef T. Devreese & Guido vanden Berghe, '*Wonder en is gheen wonder*': *De geniale wereld van Simon Stevin, 1548-1620*, Leuven：Davidsfonds, 2003 の全訳である．訳出に当たっては基本的に 2003 年のオランダ語初版を使用したが，2008 年に英訳が出版されたので，そちらも適宜参照した．英訳には原著者の指示でかなりの訂正と追加があり，事実上の改訂版と見られる．今回の邦訳に際して英訳書を参照するようにとの原著者からの要望もあり，英訳での修正箇所はできる限り日本語版にも反映させるようにしたが，英訳版で簡略化された記述などに関してあえてオランダ語版を踏襲した箇所もある．したがってこの日本語版は，オリジナルのオランダ語版と英訳版の折衷的な内容となっている．

　原著タイトルの「不思議にして不思議にあらず」という言葉はステヴィンのモットーであり，それについては本書の中で原著者たちが述べているとおりである[1]．偽アリストテレスの『機械学の諸問題』冒頭の一節には，「出来事のうちの或るものが，その原因は知られていないが，自然に従って起こり，他のものが自然に逆らって起こる，それも人間にとって為になるための技術によって起こる，ということは不思議である」[2]という一節があり，ステヴィンの標語はこれを踏まえたものであったのかもしれない．一見不思議な現象であっても，いったんその原因を理解すれば，もはやそこに不思議なことは何もない，ということこそステヴィンのいわんとするところであったのだろう．

　著者の一人ヨーゼフ・T. デヴレーゼ教授はベルギーのアントウェルペン大学

---

[1] オランダ語に関心のある読者のために補足しておくと，*Wonder en is gheen wonder* に出てくる 'en' という単語は否定を表す副詞である．これは古い低地ドイツ語の名残で，今日のオランダ語にはみられない．

[2] 副島民雄・福島保夫訳『アリストテレス全集第 10 巻　小品集』，岩波書店，1969，p.159.

とオランダのアイントホーフェン工科大学で理論物理学を講じており，共著者のヒード・ファンデン・ベルヘ教授はベルギーのヘント大学で教鞭をとる数値解析の専門家である．両氏がステヴィンの研究を始めることになった経緯は両氏による緒言で詳しく紹介されている．両氏とも科学史，特にステヴィンの業績に多大の関心を寄せられ，ベルギーを中心に精力的な活動を展開されている．

さて，ステヴィンとその著作が主張しうる世界史上，科学史上の意義については巻末の山本義隆氏による解説に場所を譲り，ここでは本書の内容にかかわるいくつかのテクニカルな問題について説明したい．

まず，説明が必要と思われるのは本書で語られる物語の歴史的，地理的背景である．ステヴィンが活躍した「低地諸国」とは，歴史的には今日のベネルクス三国と北フランスの一部にほぼ対応する地域であった．この地域が現在のような政治単位にまとまるまでには大変複雑な経緯があったが，ステヴィンの時代の状況については本書のプロローグ（英訳版で追加された）で詳しく解説されている．ここでは読者の混乱を避けるため，いくつかの地名の使い分けや歴史上の諸制度について説明しておきたい．

まず，本書でしばしば登場する「ネーデルラント諸国」[Nederlanden] という呼称は歴史的には「低地諸国」[Lage Landen（英語では Low Countries）] とほぼ同義と考えてよい．ただし今日では一般的に Nederland（英語では the Netherlands）という呼称はオランダ王国 [het Koninkrijk der Nederlanden] を指すため，混同を避けたい場合は「低地諸国」という呼称が用いられる．本書で「北部ネーデルラント諸国」と呼ばれているのはほぼ今日のオランダに当たる地域，「南部ネーデルラント諸国」とはほぼ今日のベルギーに当たる地域を指している．

今日 Nederland がオランダを指すと述べたが，「オランダ」という日本語の国名が「ホラント」[Holland] に由来するという話は比較的よく知られているように思われる．ホラントとはオランダの北海沿岸に位置する州の名前で，ステヴィンの時代から今日に至るまで，オランダの政治，経済の中心が集まる人口密集地域である．それゆえ昔から「ホラント」といえばオランダ全体を指すという一般

了解が特に外国人の間で広まり，それも今日まで変わらない．「大和」が日本を，「イギリス」が連合王国全体を指すのと同様の事情と心得ていただければ差し支えない．

　オランダと比べ，日本人になじみがないと思われるのが，ベルギーの地名と言語事情である．今日のベルギーは，古代ローマ帝国の国境線に由来するといわれる言語境界線が国土を二分しており，境界線の北ではオランダ語が，南ではフランス語が話されている[3]．フランドルという地名は，狭義にはベルギーの北海沿岸地域と北フランスの一部を指すが，広義にはベルギー北部のオランダ語使用地域を指す．これに対し南部のフランス語使用地域はワロン地方と呼ばれている．オランダ語地域のブラバント州に位置する首都のブリュッセルでは例外的に両言語が公用語とされている．

　歴代のブルゴーニュ公やハプスブルク家の君主がこの地域の政治的統一を進めていった過程はプロローグに詳しい．その際，彼らは中世以来の封建制の枠組みに則ってその政策を実施した．すなわち，ホラント伯やフランドル伯など，この地域に群雄割拠していた封建諸侯の領主権を，婚姻などを通じて一つ一つ獲得していったのである．オランダが独立すると，主権は各州の議会が継承し，オランダ連邦共和国独特の州権主義が成立する．また，ブルゴーニュ時代以来，各領邦には領主の権限を代行する州総督が置かれたが，この官職は主権者が州議会に変わっても存続し，共和国時代にはオラニエ家ゆかりの人物が任命されることが慣例となった．誤解のないようにいっておくと，ホラント総督とはオランダの元首ではなく，ホラントという一州の議会に仕える官吏にすぎないのである．

　各領邦に中世からあった身分制議会の代表を一堂に集める全国議会［Staten-Generaal］を初めて開催したのもブルゴーニュ公であったが，この制度はオランダ連邦共和国にも受け継がれた．ただしこれは国家の最高意思決定機関と呼べるものではなく，各州の意見の調整機関にすぎなかった．外交や軍事にかかわる事項を除いて主権はあくまで各州にあり，全国議会の決定は州に対して拘束力をもたなかったのである．ここにオランダ連邦共和国の国家体制のユニークさがあっ

---

[3] ベルギー北部で話されるオランダ語は，フラマン語と呼ばれることもある．

た.

　続いて問題となるのは，人名，地名のカタカナ表記である．英独仏などの主要なヨーロッパ言語の場合に比べ，日本語の出版物におけるオランダ語のカタカナ表記については，さまざまな翻訳を見渡してみても，未だ確固とした原則が確立されていないのが実情のように思われる．400年にも及ぶ日蘭交流の歴史を考えるとこれはいささか意外な事態であるが，ゆえなきことではない．その最大の理由は，誰もが認めるオランダ語の発音の難しさである．さらに地域差がオランダ語学習者を悩ませる．標準語を決めるというのはきわめて政治的な行為であるが，分権主義の伝統が長かったこの地域で誰もが認めるような標準語を定義することはかなりの困難を伴うのである．ABNと呼ばれる標準オランダ語があるものの，実際のところその解釈にはかなりの幅がありうる[4]．

　本書の訳出に当たっては，以下のような原則に基づき表記を選択した．

　1) すでに慣用となっている表記が存在する場合にはそれを尊重する．特に科学者，技術者の名前については原則的に伊東俊太郎ほか編『科学史技術史辞典』（弘文堂，1983）での表記に準拠した．また，オランダ人であっても名前の表記をラテン語化している場合はラテン語式の読み方を採用した．

　　例：ホイヘンス［Huygens］，ステヴィン［Stevin］，ファン・ゴッホ［van Gogh］，ゴマルス［Gomarus］

　2) オランダ語特有の二重母音については，基本的に次の表記を採用した．

・ei, ij →「アイ」

　　例：ライデン［Leiden］，アイセル［IJssel］

・ou, ou, au, auw →「アウ」

　　例：ハウダ［Gouda］

・ui →「アウ」

　　例：エンクハウゼン［Enkhuizen］

・eu →「ユー，ュー」

---

[4] 詳しくはB.C.ドナルドソン（石川光庸・河崎　靖訳）『オランダ語誌―小さな国の大きな言語への旅―』，現代書館，1999などを参照されたい．

例：ユーロ［Euro］，リューフェン［Leuven］，キューケンホフ［Keukenhof］

　ei, ij についてはオランダ語の教科書などをみるとたいていは「エイ」と表記されており，オランダ史の専門書なども近年は「レイデン」のように表記する傾向にある．実際のところ ei, ij は「エイ」と「アイ」の中間の曖昧母音であり，どちらを採用しても不正確な表記であることには変わりない．さらにこの二重母音の発音にはかなり地域差もある．それでもあえて「アイ」にこだわったのは次のような理由による．すなわちオランダ語では二重母音 ei, ij は長母音 ee とは明確に区別されており，きちんと発音し分けなければならないが，外国人にとってこれは一般に困難である．例えば「獲得する」という動詞の一人称単数現在形 krijg は，過去形の kreeg と明確に区別して発音する必要がある．一方，オランダ人の発音，特にホラントの方言では長母音 ee の末尾がしばしば鋭く発音され，「エイ」と聞こえる．したがって日本語の発音で「レイデン」というと，オランダ人には 'leden' と聞こえる可能性が高いのである．慣用的にも「ライデン」，「ネーデル・ライン川」などの方が通りがよく，誤解の可能性も少ないように思われる．

　3）　オランダ語特有の子音
・g → 原則的にハ行の音で表す．
　例：ブルッヘ［Brugge］，ヘント［Gent］
・ただし後ろに母音がつかない場合，「グ」の音で表す．
　例：デン・ハーグ［Den Haag］，「デ・グロート」［De Groot］，ミッデルブルグ［Middelburg］
・ng の音価は［ŋ］．
　例：「フリッシンゲン」［Vlissingen］，「フローニンゲン」［Groningen］
・v →「ファ，フィ，フ，フェ，フォ」で表す．
　例：ファン・アイク［van Eyck］
・w →「ワ，ウィ，ウ，ウェ，ウォ」で表す．
　例：ウィレム［Willem］，ローデワイク［Lodewijk］

　オランダ語の v について，標準オランダ語では「英語の v と同じ」有声摩擦音だとされるが，実際にはこの音で始まる音節にアクセントがあるかないかで発

音が変わり，アクセントがない場合は無声音になる．さらにこれにも地域差があり，ベルギーのオランダ語圏に比べ，オランダではアクセントがあっても無声化することが多く，人によっては日常生活でvとfとの区別を全く意識していないこともある．オランダ語のwについても，標準オランダ語では「英語のwと同じ」上下の唇を使って音を出す有声音だとされる．しかし日本語の「ワ」や「ウィ」に比べて唇をかなり強くすぼめて発音するので，日本人には「ヴァ」や「ヴィ」のように聞こえる．逆に日本語のゆるい口で発音する「ワ」は方言的と判断される．

　さらに付言しておく必要があるのは，ベルギーの地名の表記である．上述の複雑な言語事情から，ベルギーの主な地名には基本的にオランダ語とフランス語の二種類の表記がある．例えばステヴィンの出身地はオランダ語では「ブルッヘ」[Brugge]だが，フランス語では「ブリュージュ」[Bruges]と表記される．近年，ベルギーを扱った日本語の出版物では，オランダ語圏の地名についてはオランダ語表記，フランス語圏の地名についてはフランス語表記に準拠したカタカナ表記を採用する傾向にあり，本書でもこの方針を採用した．

　ステヴィン自身がオランダ語にもたらした寄与は本書の主要な主題の一つであるが，おそらくオランダ語とその歴史にほとんど予備知識がないと思われる日本の一般読者にどのようにそのことを伝えるべきか，本書の翻訳に当たり最も苦慮した点である．英訳版ではその辺りの事情は適当に簡略化されているが，日本語訳ではなるべくオランダ語原著の内容を正確に伝えるように努めた．オランダ語原著ではステヴィンの文章がふんだんに引用されているが，これについても，なるべく彼の16世紀オランダ語のニュアンスが伝わるよう，本文とは文体を変えて訳してみた．この実験的試みが成功しているかは読者の判断に委ねたい．引用の中には数ページにわたる長文もあり，英訳版では訳さずオランダ語原文のまま載せられているものもあるが，日本語版では読者の便宜を考え，日本語訳を載せることにした．なお，現代オランダ語でドイツの人々および言語を意味する'Duits'という語は，ステヴィンの時代には広くゲルマン系の民族，言語を指していた．したがってステヴィンがこの語を用いる場合，現代的意味と区別するた

め「独逸」という訳語をあてることにした.

　本書の翻訳に当たっては，多くの方よりご助力を賜っている．この場を借りてお礼を述べたい．

　まず，訳者がステヴィンに関する修士論文を執筆した際には，指導教官であった橋本毅彦教授をはじめ東京大学大学院総合文化研究科科学史・科学哲学研究室のスタッフよりご指導をいただいた．同研究室の佐々木 力教授および大阪大学の斎藤基彦名誉教授には，本書の翻訳に携わるきっかけをつくっていただいた．

　本書の翻訳に当たってはステヴィンにかかわるさまざまな資料を利用したが，オランダ科学史研究の先輩である本間栄男博士からは，日本では手に入りにくい多くの二次文献を提供していただいた．オランダでは，主にアムステルダム大学図書館（Universteitsbibliotheek Universiteit van Amsterdam）所蔵の貴重書を利用することができた．ブルッヘ市公文書館の Noël Geirnaert 博士（Archivist Stadsarchief Brugge）には，ステヴィンの経歴にかかわる公文書を閲覧する際，お世話になった．リューフェン・カトリック大学の J. Roegiers 教授（Archivaris K. U. Leuven）には突然の来訪にもかかわらず親身に対応していただき，アドリアーン・ファン・ローメン（アドリアヌス・ロマーヌス）の失われた著書の写しの存在についての情報もいただいた．

　本書の主題はステヴィンの業績を反映して多岐にわたっており，それゆえ本書の訳出に当たってはさまざまな分野の専門家の方々の助力を仰いでいる．

　ステヴィンの簿記と会計学に関わる第5章に関しては，帝塚山大学の橋本武久教授から大量の参考資料を提供していただいたほか，下訳をみていただいて訳語などについて貴重な助言をいただいた．

　音楽，特に調律と和声の理論にかかわる第9章については，くらしき作陽大学の馬淵久夫教授（日本オルガニスト協会会長）に下訳をみていただき，同じく大変貴重な助言をいただいた．

　また，本書にたびたび登場する画家とその作品の表記については，東京大学駒場博物館の小泉順也氏より助言をいただいた．

　オランダ語については，長年にわたる訳者の友人で，オランダ語の先生でもあ

るTim Wolput氏（日蘭学会）と，訳者と一緒に彼のクラスで学んだ受講生の皆さんの協力を仰いだ．また，オランダ滞在中はユトレヒト大学名誉教授A. Porsius氏からもたびたび助言をいただいた．

翻訳の完成にはこれらの方々の助言が不可欠であったが，もちろん最終的な訳文に対する責任は訳者が負うものである．

本書の訳出の半分は訳者のオランダ留学中に行われたが，その留学は財団法人平和中島財団の奨学金のおかげで実現したものである．オランダ側との連絡に当たっては，レメリンク常務理事をはじめ，日蘭学会の方々にご尽力いただいた．

最後に，常に本書の翻訳に対し並々ならぬ関心を払い，温かく見守ってくださった山本義隆氏，およびさまざまな形で便宜を図り，気長に訳者をサポートしてくださった朝倉書店編集部に感謝を述べて，いささか長くなってしまった謝辞の締めとしたい．

2009年9月

中澤　聡

日本語版刊行に寄せて

　0から9までの数字を小数の位に並べることで，あらゆる数を望みの精度で表せる十進記数法は，我々のほとんどにとってきわめて見慣れたものであるため，それが実際ある人物によって発明されねばならなかったということを忘れてしまうほどである．この人物はまた，そのような数の加減乗除をいかにして行うかということも見出さねばならなかった．彼の名はシモン・ステヴィン，16世紀にブルッヘに生まれる創意溢れる物理学者にして数学者である．10セント硬貨を表す「ダイム」[dime] という英語は，ステヴィンの著作で「十分の一」を表すのに用いられた 'thiende' の英訳である 'disme' に直接由来する．彼の多面性と多才ぶりを表すこのような事例は，本書の中でほかにもたくさん見出せるだろう．

　ステヴィンの業績は，数学と物理学，技術と工学，航海術，財政理論，築城術と都市計画，言語学，音楽理論など，さまざまな分野にわたっている．彼は最も初期の「コペルニクス主義者」の一人であると同時に，寛容と市民的精神の擁護者として当時の倫理学上の論争に参加しており，さらには工科学校も創設したのであった．新しい科学を生み出し，広めるための手段として，ステヴィンの著書では力強く革新的な視覚表現が用いられており，それらのいくつかは人文主義者の大物印刷業者クリストフ・プランタン [Christophe Plantin]（1520-1589）とその娘婿によって出版された．本書では，このようなステヴィンの活動のスペクトルとルネサンスにおけるそれらの歴史的背景が，幅広い読者に向けて紹介されている．

　著者であるヨーゼフ・T. デヴレーゼ，ヒード・ファンデン・ベルへ両氏は，ステヴィンの著作とそれらの影響を深く研究した．物理学者として両氏は既存の資料の客観的分析に基づいた研究を行った．客観的なデータを解釈して彼らは，ステヴィンの業績が専門家のみならず広く一般読者にも知られるに値すると結論したのである．

紀元前 300 年頃にはサモスのアリスタルコス［Aristarchos van Samos］（紀元前 320 年頃-紀元前 250 年頃）が太陽中心の世界像を考えていたとはいうものの，時として科学革命は 1543 年にニコラウス・コペルニクス［Nicolaus Copernicus］（1473-1543）の『天球の回転について』が出版されたことをもって始まったとされる．コペルニクスからヨハンネス・ケプラー［Johannes Kepler］（1571-1630），ウィリアム・ギルバート［William Gilbert］（1544-1603），ガリレオ・ガリレイ［Galileo Galilei］（1564-1642）を経てアイザック・ニュートン［Isaac Newton］（1642-1727）とクリスティアーン・ホイヘンス［Christiaan Huygens］（1629-1695）に至る進歩の連鎖上の一環としてしばしば引き合いに出されるのがステヴィンである．科学者として我々が強調するのは，理論と実験的検証，ステヴィンのいうところの「理論と実践」［spiegheling en daet］を結びつけることを彼が明確に要請したことの意義である．ステヴィンがこの点を重視した最初の人物の一人であることは一般的には理解されていない．ちなみに，彼がこれを行ったのは静水力学に関する論考においてであった．このように実験によって理論を系統的にテストすることこそ，古代ギリシア人たちの科学から近代科学の方法を区別する決め手である．ギリシア科学が停滞に陥った理由の一つは，経験的なテストがほとんど行われない一方で，指導的な哲学者たちの考え方が決定版として受容されたことにあった．アルキメデス以後のギリシア科学の衰退というこの問題について，科学史家たちは膨大な研究を行ってきている．1800 年もの歳月が流れた後，ようやく最初にステヴィンが，続いてガリレオがさらに一歩先へ，ギリシア人たちの到達点を越える新たな進路を力学において切り開くことに成功したのである．

　ステヴィンはまた，多種多様な単位系が用いられて大きな混乱の原因となっていた時代に，（長さ，重さ，通貨などの）標準単位の必要性を認識し，その導入を訴えていた．そのことについても彼の功績が認められるべきである．標準単位を導入し通用させるのは大変困難な課題である．メートル法が普及するのはフランス革命以後のことであった．今日でさえ，アングロサクソン系の国々の大部分では依然としてマイルやインチ，ポンドが用いられている．

　永久運動に関する議論も，本書で扱われる大変興味深いテーマの一例である．

その発想の起源はオリエントにある．中世およびルネサンスの時代には，（今日我々が「第一種の」と呼ぶような種類の）永久運動に対する関心が広範に存在した．レオナルド・ダ・ヴィンチ［Leonardo da Vinci］（1452-1519）も永久機関を考案した一人である．彼は空想的な機械をいくつかスケッチしたが，それらの実用化については懐疑的な態度をとっていた．一方ステヴィンは，永久運動が不可能であることを自然法則として定式化し，そこから斜面の法則のようないくつかの結論を引き出した．ステヴィンは，斜面について彼が考案した有名な思考実験において，エネルギーという重要な概念まであと一歩のところまで来ていたのである．それに続いてガリレオとホイヘンスも，彼らの著作の中で永久運動の否定を用いた．

物理学におけるステヴィンの主要な業績は1581年から1586年までの短期間に実現されたが，この時期，彼はすでに相当の努力を工学的研究に傾注していた．1586年以降，彼はさらに多くの分野へと活動の幅を広げたが，それについては本書のいくつかの章で記述されている．

本書『不思議にして不思議にあらず―シモン・ステヴィンのすばらしき世界―』では，ステヴィンの多彩な活動と発見について大変わかりやすく解説されており，読者は，それらの試みがルネサンスを通じて続いた進歩の幅広い描像にどのように当てはまるのかを理解できるだろう．ステヴィンに関する書誌を扱ったEduard Jan Dijksterhuisによる『シモン・ステヴィン―1600年前後のネーデルラントにおける科学―』（1943）やR. J. Forbesらの編集による『シモン・ステヴィン主要著作集』（1955-1966）以後明らかになった新たな知見も取り入れている．

本書が大変面白く読みやすいものに仕上がっていることは請け合いである．

1999年ノーベル物理学賞受賞者　ヘーラルト・ト・ホーフト

緒　　言

　「不思議にして不思議にあらず」とはシモン・ステヴィンの科学観を表す標語であり，これをヒントに筆者らはこの本の題名を思いついた．ステヴィンによれば，自然現象はそれが理解されていない限りにおいて「不思議」なのである．我々がある自然現象をいったん理解してしまえば，それはもはや「不思議にあらず」ということになる．これは彼の著作の扉を飾った大変プラグマティックな標語であり，ひょっとするとステヴィンはそれによってまたスコラ学との違いを際立たせようとしたのかもしれない．

　旅行客を引き連れて彼の立像の前を通り過ぎるたびに，ブルッヘの市内観光馬車の御者は一日に何度となく彼をほめ称える．「彼は偉大な数学者，物理学者であると同時に技術者でもあり，また十進小数の発明者でもあります」．時にはこれに「そして帆かけ車の発明者でもあります」というのが付け加わる．彼の立像のある広場の街路標識では「数学-物理学者」とされている．オランダとフランドルの数々の団体，例えばたくさんのセーリングクラブ，城址保存基金，高等専門学校，天文台，学生団体が彼の名を冠している．また重要な賞，雑誌，水門，…が彼に因んで名づけられている．その反面，ステヴィンが多彩な側面をもつ知識人であり，数々の分野において興味深い貢献をもたらしたということは一般の人々にはそれほど知られていない．

　ステヴィンは専門家の間では国際的に著名であり，実際それは多種多様な分野にわたっている．コンピュータの歴史における七人の先駆者を選んだインターネット上のリストには彼についての言及がある．歴史上指導的な役割を果たした著作を集めた有名な目録『西洋をきずいた書物』[*Printing and the mind of man*]にも彼の名がみられる．

　ステヴィンは彼の時代には大変高名であり，その著作はさまざまな学問分野の専門家たちによく知られていた．とはいえ，ステヴィンと彼の貢献に対する世間

の評価は長い間それに真にふさわしいものとはいえなかった．最近数十年の間にステヴィンの仕事に対する関心は顕著に高まってきている．しかしながら今日に至るまで，ステヴィンの国際的な知名度は，彼が実際に成し遂げたことにつり合っているとはいえない．

　それについては物理学の場合を例にとるのがわかりやすい．本書の中で強調されるように，ステヴィンの名前は少なくとも二つの重要な物理法則と結びつけられるべきである．しかしながら静水力学においてステヴィンに帰するべき声望は歴史的にはパスカルと結びつけられている．力の合成法則はといえば，あまりに基礎的な根本概念となってしまったため，それにはいかなる学者の名前も結びつけられていない．そして，ニュートンが近代物理学の創始者であるという点はまぎれもないとしても，ステヴィンはこの近代科学の一部門の基礎を共に築いた一人に数えられるべきである．

　とはいえ，発見や発明に関するステヴィンの先取権を説くことはこの本の目的ではなく，それについては折をみて今日の見解を報告するにとどめる．この本の主要な目的は，ステヴィンとその仕事をできる限り幅広い一般読者に紹介することにある．それに当たって筆者らは，ステヴィンと彼の仕事に関する確立された歴史的事実と，批判的に基礎づけられた学問的評価を尊重するつもりである．

　ステヴィンの仕事の一部の側面のみにかかわるような短い論文を除くと，彼についてはこれまでに二つの基本的著作が存在している．Eduard Jan Dijksterhuis（1892-1965）による『シモン・ステヴィン』[*Simon Stevin*]（Dijksterhuis, 1943）と，オランダ王立科学アカデミーの主導で1955年から1966年にかけて世に出た全五巻の『シモン・ステヴィン主要著作集』[*The Principal Works of Simon Stevin*]がそれである．『主要著作集』にはステヴィンの著作の大部分が英訳と共に再録されており，各巻には導入となる解説もつけられている．これらの基本的著作はきわめて価値のある文献であり，ステヴィンを研究しようと志すすべての人にとってなくてはならない資料である．とはいうものの，ステヴィンが携わったさまざまな学問分野を扱うこれらの著作は，それぞれの分野の専門家向きであり，あまり一般読者向きではなかった．その上，1943年および1966年以降，かなりの知見と発見が新たに得られたので，ステヴィンの歴史像は豊かに

なった.そういうわけで,最新の知見を考慮しつつ,ステヴィンの作品をできる限り親しみやすいように紹介するというのがこの本の意図するところである.

筆者らは,ステヴィンの仕事に関する最新の知見に特別の関心を払っており,それらの知見はほとんどすべての章で言及されている.ただし,その際には通常細部にまで踏み込むことはせず,たいていはそれらを簡潔に紹介し,関心のある読者のため適当な典拠を示すにとどめた.ステヴィンの死後に出版された著作,例えば『家造り』[Huysbou]については,とりわけ Charles van den Heuvel 博士の研究(van den Heuvel, 1991)に依拠して,詳細な一章を書くことができたであろう.しかし van den Heuvel 博士は『家造り』について広範な研究に取り組んでいる最中であったので,筆者らはステヴィンのこの著作については短く触れるのみにとどめた[1].

それぞれの主題を論じるに当たって,筆者らはステヴィンの貢献の背景,意義,衝撃,そして位置づけを分析し,解釈している.筆者らの記述にはまたこれまで知られていなかったいくつかの見解も盛り込まれている.公文書類に埋もれながら,筆者らはオラニエ公マウリッツ[Maurits, prins van Oranje](1567-1625)の遠征の間ステヴィンが軍の野営地にいたことを示す新たな直接的証拠に行き当たった(第4章参照).さらに本書の中ではステヴィンの『歌唱法の理論』[De Spiegheling der Singconst]の自筆原稿が写真複写で掲載されているが,これは――知られている限り――今までの文献の中では活字に転記された形でしかみることができなかったものである(第11章参照).

人目を引くのはステヴィンの並外れた守備範囲の広さであり,彼は深遠かつ創造的な仕方で,多彩な主題を扱っている.それに加えてステヴィンの著作にみられるデザイン性も斬新であり,優れた教育的効果を発揮している.本書の構成はこれらすべてを反映しており,大変多岐にわたる主題と分野に章が割かれている.筆者らはまずステヴィンをルネサンス人として位置づけ,続いて彼の経歴と家系を概観し,それからステヴィンの独創的,革新的で多方面に及ぶ業績を順を

訳注[1] その研究はその後,Charles van den Heuvel, *'De Huysbou' : a reconstruction of an unfinished treatise on architecture, town planning and civil engineering by Simon Stevin*, Amsterdam, 2005 として出版された.

追って各章で検討していく．読者は，十進小数導入を提唱した人物，技術者にして数多くの特許をもつ発明家，経済学者のさきがけ，天才的な物理学者であり同時に彼の時代の数学に貢献した人物に出会うことになるであろう．それから筆者らはオランダ語に対するステヴィンの影響，透視画法と音楽理論に対する彼の明確な貢献について考察する．筆者らはステヴィンの非凡な教育的才能と，今日大変関心を集めている彼の視覚的言語にも特別に一章を割いている．そして最後にステヴィンの仕事に対する反響についていくつかの例を示すことにする．

今日の科学の現状にあって，いかに学識豊かな人であっても，これほどまで多岐にわたる領域で名をなすだけの貢献をすることはふつう不可能であるということが読者に明らかになるだろう．

筆者らは，どの章も「すべての人々」にとって楽しめるものになるよう努めた．ただし，第6章と第7章は中等教育で科学に見切りをつけなかった人向きであることは認めよう．これら二つの章に対しては，ただしこれら二つに対してだけだが，メナイクモスがアレクサンドロス大王に語ったとされることが当てはまる．すなわち，「数学に王道なし」．やはりこのことを見抜いていたのはオラニエ公マウリッツで，彼は当時の科学と技術に熟達するため時間も労苦も惜しまず，またその際には賢明にもステヴィンを自分のため常勤の教師兼顧問に選んだのだった．本書で筆者らはステヴィンとマウリッツの関係を中心的には扱わなかったが，それは『オラニエ公マウリッツ』[*Maurits, Prins van Oranje*]（Zandvliet, 2000）で見事に描かれている．その中ではマウリッツの宮廷におけるステヴィンの地位に関して新しい重要な知見が公表されているが，それは本書の中でも解説される．

ステヴィンに対する筆者らの関心は，我々がブルッヘを共通の出身地としているところから芽生え，余暇の活動という形で徐々に育っていった．1990年以来我々は——最初は別々に，後に協力して——講演，短い出版物，ステヴィンの稀覯本の展覧会など，ステヴィンとその著作をめぐるさまざまな企画を組織してきた．そして1998年には van den Heuvel 博士と協同のシンポジウムをブルッヘにて開催した．ステヴィンの発想が生み出す世界の豊かさ，彼のアプローチとテーマの多面性，彼の深遠で美的かつ教育的な著作構成，ルネサンス期における彼の

位置づけ，これらのおかげで上記の研究活動はほかに例をみない，大変魅惑的な体験となった．我々はブルッヘの人，シモン・ステヴィンのすばらしき世界に触れたこの体験をいくらかでも読者に伝えられることを願っている．

ステヴィンの多面性は，この本が成立するまでの間に我々がもった数々の交際にも反映されている．それらに対する感謝を述べることは喜びである．

まずはじめに我々は美術史家 Charles van den Heuvel 博士に感謝したい．彼はマーストリヒト大学の「デジタル文化」上級研究員であり，ステヴィンに関しては建築（理論），都市計画，要塞建築，土木技術の領域における専門家である．彼はステヴィンの手稿とそれらの写し，そしてこれら残された文書の受容に特別の関心をもっている．van den Heuvel 博士と我々はさまざまな点について意見交換を行ったが，それは実り多いものであった．我々は彼から興味深い数多くの参考文献，文書，資料を提供していただき，また我々の最初の原稿に目を通す労をとっていただいた．

学校教師の Sara van Gucht 氏には，文法と文体に関する彼女の助言に対し大いに謝意を表したい．その助言のおかげでこの本はより明快で読みやすくなった．

オルガンの専門家で博士候補生である Koos van de Linde 氏には，調律理論の歴史に関する意見交換に対し感謝する．

以下，討論，批評，資料や援助の提供によってこの著作の成立に寄与してくださった方々に対して我々は謝意を述べたい——ブルッヘ市立図書館（Biekorf）歴史的蔵書部門学芸員 Ludo Vandamme 氏；UFSIA（Universitaire Faculteiten Sint-Ignatius te Antwerpen）前総長，財務会計学教授 Carl Reyns 博士（アントウェルペン大学）；算数・数学および教授法教師 Marjolein Kool 博士（ドムスタット高等専門学校［Hogeschool Domstad, Utrecht］）；語源学者・言語評論家 Nicoline van der Sijs 博士（ユトレヒト大学）；デルフト陸軍博物館学芸員 J.P. Puype 氏；物理学教授 Fons Brosens 博士（アントウェルペン大学）；物理教師 Christiane Broos 氏；宗教文書解釈学教授 Guido De Baere 博士（アントウェルペン大学）；アントウェルペン大学名誉教授，書誌学・図書館学教授（UIA・リューフェン・カトリック大学），UFSIA 名誉主任司書 Ludo Simons 博士； M.

De Reu 博士（グローニンゲン国立大学）；UFSIA 公文書・歴史的蔵書部門主任 Pierre Delsaerdt 博士（アントウェルペン大学）；UIA 図書館館長 Julien Van Borm 氏（アントウェルペン大学）．

また，本書の企画を手伝ってくださった Davidsfonds 社のスタッフにも感謝したい．

最後に次のことを指摘しておこう．ステヴィンの『数学覚書』の扉には Wisconstige Gedachtenissen という綴りがみられるが，同じ著作の中で時折 Wisconstighe Ghedachtenissen という綴りも現れる．同一の単語をステヴィンが異なるやり方で書いている例はきわめて多数存在する．Spiegeling / Spiegheling；eeuwich / eewich；werckstick / werckstuck などなど．当時は標準的な綴りが存在していなかったのである．本書では表記法を選択するに当たって，ステヴィンの著作の参照部分での表記をできる限り尊重するよう努めた．

付録の人名索引で言及された人物については——年数がわかる限りにおいて——生没年が併記されている．これらの年代は，本文中でも，ある人物の活動期間をステヴィンのそれと対比する場合などにところどころで示した．

ウェブサイトのアドレスは変わりやすく，数年後にはたいてい使用できなくなってしまうので，ステヴィンに関するインターネットアドレスを選んだリストを www.simonstevin.be に掲載し，常にアップデートするようにした．

ヨーゼフ・T. デヴレーゼ
ヒード・ファンデン・ベルヘ

シモン・ステヴィンの肖像が描かれた唯一の油彩画は，おそらく彼の没後まもなくして描かれたものだろう．右上および左上の隅には生没の場所と年が記されている．
ライデン大学図書館，ドウサ文庫所蔵．

本書で言及されるステヴィンの諸著作

さらなる参考のため，以下にステヴィンの公刊された著作の一覧をあげる．あげてあるのは初版のみであり，出版年，出版社と出版地を併記した．再版，翻訳などを網羅したより詳細なリストについては，Dijksterhuis (ed.) (1943) と Dijksterhuis (1955) を参照されたい．

Nieuwe Inventie van Rekeninghe van Compaignie, inde welcke verclaert wordt een zekere corte ende generale reghele, om alle Rekenynghe van Compaignie ghewislic ende lichtelic te solveren, gheinuenteert ende nu eerst int licht ghegheven door Simonem Stephanum, Ghedruckt tot Delft, by Aelbert Hendricz woonende aent Marct-veldt, Anno 1581.
　『組合企業の計算に関する新発明』，シモン・ステファヌスが発明し初めて公刊した，組合企業のすべての計算を正確かつ容易に行うための簡潔で一般的な規則の解説，於デルフト，出版者：マルクトフェルト沿いに住むアルベルト・ヘンドリクスゾーン，1581年．
　――ステヴィンがこの著作を書いたということは絶対確実とはいえない．このことについては第5章で詳論する．

Tafelen van Interest, Midtsgaders De Constructie der selver, ghecalculeert door Simon Stevin Brugghelinck.―― T'Antwerpen. By Christoffel Plantijn in den gulden Passer. 1582.
　『利子表』およびその作成法，ブルッヘ人シモン・ステヴィンにより計算されたるもの，於アントウェルペン，発行者：クリストッフェル・プランタイン，発行所：金コンパス印刷所，1582年．
　――金コンパス印刷所は，アントウェルペンにあったプランタンの印刷所の名前であった．

Problematum Geometricorum In gratiam D. Maximiliani, Domini a Cruningen etc. editorum Libri V. Auctore SIMONE STEVINIO Brugense.―― Antverpiae, Apud Iohannem Bellerum ad insigne Aquilae aureae ［1583?］．
　『幾何学問題集』全五巻，クルニンゲン他の領主マクシミリアン殿に謝意を表して編纂されたるもの，著者：ブルッヘのシモン・ステヴィン，於アントウェルペン，発行者：金の鷲印のヨハンネス・ベレルス［1583年?］．

Dialectike ofte Bewysconst, Leerende van allen saecken recht ende constelic oirdeelen; oock openende den wech tot de alderdiepste verborghentheden der Natueren, Beschreven int

Neerduytsch door SIMON STEVIN van Brugghe.—— Tot Leyden, By Christoffel Plantijn. 1585.
『ディアレクティケーすなわち論証術』，あらゆる事柄に関して正しく巧みな判断を教え，自然の最も深い秘密へ至る道を開く，ブルッヘのシモン・ステヴィンにより低地ドイツ語で書かれたるもの，於ライデン，発行者：クリストッフェル・プランタイン，1585年．

De Thiende leerende door onghehoorde lichticheyt allen rekeningen onder den menschen noodigh vallende afveerdighen door heele ghetalen sonder ghebrokenen. Beschreven door SIMON STEVIN van Brugghe.—— Tot Leyden, By Christoffel Plantijn. 1585.
『十分の一法』，前代未聞の容易さで，人が必要とするすべての計算を，分数を用いずただ整数のみによって，処理する方法を伝授するもの．著者：ブルッヘのシモン・ステヴィン，於ライデン，発行者：クリストッフェル・プランタイン，1585年．

L'Arithmetique de SIMON STEVIN de Bruges：Contenant les computations des nombres arithmetiques ou vulgaires：Aussi l'Algebre, avec les equations de cinc quantitez. Ensemble les quatre premiers livres d'Algebre de DIOPHANTE d'Alexandrie, maintenant premierement traduicts en François. Encore un livre particulier de la Pratique d'Arithmetique, contenant entre autres, Les Tables d'Interest, La Disme：Et un traicté des Incommensurables grandeurs：Avec l'Explication du Dixiesme Livre d'Euclide.—— A Leyde, De l'Imprimerie de Christophle Plantin. 1585.
『ブルッヘのシモン・ステヴィンの算術』：算術的，すなわち通常の数の計算および四次方程式を含む代数を収録，このたび初めてフランス語に訳されたるアレクサンドリアのディオファントスの代数の最初の四巻も収録，さらに利子表，十分の一法などを含む実用算術書；およびエウクレイデス（ユークリッド）『原論』の第十巻の解説のついた通約不可能量に関する論考が付録に．於ライデン，発行所：クリストフル・プランタンの印刷所，1585年．

De Beghinselen der Weeghconst beschreven duer Simon Stevin van Brugghe.—— Tot Leyden, In de Druckerye van Christoffel Plantijn. By Françoys van Raphelinghen. 1586.
『計量法原論』，シモン・ステヴィン著，於ライデン，発行所：クリストッフェル・プランタインの印刷所，発行者：フランソワ・ファン・ラーフェリンゲン，1585年．
——『計量法原論』には，「独逸の言葉の尊厳についての声明」［Uytspraeck vande Weerdicheyt der Duytsche Tael］との序文がつけられていた．
なお，『計量法原論』と共に，『水の重量についての原論』［*De Beghinselen des Waterwichts*］と『計量の実践』［*De Weeghdaet*］も出版された．

Vita Politica, Het Burgherlick Leven, beschreven deur SIMON STEVIN.—— Tot Leyden, By Franchoys van Ravelenghien. 1590.
『ウィタ・ポリティカ―市民的生活―』，著者：シモン・ステヴィン，於ライデン，発行者：フランソワ・ファン・ラーフェリンゲン，1590年．

Appendice Algebraique, de SIMON STEVIN de Bruges, contenant regle generale de toutes

equations. 1594.
『代数に関する付記』，あらゆる方程式の一般規則を収録，著者：ブルッヘのシモン・ステヴィン，1594年.
──フランス・ファン・ラーフェリンゲンにより，ライデンで出版された.

De Stercktenbouwing, beschreven door SIMON STEVIN van Brugge.── Tot Leyden, By Franchoys van Ravelenghien. 1594.
『築城術』，著者：シモン・ステヴィン，於ライデン，発行者：フランソワ・ファン・ラーフェリンゲン，1594年.

De Havenvinding.── Tot Leyden, In de druckerye van Plantijn, By Christoffel van Ravelenghien, Gesworen drucker der Universiteyt tot Leyden. 1599.
『港湾発見法』，於ライデン，発行所：プランタインの印刷所，発行者：ライデン大学公認印刷業者クリストッフェル・ファン・ラーフェリンゲン，1599年.

Wisconstige Ghedachtenissen, inhoudende t'ghene daer hem in gheoeffent heeft den doorluchtichsten Hooghgheboren Vorst ende Heere, Maurits, Prince van Oraengien, Grave van Nassau, Catzenellenbogen, Vianden, Moers & c. Marckgraaf vander Vere, ende Vlissinghen, & c. Heere der Stadt Grave ende s'landts van Cuyc, St. Vyt, Daesburch & c. Gouverneur van Gelderlant, Hollant, Zeelant, Westvrieslant, Zutphen, Utrecht, Overyssel & c. Oppperste Veltheer vande vereenichde Nederlanden, Admirael generael van der Zee & c. Beschreven deur SIMON STEVIN van Brugghe.── Tot Leyden, In de Druckerye van Jan Bouwensz. Int Jaer 1608.
『数学覚書』，オラニエ公，ナッサウ，カッツェンエレンボーヘン，フィアンデン，ムルスなどの伯，フェーレおよびフリッシンゲンなどの辺境伯，グラーフェ市およびカウク，シント・ファイト，ダースブルグなどの領主，ヘルデルラント，ホラント，ゼーラント，西フリースラント，ズートフェン，ユトレヒト，オーフェルアイセルなどの総督，オランダ連邦軍の最高司令官，海軍提督などであらせらるる高貴なる君主マウリッツ閣下が学ばれたるものを収録，著者：ブルッヘのシモン・ステヴィン，於ライデン，発行所：ヤン・バウウェンスゾーンの印刷所，1608年.
──扉では出版年は1608年とされているが，この著作の多くの部分は1605年にすでに出版されていた．ステヴィンによるこの大作の構成は大変込み入っている．大きく分けて五つの部分からなるが，それはさらに複雑に細分されている．ここでは本書で言及される著作のみをあげる.

 i. Vant Weereltschrift
  i.2. Vant Eertclootschrift
   i.2.2. Vant Stofroersel des Eertcloots
   i.2.4. Vande Zeylstreken
   i.2.6. Vande Spiegheling der Ebbenvloet
  i.3. Vanden Hemelloop
 ii. Van de Meetdaet

        iii. Van de Deursichtighe
            iii.1. Vande Verschaeuwing
            iii.2. Vande Beginselen der Spieghelschaeuwen
            iii.3. Vande Wanschaeuvving
        iv. Van de Weeghconst
            iv.7. Byvough der Weeghconst
                iv.7.1. Van het Tauwicht
                iv.7.2. Van het Catrolwicht
                iv.7.3. Vande vlietende Topswaerheyt
                iv.7.4. Vande Toomprang
        v. Van de Ghemengde Stoffen
            v.2.1. Coopmans Bouckhouding op de Italianse Wijze
        Van Compaignieslot
            v.2.2. Vorstelicke Bouckhouding op de Italianse Wijze
                v.2.2.1. Bouckhouding in Domeine
                v.2.2.3. Bouckhouding in Finance Extraordinaire

Castrametatio, Dat is Legermeting と *Nieuwe Maniere van Sterctebou, door Spilsluysen* (1617)
『軍陣設営法』と『水門による要塞建築の新方式』, 1617年.
——ヤン・ワースベルヘによりロッテルダムで出版された.

　ステヴィンの死後出版された著作の中には, 以前の著作が再録されたり, ステヴィンの妻が保管していた手稿の内容の一部が新たに追加されたりしている. 以下にこれらの著作の要約を載せる.

Les Œuvres Mathematiques de Simon Stevin de Bruges. Ou sont inserées les Memoires Mathematiques Esquelles s'est exercé le Tres-Haut & Tres-illustre Prince Maurice de Nassau, Prince d'Aurenge, Gouverneur des Provinces des Païs-bas unis, General par Mer & par Terre, &c. Le tout reveu, corrigé, & augmenté par ALBERT GIRARD Samielois, Mathematicien.—— A Leyde Chez Bonaventure & Abraham Elzevier, Imprimeurs ordinaires de l'Université, Anno 1634.
　『ブルッヘのシモン・ステヴィンの数学著作集』, ナッサウ伯, オラニエ公, ネーデルラント連合諸州の総督, 陸海軍の司令官たる, 大変高貴かつ著名なマウリッツ閣下が学ばれたる数学論文を収録, サン・ミエールの数学者アルベール・ジラールが全面的に改訂, 校正, 増補, 於ライデン, 発行者: ライデン大学公式印刷業者ボナヴェントゥーラおよびアブラハム・エルゼヴィル, 1634年.

Materiae Politicae, Burgherlicke Stoffen と *Verrechting van Domeine mette Contrerolle en ander behouften van dien* (1649)

ステヴィンの著作には大変多くの翻訳がある.亡命フランス人ユグノーであったジラールはステヴィンの数学著作の大部分を翻訳し,*Les Œuvres Mathematiques de Simon Stevin de Bruges, Le tout reveu, corrigé & augmenté par Albert Girard Samielois* として出版した.
デン・ハーグ,王立図書館,252A36.

『マテリアエ・ポリティカエ―民政関連諸論題―』と『対照簿を用いた領地経営および他の必要事項』, 1649年.
――ヘンドリック・ステヴィンが編纂し,ユストゥス・リウィウスがライデンで出版した.通常はこれら二つの著作が一冊になっている.『マテリアエ・ポリティカエ』の第八節には軍事に関するステヴィンの数学的ではない著作が,「兵法について」[Van de Crijchspiegeling] の表題のもとに収められている.

Vande Spiegheling der Singconst と *Vande Molens*

『歌唱法の理論』と「風車について」.
——これらは David Bierens de Haan 博士が 1884 年に出版した二つの未定稿である.

　ステヴィンの著作のあるものは，第三者による出版物からのみ知られている．以下に，ステヴィンの著作の断片が出てくる二つの主要な著作をあげる．

Journal tenu par Isaac Beeckman de 1604 à 1634 publié avec une introducton et des notes par C. de Waard
『1604 年より 1634 年までイサーク・ベークマンがつけていた日記．序文・注解：C. デ・ワールト』，デン・ハーグ，1942 年．
——その付録一には，以下の著作からの抜き書きが収録されている．
『家造り』［*Huysbou*］
『歌唱法の理論』［*De Spiegheling der Singconst*］
「歯車」［*Cammen ende Staven*］
「排水風車と浚渫法」［*Watermolens ende Cleytrecking*］
「洗掘法」［*Waterschueringh*］
「戦争術について」［*Van de Crijchconst*］

Wisconstich Filosofisch Bedryf, Van Hendric Stevin, Heer van Alphen, van Schrevelstrecht, & c. Begrepen In veertien Boeken. Tot Leyden, Gedruct by Philips de Cro-y, in't Jaer 1667.
『数学・哲学研究』，アルフェン，スクレーフェルスレヒトその他の領主ヘンドリック・ステヴィン著，全十四巻，於ライデン，発行者：フィリップ・ド・クロワ，1667 年．
——以下の巻は，ステヴィンの著作の一部を含んでいる．

巻六：「我らが父による歯車およびその運動の原因の論考について」［Boek VI：Van den handel der cammen en staven onses Vaders, als bewegende oirsaec van dese］
巻十：「我らが父シモン・ステヴィンの排水風車の論考について」［Boek X：Van den handel der Watermolens onses Vaders Simon Stevin］
巻十一：「我らが父シモン・ステヴィンの水路洗掘法について」［Boek XI：Van den handel der Waterschuyring onses Vaders Simon Stevin］

目　　次

プロローグ ——————————————————————————— 1

第1章　シモン・ステヴィンとルネサンス ———————————— 13
1. 中世，ルネサンス，そして近代……　13
2. 活版印刷術　14
3. 大　学　16
4. 芸術，文学，科学，そして技術におけるルネサンス　18
5. シモン・ステヴィン―多面的な科学者にして技術者―　24
　　●1.1●古代ギリシア人たちの著作をステヴィンはどのようにして
　　　　　知ったか？　25

第2章　宗教亡命者ステヴィン？ ————————————————— 34
1. ブルッヘ時代　34
　　●2.1●ブルッヘ市公文書館の資料　44
　　●2.2●1550〜1584年のブルッヘにおけるカルヴァン主義　48
　　●2.3●ステヴィンの生涯における重要な年　53
2. 共和国のために力を尽くす　55
　　●2.4●ライデン大学　65
　　●2.5●グダニスク市当局宛ての手紙　70
　　●2.6●マウリッツ公　72
3. 結婚生活と子孫たち　76

第3章　十進小数導入に成功した人物 ———————————————— 81
　　●3.1●ステヴィン以前および以後の十進記数法　91

- 3.2 十進小数の加法　*96*
- 3.3 根の開方　*98*
- 3.4 度量衡について　*99*
- 3.5 低地諸国における通貨の混沌とした状態　*102*
- 3.6 シェークスピアと『十分の一法』　*103*
- 3.7 ドルとダイム　*105*

第4章　技術者にして発明家 ―――――――――――― *109*

1. 特　許　*109*
   - 4.1 1584年2月17日付でホラント州議会より交付された特許　*113*
2. 風　車　*114*
   - 4.2 アイセルスタインの風車　*118*
3. 水　門　*119*
4. 水理学的諸計画　*123*
   - 4.3 「我らが父シモン・ステヴィンの水路洗掘法について」からの断片　*126*
5. 航海術　*129*
6. 戦争術　*134*
7. 建築家としてのステヴィン　*141*
   - 7.1　都市計画　*142*
   - 7.2　家屋の建築　*143*

第5章　経済学者のさきがけ ―――――――――――― *147*

1. はじめに　*147*
2. 『組合企業の計算に関する新発明』　*150*
   - 5.1 複式あるいはイタリア式簿記　*155*
3. 『利子表』　*157*
   - 5.2 「大決済」　*161*

4. 簿記法　*163*
     4.1　商業簿記　*163*
     4.2　王侯の家計と領地経営のための簿記　*167*

第6章　「不思議にして不思議にあらず」―『計量法原論』と『水の重量についての原論』，静力学と静水力学に関する16世紀で最も重要な著作―――――――――――――――――――――――――――― *172*

1. はじめに　*172*
2. 『計量法原論』の構成　*178*
     2.1　物体の重さの中心　*179*
     2.2　梃　子　*180*
     2.3　斜面から力の平行四辺形へ―数珠―　*182*
     ●6.1●数　珠　*187*
3. 『計量の実践』　*189*
     3.1　鶏盗人―巧みな教育術―　*190*
     3.2　メムリンクとステヴィンにみるクレーンと巻き上げ機　*192*
     3.3　万　力　*194*
     3.4　『計量法の補遺』　*195*
     3.5　動力学　*197*
4. 『水の重量についての原論』と『水の重量についての実践の初歩』　*201*
     4.1　『水の重量についての原論』の構成　*203*
     4.2　アルキメデスの法則をより一般的に導き出す　*205*
     4.3　ステヴィンによる静水力学の逆理　*208*
     ●6.2●パスカルに対するステヴィンの先取権　*213*
     ●6.3●垂直な壁面と傾斜した壁面に対する水圧　*219*
     ●6.4●なぜ船は浮かぶのか？　*221*
     4.4　静水力学に関するステヴィンの仕事の位置づけ　*224*
5. 結論的考察―ステヴィンによる物理学上の仕事の意義―　*228*

第7章　イタリアとフランスの代数学をつなぐ環 ―――――― 231
1. はじめに　*231*
   - 7.1 二次，三次，四次方程式　*233*
   - 7.2 アル・フワーリズミーによる平方完成の例題　*238*
2. 幾何学的数　*239*
3. 代数的数と多項式による表現　*242*
4. 方程式　*245*
   - 4.1　はじめに　*245*
   - 4.2　二次方程式　*249*
   - 4.3　三次方程式　*251*
   - 4.4　四次方程式　*252*
   - 4.5　数値による方法　*252*
5. 代数規則　*254*

第8章　ステヴィンによるオランダ語への寄与―われらが言語の偉大なる豊饒さに鑑みて― ―――――― 256
1. ステヴィンとオランダ語の発達　*256*
2. 初期に出版された自然科学および医学上の著作　*258*
3. 『オランダ語辞典』におけるステヴィンの大きな存在感　*259*
4. 新造語と新しい語義　*260*
   - 4.1　プランタンおよびキリアーンの辞書とステヴィンの著作との比較　*260*
   - 4.2　1445年以降のオランダ語で書かれた算術書　*263*
   - 4.3　『オランダ語辞典』から何がわかるか？　*265*
   - 4.4　オランダ語についてのステヴィンの見解　*269*
5. 国際的な現象としての固有の言語に対する関心　*274*

第 9 章　透視画法理論—「視覚論について」— ———— 275
1. ステヴィンの「透視画法について」の歴史的位置づけとその先駆的諸側面　275
    1.1　初期透視画法理論　275
    1.2　ステヴィンとダル・モンテ　277
2. 「視覚論について」の概要　278
    2.1　六つの定理　281
    2.2　逆問題　285
3. マウリッツ，ステヴィン，そしてデューラー　286
4. ステヴィンに続く者たち―ド・フリース，ス・グラーフェサンデ，…―　288
5. 透視画法理論に関するステヴィンのオランダ語の単語　290
6. その後の影響　291

第 10 章　非凡な教育的才能―ステヴィンの「視覚的言語」― ———— 293
1. はじめに　293
2. ステヴィンの情報図形　294
3. 「天界の運行について」　297
    3.1　プトレマイオスとコペルニクスに関する解説　298
    3.2　卓越した教育手法　300
    3.3　示すことと説明すること　305

第 11 章　未完の楽典―『歌唱法の理論』― ———— 307
1. はじめに　307
2. ステヴィンはオクターヴを十二の等しい音程に分割する　310
    ●11.1●『歌唱法の理論』における重要な概念の説明　319
3. そしてモノコードを幾何学的に分割するため……およびモノコードの算術的分割　321

4. ステヴィンの時代の調律法とリュートのネックへのフレットの設置
326
5. フェルハイエンの批評 *328*
6. ステヴィンによる音律の歴史的位置づけ *329*

第12章　ステヴィンとその仕事への反響 ─── *333*
1. はじめに *333*
2. 同時代人たちに対するステヴィンの影響 *337*
   - 2.1 ファン・ローメン「ステヴィンの静力学に関しては，ラテン語にするのが困難である……」 *337*
   - 2.2 ギルバートとステヴィンの『港湾発見法』 *339*
   - 2.3 ウィレブロルト・スネリウス（スネル）─ステヴィンの『数学覚書』ラテン語版翻訳者─ *342*
   - 2.4 ベークマンと彼の『日記』─ステヴィンの著作への言及とその写し─ *345*
   - 2.5 クリスティアーン・ホイヘンス *348*
   - 2.6 ウィッツェン「私には著名な S. ステヴィン氏の論証の方が満足の行くものであるように思われる」 *351*
3. 後代の傑出した学者たちの反応 *354*
   - 3.1 ラグランジュ「ステヴィンのこの証明……きわめて巧妙である……」 *354*
   - 3.2 マッハ「ステヴィンの演繹は力学の先史時代における最も価値ある示準化石の一つであって……」 *355*
   - 3.3 ファインマン「なぜなら輪は回転しないから……」 *356*
   - ●12.1● ブルッヘにあるステヴィンの立像 *357*
   - ●12.2● ステヴィン関連出版物と古書店 *360*
   - ●12.3● シモン・ステヴィン─博識なる革新者─ *362*

エピローグ ——————————————————— *365*

[解説] シモン・ステヴィンをめぐって─数学的自然科学の誕生─
　　　————————————————————（山本義隆）— *367*

　Ⅰ．はじめに　*367*
　Ⅱ．「万能の人」シモン・ステヴィン　*371*
　Ⅲ．プラトン主義とギリシア数学について　*377*
　Ⅳ．ステヴィンによる数概念の拡張　*384*
　Ⅴ．西欧中世における二つの数学　*388*
　Ⅵ．ステヴィン誕生までのネーデルラント　*393*
　Ⅶ．ネーデルラントの独立革命　*396*
　Ⅷ．ステヴィンの数学　*400*
　Ⅸ．ステヴィンの力学書の記述　*408*
　Ⅹ．ステヴィンにおける経験と実験　*413*
　Ⅺ．ステヴィンにおける数学と自然学　*421*
　Ⅻ．科学における公開と協働　*426*
　ⅩⅢ．ベーコンとデカルト　*430*
　ⅩⅣ．おわりに　*435*

文　献　*443*
索　引　*446*

プロローグ

　低地諸国とは，今日のベネルクス三国と北フランスの一部にほぼ対応する地域である．この地域の歴史は複雑であるが，とりわけシモン・ステヴィンの時代にはそうであった．北ヨーロッパの商業的中心であったこの地域は当時，宗教的，政治的対立による大きな騒乱の真っただ中にあったのである（見返し地図参照）．ステヴィンが生まれた頃，低地諸国はハプスブルク家に属していたが，その帝国の内部で一つの統一された単位へと形づくられつつあった．彼が亡くなる頃には，それらの国々は根本的に対立する二つの陣営に分かれており，彼が移り住んだ北部は，自立して強大な植民地国家へと変貌を遂げるまさに途上にあった．

十 七 州

　ステヴィンが誕生した1548年，低地諸国はハプスブルク家の神聖ローマ帝国皇帝カール五世［Karel V］（1500-1558）に支配されていた．ヘントに生まれた彼は，父親のフィリップ端麗公からブルゴーニュ公家とハプスブルク家の所領を，母親のカスティリア王女ファナからはカスティリアとアラゴンからなるスペイン王国およびアメリカ大陸と南イタリアにあったその領土を受け継ぎ，アンデス山脈からバルカン半島に至る広大な領域に君臨していた．神聖ローマ皇帝としての彼の支配権は，今日のドイツ，オーストリア，チェコ，北イタリアにまで及んでいた[1]．

　低地諸国においてカールが完成させた領土拡張政策は，彼の祖先である歴代ブルゴーニュ公が始めたものである．フランス王室のヴァロワ家と姻戚関係にあったブルゴーニュ公は低地諸国において領土拡張政策を進め，ブルゴーニュとフランシュ・コンテの本来の公領（どちらも後にフランスに奪われた）を支配したの

訳注[1]　1519年に皇帝選挙に勝利して神聖ローマ皇帝カール五世となる．

みならず，フランドル，アルトワ，ナミュール，ブラバント，リンブルグ，ホラント，ゼーラント，エノー，ルクセンブルクを次々と獲得していった．これらの諸国に加え，カール五世は司教座都市のトゥールネとカンブレ，フリースラント，ユトレヒト，オーフェルアイセル，グローニンゲン，ドレンテ，ヘルデルラント，ズートフェンを獲得した．リエージュ司教領を除く全低地諸国を手中に収めたカール五世は，これらの諸国が自分の後継ぎに一括して相続されることを確実にするため手を打った．1548年，彼は低地諸国にあるみずからの領地が神聖ローマ帝国内で独立の国家「ブルゴーニュ圏」をなすことを確認した．1549年の国事詔書（プラグマティック・サンクシオン [Pragmatique Sanction]）ではネーデルラントの十七州が不可分の一体をなすことが定められ，ただ一人の後継ぎがそれらを相続することが宣言された．カール五世が1555年に退位すると，このできたばかりの国家は彼の息子であるスペイン王フェリペ二世 [Filips II] に受け継がれた．

　ステヴィンの時代，低地諸国はキリスト教世界で最も豊かな国々と並び称されていた．一時期ステヴィンが会計出納係として働くことになるアントウェルペンは，商業活動の一大中心都市であり，巨大な富が蓄えられていた．イーペル，ヘント，ブリュッセル，メッヘレン，そしてステヴィンの故地ブルッヘなどの諸都市も依然その栄光に輝いていた．芸術的，商業的活動は大変活発であり，絵画と彫刻が大量に製作され，タペストリーやダマスク織りなどの織物産業は繁栄し，造船，鐘や大砲の鋳造，ビール醸造，石炭採掘，農業といった他の産業もきわめて盛んだった．海運業も活況を呈しており，アントウェルペン，フリッシンゲン，ロッテルダムが主要な貿易港であった．知識人たちの活動も活発だった．16世紀には学問と文学の言葉はラテン語であったが，各地でその土地の言葉（俗語）を使用しようとする機運が高まっていた．低地諸国の多くの町で組織された雄弁家協会は，芝居の上演や詩歌の品評会を主催して文芸活動を促進し，文化的な娯楽を提供する愛好家の団体であったが，その活動においては早い時期から俗語が用いられていた．ステヴィンはどうやら「精霊会」として知られるブルッヘの雄弁家協会のメンバーであったらしいが，みずからの言葉であるオランダ語への関心と，その使用を促進しようという願望は，彼自身の著作の中に何より明瞭

に現れている．

新たな宗教

16世紀までには，多くの人々がカトリック教会の専横ぶりと度を越した権勢の誇示に愛想を尽かし，それに代わるものを探し求めるようになっていた．トレント公会議（1545～1563年）により教会内部での変革のプロセスに形と方向性が与えられたが，プロテスタントの改革運動は低地諸国においてすでに根づいていた．マルティン・ルター［Martin Luther］（1483-1546）の教えは，とりわけアントウェルペンのようにドイツと交易していた商業都市で信奉者を得ていた．1530年以後，北部では再洗礼派が急速に支持を集めた．しかしながら低地諸国の歴史に関する限り最も重要な宗教改革運動はカルヴァン主義であった．カール五世の治世の終わり頃までにジャン・カルヴァン［Jean Calvin］（1509-1564）の教えは低地諸国に浸透しており，カルヴァン派はまもなく最大で最もよく組織されたプロテスタント集団となった．ステヴィンの母にはカルヴァン主義者だったと思われる節があり，ステヴィン自身が信仰上の理由で故郷のブルッヘを後にしたと推測している者さえいる．しかしながらこの考えを支持する証拠はない．

政府はこれらの改革運動を鎮圧するため全力を傾けた．カール五世は低地諸国に彼の広大な帝国のどこよりも厳格な異端禁止令を適用し，フェリペ二世はそれらを熱心に執行した．異端者は迫害され，世俗法ならびに教会法による審判を受けた．

弾圧，抵抗，反乱

1559年にヘントで開かれた金羊毛騎士団[2]の総会で，フェリペ二世，アルバ公［Alba, hertog van］（1507-1582），オラニエ公ウィレム（ウィレム一世，沈黙公）［Willem, van Oranje］（1533-1584），エグモント伯ラモラール［Egmond, Lamoraal, graaf van］（1522-1568），ホールネ伯［Hoorne, Filips van Montmoren-

---

訳注[2]　ブルゴーニュのフィリップ善良公［Filips de Goede］（1396-1467）が1429年に設立した上層貴族からなる団体．公への忠誠を誓うエリート集団を創設する意図のもと，特権や官職を優先的に与えられた．

cy-Nivelle, graaf van］（1518-1568）は騎士団仲間として和やかに同席した．その後フェリペはスペインに戻り，再び低地諸国の地を踏むことはなかった．彼は異母姉のパルマ女公マルハレータを執政に任じたが，彼女の権威は名目的なもので，実質的な権力はメッヘレン大司教に就任したグランヴェル枢機卿の手に握られていた．他の国務評議会議員たちはこのことに憤激し，国政における正統な権限を剝奪されたと感じていた．グランヴェルは新教弾圧政策を厳格に推し進めたが，これによりプロテスタントは追い詰められて自暴自棄になり，一方，行政当局は異端審問官が自らの職分に蚕食してくる事態に不快感を募らせる結果となった．オラニエ公ウィレム，エグモント伯，ホールネ伯に率いられた貴族の一団はグランヴェルの解任を要請し，フェリペは1564年にこれに同意した．1566年，エグモント伯は異端禁止令の一時停止と国務評議会への権限委譲を求める全国議会の要請を携えてマドリッドに派遣された．フェリペがこれを拒否すると，低地諸国では組織的抵抗の最初の兆しが現れ始めた．それが形をとるのはまず貴族階級においてであった．1566年4月5日，二百名の貴族からなる一団が執政に対し上と同様の請願を提出した．このときある廷臣が彼らを嘲笑して「乞食」［gueux］と呼んだが，この呼び名は後に反乱のスローガンとなる．異端禁止令がやや緩和されると，カルヴァン派はより公然と集会を開き始め，時には野外説教を聴くために数千人が集まった．7月にマルハレータはそうした集会を禁じたが，翌月カルヴァン派の鬱憤は頂点に達し，「聖画像破壊暴動」を引き起こした．放浪する暴徒の群れが低地諸国中の教会で彫刻や絵画を毀損し，書物や法衣を焼却した．指導的地位にある旧教徒は脅迫や襲撃を受け，いくつかの場所ではカトリックの礼拝が中止される事態となった．

　結局その後，暴動は鎮圧された．マルハレータが改めて貴族たちに服従の誓いを要求したとき，それを躊躇する者はほとんどいなかった．こうして王権の政策に団結して抵抗するという希望は打ち砕かれた．オラニエ公ウィレムはフェリペに対する忠誠を表明したものの宣誓は拒否し，賢明にもナッサウのディレンブルクにあった一門の居城に引きこもってしまった．ところが，騒乱が収まりつつあったにもかかわらず，フェリペはアルバ公を指揮官とする軍隊を派遣した．反抗的な十七州に対する統制を再強化しようとしたのである．

1567年，マルハレータは執政を辞し，アルバ公が低地諸国の全州総督の地位に就任した．フェリペにより異端の根絶のため無制限の権力を与えられていたアルバ公はすぐさま「騒乱評議会」という特別法廷を開設したが，これはすぐに「血の評議会」として知られるようになった．評議会により最初に血祭りに上げられたのはエグモント伯とホールネ伯である．金羊毛騎士団のメンバーである彼らには，団員臨席のもと審判を受ける権利があったが，それも無視された．彼らは他の貴族二十名ほどと共に 1568年7月，ブリュッセルのグラン・プラスで処刑されたが，この出来事は低地諸国全土に衝撃を走らせた．カルヴァン派の年代記作家は，アルバ公が処刑した人数を数十万としている．これは誇張だとしても，1573年に彼がスペインに呼び戻されるまでに下された死刑判決は数千に上る．

16世紀半ばまでに，弾圧と迫害のためすでにある程度の数のプロテスタントが亡命を余儀なくされていた．聖画像破壊暴動に引き続いて行われた報復処置は亡命者の大量出国を引き起こし，彼らは低地諸国を離れてイングランドやドイツ，フランスに向かった．

オラニエ公ウィレムはドイツの所領に戻るや否や，スペイン支配に対する抵抗を続けるため軍勢と支持者を集め始めた．彼は 1568年に低地諸国に侵攻し，5月23日には反乱の最初の戦闘に勝利したが，すぐに退却を余儀なくされた．これこそが八十年戦争の始まりを告げる出来事であり，それは成人したステヴィンの生涯を通じて継続することになる．海軍を組織する手っ取り早い手段として，オラニエ公はカルヴァン派の私掠船船長に敵国船拿捕の免状を与え，彼らがオラニエ公の名のもとでスペイン船を襲撃できるようにした．1568年から1572年にかけて，彼ら「海乞食」は反乱において重要な役割を果たした．彼らは東フリースラントやイギリスの諸港，ラ・ロシェルのユグノーの海上拠点から作戦行動を展開し，スペイン船は海上を安全に航行できなくなった．1572年4月，彼らはデン・ブリール，続けてフリッシンゲンを占拠し，それらを拠点にさらにいくつかの都市を奪取した．その年の末までにホラントとゼーラントのほとんどの都市はオラニエ公支持を表明して叛徒の軍門に下ったが，これには住民の協力と，陸上を拠点とするカルヴァン派の遊撃部隊「森乞食」の活躍も一役買っていた．

1572年7月, オラニエ公ウィレムはドルドレヒトにホラント州議会を召集し, 反乱州の政府のもとになるものをつくった. 彼は, 名目的にだが国王の名代として, ホラント, ゼーラント, ユトレヒトの総督および陸軍総司令官として承認されたのである. その年の秋, アルバ公は北伐を開始した. メッヘレン, ズートフェン, ナールデン, ハーレムが陥落し, 容赦のない略奪と虐殺が続いた. しかしアルクマールでアルバ公の軍勢は撃退され, ゾイデル海で彼の海軍は海乞食に敗北を喫した. ライデンはほとんど1年もの間頑強に攻囲を耐え抜き, 最後はオラニエ公が堤防を切るという一か八かの手でスペイン軍を撤退させた. 1575年, オラニエ公はその地にホラントで最初の大学を創設し, カルヴァン主義の精神的, 知的拠点とした. ステヴィンと, オラニエ公の息子であるナッサウ伯マウリッツ［Maurits van Nassau］は共にその草創期の学生たちの中にいた. 彼らの長きにわたる交友関係はこのときから始まったのかもしれない.

和解なるか？　ヘントの和平

　反乱では叛徒の側も国王側も等しく損害をこうむり, 経済不況が始まった. 国王に対する忠節を守った者も商業の衰退に直面し, スペインからのみるからに不合理な命令に幻滅させられた. 彼らはホラントとゼーラントの自治政権に羨望のまなざしを向け, 交渉の必要性を訴えた. 1573年にはドン・ルイス・デ・レケセンスがアルバ公の代わりに全州総督の地位についていたが, フェリペが彼に北部の反乱州と公式協議開始の許可を与えるにはさらに2年かかった. 1575年の春にブレダで行われた公式協議で明確となったのは, 宗教と政体という二つの本質的な点でスペイン王と反乱州の和解は不可能だということだった. 反乱州側は, フェリペが新教を許可し, 行政における議会の権限を認めるならば, 国王の忠実なる臣民たることにいささかも異存はない旨を宣言したが, フェリペにはこれらの条件のいずれに譲歩するつもりもなかった. 交渉は決裂し, 戦闘が再開された.

　1576年, 反乱は新たな局面に突入した. スペインが国家破産し, 低地諸国に駐屯していた軍隊に給料を支払えなくなったのである. 引き続いて各地で兵士の暴動が起こり, 略奪非道の限りを尽くすスペイン兵は彼らが守るべき諸州にとっ

て最も深刻な脅威となってしまった．この難局のさなかに突如レケセンスが陣没したことは危機に拍車をかけた．長を失った国務評議会にはなす術がなかった．

　この期に及んでブラバント州議会は自らの主導で全国議会の召集を呼びかけた．全国議会の召集は主権者のみが有する権利であり，これは違法行為である．集められた議会は直ちにホラントおよびゼーラントの議会との停戦に合意し，交渉に入った．この交渉では，国王の権威を否認することなく，憎悪の的となったスペイン軍を国外に退去させ，十七州において平和を回復することに主眼が置かれた．交渉の地にはヘントが選ばれた．1576年10月末に合意が達成され，停戦，すなわち「和平」が宣言された．停戦を条件に，国王側の南部諸州は，オラニエ公およびホラントとゼーラントの議会と協力の上，暴徒と化したスペイン軍を駆逐し，一つの全国議会のもと臨時政府を樹立することに合意した．ホラントおよびゼーラントの総督としてのオラニエ公ウィレムの地位は承認された．悩ましい争点である宗教については現状維持となった．すなわち，ホラントとゼーラントでは公の場でのプロテスタントの礼拝が認められ，他の州はカトリックにとどまったが，異端の弾圧に関する勅令は棚上げされ，私的なプロテスタントの礼拝は認められた．あたかもヘントの和平をもって内乱はついに終結し，低地諸国に調和が回復されたかのように思われた．

運命の分かれ道

　反乱州と国王側の州は今やうわべでは合意していたが，彼らの間には依然として大きな隔たりがあった．南部諸州は，スペイン軍が引き揚げ，ヘントの和平が維持されるのであれば，フェリペの新しい全州総督であるドン・ファン・デ・アウストリアを受け入れる用意があった．ドン・ファンは同意し，1577年2月に全国議会と「永久令」に署名した．しかし永久令はカトリックが国内全土において信奉されることを規定しており，改革派の教会については何の保証も設けていなかった．ホラントとゼーラントはすぐさま全国議会から脱退し，和平は崩れた．

　すでに複雑化していた状況はさらにややこしくなった．1577年の秋頃には，国王の権威の再建に努めるドン・ファン，政治的にいくらか譲歩が得られ，スペ

インの軍隊が引き揚げるなら王との仲を修復したい全国議会，そしてホラントとゼーラントを率いたオラニエ公ウィレムとの間で三つ巴の政治力学が相互作用していた．これに加え，南部では穏健派と過激派との間の亀裂が大きくなり，王と和解する意思はないが，議会の支配にも反対するカトリック貴族に率いられた「不満分子」の一群が登場した．ドン・ファンはナミュールに司令部を設け，スペイン軍を呼び戻したので，全国議会はオラニエ公との同盟に走った．9月にブリュッセル入りしたオラニエ公ウィレムは熱烈な歓迎を受けたが，10月，全国議会内の反オラニエ派はスペイン王フェリペの甥であるハプスブルク家の若き貴公子オーストリア大公マティアスを低地諸国に迎え入れ，「全州総督」に任命した．続く数か月間，低地諸国の諸都市ではカルヴァン主義者とオラニエ派の蜂起が相次ぎ，再び聖画像破壊が勃発した．

1578年1月，スペイン王フェリペのもう一人の甥であるパルマ公アレッサンドロ・ファルネーゼ［Alessandro Farnese］（1545-1592）が新たな派遣軍の指揮官として低地諸国に到着した．彼はドン・ファンを引き継いで全州総督に就任し，低地諸国を服従させるための軍事作戦を開始した．

1579年1月，アルトワ，エノーを中心とするワロン諸州はアラス同盟を結成し，ヘントの和平の精神を尊重しつつ，カトリックと王権への服従を宣言した．ホラントとゼーラントはユトレヒト，フリースラント，ヘルデルラントおよびグローニンゲン市周辺地域と共にユトレヒト同盟を結んでこれに対抗した．ユトレヒト同盟には前年にカルヴァン派の支配下に入っていたヘント，イーペル，アントウェルペン，ブルッヘ，メッヘレンなど，フランドルおよびブラバントの諸都市も加盟しており，全国議会と袂（たもと）を分かつことなく，各州，各都市からなる緊密な同盟を形づくることがうたわれていた．この同盟は反カトリックとみられており，そのため非加盟州をスペイン側に追いやるおそれがあった．とはいえ，ユトレヒト同盟の結成はオランダ共和国の実質的な始まりを告げる画期的な出来事であった．

北部諸州の反カトリック色を弱めると同時に，パルマ公に対抗するため国外からの助力を確保する一環として，オラニエ公はフランス王の弟アンジュー公に主権を，ただし君主専制を防ぐための条件付きで，譲渡するよう全国議会を説得し

た．アンジュー公と全国議会との間での条約は 1580 年 9 月に結ばれ，アンジュー公は 1581 年 1 月に「ネーデルラント諸国の君主」たることを宣言された．新しい主権者を迎えるためには，古い方を厄介払いする必要がある——7 月までに全国議会は，フェリペ二世とその後継者たちを永久に否認する廃位布告の文面について合意していた．これに対しアラス同盟は，国王の至上権と全州総督としてのパルマ公の権限を完全に認めることで応じた．フェリペはオラニエ公ウィレムの法律上の保護を解き，彼の首に賞金をかけた．1584 年 7 月，オラニエ公はデルフトにあった自分の宿舎で暗殺者の手にかかり，非業の死を遂げた．

　その間にもパルマ公の再征服活動は着々と進み，ユトレヒト同盟の勢力範囲は着実に縮小していた．諸都市は次々と陥落していった．1585 年 8 月にはアントウェルペンが陥落し，南部低地諸国はすべてフェリペの手中に帰った．新教徒たちには，カトリックの信者に戻るか，国を去るか，身の振り方を考えるための猶予期間が与えられた．多くの者は後の方を選び，南部は大いに疲弊した．何万人もの知識人，金融エリート，職人たちが自らの資本，国際取り引きの人脈，専門的な技能を携えてユトレヒト同盟諸州に亡命した．アントウェルペンに残ったのはほぼ人口の半分であった．この偉大な国際貿易の拠点は商取り引きにおける指導的地位をアムステルダムに譲り，より小さな町では商業が，なきに等しいほどに収縮した．

スペイン領ネーデルラントとオランダ連邦共和国

　連合諸州［Verenigde Provinciën］の新しい主権者となったアンジュー公ではあったが，彼は自分の権力があまりに制限されていることにいらだちを募らせていた．彼はより大きな権力の獲得を目指して武力蜂起を起こしたが，失敗して国を離れた．反乱州は今度はイングランドに援助を求めた．エリザベス一世［Elizabeth I］（1533-1603）は主権の委譲は断ったが援軍を派遣し，派遣軍の司令官および「全州総督」としてレスター伯を任命した．1586 年，レスター伯はユトレヒトに陣を敷いたが，彼の行動とイングランド軍の振る舞いはかなりの摩擦を引き起こし，彼は翌年イングランドに帰国した．ホラント，ゼーラント，ユトレヒト，ヘルデルラント，オーフェルアイセル，フリースラント，グローニンゲン

の州議会は外国勢力をあてにするのはやめにして，彼らの領内では彼ら自身が主権者であることを宣言した．フランスとイングランドは連合諸州と条約を締結し，彼らを独立国家として認めた．オランダ共和国が成立したのである．

パルマ公の北伐はフェリペがイングランド侵攻を準備していたため中断され，代わりに彼はオーステンデとスラウスに転進した．スペインの無敵艦隊の敗北により彼は再び北部の反乱州対策に集中できるはずだったが，フェリペは彼に，今度はフランスへ行き，アンリ四世に抵抗しているカトリック勢力を支援するよう指令を与えた．パルマ公はそこで1592年に陣没することになる．

1598年，スペイン王フェリペ二世が死去した．死の直前に彼はネーデルラント諸国の「従順な諸州」を娘のイサベルに遺贈し，その2年前に低地諸国の全州総督に就任していたオーストリア大公アルベルト［Albrecht van Oostenrijk］(1559-1621)と彼女を結婚させた．大公夫妻は南部を共同統治したが，駐留スペイン軍の費用はスペインの国費でまかなわれ，その司令官はスペイン王により任命されていた．さらに，カトリックの信仰を護持して異端は根絶されるべきこと，アルベルトとイサベルのどちらかが正式な嗣子を残さずに死亡した場合，ネーデルラント諸国は再びスペインの王権に帰属することが規定されたが，後の内容は実際そのとおりになった．かくして南部ネーデルラント諸国は以後「スペイン領ネーデルラント」として知られることとなった．

オラニエ公ウィレムの二男であるナッサウ伯マウリッツは1585年，ホラントとゼーラントの総督に任命されていた．1590年と1591年にはユトレヒト，ヘルデルラント，オーフェルアイセルの議会もマウリッツを彼らの州の総督と陸軍総司令官に任命した．彼は軍隊の指揮官としてすでに頭角を現していた．今や共和国軍の最高司令官となった彼は，続く数年のうちに北部ネーデルラント諸国における失地の多くを回復し，1597年には国王派の最後の拠点を陥落させた．1600年，マウリッツはフランドルに侵攻した．ほとんど抵抗に遭わずに沿岸諸都市を占領した後，彼はニーウポールトでアルベルト大公率いるスペイン軍の精鋭と衝突した．マウリッツは巧みな戦術でその日の戦闘に勝利したが，彼の遠征もそこまでとなったので，ニーウポールトの戦いは痛み分けとなった．戦局は膠着状態に陥ったが，それでも続く数年のうちに共和国の軍隊の規模は三倍になった．そ

のときまでにステヴィンはマウリッツの主計長になっていたが，彼は他の高級軍事技術者たちと並んで，高度に洗練された要塞建築を考案した．

　1604年までにフランスとイングランドはスペインと和平を結んでしまい，共和国は強力な同盟者を失った．しかしスペインとスペイン領ネーデルラントの国家財政は破綻しており，低地諸国に駐留していたスペイン軍はたびたび暴動を起こした．1607年に休戦が合意され，話し合いが始められた．しかしながら，独立した主権国家としての承認を求めるオランダ共和国と，共和国におけるカトリックの平等を要求するスペインとの間にはやはり乗り越えがたい障害があった．その上スペインは，オランダ共和国が高利潤の東インド貿易から撤退することまで要求していた．1609年，ついに十二年休戦条約が締結され，スペインは共和国を「あたかも」主権国家であるかのように扱うことにしぶしぶ同意した．他のヨーロッパ諸国とオスマン・トルコの宮廷はこの休戦条約でオランダ共和国の正統性が認められたと見なした．ステヴィンが子供時代を送った低地諸国の分裂は，事実上確定した．

黄　金　時　代

　休戦期間中は両陣営とも復興と再建に努めた．スペイン領ネーデルラントの経済は勢いを回復し，商業は活気を取り戻した．創造性豊かな芸術家や建築家，あらゆる分野の専門的な職人の集団が戦争と聖画像破壊による被害を修復するため駆り出された．イエズス会は国中で教会を建て，学校を開き，貧困の問題に対する取り組みがなされた．大公夫妻統治下の17世紀初頭は，芸術における黄金時代であった．

　しかしながら南部の回復も，日の出の勢いの北部の発展にはとうてい比肩すべくもない．オランダ共和国は商業を支配し，芸術の開花と科学上の業績に彩られた黄金時代に突入しつつあった．それに先立つ数十年間にスペイン領ネーデルラントから流入した移民たちは分離独立した諸州における商業，芸術，そして知的生活に力強い勢いを与えていた．アムステルダムはアントウェルペンに取って代わり，ヨーロッパ最大の商業都市の座についていた．いくつもの商船団が新しい市場を探して出航し，ステヴィンが亡くなる1620年頃までにオランダ共和国は

東西両インド,極東および極北との貿易を行うまでになった.連合東インド会社［Verenigde Oost-Indische Compagnie（V.O.C.）］は東アジアにおけるオランダ植民地勢力の基礎を築いた.芸術活動は盛んであり,文学も開花した.学問のため新しい講座が開設され,科学研究は知識の前線を推し進めた.以下にみていくように,このことにおいて博識なブルッヘのシモン・ステヴィンは指導的な役割を果たすことになる.彼の人生は休戦期間とほぼ同時に終わりを告げたが,ナッサウ伯マウリッツの友人かつ助言者であった彼が,科学の多くの分野においてだけでなく,オランダ共和国そのものの建国にも直接貢献したという議論には一考の価値があるだろう.

第1章

シモン・ステヴィンとルネサンス

Simon Stevin en de Renaissance

　ルネサンスは視覚芸術，建築，そして文学の領域に歴史的な隆盛をもたらしたが，科学においてそれはむしろ一つの過渡期であった．古代ギリシア・ローマに発する認識の深化は重要な新しい刺激とひらめきを与え，学者と実践家との相互作用から生まれた進歩は17世紀の科学革命の基礎となった．シモン・ステヴィンの著作と人物像はこの近代への助走期間に全くふさわしい．

1. 中世，ルネサンス，そして近代……

中世からルネサンスへの移行は徐々に進んだ　中世からルネサンスへの，また同様にルネサンスから近代への移行は，ふつう単一で途切れることなく続くプロセスとして記述される．我々は社会とその働きを支配する特徴が徐々に「色変わり」していくのをみるのである．規模の拡大と世界像の修正は中世からルネサンスへの変容を誘発する二つの触媒であった．15世紀半ばの活版印刷術の発明，15世紀後半からの探検旅行，16世紀における大幅な人口増加と結びついた経済的繁栄——これらすべては社会がより大きな規模において機能することを促進した要因である．諸都市の成長，各地域で進む中央集権化，新たな絶対君主制の到来と大学の発展は同様に重要な変化の要素であった．

2. 活版印刷術

プランタン印刷所は，ネーデルラント諸国から全ヨーロッパへ学問的知見を広めた　活版印刷術発明の衝撃はいくら評価してもしすぎるということはない（図 1.1）．中国ではすでに 770 年に木版印刷技術が存在していた．紙をつくる技術も中国に由来する．活版印刷術の発明にはより多くの技術の出会いが必要だった．例えば初期フランドル派の油絵の具は印刷用インクのもとになっている．ヨハンネス・グーテンベルク［Johannes Gutenberg］（1400-1468）とヨハン・フスト［Johann Fust］（1400 頃-1466），ペーター・シェッファー［Peter Schöffer］（1425 頃-1503）は 15 世紀半ば，一個一個鉛で鋳造した活字を型枠にはめ込んだものと圧搾機とを用いて実験を行い，最後の障害を克服した．活版印刷術

図 1.1　15 世紀半ばの活版印刷術発明は，史上前例をみない理念と知識の伝播をもたらした．ヤン・ファン・デル・ストラート（ヨハンネス・ストラダヌス）［Jan van der Straet (Johannes Stradanus)］（1523-1605）は同時代の発明を主題とした一連の図版の中の一枚としてこの絵を描いた．銅版画はテオドール・ガレ［Theodoor Galle］の手によるもの．ブルッヘ，市立美術館・博物館連合，シュタインメッツ・キャビネット．

の発明はコミュニケーションの領域において文字の発明と同じくらい重要な革命を意味していた——それは世界を変えたのである．

　ネーデルラント諸国は活版印刷術に関して先駆的な役割を果たすことになった．低地諸国における学問の伝播は大部分が印刷業者たちのおかげである．16世紀の前半においてアントウェルペンは六十六の印刷業者を擁し，出版件数2254点を誇るネーデルラント諸国で最も重要な書籍生産の中心地に成長した．プランタンに先立ってヤン・ファン・デル・ルー［Jan van der Loe］とヘンドリック・ファン・デル・ルー［Hendrik van der Loe］が工房をかまえており，1552年から1578年にかけてそこでレンベルト・ドドゥンス（レンベルトゥス・ドドネウス）［Rembert Dodoens（Rembertus Dodonaeus）］として知られている）（1516-1585）の七巻の著作が印刷された．この植物学者はその後クリストフ・プランタン［Christophe Plantin（オランダ語表記ではChristoffel Plantijn）］（サン・アヴェルタン（トゥール）1520頃-アントウェルペン1589）の技術に協力を求めることになる．

　プランタンは確かに科学者ではなかったが，低地地方で生産された学問的業績を全ヨーロッパに広めることに力を尽くした．彼は1549年にアントウェルペンに店を構えた．彼の印刷所は当時にあって最大のもので，最盛期には設置されていた印刷機は実に十六台を数えた．プランタンが出版した書籍は約千五百点に上る．彼の名は至るところに知れ渡っていたが，これには記念碑的な *Biblia regia* の版元であったことがとりわけ大きく寄与した．この八巻からなる聖書は五言語（カルデア語（アラム語），ギリシア語，ラテン語，ヘブライ語，シリア語）対訳版で詳細な注釈もつけられていた．プランタンはスペイン王フェリペ二世（1527-1598）の御用印刷業者に任命され，スペイン王国とその植民地のための典礼関連著作すべての刊行における独占権を獲得した．数年間アントウェルペンのプランタン印刷所［Officina Plantiniana］ではスペインに輸出するため数千の典礼関連書が印刷された．「スペイン兵の凶暴」[1]以後プランタンの印刷所にとって

訳注[1]　スペインの国家破産による給与支給の滞りに立腹したスペイン兵が1576年に起こした暴動．

事態は下り坂となった．儲けの大きかったスペイン向け輸出はぱったり止んだ．別の開業先を探していたプランタンは，友人のユストゥス・リプシウス［Justus Lipsius（Joost Lips）］（1547-1606）のすすめで1583年春，ライデンへ向けて旅立った．プランタンはそこで開学したばかりのライデン大学［Universiteit van Leiden］に印刷業者として雇われた．彼の義理の息子たち，ヤン・モレトゥス一世［Jan Moretus I（またはJan Moerentorf）］（1543-1610）とフランス・ファン・ラーフェリンゲン［Frans van Ravelingen］（1539-1597）はアントウェルペンでプランタン印刷所を支えた．プランタンが滞在していた2年間，ライデンは対スペイン戦争の最前線に位置していたが，その地の印刷機から百二十点の出版物が送り出された．アントウェルペンがパルマ公アレッサンドロ・ファルネーゼ［Alessandro Farnese］（1545-1592）の軍隊のため陥落した後，プランタンはその故郷の町に戻り，そこで生涯を終えることとなった．ファン・ラーフェリンゲンはカルヴァン派に改宗していたが，プランタンは彼にライデンでの経営権を譲った．アントウェルペンでの事業はプランタンの死後，ヤン・モレトゥス一世によって引き継がれた．アントウェルペンではとりわけ典礼関係の著作が，ライデンでは学術書と古典学関係の著作が印刷されるようになった．

3. 大　　学

古代のアテネやアレクサンドリアにあった学校も確かに大学と呼ぶにふさわしいものだったが，我々が今日知るような大学は一般的にヨーロッパで誕生したとされている．大学は中世の学校から発達したのだが，それは全ヨーロッパからの学生に対して開かれていて，真にコスモポリタンな性格を有していた．当初大学は私的な結社であったが，13世紀にはよりしっかりとした構造をもつ学寮組合［universitas studii］が誕生した．14世紀には当局から勅許状によって特権を与えられるようになり，こうしてstudium generaleとして知られる，公認された教師と学者の共同体ができた[2]．ボローニャ大学（実際は四つの学寮からなっていた）は最古の大学（12世紀末開学）と考えられている．パリ，オックスフォ

訳注[2]　ジャック・ヴェルジェ（大高順雄訳）『中世の大学』，みすず書房，1979参照．

ード，ケンブリッジの各大学は13世紀に誕生した．プラハとハイデルベルク，セント・アンドリュース，マルブルク，ウプラサの各大学も同様に最も古い大学に属している．

大学の歴史は複雑である．おそらく近代の大学は，ルネサンスに起源をもつ大学よりも，学部に基礎を置く教育形態をとっていた中世の学校とより近い関係にあるのだろう．人文主義は大学の外で生まれ育まれたのであり，それが大学に浸透するのは後のことである．また同様に科学上の発見も大学の外で生じえたということは，ニコラウス・コペルニクス［Nicolaus Copernicus］(1473-1543) やヨハンネス・ケプラー［Johannes Kepler］(1571-1630)，ステヴィン，ウィリアム・ギルバート［William Gilbert］(1544-1603) らの経歴が物語っている．

宗教改革とそれに伴って起こった激しい争いによって大学は大変苦しむことになった．この時代，大学はその国際的な輝きの大部分を失っていたのである．

南ネーデルラント諸国では1426年よりリューフェンが指導的地位にあった．1世紀半後ライデンが北部におけるカルヴァン主義の牙城となった　　低地諸国において大学はどのような状態にあったのだろうか．南ネーデルラント諸国ではリューフェン（ルーヴァン）が指導的地位にあった．ブラバント公ヤン四世［Jan IV, hertog van Brabant］(1403-1427)，リューフェン市の行政当局および聖ペテロ教会参事会の要請を受けて，教皇マルティヌス五世（在位期間1417-1431)［Martinus V, paus］(Oddone Colonna) (1368-1431) は1425年12月9日の「不朽なる知」［*Sapientiae immarcescibilis*］の大勅書でリューフェンにネーデルラント諸国で最初の大学を設立する旨を宣言した．彼がその大学［studium generale］に与えた特権は世俗権力に対するほとんど完全な自治を保証していた．リューフェンの大学には次の四つの学部が設けられることになった．すなわち，自由学芸［artes liberales］，医学，民法，教会法，そして神学（1432年設置）である．授業は1426年10月2日より始まった．150年の間にリューフェン大学［studium lovaniense］はヨーロッパの中で最も傑出した学術機関の一つにまで成長を遂げた．リューフェン大学は教育に関して正真正銘の独占権を有していたのであった．

学芸学部は大学への入り口であり，他の諸学部に進学するためにはそれを修了

することが義務づけられていた．少年たちは，15歳前後でラテン語学校を卒業した後，学芸学部への入学を許可された．続いて彼らは他の学部の一つに進学した．神学部であれば学業は 10～11 年続き，医学部や法学部であっても卒業までに 6 年間が必要だった．授業は四つの学寮「豚」，「鷹」，「城」，「百合」において行われた．修辞学と倫理，弁論術，数学の四つの公開講座が既存の課程に加えられた．最初に人文主義の陣営に引き込まれた「百合」では，デシデリウス・エラスムス［Desiderius Erasmus］（1469 ? -1536）によって，古代の言語と文字を愛し，研究することが鼓舞された．エラスムスはロッテルダムの出身だったが，1502～1504 年と 1517～1521 年の二回，リューフェンに滞在している．その時代に生まれたのが三言語学寮［Collegium Trilingue］であり，そこではギリシア語，ラテン語，ヘブライ語の教育に重点が置かれていた．古代の言語と文字の学習は，神学研究のみならず，医学や他の学問の研究にとっても不可欠な予備教育であると見なされるようになった．

　フランス語を母語とする多くの学生はフランスの大学に遊学したので，フェリペ二世は 1562 年にドゥエ[3]に大学を設立し，それらの学生たちを自国に引き留めると同時に，カルヴァン主義との戦いのために利用できるフランス語のセンターをつくろうとした．とはいえその大学はリューフェンの威光にはとうてい及ばなかった．

　北部ネーデルラント諸国ではライデンが指導的大学となった．ライデンが大学都市に選ばれたのはその恵まれた戦略的立地のおかげである．そうすることによって学生がカトリックのリューフェンや他の外国の教育機関へ流れるのを回避できた．1575 年 2 月 8 日に設立されたライデン大学は，ネーデルラント諸国におけるカルヴァン主義の精神的拠点となるはずであった．

4. 芸術，文学，科学，そして技術におけるルネサンス

　ルネサンスに特徴的なのは，中世を通して教会によって広められていた「死後に備えよ」という教えと，世俗的な現世への関心や自然への興味との間に生じた

訳注[3] フランス北部の都市．当時はスペイン領ネーデルラント諸国に属していた．

緊張関係であった．後者の観点は人文主義において中心的であり，人文主義は宗教改革の基盤の一つであった．それら二つの対照的な世界像が衝突することになると，印刷された言葉がその争いにおいて重要な役割を果たすようになった．とはいえ，カトリック教会のイデオロギーと改革派のそれとの間の争いに決着がつけられたのは結局のところ主として戦場だったのであり，それは動かぬ事実である．

最近までルネサンスは「暗黒の」中世に続く文化の復興と見なされていた．近年ではこの像は修正されている．人はルネサンスがその前の時代から系統的な進化を遂げたということに気づいたのである．それは一方では，中世に発展した都市のネットワークと，そこでの洗練された知的環境からの帰結であり，他方では，十字軍とスペインの諸王国を経由して，脈々と続いていたイスラム世界との接触からの帰結であった．

ルネサンスを特徴づける標語として，次のようなものがあげられる．

「芸術作品としての国家」

「個人の発展」

「世界と人間の発見」

「古代ギリシア・ローマの知識の再発見」，とりわけアラビア語訳経由でギリシアの著作が再発見されたこと

古代の文献が第二の青春を謳歌する　　絵画と彫刻において――はじめは14世紀のイタリア，後には北方で――発展を遂げた新しい様式は，空間と均整のとれた人体を取り扱う斬新な手法によって特徴づけられる．レオナルド・ダ・ヴィンチ［Leonardo da Vinci］（1452-1519），サンティ・ラファエロ［Santi Raffaello］（1483-1520），ドミニコ・テオトコプロス・エル・グレコ［Dominikos Theotokopoulos El Greco］（1541頃-1613），ピーテル・パウエル・ルーベンス［Pieter Pauwel Rubens］（1577-1640）らがその代表例である．

文献学はルネサンスの発展における推進力であった．幸い中世を通じて，とりわけ修道院や大聖堂の図書館に，古代の重要な文学および科学――特に数学――の文献が数多く保存されていたのだが，それでも古代ギリシア・ローマ起源の文献と知識の「再発見」は中世よりルネサンスにおいて飛躍的に進んだのであっ

た.

　フランチェスコ・ペトラルカ［Francesco Petrarca］(1304-1374) は14世紀に古代ギリシア・ローマ研究の基礎を築いた．彼の意見では，古代ギリシア・ローマの文明を理解するためには，プラトン（紀元前427年頃-紀元前347年頃）とソクラテス（紀元前470年頃-紀元前399年頃），ペルガのアポロニオス（紀元前262年頃-紀元前190年頃）やアルキメデス（紀元前287年頃-紀元前212年），あるいはマルクス・トゥッリウス・キケロ（紀元前106年頃-紀元前43年頃）やウェルギリウス（紀元前70年頃-紀元前19年頃）が彼らの思想を表現した言語を研究することが必要であった．「修辞法」の理念はペトラルカと人文主義者たちのもとで鍵となる役割を果たしたのである．雄弁と知性［eloquentia et sapientia］を求めるペトラルカの努力は，人文主義者たちが研究計画を立てる際に影響を与えた．彼らは5世紀のローマで生まれた七つの自由学芸の体系に着想を得て，みずからを奮い立たせた．「人文主義教育」の導入に伴って，ギリシア語とラテン語の原典が再評価された．ここでも活版印刷術の発見は大きな影響を及ぼした．以前はある図書館に写本が一冊ないし数冊保存されているだけだったような古代ギリシア・ローマの文献も，ルネサンスの間により広範な普及が可能となった．

　イタリア・ルネサンスは固有の著述手法とモデルをもたらした．ペトラルカに続いて，ニッコロ・マキアヴェッリ［Niccolo Machiavelli］(1469-1527) やフランチェスコ・グイッチャルディーニ［Francesco Guiccardini］(1483-1540) もルネサンス期の最も独創的な思想家に名を連ねている．

　ルネサンスはこのように古代ギリシア・ローマ，そしてラテン語とギリシア語の中にその発想の原点を求めたのであったが，また同時に各民族固有の言語の発展も伴っていた．これは注目すべき現象である．かくしてルネサンス文化はみずからのルーツとも改めて接点を見出した．新しい文学形式と民族の伝統との融合は，フランソワ・ラブレー［François Rabelais］(1494-1553), セルバンテス［Miguel de Cervantes Saavedra］(1547-1616), そしてウィリアム・シェークスピア［William Shakespeare］(1564-1616) らの見事な諸作品に結実した．

　ルネサンス的な理想と教養の規範はアルプスの北にも広がっていった．15世

紀後半より，パリ，アントウェルペン，アウクスブルク，ロンドンなどの諸都市は大規模な拡張を経験した．エラスムスはその時代に出た最も影響力のある人文主義者たちの一人であった．彼は早くから熱心に宗教上の寛容を説いていた．『痴愚神礼賛』（1509）の中で彼は寛容の理想を大変印象的に，また穏やかなユーモアと辛らつな風刺を交えて説いたが，それはあまりに時代に先んじていた．同じことは彼の友人トマス・モア［Thomas More］（1478-1535）が『ユートピア』の中に書き著した思想にも当てはまる．

　宗教改革に対する反応は寛容さではなく，代わりにヨーロッパでは，スペインを台風の目とする宗教戦争と異端審問の嵐が巻き起こった．魔女狩りと拷問の勃発によってピーテル・ブリューゲル（父）［Pieter Brueghel de Oude］（1525/30-1569）の時代のフランドルはさながら「ヨーロッパのベトナム」のような様相を呈することになる．

　古代ギリシア・ローマへ向かうルネサンスの方向性が科学に有利に働いたのは明らかであった．ギリシアの偉大な数学者たち，例えば，ミレトスのタレス（紀元前625年頃-紀元前547年頃），アレクサンドリアのエウクレイデス（ユークリッド）（紀元前365年頃-紀元前300年頃），アレクサンドリアのパッポス（300頃），ペルガのアポロニオス，メネラオス（100頃），そしてとりわけアルキメデスは数学，静力学，静水力学に対してすばらしい貢献をしたが，ルネサンスの学者たちは彼らの業績を研究し，洗練させた．伝承されたテクストはニッコロ・タルターリア［Niccolo Tartaglia］（1500-1557），ジロラモ・カルダーノ［Girolamo Cardano］（1501-1576），ステヴィンおよびその他の人々の手の中で新しい進歩の基礎となった．もしギリシアの数学者の貢献，例えば円錐曲線の理論が失われていたら，文明にとって何たる災厄であったことか！　この知識が再び確立されただろうと確実にいえるだろうか．ルネサンスの学者たちは1544年に，それ以前には知られていなかったアルキメデスの著作のいくつかを翻訳し，出版したが，このことは不朽の意義をもち続けている．

　宇宙論の分野におけるルネサンスで最も重要な業績はコペルニクスの『天球の回転について』（ニュルンベルク 1543）である．この画期的な著作を研究する者は，それがギリシアの思想と強く結びついていることに衝撃を受ける．コペルニ

クスの問題設定と研究手法は間違いなく古代ギリシアのそれである．同様に彼の出発点——とりわけ天体力学は一様な円運動の助けを借りて記述されねばならないという点——はギリシア的な観念である．コペルニクスは宇宙論においてクラウディオス・プトレマイオス（100頃-160頃）の炬火を引き継いだのであり，それはちょうどステヴィンが機械学と静水力学においてアルキメデスの炬火を引き継いでいるのと同様である．

『天球の回転について』は科学の歴史における一里塚であった．ケプラーはそれを基礎とし，惑星軌道に数学的調和を発見することになる．ケプラーはルネサンスに由来するもう一つの重要な改革，すなわち改暦にもかかわっていた．彼は新教徒であったが，教皇グレゴリウス十三世（1502-1585）の改暦を公然と支持した．グラーツでは，州数学官［Landschaftsmathematicus］の職務として，毎年暦（ホロスコープ付きの！）を製作しなければならなかった．1595年には彼の予言のうち二つが現実のものとなった．その一つはその年の冬が格別に寒かったということで，このことはピーテル・ブリューゲル（子）［Pieter Brueghel de

図1.2 ピーテル・ブリューゲル（子）が描いた1595年の凍てつく冬は，ケプラーによって予言されていた．現在モントリオール美術館にあるこの「居酒屋からの帰宅」（1620年頃）は，エドワード・マクスウェル夫人の形見としてマクスウェル家より寄贈されたものである．（撮影：The Montreal Museum of Fine Arts, Christine Guest）

Jonge]（1564-1637/8）の絵からわかる（図1.2）．ケプラーのもう一つの予言はトルコ軍による再度の侵攻で，これも現実のこととなった．

ルネサンスは17世紀の偉大な科学革命に向かう助走期間であった　ルネサンスの時期に，後に起こる科学上の転換のための基礎を築くのに貢献した創造的な精神には，コペルニクスとケプラーのほかにも，タルターリア，ジョヴァンニ・バッティスタ・ベネデッティ［Giovanni Battista Benedetti］（1530-1590），カルダーノのような数学者たちも名を連ねていた．力学においてとりわけ意義深い知見をもたらしたのは，スペイン人のドミニコ会修道士ドミンゴ・デ・ソト［Domingo de Soto］（1495-1560）とステヴィンであった．それ以前にも，ピエロ・デッラ・フランチェスカ［Piero della Francesca］（1420頃-1492）やレオン・バッティスタ・アルベルティ［Leon Battista Alberti］（1404-1472），ダ・ヴィンチのようなルネサンスの芸術家たちがすでに科学の発展に寄与していた．ヘラルト・メルカトル［Gerard Mercator］（1512-1594）もその一人に数えられる．クースのニコラウス（ニコラウス・クザーヌス）［Nikolaus von Kues］（1401-1464）も，その著作の神秘主義的な要素を別にすれば，自然科学に関する進歩的な見解を表明していた．ギルバート，イサーク・ベークマン［Isaac Beeckman］（1588-1637），ルネ・デカルト［René Descartes］（1596-1650），ガリレオ・ガリレイ［Galileo Galilei］（1564-1642），クリスティアーン・ホイヘンス［Christiaan Huygens］（1629-1695）は科学の発展においてさらに歩を進めることになるが，彼らはすでに近代に属している．科学革命はルネサンスの直後の17世紀に実現することになる．アイザック・ニュートン［Isaac Newton］（1642-1727）の『自然哲学の数学的諸原理』（通称『プリンキピア』）［*Philosophiae Naturalis Principia Mathematica*］（1687）はまぎれもなくその発展における転換点となった．しかし，だからこそ繰り返すが，活版印刷術と，それ以前にはみられなかった規模での思想の伝播なくして，多数の学者たちの国際的な相互作用を伴う科学革命は考えられないのである．

　技術的発展もルネサンスの間に科学の進歩を速めることになった．15～16世紀の間に技術者と「エンジニア」たちは，依然中世以来の知識に基づいて仕事をしていたにもかかわらず，注目すべき成果を達成した．技術者たちの仕事は科学

に実を結び，またその逆も起こった．この観点においてルネサンス期における科学の発展は古代ギリシア・ローマ以来の科学の成長とは区別される．実践を担い拡張したのは芸術家や建築家であったが，前者はダ・ヴィンチのように時には技術者でもあり，後者は同様に都市計画や治水，築城にかかわっていた．建築現場で，あるいは航海，戦争，探検旅行，音楽の演奏，天文学研究などの際必要になる器具にはますます高度な要求が課せられた．徐々に「ルネサンス・エンジニア」と職人たちの経験的知識を科学的に裏づける必要性が感じられるようになった．このとき最初に出番が回ってきたのは数学である．

今日の歴史家たちもまた，ダ・ヴィンチやステヴィンのような「実践家」および自然の探求者たちの業績はルネサンス思想全体にとって人文主義文学者たちの貢献と同程度に重要であったという一般的な了解に達している．

5. シモン・ステヴィン ― 多面的な科学者にして技術者 ―

疑いなくルネサンスは視覚芸術，建築そして文学の領域に歴史的な隆盛をもたらした．ブオナロッティ・ミケランジェロ［Buonarotti Michelangelo］（1475-1564），ラファエロ，ジャン・ロレンツォ・ベルニーニ［Gian Lorenzo Bernini］（1598-1680），ヤン・ファン・アイク［Jan van Eyck］（1390-1441），ブリューゲル（父），アルブレヒト・デューラー［Albrecht Dürer］（1471-1528）のような想像力に富んだ画家，彫刻家，フィリッポ・ブルネレスキ［Filippo Brunelleschi］（1377-1446）のような建築家，アリギエリ・ダンテ［Alighieri Dante］（1265-1321）やシェークスピアのような詩人，文学者の名前をあげればこのことを明らかにするのに十分である．科学においてルネサンスは一つの過渡期に当たる．古代ギリシア・ローマに由来する知見を深めることが，重要で新しい刺激とひらめきをもたらした．学者と実践家との間の相互作用から生まれた進歩によって17世紀の科学革命が可能となった．

ステヴィンの著作と人物像はこの近代への助走期間に完璧にマッチしている．とりわけ彼は古代ギリシア・ローマの文献に通じており，ダ・ヴィンチの後の世代で，アルキメデス，アレクサンドリアのディオファントス（紀元前250年頃）らの著作を読み，それらを完全に理解した人々の一人だった．コペルニクスが

1543年の画期的な著作『天球の回転について』においてプトレマイオスのギリシア天文学の流れを引き継いだように，ステヴィンはアルキメデスの仕事を発展させることによって静力学と静水力学の新たな分野を開拓した．ステヴィンはまた「学者」とルネサンス・エンジニアとの相互作用を体現する人物でもあった．1586年に上梓された先駆的な研究，『計量法原論』[De Beghinselen der Weeghconst]，『計量の実践』[De Weeghdaet]，『水の重量についての原論』[De Beghinselen des Waterwichts]，『水の重量についての実践の初歩』[Anvang der Waterwichtdaet]における彼の成果は自然学と数学が，機械学，建築，航海術などの実践と手に手を携えることで可能となったのである．さらにステヴィンの貢献の多面性は，ダ・ヴィンチを原型とするルネサンス的理想像，万能人[homo universalis]のイメージと合致していた．ステヴィン自身，「理論と実践」[spiegheling en daet] という標語のもと，両者の調和の重要性を明確に指摘していた[4]．

● 1.1 ● 古代ギリシア人たちの著作をステヴィンはどのようにして知ったか？

　エジプト人とメソポタミアのバビロニア人たちについては，彼らの粘土板の原典が未だに残っており，その中に約3700年前に書き記された数学記号を当時と変わらぬ形でみることができる．古代ギリシアの数学はすでに紀元前600年頃から発展していた．それに携わった最初の人々の一人は，ミレトスのタレスであった．それならばギリシア人たちについても原典を発見できるだろうと期待してよさそうだが，残念ながら事実はそうではない．ミレトスのタレス（紀元前600年頃），サモスのピュタゴラス（紀元前570年頃-紀元前480年頃）（紀元前540年頃），エウクレイデス（紀元前300年頃），ペルガのアポロニオス，アルキメデスらの著作は直接我々に伝えられていないのである．

　このことを説明するのは，ギリシア人たちが紀元前450年頃から書物を書くのにパピルスを使っていたという事実である．パピルスは紀元前3000年からすでに↗

訳注[4]　（英語版注）例えば，Van Berkel, K., *In het voetspoer van Stevin*, Boom Meppel: Amsterdam, 1985（塚原東吾訳『オランダ科学史』，朝倉書店，2000）を参照．

使われていたが，大変傷みやすく，簡単に腐食してしまった．非常に乾燥した環境でのみパピルスの巻物は損なわれずに残ったのである．

　幸いなことに，重要だと見なされたギリシアの学者たちの著作は常に新しく書き写された．ただし，書写の際には原典が改変をこうむる可能性がある．例えば，写字生に学問的素養がなければ間違いを犯す．学問的素養がある場合，彼は原典の著者がまだ知らなかった知識に基づいて手を加える可能性がある．どちらの場合にも親本は我々のところまでは来ないことになる．ちなみに綴じ本，すなわち一冊の本に綴じられた手稿の束が一般的に使われるようになるのは4世紀のことである（2世紀まで遡るものもある）．

　エウクレイデス（ユークリッド）の『原論』について現存する最古の完全なテクストは888年に遡る．このテクストはカッパドキアのカエサレアの司教アレタスのためにステファノスが書き写したものである．『原論』の断片であればより古いものも知られており，そのいくつかは紀元前225年まで遡る．注目に値するのは，中世のヨーロッパに登場した『原論』の最初のラテン語訳は，上記のギリシア語のテクストから翻訳されたものではなかったということである．当時知られていた唯一の『原論』のテクストはアラビア語に訳されたものであった．

　さて古代ギリシア人たちの，とりわけアルキメデスの著作はどのようにしてステヴィンの知るところとなったのだろうか．ここでもう一人のフランドル人，ドミニコ会修道士メールベクのギヨーム［Willem van Moerbeke］（1215頃-1286頃）が決定的な役割を果たす．1268年から1280年にかけて彼はヴィテルボの教皇庁で働いていた．そこで彼はさまざまなギリシア語の著作，とりわけアリストテレスとアルキメデスの書物をラテン語に翻訳した（図1.3.1，1.3.2）．当時ラテン語の知識は，少なくとも知識人の間では，広く普及していた．それに対しギリシア語に精通している人は非常に例外的であった．メールベクのギヨームはアルキメデスを翻訳するに当たって，写本Aと呼ばれる写本を使用した．この写本Aはビザンチン学派の重要な学者テッサロニキのレオンが9世紀にコンスタンティノープルで作成したものである．ビザンチン帝国において数学上の画期的で創造的な業績が生まれることはほとんどなかったが，そこでは過去における数学上，科学上の重要な業績に対して大きな関心が寄せられていた．アルキメデスは自分の数学上の発見をアレクサンドリアに，とりわけエラトステネス（紀元前276年頃-紀元前196年頃）に送った（紀元前230年頃）．アレクサンドリアのヘロン［Heroon van Alexandrië］（10頃-75頃）（75年？）やアレクサンドリアのパッポス（300頃），アレクサン

ドリアのテオン［Theoon van Alexandrië］（335 頃-405 頃）（390 頃）の著作からは，3〜4 世紀にはまだ，アルキメデスの著作が今よりもたくさん知られていたことがわかる．ビザンチンの学者たちの間には明らかにギリシアの著作，とりわけアルキメデスの著作に対する大きな関心が存在していた．例えば数学者ミレトスのイシドロス［Isidorus van Milete］（6 世紀）はこれらの著作を研究し教えていた．

写本 A のほかにもまだ写本 DD[5] と写本 C が知られている（この命名法はデンマークの言語学者 Johan Ludvig Heiberg（1854-1928）によって 20 世紀初頭に導入された．彼はギリシア語の手稿について徹底的な研究を行った）．写本 DD は同様にコンスタンティノープルに由来するが，機械学と光学に関するアルキメデスの著作を含んでおり，13 世紀にメールベクのギヨームがラテン語訳を作成する際，写本 A と共に使用された．写本 C は 19 世紀末になって初めて発見された有名な手稿を含んでいる．これらの写本の来歴は興味深い．写本 A は前述のとおりすでに 1269 年にはメールベクのギヨームによって翻訳されていたが，1550〜1564 年の間に失われてしまったらしい．写本 A と写本 DD はシチリアを経由して 12 世紀にはヨーロッパにもたらされていた．1266 年頃，これらの写本は両方とも教皇の所有するところとなった．メールベクのギヨームがビザンチンの写本 DD を使用することができたことは明らかであった．写本 DD は 1311 年にはまだヴァチカンにあったが，それ以来消息を絶っている．原本である写本 A は失われてしまったものの，そのさまざまなギリシア語の写しは存在している．写本 A に関しては，メールベクのギヨームによるもの以外にもまだ第二のラテン語訳が存在している．それは 1450 年のクレモナのヤコブ［Jacob van Cremona］の仕事である．ヨハンネス・レギオモンタヌス［Johannes Regiomontanus］（1436-1476）のおかげで，この後者の翻訳を再編集したものが 1468 年頃，ドイツに伝わった[6]．

ステヴィンが物理学を研究していた時代には，すでにアルキメデスの著作のいくつかがラテン語訳で出版されていた．1544 年にトマス・ゲハウフ［Thomas Gechauff］（1488 頃-1551）のバーゼル版[7] が出版されたほか，ヴェネツィアで↗

訳注[5]　一般的には写本 B と表記される．
訳注[6]　アルキメデスの写本の伝承について，詳しくは佐藤 徹「中世におけるアルキメデス」（伊東俊太郎編『中世の数学』共立出版，1987 所収）を参照．
訳注[7]　ギリシア語-ラテン語対訳版で，一般に印刷初版本［Editio princeps］とされる．ラテン語訳のテクストにはクレモナのヤコブの翻訳をレギオモンタヌスが校正したものが使われている．

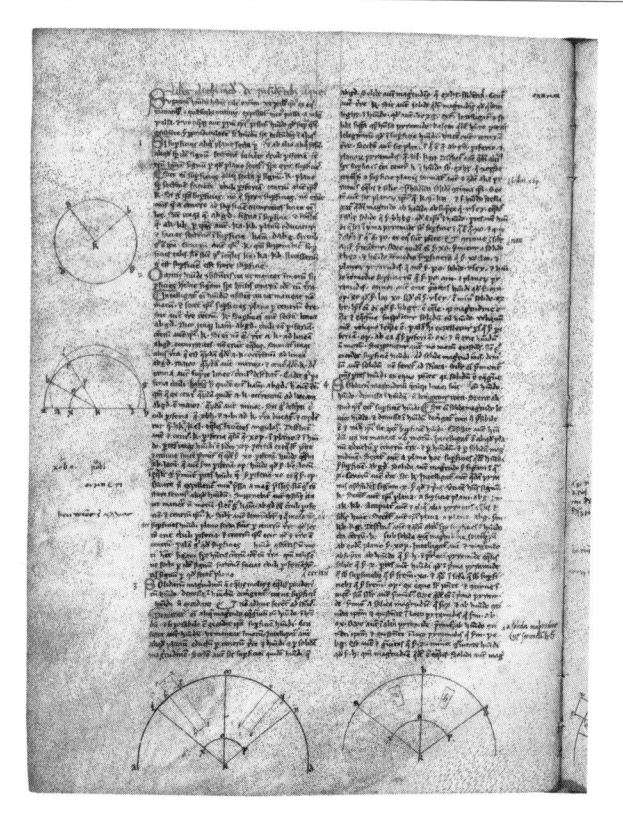

図 1.3.1 Liber Archimedis de insidentibus aque……．メールベクの ギヨームによってギリシア語からラテン語へ翻訳されたアルキメデスの著作『浮体について』の最初のページ．フランドル人のドミニコ会修道士メールベクのギヨームは，哲学，医学および諸科学のテクストをギリシア語からラテン語に大量かつ正確に翻訳し，ルネサンスの文芸復興運動の始まりに寄与した．アルキメデスの著作はエウトキオス（480-540）の注釈と共に 1269 年に翻訳された．メールベクのギヨームは当時ヴィテルボの教皇庁に滞在しており，1277 年から死ぬまではコリントスの大司教という肩書きであった．
© Biblioteca Apostolica Vaticana, Ottobonianus latinus 1850, f. 55v.

も 1503 年にルカ・ガウリコ［Luca Gaurico］（1476-1558）版，1543 年にタルターリア版，1565 年にクルティウス・トロヤヌス［Curtius Trojanus］版，1558 年にフェデリゴ・コマンディーノ［Federigo Commandino］（1509-1575）版（増↗

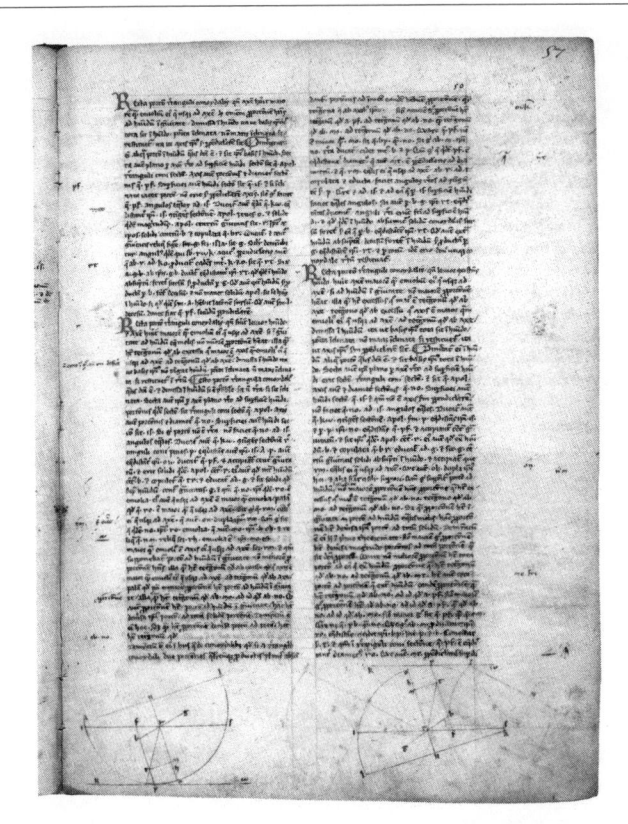

図1.3.2 Recta portio rectanguli……. 図1.3.1のものと同じメールベクのギヨームによる翻訳中にみられる，水上に浮かぶ船の平衡を説明するアルキメデスの諸定理．彼は船の横断面が特殊な形状をしていると仮定している（すなわち回転放物面体の直角切断面の形）．

メールベクのギヨーム，クラヴィウス，コマンディーノらによる古代ギリシアの著作の翻訳は，ダ・ヴィンチやステヴィンのようなルネサンスの学者，技術者たちにとって，数学その他の諸科学の知識の宝庫であった．

© Biblioteca Apostolica Vaticana, Ottobonianus latinus 1850, f. 57r.

補版1565）がすでに出版されていた．アルキメデスと他の偉大なギリシア数学者たちの著作を収めた手稿のその後の運命についてここで詳しく立ち入ることはできない．ただし写本Cには波乱万丈の物語があるのでそれを以下に紹介しよう．

図 1.4.1 今日でもみられるアルキメデスのパリンプセスト．12 世紀に宗教関連のテクスト（ここでは水平方向に書かれている）がもとのギリシア語のテクスト（垂直方向にところどころ間を縫って現れるテクストをみよ）に上書きされた．このパリンプセストは 1899 年に発見された．
New York, Christie's Images Ltd.

写本 C の運命　　写本 C とは，1899 年になって初めて発見されたアルキメデスの著作のことである．イスタンブールにある聖墓修道院コンスタンティノープル分院の書庫でアルキメデスのテクストを収めた 10 世紀のパリンプセストが見つかった．その存在を示す最初のヒントはドイツ人の聖書学者コンスタンティン・ティッシェンドルフが記した 1846 年の旅行記の中に現れる．彼はイスタンブールのその書庫を訪れたのだが，「数学を扱ったパリンプセスト」（その一ページを彼は持ち去った）のほか，何ら特別興味を引くものは見出さなかったと述べている．

パリンプセスト [palimpsest] とは，本来のテクストを消した上から新しい文章を上書きした羊皮紙の写本あるいは断片のことである．アルキメデスの著作を収めたギリシア語のテクストは最初 10 世紀半ばにコンスタンティノープル（現イスタンブール）で筆写された．このテクストを，12 世紀後半かひょっとすると 13 世紀前半に，別の誰かが消して宗教的な文章を上書きしようとした．幸いにもこの作業は完全には成功しなかった（図 1.4.1, 1.4.2）．

1899 年に A.I. Papadopoulos-Kerameus がイスタンブールの分院の書庫の写

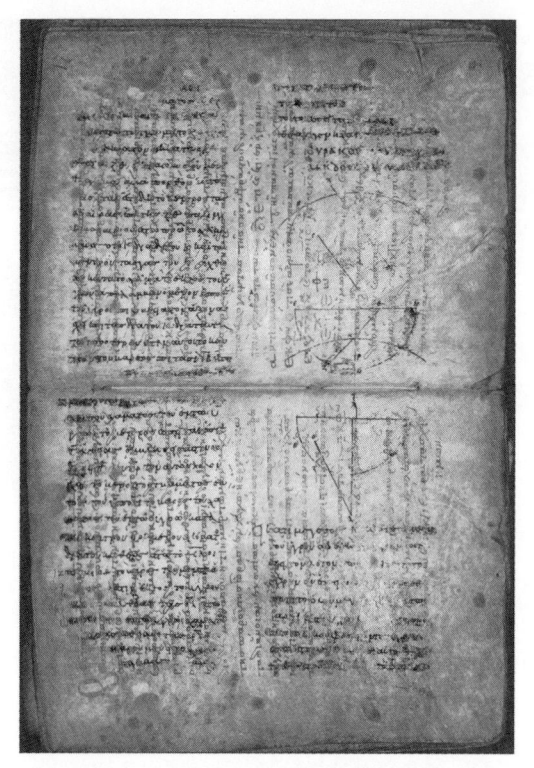

5. シモン・ステヴィン―多面的な科学者にして技術者―　　31

図 1.4.2　図 1.4.1 と同じページを 90° 回転させ，デジタル処理を施したもの．もとの，知られている限り最古の「アルキメデス文書」，すなわち 10 世紀の写本が姿を現した．今みえているのは『浮体について』からの一節である．
New York, Christie's Images Ltd.

本目録を出版した際，その中にそのパリンプセストの記述も掲載された．その記述はギリシア科学の専門家であるデンマークの古典学者 Johan Ludvig Heiberg (1854-1928) の目に留まった．Heiberg は 1906 年と 1908 年にイスタンブールでその写本を調査し，拡大鏡しか使わずに，大量のテクストを解読することに成功した．アルキメデスの既知の著作に加え，そのパリンプセストには失われたと思われていた著作が含まれていた．この「新たな」著作とは $Eφoδιov$，すなわち『機械学の諸定理に関する方法』である．それについては別の著作の中での言及のみが，いくらか知られていた．『方法』は我々にアルキメデスの問題解決法について多

くのことを教えてくれる．同様に重要なのは，この写本 C がメールベクのギヨームが翻訳の際使用した写本 A および他の著作とは「独立」であるとわかったことである．

　Heiberg の二度目の調査の後，その写本に何が起こったかは不明である．1920 年代に書庫は解体され，どういうわけか写本は私人の手に入った．1998 年，それはニューヨークのクリスティーズに競売物件一番として再び姿を現した．パリンプセストは 1998 年 10 月 29 日に 200 万ドルを超える金額で売却された．新たに所有者となった匿名の人物は，その後保存と研究のためその著作をボルティモアのウォルターズ美術館に寄託した．今日の先端デジタル光学技術のおかげで，1906 年に Heiberg がアルキメデスの思考過程に関して示した見解を補完することができるかもしれない．

　古い写本の研究と探索はきわめて魅惑的な作業である．我々は，相当数の古代ギリシア人の著作が失われてしまったことを知っている．アルキメデスの場合，少なくともそれは六点に上る．そのうちの一つはパッポスが言及している著作，『天秤について』である．

　多数の古代の著作が今日なお知られているのは，少なからずビザンチン学派の数学者たちとギリシア正教会のおかげである．修道僧と文献学者たちはテクストを筆写した．彼らを衝き動かしていたのは教育と，建築のような実用的な応用への関心であったが，時には写本 C の場合のように，それらの著作を，意図せざる結果として，後世に伝えることもあったのである．

　「ビザンチンの道」のほかに，アラビア人たちを介する道も存在していた．830 年頃生まれたメソポタミア出身のアラビア数学者サービト・イブン・クッラ [Thabit ibn Qurra]（836 頃-901）はギリシア語の諸著作——とりわけアルキメデスの著作——をアラビア語に訳した．17 世紀にサービト・イブン・クッラの諸著作は，特にフィレンツェのジョヴァンニ・アルフォンソ・ボレッリ [Giovanni Alfonso Borelli]（1608-1679）のおかげで，ラテン語に翻訳された．

　ステヴィンは偉大なギリシア数学者たちの著作を印刷された出版物の形で多数利用することができた．例えば彼は『計量法原論』の中で，平面図形の重心の研究に当たってアルキメデスを参照する際，コマンディーノにみずから言及している．アルキメデスが平面図形だけでなく，立体の重心についても研究していたことは，『計量法』からわかるように，ステヴィンの時代には知られていなかった．また↗

数学に関する彼の著作の中で，ステヴィンはギリシア語からラテン語に翻訳され，印刷，出版された著作を使用していた．例えば彼は，『幾何学問題集』[*Problematum Geometricorum*] という著作において，エウクレイデスの『原論』の1574年に出た翻訳を使用している．その翻訳者は天文学者としてヴァチカンに勤めていたイエズス会士クリストフ・クラヴィウス [Christoph Clavius] (1537/38-1612) であった．

　ステヴィンは，著名な法律家であった彼の友人フーゴー・グロティウス [Hugo de Groot (Grotius)] (1583-1645) のおかげで，古代ギリシア人たちの多数のテクストに触れることができた．彼はこのことを『数学覚書』[*Wisconstige Gedachtenissen*] (1605-1608) の中で述べている．

第 2 章

宗教亡命者ステヴィン？

Stevin, banneling omwille van de godsdienst?

　シモン・ステヴィンは，おそらく1548年に，裕福な両親の私生児として生まれた．彼の母親はカルヴァン派に共感を寄せていた．これは取るに足りない事実ではない．なぜならステヴィンの出身都市ブルッヘにおいては，短期間のカルヴァン派支配の後，1584年にローマ・カトリックが巻き返し，再び市民生活を律することになったからである．しかしそのときステヴィンはすでに北部ネーデルラント諸国に滞在していた．彼は設立されたばかりのライデン大学に学生として登録され，マウリッツ公の友人かつ個人教師となり，ポーランドを旅行し，そして真の万能人として数学，要塞建築，政治などきわめて多数の主題について出版活動を行った．

1. ブルッヘ時代

ブルッヘに一人の私生児が生まれる　ステヴィンの人生最初の数年についてはほとんど知られていない．史料のそこここから浮かび上がってくるわずかなデータをつなぎ合わせてみても，そこから得られるのは若き日のステヴィンに関する一つの可能性にすぎないのであって，首尾一貫した記述には程遠い．

　ステヴィンがブルッヘで生まれたということは彼の伝記作家全員が受け入れている．ステヴィン自身この事実をほとんどの著作で証言している．彼は著作の扉

図 2.1 たいていの場合，ステヴィンの著作の扉には彼の出身地が記されている．例えば『数学覚書』の扉でもやはり出身地である Brugghe が明示されている．
ブルッヘ市立図書館，1919.

で自分のことをブルッヘのシモン・ステヴィン［Simon Stevin van Brugghe, Brugghelinck］と称している（図2.1）．Schouteet（1937）は，ブルッヘ市の公文書館で Symoen Stevin なる人物とかかわりのある一連の証書を発見した．この人物がブルッヘに滞在していた時期をステヴィンの青年時代と規定することができる．この Symoen が我々の知っている科学者と同一人物であるかという問いに対しては，Eduard Jan Dijksterhuis が二つの議論によって肯定意見を弁護している（Dijksterhuis（ed.），1955）．第一にステヴィンは 1616 年にデン・ハーグで執り行われる予定だった結婚の告知の中で Simon Anthonis Stevin と呼ばれ

ている．Symoen の実父の名前は Anthonis であった．さらにステヴィン自身『数学覚書』（第五篇「その他の事柄について」；第二部「王侯簿記について：Maximiliaan de Bethune への献辞」）の中で若い頃ブルッヘ自由庄の財政関係の公職についていたことを記している[1]．これは 1577 年に作成された公文書と一致する．1577 年 10 月 30 日付の第一の証書からステヴィンがカテリン・ファン・デル・ポールト [Catelyne van der Poort] とアントニス・ステヴィン [Anthuenis (Anthonis) Stevin] の庶子として生まれたことがわかる．

市長と市参事会員を輩出した父方の家系　シモン・ステヴィンの父親アントニスについては興味深い情報を伝えるいくつかの史料がある．フューレネのステヴィン家の構成は，Donche (2002a) が発表した論文の中でその概要が描かれている．彼が詳しく伝えるところによると，アントニス・ステヴィンという人物は 1543 年以後家族とのつながりをすべて断ち切り，フューレネ地方から姿を消したらしい．フューレネとのつながりについては van Acker (1999) が以前に示唆していたが，Donche が依拠する公文書記録のいくつかはこれまで調査されてこなかったものであり，ここでは Donche の描いている概要に従うことにする．それによれば，アントニスはフューレネの村長アドリアーン・ステヴィン [Adriaan Stevin] とフランシーヌ・デ・フィス [Francine de Visch] との息子であった（家系図参照）．Donche によると，アドリアーンとフランシーヌはフューレネの裕福な住民で，ブルスカンプ，ウーレン，フューレネ（シント・ニコラス），アディンケルケに世襲の地所を保有していた．アドリアーンの父と祖父もフューレネの村長をしており，彼の弟のピーテルはシント・ニコラスのプレモントレ修道院の院長をしていた可能性がある．アドリアーンとフランシーヌはフューレネの聖ニコラス教会に埋葬されている．墓石には長衣をまとった彼ら二人の姿が刻まれており，その足元には六人の息子と六人の娘が描かれている．これ

訳注[1]　ブルッヘ自由庄 [het Brugse Vrije] とは，ブルッヘ周辺の農村地域に成立していた自治的な法共同体で，ブルッヘ，ヘント，イーペルの三都市とともにフランドルの「四者会議」のメンバーであった．「四者会議」の代表は，貴族および聖職者身分の代表とともに，当時フランドルの行政を司っていた身分制議会を構成した．Dijksterhuis (1943), p. 2, n. 1；斉藤絅子「ベネルクスの古代・中世」（森田安一編『ベネルクス史』，山川出版社，1998 所収），p. 218 参照．

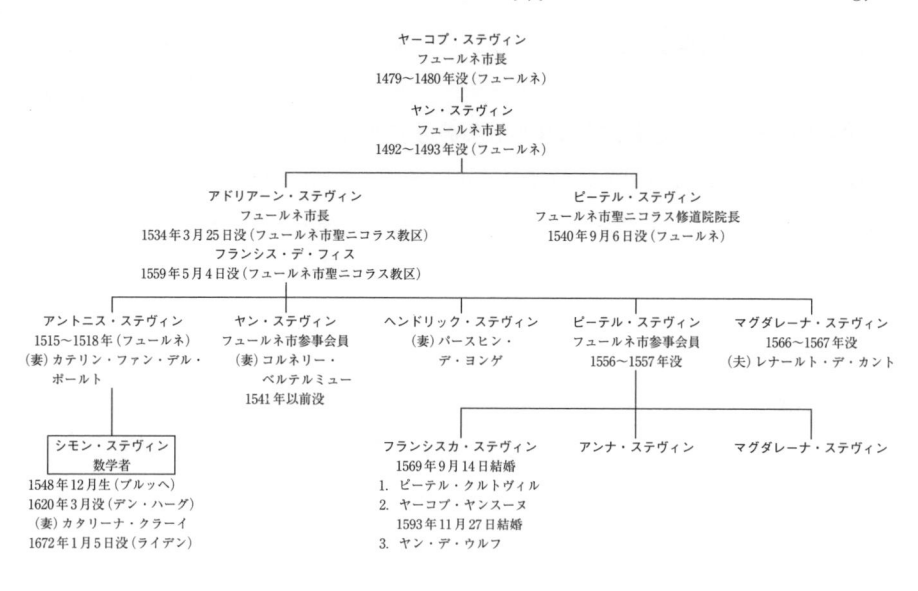

1. ブルッヘ時代

ヤーコプ・ステヴィン
フュールネ市長
1479〜1480年没(フュールネ)

ヤン・ステヴィン
フュールネ市長
1492〜1493年没(フュールネ)

アドリアーン・ステヴィン
フュールネ市長
1534年3月25日没(フュールネ市聖ニコラス教区)
フランシス・デ・フィス
1559年5月4日没(フュールネ市聖ニコラス教区)

ピーテル・ステヴィン
フュールネ市聖ニコラス修道院院長
1540年9月6日没(フュールネ)

アントニス・ステヴィン
1515〜1518年(フュールネ)
(妻)カテリン・ファン・デル・ポールト

ヤン・ステヴィン
フュールネ市参事会員
(妻)コルネリー・ベルテルミュー
1541年以前没

ヘンドリック・ステヴィン
(妻)バースヒン・デ・ヨンゲ

ピーテル・ステヴィン
フュールネ市参事会員
1556〜1557年没

マグダレーナ・ステヴィン
1566〜1567年没
(夫)レナールト・デ・カント

シモン・ステヴィン
数学者
1548年12月生(ブルッヘ)
1620年3月没(デン・ハーグ)
(妻)カタリーナ・クラーイ
1672年1月5日没(ライデン)

フランシスカ・ステヴィン
1569年9月14日結婚
1. ピーテル・クルトヴィル
2. ヤーコプ・ヤンスーヌ
   1593年11月27日結婚
3. ヤン・デ・ウルフ

アンナ・ステヴィン

マグダレーナ・ステヴィン

【ステヴィンの父方の系図】

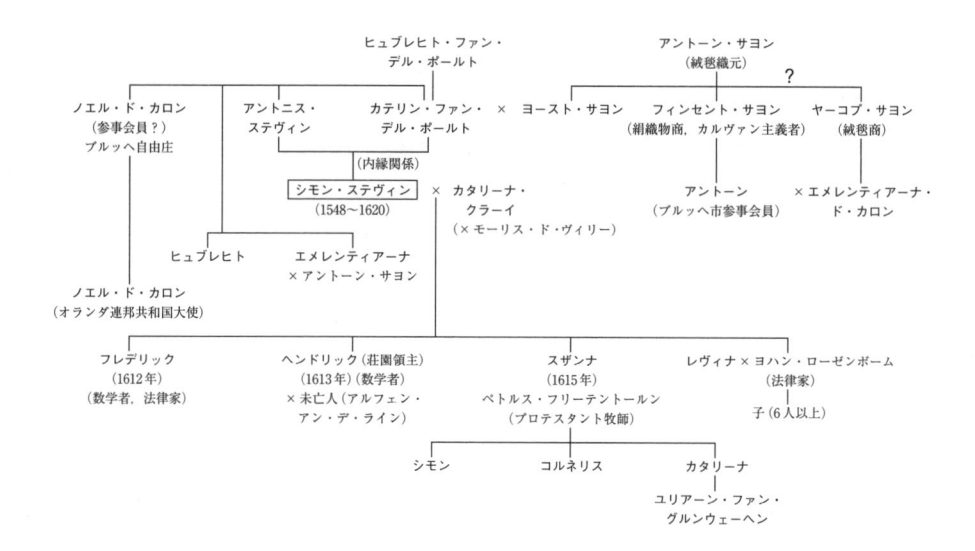

ヒュブレヒト・ファン・デル・ポールト

アントーン・サヨン
(絨毯織元)　　　？

ノエル・ド・カロン
(参事会員？)
ブルッヘ自由庄

アントニス・ステヴィン

カテリン・ファン・デル・ポールト

× ヨースト・サヨン

フィンセント・サヨン
(絹織物商,カルヴァン主義者)

ヤーコプ・サヨン
(絨毯商)

(内縁関係)

シモン・ステヴィン
(1548〜1620)

× カタリーナ・クラーイ
(×モーリス・ド・ヴィリー)

アントーン
(ブルッヘ市参事会員)

× エメレンティアーナ・ド・カロン

ヒュブレヒト

エメレンティアーナ
×アントーン・サヨン

ノエル・ド・カロン
(オランダ連邦共和国大使)

フレデリック
(1612年)
(数学者,法律家)

ヘンドリック(荘園領主)
(1613年)(数学者)
×未亡人(アルフェン・アン・デ・ライン)

スザンナ
(1615年)
ペトルス・フリーテントールン
(プロテスタント牧師)

レヴィナ×ヨハン・ローゼンボーム
(法律家)

子(6人以上)

シモン　　コルネリス　　カタリーナ
　　　　　　　　　　　ユリアーン・ファン・グルンウェーヘン

【ステヴィンの母方の系図】

らの子供のうち名前がわかるのは，フュールネの参事会員になったヤン，ヘンドリック，やはり参事会員になったピーテル，レナールト・デ・カントと結婚したマグダレーナ，そしてアントニスの五人のみである．

Donche によると，1540 年か 1541 年に，デ・フィスは息子のアントニスのためヤン・アールフィスからブルスカンプにあった 4「ヘメーテン［gemeten］」（4000 m^2 強の面積）の不動産を購入した．購入が母親名義で行われたことは，当時アントニスがまだ未成年だったことを示唆する．1543 年ないし 1544 年にはアントニス自身が 4「ヘメーテン」と 25 ルードの広さがあるブルスカンプの別の不動産を購入した．これらのデータから，彼が生まれたのは 1515～1518 年の間であろうと推論できる．アントニスが最後に土地を購入してから 13 年後の 1559 年に彼の母親が亡くなったが，そのときの記録には，彼がその地域を去ってからすでに久しく，それ以来音沙汰がないとある．母の死に際して，アントニスはオーストダウンケルケの 8「ヘメーテン」の不動産を相続するはずだったが，そうはならなかった．彼の姉マグダレーナの夫レナールト・デ・カントが，「弟は国を出て久しく音信不通」であるため，自分の妻の当然の権利を主張したのである．マグダレーナに対するこの割り当ては，「彼女の上述の弟が帰ってきた場合，上述の不動産は依然として彼に帰属しているものとする」という条件付きであり，この処置がなされたのは「相続人不在のまま上述の不動産が放置されないため」であった．アントニスは彼の母親名義の財産についてのみ相続人であり，父方の財産は彼の兄弟が相続した．このことから，アントニスは長男ではなかったが，母親から特別の取り計らいを受けたことがわかる．

Douche が示唆するところによれば，アントニスは何らかの理由で家名を汚し，そのためその後二度とフュールネに顔を見せられなくなったという．事実がどうあれ，1548 年にアントニスはブルッヘの聖バルバラ自警団のメンバーとして登録され，そこで彼はシモンという非嫡出子をもうけた．アントニスが自分に権利のあった財産の相続を請求することはなく，非嫡出子であるシモンはいかなる財産も相続することができないことになっていた．しかしながら，一族がシモンの生活を気にかけていたことは，ブルッヘ市公文書館に残るいくつかの文書から裏づけられる．Schouteet (1937) は特に二つの証書に言及している（囲み 2.1

も参照)．その一つによれば，シモンのおばマグダレーナとの婚姻によって親族となったレナールトとアドリアーン・デ・カントは，ブルッヘ自由庄の徴税役であったヤン・デ・ブリュネがシモンに貸した75フランドルポンドの保証人となることを了承し，シモンは保証人たちの損害を，彼の現在および将来の全資産，とりわけカント家から何年間も受け取ってきた年金をもって賠償すると取り決められている．彼がこの融資契約を結んだのは，ブルッヘ自由庄の財務局に事務職を得るためであった．二番目の証書によれば，ステヴィンはおじであるピーテル・ステヴィンの娘フランシスカの夫ピーテル・ド・クルトヴィルに対し同様の宣言をし，同じくヤン・デ・ブリュネから借りた50フランドルポンドについて，保証人たちの損害を，彼の現在および将来の全資産，とりわけクルトヴィル夫妻から受け取る年金をもって賠償すると定められている．これらの年金のおかげでシモンは財政的にある程度自立できていた．それらは合計で年6フランドルポンドになったが，Doncheによれば，それは石工一人の七十二日分の日当（あるいは年収の約四分の一）に相当した．

父方の家系において，シモンはフュールネとその周辺で行政上の要職にあり，相当の影響力をもった有力者たちと親戚関係にあったことになる．

市参事会員および商人との母方での血縁関係　ステヴィンの母カテリンはイーペル出身のヒュブレヒト・ファン・デル・ポールト［Hubrecht van der Poort］の娘であった．1584年6月28日付の証書が伝えるところによると，彼女には少なくとも三人の姉妹がいた．ピーテル・インゲルブレヒトに嫁いだマリー，フランソワ・ファン・ベーネに嫁いだ二人目のマリー，そしてヤン・ファン・デル・リュッテに嫁いだマグリーテの三人である．彼女たちの連れ合いのうち最後の二人はブルッヘの証書に証人として登場していた．これら家族の全員が1584年に彼らのおじ，つまり彼らの父親の腹違いの兄弟フランソワ・ファン・デル・ポールトから相当多額の遺産を譲り受けた．ステヴィンの外にもカテリンにはヒュブレヒトとエメレンティアーナという二人の私生児がいた（姻戚関係図も参照）．これら二人の子供の父親はノエル・ド・カロン［Noël (de) Caron］(?-1560) という人物であるが，彼は1560年12月11日にブルッヘの聖ドナティアヌス教会に埋葬された同名の男と同一人物とみられる．このド・カロンは重要

人物であった．彼は1530年以来ずっと，あるときは庄長としてあるときは参事として，ブルッヘ自由庄の参事会に席を占め続けた．彼は1624年に連合諸州の大使としてロンドンで客死した同名の政治家の父であった．もしド・カロンとの間に何らかのつながりがあれば，ステヴィンがブルッヘ自由庄で役人として公務についていたことを説明できるだろう．

いつのことかは不明だが，カテリン・ファン・デル・ポールトはヨーストと結婚した．この結婚によって子供が生まれたかは知られていない．ヨーストは裕福な商家の出で，その一家はとりわけバルト海沿岸諸国との貿易を営んでいた．彼には少なくとも二人の兄弟がおり，フィンセントとヤーコプという名前だった．彼らはヨーストと同様に絨毯と絹織物業に従事していた．フィンセントは政治においても大変活動的だった．彼は明らかに確信的なカルヴァン主義者だった（囲み2.2参照）．ヨーストはブルッヘに少なくとも一軒の住宅を所有していた．ホーホ通りの「金の盾」館 ['Den Gouden Schilt'] がそれである．ほかにもフラーミングダムに絹織物の工房があった．さらに Vandamme (1982) は，やはり政治活動家であったフィンセントの息子アントーンが先ほど出てきたエメレンティアーナと結婚していた可能性を示唆している．これらすべてのことからわかるのは，ステヴィンの母親がとりわけ政治的（かつカルヴァン主義的）なサークルとかかわりをもち，彼女の人生にかかわったさまざまな男たちはブルッヘにおける重要人物たちであったということである．さらにそれらの家族にはかなりの収入があったので，若き日のステヴィンが優れた教育を受けられたことは疑いえない．

28歳で形式上の成人宣言　ステヴィンには1577年10月30日に後見人が任命された．後見人の一人はステヴィンの母親の夫，ヨースト・サヨンであった．もう一人の後見人であるヨアヒム・ド・フルニエ [Joachim de Fournier] はすでに1562年にステヴィンの父親違いの妹エメレンティアーナ・サヨン-ド・カロン [Emerentiana Sayon-de Caron] の後見人に任命されていた．さらに同日ステヴィンは後見を解かれ，成人を宣言された．この手続きにより彼には法律上の資格が与えられ，例えば以後彼は借金をすることができた．この形式的な成人宣言はかなり遅く，ステヴィンはすでに28歳前後になっていた（図2.2）．ここか

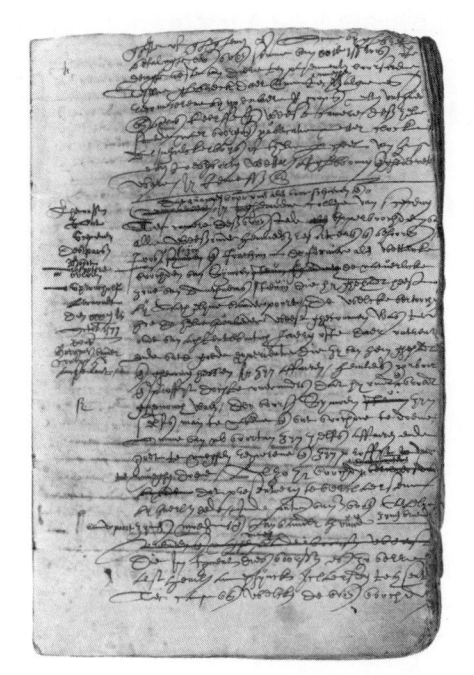

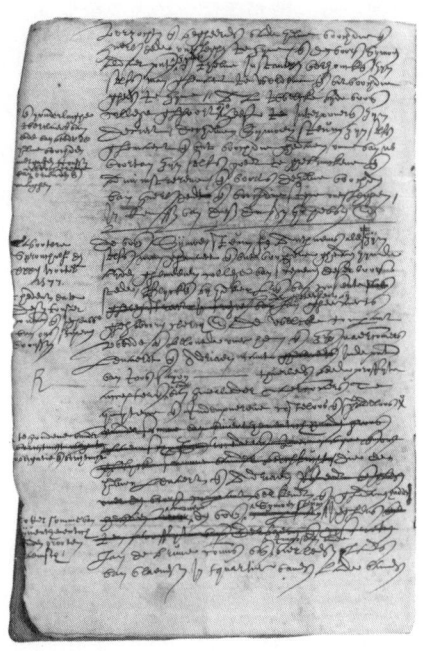

図 2.2 ステヴィンに関係するブルッヘ市公文書館のさまざまな証書．ブルッヘの審判院の書記であった Jan Geeraerts の記録の中にあるこの証書は，ステヴィンが 28 歳で成人したことを宣言している．Brugge, Stadsarchief, Oud Archief r. 198, Klerken van de Vierschaar, Register van Jan Geeraerts, oktober 1577, fol. 4r.–4v.（撮影：Hugo Maertens）

らステヴィンは 1548 年末か 1549 年初頭に生まれたと推論することができる．ライデン大学図書館にある肖像画には生年 1548 年とある．

　後見人の任命と形式的な成人宣言は亡父の遺産（の一部）の獲得を目的としたものだったと仮定することができる．ステヴィンはおそらく借金や身元保証を合法的に受けるために，遺産と法律上の資格を必要としていたのだろう．すでにみたように，ブルッヘ自由庄におけるフランドルの四者会議の徴税役であり，ステヴィンの雇用主であったヤン・デ・ブリュネに対し，ステヴィン家のフュールネ系統に属する何人かの人物が彼の保証人になっていたからである．

　ステヴィンの旅行　　ステヴィンの青年時代の身の上に関してこれ以上のことはほとんど知られていない．彼は例外的な教育を受けたに違いない．彼の後の出

版物から，彼がラテン語とフランス語に通じ，おそらくイタリア語とドイツ語の知識も有していたことは明らかである．彼は多分，ブルッヘのラテン語学校の一つで授業を受けたのであろう．『数学覚書』での言及から，彼が一時期アントウェルペンで会計出納係として働いていたことがわかる．正確にいつ，そしてどのくらい長く彼がアントウェルペンで働いたのかはもはや知るよしもない．いずれにせよ，この種の活動は彼の継父ヨーストおよびその兄弟の取引の実務とも符合する．

何人かの著者たちは，ステヴィンが 1571～1577 年の期間に，ポーランド，プロイセン，そしてノルウェーを旅行していただろうと述べている．実際ステヴィンは，著作の中でこれらの国々について詳しく記述している（特に『マテリアエ・ポリティカエ―民政関連諸論題―』[Materiae Politicae, Burgherlicke Stoffen] 第一節「都市計画について」57 ページ（ノルウェー）および 120 ページ（ポーランドのクラクフ），および『数学覚書』第一篇「世界誌について」[Vant Weereltschrift]；第二部「地球誌について」[Vant Eertclootschrift]；「地球の物質変転について」[§ Vant Stofroersel des Eertcloots] 67 ページ（プロイセン）を参照）．それゆえ，彼がそれらの旅行を実際に行ったということは証明されないとしても，かなりありうることである．ひょっとすると彼はその旅行のためにサヨン家がバルト海諸国にもっていたつながりを利用することができたのかもしれない．さらに後，1591 年のグダニスクへの旅行に関しては，利用できる史料が存在する．

……**ブルッヘ生まれのシモン・ステヴィンなる者**（……），**この者学校教師にして数学者，そして大変学識経験豊かな男にして**……　ステヴィンの生涯をよりよく裏づけようと努力する中で，さまざまな著述家たちが彼らの仮説や予想を事実にまで持ち上げてきた．ここに我々が今までまだ論じていない文書がある．ブルッヘのフェルプランケン [I. H. Verplancken] という人物――彼についてそれ以上のことは知られていない――がライデンの市政官ハイスベルト・アリエンス・ファン・ライクハウゼン [Gijsbert Ariens Van Rijckhuijsen] に宛てた手紙が発見された（van Rijckhuijsen, 1760）．ファン・ライクハウゼンは 1740～1760 年の間，依頼に応じて数々の家系学的，紋章学的調査を行っていた．彼の依頼人

の一人はステヴィンの長女スザンナの孫ユリアーン・ファン・グルンウェーヘン [Juliaen van Groenwegen] であった．ユリアーンは彼の著名な曾祖父のことをもっとよく知りたいと思っていたらしく，フェルプランケンは1753年2月に次の内容を書き送った（その手紙はライデンの市立公文書館に保存されている）．

　　貴殿に送付したるシモン・ステヴィンについての覚書に関して，詩作結社「精霊会」の台帳に見出さるるは，ブルッヘ生まれのシモン・ステヴィンなる者，1571年3月16日付で同人となりしが，この者学校教師にして数学者，そして大変学識経験豊かな男にして，ビール税の免除を得られずして，ミッデルブルグへ旅立ちけるに候えども，彼の家紋ないし彼が子供を残したかどうかはこれまでのところ突き止めざりし，……

　この文書から，1753年にブルッヘではまだステヴィンに関するデータを確認できたことがわかる．それによれば，ステヴィンは1571年に雄弁家協会「精霊会」のメンバーになったらしい．残念ながら，もはやこの事実を検証することはできない．「精霊会」の会員名簿は失われてしまったのである．とはいえ——上記の主張が正しければ——ステヴィンがブルッヘにいたときすでにオランダ語に対する関心を抱いていたことは明らかである．この関心は彼の著作の中でさらに明確に現れることになる．彼はまた学校教師および数学者とも呼ばれている．いつのことかははっきりしないが，彼はある時点でブルッヘを後にし，ミッデルブルグへ向かった．伝記作家たちの何人かはこの主張を根拠に，ステヴィンが上に述べたバルト海沿岸地域への旅行に旅立ったとしている．

　上記の手紙の著者が旅行の目的地としてミッデルブルグをあげているのは注目に値する．カトリックの南部とプロテスタントの北部との宗教争いの間，ミッデルブルグはカルヴァン派政権下の最南端の都市であった．そこにはアントウェルペン周辺から大勢のプロテスタントが流れ込んだ．17世紀もかなり後になってまで，南部ネーデルラント諸国からの移民の共同体はミッデルブルグにおいて独自の集団として追うことができる．ところで，数学者イサーク・ベークマン (1588-1637) の父親が1585年に腰を落ち着け，ロウソク製造および水路施工の仕事を営むのもやはりミッデルブルグであった．

　ステヴィンに関する1577年以降の公文書はブルッヘには保存されていない．

彼は本当にこの町を去ったに違いない．ひょっとすると彼は信仰上の理由によって旅立ったのかもしれないが，彼がブルッヘの空気にうんざりしていたというのもありうることである．カトリック陣営と彼の近親が名を連ねていたプロテスタント陣営の間で繰り広げられた中傷合戦のため，彼が学業に専念することは不可能であった．それにもかかわらず，彼がライデンに姿を現す 1581 年以前に，彼は本格的な高等教育を受けていたはずである．おそらく彼はフランス，ドイツないしスイスにあったプロテスタントの大学の一つで学んでいたのだろう．あるいはイタリアの大学で学び，そこで当時のイタリア人数学者や代数の専門家と交友関係をもったのかもしれない．

● 2.1 ● ブルッヘ市公文書館の資料

Schouteet は 1937 年にブルッヘ市公文書館で，ステヴィンとその直系の親族にかかわりのあるいくつかの文書を発見した．ここにそれらを年代順に並べる．いくつかの些細な事実を除き，それらの文書がステヴィンの人生における最初の 30 年間と直接関係のある唯一の資料である．また，シモン・ステヴィンの母親カテリン・ファン・デル・ポールトの住居の一つについての情報も，Beernaert *et al.* (2000) に収録されたものに従って載せる[2]．

1551 年 2 月 26 日： ブルッヘ市公文書，ブルッヘの孤児院，1545 年から 1558 年にかけての後見人による宣誓の控書，73 ページ．

ピン製造業 Frans van Bejane は，Jacop Vaseur に代わり，Nowe Caron (Noël de Caron) が Hubrecht の娘 Kathelyne vander Poort との間にもうけた私生児 Hubekin (Hubrecht) と Emerentiana の後見人に任命される．

1551 年 5 月 4 日： ブルッヘ市公文書，ブルッヘの孤児院，1536 年から 1551 年にかけての聖ドナティアヌス区の孤児の財産目録，176 ページ．

Noël Caron が Hubrecht の娘 Kathelyne vander Poort との間にもうけた庶子 Hubrechtkin と Emerentianekin の後見人 Fransois van Bejane と Jan vander Lute は孤児院にそれらの庶子の扶養にかかった金額の申請を行う．

1562 年 3 月 9 日： ブルッヘ市公文書，ブルッヘの孤児院，1558 年から 1576 ↗

訳注[2] 以下に現れる当時の人名はスペルが一定しない．「緒言」p. xvii を参照．

年にかけての後見人による宣誓の控書，185v.

　Jan vander Luute に代わり，Joachim Fournier が，Noël Caroen が Cathelyne vander Poort との間にもうけた私生児 Emerentiana の後見人に任命される.

1567 年 3 月 17 日：　ブルッヘ市公文書，法令による売却，……

　1567 年 3 月 17 日付で，Be(e)rnaert Winckelman はブルッヘ市ホーホ通り 37 番地の「金の盾」館を押収させた．公開入札で彼はその建物を入手した．知られている限り最も古いこの家の所有者は，1564 年 9 月 23 日以来，Catelijne vander Poort の夫，Joos Sayon であった．

1577 年 10 月 30 日：　ブルッヘ市公文書，1576 年から 1580 年にかけてのブルッヘの孤児院の理事会，64 ページ．

　Joost Sayon と Joachim de Fournier が，Anthuenis Stevin が Catelyne vander Poort との間にもうけた私生児 Simon の後見人となる宣誓をする．Simon は同時に理事会によって後見から外される（次の証書も参照）．

　Actum ter camere den 30en Octobre 77.

　Joos Sayon ende Joachim de Fournier zwooren voochden van Simon de natuerlicke suene van Anthuenis Stevin by Catelyne vander Poort.

　Dezelve Simon wiert aldoe byden collegie zyn zelfs man ghemaect ende uut voochdie ghestelt; clerc: J. Gheeraerts.

1577 年 10 月 30 日：　ブルッヘ市公文書，1577 年から 1581 年にかけてのブルッヘの審判院の書記であった Jan Gheeraerts の記録，フォリオ 4 r.-v.（図 2.2 も参照）

　Cathelyne vander Poort が産んだ Anthuenis Stevin の私生児 Symoen Stevin はブルッヘ市参事会により成人を宣言される．証人として彼の友人 Jan vander Houve の名前があげられている．

　Gheconsenteert present scepenen: Despars, Boodts, Cabootere, Volden, Sproncholf, Lernoult, den 30en in Octobre 1577, present burchmeester vander courpse: Heinric Anchemant. —— Dat quamen voor ons als voor scepenen ende in 't ghemeene college van scepenen ter camere deser voorn. stede, uppervoochden van alle weesen onder hemlieden resorteerende ende behoorende, Joos Sayon ende Joachim de Fornier, als wettelicke voochden van Symoen, de natuerlicke zone van Anthuenis Stevin, die hy ghehadt heeft by Cathelyne vander ↗

Poort, dewelcke vertoochden hoe dezelve huerlieder weese ghecommen was ter oude van acht en twintich jaeren ofte daeromtrent ende, uute goede experiëntie die zy van hem ghehadt ende ghenomen hebben in zyn affairen, hemlieden oorboir ende proffyt dochte, overmidts dat hy oudt ende vroedt ghenough was, den voors. Symoen zyn selfs man te makene ende uut voochdie te doenne, omme van nu voortan zyn zelfs affairen ende goet te mueghen regierene ende zyn proffyt daermede te mueghen doene, alzo zy vooghden dat presenteren te verclaersene by huerlieder eede, inde presentie vande voors. Cathelyne vander Poort, zyne moedere, ende Jan vander Houve, zynen vriendt ende maech, die in tguent dies voorseyt es, zo verre als 't hemlieden anneghynck, verclaersden te consenteren; ter cause van denwelcken de voors. voochten verzochten ende begheerden van dezelve voochdie ende huerlieder eede ontsleghen te zyne, ende den voors. Symoen, aldaer present zynde ende tzelve instantelick verzouckende, zyn selfs man ghemaect te werdene ende uut voochdie ghedaen te zyne. Al twelcke byden voorn. college ghehoort ende zonderlinghe 't verclaers van eede van beede dezelve voochden, metgaders 't consent van de voorscreven vrienden ende maghen, heeft, interponerende zyn decreet, denzelven Symoen Stevin zyn zelfs ghemaect ende uut voochdie ghedaen omme van nu voortan zyn selfs goedt te ghebruuckene ende administrerene, ende voorts dezelve voochden van huerlieden eedt ende voochdiescepe ontsleghen.

要約すると，下記のようになる．

　ブルッヘへの参事会員と市長の何人かがすべての孤児の後見人頭として集まった．同じく Joos Sayon と Joachim de Fournier も，Anthuenis Stevin と Cathelyne vander Poort との間に生まれた私生児 Symoen Stevin の法律上の後見人として臨席している．後見人たちは Symoen が 28 歳前後であり，彼が自身の事柄を管理できることは経験から明らかであると宣告する．彼らは Symoen を「男」（成人）とすることを要請する．このことは彼の母親 Cathelyne vander Poort と彼の友人で同僚の Jan vander Houve の臨席のもとで行われる．彼らは後見を廃し，自分たちをその義務から解くよう要請する．

1577年10月30日： ブルッヘ市公文書，1577年から1581年にかけてブルッヘの審判院の書記であったJan Gheeraertsの記録，フォリオ4 r.-v.

Symoen Stevinは，LenaertおよびAdriaen Cantが彼のため75フランドルポンドの金額の保証人にとどまることについて，両名に損害を与えないことをヨースト・サヨンの臨席のもと，そしてブルッヘの参事会員の面前で約束する．保証人は，該当者［Symoen Stevin］がブルッヘ自由庄におけるフランドルの四者会議の税務官Jan de Bruneのもとで事務官として勤務するに当たり，後者に対して補償責任を負うものとする．シモンはそれに当たって彼がすでにこの二人のCantから受け取っていた4フランドルポンドの終身年金を担保とする．

1577年10月30日： ブルッヘ市公文書，1577年から1581年にかけてブルッヘの審判院の書記であったJan Gheeraertsの記録，フォリオ5 r.-v.

Symoen Stevinは，Pieter de Courtevilleが彼のため前の手紙で言及されたJan de Bruneに対し50フランドルポンドの金額の保証人にとどまることについて，後者に損害を与えないことをブルッヘの参事会員の面前で，そしてJoost Sayonの臨席のもと約束する．またこの文書には前述のPieter de CourtevilleとPieter Stevinの娘Magdaleeneによって聖バフォのミサ（10月1日）ごとに支払われるべき2フランドルポンド——比較的少額——の終身年金のことも出てくる．

1584年6月28日： ブルッヘ市公文書，1580年から1590年にかけてブルッヘ市参事会により示された民事判決，フォリオ207 r.-v.

Huybrecht vander Poortの二人の娘，すなわちPieter Inghelbrechtの未亡人Marie vander PoortとJoos Sayonの未亡人Cathelyne vander Poort，および故Marie vander Poortが産んだFransois van Beaneの娘Clarckenらは皆Hubrecht vander Poortの腹違いの兄弟François vander Poortの遺産相続人にして，Jan vander Luytemの息子Jan vander LuythemとHuybrechtの娘Magriete vander Poortに，イーペルにおける上記Françoisの遺産のうちの彼らの取り分の整理にとりかかる権限を与える．

（ここで我々はステヴィンの母方の親族を何人か知ることになる．）

1587年7月6日： ブルッヘ市公文書，1586年から1587年にかけてブルッヘ市参事会により示された民事判決（バラバラの書類），39番．

故Joos Sayoenの未亡人Cathelyn vander Poortおよび故Franchois vander Poortの他の相続人たちは，イーペル市コルテ・ネッケル通り所在の家屋について↗

て，年2ポンド10シリングの家賃がこの6年間未払いであるが，その支払いを同市当局に対し請求する権限を幾人かの適任者に与える．

1597年10月15日：　ブルッヘ市公文書，1597年を通してブルッヘ市参事会に代わって作成された委任状（バラバラの書類），197番．

Joos Sayon の未亡人 Cathelyne vander Poort は彼女自身の名義で，商人 Jacques Inghelbrechts は彼自身の名義で，Tanneken van Pachtenbeke の夫 Galiaen de Vriese は彼自身および Jacques Evens の名義で，「Wackene の代官」Jan vander Lute に，イーペルで没した Fransois vander Poort の遺産のうち彼らの取り分を整理する権限を与える．この文書には 'Catelynn vande Poert' という署名がある．

　注記：　ここでは Donche が最近リール，フュールネおよび他の地区で発見した公文書（Donche, 2002a, 2002b）には言及しなかったが，そこではフュールネ地方でのステヴィンの先祖に関する情報がみられる．関心をもたれた読者はそれらの最近の出版物を参照されたい．

● 2.2 ● 1550〜1584年のブルッヘにおけるカルヴァン主義

　低地諸国の他の多くの都市とは異なり，ブルッヘではジャン・カルヴァン［Jean Calvin］（1509-1564）の教義が広まるのは遅かった．カルヴァンの教義をもたらしたのはヨハン・ハイヤールト［Johan Gailliaert］であった．彼は1554年にカルヴァンの諸著作の最も初期のオランダ語訳をつくった．1566年にはブルッヘにおいてカルヴァン主義が一気に広まった．コルネリスという修道士は3月3日に，市参事会，そして特にその法律の専門家（法律顧問と書記），「主としてフランスに留学し，かの地でヨハンネス・カルヴィヌスの胸から有毒の乳を吸いし者たち」が，新しい教義の支持者であると指摘した．

ブルッヘにおける聖画像破壊暴動　　1572年5月15日まで司教と市当局は対応しなかった．その後八人の異端審問官を擁する完全な弾圧機構が準備された．イエスス会の学校が他のラテン語学校の業務を引き継いだ．1573年11月に低地諸国↗

からアルバ公が去ると，ブルッヘにおいてカルヴァン主義に対する弾圧は弱まった．

1578年3月20～26日の間に，ヘント出身のフランス・ファン・デン・ケテュレ（ライホーフェ卿）[Frans van den Kethulle (Ryhove)] はブルッヘを掌握し，カルヴァン派政権を樹立した．このことによって，カトリックの有力者七十七人は家族とともに追放されたほか，スペイン生まれの五十四名が脱出した．ブルッヘ司教レミ・ドリュー [Rémi Drieux] (1519-1594) はその前にすでに，1577年10月28日のヘントにおける権力掌握の際，ライホーフェ卿によってイープルの司教およびフランドルの総督シメイ公らとともに逮捕監禁されていた．ドリューは1581年8月まで監禁され続けた．1578年8月6日にはイエズス会のコレージュが閉鎖され，8月28日に改革派は聖アンナ小教区教会を手中に収め，そこで礼拝を行えるようになった．9月25日にはブルッヘで聖画像破壊暴動が勃発し，すさまじい勢いで荒れ狂った．全市内でカトリックの礼拝は見合わせられた．10月31日市参事会は市民感情を鎮静化させようと試みた．すべての小教区教会は再びカトリックの使用に供され，一方，カルヴァン派はカルメル会とアウグスティノ会の修道院付属教会および聖ヨハネ教会の礼拝堂を得た．11月8日ブルッヘは，フランドルの都市で最初に，宗教和議を受け入れた．

フィンセント・サヨン　この時期のブルッヘで注目すべき人物はフィンセント・サヨン [Vincent Sayon] である．彼は我々のステヴィン像にとって重要である．というのも彼は，ステヴィンの母カテリン・ファン・デル・ポールトと結婚し，ステヴィンの後見人として1577年に登場し，そして「金の盾」館の所有者であったヨースト・サヨンの弟であったと推測できるからである（囲み2.1参照）．ただし，これらの関係を一意的に裏づけられるような公文書はほとんど保存されていないので，家族関係の再構成に当たってはもちろん慎重でなければならない．何人かの改革派が自警団に対して暴動を起こしたのをきっかけに，カルヴァン派の代表団が市参事会に請願書を提出するため1566年11月3日市庁舎を訪れているが，Vandamme (1982) はフィンセント・サヨンがこの代表団の一員であったと述べている．1578～1584年の間のフィンセントのカルヴァン主義者としての信念についてはいささかの疑念も存在しない．カルヴァン主義共和制の間，彼は一貫して高位の官職の座に収まり続けたが，市政への彼の関与は1575年まで遡る．参事としての高まる威信を使って，彼は息子のアントーンを行政職につけ，自身もうまみ↗

のある役職の権限を濫用した．Vandamme は，このアントーン・サヨンがカテリン・ファン・デル・ポールトとノエル・ド・カロンとの間にできた私生児エメレンティアーナの夫だったのではないかと考えており，さらに彼は，このド・カロンが，ブルッヘ自由庄の市長となり，その後北部へ亡命した同名の息子の父だった可能性を示唆している（囲み 2.1 および以下の記述も参照）．フィンセントは 1580 年に，聖職者の財産の売却を取り計らう四頭委員会のメンバーにまでのし上がった．彼は教会財産を最も貪欲に買い漁った者たちの一人であった．1584 年 3 月に市参事会員としての最後の任期が始まったときには，すでにシメイ公が再びカトリック寄りに針路をとっていた．ファルネーゼはフェリペ二世と交わした書簡の中で，新参事会はよりによって数多くのカルヴァン派の隠れ蓑になっていると指摘している．それにもかかわらずフィンセントは積極的にブルッヘの和平使節に参加し，執政ファルネーゼとの交渉の後，この町は 1584 年 5 月に再びスペイン陣営に引き渡されることになった．

　Vandamme によれば，フィンセントは手広く商いを営んでいたため，彼の職歴を記述するのは困難である．ある者は彼を絨毯商［coopman van tapytseries］と呼ぶが，この事業を彼は父親から受け継ぐことができた．アントーンは絨毯製造者兼商人として名をなしたのである．1520 年代から 1530 年代にかけて彼はそのような装飾品をブルッヘ自由庄の参事会堂のため納入していた．彼のもう一人の息子でフィンセントとヨーストの兄弟であるヤーコプも絨毯商として活躍していた．フィンセントは絹織物の取引でも活躍していた．この事業を彼はブルッヘ市内フラーミングダムの「仏蘭西盾」館［‘Den Franschen Schilt’］で行っていたが，そこでは兄弟のヨーストも絹織物問屋を仕切っていた．フィンセントはとりわけ織物製品の商人として名が知られていた．彼はワロン人の織工たちを雇って沈滞していたブルッヘの織物産業をよみがえらせ，バルト海諸国と緊密な貿易を行った．

　疑いなくフィンセントはブルッヘで最も裕福な市民に属していた．1580 年に彼は市内に少なくとも十五の家を所有し，市外にも資産があった．彼は 1598 年より以前に亡くなっている．

　ブルッヘのカルヴァン主義者の頭脳流出　　パルマ公ファルネーゼの介入によりカルヴァン主義共和制が 1584 年 5 月 25 日に終止符を打ってから，ローマ・カトリックの勢力はブルッヘにおいて比較的速やかに復活した．ファルネーゼの入市式の十日前，すでに聖ドナティアヌス教会，聖ヤコプ教会および聖ワルブルガ教会の

祭壇はカトリックの礼拝のために改めて聖別されていた．聖ヒリス教会と聖母教会は7月15日にそれにならった．1585年5月には，異端や反逆者たちから町が解放されたことを記念するため，5月20日に最も近い日曜日に記念行列［processio anniversaria］を催すことが申し合わされた．

1586年から1587年にかけて，新教徒たちは自由意志で，あるいは強制されて，亡命の身となった．カルヴァン派の家族百十世帯がブルッヘを後にした．この時期の後，ステヴィンだけでなく，フランシスクス・ゴマルス［Franciscus Gomarus］（1563-1641），ボナヴェントゥーラ・ウルカニウス［Bonaventura Vulcanius］（1537/38-1614）およびニコラウス・ムレリウス［Nicolaus Mulerius］（1564-1630）らブルッヘ出身の学者たちが何人も北部ネーデルラント諸国の大学に姿を現した．

ゴマルスは1563年1月30日にブルッヘで生まれ，1641年1月11日にグローニンゲンで没した．彼は改革派の神学者であり，1587年にはフランクフルト・アム・マインで牧師をしていたが，1594年にライデンで教授となった．1604年に彼は同僚のヤコブス・アルミニウス［Jacobus Arminius］と予定説をめぐって神学論争を戦っている．1609年に彼はライデンでの職を辞し，ミッデルブルグで牧師および神学教師になる．1615年にはフランスのソーミュールで，1618年にはグローニンゲンで教授職についた．彼は聖書の公定オランダ語訳作成にかかわっている．彼は宗教上の理由でブルッヘを後にしたと推定できる．

ウルカニウスはブルッヘに生まれ，1614年にライデンで77年の生涯を閉じた．ライデンではギリシア語の教授をしていたが，その前はマルニクス・ファン・シント・アルデホンデ［Marnix van St. Aldegonde］（1540-1598）の秘書をしていた．ウルカニウスが残した文書の中にはカトリック教会に批判的な見解が見出される．ライデン滞在中，コルネリウス・アウレリウス［Cornelius Aurelius］（1460頃-1531）の手書きの著作が彼の手に入った．このホラントの歴史家は，ラテン語で詩を書き，エラスムスと親交があった．ウルカニウスはそのテクストに手を入れ，オリジナルのマニュスクリプトで彼が重要でないと思ったところを削除し，それを印刷業者に送った．

ムレリウスはカルヴァン派のグローニンゲン大学に現れる．彼はブルッヘで1564年に生まれ，ホラントで1630年に亡くなっている．彼は1617年，コペルニクスの『天球の回転について』が禁書目録に載る1年前，同書の第三版を作成した．この版にはムレリウスによる注解が加えられていた．彼をコペルニクスの確↗

信的な信奉者と見なすことはできない――とはいえ，それでも彼はコペルニクスを歴史上最も重要な天文学者の一人と考えていた．

人文主義者のフランシスクス・ナンシウス［Franciscus Nansius］（1520頃-1595）もブルッヘ生まれであった．彼はライデンに向かい，後にドルドレヒトのラテン語学校の教授になった．彼には膨大な蔵書があった．ライデン大学は彼の遺産のうち，特に9世紀の手稿を多数買い上げたが，それらは4～5世紀の著者たちの古典の写本であり，当時にしてすでにそれらの原典が存在しなくなってから久しかった．

ライデンと間接的なつながりのあった今一人のブルッヘ出身者はマルティヌス・スメティウス［Martinus Smetius］（1525-1578）である．この学者はローマに滞在した折に，そこで建物，凱旋門，石棺などの何千もの銘文を大変ていねいに書き写した．彼のマニュスクリプトはイングランドでライデン大学の創立者ヤーヌス・ドゥサ［Janus Dousa］ことヤン・ファン・デル・ドゥース［Jan van der Does］（1545-1604）により買い取られた（囲み2.4参照）．一時期ライデンで教授をしていたユストゥス・リプシウスは，スメティウスのテクストを『古代の銘文』［*Inscriptiones Antiquae*］という書名で出版した．その著作を準備した印刷業者は500ギルダーの助成金を受け取った．

ブルッヘ出身で，17世紀初頭にオランダで全国議会の役職にあった者もいる．その一人はすでに述べたノエル・ド・カロンである．この政治家はブルッヘ自由庄でカルヴァン派にとって重要な複数の官職についていた．彼は1624年に連合諸州の大使としてロンドンで亡くなった．オランダで国務についていたもう一人の重要なブルッヘ出身者はジャック・ワイツ［Jacques Wijts］（1580頃-1643）であったが，彼の父ジャンはカルヴァン派時代のブルッヘの市長であった．ピーテル・コルネリスゾーン・ホーフト［Pieter Cornelisz. Hooft］（1581-1647）はワイツがオランダ国軍でのステヴィンの後継者であったと述べている．ワイツは父の死後，彼の母親と彼女の再婚相手アドルフ・ファン・メートケルケ［Adolf van Meetkerke］とともに，ホラントに移住していた．1606年，ワイツは歩兵大尉に任命された．ホラント州収税長官の娘で，高貴な家柄のマグダレーナ・ファン・ファルケスタイン［Magdalena van Valckesteyn］と結婚したことで，彼は名高い資産家となった．

● 2.3 ● ステヴィンの生涯における重要な年

伝記的な事項は< >にて示した．

1545〜1563年	トレント公会議．
1548年	<ブルッヘでステヴィン誕生．>
1549〜1551年	将来のフェリペ二世が父の皇帝カール五世に随行して低地諸国を歴訪．
1555年	カール五世が皇位を退く．
1566年	聖画像破壊暴動．
1567年	アルバ公が執政となる．
1568年	エグモント伯ラモラール，ホールネ伯の処刑．
1572年	オラニエ公ウィレムがホラント，ゼーラント，ユトレヒトの総督となる．
1575年	ライデン大学創設．
1576年	ヘントの和平．
1577年	ヘントにおいてカルヴァン派が権力を掌握．<ブルッヘにおいてステヴィンが28歳で成人を宣言される．書記としてブルッヘ自由庄の役所に勤務．>
1581年	<ステヴィンがライデン市の戸籍簿に記載される．『組合企業の計算に関する新発明―シモン・ステファヌスによって発明され，初めて公刊されたるもの―』[Nieuwe Inventie van Rekeninghe van Compaignie gheinuenteert ende nu eerst int licht gheghevenn door Simonem Stephanum] 出版．>
1582年	<『利子表』[Tafelen van Interest] 出版．>
1583年	<『幾何学問題集』出版．>
1583〜1590年	<ライデン大学の学生簿にステヴィンの記載あり．>
1584年	デルフトにてオラニエ公ウィレムが暗殺される．<ステヴィンに対するオランダ共和国で最初の特許の認可．>
1585年	パルマ公ファルネーゼがアントウェルペンを奪還し，カトリックの南部ネーデルラント諸国がプロテスタントの北部ネーデルラント諸国から分離．<『ディアレクティケーすなわち論証術』[Dialectike ofte Bewysconst] と『十分の一法』[De Thiende]，↗

	『算術』［L'Arithmetique］出版.＞
1586 年以前	＜デルフトにてステヴィンと友人のデルフト市長ヨハン・コルネッツ・デ・グロートによる落下実験の実施.＞
1586 年	＜『計量法原論』，『水の重量についての原論』，『計量の実践』出版．ステヴィンに対して「排水風車」に関する特許の認可.＞
1589 年	＜ステヴィンに対して九つの新たな特許の認可.＞
1590 年	＜『ウィタ・ポリティカ―市民的生活―』［Vita Politica, Het Burgherlick Leven］出版.＞
1591 年	＜グダニスクへのステヴィンの旅行.＞
1593 年	＜ステヴィンがマウリッツ公と交友関係をもち，個人的に彼に仕える.＞
1594 年	＜『代数に関する付記』［Appendice Algebraique］と『築城術』［De Sterctenbowing］出版.＞
1596 年	オーストリア大公アルベルトがネーデルラント諸国の執政となる.
1597 年	アルベルトとイサベラの結婚．スペイン領ネーデルラント諸国に新しい君主夫妻誕生.
1599 年	＜『港湾発見法』［De- Havenvinding Byvough van de］出版.＞
1600 年	ニーウポールトの戦い.
1601 年前後	＜ステヴィンが帆かけ車をつくる.＞
1601 年	連合東インド会社設立.
1604 年	＜ステヴィンがオランダ軍の主計長になる.＞スペイン軍によるオーステンデ港の破壊.
1605～1608 年	＜『数学覚書』出版.＞
1609 年	十二年の休戦.
1612 年	＜ステヴィンがデン・ハーグのラーム通り 42 番地に新築の家を購入する.＞
1612 年以降	＜フレデリック，ヘンドリック，スザンナ，レヴィナら子供たちの誕生.＞
1616 年	ステヴィンとその子供たちの母親カタリーナ・クラーイとの婚姻誓約.
1617 年	＜『軍陣設営法』［Castrametatio Dat is Legermeting］と『旋回軸式水門による要塞建築の新方式』［Nieuwe Maniere van ↗

	Sterctebou, door Spilsluysen] 出版.>
1620 年	<デン・ハーグにてステヴィン死去.>

2. 共和国のために力を尽くす

　1581 年以降，ステヴィンの経歴はいくぶん明確になる．というのも，その年に Symon Stephani van Brueg という名がライデンの戸籍簿に記載されたからである．彼はペテロ教会運河沿いにあったラテン語学校の校長ニコラース・ストキウス［Nicholaas Stochius］のもとに下宿しており，1583 年 2 月 16 日には，開学してまだ日も浅いライデン大学に登録された（囲み2.4参照）．学生登録簿で彼については，1590 年まで Simon Stevinius brugensis, studuit artes apud Stochium（ブルッヘのシモン・ステヴィン，ストキウスのもとで予備教科を修了）とある．おそらくステヴィンはライデン大学でルドルフ・スネリウス［Rudolf Snellius］（1546-1613）の講義などを受講したものと思われる．スネリウスは 1581 年からそこで数学，天文学およびヘブライ語を教えていた．ライデンで学ぶ，ないしそこで自己を完成するという選択のきっかけは多分宗教的動機であったと思われる．ネーデルラント諸国においてライデンは当時カルヴァン主義的傾向をもった唯一の正式な大学であった．

　若きステヴィンは非常に生産的である．彼は自身の理論的研究を実践にも応用する　ライデン大学に入学する以前に，すでにステヴィンはいくつかの著作を出版していた．このことは彼がその前にすでに高等教育を受けていたということを証明する．最近デン・ハーグの王立図書館で発見された小論考は最も早期に出版されたステヴィンの著作である可能性がある．それは『組合企業の計算に関する新発明—シモン・ステファヌスによって発明され，初めて公刊されたるもの—』で，アルベルト・ヘンドリックゾーンにより 1581 年にデルフトで出版された．1582 年には，プランタンがアントウェルペンでステヴィンの『利子表』を出版した．どちらの冊子も簿記と財務処理を扱っており，それらの内容はアントウェルペンとブルッヘでのステヴィンの活動と密接なかかわりがある．続いて，

1583 年には幾何学に関する著作『幾何学問題集』がアントウェルペンのヨハンネス・ベレルスのもとで印刷された．これより後の著作はすべて北部ネーデルラント諸国で，プランタンとその義理の息子ファン・ラーフェリンゲンらによって出版された（囲み 2.4 参照）．その最も早い時期の重要な学術的著作は，論理学に関するオランダ語で最古の論考『ディアレクティケーすなわち論証術』（1585）（図 2.3），十進小数の導入をすすめる『十分の一法』（1585），教科書として水準の高い代数に関する要綱『算術』（1585），力学，特に静力学に関するオリジナルな論考である『計量法原論』と『計量の実践』（1586），そして静水力学に関するオリジナルな論考『水の重量についての原論』（1586）である．これらの著作は大変速いペースで続けざまに出版された．オランダでの最初の数年間ステヴィンはライデンに，そしておそらくはデルフトにも滞在していたが，その間彼が厳密で学術的な研究に没頭していたことは明らかである．『代数に関する付記』（1595）はおそらくはより以前に書かれたとみられる著作だが，そこでも彼は同様に高度な水準に達していた．この小論考はわずか 6 ページしかなく，後の版では『算術』に収録されることになる．そこでは代数方程式の根の近似解法が解説されていた．この小著の知られている限り唯一の原版は 1914 年にリューフェン（ルーヴァン）大学図書館の火災で焼失してしまった．幸いその内容は 1625 年に再版された『算術』を通して知ることができる．

　もちろんこの最初の時期におけるステヴィンの活動は，理論的考察のみに限られていたわけでない．彼はまたみずからの知識の実用化を試みている．1584 年には，排水に関する自分の発明の一つを実地に試験するため，友人のデ・グロートの仲介で，デルフト市の行政当局と交渉を開始した．さらに彼は沼沢地での排水に使われる風車の働きを改良したが，その際もたいていデ・グロートと相談している．デ・グロートはデルフトの市長であり，法律家グロティウスの父親であった．1588 年，ステヴィンは自分の水理学上の発明を実用化するについて彼と協定を結んだ．このことを目的として，彼はいくつもの特許を取得している．このことからステヴィンが，ブルッヘにいたときと全く同様に，周囲の指導的な人物の支援を受けていたことが確証される．この関係から彼はポーランド，特にグダニスクとトルンの両市につながりをもつようになった．

図2.3 ステヴィンの『ディアレクティケーすなわち論証術』は論理学に関してオランダ語で書かれた最も古い論考である．
アントウェルペン，プランタン・モレトゥス博物館．（撮影：Peter Maes）

すでに指摘したように，ステヴィンはいくつかの著作の中でそれらの地域を詳細に記述し，その地図を掲載している．Woelderink（1980）がグダニスクの国立公文書館で発見し1979年発表した史料は，1591年の夏にステヴィンがポーランドを訪問したことを裏づけるものである．それは1591年6月22日付の手紙で，ロッテルダムの市参事会員フォップ・ピーテルスゾーン・ファン・デル・マイデがグダニスク市の行政当局に宛てて書いたものである（囲み2.5参照）．ファン・デル・マイデはロッテルダムでチーズ商とニシン船の船主をしていた．彼は1580年にロッテルダム市の参事会員となり，1616年に死ぬまでその地位にと

どまった．その期間中に彼は十一回市長を務めている．1590年以降，彼はほとんど中断することなくホラント州議会へのロッテルダム市の代表団に名を連ねており，ロッテルダムの商人層を代表する最も積極的で重要な人物の一人であった．バルト海地域との貿易において彼の果たしていた役割はきわめて重要であった．前述の手紙から，ファン・デル・マイデがそれに先立つ2年間にグダニスク市当局から複数の手紙を受け取っていたことがわかる．彼はその中で，グダニスクの港の水深を増すための計画を起草し，そしておそらくそうした工事の施工に当たって監督を務めるのに適任の人物についても問い合わせを受けていた．ファン・デル・マイデは，この件に関してデルフトのデ・グロートおよびステヴィンと話し合い，彼らにそのような依頼を引き受ける用意がある旨を回答した．しかしそのためには，現地の状況を調査する必要があった．当該の手紙によれば，ステヴィンは，手紙が書かれる前年（1590年）の夏には多忙のため訪問ができなかったようだが，今回「この手紙の持参人」としてグダニスクに赴くことになっていたらしい．「この手紙の持参人」という記述は，グダニスクの公文書館にこの手紙があることと合わせて考えると，1591年の夏にステヴィンがグダニスクに滞在していたことをほぼ確証するものである．

マウリッツ公との友人関係が北部ネーデルラント諸国でのステヴィンの将来を保証する　　ホラント，ゼーラント両州の総督兼陸軍総司令官であったマウリッツ公とステヴィンとの友人関係もまたこの時期に遡る（囲み2.6参照）．マウリッツ公はすでに1582年の7月にライデンに滞在していた．彼は，ステヴィンに遅れること数か月，1583年4月19日付でライデン大学に学生登録されている．彼は，父親であるウィレム沈黙公の殺害の後，1584年7月10日急遽ライデンを後にした．したがってマウリッツはステヴィンと同時期にライデンにいたことになる．当時，学生集団の規模は小さかった（囲み2.4参照）．したがってマウリッツとステヴィンが出会っていたというのは，十分に考えられることである．伝記作家たちの中には，早くも1584年に，ステヴィンがマウリッツ公の幾何学研究の「指南役」を務めていたと主張している者さえいる．

確かなのは，ステヴィンが1593年頃にはマウリッツ公に仕えていたということだ．全国議会［Staten-Generaal］および国務評議会［Raad van State］との

書簡のやりとりの中でマウリッツ公は，ステヴィンが「陸軍の駐屯地の設営係としての任務をもはや，彼が今日まで十年間行いたりしが如く，無償にて行うべからざる」こと，そして彼には少なくとも月50ポンドの俸給が与えられるべき旨を述べている．ステヴィンは当時すでに長年にわたって軍隊で働いていたが，全国議会によって公式の職務に任命されてはいなかったのである．おそらく彼はマウリッツ公に私的に仕えていたのであろう．いずれにせよ明らかであるのは，この時点からステヴィンの著作のすべては北部の共和国の建設と強化に寄与したということ，あるいはそれらが特にマウリッツ公のために著されたということである．

ブルッヘ出身の学者が北部ネーデルラント諸国の政治に関与する　この時期の大変風変わりな小著が『ウィタ・ポリティカ―市民的生活―』(1590) である (図2.4)．この著作では国家における市民の振る舞いについて考察されている．オランダ共和国が形を整えた時点で，ステヴィンは住民に市民の心得を吹き込もうとしたのであった．56ページからなるその小冊子はファン・ラーフェリンゲンによってライデンのプランタンの印刷所で印刷された．その冊子は1611年にデルフトでヤン・アンドリースゾーンによって復刻されたのをはじめ，何度も再版された．ステヴィンの息子ヘンドリックが1649年に出版した『マテリアエ・ポリティカエ』の中にも再録されている．『ウィタ・ポリティカ』はデルフト市長ホーフェルト・ブラッセルに捧げられていた．おそらくステヴィンは，この著作を書いていたときこの町に滞在していたのであろう．この本は，広く一般大衆の手に渡ることを意図して，オランダ語で執筆されていた．

ステヴィンによれば，共同体における生活は，市民国家 [de Staet der Burgherie] の形態がそこに由来するところの市民の法，自然の法，神の法が互いに矛盾せず，また市民の意見と衝突しない限り，問題なく営まれる．ところが，そこに矛盾が存在したり，市民が課せられた義務を不当と見なしたりすると，状況は困難となる．ステヴィンは『ウィタ・ポリティカ』によって，そのような場合に正しい行動を導けるような指針を提供しようとしたのである．彼が出発点とするのは，市民法により，誰もがその政府に対して完全に忠誠を誓い，服従することを義務づけられているという事実である．その政府とは何者であるのか．ここ

図2.4 ステヴィンは1581年以降，相当数の学術的著作を出版した．ここに載せたのは『ウィタ・ポリティカ―市民的生活―』の扉である．この本の中では国家における市民の振る舞いに関する考察が提示されている．
ライデン大学図書館，689 F 10：2．

でもステヴィンは答えを提供する――「何人も，己が居住地に選択せる場所を現今実効支配したる者を常に正当なる政府と見なすべきにして，彼ないしはその前身が正当に，あるいは不当にその地位に就いたかどうか思い煩うべからず」．この記述は当時の時代精神の中に位置づけてみなければならない．オランダ共和国はスペイン領ネーデルラント諸国と袂を分かち，スペイン王を国家元首とすることを拒否した．オランダ共和国の住民の多くは，ステヴィンと同様に移民であった．ステヴィンの定義は現在の統治形態を尊重せよという呼びかけを含んでい

る．彼はまた，ある場所に居を構える者は誰でも，その場所で決定権をもっている政府に同意する宣言をするよう要請する．そのような規則を遵守することは，国内で二つの党派の間に抗争があり，両派とも合法的な統治者をその首領として掲げている場合，困難となりうる．ここでもステヴィンは，一方ではスペイン王を，他方では州総督を示唆している．人が市民として振る舞うのは，国家形態の種類を考慮に入れる場合であるとステヴィンは考える．例として彼は，議会の補佐のもとに統治する立憲君主［Staetvorst］は，この政体に忠実であることを誓ったのであり，それを尊重しなければならないのであるから，議会を無視することは許されないということをあげる．君主が議会をないがしろにしようとするとき，君主に抵抗することは市民の義務である．これはオランダ共和国が誕生したいきさつそのものであるので，ステヴィンがここで北部ネーデルラント諸国の形成と南部の分離を裏書きしていると主張して間違いはないだろう．

　神の法と宗教に関する市民の態度もまた，この著作において特に重要な主題である．ここでの出発点は，すべての人々はみずからの子供たちが美徳と敬虔さの中で成長することを望むということである．このために彼らは神を必要とする．ステヴィンの結論は明快だ——したがって宗教が存在しなければならず，宗教がなければすべては失われてしまうのである．さらにステヴィンは，自分が帰依できない宗教を国教とする国の市民の態度を論じる．カルヴァン主義が唯一認められた宗教である一方で，依然として多くの旧教徒が残っているオランダ共和国において，これは大変現実的な状況であった．ステヴィンは二つの可能なシナリオを概説する．第一のものは，「神も悪魔も信ぜず，あるいは疑い，それについて何ら確実なることを決断せず，宗教を，単に共同体を御するに役立つよう考え出されたる道具と見なす」人々の場合であり，第二のものは，「確固たる信念をもち，ある宗教を確かで神聖なるものと思いたるが，その宗教が自らの居住する国では許されぬ」人々の場合である．第一の範疇に属する者はみずからを支配的な情勢に合わせるべきであり，宗教と争ったり，それを軽蔑したりすることは避けるべきである．第二の場合に該当する者はみずからに満足の行くような仕方で密かに神を信仰することはできるが，その国の宗教に反対して秘密活動を行うことは許されない．ステヴィンがこの著作で，一般的に妥当する諸規則を大変明快に

提示する一方，彼自身の意見および彼自身の信仰体験は全く考察の外に置いていることは際立っている．結論として彼は，誰もが，そこの慣例にみずからを合わせられるような居住地を探すべきだと述べる．このことをステヴィンの北部への移住に当てはめて考えれば，彼は，みずからを合わせられる滞在場所として，カルヴァン派の宗教が国教として認められていたホラントとゼーラントの二州を選んだと結論することができよう．

要塞建築に関するステヴィンの数学的な方法は，ドイツ語，フランス語，英語に翻訳される　オランダ共和国とマウリッツ公の関心に応えるため，市民の心得に関する著作のすぐ後に，国土の防衛と艦隊の展開を扱う二冊の実用的な著作が出た．1594 年にファン・ラーフェリンゲンのもとで印刷された『築城術』は要塞建築の理論を扱っていた．ひょっとしたらこれはステヴィンがライデンで創立に協力した工兵技師学校のための教材として意図されていたのかもしれない（囲み 2.4 参照）．

要塞建築術は 16 世紀初頭以来，面目を一新しつつあった．重火器の発達は新たな要塞体系の構築を不可欠のものとした．ステヴィンはその実地の経験をふまえ，『築城術』の中では理論的，数学的基礎を与えた．彼は慣用となっていたフランス語とイタリア語の専門用語に代わってオランダ語の語彙も導入した．1608 年には *Festung-Bawing* という書名のドイツ語訳が出版され，1623 年に再版された．1623 年にはフランス語訳の *La Fortification* も出版された[3]．注目すべきは，ケンブリッジ大学のトリニティ・カレッジの図書館に *The Building of Fortes* と題された 1604 年の手書きの英訳が存在することである．それには著者として Symon Stephen of Bridge という名があげられている．

1599 年には再びファン・ラーフェリンゲンのもとから，海上での位置決定法の解説『港湾発見法』が出版された．新興の海洋大国に生きたステヴィンが航海術の問題にかかわったのは当然のことであった．

ステヴィンの帆かけ車　ステヴィンがしたことで一般庶民に最も好評を博したのは彼の帆かけ車で，それは 1600〜1602 年の間にはすでにつくられていたは

訳注[3]　主要なステヴィンの書誌目録にこの翻訳は見出せない．原著者の誤解か．

ずである．帆かけ車自体はすでに知られていた．中国人がつくっていた帆かけ車のことは，東洋へ行ったオランダの船乗りが記している．ステヴィンはおそらく複数の試作車をつくり，またそれを走らせたのだろう．その知らせは遠く北部ネーデルラント諸国の国境の外にまで鳴り響いた．グロティウスはこれに乗ったときまだ幼い少年だったはずだが，その経験をいくつもの詩の中で描写している．ステヴィンの帆かけ車については何枚もの絵が描かれている（図 2.5）．最もよく知られているものの一つはヤーコプ・デ・ハイン［Jacob de Gheyn］（1565-1629）のもので，その初版についていたテクストは帆走の一コマを生き生きと伝えている．それによると搭乗人数は二十八人だったらしい．南東から強い風が吹いていた．舵輪を操るのはマウリッツ公その人である．車の速度は大変速く，目に留まるや否や再びすぐに視界から消えてしまうほどで，走るというよりも飛んでいるがごとくだった．さらに引用すると，「車中のお歴々を脅かそうと，公爵

図 2.5　ステヴィンは帆かけ車をつくったことで民衆の間での大きな知名度を獲得した．多くの芸術家がその車を描いている．ここにみえるのはその一つ，ヨアンネス・ブラーウ［Joannes Blaeu］の『諸都市の風景』（1652）の銅版画である．
ライデン大学図書館，Collectie Bodel Nijenhuis, Atlas 49-1.

閣下は一度少しの間だけ海の中へ車の舵を切った．多くの者はそれでしこたま肝を冷やしたが，すぐさま舵を切ったので，車は再び海辺に乗り上げ，もとの進路を進んだのであった」という．帆かけ車は他の芸術家たちにもインスピレーションを与えた．コペンハーゲンのデンマーク王室収蔵品（ローゼンボルグ城）の中にはデンマーク王クリスチャン四世（1588-1648）の王立絹織物工房で製造されたテーブルクロスが保管されている．フリーズの一つの中にはステヴィンの帆かけ車が描かれている．そのテーブルクロスの製作者は絹織物工房の主任監督カール・ティーセン［Karl Thiessen］とされている．しかし図案はパッシエル・ラメルタイン［Passchier Lammertijn］のものだということがわかっており，彼はデ・ハインの図版に着想を得たのであった．ラメルタインは1601年，全国議会にダマスク織りで模様を織るのを簡単にする発明の特許を申請しており，ホラントではそのことで知られていた．デ・ハインの図版に添えられた話によれば，帆かけ車の搭乗者の中にはデンマーク王の兄弟であるホルシュタイン公ウルリッヒがいたらしいので，クリスチャン四世もそれに関心があったに違いない．

　マウリッツ公は応用数学に格別の関心を寄せていた．公の個人教師に任命されていたステヴィンの授業の内容は，浩瀚な著作『数学覚書』全二部（1605, 1608）からうかがうことができる．この大著の後にステヴィンが出版したものはそれほど多くない．1617年に出版した『軍陣設営法』では陸軍での実務からとった主題を論じている．これと同時に出版した『旋回軸式水門による要塞建築の新方式』では要塞化された拠点の防御に水を利用する計画を展開した．両著作はヤン・ファン・ワースベルヘによりロッテルダムで出版された．『軍陣設営法』冒頭の献辞は全国議会に捧げられているが，その中でステヴィンはみずから「軍陣設営官」と称している．しかしながらそのような役職に任命されたことを示す文書はどこにも存在していない．

　以上をもって，北部ネーデルラント諸国でステヴィンが新たな共和国の建設に実際貢献したことを明らかにする事実の大半は示されたであろう．

● 2.4 ● ライデン大学

Sacra Scriptura がライデンの開学パレードの先頭を行く　1574 年 12 月 28 日，ウィレム沈黙公は，ホラントおよびゼーラントの両州議会宛ての手紙の中で，いずれかの町に大学を設立する提案をした．候補地としてミッデルブルグ，ハウダ（ゴーダ），ライデンの名があがった．1575 年 1 月 3 日に白羽の矢が立ったのはライデンであった．人文主義者のヤーヌス・ドウサことヤン・ファン・デル・ドゥースは他の者数名と共にこの決定を実施する役に任命された．二週間後，ライデン市の行政当局によって，新大学の開学を 1575 年 2 月 8 日に執り行う旨が決定された．六週間のうちにすべての準備が整った．しかしながら，資金も校舎もなく，学生も教授もいなかった．この最後の問題点が最初に解決されねばならなかった．教授のいない開学式はおかしな印象を与えるに違いない．専任教授を任命するには時間が短すぎたが，ドウサとその一党は，まずその栄誉を引き受けようという学者を探しに出かけた．

開学式自体が大変なお祭りとなった．ドウサは大がかりなパレードを発案し，その中で彼が思い描く人文主義と学問実践の方法の本質を示してみせたのである．行列の中ではさまざまな学科を象徴する像が練り歩いた．法学を象徴する Justitia，医学を象徴する Medicina，そして文学を象徴する Minerva である．それらはいずれもがその道の権威，すなわち当該の主題について執筆したギリシアやローマの有名な著作家たちを引き連れていた．先頭を進むのは Sacra Scriptura（聖書）の像を載せた山車であった．聖書が行列を先導したのは偶然ではない．ウィレム沈黙公の意図は明らかに，この大学で神学を振興することにあった．この大学へのウィレムの贈り物もこの方向に沿ったものであった．アントウェルペンの多言語対訳聖書である．この聖書は公式のラテン語訳（ヴルガタ訳）に，ヘブライ語，ギリシア語，カルデア語（アラム語），シリア語という四つの古代語のテクストをつけて出版されたものであり，それとともにウィレムは，彼にとって最も重要な学科をどのように研究すべきかも示したのである——源泉に，すなわち本来のテクストに遡るべし．公式の定款である勅許状は，オラニエ公ウィレムの助言に従って，ネーデルラント諸国の正当な支配者であるスペイン国王フェリペ二世によって公布されたかのように起草されていた．

ライデン大学は，ライデンがプロテスタントになって空き家となっていた教会や修道院をその校舎とした．最初にバルバラ修道院が収用されたが，大学は拡大を↗

図 2.6 この作者不詳のスケッチは，ユトレヒトの人ヨハンネス・ファン・アムステル・ファン・マインデンの『交遊録』[*Album Amicorum*] からとったものである．1600 年 9 月 6 日，彼は 22 歳で法学生としてライデン大学に登録された．この図に示されているのはライデン市ラーペンブルグ沿いにあった大学本部の建物である．学舎の門の右隣にはローデヴァイク・エルゼヴィルの店があった．彼は南部ネーデルラント諸国を出国し，1580 年からライデンに居を構えていた．彼が初めて自分の名義で本を出版したのはここである．6 年後，彼は大学の学籍係になった．1620 年には彼の孫イサークが大学の御用印刷業者になった．
デン・ハーグ，王立図書館，74 J 37, fol. 158r.

続け，以前カトリックのものだった建物が次々と割り当てられていった．本部校舎はラーペンブルグに設立された（図 2.6）．大学のための費用は押収された教会財産でまかなわれた．大学はホラント州議会によって任命された三人の理事と，ライデン市の四人の市長たちによって運営された[4]．彼らは財務と秩序の維持を取り計らった．また教育の内容についても彼らは発言権をもっていた．

ライデン大学には固有の法廷 Vierschaar があり，六人の市の代表者と五人の教授から構成されていた．そこでは殺人，乱闘および重大な秩序の騒乱が審判された．Vierschaar は死刑を宣告することができたが，一般的に刑罰はふつうの法廷におけるよりかなり軽く，たいていは大学からの一時的ないし恒久的な追放で決↗

訳注[4] 「市長」[burgemeester] は当時複数置かれるのが通例だった．

着した．

進取の精神に富んだライデン大学の人事方針　開学に際しては臨時の教授が任命されたが，その後それらの教授職に専任者を当てるため，他の大学から数名の著名な教授が引き抜かれた（囲み 2.2 参照）．ほとんどの教授が得ていた給与は年約 300 ギルダーであったが，この額は格別高くないと思われていた．たいていの教授は学生に部屋を貸し，有料で食事をまかなうことでそれを補塡していた．相当の収入源になっていたのは，個人教授と補習だった．

　最初期の著名な教授を数名ここであげることができる．リプシウスは当時多分最も有名な学者であっただろう．彼はタキトゥス研究の碩学だったが，当時プロテスタントになっており，1578 年，ドウサの求めに応じてライデンにやって来て，歴史と法学の教授になった．彼は 1591 年にリューフェン（ルーヴァン）に向かい，そこで再びカトリックになった．彼が去った後，理事たちはヨセフス・ユストゥス・スカリゲル［Josephus Justus Scaliger（Joseph Juste della Scalla）］(1540-1609) を招請した．新教に改宗したこのフランス人古典学者は 1572〜1574 年の間ジュネーヴ大学で哲学を教えていた．ライデンでは彼は授業をする必要すらなく，彼がそこにいたのは，ただもっぱらその大学の栄光を増すためであった．ただし高い才能に恵まれた少数の学生グループに対しては自宅で授業を行っていた．グロティウスはその中の一人であった．1592 年にはパドヴァ大学で解剖学を修めたピーテル・パーウ［Pieter Pauw］(1564-1617) が医学の教授に任命され，特に解剖の実演教育を行った．その解剖実演が行われたのが著名なライデン大学解剖学教室［theatrum anatomicum Lugduni Batavorum］である．この講堂はライデンのブールハーヴェ博物館の中に復元されている．パーウは 1598 年以降，植物学も教えた．1592 年に彼は植物園［Hortus Botanicus］の設置を任せられたが，それを復元したものは今なお目にすることができる．パーウ自身はそれにそれほど力を注がなかった．植物園の造営に誰より功があったのは，学位をもたないデルフトの薬剤師ディルク・クラウト［Dirck Cluyt］(1546-1598) であった．彼は植物園の園長になり，リール［Lille］出身の有名な植物学者カロルス・クルシウス［Carolus Clusius］を補佐した．クルシウスが音頭をとり，オランダで最初のチューリップがここで栽培された．クルシウスは，植物が薬として役立つからのみでなく，植物学上の意義のため，さらにはただそれらが美しいというだけの理由で植物を研究した最初の植物学者だったのである．

ライデンの学生にはビールとワイン，書籍の税金が免除された　学生は Album Studiosorum という名簿に登録される必要があった．彼らは学芸学部で1〜2年教養科目を履修し，その後ようやく一つの学科を専門に学ぶことができた．教授たちは水曜と土曜を除く毎日，八〜十八時の間で一時間の授業を担当した．水曜と土曜は筆記および口答試験のためにとっておかれていた．日曜日は休日だった．授業はラテン語で行われた．牧師になることを望む者は，試験を免除されていた．他の学科での学業は学士号の取得をもって修了することができた．法学，医学あるいは神学では博士号をとって初めて本当に修業したといえたが，他の学科においてとれる最高のものは学芸修士［Magister Artium］の称号であった．

学生たちは高位の貴族や裕福な市民の子弟であった．学問をするには当時も金がかかり，それはわずかな人々のためのものだった．例えばブロンクホルスト教授の部屋は年100ギルダーかかり，一日一回のまかないの食事も年間同額かかった．その一方で，学生はビールとワイン，書籍に対しては税金を払わなくてよかった．当時の大学一年生は現代のそれよりもだいぶ若かった．彼らはもっぱら，ラテン語を話し，書き，読むことができる15歳前後の少年たちだった．その中にはより年長の者もいたが，彼らは最初国内外の別の大学で学んできていた．

軍事的・経済的要請が労働市場を決定する　新興のオランダ連邦共和国は数学者，つまり計算して何かを割り出すのが得意な人たちを大勢必要としていたが，それは第一に軍事目的のためだった．要塞の測量および設計，兵站業務，つまり兵員と物資の規模と輸送費の計算，砲術における弾道学上の問題の解決などである．軍事的な動機のほか，数学を学ぶ経済的な動機もあった．利息計算，暦の計算，航海のための経緯度測定のためには数学が必要である．確かに数学は大学で教えられていたが，実務のためには別のところへ行かねばならなかったのである．

ラテン語での講義のほかに，1600年からは庶民のためオランダ語で受けられる授業が始まった．それは，マウリッツ公の主導で設立された工兵技師学校である．David Bierens de Haan（1822-1895）によれば，マウリッツ公は，「主として工兵の道に入らんとする者たちを援助するため，適正なるオランダ語で算術と測量術を教える」学校を設立する任務をステヴィンに与えた（Bierens de Haan, 1878）．最初の教授の一人はルドルフ・ファン・キューレン［Ludolph van Ceulen］（1540-1610）である．彼は数学，幾何学，測量術および築城術を教授した．彼はとりわけ円周率πの研究で知られており，最終的にその値を三十五桁まで正しく↗

2. 共和国のために力を尽くす　　　　　　　　　　　　　　69

求めた．この結果はライデンの聖ペテロ教会に置かれた彼の墓石に刻まれていた．

　この若い大学の目玉の一つが図書館であった．1591年にファリーデ・バハイネン教会でその内装工事が始まった．1595年には教会の一つの階全体を占めるまでになった．蔵書の最初の一冊は多言語対訳聖書であったが，以後その数はみるみる増加していき，その質もますます向上していった．当初図書館をつくった趣旨は，困窮して自身では教材を購入できない学生を助けるためであった．しかし数年後には，図書館を訪問することは一つのステータスの問題となった．図書館には通常鍵がかかっていたので，書物の閲覧を希望する者は鍵の借用を申し込む必要があった（図2.7）．新刊書は出版社から直接か，あるいは書籍市で購入された．外国書籍を購入するには，フランクフルトの書籍大市へ赴いたが，これは現在に至るまで主要な書籍市の一つである．より年代の古い出版物も購入された．蔵書が寄贈されたり，遺言により遺贈されることもあった．

図2.7　大学図書館では書籍は鍵のかかる書棚に保管されていた．このワウダヌス［Woudanus］の銅版画は1610年のものである．
ライデン大学図書館, Collectie Bodel Nijenhuis.

大学がライデンの印刷業者に仕事を与える　新刊書のかなりの部分は大学公認の印刷業者たちのおかげである．印刷術はすでに 1450 年頃発明されていたが，ほとんどの学術出版は大変複雑だったため，それを行うことができたのはきわめて専門化した業者に限られていた．それには多様な言語の活字と，非常に有能な植字工が必要だった．またゲラ刷りの校正はたいていの業者にとって手の出ない代物だった．1583 年，理事会はアントウェルペンの有名な印刷業者プランタンをライデンに連れてきた．プランタンは，当時の印刷術の重要な中心地だったアントウェルペンから，三台の印刷機とともにすばらしいノウハウをもたらした．2 年後にプランタンはアントウェルペンに戻った．スペイン人が再びその町の支配者となり，また商売ができるくらい情勢が沈静化したのである．彼は学識ある娘婿のファン・ラーフェリンゲンをライデンの印刷所に派遣した．ファン・ラーフェリンゲンはさまざまな大学で学び，ケンブリッジでギリシア語の教授をしていたほどで，印刷所の経営を引き継ぐにはうってつけの男であった．彼はラテン語とギリシア語のほか，ヘブライ語にも大変堪能で，その上アラビア語も独学で学んでいたのである．

　1616 年にはイサーク・エルゼヴィル［Isaac Elsevier］(1596-1651) がライデンで印刷所を始めた．彼の祖父はプランタンで徒弟をしていた．1620 年，彼は大学の御用印刷業者に正式に指名された．とりわけ彼の息子ボナヴェントゥーラ［Bonaventura Elsevier］(1583-1652) とアブラハム［Abraham Elsevier］(1592-1652) のもとで，その印刷所はすばらしい出版事業を展開し，25 年間で，四百五十点を下らぬ質の高い書籍が出版された．今日の Elsevier 出版社は 20 世紀の初頭に誕生したもので，17 世紀の先達とは直接のつながりをもたない．ただ名称を借用しただけである．

● **2.5** ● **グダニスク市当局宛ての手紙**

　フォップ・ピーテルスゾーン・ファン・デル・マイデが書いた手紙のテクスト．グダニスク市公文書館所蔵，見出し番号［rubriek］300, 53;
　グダニスク市行政当局の往復書簡．
　目録番号［Inventaris nr.］796：1580 年から 1600 年までのネーデルラント諸国との往復書簡．

2. 共和国のために力を尽くす

謹啓

　貴港の水深を増すべく，そのような事柄に理解があり，貴地へ赴く意志のある者と協議することを望まれたる由，書き送られたれば，当方（前の書簡で記したる如く）これにつきデルフトの現市長の一人なるヤン（ヨハン）・デ・グロート氏およびシモン・ステヴィン氏と話し合いたるところ，彼らはこの案件を自らの負担と責任で遂行する用意があるとのことに候.

　しかれども，貴殿の書簡でもその必要を言明されたる如く，このことは現地および他の状況全てを検分することなしにはなされえぬゆえ，当方——何通もの書簡を書き送られたる貴殿の要望を遂行するため，またそのことについて話し合いし商人らおよび船乗りらを満足させるため——本書簡の持参人たる上記ステヴィン氏が状況全体を自ら視察するため，じきじきに貴地へ赴くよう取り計らいけるにつき候. これ昨夏には他の支障のため為す能わざりけるに候.

　神よ，当件が王国の商都ダンツィヒ（グダニスク）の繁栄と海上貿易商および他の商人の便宜のため着手され，首尾よく完遂されるよう計らいたまえ——アーメン——.

　貴く賢く学識高く極めて有力なる貴殿らに，全能なる主が幸福なる長寿を恵まれたまうことを——アーメン——.

　1591年6月22日ロッテルダムにて，取り急ぎ.

　貴殿の忠勤なる僕にして友フォップ・ピーテルスゾーン・ファン・デル・マイデ.

折り畳まれた手紙の宛名側には，次のように書かれている.

　貴く賢く学識高く極めて有力なる，王国都市ダンツィヒの市長各位.

さらにグダニスク市当局の書記官がここに注意書きを記している.

　R. augustij anno 1591 ［1591年8月受領］.

● 2.6 ● マウリッツ公

　マウリッツは1567年11月13日ディレンブルグに生まれた．彼はオラニエ公ウィレムとその二番目の妻ザクセン公女アンナ（1544-1577）の息子であった．彼の母アンナはその病的な放埓ぶりと不品行，とりわけ画家ピーテル・パウウェル・ルーベンスの父ヤンとの浮気で知られ，結婚生活は苦しみの種となった．1571年，それは離婚にまで発展し，アンナはヘルボルン近郊バイルスタインの城に幽閉され，そこで1577年12月18日，発狂して死んだ．マウリッツはドイツ貴族として育てられ，ディレンブルグにあった彼の祖母ユリアナの宮廷で教育された（図2.8）．1583年4月から1584年9月まで彼はライデンに学生登録されていた．1584年8月，父ウィレム沈黙公殺害の後，彼はホラント，ゼーラント，ユトレヒトおよびフリースラントの州議会により，および名目上フランドル，ブラバント，メッヘレンの議会によっても，新しい国務評議会の議長に推挙された．しかし新国務評議会を成立させるのは困難であることがわかった．1585年11月1日，ホラントとゼーラントの州議会は彼をこれらの地域の総督，陸軍総司令官および海軍提督に任命した．そのとき彼を力強く後押ししたのは，ホラント州法律顧問ヨハン・ファン・オルデンバルネフェルト［Johan van Oldenbarnevelt］（1547-1619）であった．1590年から1591年にかけてユトレヒト，ヘルデルラント，オーフェルアイセルの州議会もマウリッツを彼らの州の総督および陸軍総司令官に任命した．1589年3月8日，彼はオランダのすべての軍隊の指揮官となった．

　ニーウポールトの砂丘でスペイン軍を破る　その間にマウリッツとパルマ公ファルネーゼとの全面対決はすでに始まっていた．マウリッツはパルマ公同様，科学的基礎に基づいた，新しい戦争のやり方をみずからのものとしており，パルマ公の死後は，文句なしに当代一の大将軍となった．1590年のブレダ攻略を皮切りに，一連の軍事的成功が始まった．フルスト，ナイメーヘン，ズートフェン，デーフェンテル，グローニンゲンといった諸都市が次々と陥落した．注目に値する武勲は1600年のニーウポールトの戦いであった．日の出の勢いのホラント海運を脅かしていた私掠船の根城を一掃するため，全国議会はマウリッツ指揮下のオランダ軍をダンケルクに派遣した．スペイン軍は反乱のさなかにあったため，マウリッツはニーウポールトまで難なく進軍することができた．しかし7月2日，全く思いがけないことに，スペイン軍は再び戦闘態勢に入り，ニーウポールトに向かって進撃を

図 2.8 オラニエ公マウリッツは連合諸州の総督であり陸軍総司令官であった.彼は当時において最も重要な軍事指導者の一人と目されている.友人のステヴィンはさまざまな学問の知識を彼に教授した.ここでのマウリッツはミシール・ヤンスゾーン・ファン・ミーレフェルト［Michiel Jansz. van Mierevelt］により陸軍司令官の姿で描かれている.この絵は 1613 年前後のもので,アムステルダムの国立美術館に展示されている.

始めた.マウリッツは瞬く間に窮地に陥ってしまった.戦闘は正午頃に海岸で始まり,後には砂丘で継続された.戦いの帰趨はなかなか定まらなかったが,4 時になり,マウリッツが控えに置いていた騎兵を突撃させたことでスペイン軍は潰走した.こうしてマウリッツはニーウポールトの戦いに勝利したのである.しかしながら彼はダンケルクには辿り着かず,オランダ海軍の船に拾われてフランドルの海

岸を後にした．アルベルト大公がごく短時間に新しい軍勢を召集することを警戒したのである．その上，マウリッツの軍隊の兵糧は不十分だった．

　マウリッツの軍事的成功は彼の威信と富をはなはだしく増大させた．翌年スペインの将軍アンブロジオ・スピノラ［Ambrosio Spinola］（1569-1630）はそこここで小規模な戦闘に勝利したが，北側にとっても南側にとっても，戦争は先のみえない状況に入っていった．

　1608年，デン・ハーグでスペインとオランダ共和国との和平交渉が始まった．スペインは共和国を独立した政権として認める用意があったが，その場合，カトリックには信仰の自由が認められなければならなかった．その上スペインは，オランダが東西両インドとの貿易を中止することを要求した．これは受諾不可能であり，和平交渉は暗礁に乗り上げた．その後一時停戦の可能性が議題に上った．これに対してはマウリッツが頑強に抵抗した．しかしながら休戦派のオルデンバルネフェルトがみずからの意志を押し通すことに成功し，1609年に十二年休戦条約が締結された．

　戦争の緊張がなくなった和平期間中，オランダ共和国では根深い宗教的および政治的対立が表面化した．論点となったのは外交政策，各州の自治権，教会と国家との関係であった．やがて，宗教的に寛容で共和主義的なアルミニウス派（「抗議書派」）と，教義の正統を擁護し総督を支持するゴマルス派（「反抗議書派」）を両極とする対立軸が形成された（囲み2.2も参照）．抗議書派はオルデンバルネフェルトによって率いられ，一方，反抗議書派はオラニエ公自身が率いていた．敗北したのはオルデンバルネフェルトで，彼は1619年に斬首された．しかしながら，これで党派対立が解消されたわけではない．その対立はオランダ連邦共和国の歴史全体を通して，フランス革命前夜まで引き続き存在し続けたのである．1620年，マウリッツはナッサウ伯ウィレム・ローデワイク［Willem Lodewijk, van Nassau］（1560-1620）の後釜として，グローニンゲンとドレンテの州総督にも就任した．

マウリッツは自分の周りに才人たちを配した　マウリッツの私生活は必ずしも洗練されたものではなかった．彼は一軍人として生き，たいていは，その荒っぽい生活様式で知られたドイツ貴族に囲まれていた．彼はデン・ハーグのビネンホフに居を構えており，遠征に出かけていないときはそこで暮らしていた．このためこの都市にはますます多くの外国の貴賓が通うことになり，デン・ハーグは宮廷都市に成長した．

マウリッツには対処しなければならない問題がたくさんあり，専門知識を必要としていた．彼自身，数学と数学に基づく諸学問に対する関心を人一倍有していた．彼は自分の周りに才人たちと学識ある士官仲間を配した．冬の数か月間，マウリッツはしばしばローデワイクおよびその参謀たちと共に，要塞建築，弾道学，海上での経度決定といった事柄を検討した．その間，ハーグの宮廷はあたかも学問の殿堂のようにみえたはずである．その一団はまた，古典時代の軍事史も徹底的に研究した．軍事教練の方法が開発され，それはビネンホフで実践に移された．マウリッツは馬に関しては玄人はだしだった．彼はデン・ハーグ近郊のライスワイクに厩舎をもっていた．とりわけ，馬を御すのに優れた馬勒（ばろく）の用法に対する彼の大きな関心は馬術に対する彼の興味から来ている（ステヴィンは『数学覚書』の中でそれについて書き記している）．厩舎の管理は1596年から1624年までドイツのミュルハイム出身のヤン・エーフェルツゾーンの手にあった．近年再発見された1604年の台帳（第5章第4節も参照）から，この重要な廷臣は年600ギルダーの給与をもらっていたことがわかる．

　マウリッツは生涯結婚しなかった．1600年頃から1610年頃まで，彼はマルハレータ・ファン・メッヘレン［Margaretha van Mechelen］と一緒に暮らしていた．この南部ネーデルラント地方出身の貴婦人は，リールの市参事会員コルネリスと，ブレダ系ナッサウ家の庶子の家系の子孫バルバラ・ファン・ナッサウ・コンロイ［Barbara van Nassau Conroy］の娘であった．彼女はおばたちによってライデンで育てられ，おそらく死ぬまでカトリックであった．彼女とマウリッツとの間には，マウリッツ，ウィレム・ファン・ナッサウ・デ・レック（1602-1627），ローデワイク・ファン・ナッサウ・ベーフェルウェールト（1604-1665）という三人の私生児が生まれた．遺言書の中でマウリッツはこれらの息子たちを彼の他の私生児たちよりも目立って厚遇している．マルハレータには6000ギルダーの年金を遺贈したが，これは大変な額である．マウリッツにはマルハレータのほか，まだ少なくとも五人の愛人がおり，彼女らとの間に彼は少なくとも五人の非嫡出子をもうけた．ハーグの宮廷はマウリッツの近習と息子たちのための教育センターとしても機能していたのである．おそらくジャック・ワイツ（囲み2.2参照）はその教育において中心的な役割を果たしていた．マウリッツは1625年4月23日，デン・ハーグで没した．

3. 結婚生活と子孫たち

　ステヴィンはカタリーナ・クラーイと結婚した．婚礼の日付は不明である．カタリーナの父はカレル・クラーイといい，そのため彼女は Catharina Careld,[5] Cray と呼ばれることもあった．彼女の兄弟ジャン・カレルス［Jehan Carels］はスウェーデン王グスタフ・アドルフ（1594-1632）率いるスウェーデン軍の工兵で，ステヴィンがグスタフ・アドルフに宛てた手紙の中では「妻の兄弟」［frere（sic） de ma femme］と記されている．ファン・ライクハウゼンによれば，彼女は大変美しい女性であったらしい（van Rijckhuijsen, 1760）．

　三人の婚前子　　自身の結婚に先立ち，おそらくそれを見越して，ステヴィンは 1612 年 3 月 24 日に 3800 ギルダーでデン・ハーグのラーム通り 42 番地に新築の家を購入した（図 2.9）．証書には，その建屋が 1612 年 4 月 1 日付で引き渡されることと明記されているので，この家はまだ完成していなかったことがわかる．この家の辿った運命は Morren（1899）の地道な研究のおかげで余すところなく明らかにされている．施工者である大工のアブラハム・ヤンスゾーンは薬剤師のヤン・クラースゾーン・スプリンテルから，もとは薬草園だった土地を購入した．ステヴィンが 1620 年に死んだ後，その家は彼の未亡人により 1623 年 5 月 6 日に 4800 ギルダーでクレメント・オーフェルスヒー博士に売り渡された．1897 年に家の前面はステヴィンの胸像で飾り立てられた．

　おそらく四人の子供がこの家で生まれた．1612 年にフレデリック，1613 年にヘンドリック，そして続いて二人の娘，1615 年 4 月 29 日生まれのスザンナとレヴィナ（生年月日はわからない）．受洗者登録がデン・ハーグに導入されたのは 1630 年以降のことなので，洗礼簿からは生年月日を知ることはできない．それはさまざまな他の公文書に記載された子供たちの年齢から割り出された．デン・ハーグの婚姻誓約簿にはステヴィンとカタリーナの婚姻誓約が 1616 年 4 月 10 日になされたと記されている．上記の日付が正しければ，四人の子供のうち三人は確実に結婚前に生まれていたことになる．ステヴィンの二番目の名が Anthonis

---

訳注[5]　Careld.＝Careldochter，「Carel の娘」の意．

3. 結婚生活と子孫たち

図 2.9　晩年になってステヴィンはカタリーナ・クラーイと結婚し, 彼女との間に二男二女をもうけた. 一家はデン・ハーグのラーム通りに面したこの美しい邸宅に住んでいた. 1897 年に取りつけられた胸像には, ステヴィンがここに 1612 年から 1620 年まで住んでいたことが記されている.
（撮影：Guido Vanden Berghe）

と記されているのはこの証書の中である.

　公証人ヨハン・アンドリアーンスゾーン・ファン・ワルメンハウゼンの立会いのもとで作成されたある証書によると, 1619 年 2 月 2 日, ステヴィンは, ディドルフ・ダウレンからニューウェ・ハウト通りがドゥル小路と交わる角にある家と敷地を購入した. 買い取り額は 6300 カロルスギルダー金貨であった. 一家はおそらくラーム通りに住み続けたのだろうが, 我々は, ステヴィンがこの時点で

かなりの物質的な豊かさを享受していたことを指摘できる．彼が両方の家のために払った合計額は相当なものであった．

ステヴィンの死 ステヴィンは1620年に死んだ．彼の死に関して確実な事実は，彼の誕生にかかわるデータと同様わずかである．1620年という年数はライデン大学図書館の肖像画に記されている．1620年2月20日にはステヴィンはまだ存命しており，ディルク・ヘリッツゾーン・ランゲダイクに測量士の資格を認定する証書に署名していた．1620年4月10日にはロッテルダムの数学者ヤン・ヤンスゾーン・スタンピウン［Jan Jansz. Stampioen］が，ステヴィンが亡くなったことで空いた軍隊の役職を占めるための請願を国務評議会に提出している．さらにホラントの法廷は1620年4月8日にステヴィンの未亡人の請願を却下した．その請願の中で彼女は，オラニエ公の顧問兼財務長官バルトロメウス・パンハウゼン［Bartholomeus Panhuysen］およびライデン大学数学教授ウィレブロルト・スネリウス（スネル）［Willebrord Snellius (Snel)］（1580-1626）に，子供たちの後見を委任することを請求している．これはシモンが当該両名に依頼し，何らかの理由で受け入れられなかったものである．1620年5月1日，ホラント法院正書記アンドリース・デ・ヒュベルトとアントニス・バイツが後見人に任命された．ステヴィンの未亡人の求めに応じ，彼女には，彼女の夫の尽力に対して全国議会より50ポンドの手当てが支給されることになった．1621年8月5日に議会は彼女と子供たちの後見人らに，向こう7年間，連合諸州（オランダ連邦共和国）において『数学覚書』ないしその翻訳を印刷し出版する独占権を与えた．1625年までマウリッツ公からステヴィンの子供たちに対し400ポンドの年金が支給された．ステヴィンは人生最後の数十年間，オランダ共和国で最も重要な人物たちの間にいたにもかかわらず，彼の死と埋葬場所についてこれほどわずかなことしか知られていないのは奇妙なことである．

ステヴィンの未亡人は1621年3月14日，モーリス・ド・ヴィリーと再婚した．彼はハーゼルスワウデの代官であり，彼の父は南仏オランジュに生まれサン・ラピオーの領主であったフランソワ・ド・ヴィリーである．結婚通知の中でカタリーナは，「存命中オラニエ公爵閣下の顧問にして財務長官なりしシモン・ファン・ステヴィン」の未亡人と呼ばれていた．5月6日にカタリーナとモーリ

スはラーム通りの家を売却し，1631年10月4日にはニューウェ・ハウト通りの家も売り払った．この後の方の家はそれまで年540ギルダーで賃貸しされていた．この家には1627年にマウリッツ公の三人の子供の母親マルハレータ・ファン・メッヘレンが暮らしていた（囲み2.6参照）．カタリーナの家族はデン・ハーグからハーゼルスワウデに移り住んだ．1624年6月15日にはイサーク・ベークマンが，その地でカタリーナから亡夫の遺稿をいくつか拝借している．1639年には家族は再びライデンのハウトマルクトに住んでいた．モーリスはそこで1650年に亡くなり，彼の妻は1673年1月5日に没した．夫妻はライデンの聖ペテロ教会に葬られている．この結婚から六人の子供が生まれた．

　ステヴィンとカタリーナの長男フレデリックは，最初ロッテルダムのヤーコプ・ベークマンのもとで数学の教育を受けたが，1629年12月5日にライデン大学に神学生として登録された．彼は1639年2月11日に登録を更新した．この際に彼は法学博士として登録されているが，その学位をどこで取得したのかはわからない．彼は未婚のまま1639年12月15日にライデンで亡くなった．

　次男ヘンドリック［Hendrick Stevin］(1613-1670)の経歴は彼の父親のものによく似ていたが，ただ彼には父親ほど才能がなかった．彼が1639年2月14日に数学の学生としてライデン大学に登録されたとき，彼は，兄のフレデリックと共に母親と継父のもとハウトマルクトに住んでいると申告している．そのときすでに彼は軍隊で経歴を積んでいた．彼は1633年1月13日に，おじのピーテル・クラーイの後を継いで，ブレーデローデ卿の連隊の主計将校に任命されていた．負傷がもとで彼は軍務を離れざるをえなくなった．彼は自然科学と技術の研究に全身全霊で打ち込んだ．それに加え，彼が，亡き父の遺稿を探し出し，出版することを父の遺霊に対する義務と考えていたのは明らかである．彼の母親は大変無頓着にそれらの書類を取り扱っていた．ヘンドリックはそのことについて一度ならず厳しい言葉遣いで不満を述べている．彼はイサーク・ベークマンのところから例の遺稿を取り戻すことも辞さなかった．今日我々が『マテリアエ・ポリティカエ』を読むことができるのはヘンドリックのおかげであり，その中で，ステヴィンの死の30年後，彼のさまざまな未刊の著作が日の目をみたのであった．シモンの他の著作はヘンドリック自身の著作『数学・哲学研究』［*Wisconstich*

Filosofisch Bedryf］の中に収められている．

　1642年6月20日，ヘンドリックはヨアンナ・ファン・レーウェンと結婚した．彼女はアルフェン・アン・デ・ラインの領主ヘリット・ビューネン・ファン・ウェンデルの未亡人であった．妻が1655年に亡くなった後，彼自身も公にアルフェンの荘園領主となったが，彼はその前からすでにその称号を使用していた．1670年1月，ヘンドリックは子供を残さずに亡くなった．特筆すべきは，ヘンドリックが，彼の父親があれほど好んでいた有名な数珠［clootcrans］[6]の図案を，自身の家紋に借用していることである．1795年までそれはアルフェンの教会に掲げられていた．ファン・ライクハウゼンはそれを紋章学的な言葉遣いで，「白地に十四の赤い玉，左隅に黒い曲尺」と記述している．またヘンドリックは，彼の父親の座右の銘に少し言葉を付け加え，それを受け継いだ．「不思議にして不思議にあらず」は，ステヴィンが数珠の周りに記していた言葉である．ヘンドリックはそれに，「そして不思議にあらずは不思議なり」［En gheen wonder is wonder］を付け加えた．

　ステヴィンの娘のスザンナは1635年4月29日にカットワイクのプロテスタントの牧師ペトルス・フリーテントールンと結婚したことがわかっている．この結婚からシモン，コルネリス，カタリーナという三人の子供が生まれた．カタリーナの息子は，ユリアーン・ファン・グルンウェーヘンで，先ほど述べたとおり，彼は自分の曾祖父についてもっとよく知ろうとブルッヘ市当局と接触した．末娘のレヴィナは法廷で代訴人をしていたヨハン・ローゼンボームと結婚した．デン・ハーグの大教会の洗礼簿には彼らの娘のマリア（1652年12月8日）とアリーダ（1656年2月20日）の洗礼記録があり，修道院付属教会の洗礼簿には彼らの息子のシモン（1654年6月19日）とカレル（1661年4月1日）の洗礼が記載されている．他の史料からは，その前にさらに二人の娘，ヘールトラウト（1647年3月15日）とカタリーナ（1650年2月13日）が生まれていたことがわかる．このカタリーナは後にヨアンネス・フォレンホーフェと結婚した．

訳注[6]　詳しくは第6章を参照．

第3章

十進小数導入に成功した人物

De man die erin slaagde het tiendelig stelsel in te voeren

　1585年に出版されたシモン・ステヴィンの『十分の一法』はおそらく彼の最も影響力のある著作の一つとなった．いち早く翻訳されたことで，十進法に関するこの短い試論は大変広く普及した．商取引がますます活発になる時代においては，度量衡と通貨の統一がぜひとも必要とされていたのである．とはいえ，ステヴィンが提案したこの合理化が本当に受け入れられるような政治情勢が訪れるのは，18世紀も終わりになってのことになる．

　ステヴィンの数学上の発見で，広範囲にわたる影響力をもったものとしては，十進小数で初等的な演算を行うためのエレガントな表記法があげられる．彼はこれに関して1585年に『十分の一法』という試論を出版した（図3.1）．ステヴィンはそのときまでに少なくとも4年間はホラント州におり，おそらくは主としてライデンとデルフトに滞在していたと思われる．この37ページの小品では，十進小数による加減乗除および——簡潔に——開方計算[1]が説明されている．この小品がライデンのプランタンの印刷所から出版されたのとまさに同じ時期に，北部ネーデルラント諸国はスペイン領南ネーデルラントから事実上分離し，一つの国家を形成するという課題に直面していた．国家がみずからを形成するときに

訳注[1] 乗根を求める算法，すなわち開立，開平など．

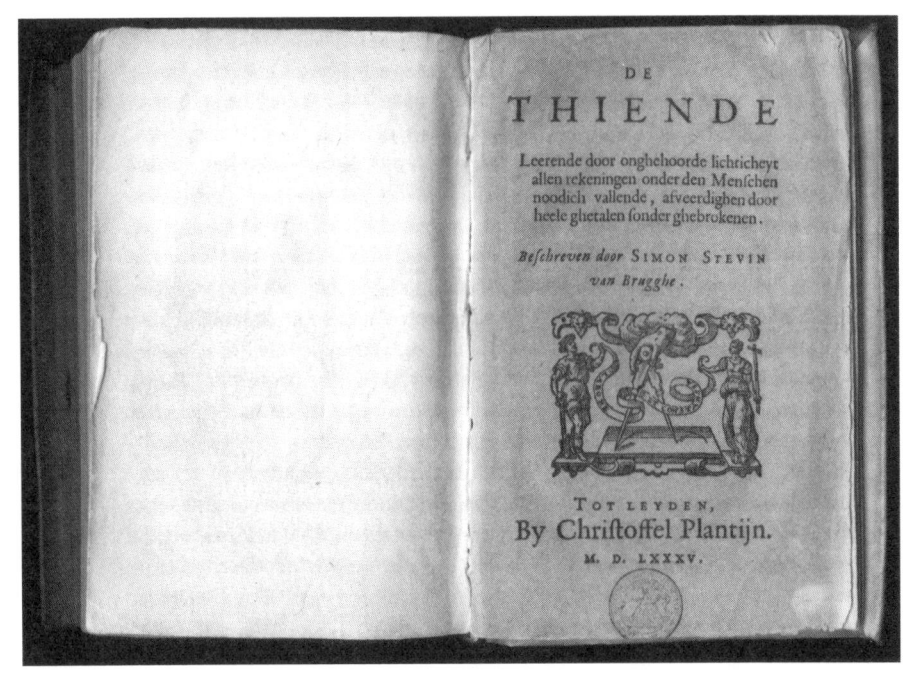

図3.1 1585年，ステヴィンは『十分の一法』という短い試論を出版し，十進法の導入を提案した．彼は十進小数の加減乗除と開方の計算規則を与え，同時にそれを実際に日常生活で応用することについて論じた．
アントウェルペン，プランタン・モレトゥス博物館．

は常に度量衡の標準化が目指されるものであり，これは歴史における一つ決まりごとである．カール大帝（742-814）はフランク王国でこれを試みた．フランス王のアンリ二世（1519-1559）は1558年にすべての度量衡をパリのものと一致させるよう命じた．『十分の一法』の「付録」の中でステヴィンが，十進小数の実践的応用として貨幣，長さ，面積および容量の尺度を十個の単位に分割することについて語るとき，彼はそれと同じ精神に則っているのである．

ステヴィンの『十分の一法』の翻訳　ステヴィンは『十分の一法』が広く普及することを望んだ．そのことは，オランダ語版の出版とほぼ同時に，彼みずからフランス語訳を出版した事実から明らかである．それは"La Disme, enseignantfacilement expédier par nombres entiers sans rompuz, tous comptes se

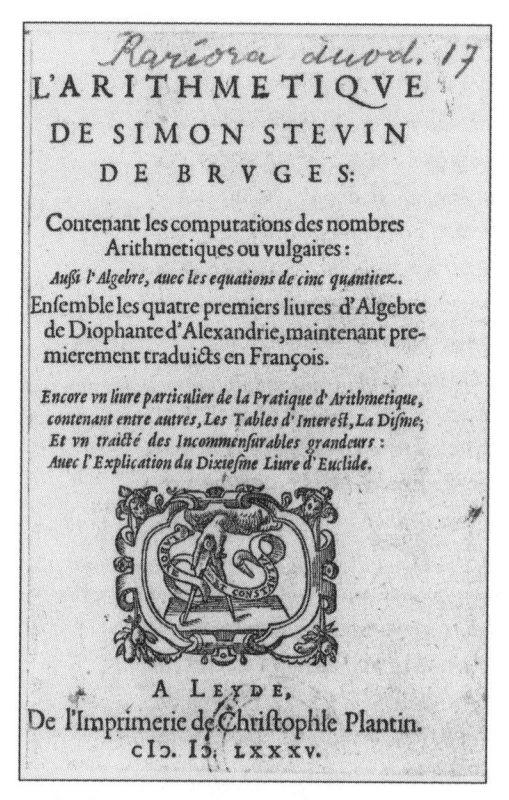

第3章　十進小数導入に成功した人物

図3.2　『十分の一法』を広めるため，ステヴィンはそれを自分でフランス語に翻訳し，『算術』の中に収めた．数年後には『十分の一法』の英訳とデンマーク語訳が出版された．
ユトレヒト大学図書館，Rariora duod. 17.

recontrans aux affaires des Hommes. Premierement descripte en Flameng, et maintenant convertie en François, par Simon Stevin de Bruges"（十分の一法，分数を使わず整数によって実業において現れるあらゆる計算を容易に処理する方法を伝授する．ブルッヘのシモン・ステヴィンによって最初フラマン語で書き記され，今フランス語に翻訳された）という表題を与えられ，彼のフランス語の著作『算術』（1585）に収録された（図3.2）．

　実際この表題から，最初に出たのはオランダ語版であり，ステヴィンが自分の

使う言語に flameng という語を当てたことがわかる．1602 年にはクリストファ・デュブヴァズの手により『十分の一法』のデンマーク語訳が *Decarithmia, det er Thinde-Regnskab* という題名で出版された．英訳はロバート・ノートン [Robert Norton] が準備し，1608 年に *Disme or The Art of Tenths* という題名で出版された．このノートンなる人物の父親はイギリスの法律家で詩人でもあった．彼は工兵および砲兵として英国軍の軍務についており，自身数学と砲術に関してさまざまな文章を著していた．英語版はステヴィンのフランス語版の逐語訳であるが，いくらか補足的に加筆された部分があり，例えば 'to the courteous reader' という短い序言，六十進法の小数を十進小数に換算するための表，そして整数と三数法の応用に関する短い解説などがそれである．ステヴィンの時代にはまだしばしば六十進法に従って数字が記載されており，そうした数字は 60, 60 の二乗，三乗などの分母をもつ分数の和として書き記された．今日我々が慣れ親しんでいる十進法での位分けは，当然のことながら分母が 10 の冪乗の分数に基づいている．

　英語版とデンマーク語版は原書が市場に出てから 15 年以上経ってようやく現れた．この原因はナッサウ伯マウリッツ[2]と連合諸州の国務評議会が印刷業者プランタンに与えた特権であった．この特権については『十分の一法』の 37 ページに言及がある．

　計算規則と尺度の統一　　商取引の急速な発展によって諸都市は成長しつつあったが，そこでは「初等的な」計算規則の解説が必要とされていた．経営と簿記，測量や建設作業ではある程度の計算能力や計測技能が要求されたのである．フランスやドイツとフランドル諸都市との間でのワイン貿易の拡大は容積単位の換算を不可欠のものとした．ビールとワインあるいは他の物品に対する間接税の取り立ては，樽やその他の容器の容量を監査する能力を前提としていた．これらすべてに関連して，14 世紀以来，度量衡検査官，ワイン計量官，穀物計量官，測量士，簿記方など数々の公職が発達していた．これらの公務員や建築技師，商人たちの数学知識は取るに足りないものだった．概して彼らはそれを実地で身に

訳注[2]　オラニエ公を襲名するのは 1618 年から．

つけたにすぎない．彼らは徒弟時代に専門知識と伝統を自分の親方から受け継いだ．15世紀の間にそれらの業務の重要性が増大し，よりよい教育と教材への需要を刺激した．16世紀初頭にはすぐに使えて有益な知識に対する関心が増大したことで，未だ幼年期にあった活版印刷術のために大変有望な活動領域が切り開かれることとなった．Kool（1992）の研究では，1585年以前にオランダ語で書かれた算術に関する著作が二十二点あげられている．彼女の研究は，この時期に生まれ，今日まで使われ続けている数学の専門用語を調査したものである．

　ステヴィンの『十分の一法』は，以上のような，専門家向け応用数学の流れの中に位置づけることができる．ところで彼はその著作を，次の献辞で始めている．

　　　　天文家，測量士，絨毯計測士，ワイン計量官，体積を測る専門家一般，造
　　　幣長官，そしてすべての商人にシモン・ステヴィンは幸運を祈る．

　ステヴィンは，測量士たちが丈［roe］に，絨毯計測士（仕立て屋）たちがエル［el］に，ワイン計量官がアーム［ame］に，天文学者たちが角度に，そして造幣長官たちがデュカートとポンドに十進分割を採用することを期待していた．アントウェルペン時代にステヴィンは十進分割の例を一つ知っていた．アントウェルペンのアームは100ポット［pot］に分割されていたのである．

　ステヴィンが『十分の一法』の内容を彼自身の考案と考え，それを大変誇りにしていたことは確かである．彼は序論の中でそのことを次のように言い表していた．

　　　　それゆえ，もしこの方法の有用性を明らかにせりとのゆえのみにて余を自
　　　惚れと思う人あらば，その者は次なることを示したるにすぎぬ．すなわち彼
　　　は凡庸と非凡との相違を知らざるか，公益に対し悪意を抱きたるかのいずれ
　　　かなり．いずれにせよ，中傷さるるを嫌いてその利を蔑ろ_{ないがし}にするは適当なら
　　　ざらん．其れまさに，新鮮なる果実，金山，耕地などの富に恵まれたる未知
　　　の島を偶然見出したる船乗りが，己の功を誇らずして，これを国王に奏上す
　　　るが如きものなり．かように我々の発見の大いなる価値につきても率直に述
　　　ぶるを得れば，余はそれをかほどに偉大なるものと呼ぶ，否，それはむし
　　　ろ，余自身の益とならんと貴公らのいずれかが推し量る以上なり．

当時，先行研究に言及するという習慣はなかったが，ステヴィンは，いくつかの著作では，出典を枚挙してしかるべき人物に敬意を払うよう非常に配慮している．しかしながらここでは——彼の同時代人と同様に——出典を全く示していない．例外は 20 ページで，そこではプトレマイオスと Jan van Kuenincxberghe（レギオモンタヌスのこと）の Boogpees Tafelen（三角関数表）を参照している．というのもそれらの著作においては十進小数に適当な 10 の冪乗を掛けたものが用いられていたからである（囲み 3.1 も参照）．ステヴィンは『数学覚書』でも同じ著作を参照している．

偉大な発見は一朝一夕になされるものではないが，このことは十進小数の導入についても変わりない．重要な要素は，新しいものの価値を十二分に理解しかつその射程をも見極める人物の存在である．このことはステヴィンの場合，かなりの程度事実である．まさに彼こそが十進小数に関する最初の教科書を書いた人物なのである．

概要 [cortbegryp] の中でステヴィンは『十分の一法』が二つの部分，定義と演習 [Bepalinghen ende Werckinghe] からなることを告げる．この特徴的な分割は彼の著作のほとんどにおいて目にすることができる．今日の我々にいわせれば，理論と実践ということになろう．その「付録」においては，十分の一法の使用がいくつかの業務の実例を通して実践に移される．

ステヴィンは十分の一法の概念の定義から出発する

　　十分の一法は算術の一科なり．それを使わば人が必要とする全ての計算は，「十進数列」[thiende voortganck] を用いるにより，ただ整数の助けのみ借りて，すなわち分数を用いずして行うこと可なるべし．なんとなれば，十進数列により数記号を用いてあらゆる数を書き記すこと可なるゆえなり．

この見解は，十進小数を使って演算を行うことが眼目なのであるならば，かなり奇妙に聞こえる．それでもステヴィンの著作と，特に彼が導入した表記法は，十進小数での演算方式に導くものなのである．分数ではなく，いわゆる「小数」を使う計算は，整数を使っての演算と同様に簡単である．ステヴィンはその考え方を次のように解説する．

　　千百十一なる数あり．数記号を用いて 1111 と記さば，いずれの 1 もその

直前のものの十分の一を表すこと明らかなり．それゆえ，2378 なる数においても，8（という数字で示される八つの単位の）各々は，7（という数で示される七つの単位の）各々の十分の一であり，以下同様なり．しかるに我々の論ずるところのものには名前があるべきゆえ，またこの算法はかくなる十進数列の考察より見出されたるものにして，以下において明らかとなる如く，まさにその本質は十進数列に存するゆえ，我らはその方法を簡単明瞭に**十分の一法**と名づけん．これにより，我らのもとに発生したる計算は全て，この後明らかに示さるる如く，分数を使わず整数のみにてきわめて容易に為し得るべし．

　ステヴィンはいくつもの定義を導入したが，それによって彼が十進数体系の構造について詳細にわたる知識を有していたことがわかる（囲み 3.1 参照）．

　　提示されたる整数は全て元（げん）[BEGHIN] と呼び，その記号を⓪とす．

　　次に元の単位 [eenheyt des beghins] の十分の一を第一位と呼びてその記号を①とし，第一位の単位の十分の一を第二位と呼びてその記号を②とし，以下同様に，前のものの単位の十分の一は常にその記号の順位において一つ増すものとす．

　彼はこの定義を次のように解説する．

　　3①7②5③9④とあらば，それは三つの第一位，七つの第二位，五つの第三位，九つの第四位の意にて，かように望むだけ無限に続くこと可なるべし．しかしてその値について言うには，この定義より前述の数は 3/10, 7/100, 5/1000, 9/10000 となり，合わせて 3759/10000 となるは見やすき理なり．また 8⓪ 9① 3② 7③ とあらば，その値はそれぞれ 8 9/10, 3/100, 7/1000 であり，合わせて 8 937/1000 となり，全て他の同様の場合についても同じなり．また，十分の一法において分数を使う要なきこと，また（第一位，第二位などの単位の）記号の多寡を表す数字は，⓪を除きて，決して 9 より多くなるべからざること，注意すべし．例えば，7① 12②とは書かず，代わりに 8① 2②と書くは，それだけの値であるためなり（すなわち 7/10 + 12/100 = 8/10 + 2/100）．

　さらにステヴィンは十進小数，すなわち今では我々になじみの「小数」を使っ

た初等演算を記述するための基礎を敷く．扱われるのは加法，減法，乗法，除法およびあらゆる種類の根の開方である．囲み 3.2 と 3.3 には加法と開方に関するテクストとその現代語訳を載せ，読者の理解を助けるため必要な箇所には適宜解説をつける．

「付録」においてステヴィンは自分の理論の応用に取りかかる．何をするかはその「序論」の中で述べられる．

　　　これに先立ち，実務に必要と思わるる限りにおいて十分の一法を記述したり．次にその用法に移りて，六項にわたり，それを用うれば，いかにして人々が必要とする計算全てを整数で容易に行えるかを示すこととす．それに当たり，まず（本編においてもそれが最初に取り上げられしゆえ）以下の通り測量術の計算から始めん．

言及された六項とは，測量術，絨毯計測術，ワイン計量術，体積測定一般，天文術の計算，造幣長官，商人，そして人民の全階層一般の計算である．ステヴィンの時代の度量衡について，およびステヴィンの著作の影響のもと今日に至るその展開に関する背景知識については，囲み 3.4 と 3.5 を参照されたい．

ステヴィンはその応用分野のいずれにおいても「元」，すなわち単位として，当時すでに一般の人々が使用していた尺度を提案する．測量の場合それは「丈」[roede] である．ステヴィンはこの「丈」を「第一位，第二位，第三位」に分割する．ただし彼は，測量の場合たいてい第一位と第二位で十分であり，鉛板屋根の厚みを測る場合に限り第三位が有用であろうと記している．彼は既存の尺度の名前を第一位と第二位の概念に結びつける．例えば第一位は尺 [voet] の概念に，第二位はなじみの単位である寸 [duym] に結びつけられる．ステヴィンの議論において最も重要な点は彼が十進法に基づく分割を提案していることである．当時の慣例ではそのようなことは全く行われていなかったのである．絨毯製造者および仕立て屋に対してステヴィンはエルを単位とすることを提案する（図 3.3）．これも彼は十分の一と百分の一に分割する．ワイン計量官たちのためにはアントウェルペンの既存の尺度であるアームに立ち返る．ワイン丈尺というものさしに記されるアームは十の等しい部分に分割されねばならない．「等しいとは，丈（長さ）に関してではなくワイン（容積）に関してと知れ．けだし丈の深さの

第3章 十進小数導入に成功した人物

> 26　AENHANGSEL
> alle welcke exempelen de Bewijſen in hare voor-
> ſtellen ghedaen ſijn.
>
> ## II. LIDT VANDE REKENINGEN
> ### DER TAPYTMETERIE.
>
> DEs Tapijtmeters Elle ſal hem 1 ⓪ verſtrec-
> ken de ſelve ſal hy (op eenighe ſijde daer de
> Stadtmatens deelinghen niet en ſtaen) deelen als
> vooren des Landtmeters Roe ghedaen is, te we-
> ten in 10 even deelen, welcker yeder 1 ① ſy,
> ende yder 1 ① weder in 10 even deelen, welcker
> yder 1 ② doe, ende ſoo voorts. Wat de gebruyck
> van dien belangt, angheſien d'exempelen in alles
> overcommen met het ghene int eerſte Lidt vande
> Landtmeterie gheſeyt is, ſoo ſijn deſe door die,
> kennelick ghenouch, inder vooghen dat het niet
> noodich en is daer af alhier meer te roeren.
>
> ## III. LIDT VANDE
> ### WYNMETERIE.
>
> EEn Ame (welcke t'Andtwerpen 100 pot-
> ten doet) ſal 1 ⓪ ſijn, de ſelve ſal op diepte
> ende langde der wijnroede ghedeelt worden in 10
> even deelen (wel verſtaende even int anſien des
> wijns, niet der Roeden, wiens deelen der diepte
> oneven vallen) ende yder van dien ſal 1 ① ſijn,
> inhoudende 10 potten, wederom elcke 1 ① in
> thien even deelen, welcke yder 1 ① ſal maecken,
> die

図3.3 『十分の一法』の p.26 でステヴィンは，絨毯計測術で十進小数をどのように実際に応用するかを解説している．彼は出発点となる基本単位としてエルを選ぶ．
ユトレヒト大学図書館，Dijns 21-737, dl. 2.

目盛りは不等となるゆえ」というただし書きによって，樽や瓶の形状を計算に入れなければならないということを指摘している．そうすると，アームに対するアントウェルペンでの下位単位で表せば，十分の一は10ポットとなり，百分の一，つまり第二位は正確に1ポットに一致する．体積測定一般とは，ステヴィンによれば，任意の幅と奥行きおよび高さをもつ柱，すなわち容量一般を測るものである．ワイン計量術もこの中に含まれるが，重要なのであえて別個に論じると彼はいう．彼はここで，人はそもそも三次元の対象の容積を測るのであり，したがっ

て立方の尺度を用いねばならないという事実を指摘している[3]．ところで，彼はこの節を締めくくるに当たって，読者に一つの約束をする．すなわち，将来出版するであろうすべての図表において，十進法に基づいた分割を使用するということである．さらに彼は大仰な言葉遣いで，常に独逸の言葉［Duytsche Tale］[4] を用いるであろうと約束する．最後の応用分野（造幣長官の領分）を論じるに当たり，ステヴィンは国際金融取引における通貨について大変よく通じていることを示す．またそれらの通貨相互の相場価値についても明らかによく理解していたことも，その節の書き出しからわかる．

　この節の基礎を一般的かつ簡潔に述ぶれば，つまり，長さ，乾物，液体，貨幣などの全ての尺度は前述の十進数列にて分割さるべきにて，各々の量につき，その名の知られたる種を元と呼ぶべきなり．例えばマルク［marck］は金銀を計量するための重量の元にして，ポンド［pondt］は他の一般的な重量の元なり．フランドルのポンドグロート［pondtgroot］，イングランドのポンドスターリング［pontsteerlincx］，スペインのデュカート［ducaet］などは貨幣の元なり．

同時にステヴィンは，貨幣について，一地方ないし国においてはどこでも同一の基準が用いられるよう，法的な規定が導入されねばならないと指摘する．彼の言葉を借りれば，「誰なりと望む者が前述の十分の一分割を使えるよう，それが公儀によって法的に定めらるること望ましく，貨幣，特に新たに発行さるるものの価値が何らかの第一位，第二位さらに第三位に準じて定めらるれば，それ商いのため有益ならん」．

それらの分野すべてにおいて十進法が適用されることをステヴィンが本当に望んでいたのかと問う向きもあるかもしれない．彼自身が「付録」の最後から三番目の段落でそれに答えを与えている．

　しかしこれ全てが望むほど速やかには実施されぬとしても，第一に，それが少なくとも我らの子孫に有益なることは喜ばしからん．なんとなれば，来

訳注[3]　当時はしばしば面積と体積の単位が明確に区別されていなかったので，おそらくそのため．

訳注[4]　当時はオランダ語を含むゲルマン系諸語を指した．第8章を参照．

るべき時代の人間も過去にありし類のものならば，かような利を常に見過ごすべきにあらざること確かなればなり．

ステヴィンの『十分の一法』は読まれていた．このことはジョン・ネイピア［John Napier］（1550-1617）やヘンリー・ブリッグズ［Henry Briggs］（1561-1630）の反応からわかる．彼らはその著作を参照し，またそれを実際に応用していた（囲み3.1参照）．また当時の文学，とりわけシェークスピアの著作にはステヴィンの著作との符合がみられる（囲み3.6参照）．しかしながら，十進法の真の躍進はようやく18世紀末になってのことであり，それはフランス革命の影響のもと，まずフランスで達成され，その後他のヨーロッパ諸国にも広まったのだった（囲み3.4参照）．貨幣単位としてドルを導入したアメリカ合衆国がそれに続いた（囲み3.7参照）．（十進）記数法の導入は，すべての主要な四則演算を十進数によって行う技法と共に，計算機の発展における重要な一歩であると多くの著者が考えている．こうしてステヴィンは，コンピュータの開発につながる業績を残した科学者たちの列に加わることになる．そのような文脈においてたいてい彼は，ブレーズ・パスカル［Blaise Pascal］（1623-1662），チャールズ・バベッジ［Charles Babbage］（1791-1871），エイダ・バイロン・ラヴレース伯爵夫人［Ada Byron Lady Lovelace］（1815-1852），ハーマン・ホレリス［Herman Hollerith］（1860-1929），ジョン・フォン・ノイマン［John von Neumann］（1903-1957）らの仲間の一人に数えられている．

● 3.1 ● ステヴィン以前および以後の十進記数法

人類はその歴史の経過と共にさまざまな記数法を知った．最も古く，依然として時折用いられている方法は棒に線を刻むことであるが，この場合，それぞれの線が一単位を表している．「割符にたくさんある」［veel op zijn kerfstok］[5] 人には，負債がたくさんある．やはり未だに使われているやり方でいくぶん進んだものはturvenである．これは，一単位を表すのに垂直な線を引き，四本の線を引いた↗

訳注[5] 「前科がたくさんある」という意味のオランダ語の慣用句．

ところで五番目の線は最初のものを通って斜めに引くというものである[6].

ローマ人たちはいわゆるローマ数字を使っていたことが知られている．I，V，X，L，C，D，Mの文字はそれぞれ 1, 5, 10, 50, 100, 500, 1000 を表す．これらの文字を組み合わせ，適当な約束をすることで，あらゆる小さな数を表すことができた．この方式は，例えば建物に年数を記すのに，今なお使われている．数を表すのに文字を使う方式は古代において広く普及していた．例えばフェニキア人，ヘブライ人，そしてギリシア人はそのような方式を知っていた．それには二つの重要な欠点がつきまとっていた．第一に，そのような数字を使っての計算は簡単ではなかった．第二に，より大きな数を表すには別の文字を導入しなければならなかった．

シュメール人は初めて十進法の一形態を知った　　十進分割の最初の方式は紀元前 4000 年頃にメソポタミアのシュメール人によって導入された．彼らは 60 の冪に基づいて彼らの数体系を築き上げていたが，それらは 10 の倍数に細分されていた[7]．我々が依然として使っている時間記述法はこの方式に由来している——1 時間は 60 分に細分され，1 分はさらに 60 秒に細分される．シュメール人には「0」を表す記号がなかったが，この記号は紀元前 1000〜紀元 0 年の間に導入されたらしい．0 はインドの数学者によって提案されたと推測されているが，それは「無」の概念が彼らの宗教と哲学にとって重要だったからである．0 の知識と共にインド人は純粋に十進的な概念に基づいた位取り法の概念を導入した．かくして，十個の異なる記号，つまり 1 から 9 までの数字と 0 を用いることで，あらゆる十進数を一義的に書き記せるようになった．これらの数字を導入したのはインド人だったが，それらは世界的に「アラビア」数字と呼ばれている．

中央アメリカのマヤ人は二十進位取り法を知っていた．彼らはそれをオルメカ

訳注[6] 「卌」．日本で「正」の字を使って数を数えるようなもの．
訳注[7] シュメール文化を起源とする古代バビロニアの数学では，楔形文字による記数法が発達した．彼らは単位を表す記号と十を表す記号を併用し（十進法），十を表す記号が六つ集まると，単位を表す記号を別の位に書いてその数を表した（六十進法）．ただしこのような六十進位取り記数法が用いられたのは天文学のような精密科学の場合だけで，日常的なテクストにはさまざまな記数法が混在している．詳しくは O. ノイゲバウアー（矢野道雄・斉藤　潔訳）『古代の精密科学』，恒星社厚生閣，1990，第 1 章；室井和男『バビロニアの数学』，東京大学出版会，2000，pp. 18-19 を参照．

人から受け継いだが，オルメカ人たちはすでにそれを紀元前から使っていたということさえ主張されている．彼らはわずか三つの記号だけを用いて0から19までのすべての数字を表現しており，それらの数字が二十進法の基礎をなしていた．これはおそらく最古の位取り法であるが，アメリカが「発見」された時点で十個の記号からなるインド-アラビア記数法はすでに広く受け入れられていたので，それがヨーロッパの科学——特に数学——に影響を及ぼすことはできなかった．

　十進数体系の単純性と有用性にもかかわらず，それがヨーロッパで受け入れられるまでには何世紀もかかった．アラビア数字を一般に使用させるのもまた自明のことではなかった．十字軍の時代になってようやくムハンマド・イブン・ムーサー・アル・フワーリズミー［Muhammad ibn-Musa Al-Khwarizmi］(780-850頃)などアラビア人作者の著作が知られるようになった．アラビア語の書籍はバースのアデラード［Adelard van Bath］(1090頃-1150頃)らによってラテン語に翻訳された．フィボナッチ［Fibonacci］として知られるピサのレオナルド［Leonardo］(1170-1250)は，1202年『算板の書』［Liber Abaci］の中で十進法をヨーロッパの同胞たちに解説した．フィボナッチの父親は北アフリカの都市Bugiaで税関吏をしており，したがって若き日のフィボナッチはムーア人の十進法の伝統の中で成長したのである．アラビア語著作の翻訳者たちの多くはアラビア数字をアラビア語テクストの一部と見なしていた．ラテン語への翻訳に当たって，彼らはアラビア数字をそれに相当するローマ数字で置き換えた．実のところ，これらの翻訳者たちには洞察力が欠けていたのである．つまり，彼らは新しい表記法が記号としての数値を有するだけでなく，内容の変化をももたらすということを理解していなかった．

　インド式記数法は14〜15世紀の間にますます知られるようになった．例えばイングランドでは，ジョン・ハリファクス［John Halifax］(1200頃-1256)が1253年，同国人たちに十進法を売り込もうとしたが，あまり成功しなかった．Sarton(1935)によれば，新しい表記法の使用と十進整数による計算はステヴィンの時代にはわりと一般的であり，ローマ数字が未だに用いられるのは，ただ儀礼的，装飾的な目的のためだけであった．

　十進小数が知られていたことを示す西洋で最古の例は，1343年頃に遡る．ムールのヨハンネス［Johannes Muris］(1290頃-1351頃)というパリの天文学者は『数についての四部作』［Quadripartium numerorum］で2の平方根の計算を記述している．

$$\sqrt{2} = \frac{1}{1000}\sqrt{2000000} = \frac{1}{1000}1414$$

　レギオモンタヌスの『あらゆる種類の三角形について』においても十進法の概念が見出される．彼は測角線分を $R/10^a$ を単位として表した[8]．値は整数で示されるが，それぞれの数字の（真の）値は a の大きさを知らないとわからない．例えば $\sin 15°21'$ は 2647147 として与えられるが，これは $a = 7$ であることを知っていて初めて意味をもつのであり，したがってその正弦の本当の値は 0.2647147 になる．ステヴィンはこの著作を知っていた．彼はその著者を『算術』の中では Iehan de Montroial と呼び，『十分の一法』では Ian van Kuenincxberghe と呼んでいる[9]．この学者が十進小数でできることを大変よく洞察していたことはステヴィンも認めるところであった――「そこにおいて彼は余が探し求めたる十進数列を完璧に理解せるに至れり」．別の言葉でいえば，ステヴィンは，レギオモンタヌスがなじみの十進小数（我々の「小数」）を提案することに関しては正しい道を行っていたということを認めているが，その表記に関してはまだ何かが欠けていたのである．

十進小数導入の機は熟していた　　上記のことから十進位取り法の使用はステヴィンの時代にはすでに普及していたことがわかる．数字を決まった順番で書くことができ，並べられた数字の占める場所が重要であることは理解されていた．単位から始める場合，この「単位数字」の右側の数字は十分の一の位置を占め，その数字の右隣の数字は百分の一の位置を占め，以下同様である．数多くの数学者たちがその考え方をすでにある程度は適用していた．

　ステヴィンの『十分の一法』は十進小数について見通しのよい解説を提供し，同時に実用に耐える表記法を導入した．学問の世界においてステヴィンの仕事は，大変ゆっくりとではあったが，評価され，使用され，さらに練り上げられていった．手始めに表記法を簡単にすることが試みられた．ジョヴァンニ・アントニオ・マジニ［Giovanni Antonio Magini］（1555-1617）はその著作『平面三角法について』［*De planis triangulis*］（Venezia, 1592）の中で整数の部分と小数の部分の分割

訳注[8]　整数のみで三角法の計算が行えるように，単位円の半径 R の値として 10^a といった大きい数を採用したということ．

訳注[9]　どちらもレギオモンタヌスを指す．彼は本名を Johann Müller といったが，低地フランコニアのケーニヒスベルク付近で生まれたため，その地名（文字どおりには「王の山」の意）をラテン語化して Regiomontanus と名乗った．

記号としてコンマを用いた．彼は十進記数法 [denaria ratio] についても語っていた．同じ 1592 年にはトマス・マスターソン [Thomas Masterson] が『算術書第一巻』[First booke of arithmeticke]（London, 1592）を出版した．マスターソンは分割記号として垂直な線を用いた．イエズス会士のクリストファー・クラヴィウスことクリストフ・クラウ [Christoph Clavius] は論考『アストロラーブ』[Astrolabium]（Roma, 1593）の中の正弦表で単位の後に点を使用した．もう一人の重要な人物は，フランクフルト・アム・マインで活動していたドイツ人の自然学者ヨハン・ハルトマン・バイエル [Johann Hartmann Beyer]（1563-1625）である．1619 年に彼は『ロギスティカ・デシマリス—すなわち—十進小数の計算技法』[Logistica Decimalis : Das ist : Kunstrechnung der Zehentheylingen Brüchen] を出版した．この著作は，ステヴィンの『十分の一法』の後長い時間が経ってから出版されたにもかかわらず，しばしば小数の概念の源として引用されている．おそらくバイエルはステヴィンの著作を知らなかったのであろう——いずれにせよ彼はそれを参照していない（しかし出典を参照するという習慣が一般的に市民権を得ていたわけではないということはすでに述べたとおりである）．バイエルの最初の章の表題は，「機械的計算技法とは何であり，いかにしてそれは見出されるか」である．「機械的計算技法」[mechanische Kunstrechnung] とはバイエルによる小数計算のドイツ語訳である．彼の用語法はステヴィンのものに酷似している．小数の位の名称として彼は Primen, Secunden, Terzen を用いるが，これらはステヴィンの第一位，第二位，第三位に対応している．この類似性は，彼が実はステヴィンの著作を知っていたという可能性を疑わせる．

　ケプラーは小数計算法を大変よく理解していた．『ワイン計量官冊子』[Wein-Visier-Buchlein]（1616）では 3(65 × 6 = 21(90 という簡便な記数法を使っているが，彼はその技法をヨプスト・ビュルギ [Jobst Bürgi]（1552-1632）のものとしていた．スイス人ビュルギが 1592 年 8 月以降に完成した著書『算術』[Arithmetica] の中では，小数の部分を示すため整数の最後の数字の下に零が記されていた．このビュルギの著作は出版されずじまいであったのであるから，本来はこれに言及する義務はなかったはずであるが，ケプラーが小数計算に関する新方式をステヴィンではなくビュルギに帰したという事実があるので触れざるをえない．

　十進小数の使用を一般に普及させた人物はネイピアである．死後出版された『対数の驚くべき規則の構成』[Mirifici logarithmorum canonis constructio] の第五章で彼は次のように書いている．「点の後に記されたものはすべて分数である」．↗

このことは今や一般に認知され，慣用となっている．小数を分ける記号として点（あるいはコンマ）[10] を使う今日の我々の記数法はネイピアに由来している．1617年の著作 *Rabdologia* で彼は十進小数を表すステヴィンの記数法を取り入れ，同時にコンマと点を用いる記数法を提案している．

17 世紀初頭は長大な対数表の出版の時代である．ブリッグズの『対数算術』[*Arithmetica Logarithmica*]（1624）では 10 を底とする対数が並べられているが，そこでもまたコンマや点を使った記数法がみられる．

オランダ語圏においてはエゼヒエル・デ・デッケル [Ezechiel De Decker]（1603/4-1646）の著作，『新算法第一部』[*Eerste Deeel van de Nieuwe Telkonst*]（1626）と『新算法第二部』[*Tweede Deeel van de Nieuwe Telkonst*]（1627）が十進法の完全勝利を証言している．これらの著作はステヴィン，ネイピア，ブリッグズのさまざまな著作を編集したもので，そこにはステヴィンの『十分の一法』やデ・デッケルによる *Rabdologia* の翻訳，ブリッグズが計算した 1 から 1000000 までの対数表などが収録されている．これらの著作では数学の基本的な三つの原理，すなわち近代的な数字を使ったインド-アラビア式記数法，十進小数および常用対数が重視されている．

● 3.2 ● 十進小数の加法

以下に十進小数の加法に関する原文をあげる（『十分の一法』p.13）．

　（I. 加算すべき十分の一数が与えられたるとき，その和を求むること．

　与件．十分の一数の三つの順序列あり．最初のものが 27⓪ 8① 4② 7③，二番目が 37⓪ 6① 7② 5③，三番目が 875⓪ 7① 8② 2③ なり．

　課題．それらの和を見出すべし．

　作業．下に示す如く与えられた数を順番に並べ，整数の加算の一般的なやり方に倣ってそれを加算すべし．すなわち，）　↗

訳注[10]　以前，英語圏とヨーロッパ大陸とでは記数法において点とコンマの用法が逆転していた．今日ヨーロッパにおいては両方式が混在しているので注意が必要である．

第3章 十進小数導入に成功した人物

```
       ⓪ ① ② ③
    2  7 8 4 7
    3  7 6 7 5
  8 7 5 7 8 2
  ─────────────
  9 4 1 3 0 4
```

我らが仏蘭西語の『算術』問題1によれば和は941304となるが，これは（数字の上にある記号の示すところにより）941⓪ 3① 0② 4③なり．それが求める真の和であると言わん．

証明．与えられたる27⓪ 8① 4② 7③は（第三の定義により）$27\frac{8}{10}$, $\frac{4}{100}$, $\frac{7}{1000}$ にて，合わせて $27\frac{847}{1000}$ となれり．同じ理由により37⓪ 6① 7② 5③は $37\frac{675}{1000}$ に値す．875⓪ 7① 8② 2③は $875\frac{782}{1000}$ となり，それら三つの数 $27\frac{847}{1000}$, $37\frac{675}{1000}$, $875\frac{782}{1000}$ は合わせて（我らが仏蘭西語の『算術』の問題十により）$941\frac{304}{1000}$ となれり．しかれども和941⓪ 3① 0② 4③もまたそれだけの量に値するゆえ，それは真の和なり．これぞ証明すべきことなりける．

結論．加算すべき十分の一数が与えられたるとき，所期の如くそれらの和を見出せり．

注記．与えられたる十分の一数において本来の位のあるものが欠けたるとき，その場所は欠如［dat ghebreeckende］でもって埋めるべし．例えば，与えられたる十分の一数が8⓪ 5① 6②と5⓪ 7②なりとせば，後者において位①の十分の一数が欠けたるが，その場所には0①を入れたれば，与えられたる十分の一数は5⓪ 0① 7②となるゆえ，それを前と同様に次の要領で加算すべし．

```
     ⓪ ① ②
     8 5 6
     5 0 7
   ─────────
   1 3 6 3
```

● 3.3 ● 根の開方

『十分の一法』(pp. 20-21) の中で，ステヴィンは最後に短く，どのようにして十進小数の根が計算できるかを解説している．ここでの彼の解説は大変簡潔であるが，いくらか補足説明を加えれば，文章は大変わかりやすい．彼は関心のある読者が整数の開方計算を行えるということを前提に話を始め，続いてその技法を十進小数にまで拡張する．筆算で平方根を計算するやり方をもう覚えていない読者は，──電卓はこの知識をほとんど余計なものにしてしまった──この節を気楽に読み飛ばしてかまわない．

> あらゆる種類の根の開方もかくの如くなしうる．例えば，（プトレマイオスのやり方で正弦表を作成するに必要なる）5② 2③ 9④の平方根を求むるには，一般的なやり方に従い次の如く作業すべし．
>
> $$\begin{array}{c} \mathit{1} \\ \underline{5\ 2\ 9} \\ 2\ \ 3 \\ \underline{\ 4} \end{array}$$

上記の演算は次のように解説できる．529 という整数を考察するとすれば，5 よりも小さい平方数で最大のものは 4 である．したがって 2 が根である．5 が百の位にあるので，関係するのは平方数 400 であり，したがって 2 は十の位に来る．$(20 + x)(20 + x)$ が 529 にならなければならないことがわかっているので，したがって $400 + 40x + x^2 = 529$ であり，それゆえ $40x + x^2 = 129$ である．ところで，$40 \times 3 = 120$ であり，$3^2 = 9$ であるので，3 は求めている x である．今度，0.0529 の根を求めるには，小数点を正しい場所にもってくるだけでよい．この結果を得てステヴィンは次のように続ける．

> しかして根は 2① 3②となるべし．なんとなれば，与えられたる数の最後の記号[11]の半分は，常に根の最後の記号であるゆえなり．それゆえ，与えられたる最後の記号が奇数ならば，続く記号をそれに加え，その後，上の如く作業するべし．
>
> 立方根の開方においても同様なるが，その場合，根の最後の記号は常に最後に与えられたる記号の三分の一にて，以下他のあらゆる種の根においても同様なり．

訳注[11] ステヴィンの十進記号①，②，③のこと．

● 3.4 ● 度量衡について

度量衡は自然物に，そしてとりわけ人体に由来している．duim や voet, el といった用語は，今なおそのことを証言している[12]．商取引は尺度の標準化を必要不可欠のものとした．大概，標準尺度の保管は当局に委ねられていた．標準原器はエジプト時代にすでに存在していた．そのいくつかがメンフィスの廃墟で発見されている．アテナイでは幾人かの名門市民が標準原器の監査を担っており，ローマではユピテルの神殿に libra（ポンド）と pes（フィート）が保管されていた．中世において度量衡の分野でのローマ人の規定は失われた．当局の関与は標準原器を保管することにとどまっており，それは公衆の便宜のため，たいてい公共建造物の外壁に取りつけられていた．

中世後期，そしてとりわけ 16～17 世紀にきちんと統制された度量衡に対する需要が再び生じたのは，自立的な経済単位としての都市とその機能が復興したことによる．諸都市の行きすぎた自治により都市間で食い違いが生じたが，これは増大する商取引の点からするとますます大きな障害となった．以下にそれらの地域に根づいたメートル法以前の度量衡の例をいくつかあげる．

長さの単位：
アムステルダムエル：68.78 cm　　ブラバントエル：69.23 cm
アムステルダム尺［voet］：26.31 cm　　ヘルデルラント尺：27.19 cm
アムステルダム丈［roede］：4.53 m　　アントウェルペン丈：5.74 m

面積の単位：
アムステルダム町歩［morgen］：0.8129 ha
ブリール町歩［morgen］：0.9183 ha

容積の単位：
アムステルダム升［stoop］：2.425 l
アムステルダム石［graanlast］：30.04 hl

重量の単位：
アムステルダムポンド：494.09 g　　ナイメーヘンポンド：476.56 g

ステヴィンは，『十分の一法』の「付録」において繁雑な尺度の多さを批判した．これに対して彼は，十進法に基づいて構築された計量単位の普遍的な体系を提案↗

訳注[12]　duim は足の親指，voet は足，el は中指から肘までの長さに由来する．

する（特に第三章に引用した一節を参照）．図 3.3 にみえるのは絨毯計測術に関するテクストである．十進法に基づいた単位の提案は実に革命的であり，歴史的にみてきわめて重要である．しかしながら新たな単位系の創造を可能にする情勢はフランス革命の時代まで到来しなかった．1790 年，国民議会はフランス科学アカデミーに全世界で使用できる新しい単位系を開発することを委託した．この単位系は以下の特性を満たしていなければならなかった．

　a．その単位系は自然界における普遍な大きさに基づいた標準尺度から構成されていなければならない．

　b．すべての単位はいくつかの基本単位から導くことができなければならない．

　c．それらの単位の上位ないし下位単位は十進法に基づいて定められなければならない．

　最終的にこの問題を研究した委員会はピエール・シモン・ラプラス［Pierre-Simon Laplace］（1749-1827）やジョゼフ・ルイ・ラグランジュ［Joseph Louis Lagrange］（1736-1813）といったとりわけ高名な数学者たちによって構成されていた．委員会は長さの単位としてメートルを，重量の単位としてキログラムを選んだ．1799 年 6 月 22 日には基本単位のプラチナ原器が保管のためフランスの国立公文書館に納められた．長さの標準は地球の周の長さをもとに定められた．パリを通る子午線に沿って地球の周の長さの四分の一を測り，その百万分の一が 1 メートルとされた．その単位系に国際的な性格を与えるため，上位単位と下位単位はギリシア語およびラテン語の名前を与えられた．

　当時のフランス共和国は暦も十進法に基づいて編纂しようと試みた．数年後この企画は放棄されたが，それは提案された計画が不十分で，天文観測と一致しなかったためであった．すなわち要請 a を満たさなかったわけである．

火星との衝突　メートル単位系は，フランス以外では，1820 年以降，オランダとベルギー，ルクセンブルクで使用されるようになり，その後文明世界の大部分において導入された．アングロ・サクソン系の国々は，英国とアメリカ合衆国を筆頭に，長い間——そして依然としてある程度までは——全く十進法ではない，いわゆるアングロ・サクソン単位系に固執し続けた．旧大英帝国の多くの地方ではメートル単位系がイギリス式単位系に取って代わった．アメリカ合衆国は，貨幣単位については大変進歩的であったにもかかわらず，依然としてこのあまり効率的でない単位系に執着している．このようにインチとフィートを頑固に使い続けることが

科学技術における共同作業にとって有益でないのは確実である．1999年9月23日，NASAは火星気象探査衛星を失ったが，それというのは地上に置かれた打ち上げ用航法関連ソフトウェアのあるセグメントがアングロ・サクソン単位からメートル単位に書き換えられていなかったためであった．その結果，衛星は火星に近づきすぎ，大気圏内で燃えつきてしまった．

1832年にカール・フリードリヒ・ガウス［Carl Friedrich Gauss］（1777-1855）は，物理学においてメートル単位系を使用するよう特別の注意を促した．彼は絶対単位によって地磁気の力を測定した最初の人物であるが，それを支えたのはミリメートル，グラム，秒という三つの力学単位に基礎を置く十進体系であった．ウィルヘルム・エドゥアルト・ウェーバー［Wilhelm Eduard Weber］（1804-1891）と共に，ガウスはこの原則を電気現象の測定にまで拡張した．電磁気の分野におけるそれらの応用は，1860年から1870年にかけて，ジェームズ・クラーク・マクスウェル［James Clerk Maxwell］（1831-1879）とウィリアム・トムソン（ケルヴィン卿）［William Thomson（Lord Kelvin）］（1824-1907）の研究が刺激となってさらに発展した．彼らは整合的な単位系の必要性を明らかにし，ここから，センチメートル，グラム，秒に基づくCGS単位系が発展した．これらの単位はあまり融通が利かないことがわかり，電気抵抗に対するオーム，電位に対するボルト，そして電流に対するアンペアのように，一群の実用的な単位が付け加えられた．イタリア人電気技術者ジョヴァンニ・ジョルジ［Giovanni Giorgi］（1871-1950）は1901年，三次元的なCGS単位系を第四の基本単位であるアンペアと結びつけた．この四次元的な単位系は彼に因んで名づけられた．ちなみに彼はパレルモ大学で数理物理学の教授（1926年），ローマ（1934年）とミラノで電話と電信の教授を務めることになる．その後の数年間に新たな単位，とりわけ磁束，温度などの諸単位がこの単位系に付け加えられた．1960年に第十一回国際度量衡総会でSI（Système international d'unités：国際単位系）が制定された．SIはメートル単位系の論理的発展形であり，全世界でかつてのメートル単位系すべてに取って代わった．SIは科学技術の継続的な発展を考慮して，系統的に拡充されている．

物理的に測定可能な量に基づく，三つの最も重要な基準の定義は現在のところ以下のとおりである．

1メートルは，1/299792458秒の時間に真空中を光が通過する経路の長さである．

キログラムは質量の単位である．1キログラムは国際的に認められ，セーヴル（フランス）の金庫に保管されている原器の質量に等しい．全世界にこの原器の↗

> 八つの複製が存在し，そのうち六つが公式のものである．これに代わる根本的な，つまり原子単位に基づく妥当な基準の探求が続けられている．
>
> 　1秒はセシウム 133 原子の基底状態の二つの超微細準位の間の遷移に対応した放射周期の 9192631770 倍の持続時間である．

● 3.5 ● 低地諸国における通貨の混沌とした状態

　ブルゴーニュ時代以前（1400 年頃まで）は個々の伯爵領や公爵領が独自の貨幣鋳造権を有していた．主な諸地方がブルゴーニュ公のもとに統一されたことによって，貨幣の分野により大きな統一性と安定性がもたらされた．1433 年，フィリップ善良公［Filips de Goede］（1396-1467）はブラバント，フランドル，エノー，ホラントに一律の貨幣体系を導入し，それは数十年間大きな改変をこうむることなく流通した．貨幣はどの地方においても同一の重量，純度および為替レートを有しており，それら相互の違いといえば硬貨の表に刻まれた肖像画くらいのものであった．

　16 世紀の第二四半世紀にはこの貨幣体系に重い銀貨が加わったが，その最初のものはギルダー銀貨であり，後により大きなフィリップダールダーが導入された．より価値の少ない銅貨も発行された．神聖ローマ皇帝カール五世（1500-1558）は統一された貨幣体系を低地諸国の全領地にまで行き渡らせた．彼は 1521 年にカロルスギルダー金貨を流通させた．外国貨幣の使用は控えられたが，「ピート・ハイン」[13] の歌でおなじみのライクスダールダーやスペインドルのような当時国際決済通貨の性格を帯びていた外国のいくつかの金貨と大きな銀貨は使用され続けた．計算単位としての役割は以前から一般的にギルダーが担っていた．カロルスギルダー金貨は 20 スタイファーに，1 スタイファーは 8 ダイトあるいは 16 ペニングに両替された．

　北部ネーデルラント諸国は 1572 年にスペインから離反して以降，それぞれがほとんど勝手に貨幣発行を取り仕切ったので，さまざまな外形で，品質もバラバラの貨幣が何種類も流通することになった．1586 年に統一の試みが失敗した後，よ↗

訳注[13]　オランダの海軍軍人．1628 年に新大陸の銀を積んだスペイン艦隊を拿捕し，1150 万ギルダーにのぼる戦利品を得た．

うやく1606年になって全国議会が布告を出し，状況はいくらか整理された．諸地方は以後も自発的に貨幣を鋳造したが，その際には全国議会によって定められた本位貨幣と肖像に関する規定に従った．以後は，1583年にドイツ帝国から譲り受けたデュカート金貨とライクスダールダー銀貨に加え，1575年にホラントが導入したタイプのライクスダールダー銀貨も鋳造された．シリング銀貨やドゥッベルチェ，スタイファー，ダイト銅貨といった少額貨幣にはバラバラな肖像が刻印されていた．しかしながら高額貨幣の相場が上昇し続けるのを抑えることはできなかった．この原因はとりわけ，同一の名目価値で貴金属の含有率がより少ない数多くの古い硬貨や外国貨幣が流通したことにある．

スペイン領ネーデルラントでは，1586年の再征服の後，最初はフェリペ二世の古い貨幣体系が復活した．しかしながら1612年にはパタゴン［patagon］（48スタイファーの価値を有する銀貨，アルベルトゥスダールダーとしても知られる）が，1618年にはデュカトン［dukaton］（3ギルダーの価値の銀貨）が導入された．両方とも比率において北部共和国の貨幣より軽かったので，北ネーデルラントの貨幣は南においては完全に駆逐されてしまった．

広い領域において受け入れられ，使用されるような，十進法に基づく簡便な貨幣体系の導入をステヴィンが提案したのはこの混沌とした状況に対してであった．この発想が最初に実現されるのは18世紀末，建国したばかりのアメリカ合衆国十三州においてである．2002年に欧州連合諸国の大部分でユーロが導入されたことで，ヨーロッパでもステヴィンの洞察力豊かなアイデアの一つが現実のものとなった．

● 3.6 ● シェークスピアと『十分の一法』

シェークスピア（1564-1616）はステヴィンの同時代人であった．

彼は『十分の一法』と数学と技術に対するステヴィンの寄与について何を知っていたのだろうか．『トロイラスとクレシダ』には，シェークスピアが次にあげる『十分の一法』の英訳を多少なりとも知っていたと仮定させるような記述が数行みられる．

DISME : the Art of Tenths, OR : Decimall Arithmetike, Teaching how to perform all Computations whatsoever, by whole Numbers without Fractions, by the foure Principles of Common Arithmeticke ; namely, ↗

Addition, Subtraction, Multiplication and Division. Invented by the excellent Mathematician, Simon Stevin. Published in English with some additions by Robert Norton, Gent. Imprinted at London by S.S. for Hugh Aspley, and are to be sold at his shop at Saint Magnus'corner. 1608

『トロイラスとクレシダ』は変わった戯曲である．この作品は1603年に出版組合登録簿に記載されたが，そのときには印刷されなかった．6年後の1609年に再び登録され，同年四つ折版で出版された．優れたシェークスピア翻訳家の Willy Courteaux は，1609年版は新たに翻案したものであり，その第一目的はその戯曲をグローブ座——ロンドンのテムズ川沿いにあったシェークスピア座の定小屋——での公開上演に合わせて脚色するためだったのだろうと推測している（William Shakespeare, *Verzameld werk, Blijspelen (II)*, De Nederlandse Boekhandel Antwerpen/Utrecht, 1971）．

　トロイア戦争時代のトロイアのおけるプリアモスの宮殿を舞台にした第二幕第二場（第八〜二十六行）にはヘクターとトロイラスとの次の対話が出てくる．

　ヘクター：
　私個人に関して申しあげれば，この私ほどギリシアの軍勢を恐れぬものはありません．
　しかしながらプライアム王，
　同時にまたどんな婦人も，このヘクターほど
　繊細な心を持つものはなく，用心深いものはなく，
　「明日を憂うべし」と説くものもおりません．
　平和につきものの傷は油断です，安心から生まれる
　油断です．適度の疑いは賢者のしるしと言われ，
　傷口から病毒をぬぐい去るガーゼとも言われます．
　ヘレンは引き渡すことにしましょう．この問題で
　はじめて剣が抜かれて以来，天に召された数千の
　人命の一つ一つが
　　[Every tithe soul, 'mongst many thousand DISMES]
　ヘレン同様たいせつなものでした，
　それもわれわれの同胞の人命のこと．ところが，
　同胞でもなく，たとえ同胞であったとしても一兵士の
　十分の一にも値しない女のために，すでにわれわれは
　十人に一人の兵士の命を失っております．とすれば，

あの女を引き渡してはならぬという道理はない，
考えるにも値しません．
トロイラス：
そんなばかな．兄上，
父上のような偉大な国王の価値と名誉を，
ありふれた秤で［in a scale of common OUNCES］
はかろうというんですか？
父上の数を超越した無限と言うべき値うちを
ちっぽけな算盤玉ではじき出そうというんですか？
父上の広大なること海のごとき腹を，
憂いとか道理とかいう人形の帯にもたりぬもので
　［With spans and INCHES so diminitive］
締めつけようというんですか？　ばかばかしい！
　　（小田島雄志訳『トロイラスとクレシダ』（白水Uブックス 24），白水社，1983 より）

シェークスピアはこの一節で disme という言葉を使っているが，これは彼の時代にノートンがステヴィンの「十分の一」を記述するためにも用いていた言葉である．さらに，もう何度か十の倍数をあげて，ステヴィンの著作の射程を大変よく把握していることを示している．その上彼はトロイラスに ounces と inches について語らせて，イギリスの単位系における長さと重量の尺度の複雑な分割に注意を向けているが，そのときまさにステヴィンは彼の「付録」で十進法に基づく分割を提唱していたのである．

● 3.7 ● ドルとダイム

アメリカの政治家にして哲学者，芸術家であるトマス・ジェファソン［Thomas Jefferson］(1743-1826)（シャドウェル 1743-モンティセロ 1826）はアメリカ国家の精神的な父と見なされている．1770 年代に彼は力の限りを尽くしてイギリスとの闘争を指導した．1774 年，彼は『イギリス領アメリカの諸権利についての意見の要約』［*A Summary View of the Rights of British America*］という小冊子を出版したが，それはジョージ三世（1738-1802）に，「我々の祖先は，アメリカへ移住した以前は，ヨーロッパにおけるイギリス領土の自由な住民であり，選択によ↗

ってでなく偶然がその生国たらしめた国土を離脱し，新たな居住の地を求める天与の権利を有していた」のだということを思い起こさせるためであった．これら新たな居住の地を見つけると，「移住者たちは，それまで母国で，そのもとに暮らしてきたような法体系というものを移植適用することを適切だと考えたのであり，それとともに，母国との一体性を，同一共通の主権者への服従によって持続することを適切なことと考えてきた．そしてその主権者は，新たに増加してきたイギリス帝国のいくつかの各部分を結合すべき中心的なくさびとなるものと我々にも信ぜられたのであった」．このことはイギリスが新たな国民に対する統治権を有することを意味しないと彼は指摘した．

1776年，ジェファソンは議会の依頼を受けて『独立宣言』を起草した．彼は個人の自由の理想を「すべての人は平等につくられ，造物主によって，生命，自由および幸福の追求を含む，一定の奪いがたい天賦の諸権利を付与されている」という自明の真理として高らかに謳い上げ，ジョージ三世に対する苦情の一覧を提示した──「イギリスの現国王の経歴は，これら諸邦の上に，絶対の暴君制を樹立することを直接の目的として繰り返し行われた，悪行と簒奪の歴史である」──これは，植民地がその母国と絶縁することを世界に向けて正当化するためであった[14]．1776年7月4日の独立宣言採択は，公式にアメリカ国家の始まりを意味した．

その独立国家の最初の決議の一つは，商業活動で使用される貨幣体系の導入であった．最初の連邦十三州にとってこれは二重に重要であった．スペインドル銀貨とその八つの補助貨幣が一般的な標準貨幣であったとはいえ，英国のポンドとシリング，ペンスもこの新興国家において流通していた．各州は両貨幣単位の間で別の為替レートを用いていたため，異なる州の間での効率的な通商が妨げられていた．1780年頃までには安定し信頼できる貨幣体系への要求が論争にまで発展していた．

ヨーロッパおよび植民地の既知の貨幣体系は歴史上のさまざまな時点において発生したもので，十進法に基づいてはいなかった．例えば英国の貨幣体系は古代ローマにおいて発生したもので，アングロ-サクソン王朝およびノルマン王朝時代に追加された貨幣もいくつかある．単位であるポンドは当時20シリング，すなわち240ペンスに分割されており，ほかに臨時に発行されることもある補助銀貨ないし銅貨がいくつか並存していた．スペインのレアール銀貨は八枚で1ペソだった．↗

訳注[14] 松本重治責任編集『世界の名著33　フランクリン，ジェファソン，ハミルトン，ジェイ，マディソン，トクヴィル』，中央公論社，1970を参照.

図3.4 シェークスピアと同様に，ジェファソンもおそらくノートンによる『十分の一法』の英訳 Disme: The Art of Tenths, or Decimall Arithmetike を通じてステヴィンの仕事を知ったのだろう．
ロンドン，大英図書館，C. 112. c. 8.

　ジェファソンは，アレクサンダー・ハミルトンと財政家のロバート・モリスと共に，十進法に基づく貨幣単位を提唱した．この選択は単に過去との断絶を意味しただけでなく真に革命的なものであり，啓蒙の時代の新たな哲学に合致するものであった．この貨幣の提唱者たちにとって特に指針となったのがステヴィンの『十分の一法』，というより，むしろノートンによるその英訳 Disme: The Art of Tenths であった（図3.4）．
　1792年に連邦造幣局によって鋳造された最初の銀貨は半ダイム［disme］，つ

まり二十分の一ドル貨であった（1ドルの十分の一を示す語の綴りとしてdimeが慣用になるのは1837年からのことである）．半dismeはわずかに1500枚のみ鋳造されたが，ジェファソンはその多くを贈り物として譲ってしまった．大統領ジョージ・ワシントンは1792年11月議会での年次演説で貨幣制度における「小さな始まり」として半dismeのことに触れた．このことはアメリカ合衆国における十進貨幣体系の開始を意味しただけでなく，重要な政治的意義も有していた．一般的に銀貨の鋳造は国家の独立の証と見なされていたのである．

半dismeの仕様：

直径：16.5 mm

重量：1.35 g

組成：銀0.8924，銅0.1076

外縁：ぎざぎざ

正味重量：純銀0.0387オンス

第4章

技術者にして発明家

Ingenieur en uitvinder

　シモン・ステヴィンは真に実践の人であった．彼が風と水の国オランダに生きたという事実は，彼が特許を申請した風車，水門，浚渫機械などの発明に反映されている．また航海術においても（ホラントは海運大国であった），軍事技術においても（ステヴィンはオランダ軍の主計長の任務についていた）そして建築家，都市計画者としても彼は功績をあげた．

1. 特　　　許

　技術に関するステヴィンのテクストのいくつかは，都市の要塞化に関する著作の中に見出せるが，それには彼自身によって出版されたもの（『軍陣設営法』と『旋回軸式水門による要塞建築の新方式』），彼の息子のヘンドリックによって出版されたもの（『マテリアエ・ポリティカエ』），さらに第三者によって出版されたもの（巻頭の「本書で言及されるステヴィンの諸著作」参照）がある．技術に関する彼の構想の印象をつかむためには，通例彼の特許申請か，発明に関連して彼が巻き込まれた係争に関する文書に頼ることになる．さらに，他の人々が記録した彼の技術的業績の中には，同時代人によって絶賛され，場合によっては称賛の詩まで捧げられたものもある．とりわけ帆かけ車の設計・製作により，北部ネーデルラント諸国においてステヴィンの名は広く公衆に知られることとなった

（第 2 章第 2 節も参照）．

揚　水　　技術者としてのステヴィンの仕事について物語る最も古い文書は，1584 年まで遡る．その年の 2 月 17 日，ホラント州議会から彼に三つの発明に対する特許が与えられた（囲み 4.1 参照）．

1. 浅い水路に船を通すこと．
2. 堰を越えて船を渡すこと．
3. そのときまで慣用であったもの以外の手段で揚水すること．

さらに全国議会は彼に 1584 年 2 月 22 日，「土地から水を汲み出すためのある器具」の設置に対する特許を与えた．

項目 1 と 2 で述べられている発明が何を意味しているのかを決めるのはまだ難しい．ただし，ステヴィンが『計量の実践』で記述した装置である万力〔Almachtich〕を実際に応用しようとしたとするなら話は別である（第 6 章参照）．項目 3 は後にヘンドリックが彼の父の発明として記した吸い上げ圧力ポンプのことを指しているのかもしれない．あるいは，それはステヴィンが後に本腰を入れて取り組むことになる排水風車のことなのだろうか．

いずれにせよ，同じ年にステヴィンはこれらの特許から利益を得ようとしていた．デルフト市の 1584 年の出納簿には「排水の問題にかかわるある技術の発明者であるライデンのシモン某氏の談合」の経費として 5 ギルダー 12 スタイファーの記載がある．

1586 年 11 月 24 日，全国議会はステヴィンに「現用のものより短時間にてより多量の排水が可能なる水車」の特許を与えた．ステヴィンは同じ対象に関連する別の特許を 1588 年 2 月 23 日にレスター伯ロバート・ダッドリー〔Robert Dudley〕（1532/33-1588）からも与えられたが，これらの特許は一緒に 1588 年 9 月 15 日付でホラント州の会計検査院に登記された．後者の文書は風車の性能も明確に規定している――「これなるもの，今までの仕様でつくられたる排水風車五基が排水するに等しき量の水を土地から排出しうるなり」．

その新しい発明を実用化するため，1588 年 8 月 23 日，ステヴィンはデルフトに住む友人デ・グロートと協定を結んだ．それによれば「二つの特許より派生せる権利は両者に等しく与えらるる」ことになっていた．1588 年 8 月 22 日，デル

フトの「市長たち」は「ダウフェルスハットの排水風車に備えつけられたる新しき仕掛け」に対しデ・グロートとステヴィンに 100 クローンの報奨金を与えた．その際条件として，彼らは求めがあれば「ランゲンダイクの端に立てる排水風車にも……同シモン・ステヴィン氏の新発明を取りつけしむる」ことになっていたが，それに対して彼らは同額の報奨金を受け取ることになっていた．1590 年 8 月 29 日にデルフト市参事会はステヴィンの強い要請により，「先述せるステヴィンの技術に従って改造されたる二基の風車は少なくともそれまでの三倍の水をかき出せり」ということを証言した推薦状を彼に与えた．同種の工事はストルワイクとクラーリンゲンでも実施された．

焼き串　　1589 年 11 月 28 日，全国議会はステヴィンに九つの新しい発明に対する特許を与えた．

1. 排水風車を互いに組み合わせて配置し，必要に応じて水を二倍，三倍ないし四倍の高さに排水できるようにすること．
2. 旱魃の際に水位の低いポルダー外の水を再びポルダーの中へ引くことができるように排水風車を設置すること．
3. 人力ポンプで溝や堀を排水すること．
4. 粘土や砂など細かい粒になった物質を水から取り出すこと．
5. これらの物質を別の場所で再び水中に排出すること．
6. 水中の泥を取り出すこと．
7. これらを別の場所で再び地面あるいは水中に廃棄すること．
8. 焼き串を組み立てること．その仕掛けは，焼くものがないときは十二時間時計を動かすことができ，その必要もないときは半時間子供をあやすことができる．
9. 第 3 項で言及されたポンプを風車の力で動かすこと（追加された説明文でステヴィンはこの方法が現在もライデンに存在する堀ラーペンブルグを排水するのに用いられたと述べている）．

特許 1 については後ほど風車に関する節で論じることにする．特許 8 は他の有用な発明品の中にあっていささか奇異なものである．この特許で重要なのは次の規定である．すなわち，発明者は「鉄製部品に彼の慣用の印，すなわち彼の『計

量法原論』の第一巻第十九命題の最初の図にして，数珠と名づけられたるものをつけてこの器具を区別させるべし」(第6章2.3項および囲み6.1参照)．このことからステヴィンが，『計量法原論』の扉の装飾に使われ，後にはさらに多くの著作を飾ることになるその図案を，自分の発明の商標としても用いていたことがわかる．明らかに彼の時代には機械仕掛けの焼き串や他の自動機械を組み立てることが流行していたようだ．

　これらの特許案のいずれについてもステヴィンはその器具ないし技術の完全な解説書を提出しており，それらのテクストにはたいてい説明図が添えられていた．典型的な例として特許申請番号4に添えられているオリジナルのテクストと図をみてみよう．それらは「シモン・ステヴィンのさまざまな発明」(国立公文書館，全国議会)の中に記録されている(図4.1)．

　　粘土，砂などの固体を大量かつ効率的に港湾や水底から引き上げる方法についての解説

　　図9でAは大きな網を表しており，これには他のふつうの浚渫網二十五枚よりも多くの粘土が入る．網の底には半分に切った輪が二つ取りつけられ

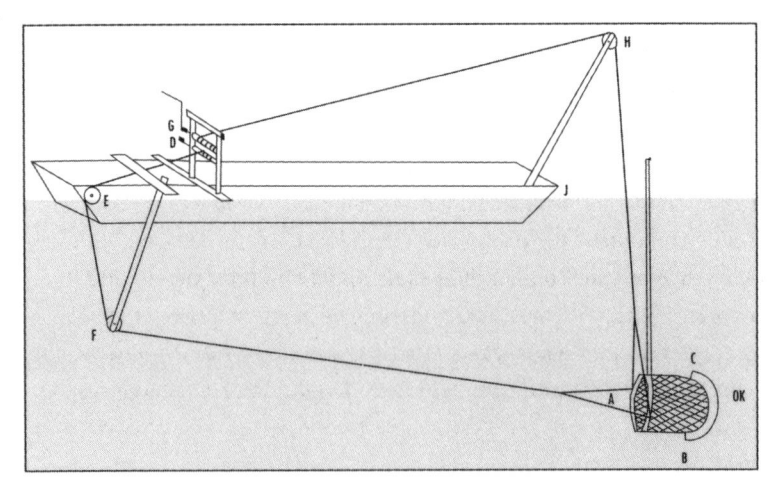

図4.1　ステヴィンは，自身の発明を保護するため，ホラント州議会にさまざまな特許を申請した．この図(本文中に掲げた引用文中では図9と呼ばれている)は1589年の特許につけられていたものであり，泥や砂のような細かい物質を水中から除去する方法を示している．

ており，それらはBとCにある二つの蝶番によって開閉し，さらに中央で施錠できるようになっている．この網は粘土で一杯になるまで軸Dによって引っ張られる．軸Dから伸びる紐は，滑車EとFを通って，網とつながっている．滑車Fは一本の棒の先端に設置されているが，この棒は，紐FAが引っ張られている間常に水底をなでるように，望むままに上下させることができる．引きずられた網が粘土で一杯になったら，Dの取っ手を引き抜き，軸Gに差し込む．この軸からは別の紐が伸び，滑車Hを通って網に至る．(浚渫装置の載った) 艀の船尾付近Jのところには(浚渫土を)積む別の船が碇で停められている．網がその船の船べりの上まで巻き上げられたところで，棒で丸い輪Kを突くと，それによって錠が開き，泥の重量によって二つの半円B，Cが分かれ，泥が船の中に落下する．

● 4.1 ● 1584年2月17日付でホラント州議会より交付された特許

ホラント州議会決議案からの写し（Alg. R.A.[1] Den Haag nr. 336）をここに引用する．

　　ブルッヘのシモン・ステヴィンは二十年にわたり三つの発明を行うべく特許を申請せしが，それらはすなわち，第一に浅き水路にさまざまなる船舶を通すためのもの，第二に堰堤を越えてそれらの船舶を渡すためのもの，そして第三にただ今用いられている以外の手段にて揚水および引水するためのもので，平坦地から水を引くのみならず，堤外地の水が堤内より高くありても大量に排水するにも，また短時間に港全体および他所から排水するにも役立つものの三点なり．その申請書にはこれについてホラント州議会が以下の点を認め特許せりと注記されたり．それすなわち，これにおいて発議され，認められ，特許されたる理由により，申請者はここホラントの国内において，これにおいて発議されたることのための彼の発明，知識および器具を，これらを国の用に供するよう申請者と交渉して合意せんと欲する者のために，実用化し，使用するを得べし．ただし今後十五年の間，何者かが前記国内において，彼申請者がそのために使用せるが如き器具ないし手段を，申請者の合意を得ずして実行するこ↗

訳注[1]　Algemeen Rijksarchief. 現在は Nationaal Archief［国立公文書館］と改称．

> とまかりならず，その場合その器具の没収および二千ギルダーの罰金を課し，その半額は申請者のものとなし，残りの半分のうち，そのまた半分はその地の官吏に，もう半分は国庫のものとするが，ただし以上の規定は申請者が彼の上述の発明と技術を年内に実施する場合にのみ有効とす．
>
> ステヴィン生誕450年に当たってオランダ特許庁はステヴィンに敬意を表し，その機関紙の表紙に，浚渫会社 Ballast Nedam Baggeren の現代の浚渫船の写真と並べてこの特許の原文を掲載した．

2. 風　　車

　ステヴィンが水車［watermolens］について話しているとき，彼が意味しているのは排水のために使われる風車のことである．排水風車にかかわるステヴィンの活動について我々には大変詳しい情報が与えられている．特許の中にある風車の記述に加えて，我々はベークマンの『日記』［*Journal tenu par Isaac Beeckman*］や息子のヘンドリック・ステヴィンの出版物，とりわけ彼の『数学・哲学研究』の中の注釈も利用することができる．『数学・哲学研究』の中の一節は「我らが父シモン・ステヴィンの排水風車の論考について」［Van den handel der Waterschuyring onses Vaders Simon Stevin］に当てられている．さらに David Bierens de Haan（1822-1895）が1884年に出版した『風車について』［*Vande Molens*］の中にもステヴィンによる一連の図面と計算が収められているのが見出される．ステヴィン自身がついに風車建築についての手稿を完成させることはなかった．彼が残したのは手書きの覚書であり，それがそこここに散らばった形で見出されたのである．その上『日記』やヘンドリックと Bierens de Haan の著作からのデータすべてが互いに一致しているわけではない．

　ステヴィンは理論的思索に基づき彼の風車を稼動させた　　Dijksterhuis (1943) からの図は，ステヴィンの時代における通常の風車の形式を示している（図4.2参照）．この機械の目的は風車の翼の運動を水揚げ車に伝えることである．この「仕掛け」は以下の構成要素からなっている．B は風車軸であり，それ

2. 風車

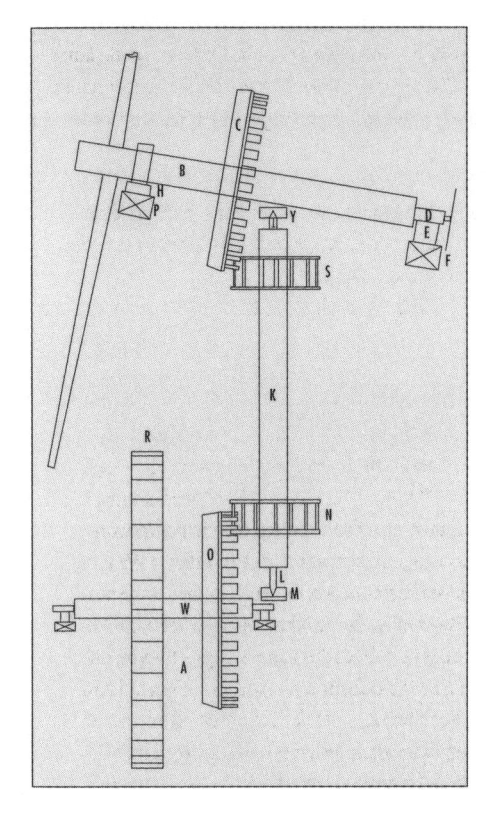

図 4.2 ステヴィンは土地から排水するための水車を何台も設計した. それらは風を動力とし,歯車を動かして水をかき出した.

らは風車の翼により回転運動することになる. 風車軸の周りには制動輪 C が取りつけられている. 制動輪 C は, はめば歯車になっていて, 主軸入力歯車 S と噛み合っており, 主軸入力歯車 S は垂直主軸 K に固定されている. 垂直主軸 K は上部ジャーナル I によって梁 Y に, 下部ジャーナル L によって軸受け M にはまっており, 回転することができる. 主軸入力歯車 S は制動輪によって駆動させられて K を回転させるが, そうして同時に K に固定された平歯車 N は冠歯車 O を回す. これは水揚げ車 R と共に水平の水車軸 W に固定されている. こうして水揚げ車 R は水車軸を中心に回転する. 冠歯車は濡れないように補強された

縦坑 A の中に格納されている．水揚げ車は垂直の擁壁の間の狭い隙間の中で回転する．風車が回転すると水は後方の水路から汲み上げられ，擁壁内の水位が上がることによって前方の水路への入り口である水門が開く．水の供給が止まると，門は再び閉じる．

ステヴィンの発明と改良は主として次の二点に関するものである．

a. はめば歯車の歯と主軸入力歯車の棒との噛み合わせを改良しようとした．

b. 詳細な計算に基づいて，水揚げ車の水かき板をずっと大きなものに取り替える代わりにその数を少なくし，ずっとゆっくり回転させるという案を提出した．車輪がゆっくり回転することによって水が逆流することを防ぐため，彼は水かきの下部に革の小片を取りつけ，それらが擁壁と導水路をこするようにした．第6章でも指摘するように，ここでの革新は，ステヴィンが機械装置の建造に当たって，定量的で数学的な計算をその基礎に据えたという事実にある．

ステヴィンが提案した変更は理論に基礎を置いていたのであり，換言すれば，彼は静力学および静水力学の理論に基づいて風車の働きを記述したのである．ステヴィンの取り組みは重要であり，彼が理論を風車のような複雑なシステムに対する現実的な応用と組み合わせるやり方は称賛すべきものである．それから何年も後，ガリレオさえそこまで大胆ではなかった．

ステヴィンと彼の施主との係争からはすべてがステヴィンが提案したほどうまく働いたわけではないことがわかる．ステヴィンが巻き込まれた長期にわたる係争はアイセルスタインの風車に関係していた．この係争に関してアイセルスタインの公文書館は二つのファイルに収められた七十件の書類を未だに保管している（囲み 4.2 参照）．Dijksterhuis (1943) はステヴィンはホラントとゼーラント全域に同様の構造の風車を二十基建造したと推定している．しかしながら，やはり Dijksterhuis によると，それらの風車のうち歳月の重みに耐えて残っているものは一台もないようである．

干拓と締め切りの長い伝統　オランダには湖沼の干拓および入り江と河口の締め切りに関して長い伝統がある．こうした土地の干拓法において重要な役割を果たす技術的要素は次の三つである．

1. 十分な高さと強度をもつ堤防による高水位の堤外水の堰き止め．

2. ポルダー[2] から堤外水への余分な水の排水.

3. かつての湖底ないし海底の脱水と，農地への改良.

ステヴィンは1589年にポルダーから堤外地への排水を可能にするための特許を取得した（本章の第1節参照）．動力には上で述べたように風力が用いられた．このために用いられた風車は上述のような水揚げ車のついたもので，二つの擁壁の間で水揚げ車を回し，堤内の水を堤外へ汲み上げた．水の逆流は水門により防いだ．これらの水揚げ車の揚水高はわずかなもので，たかだか1.5mであった．したがってそれによって十分な水深まで排水し干拓できたのは浅い池のみであった．効率はそれほど高くなかったが，複数の風車を連結して段階的に排水することにより，より大きな揚水高を獲得できた．連結した風車を排水に使う彼の技術が当時最初に用いられたのは，堤外水位が常に堤内の水位より高いような干拓地だった．

ステヴィンは前に述べた最初の特許の中でこのような連結した風車（直列風車システム［molengang］）の仕掛けを説明している．彼が記述しているのは二基の風車を直列につないだシステムまでであるが，これはより多くの風車を使ったシステムに容易に拡張できる．

そのような干拓のための設備導入に関してステヴィンは明らかに先駆者であった．よく知られた水理技師のヤン・アドリアーンスゾーン・レーグワーテル［Jan Adriaanszoon Leeghwater］（1575-1650）は1609年に，アムステルダム北方の湿地ノールド・スヘルメル干拓のため，直列システムを初めて応用した．その年にステヴィンの特許は失効している．レーグワーテルがステヴィンの特許の文章にひらめいて，それを使ったというのはありうる話である．

そのような風車のシステムは同じ地域で，具体的には干拓地「デ・スヘルメル」で，今なお使用されている（図4.3）．

訳注[2]　輪中堤で囲まれた干拓地のこと．

図 4.3 ステヴィンは複数の風車を一列に並べ，必要に応じて水を二倍，三倍，四倍の高さに汲み上げられるようにした．干拓地「デ・スヘルメル」ではそのような直列風車システムが今日に至るまで依然として稼動している．（撮影：AeroCamera B.V.-Michel Hofmeester）

● 4.2 ● アイセルスタインの風車

　1589年4月8日，デ・グロートは，彼自身およびステヴィンの名において，アイセルスタインの庄のポルダーであるレーヘ・ビーゼン，アハテルスロート，メールロー，ヘット・ブルックの代表者（代理人）らと契約を結んだ．彼は，3600カロルスギルダーの金額および随意による贈呈品に対し，木と鉄でできた優良なる新型排水風車を提供することを請け負い，その風車が近隣の最良の風車二台分の水を汲み出すことを保証した．支払いは契約に従い，①ポルダーの当局によって契約

が承認されてから八日以内，②設置の際，③と④はそれぞれ前の支払いから1年後，という四つの期日に分割して行われるはずだった．契約によれば風車は1589年の聖マタイの日（9月21日）より前に完成しているはずだったが，1590年6月以前の段階で設置されていなかったので，1589年の秋には排水ができず，農地は被害をこうむった．三回目の支払いの領収書には1591年6月24日という日付が記載されているので，風車は1590年6月24日ないしその前に完成していたはずである．しかしながら風車は期待どおりの働きをしないことがわかり，農地は冠水し，ポルダーの住民の反感を買った．ポルダー当局は合意された額の一部の支払いを拒否した．デ・グロートはアイセルスタインの男爵領を治めるナッサウ伯妃マリアに苦情を訴えた．こうして，伯妃および彼女の顧問とアイセルスタインの代官との間で長期にわたる書簡のやりとりが始まった．ステヴィンは発明者としての自身の名声を失うことを恐れ，他所では自分の建設工事がうまくいったことを証明する証書を調達した．彼は自分でも繰り返し問題の風車のもとに通っていたことがわかっており，そうして彼は，その装置の作動不良はもっぱら悪意，怠慢，そして管理の悪さに帰せられるという結論に達した．彼はこの確認事項を公文書の中に記録させることさえしたが，これは1593年8月26日に公証人パウルス・ヴィルリによって作成され，今に至るまで保管されている．真の問題は，下部ジャーナルがたびたび軸の木材に食い込んでこれを破断させたため，軸が軸受けの中で回転できなくなったことにあったらしい．最終的に四人の公平な法律家からなる委員会が設置され，両当事者は委員会の裁決に従うことを約束した．裁決自体は保管されてはいないが，1594年末か1595年初頭には出されたはずである．わかっているのは，ポルダー当局が最終的に，その間数回にわたり行われた修理の費用を差し引いた額をデ・グロートに支払ったということである．

　アイセルスタインの公文書館にある文書の中にはステヴィンによる自筆の書簡が二通含まれている．これらは両方ともアイセルスタインの代官に宛てたものである．

3. 水　　門

　この主題に関しては利用可能な二つの文書が存在する．『旋回軸式水門による要塞建築の新方式』と彼の死後，息子のヘンドリックが出版した『数学・哲学研

究』に収められた「我らが父シモン・ステヴィンによる水路洗掘法について」がそれである．ステヴィンは水理事業に関心を寄せていたが，これは今なお依然として典型的なホラントの問題である．この事業はすべて純粋に実践的であり，それに関する理論は存在していなかった．今日の近代的水理学の礎となったのはベルナール・フォレ・ド・ベリドール［Bernard Forest de Bélidor］（1693-1761）の『水理建築術，すなわち生活のさまざまな需要のための導水，揚水および排水の技』［Architecture Hydraulique ou L'Art de Conduire, d'Elever et demenager les Eaux pour les Differens Besoins de la Vie］である．ベリドールはステヴィンの著作の意義を認め，彼を「連邦共和国の有名な技術者であり，1618年に初めてそれらの水門について執筆した人物……」［Ingénieur célèbre de Provinces Unies et le premier qui ait écrit sur les écluses en 1618......］と呼んだ．

旋回軸式水門に関する著作の中でステヴィンは，水門がどのような役目を果たすかを最初に解説している．すなわち，「港湾を洗掘し，低地を干拓し，船舶を帆を立てたままにて通過せしむため」．

さまざまな水門と閘門について　　ステヴィンによれば，港湾を洗掘するための水門には上下に開く水門扉が最適であった．そのような吐き出し水門［spuisluizen］はホイストで水門扉を上下させ，海や河川の干潮域から水室を隔離する．満潮時に水門扉を開けて水室を満たし，続いてこれを閉め，堤外の水位が最も低くなったとき再び開けた．このとき大きな落差によって生じる強い水流は港内に堆積した砂を洗い流し，それによって港をより深くするはずだった．ステヴィンが記しているように，「大型船舶は帆柱を立てたままかような水門を通航すること能わず．なんとなれば水門の戸とそれを上ぐるための巻き上げ機の軸が邪魔になるゆえなり」．

また，「低地を干拓するための第二種の水門に関しては，マイター・ゲート［puntdeuren］（これを旋回ゲート［swaeydeuren］および合掌ゲート［steecdeuren］と言う人もあり）を備えたる水門を用いるのが最も適切なるが，これは堤防の下に設置す……」．二つの扉は閉じると鈍角をなし，その稜線は堤外に向いていた．堤外の水位が低いとき，扉はより高い堤内の水位の圧力によって開き，堤外の水位が高くなると再びおのずから閉まった．水門の周りを堤体が取り

3. 水門

囲んでいたため，船舶を通過させることはできなかった[3]．

　三番目のタイプは閘門(こうもん)，すなわち水位の異なる水路へ船舶を通航させるための水門であり，閘室とそれを締め切るため前後に一組ずつ設けられた垂直軸の回転扉とからなるその形式は時代を通じて不変であった．ステヴィンによれば，「二組の差し込み扉にて帆柱を立てたる大船をそのままにて通航せしむ．それらの扉は第二種の水門の如く堤体の下に設置せらるにあらず，堤体内につくり込まれ，高さは堤防自体と変わらず．かようにしてそれらは堤脚より天端にまで至れば，最も水位が高くなりたるときも通航能わざることなし」．

　今や，とステヴィンは告げる——「諸都市や村々をはじめ国土の津々浦々に至るまでかように多数の水門がつくられ，またつくられ続けたるここホラントにおいてはとりわけ，さまざまなる人々それに刻苦勉励したれば，……，この事柄に関してより大なる熟達を得たる国，現今地上にて他に知ることあるべからざらん」——ホラントでは長らく異なるタイプの水門を組み合わせる可能性が追求されていた．ステヴィンは彼の著作の中でさまざまな発明を記述している．最終的にステヴィンが推薦するのは旋回軸式水門［spilsluis］であることが明らかにされる．

　ここでの新しい発明は，閘門にあるマイターゲートに旋回扉［spildeur］を取りつけたことにあった（図4.4）．この水門の枠ABCD内には垂直軸IKの周りを回転する扉EFGHがあるが，IFGKがIEHKより幅広になるように，軸IKはEFの中点からやや離して取りつけられている．筋交いMNはLMを軸に回転するようになっているが，普段は留め金Nで固定されている．留め金が外されると，EIKHとIFGKという二つの不均等な面にかかる水の力の差が戸を90°回転させ，それにより洗掘が行われる．船舶を通す必要があるときには扉全体を開けることもできる．これが旋回軸式水門であり，ステヴィンはこれを彼の築城術においても使用している．

　防衛施設における旋回軸式水門の応用に移る前にステヴィンは，洗掘や漏水によって短期間のうちにレンガ構造が駄目になるのを防ぐには，どのように堰や水

訳注[3]　日本の土木用語では樋門に当たる．

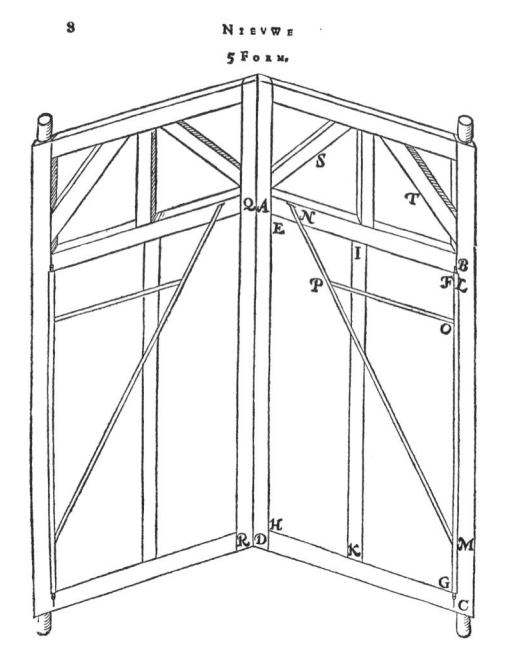

図 4.4 ステヴィンは水門の構造を改良した.『旋回軸式水門による要塞建築の新方式』では既存の水門とその使用法について概説している.この第5図は旋回軸式水門であり,それは都市の周囲に巡らせた防衛施設にも組み込まれた.同書より.
『シモン・ステヴィン主要著作集』[The Principal Works of Simon Stevin] 第5巻.

門を建造すればよいかを論じている.

さらにステヴィンは,「かの国々にありて水門と堰の基礎は並々ならぬ配慮と多大なる費用にてつくられたるが,しかれどもかほどの確実さには達せずして,すなわちそれらにはしばしば甚大なる事故が生じるなり」と告げる.それゆえ彼は,「基礎工のためには長辺にそって蟻ほぞのついた杭を用い,打ち込みの際それらを互いにほぞでつなぎ合わせ」,それらの杭で締め切りをつくるようすすめる.そのようにしてできる締め切りで長方形の囲いをつくり,そこから砂や泥炭を浚渫網によって取り除く.そうしてできた空間に今度はほぞなしの杭を打ち込み,杭の間の隙間は良質の粘土で満たす.こうしてレンガ構造のための堅固な基礎が得られる.締め切りは今なお幾多の水理工事で使用されているが,ステヴィ

ンはその発明者と見なされている[4].

4. 水理学的諸計画

　ステヴィンの水理学的研究は大変広範である．彼は自分の計画が実行可能かどうか物理理論に照らして検証することに常に関心を払っており，そのための理論を『計量法原論』と『水の重量についての原論』（第6章も参照）の中で展開していた．この点で彼は，ほとんど実行不可能な水理計画を提案していた同時代人とは対照的であった．ステヴィンは自分のアイデアを計算し，モデルに理論的な裏づけを与えようと努力していたのである．

　息子のヘンドリックは彼の父親のさまざまな提言と数多くの設計図をまとめた．それらは『数学・哲学研究』の「水路洗掘法について」と『数学・哲学研究付属図版集』[*Plaetboec, Vervangende de figuren of formen gehorig tottet Wisconstich Filosofisch Bedryf*] の中に見出せる．後者には前者の論考に付属の設計図と図版が（修正されて）収められている．この図版集はフィリップス・ド・クロワによって1668年にライデンで出版され，その一部がヘント大学の中央図書館にある．

　『要塞建築の新方式』の中でステヴィンが解説した旋回軸式水門の発明は，水門を使って水路を洗掘するという発想と関連している．後者はより早い年代に——おそらくステヴィンの助言に基づいて——港湾と水路を改良するための諸計画ですでに実用化されていた．それらの計画にはきわめて一般的なものもあれば，特定の場所に関するものもある．ヘンドリックの著作においては以下の一般的事例が論じられている．

　1.　ある都市が海から一定の距離を置いて，しかし潮汐作用が認められる程度には近くに位置している．このとき海港から二つの水路が開削され，それらは都市の周りに掘られた濠や船だまりにつながる．それらは二つの水門によって外部

訳注[4]　締め切りは『旋回軸式水門による要塞建築の新方式』の出版以前からすでにフランスやイタリアで使用されていた．『シモン・ステヴィン主要著作集』第五巻, pp. 75-76 の記述を参照．

から遮断されるが，その水門は外水位が低いとき交互に開けられる．ブルッヘ，ミッデルブルグ，ライデンが例としてあげられている．

2. ある都市が海沿いにある．このとき濠や船だまりは内陸に一定距離入ったところに設置される．二つの水路は別々に海に出るか，あるいは一緒になって海港に至る．この例はオーステンデとカレーである（囲み4.3でいくつかの事例が詳細に記述されている）．

中でもグダニスク，エルビング，デーフェンテル，ズートフェン，スヒーダム，カレーについては具体的な記述が与えられており，とりわけ最初の二か所については大変詳細に論じられている．我々は，ステヴィンがかつてグダニスクに滞在していたことを知っている（第2章第2節参照）．おそらく彼はグダニスク市の当局に提案をし，それを書き残しておいたのだろう．そのテクストは『旋回軸式水門による要塞建築の新方式』の中にみることができる．それは大変大がかりな計画にかかわっている．グダニスクでは，モントラウとラダウネという二つ

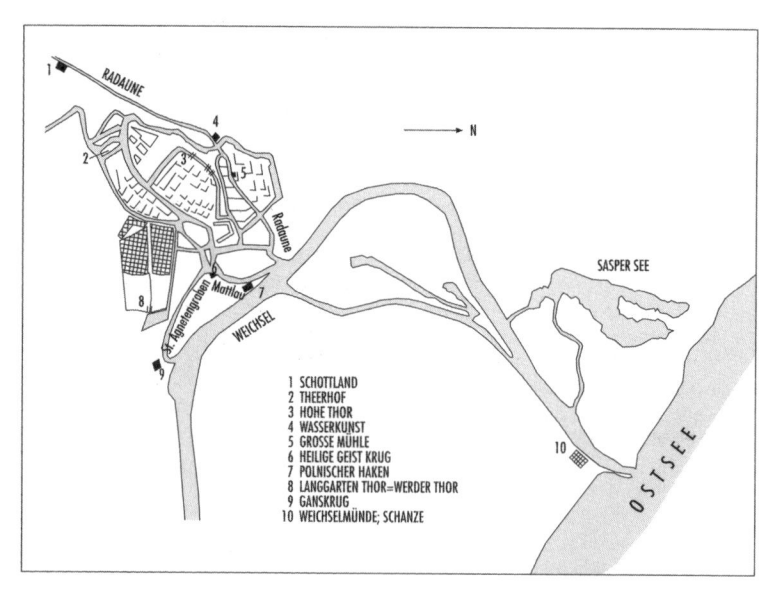

図 4.5 ステヴィンは水理学的諸計画の実施に関して助言を与えるため，はるか国境の外にまで赴いた．例えば彼は1591年にグダニスク近郊を訪れ，そこで市当局のため，バルト海とグダニスク市との間の地域における水路管理の改善に関連する諸々の提案を起草した．

の川がほとんど同一の地点でヴァイクセル川に注いでいる（図4.5）．このことによって砂が沈殿し，砂州を発生させる．ステヴィンは，ラダウネ川に複数の水門を建造し，さらにこの川の一部を付け替えることを提案する．さらにヴァイクセル川の同一流域においても，水路の間に連結運河を掘って複数の旋回軸式水門を設置し，バルト海に面したヴァイクセルミュンデの港には，サスペル海を拡幅して貯水池を設けることを提案する．これらの工事はステヴィンの時代には実施されなかった．ステヴィンはまた，毎年ヴァイクセルミュンデ港の砂州を除去するよう提言している．彼はこれを，器具および労力につき，みずからの危険と負担で引き受けようとさえ述べており，「一ラストあたり一グロッシェン半の対価で，六丈の幅にわたり七エルの深さを常時維持せん」と書き記した．これが行われたか確かめることはできない．わかっているのは，1619年から1629年にかけての期間にオランダ人水理技師たちがステヴィンの計画の精神に則って工事を行ったということだけである．

　オーステンデの港はオーストリア大公アルベルト指揮下のスペイン軍による1604年の包囲戦の間に破壊された．港とその周りの防衛施設の再建は1605年からアルベルト大公配下の建築家で工兵技師であったヴェンセスラス・コーベルガー［Wenceslas Cobergher］（1557/1561-1634）の指揮のもと行われた．立体および平面構造，そして水門の使用法にはステヴィンの理論的見解の影響が明瞭に見て取れる．Lombaerde (1983) は，ステヴィンの都市計画，軍事建築および水理建築に関するコンセプトがここにおいて一つにまとめ上げられているということを主張している．

シモン・ステヴィンの息子ヘンドリックとゾイデル海のポルダー化　　ヘンドリックは彼の父親ほどには才能に恵まれていなかったが，水理事業に関する父親の知的遺産をさらに練り上げた．彼の著書『数学・哲学研究』の中では，彼の父親の遺作が公刊されているほかに，彼自身のアイデアがいくつも登場する．重要なものとしては，北部ネーデルラント諸国を内側から脅かしていた内海（ゾイデル海[5]）を制御し，その一部を肥沃な土地に変えるという彼の提案があげられる．

訳注[5]　1932年に締め切り大堤防が完成し，現在では堤防の内側をアイセル湖，北海に面したワッデン諸島と堤防との間をワッデン海と呼ぶ．

ヘンドリックはこれを次のように表現した——「北海の暴力と害毒を駆逐する」ためワッデン諸島を互いに大陸まで連結し，その事業によって同時に，「堤防で囲むのに見合う十分な淡水と多くの土地がもたらされるだろう」（ちなみにヘンドリックの提案には，ホラントの最も狭い部分を開削してアムステルダムに新しい海への出口を与える計画も含まれている[6]）．北ホラントからヴィーリンゲン島へ伸びる堤防の建設が実際に始まったのは，ヘンドリックの著作が出てから250年後の1920年になってからであった．

● 4.3 ●「我らが父シモン・ステヴィンの水路洗掘法について」からの断片

「水門を使っての洗掘について」の46ページ以下をここに引用する（図4.6）．

水門を用いて潮の満ち干により洗掘する法にて，今日まで一般に使用されたるもの次の如し．この図12［12 form］にてABが海を指すとし，その塩性湿地つまり堤防を巡らしたる土地の中に港CDあり，さらに船だまりDEにありては，Dに水門があるとせよ．この船だまりに潮満つれば水門の戸を落とし，その後潮引くまでそのままとし，時来たりて戸を上ぐれば，蓄えられたる水は高きから低きへと流れ下り，泥土を港外，さらには突堤の外に至るまで洗掘す．しかれども前述したる入り江に生ずると同様，この船だまりDEには奥に行けば行くほど泥溜まるべし．内陸に降りたる雨水をその中に入る限り入れるは確かにあまねく行われたるが，ホラントやその他の地の多くの場所で実際見らるる如く，其れほとんど用を為さず．それらの地で浚渫は多大なる労力を以て手作業にて行われ，またその作業が続く間船舶は停泊できぬゆえ不便なれども，それら全てに加え，そのやり方では貨物を積みたる大船を停泊させるに十分なる深さは得られず，せいぜい冬の間空の船を泊めておくに役立つ程度なり．

これらの不都合を避け，貨物を積みたる大船が航行し得るだけの深さを確保せんと欲すれば，以下の如くすべし．この図13［13 form］にてABが海を指すとし，その塩性湿地すなわち堤防を巡らしたる土地の中に港CDあれども，それはそこにて二つに分かれ，一方はE，他方はFに向かい，そこからさらに船だまりがGを過ぎてHとIを通り，再びEに来るとし，EとFには一 ↗

訳注[6] 現在アムステルダムを外海と結んでいる北海運河は，1876年に完成した．

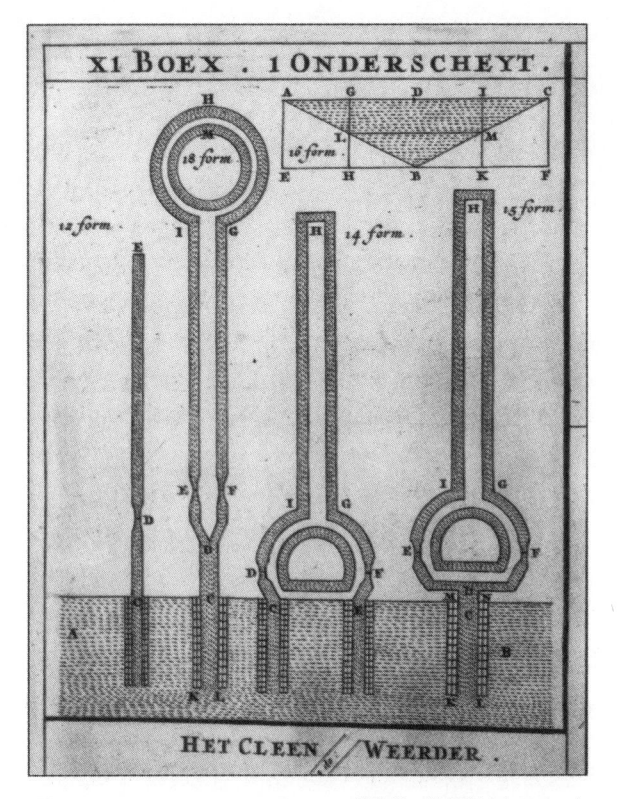

図 4.6 ヘンドリック・ステヴィンの（『数学・哲学研究』の中の）「我らが父シモン・ステヴィンの水路洗掘法について」からとったこの図（図12～16）では，旋回軸式水門のシステムを使用して，内陸に位置している港湾や海に面している港湾を洗掘する方法が図示されている．
ヘント大学図書館．（撮影：Hugo Maeertens）

つずつ水門があるとせよ．この船だまりの内に水門EとFの両者を通りて潮満つれば，すなわちそれらの水門の戸を閉め，干潮に至りて，水門の戸Fを閉めたままEを開けば，FからGへ向けHとIを通り，水門Eから海へ，船だまり全体を通り洗掘が為されん．しかし次なる洗掘の際にはEを閉めFを開け（なんとなればEを絶えず開け，Fを閉めおかば，Fに，さらにその後船だまり全体にわたり堆積物が溜まるゆえ），今度はEからIへ向けHとGを通り，水門Fから海へ，船だまり全体を通りて洗掘が為さるるようすべし．↗

常に両者の水門を一緒に用いて洗掘をする場合，H から始まる堆積が形成されん．

（……）

今度は境界 GHI をして一つの都市を表せしむれば，それにより，ブルッへ，ライデン，ミッデルブルグなどの如く，海を離れ堤防で囲まれたる土地にある都市に，水深を常に保つ港湾と船だまりを設けるにはいかにすべきかわかるも，またそれらは都市の要塞化にも用を為すなり．なんとなれば，I から G まで適当な大きさの切り通しをつくれば，図 11 で説明したる理由により，その都市は深い水路で囲まれん．その上，都市を巡る船だまりの内側にさらに M で示されるが如き静水を湛えたる堀を掘り，両水路の間の土地を舗装道路のために使い，それにより守りを強めるのみならず，稜堡が洗掘されることを防ぐことも得たり．ブルッへにありてはこのために塩水と淡水の二つの水路が使えようが，それらをスラウス市まで開削せば，すなわちその町の周りで二つの堀を形づくらん．ライデンでは水路としてそこからカットワイクに伸びる（古）ライン川を使えようが，さらにそのほかにも新しく別の水路を掘らば，その両岸に正しく堤防を築くべきなり．ミッデルブルグにては，町から北に砂丘を抜けて二つの新水路を掘る必要があろうが，なんとなればフランドルの方では堆積地の拡大著しく，良好なる吐き口が望みえぬゆえなり．以上，他所においてもそれぞれ事情に応じて同様のことが言えん．また二つの水門 E，F は，それらに対する支配権を常に確保できるよう，まとめて堅固な堡塁の中に入れてもよかろう．

しかしながら，今度は上記と異なり，海に面する平地にある諸都市，例えばオーステンデやカレーなどのための洗掘法を説明せんとすれば，この図 14 [14 form] にて AB が海を表すとし，その塩性湿地すなわち堤防を巡らした土地ないし砂丘の中に，砂丘を通って二つの港 CDEF が，さらにそこから二つの水門を，一つは D に，もう一つは F に備えたる船だまり FGHID が掘り抜かれたとせば，その場合，船だまりにありても港にありても，あるときは水門 D により，あるときは F によって，有効なる洗掘が継続して為されうること明瞭にて，残りのこと上記の如くなり．

しかしながら，図 13 にあるが如く，二つの水門が一緒に港を洗掘せば，この図 14 にあるが如く二つがそれぞれ別々に為すよりも大なる水深を得べし．しかれどもかような業を海に面したる諸都市で為さんと欲するならば，それ↗

はこれなる図 15 におけるが如くに為されよう．ここで ABCDEFGHIKL は図 14 におけるのと同義なり．その場合，この二つの角地 M，N は，敵をして海岸でその背後に隠れしめ，巧みに接近するを許すゆえ，都市の堅牢さのため有益にあらず．

　さらにこれに注意せよ．オーステンデその他の如く，海岸に位置し，砂丘の外側の輪郭よりもさらに突出せる諸都市は，それに打ち寄せる海流の強力なる洗掘に対する維持費として多額の費用を要す．そのような事態に備えるには，都市構造物の端を前記したる砂丘の外側の輪郭内に設置すべし．なんとなれば，海は真一文字に続く海岸をつくる傾向を有し，その入り江を砂で満たさん．それゆえ，都市構造物がその辺りまでしか来ぬとせば，それは隣接せる砂丘とほぼ同程度の損害しかこうむらずして，より内陸にあるを要せず．しかしこれに対しては，その都市の突出より大にして，経費を惜しまず維持さるるならば，より水深が深くなる，あるいは引き潮のとき海岸がより狭くなるを以て，都市をより堅牢ならしめんと反論できん．また，オーステンデやその類の諸都市は建設当初さほど突出せざりしが，その後海が砂丘を打ち負かしたるとも思われん．さてかような（砂丘の）減退はその先端部が前記したる砂丘の外側の輪郭内に置かれたる諸都市についても数年の内に予期しうることなり．それらのこと全ては，かような構造物の建設ないし改築において熟慮さるべし．

5. 航 海 術

　北部ネーデルラント諸国は 16 世紀末には一大海上勢力となっていた．アムステルダムは商業都市としての座をアントウェルペンから奪ってしまった．アムステルダムは水運路の結節点として格別に恵まれた位置にあり，商品の集散地としての機能はますます増大していった．1602 年にオルデンバルネフェルトは連合東インド会社を創設した．この会社はインド貿易の独占権を獲得したほか，兵士を徴集し戦争を遂行する権利，外国と条約を締結する権利，その植民地内で法律を定める権利を与えられていた．東インド会社は東アジアにおけるオランダ植民地勢力の基盤となっていた．

　こういうわけで北部ネーデルラント諸国の政府当局，この場合はマウリッツ公

と全国議会が，安全で迅速な遠洋航行の方法に関心を抱いていたのはもっともであった．マウリッツ公は航海の問題に非常な関心を示しており，おそらくこのことについて研究するようステヴィンに要請したのだろう．それゆえ航海術に関するステヴィンの著作は国家に対する奉仕と見なすべきである．それは次の二つの異なる主題に関連している．「地球誌について」(『数学覚書』の一部)の第四巻では「航跡について」[Vande Zeylstreken] という表題のもと，いわゆる航路・距離計算を扱っている．独立した著作として出版され，後に上述の著作の第五巻に収録された『港湾発見法』では，経度決定の知識なしに目的の港を見つける方法を扱っている．

帆走する船が描く直線と曲線　「航跡について」の中で定義される航跡 [zeylstreken] とは，帆走する船が描く線であり，直線航跡と曲線航跡とに分けられる．今日の用語法では，第一のものは出航地点と目的地との間を最短経路で結ぶ大円航行を意味し，第二のものは針路を一定に保っての航程線航行を意味する（航程線 [loxodroom] とは，ギリシア語の loxos =「斜めの」，dromos =「道」を語源にもつ航法用語で，正確には「すべての子午線と同一の角度で交わる地球上の曲線」として定義される．つまり船の進む方位を一定に保って航行したときに船が描く軌跡のことである）．これらの曲線について，ステヴィンは球面三角法に基づいた数学的理論を解説している．「曲がりたる筋に関する付録」の第五章で彼は「航海用羅針盤にて一般の用法よりも正確に帆走するにはいかにすべきか」を解説する．「地球誌について」のこの部分は航法理論の一種としてみることができる．

『港湾発見法』(1599)（於ライデン，プランタン印刷所謹製，発行者ライデン大学専属印刷業者クリストッフェル・ファン・ラーフェリンゲン）は海上位置決定法に関するステヴィンの著作である．これは船乗り向けに実用重視で構成されている．1599年にはグロティウスの手になるラテン語訳 *ΛIMENEY PETIKH, sive, Portuum investigandorum ratio* が出た．同じ年にフランス語訳 *Le Trouve-Port* も出版され，後にアルベール・ジラール [Albert Girard]（1595-1632）が出版した *Les Œuvres Mathematiques* に収録された．ロンドンでも同じく1599年にエドワード・ライト [Edward Wright]（1558？-1615）の手になる英訳 *The*

5. 航海術

Haven-finding art or the way to find any Haven or place at sea, by the Latitude and Variation が出た．第Ⅱ巻の第12章でこの英訳については詳しく論じる．この本が複数の言語へ速やかに翻訳されたという事実は，それらの海運国家の関心がいかに大きかったかを示している．ところで『港湾発見法』はステヴィンの著作の中で，著者名として彼の名前が扉に出てこない唯一のものであり，それはオリジナルのオランダ語版でさえそうである．ただしグロティウスのラテン語訳とライトの英語訳ではステヴィンが著者であると言及されている．

　ステヴィンは，早速その本の冒頭で，自分が目的とするところを説明している．
　　長きにわたり，とりわけインド諸島とアメリカへの大航海が始まってこのかた，航海士をして目的の港へ船を導かせるべく，海上で船が現在する位置の経度を知る手段が探し求められてきたるは周知のことなれど，依然として人は経度に関してかほどに確かなる知識に至らざるなり．なんとなれば，ある者たちは羅針盤の偏角によってそれを見出すことを期待し，その偏角に，彼らが磁石の極と呼ぶある極を帰せしが，その後の経験は，それらの偏角がいかなる極にも当てはまらぬことを明らかにせり．しかしながらその探求を通じて，港および船の真の経度が共にわからずとも，目的の港に到達するための手段が講ぜられたり．

　航海術において「磁針の偏角」とは，磁気子午線が地理学的子午線となす角度を意味する．ドラナウテル出身で，アムステルダムで改革派の牧師として活動していたピーテル・プラーテフット（ペトルス・プランキウス）［Pieter Paetevoet (Petrus Plancius)］（1552-1622）とメルカトルはこの現象をステヴィン以前にすでに記述しており，実用的な航海術と任意の地点の経度を確定する試みに応用しようとしていた．ステヴィンの目標設定は明らかにそれほど野心的ではなかった．彼は経度決定にかかわることなく航海者を港に到達させようとしたのである．さらに彼は，北極圏のどこかに岩のような形で磁気の極が存在するという考えからも距離を置いていた．先人であるプランキウスやメルカトルとは異なり，『港湾発見法』での彼は磁針のズレと地磁気一般に対する説明を見出そうとはしていない．彼がしたのは，プランキウスが提供したデータを研究し，それらをさらに詳しく解説することであった．

第4章 技術者にして発明家

ステヴィンはプランキウスの四本の無偏角線を六本の無偏角線で置き換える

プランキウスによれば，偏角が0になる子午線が地球上には四本あるとされていた．すなわち，当時アゾレス諸島のコルヴォ島を通っていた本初子午線（経度0の子午線），およびコルヴォ島から東経60°，160°，260°にある子午線である．無偏角線［agonen］と名づけられたそれらの子午線は地球の表面をいくつかの区画に分割するが，そのそれぞれの区画において磁針は地理学上の北から特定の方位に向かって逸れるとされた．すなわち，区画 I（0°-60°）と III（160°-260°）では北東寄りに，区画 II（60°-160°）と IV（260°-360°）では北西寄りになるとされた．I で北東に逸れる大きさは東経0°から30°まででは増加し，30°から60°まででは減少するとされ，他の区間についても同様であった．ステヴィンは，十分な測定結果が得られていた区間 I と II についてはプランキウスに従う．しかし四つの無偏角線を考察する代わりに，彼は0°，60°，160°，180°，240°，340°を

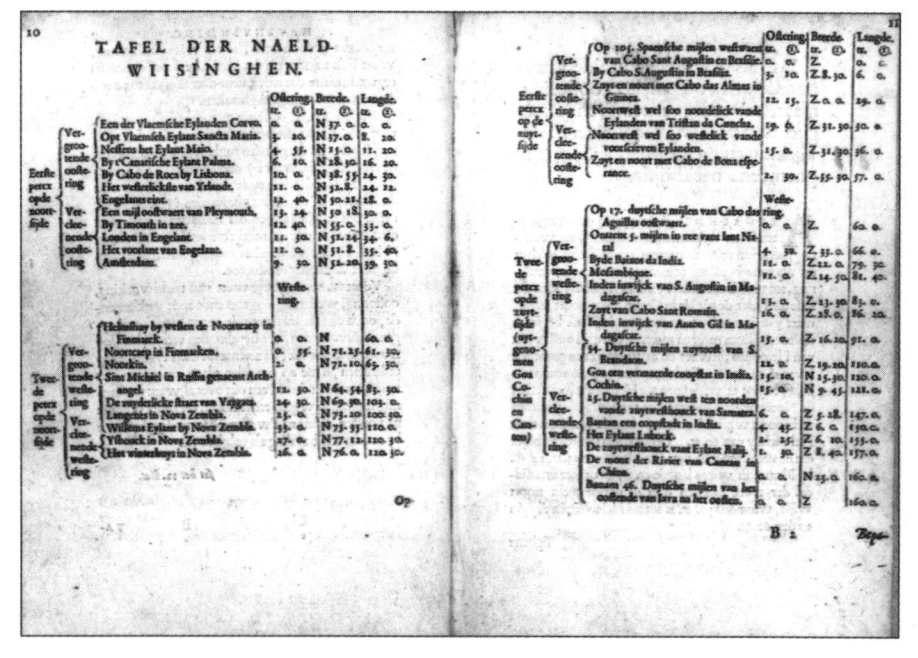

図4.7 港湾発見の技法は磁針の偏角に基づいていた．数多くの測定をもとに偏角表が作成された．デン・ハーグ，王立図書館．

通る六本の無偏角線を導入し，自身の方法を一つの推測として提示する（図4.7）．ステヴィンはいくつかの面でプランキウスを批判し，その方法をより控えめな形態で応用するが，すべてのデータを収集したことに関してプランキウスのことを以下のような言葉で称えている．

> 我らはここに，……，すでに観測されし磁針表示を図示するが，それは学識ある地理学者ペトルス・プランキウス氏が，遠きも近きも，地上の津々浦々より，長きにわたる努力と，少なからぬ費用をかけて集めしものなり．すでに一部の航海士たちはこの方法で陸地や港を見出したるが，もし航海士一般が，彼らと同じくこの方法でそれらを見つけるようになるのならば，かのプランキウスこそそのことの主たる功労者の一人と見なさるるべし．

ステヴィンは，港湾を見つけたり，外洋にあっても，同じ艦隊に属する船舶が決められた場所に再集結できるようにしたりするために，偏角表を用いることを提唱する．彼は『港湾発見法』の「付録」の中でその主張を次のように述べる．

> 海上にありても陸上にありても，磁針表示と緯度とが共に与えられたれば，ある一点が指し示さるる．このことを鑑みれば，それより直ちに，目的の場所が陸を離れはるか沖合にあれども，船舶がそこで合流すること可能なりと言えり．これはとりわけ，嵐の後艦隊に属する諸艦艇を再び集結させるのに役立つ．またそれにより，さまざまなる場所より来たる艦艇を定められたる時刻に集結させるための待ち合わせ場所を決めることも可能なり．

この技術にとっては，世界中のできる限り多数の地点において，磁針偏角を記録収集することが不可欠であった．マウリッツ公はホラントの船長たちに，磁針偏角の正確な測定を行い，実践テストが可能となるよう測定結果を海軍本部に報告せよとの指令を与えた．ステヴィンは偏角についてのさまざまな観測技術を研究し，『港湾発見法』の中で最終的に，ある測定法を推奨した．「いかにして北極点と磁針表示を見出すか」と題された節ではどのように観測を行うのが最善かを説明する．このために彼は，「船が動くと否とにかかわらず，常に水平を保つ平板のついた浮動四分儀」を推奨し，参考のためページの欄外に *Quadrantem Azimuthalium seu verticulú cuius planú horizontale* というラテン語訳をつけている．これは構造上の工夫により水平面に対し常に垂直に保たれる方位四分儀である．

この器具はライニール・ピーテルスゾーン（ライニール・ピーテル・ファン・トゥイス）[Reynier Pietersz.（Reynier Pieter van Twisch）]によって製作された．彼は北ホラントの都市ホールンの住人で，かの地の海運業者で働いていた．1598年，彼はホラントおよび西フリースラントの州議会に二つの器具を作製するための助成金の申請を行った．それらの器具のうち一つはおそらくこの方位四分儀であったと思われる．1598年3月13日，議会は委員会を任命し，それらの装置を試験しそれについて報告することを命じた．その委員会にはスカリゲル，ウィレブロルト・スネリウス（スネル），ファン・キューレン，ステヴィンが名を連ねており，それにアムステルダム，ロッテルダム，ホールン，エンクハウゼンの各市の代表が加わっていた．この委員会の裁決は知られていないが，ステヴィンがその器具を推奨し，それを使って作業するにはどうすればよいかを説明しているという事実から，委員会がその利点と実用性についてお墨付きを与えたという推測が成り立つ．史料によってはこれを黄金コンパスなどと記述している．

6. 戦 争 術

戦争術［de crijchconst］に対するステヴィンの寄与は二つあった．彼は『築城術』と『旋回軸式水門による要塞建築の新方式』の中で防衛施設の構造を解説し，他方，『軍陣設営法』ではマウリッツ公時代の軍隊の野営地の構成と配置を論じた．ステヴィンが戦争術について書いたものの一部は彼の息子ヘンドリックが編纂した『マテリアエ・ポリティカエ—民政関連諸論題—』の中にみられる．第七部の中には守備隊の定期的配置転換に関する規定の草案がみられ，第八部には戦争術の数学を使わずに論じられる部門が「兵法について」[Van de Crijch-spiegeling] という表題で収められている．ここでもステヴィンが自分の科学技術的な才能を国家の用に供していたことが見て取れる．

『軍陣設営法』は，1617年になってようやく出版されたが，その時点ではすでに，軍隊の構築に対するステヴィンの貢献はかなり少なくなっていた．第一にこの著作は，理論的な著述というよりは，オラニエ公家の伝統に従って設営された当時の陣地の概要を報告したものと見なされるべきである．オランダの陸軍は，

新たな戦場に到着すると，対称性に配慮して陣地を設営するのを旨としたが，その規律正しさには他国の軍関係者たちも称賛の念を抱いており，そのことをステヴィンはよく承知していた．ステヴィンは，主計長（兵舎の設営および管理の責任を負っていた人物，ステヴィンより後の時代には士官）という職務柄，陸軍内で重要な役割を果たしていたはずである．明らかに彼はそのことを大変誇りにしており，本の冒頭の献辞でもそのことを示唆していた．

……栄えある連邦議会軍の野営地平面図は年来，下級の者のみならず，遠隔地の大諸侯の間でも求められたるなり．

軍営地におけるステヴィンの存在　軍陣設営法に対するステヴィンの寄与は純粋に理論的なものにとどまらない．彼自身も実際そのような野営地にいたのである．例えばデルフトの戦争博物館にある軍営地の平面図では，オラニエ公の幕舎の間近にステヴィンの幕舎が描かれている．

『軍陣設営法』がほとんど間を置かずにフランス語に翻訳され，数年後には二つのドイツ語訳が出版されたことは，この著作に対する関心がいかに高かったかを示している．『軍陣設営法』は二篇よりなっている．最初の三章では軍陣設営法，すなわち陣地の設営の従来のやり方が解説されるのに対し，第四章ではこの主題の歴史が論じられる一方，軍隊組織の改善のための指針が与えられる．その文章からは，ステヴィンがやはり大変博識な人物であったことがわかる．彼がさりげなく引用する著者の中には，クセノフォンやポリュビオスといった古代ギリシア・ローマの軍学者たちが含まれている．特に「ローマ軍営の平面図にみる設営一般について」という部分では，軍営の設置に当たってはポリュビオスの配置を出発点としていることを述べているが，それを彼は1585年に初めて出版されたリプシウスの著作『ローマ人の軍制について』[*De Militia Romana*]からとっていた．陣営配置の歴史的概要を論じるに当たって彼は，ヘブライ人やギリシア人，ローマ人，タタール人のように，兵力を十進法に従って，つまり十人の什列[rije]，百人の佰旗[vendel]，千人の仟旗[wimpel]，1万人の軍旗[standaert]に分割することを提案する[7]．ただしオラニエ公はこの点に関して彼に従

訳注[7]　'rij'は「列」，'vendel'，'wimpel'，'standaert'はいずれも昔軍隊で使われた旗印を表す言葉．

わなかった.

軍隊の運営に関する提案　軍陣設営法に関する著作は大変多岐にわたっている．ここではいちいち細部に立ち入ることはできない．当時，他の軍隊組織のほとんどは傭兵から構成されていたのに対し，オランダ国軍は職業軍人により構成された，いわゆる常備軍であった．オランダ国軍は1年中作戦行動に従事していた．傭兵の軍隊とは異なり，兵士には12か月間ずっと俸給が支払われた．冬季には守備隊が冬営地に駐屯し，兵士たちは厳しい練兵計画を遂行することによって訓練され続けた．「絶えず兵卒の配置転換を行うことについて」の中でステヴィンは，守備隊が長く一つの場所にとどまる際に生じる諸問題を扱う．婚姻や不動産の購入によって地元と癒着する兵士がいるため，裏切りの可能性が増大したり，市民とのいざこざが生じたりすることに彼は注意する．この後，ステヴィンはやはり彼の実際的な精神を示す．彼が提案する管理方式に従えば，部隊の配置転換を絶えず行っても，司令官は自分の軍隊の全容を常に正しく把握することができる．ステヴィンは三冊の記録簿をつけるよう提案する．第一の記録簿である日誌［Jornael］で作成される一覧からは，ある期間の最初の時点で各連隊に所属するさまざまな佰旗がどこに配属されているかがわかるようになっており，またこの中にはすべての移動が日付，変更の理由，指揮官の名前，新旧の配属場所とともに記入される．二番目の記録簿である駐屯地簿［Plaetsregister］には各駐屯地ごとにどの守備隊がそこに来るかを毎回記す．最後に指揮官簿［Capiteinsregister］には各指揮官の異動が記録される．このような管理方式は現代の軍隊においても使用されている．

戦術と訓練に大変関心が払われていることも注目に値する．slachoirden（陣形）は互いに$1\frac{1}{2}$尺，3尺，6尺の間隔にある長方形をした兵士の群れからなっている（図4.8）．行軍するためのこのような隊列はすでにしばらく前から用いられていた．1577年4月1日の乞食党によるデン・ブリール攻略を描いたフランス・ホーヘンベルグ［Frans Hogenberg］（1535頃-1590頃）の版画でもそれをみることができる．方向転換には右向け右，左向け左，回れなどの号令が使われ，互いの距離の変更には開け（6尺間隔に），閉め（3尺間隔に戻る），触れ（$1\frac{1}{2}$尺間隔に），触るな（3尺間隔に戻る）などが用いられた．これらの号令は

6. 戦 争 術　　　　　　　　　　　　　　　　137

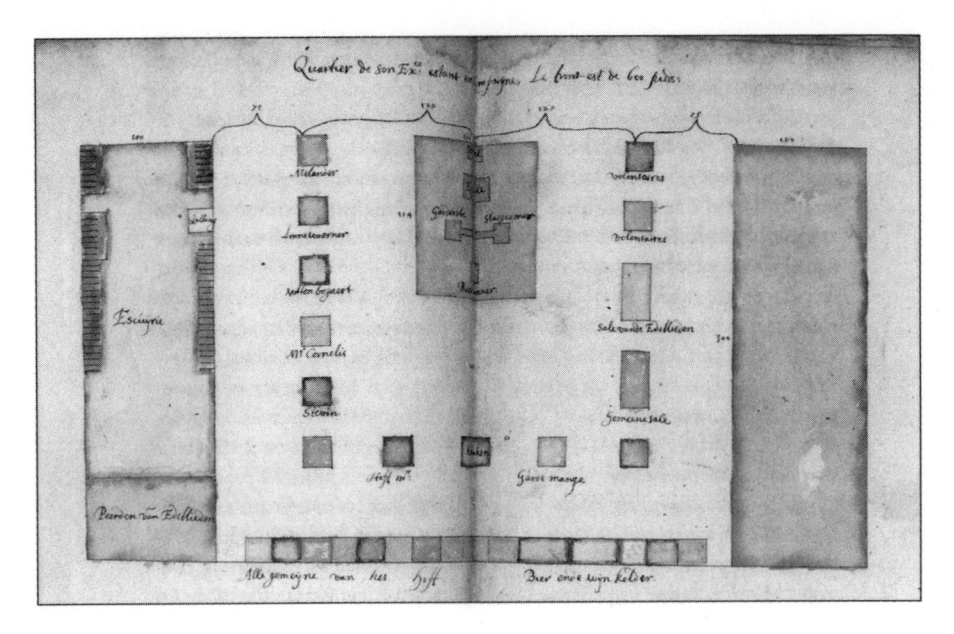

図 4.8　「ステヴィン手稿」の fol. 68v.-69r. から「遠征中の公爵閣下の陣営，正面は 600 ピエ」という題のついた彩色ペン画．
主計長としてステヴィンは軍営地設置の責任を負っていた．この平面図からは，ステヴィンの幕舎がマウリッツ公の幕舎の直近に位置していたことが大変明瞭に見て取れる．
デルフト，王立オランダ軍事博物館「Hoefer 将軍」．(撮影：Hans de Lijser)

当時としては新しいものであって，暇な時期（特に冬）に訓練された（詳細については，Puype (1998, 2000) を参照）．

　都市を包囲する際には市壁の下にトンネルを掘るのが常套手段だった．兵士たちにはこのため特製の器材が必要だった．『マテリアエ・ポリティカエ』の第八節でステヴィンは，マウリッツ公による掘削工事の利用が「都市の包囲戦における彼の名高い勝利の主要なる原因の一つとせらる」と述べている．しかしながら，個々の兵にとって常に鋤，斧，鋸などの道具をすべて携行することは不可能であった．そのためステヴィンは鋤，つるはしおよび斧として使える道具を発明し，スキオノハシ [spabijhou][8] と命名した（図 4.9）．ABL（ベルギー軍［Armeé

訳注[8]　「鋤」[spade]，「斧」[bijl]，「つるはし」[houweel] からなる合成語．

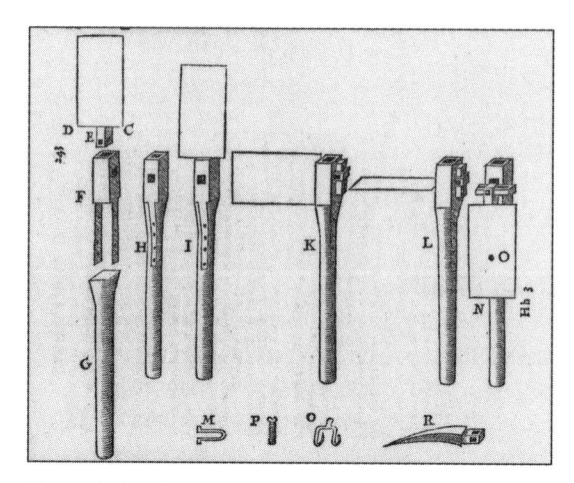

図 4.9 都市の攻囲戦の際にはしばしば市壁の下にトンネルが掘られた.このためステヴィンは,スキオノハシという便利な道具を発明した.
ブリュッセル,ベルギー王立図書館,貴重書,VH 28529 A.

belge/Belgisch Leger])軍用スコップもやはり巧みな仕掛けによりスコップ,なたなどに変形することができるが,ここにはその先駆けが認められる.築城術の歴史におけるステヴィンの位置づけと彼が数学の歴史的発展において占める位置とは多くの点で符合する.彼はこの主題に関する文献を大変よく知っていた.それらはとりわけイタリア人著者(中でもタルターリア)のものだったが,ダニエル・シュペックル [Daniel Speckle](1536-1589)の 1589 年の『城塞の建築』[*Architectura von Vestungen*] もあった.ステヴィンは彼以前に導入された事柄を明快な仕方で解説するにとどまらず,新たな要素も付け加えた.彼の著作の引用は至るところでみられる.この主題を論じる彼のやり方は他の主題の場合と同一で,明白な定義と原理から出発している.

はじめに,この論考に固有の用語と名称の意味を二十一の定義により説明す.

築城術の文献では主にイタリア語やフランス語など外国語の用語が使われていた.ステヴィンはここでみずからの言葉であるオランダ語の用語を使う達人ぶりを披露する.オランダ語に対するステヴィンの寄与については第 8 章で詳細に検

6. 戦 争 術

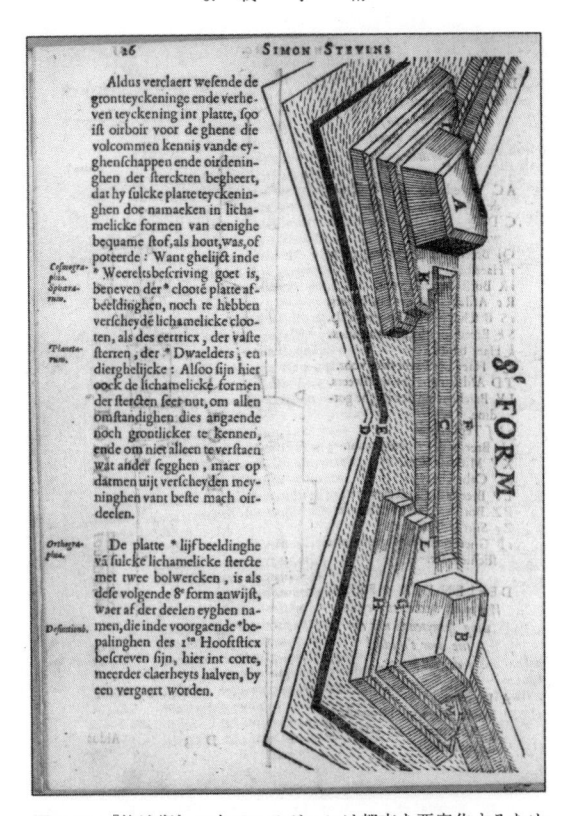

図4.10 『築城術』の中でステヴィンは都市を要塞化するための新方式を記述した．この第8図では城壁を構成するさまざまな部分が示されている．
ブリュッセル，ベルギー王立図書館，貴重書，II 16691 A.

討する．導入された言葉が新造語であるか否かを突き止めるのは困難である．推測するに，それらは主としてすでに通用していた言葉であり，ステヴィンによって広く人口に膾炙したのだろう．以下に図4.10で使用されている用語のいくつかをあげる．

　稜堡［Bolwercken］とは，図8の二つの稜堡A，Bの如く，要塞の突き出したる部分なり．

　塁壁［Wallen］とは，図8のCの如く，二つの稜堡の間にある土手のことなり．

岸［Caden］とは，図8のDの如き，濠の外側なり．

大濠［Groote gracht］とは，一方では稜堡と塁壁に，他方では岸に接し，それらに挟まれたる濠を言う．

中濠［Middelgracht］とは，図8のEの如く，大濠の中央辺りのある濠なり．

胸壁［Borstweer］とは，その後ろに立ちたる人を胸の高さまで守る防壁なり．

軍事建築家としてのステヴィンの影響　これらの定義に続いてステヴィンは防衛施設に必要な改修について論じる．オラニエ公からの働きかけにより，軍はしばしば防衛施設の改築に関連して彼に助言を求めた．八十年戦争中のオランダにおける最重要地点の一つは，要塞化された拠点ハルデルワイクであった．この要塞は，フェーリューウェ台地を通って進攻してきた敵軍が，ゾイデル海を渡ってホラントに侵入するのを防ぐことができた．そのためこの都市の防衛施設は系統的に改良された．それについて，ステヴィンを顧問として引いている史料がいくつか存在している．ただし指摘しておくべきは，オランダ共和国においてステヴィンは，都市の周囲に要塞施設を施工する分野の第一人者ではなかったということである．アドリアーン・アントニースゾーン［Adriaan Anthonisz.］（1543頃-1620），ダーフィト・ファン・オルリーンス［David van Orliens］など，他の工兵技師たちの中には，はるかに頻繁に全国議会の諮問を受けていた者がいた．しかしながら，すでに述べたように，ライデンの工兵技師学校設立の基礎となる文章を起草したのはステヴィンであった．このとき工兵技師（エンジニア）［ingenieur］という言葉で本来意味されていたのは軍務につくことのできる築城技師であった．ステヴィンがフリッシンゲン，バタヴィア（ジャカルタ）およびデン・ハーグでの要塞建設に関する勧告にかかわっていたことも知られている．

既存の要塞に対して提案した改修を施すため，ステヴィンはさまざまな計算を行った．ステヴィンは，軍事建築に関するオランダ語で最初の著作の作者として，イタリア方式の築城術を北方の状況に合わせて手直しする過程の第一歩を印したのであり，彼は築城術の歴史において重要な人物なのである．また，オランダ共和国の財政状況のため，ステヴィンの勧告をそのまま手を加えずに実施する

ことが不可能であった場合でも，彼の勧告の（全部とはいわなくとも）多くはマウリッツのもとで実践においてもその効果をあげたことだろう．100年後，ステヴィンの見解は修正された形で要塞建築，例えばフランス人の工兵技師セバスティアン・ル・プレートル・ド・ヴォーバン［Sébastien Le Prestre de Vauban］(1633-1707)の監督下に建設されたものに適用された．

7. 建築家としてのステヴィン

　建築学上の主題に関連して，ステヴィンの手稿がいくつか知られているが，彼自身がこれに関する自分の考えを出版物として世に出すことはなかった．『数学覚書』の中で彼は建築学に関する論考に再三言い及んでおり，『数学覚書』第五章「その他の事柄について」［Van de Ghemengde Stoffen］の注の中では，『家造り』［*Huysbou*］の執筆は印刷業者に渡すのに間に合わなかったので，この論考を後日出版するつもりであると説明している．しかしその後，彼がそれを実現することはなかった．息子のヘンドリックによって出版された『マテリアエ・ポリティカエ』の中には，版によって異同があるものの，それらの主題のいくつかが見出される．

　都市計画について．補遺：家屋の諸部分の設計およびそれに付随する事柄について．

　家造りについて

　ベークマンは1624年，そのときすでに再婚していたステヴィンの未亡人を訪ね，残された手稿の一覧を作成した．彼は内容目録を作成し，自分の『日記』に断章を書き写した．van den Heuvel (1998) によると，コンスタンテイン・ホイヘンスも断章を書き写しており，それについて国外の研究者たちと手紙のやりとりをしていたらしい．こうして，建築術に関するステヴィンの出版されなかったテクストまでがある程度国際的に知られることになった．中でもベークマンは『家造り』について以下のような区分を提示した（ヘンドリックはたいてい huysbau の綴りを用いるが，ベークマンは huysbou や huysbouw を使っていることに注意）(van den Heuvel, 1998)．

　建物の左右相称性について

地下建造物について
ファサードについて
階段について
天井と円蓋について
屋根について
家屋の諸部分すなわち部屋,中庭,回廊,庭園,区割りおよび最後に部屋の部分の設計について

　van den Heuvel（1998）は,しばしば矛盾するいくつかの内容目録と出版物および手稿の中に残された断章を手がかりに,ステヴィンの意図した『家造り』を再現しようと努力した．彼によるとステヴィンの建築理論において水は重要な位置を占めていた．ブルッヘとライデンで活躍した学者として彼は湿った土壌における,あるいは水面下での建築に際して生じる諸問題に注意を払っていた．さらに彼は住宅と都市の給水,貯水,浄水,排水にかかわっていた．

7.1 都市計画

　図 4.11 は『マテリアエ・ポリティカエ』の中にある都市の設計図であるが,これをみればステヴィンの思想は一目瞭然である．彼は厳格な幾何学的構成を好んでいた．彼が中世の建築様式の支持者でなかったことは明らかである．後者は絵心を起こさせる美しさに富んでいるかもしれないが,非常に不規則であった．一方,ステヴィンが依拠したのは明らかに他のルネサンス芸術作品にみられる厳密に幾何学的な性格である．ステヴィンは直角構造を選択したが,そこではまっすぐな街路が直角で構成された同形の敷地をつくり出し,その上に一区画の住宅が建てられる．彼は一戸建てではなく区画内の住宅をまとめて建てることをより好んだが,それはこれによって中庭ないし内庭をバランスよく配分できるためである．平面図からは,公共の福利のための建築物は,教会を例外として,中心に配置するよう配慮したことも明らかである．例えば宮廷の中には,あらゆる最高評議院,大学,市立学校,剣術指南所,そして自警団詰所も収められた．同様に救貧院の中には養老院,病院,「らい病」療養所,盲人院,貧窮孤児院,救護院,捨て子養育院,婦人養老院,ペスト患者と天然痘患者を隔離するための病院,気

7. 建築家としてのステヴィン

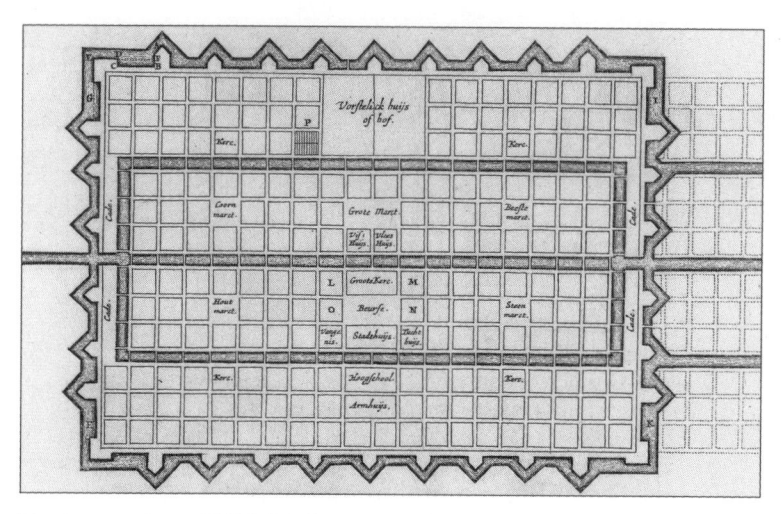

図4.11 ステヴィンは建築と都市計画に関するさまざまな手稿を残した．彼は都市を厳密に幾何学的な計画に従って建設しようとした．『マテリアエ・ポリティカエ』の「家屋の設計について」[Van de Huysoirdening] より．
ブリュッセル，ベルギー王立図書館，貴重書，VH 28529 A.

違い院（これは「気違い」，つまり精神病の人のための施設である）が収められた．ステヴィンの時代にはすでにかなりの社会福祉制度が存在していたことは明らかである．教会は（大市場に面して）市の中心にあるほか，各地区にも置かれている．各専門市場（家畜市場，石材市場，木材市場および穀物市場）も都市の中心部の中に設けられ，それらは大市場の周りに対称的に配置される．幅60尺の街路の両側には家々に沿って幅10尺の軒が取りつけられる．通行人はそこで雨や交通の危険から守られる．街路の中央の下にはアーチ型の暗渠があり，家々からの排水を流すことができる．都市全体は稜堡のついた城壁で囲まれているが，長辺に沿って市域が拡張できるようにあらかじめ計画されている．

7.2　家屋の建築

van den Heuvel (1998) の研究から明らかにわかるのは，ヘンドリックが彼の父親の手稿の文章からの抜粋をつくったということである．彼はまた序文で次のように述べている——この著作は，数学の知識や素養がなくとも，誰にでも読め

るものでなくてはならない．この文言とともに彼はよく知られたある現象を念頭に置いている．読者によっては数学や公式の出てくる文章にいささか尻込みし，時には嫌悪感さえ覚えるものだ．このようにしてヘンドリックは，彼の父の著作をできる限り幅広い一般読者に知らせようとするのである．

　戦争術の場合と同様に，ここでもやはりステヴィンが古典に通じていたことがわかる．彼は家屋の設計を説き起こすに当たってギリシアやローマの家屋の間取りを素描することから始める．その際，彼は特にマルクス・ウィトルウィウス・ポッリオ［Marcus Vitruvius Pollio］（紀元前 90 年頃-紀元前 20 年頃）（カエサルおよびアウグストゥスの時代のローマの建築家）を参照する．ウィトルウィウスは，古代ギリシア・ローマにおける建築術の知識の主要な源と見なされている著作『建築書』［De Architectura］の著者である．その議論においてステヴィンは古代人たちが左右相称性［Lijcksijdicheydt］に心酔しきっていたという事実を強調する．左右相称性とは，「ある物体の右の部分と左の部分とが形態，大きさおよび姿勢において一致している」ということであり，ギリシア人たちはこれをシンメトリア，つまり「寸法が合っていること」[9] と呼んだのであった．

　シンメトリックに配置された部屋と飾り棚，食糧貯蔵室，流し場　同時代の住宅を綿密に検討するに当たって，彼は中庭の配置を大変重要視する．中庭はすべての部屋に直接自然光が入るよう配置されなければならない．彼はあるモデル住宅の平面図をもとに話を始める（図 4.12）．玄関の広間の周りには，完全な対称性のもとに，食堂，寝室，応接室，台所が配置されているのがみえる．記号 B は二つの階段を指す．C で示された空間は書斎，飾り棚，食糧貯蔵室，流し場などのための四つの区画であり，D は四つの薪置き場ないし泥炭置き場である．E で示されているのは四つの戸棚ないし寝台である．広間は 34 尺 × 17 尺の大きさで，家族全員の共用の場所として，および接客の場所となるよう意図されていた．

　上の階および地階も同様の間取りであることがわかる．ステヴィンは真の建築

訳注[9] ギリシア人がシンメトリアと呼んだ概念が何を意味するのかについては当時さまざまな解釈が行われていた．ステヴィンは左右相称性に意味を限定することで議論の混乱を避けようとしたのである．

7. 建築家としてのステヴィン

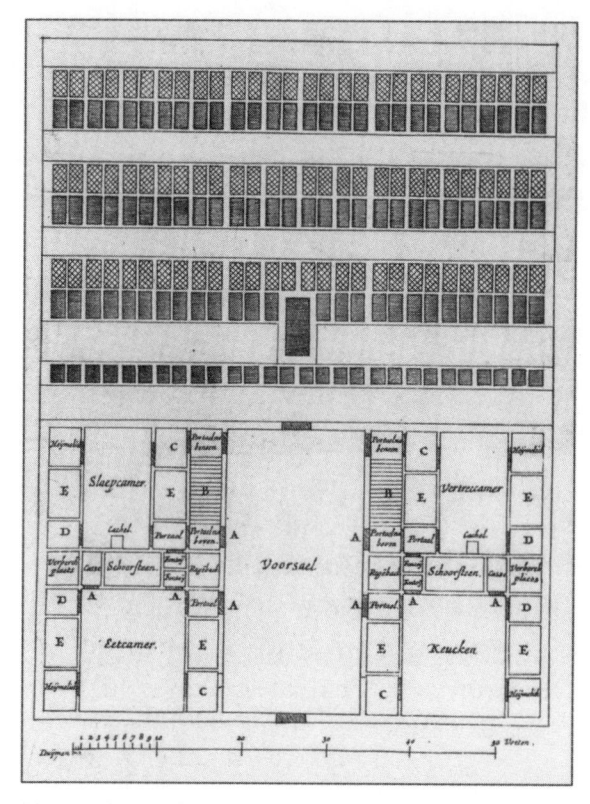

図4.12 家屋の建築に当たってもステヴィンは平面図上でのシンメトリーが重要であると考える．彼は地下室から屋根裏に至るまで，家屋を構成するすべての部分に注意を払う．ファサードと屋根も忘れはしない．『マテリアエ・ポリティカエ』の「家屋の設計について」より．
ブリュッセル，ベルギー王立図書館，貴重書，VH 28529 A.

家らしく建築上の技術的な細部にも目配りを忘れない．彼はドアの開閉の向き（外開きか，内開きか）を検討し，鍵と錠前や煙突に気を配る．同時に彼は井戸，天水桶，厠（トイレ）および地下蔵などの地下構造に特別の注意を払う．亜麻布を洗ったり，エンドウマメを煮たりするのには，ステヴィンは井戸水に加えて雨水も使うことを奨励するが，雨の降らない日が続くと，雨樋に汚物が溜まり水と一緒に流れてくるので，天水桶の水には虫がわき，悪臭がつくことも注意してい

る．その対策として彼は，水を浄化するための濾過方法についても述べている．実用上，大変重要なのは厠であるが，ステヴィンはそれを各部屋に一つ併設する．ただし彼はそれによって部屋に悪臭がつきうることを指摘している．さらに彼は，屋根がよくなければ家には何の値打ちもないという事実を強調する．屋内で雨水を貯める（備えつけの天水桶に注目）ことを視野に入れ，彼が提案するのはじょうご型の屋根である．屋根は良質の粘土を硬く焼いた平瓦で葺いてある．

　これらの技術的な取り組みに続いて，ステヴィンは美的な事柄にも目を向ける．彼はファサードの対称性について述べ，さらにファサードの装飾についてもいささか触れている．古代人たちは頻繁に柱を用いたが，ステヴィンはそれをすすめない．彼の言葉を借りれば次のようになる．

> ファサードの古典的円柱建築は，アントウェルペンの市庁舎の如く突き出ておるにせよ，二つの稜堡の間の幕壁の如く内に凹んでおるにせよ，眺望の妨げとなる．積み石の平らなる水平線と縦の継ぎ目とを端整に仕上げることにより十分な装飾が得られるものなり．

第 5 章

経済学者のさきがけ

Economist avant la lettre

　シモン・ステヴィンが生きたのは，貿易の拡大によって，財務および会計管理が一層重要になった時代であった．最初は商社の一従業員として，そして後にはマウリッツ公の私的顧問「公付き財務長官」として，職務上，彼は経済にかかわる見識を得て，それを書き記すのに好都合な位置にいた．エコノミストとしてのステヴィンの業績がとりわけ重要なのは，彼が利子計算を広く一般に開かれたものとしたこと，そして彼が王侯の財務管理に複式簿記のシステムを推奨したためである[1]．

■ 1. はじめに

　ステヴィンは生涯を通じて財政上の問題にかかわっていた．青年時代，彼は会計出納係として，当時リヨンと並ぶ一大商業都市であったアントウェルペンで働いていた．世界の津々浦々から商品と商人がそこに流れ込んできた．ステヴィンがアントウェルペンで正確に何をしていたのかは知るよしもないが，彼が商社の事務所で働いており，そこで実業の世界のテクニックに触れることになったと想

訳注[1]　本章の翻訳に当たっては橋本武久『ネーデルラント簿記史論――Simon Stevin 簿記論研究』（同文舘出版，2008）を参照し，特に特殊な訳語の選択については同書に依拠するようにした．

定することはできる．また彼の継父ヨースト・サヨンおよびその兄弟フィンセントとヤーコプによる取引の実務を間近にみていた彼は商売の世界に詳しくなっていたはずである．そしてブルッヘ自由庄の財務局で働いていた1577年前後の時期から，彼は課税の仕組みにも通じるようになった．

　ステヴィンが北部で活動し始めた時点以降は，経済の領域での彼の活動を彼の著作物をもとに追うことができる．デン・ハーグの王立図書館にはSimon Stephanusという人物による1581年の著作『組合企業の計算に関する新発明』が所蔵されているが，Oomes (1996) はこれをステヴィンの最も初期の著作として取り上げた．そうだとすれば，取引の実務に関するこの冊子は『利子表』(1582) よりも古いということになる．この後者の著作でステヴィンは，古い伝統のしがらみに挑戦した．多くの金融機関は大規模で多種多様な金融取引に関与しており，その権力は強大であった．フィレンツェのバルディ家とメディチ家，あるいはアウクスブルクのウェルザー家とフッガー家を考えてみればよい．彼らは金融帝国を支配し，その権力のため国王や皇帝，教皇から恐れられたものだった．整数の掛け算や割り算が難しい演算だと考えられていた時代には，利子計算の問題に答えを与えることができたのはその道の権威だけであった．比較的大きな老舗の商社は利子表を作成できる専門家を雇っていたが，これらの表は機密情報と見なされていた．16世紀に算術が比較的よく普及するようになって初めて，この状況に変化が訪れた．ステヴィンがこの展開を先取りしようとしたことはやはり明らかである．

ステヴィンと王侯の領地経営の再編　　ステヴィンの生徒で，かつ友人でもあったマウリッツ公は有能な経営者であり，公家の所領を管理する一方，軍事活動の最高指揮官として公金の収支を監督する任も負っていた．息子ヘンドリックの伝えるところによれば，ステヴィンはある不特定の時期，おそらく17世紀の最初の数年間，公領経営再編の任を負った．1649年に出たライデン版『マテリアエ・ポリティカエ』の扉においてヘンドリックは，彼の父親がこのことのため「公付き財務長官」[desselfs Heere Princen Super-Intendent van Finantie] の肩書きを獲得したことを主張している．この辞令によってステヴィンは再び財政にかかわる職務を得たが，それはアントウェルペンやブルッヘの商社での奉公より

1. はじめに

もはるかに重要な仕事であった．ステヴィンが終生その職務にとどまっていたことは確かである．

オラニエ公のため彼が行った他の職務の場合と同様に，財政業務に関してもステヴィンは著作を公刊し，みずからの活動の足跡を残している．それには領地経営と，彼が特別財政 [Extraordinaire Finance] と呼んだ軍事活動の運営とに関する内容が含まれている．それらの考察は『数学覚書』の中にみることができる．その第五篇「その他の事柄について」の第二部「領地と特別財政における王侯簿記について」の中には，この主題についてステヴィンがオラニエ公に行った授業内容が収録されている．

注目に値するのは，ステヴィン自身が，いかにして簿記の原理を解説するに至ったのかを述べていることである．彼はこれを三つの tsaemspraecken，すなわち対話の形で表している．マウリッツは，官僚が彼に提出してくる会計にはやり方が不明朗に思われるところがあると不平をもらしていた．それはステヴィンに，複式簿記の利点に対して公の注意を喚起するきっかけを与えた．この種の簿記が最初に使用されたのはイタリアであった．ステヴィンは最初の対話に「この王侯簿記の記述の起源」という題名を与え，その節を次のように始めている．

　　ある朝，余が公爵閣下の御前に参上すると，閣下が余に向かってまず述べられしは，前日閣下にいくつかの勘定が奉られたるが，その中においては不明朗さ，そして閣下のお考えでは不用なる冗長さが見出さるることありき．

最初の対話の結びで公は，別れ際，友人のステヴィンに次の言葉を残したが，それは公の知識欲を物語っている．「代数が終わらば，簿記の授業に取りかかるべし．余それを大いに欲すれば，そのためにいささか準備せよ」．さらに，マウリッツ公がこの主題についても授業を受け，実務，少なくとも商業簿記の理論と応用を，根本的に理解したということは話の続きからわかる．二番目の対話からは，マウリッツ公の関心はこの種の簿記自体にではなく，それを領地経営に応用することにあったということがわかる．この種の経営および財政，とりわけ戦費の調達のための簿記の原理についてはステヴィンの手引き書の第二巻で扱われている．

2. 『組合企業の計算に関する新発明』

ヤン・ファン・ハウト協会のニューズレターに，Oomes (1996) の手になる「シモン・ステヴィンの未知の著作」['Een onbekend werk van Simon Stevin'] という題の短い記事が出た．Oomes が言及しているのは 1581 年にデルフトで印刷され，『組合企業の計算に関する新発明』(以下，『新発明』)[2] という書名をもつ小冊子で，その副題には「シモン・ステファヌスが発明し初めて公刊した，組合企業のすべての計算を正確かつ容易に行うための簡潔で一般的な規則の解説」とある．この 24 ページの小著——ちなみにそのうち 4 ページは印刷されていない——は今に至るまでステヴィンの著作目録に掲載されてこなかった．このことは，その著作について知られているのが（デン・ハーグの王立図書館に保管されている）一部のみであるということ，そして彼の後の著作の大半とは異なり，著者がブルッヘのシモン・ステヴィンと名乗っていないという事実から説明できるかもしれない．W. P. C. Knuttel が編集した『王立図書館所蔵小冊子コレクション目録』[*Catalogus van de pamfletten-verzameling berustende in de Koninklijke Bibliotheek*] ('s Gravenhagen, 1889-1920, 再版 Utrecht, 1978) の中では，この本は小冊子 581 として記載されていた．

『新発明』はステヴィンの最初の出版物か？　『新発明』の著者は執筆の年と場所について「1581 年，ライデン」と記しているが，印刷されたのはデルフトで，扱われているのは 1580 年の前半（7 月 15 日以前）に，ある明記されていない場所で行われた商取引の実務である（図 5.1）．この小著はアムステルダム市の市長に捧げられているので，舞台となった場所はこの町だったとみることもできるかもしれない．

この小著がステヴィンの出版した最も古い著作だということを疑問の余地なく証明するのは不可能である．確かにそれをステヴィンのものとする根拠となるような事実があるものの，他の事実は疑問の余地を残す．

・その著作の著者が執筆年としている 1581 年にステヴィンはライデンにいた．

訳注[2]　「組合企業」の原語である 'compaignie' はイタリア語の 'compagnia'（「仲間」，「連れ」，転じて非血縁者からなる会社組織）に由来する．詳しくは巻末の山本氏による解説を参照．

2. 『組合企業の計算に関する新発明』

図5.1 『組合企業の計算に関する新発明』はおそらくステヴィンのものとされる最も古い著作である．その中では1580年前半の商取引の実務が記述されている．
デン・ハーグ，王立図書館，小冊子581．

戸籍簿によると，彼はその小冊子の著者が用いた名前と同じSymon Stephanusとして登録されていた．とはいえ，ステヴィンが1580年にすでにアムステルダムの商人の業界で簿記に従事していたということを示す手がかりは全くない．他方，1577～1581年の期間のステヴィンの人生遍歴については何も知られていない．したがってアムステルダムに滞在していた可能性は否定できない．ステヴィンは1580年代にデルフト市長の一人，デ・グロートと交流があり，そのことからその町で印刷業者を探したということも説明できる．

・ステヴィンは小企業の取引収支を作成し，今でいうところの企業の株主の損

益を算定している．この作業は原則的に，ステヴィンが 1577 年より前にアントウェルペンで簿記に従事していた業務と符合する．ただし，そのアントウェルペンでの業務が正確なところどのようなものであったかは知られていない．

・簿記自体はステヴィンになじみの主題である．このことは，彼が 1605 年の『数学覚書』の中にマウリッツ公のための簿記に関する講義を書き記していることから明らかにわかる．その上，例の小冊子および『数学覚書』の中でその主題が提示される仕方は互いに非常によく似ている．それらの著作のどちらにおいてもステヴィンは実践的な例から出発する．小冊子では，彼は次の例題から出発する——「ある三人の人物，すなわちハインドリック・ピーテルスゾーン，フランソワ・ヤーコプゾーン，ヤン・ミヒールスゾーンがおり，彼らが 1580 年 7 月 15 日に余のもとに来たりて次の如く言うとす．我らは一定期間，組合企業として共同で商いを行いたるが，各々が買い，売り，受け取り，支払い，そして互いにもまた他の者にも金を与えたり」．マウリッツ公への彼の授業の中では，議論の重心は仕訳帳と元帳を仕上げることにあり，そこでは 1600 年のディーリック・ローゼの事業が扱われていた．ところが『数学覚書』の（「王侯簿記」の）短い第八章「組合企業の終結」の中では組合企業の財務の問題に関心を向ける．ちょうど『新発明』の中でしたように，ステヴィンは次のような例題を導入する——「三人の仲間からなる組合企業があり，第一の仲間を A，第二を B，第三を C として，彼らそれぞれが相互に，また，別々に通貨や商品を販売し，受け取り，また，流通させるとせよ」．ここで問題を導入するやり方の類似性は顕著である．

・この小冊子の著者は記述されている知識を自分自身で見出したと述べている．したがって彼は出典を示すこともなければ他の著作を参照することもない．『数学覚書』の中の簿記に関する著作においても，ステヴィンは，他の分野の多くの場合とは対照的に，国内にも国外にも自分の先駆者たちがいたにもかかわらず彼らをほとんど参照していない．ここから，ステヴィンもその小冊子の著者も，簿記の実務に関しては独学であったと結論できる．彼らはその専門知識を実地に学んだのであった．ステヴィンは，『数学覚書』の中で組合企業の財務を記述するために練り上げられた技法を，その後も数回応用したと述べている．「しかれども，余はその後も再びそれに甘んじたれば，かようにして余の知るところ

2. 『組合企業の計算に関する新発明』

となりし発見は，その後やはり遂行せる他の組合企業の終結において何度も用を為せり」．

・収入と支出の処理に当たって，小冊子の著者は，組合仲間のそれぞれについて債権および債務の表を作成しているが，これは一種の複式簿記といえる（囲み5.1参照）．後になって彼はここから彼らの損益項目を決定している．そのようなやり方の簿記をステヴィンは，マウリッツ公のために商業簿記を説明したときにも大いに推奨している．また彼は『数学覚書』の中の「組合企業の終結について」という項目でもその方法を使用している．

・その小冊子の内容に少し注目してみよう．上で名前をあげた三人の共同経営者は著者の Stephanus に彼らの商取引活動をそれぞれ分離し，そうして最終的に誰が利益を得，誰が損失をこうむったのか確定することを依頼する．そこでその著者はいくつかの問題を定式化する．

　　それについて余は最初に，経費その他について彼らのいずれもが支払い受領せりと言う取引が，実際に，そして正直に為されりと，彼ら全員により認められたるか否かを尋ねん……そして余は彼らに，それぞれ自分が組合企業の名義で受け取り支払いし分を余に差し出すよう言わん．さほどのことであれば，商人であればたとえ簿記が未熟なれども，大概たやすくできるものなり．

　　さらに，余は彼らに組合企業のバランス，すなわち残余の債権と資産および債務の勘定を差し出し，現時点でそうあるとおりに，債権のすべての取り分と残余の資産は借方に，債務の分はすべて貸方に記入するよう言わん．

　　最後に，彼らが自分たちの間で策定したる合意事項に従い，利益ないし損失についていかなる割合が各人に割り当てらるるべきかを明らかにするよう言わん．

三人の仲間のそれぞれによって提供されたデータをもとに，この小冊子の著者は貸借対照表を作成する．彼は二つの異なる例題において，その企業の利益を事細かにはじき出す．最初の例では利益は三人の出資者の間で等しく配分される．二番目の例では事業を始めるに当たって仲間の間でなされた取り決めを考慮する．すなわち，「利益ないし損失の配分比はかくの如し——ハインドリック・ピ

ーテルスゾーンが半分をとり，フランソワ・ヤーコプゾーンは三分の一を，ヤン・ミヒールスゾーンは四分の一をとる」．半分と三分の一，および四分の一を合計すると十二分の十三になることに注意．それぞれの組合仲間が約束の取り分を受け取ろうとすると，利益分のほかに資本の一部も配当に回す必要がある．小冊子の著者は，それぞれの組合仲間に約束の分け前の十三分の十二だけを配当することで，これをエレガントに解決している．利益の分け前はペニングの十三分の一まで正確に配当される．この数学的洞察力と，発生した問題を解決する際のエレガントさは，小冊子の著者にしっかりした学問的素養があったことを推定させる．このことから確かにステヴィンは考えうる著者の候補の一人にあげられる．

・『数学覚書』の「組合企業の終結について」の中で，ステヴィンは大変よく似た問題を提示している．

> 余は三つの課題を立てん．第一に，各人は余に，彼が支払うよりも実際に多く受け取りし額ないし受け取るよりも多く支払いし額を届けること．第二に，手元にある現金および資産に現時点の債権を加えた総額と，現時点での債務の総額との差額を出すこと．

小冊子の著者とステヴィンが同じ原則から出発していることは明らかである．このことは両者が同一人物である可能性を示唆している．

・『数学覚書』の中の「組合企業の終結について」においてステヴィンはなぜ自分が組合企業に関する技法ないし規則を立案したかを記している．

> ここで最初になぜ余が前掲の規則を立てたるかについて述べん．今を遡ること数年，盛んに商売を行い，ヴェネツィア，アウクスブルク，ケルン，アントウェルペン，そしてロンドンに拠点と商館を所有する会社ありけり．その会社の事業を畳むに当たり，仲間の一人が簿記のやり方に従って勘定をつけざりしこと明らかとなりけり．このため彼は計算の複雑さゆえほとんど自分の立場を主張すること能わず，他の仲間が主張することを受け入れざるを得ぬこととなれり．

ここでわかるのは，ステヴィンが『数学覚書』出版の数年前にこの組合企業問題に直面していたはずだということである．彼はその組合企業が商館を所有して

いた商業都市を列挙している．すぐ気づかれるように，アントウェルペンは一覧の中にあるのにアムステルダムは出てきていない．ひょっとすると，小冊子の問題とステヴィンが「組合企業の終結について」の中で引いている問題は同じものを指しており，それはステヴィンのアントウェルペン時代，すなわち1581年以前のいつかに生じた実践上の問題だったのかもしれない．

結局のところ，あの小冊子が実際にステヴィンによって作成されたと考えるのが合理的だと結論できるが，絶対確実とはいえないのである．

● 5.1 ● 複式あるいはイタリア式簿記

複式簿記は，商取引を記録するための明確に規定された慣例の集合である．本質において複式簿記は一つの方程式を表している．すなわち，商取引の負債は商取引上の資産と均衡していなければならない．事業の所有者は金貸しであるが，ただし特別な権利を有する金貸しである．事業は個人である事業主とは区別された存在であり，事業主が事業に投資した資金は事業が負う債務と見なされる．ある典型的な実業家の貸借対照表を例として，複式簿記の原理を解説してみよう．

借方
固定負債
事業主カレル・ヤンセンスの資本　300
長期貸付　250
流動負債
債務　125
納税義務　150
借方合計　825 ユーロ

貸方
固定資産
備品と機材　325
車　250
流動資産
債権　100

銀行預金	150
貸方合計	825 ユーロ

　借方の合計は貸方の合計に等しい．貸借は均衡している．この均衡を保持することが複式簿記の使用に当たっての唯一の目的である．貸方にある品目を追加すれば，借方にも同価値の品目を追加するか，貸方の他の品目から同じだけの価値を引かねばならないのは明白である．一方ないし双方から価値を引く場合にも同じ原理が妥当する．

　以下にいくつかの例をあげる．

　・カレル・ヤンセンスは 60 ユーロの未払い金を弁済する．これと共に貸方（預金残高）はこの額だけ減少するが，借方（債務）も同額減少する．

　・カレル・ヤンセンスは 40 ユーロの机を購入する．貸方（預金残高）が減少し，貸方の別の科目（備品）が同額だけ増加する．

　・債務者が 100 ユーロを返済する．これにより貸方（預金残高）が増加するが，別の資産科目（債権）が同額だけ減少する．

　支出，例えば 100 ユーロの賃貸料の支払いの際には，貸借均衡原理はどうなるのか疑問に思われるかもしれない．これにより銀行にある流動資産が 100 ユーロ減るのは明らかだが，貸方ないし借方のどの品目がこれを埋め合わせることになるのだろうか．100 ユーロの賃貸料を払う者はこれにより，例えばある短い期間，例えば一週間，ある仕事場を使用することができる．同様にして，代金を電力会社に支払うことにより，一定期間電気を使用することができる．そのような短期支出，すなわち会計年度の終了前に終わる期間便宜をもたらす出費に関しては，それらを経費と見なすと規約されている．それが会計年度より長い期間便宜をもたらす場合，当座の会計年度にかかる部分を経費とし，残りの部分は資産と見なされる．会計年度末にすべての経費は合算される．それは事業主の資本に対する一種の埋め合わせと見なされ，それは資本の損失に相当する．かくして複式簿記においては，年度末に損失額だけ資産の減少があり，同額だけ負債（事業主の資本）の減少がある．

3.『利子表』

『ブルッヘの人シモン・ステヴィンにより計算されたる利子表およびその作成法,於アントウェルペン,発行者クリストッフェル・プランタイン,金コンパス印刷所』は1582年オランダ語で出版された.この著作はステヴィンが住んでいたライデン市の参事会に献呈された.『算術』(1585) の中にはフランス語版が収録されている.オランダ語版は1590年に改訂再版された.フランス語版は1625年の『算術』のジラール版,およびやはりジラールによる1634年の *Les Œuvres Mathematiques* に再録された.異なる版同士の間には内容に関してかなりの異同がある.ステヴィンはジャン・トランシャン [Jean Trenchant] の原著『算術三書』[*L'Arithmétique departie es trois livres*] (1558) を参照して自身の典拠の一つを明かしていたが(囲み5.2参照),それはオランダ語版のみに現れ,フランス語版にはない.何人かの著者たちは,トランシャンが熱烈なカトリック信者であり,プロテスタントのユグノーたちはフランス語版で彼を参照することを望まなかったとほのめかしている.

利子計算が公に 利子の算定は,ステヴィンの時代,秘密主義の空気に包まれていた.彼はそのことをはっきりと意識しており,このことについて『利子表』への序言の中で大変明確に自身の意見を述べている.

> さらに余の存ずるところでは,ここホラントにおいては一部の者たちの間でその表が明文化されたる形で知らるるが,それらを所有せる者たちの間では極秘事項として隠されており,多額の費用なしにはそれを得ることはできず,原則的にその作成法はごく少数の人々のみに明かさるるものとされり.実に,これらの表の知識はそれを必要とする者にとって重大なる帰結をもたらす事柄なることを認めざるを得ぬが,それらを秘密にしておくことはややもすると学芸への愛よりむしろ利益への愛によりて説明さるるように思われん.

すでにステヴィンが公刊する以前から利子表は手稿の形で存在していた.1340年頃には最初の利子表が作成されており,それらを1472年に筆写したものが保存されている.この表はフィレンツェのバルディ家の代理人フランチェスコ・バ

ルドゥッチ・ペゴロッティ［Francesco Balducci Pegolotti］が，『商業の実務』［*Pratica della Mercatura*］（1315）という著作の一部として編纂したものである．ペゴロッティは 1315 年にはアントウェルペンにいた．彼の表は 100 リラの元本が 1，1.5，2，…から 8％までの複利のもとでどれだけ増えるかを示すものである．十五枚の表のそれぞれは 20 年分の利子計算を示していた．ペゴロッティの表の後，印刷された表が登場するまでには半世紀以上待たねばならなかった．そのいくつかは 1558 年に出たトランシャンの『算術三書』（囲み 5.2 参照）の中にみられる．

　ステヴィンの著書において初めて完全な利子表が公刊された．2 スタイファーという当時の販売価格は捨て値同然であった．その本はいくつかの定義から始まるステヴィンに典型的なスタイルで，それぞれの定義には詳しい，明快な説明が続いている．いくつか例を挙げる．

定義 1．

元金とは，それから利子が計算されるところのものなり．

説明．

ある人が（例えば）16 ポンドを貸し与え，それに対して年 1 ポンドの利子を受け取るならば，16 ポンドは元金と呼ばる．あるいはある人に 1 年以内に 20 ポンド支払う義務があり，利子として 1 ポンドを差し引いて手元の現金 19 ポンドを与えるならば，20 ポンドが元金と言えり．

定義 2．

利子とは，ある期間にわたり元金の未払い額について計算さるる金額のことなり．

説明．

例えば，100 につき年 12，すなわち 1 年の期間，元金 100 につき 12 の利子があるとせば，元金，利子および期間の三者は不可分の事柄にて，すなわち，元金は何らかの利子との関連なしに存在せず，利子は何らかの元金および期間との関連なしに存在せぬものなり．

定義 4．

単利とは，元金のみから計算さるる利子なり．

3. 『利 子 表』

説明.

100 につき年 12 で，100 ポンドに対する 2 年分の利子として 24 ポンドを計算すれば，その 24 ポンドは単利と呼ばれり．あるいはある人が 100 につき年 12 で 2 年目の終わりに 100 ポンドの債務を支払わねばならず，元金の利子として 21 3/7 ポンドのみを差し引いて手元の現金を支払うならば，その 21 3/7 ポンドは単利と呼ばるるが，これは次に定義する複利と区別するための呼称なり．

定義 5.

複利とは，元金およびその未払い額をもとに計算される利子なり．

例題が単利と複利に関する理論を説明する　同様の定義と説明が列挙された後，単利と複利に関する所与の理論を実証する一連の例題が続く．ステヴィンは，「元金に加算さるる増益利子と元金から差し引かるる減益利子」という二種類の利子を導入する．前者は資金の投資により得られる利子であり，後者は借入金の償還に当たって分割払いされた利子を表すということは明らかである．この著作の名の由来である利子表は一つの例外を除いてすべてかくいうところの減益利子にかかわるものである．それらは 1～16% および 15～22 ペニンクの利率で借りた金額にかかわる 1 年から 30 年までの表である．m ペニンクの利率は，m 銭の資本から 1 銭の利子が算定されるということを意味しており，したがって $100/m$% に等しい．ステヴィンは 15 ペニンクの場合だけ特別に増益利子の表をつけている．増益利子に対してこの表一つしか収録しないのは，減益利子の表から他の表が導けるためである，とステヴィンはいう．さらに彼は，表が多すぎると，読者にとってわかりやすくなるどころか，かえって混乱の原因になろうと論じている．増益利子に対するステヴィンの控えめな態度は，当時存在した教会の複利禁止令に関係しているのかもしれない．当時の算術指南書には，この「ユダヤの習慣」の不道徳性に言及しているものもある．当時多くの両替商や金融業者はユダヤ人であった．

定義と説明の後には表の本体が続く．本質においてステヴィンが解くのは次の問題である．

複利 i で貸し出され，n 年後に最終値 10000000 まで増大する定数値 A_n を求

めよ，すなわち，

$$A_n(1+i)^n = 10^7$$

という式において A_n を求めよ．

問題は次のようにも述べることができる．

n 年にわたり複利 i で 10000000 借りるならば，利子の分納の後この元本のうちいくらが残るだろうか．

もととなる数を大きくとることで，ステヴィンが常に整数を用いて計算してい

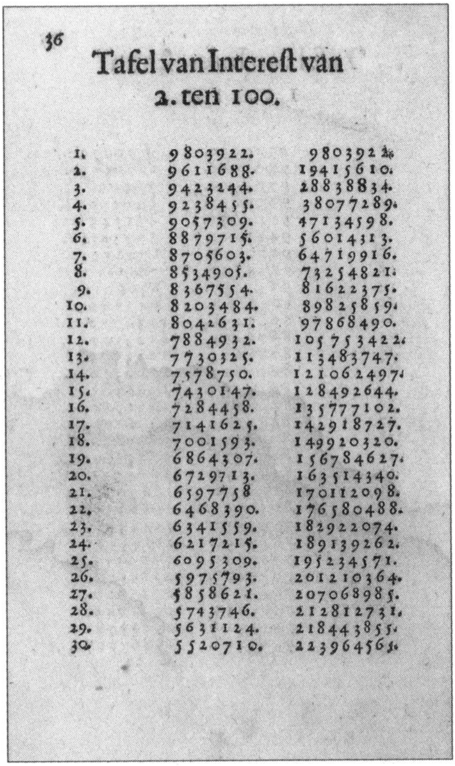

図5.2 『利子表』には減益複利の表が収録されている．ここにあげたのは，10000000 単位の資本に対して 2% の利率が掛けられた場合の 30 年間分の利子の表である．
ブリュッセル，ベルギー王立図書館，貴重書，CL 2665 LP.

ることに注意．十進小数の思想は後に出版される『十分の一法』の中で初めて登場するのである．

最初に出てくる一連の表において A_n の値は 1 から 16 までの i の値と，1 から 30 まで変化する n の値について与えられる（図 5.2 で示されているのは 2% の場合）．それぞれの表の第二列では，第一列で求められた値が n 番目まで合算されている．ステヴィンは「命題三，表の作成」の中で，その表がどのようにしてでき上がったかを大変詳細に説明している．

利子表を作成するというステヴィンの企図は，とりわけ北部ネーデルラント諸国において，何人もの模倣者を生んだ．これにはもちろん，オランダにおける商業の急速な成長，およびカルヴァン主義の支配的な影響力が関係していた．カルヴァン派はカトリックやルター派に比べ，資本に対し利子をとることにより寛容だったのである．

ステヴィンの最初の競争相手はマルテン・ウェンツェル・ファン・アーケン [Marthen Wentzel Van Aken] という教師だった．あるロッテルダムの商人が，ステヴィンの解説は難しすぎると思い，彼に本の執筆を頼んだのであった．ウェンツェルの表は 1587 年に出版され，1594 年に再版された．2 年後にファン・キューレンが『円について，その中で……最後に利子について多くの巧妙な例題によってそれに役立つさまざまな表および用法と共に教えられる』を出版したが，その中には他の数学の諸理論と共に利子表が収録されている．

ここでもステヴィンが一つの障害を打破したことが確かめられる．すなわち，利子表を出版することで彼は金融取引を一般人にとってより見通しのよいものとしたのである．

●5.2●「大　決　済」

中世の大市は年に二～四回決まった場所で催される一大商業イベントであり，数週間にわたって続き，遠隔地から高価な特産品をもって訪れる外国商人を惹きつけた．こうした大市はしばしば聖人の祝祭と重なっており，その聖人の名で呼ばれていた．大市で商人たちは遠距離貿易の諸問題の多くについて解決策を開発した．↗

最も急を要するものは支払いの問題だった．変動する交換レートと大量の硬貨を安全に運ぶことの難しさから，現金なしで支払いを済ませる方法が必要とされていた．その解決策とは，為替手形だった．やがて商人たちは，振出人の支払能力や交換レートの変動を推量してこの手形を取引し始めた．14世紀までに大市は，実質的には，ヨーロッパで最も重要な銀行家たちによる巨額の融資が取り決められる金融市場となっていた．

1555年，フランス王アンリ二世は，自身の軍事活動をまかなうため，リヨンで何人かの銀行家から借金をした．彼はこれに対し大市のたびに4％を支払った．リヨンでは大市が年四回立つので，これは四半期ごとに4％ないし年16％を意味する．同じ年，万聖節の市場で，彼はまた何人かの銀行家の手から3954641エキュほどの金額を受け取ったが，これはフランス史において「大決済」［le grand parti］として知られるようになった．この金額の返済に当たって，フランス王は四十一回分割で大市のたびに債務の5％を支払うよう要請された．それが終われば，彼は元本と利子を含めたすべての債務を清算することになるはずだった．ここでの問題は，二つの返済形式のいずれがより有利かということであった．すなわち，大市のたびに4％の利子を払い，四十一回目の支払いの後で元本を弁済するか，大市のたびに元本と利子込みで5％を支払うか．第一の選択の費用計算は単純であるが，二番目の選択肢のものはそうではない．トランシャンは1558年の著書『算術三書』の中で，その複雑な金融取引を広く一般に解説しようと試みた．彼は利子額を記載した二枚の表を挿入し，どちらが銀行家にとってより有利で儲けの多い解であるかを示した．こうして彼は，第一の選択肢が最も得であることを示したのである．

ステヴィンはこの問題を知っていた．彼は序言の中で自分の先行者であるトランシャンに言及してこう述べている．

> これらの表およびその作成法と使用法を余はこの論考中にてできうる限り整理して説明せんと思う．余はそれを自分の発明としてではなく余が敷衍したるものとして出版するが，なぜならそれは余の前に前述のジャン・トランシャンがその『算術三書』の第三巻九章十四節にて記したるものにて，そこでかの著者は，三か月を一期とし，各期間ごとに百につき四の利子で，四十一期からなる表を作成したり．さて，彼はこれらの表を，我らがここで示すが如き一般の使用のため作成したるにあらざれども（なんとなれば彼が注目するは，銀行家たちが1555年に元金金貨3954641枚に対してフランス王アンリに提示したる二つの条件のうちいずれが得かということにて，それは大決済と呼ばれしが，↗

> その際彼らは王に，四半期ごとに百につき四の単利で支払うか，あるいは四十一回払いで四半期ごとに百につき五を支払い，それで以て借入金と利子とを一度に支払ってしまうかという選択肢を提示したりけり）しかれども我らは，彼がこれらの表の発明者と呼ばるるにふさわしきことを述べ，末永く記憶にとどめんとするものなり．
>
> このことからも，ステヴィンがいかに博識であり，出版の準備に当たって彼がいかに細心の注意を払っていたかがわかる．

4. 簿 記 法

4.1 商業簿記

　簿記に関するステヴィンの著作は，商業簿記と王侯簿記という二つの部分から構成されている．どちらの場合でも彼はイタリア式，すなわち複式簿記を使用するようマウリッツ公を説得しようとする（囲み5.1参照）．この種の簿記はネーデルラント諸国の商人たちによってすでに60年にわたって使用されていた．印刷されたものとして，知られている限りで最も古い商業簿記の記述は，フランシスコ会修道士ルカ・パチョーリ［Luca Pacioli］（サンセポルクロ 1445-1517）による1494年のものである．パチョーリは数学教師としてイタリア中を旅して回った．その著書『算術・幾何・比および比例大全』（『算術大全』）［*Summa de arithmetica, geometrica, proportioni et proportionalita*］の中で彼は，算術にかかわる他の主題と並んで，当時ヴェネツィアの大商人たちの間で使用されていたような形態の商業簿記を扱った．ステヴィンの時代，低地諸国で活動していた外国人商人は最初アントウェルペンを，後にはアムステルダムを拠点港としていたが，彼らを通じてこの知識が低地諸国にも広まっていった．ヤン・インパイン・クリストッフェルス［Jan Ympijn Christoffels］は，1543年に複式簿記を初めてオランダ語で論じた．その後も多くの人々が複式簿記を解説した．彼らは皆，程度の差こそあれ，大なり小なりこの分野の発展に寄与した（図5.3）．ステヴィンはこの分野で最も重要な著者の一人であるニコラウス・ペトリ，すなわちクラース・ピーテルスゾーン［Claes Pietersz.］（1605）と個人的に面識があった．

図5.3 金融取引に題材をとった画家は多い．Quinten Metsys の「銀行家とその妻」はパリのルーブル美術館で目にすることができる．（撮影：Scala）

　ステヴィンの他の著作の多くとは対照的に，ここでは彼の典拠および彼が読んだ文献に関する情報はほとんど与えられない．「王侯簿記」の序言の中で彼は自分がその主題に精通したのは自身の経験のおかげであるという．「余は商家の帳簿係と金銭出納業務の，後には金融業の（一方はアントウェルペンで，他方はフランドルの自由庄で）実務に従事せり」．彼は，みずからの先達のうち，バルトロメウス・デ・レンテルゲム [Bartholomeus de Renterghem] のみをあげている．パチョーリのことは完全に無視していた．

　「王侯簿記」の冒頭（「この論考で非独逸的語彙が用いられる所以」の中）でステヴィンは，自分が導入する専門用語のいずれにも適当なオランダ語を当てると

決めていたにもかかわらず，なぜここでオランダ語でない用語を用いるのかを説明する（第8章も参照）．公が簿記を最終的に導入すべきであり，そのためには最も「有能なる簿記方」を使用すべきことを彼はよく承知していた．しかしながらそのような簿記方は「非独逸的なる用語」に慣れている．「独逸語」（すなわち当時のオランダ語）への変更は「はじめに困難をもたらす」かもしれなかった．それゆえ，Debet, Credit, Debiteur, Crediteur, Balance, Iornael, Finance, Domeine といった「非独逸的」な言葉が用いられるのである．

簿記に対するステヴィンの貢献は，力学や水理学，築城術および算術の諸分野に対するのと同様に，並外れて重要なものだった．1927年の著作で De Waal はステヴィンの著作を称えて次のように述べている．「19世紀末に至るまで簿記の理論はパチョーリとステヴィンをよりどころとしているのである」．ちなみにステヴィンは，Haulotte & Stevelinck（1994）のような経済の発展に関する標準的な著作において決まって言及されている．

一つの全体像 ステヴィンによる簿記理論を細部にわたって解説することはここで意図するところではないが，いくつかの興味深い点は指摘しておきたいと思う．ステヴィン自身の寄与が何であり，以前の著者たちに彼が何を負っていたのかを確定することは難しい．事実は，彼が教育的によく考えられた仕方で当時の簿記の全体像を掲げたということである．

彼のシステムにとって主要な帳簿として，ステヴィンは仕訳帳，元帳，日記帳をあげ，それらに副帳簿として現金出納帳と経費帳が付け加わる．仕訳帳は商人の本来の取引を記述し，元帳には未払い債務が記入される．日記帳は，書き留めておかねばならないが，仕訳帳や元帳にはふさわしくない事柄，例えば短期の小額の貸し付け，未了の取引に関するメモ，自分たちが行った業務に関する従業員の覚書などのためのメモ帳である．現金出納帳が必要なのは，個別の金銭出納係がいるような大きな事務所だけであり，他の場合はそれらの記載事項は元帳の現金出納の欄に記入すればよい．経費帳は主たる帳簿の負担を軽減するため常に必要で，この帳簿の記載事項は月一回集約され，仕訳帳に転記される．ステヴィンはさまざまな主題に関して自分独自の理論を提案するのを常としているが，簿記に関してはそれが当てはまらない．

論考全体の重心は，1600年におけるディーリック・ローゼの事業の経営を記録した仕訳帳と元帳にある．仕訳帳には四十の記載事項があり，それは十六冊にわたる元帳に分けて記載されている．その内訳は，資本に一冊，現金に一冊，商品勘定に四冊，人名勘定に七冊，商品経費に一冊，家計費（私的）に一冊，損益勘定に一冊となっている．元帳にはページ数が記載されており，勘定の借方には常に偶数の，貸方には常に奇数のページが当てられている．ローゼの仕訳帳は1月0日付の二つの記載事項から始まっているが，それは資産の状態（開始残高）の内容を表している．その年が0日から始まるようにしたのは「無益なる衒学趣味」からではなく，暦の年の始まりを取引業務の初日と区別するためだとステヴィンは自分で述べている．

ステヴィンは主として個別的な説明と具体例を用いて簿記を解説している．とはいえ彼は何よりもまず，「事業主は取引されたる全ての項目においてもはや自分自身に債務も債権も課すことなし」という一般則を立てている．これによって彼は貸借対照表が均衡していなければならないということを明確に示している．この原則については以下の事例があげられている．

・ある商人が装飾品としてダイヤモンドを買ったり，家財として絵画を買ったりする場合，彼の資産はこの買い物によって減るので，彼は資本勘定（つまり彼自身）の借方に記帳しなければならない．

・しかしながら彼が取引の対象を買うなら，彼はそのための特別な商品勘定を開き，買ったものを借方に記帳しなければならない．

・彼が施し物として1スタイファーを与えるなら，それはやはり資産減少であるので，家計費の項で借方に記帳しなければならない――とはいえこれは資本の補助勘定であるので，単なる技術的な操作にすぎない．

またステヴィンは自身の簿記方式において状態表，すなわち一種のバランスの作成手続きを組み込んでいるが，これにより，帳簿の締めのときだけでなく，どの時点においても損益を決定することができる．

ステヴィンは商業簿記に関する部の締めくくりに代理人簿記と組合企業の事業の終結に関する項目を置いている．支店に送られた商品の記入に関しては，まだ売却されていない商品は事業主の所有物のままであるという原則が導入される．

代理人は受け取った送付物に関して自身の帳簿を立ち上げ,自身の仕訳帳記載事項すべての写しを事業主に渡さねばならない.それらの商品が代理人によって売却されて初めて,事業主はそれらを自分自身の帳簿の貸方に記入できる.組合企業における取引に関してステヴィンは,それぞれの組合員は,あたかも自分が代理人であり,組合企業の簿記方が事業主であるかのように簿記を行うことをすすめている.とはいえこの原則を履行しない者が組合企業の終結に至ることもありうる(本章第2節を参照).

4.2 王侯の家計と領地経営のための簿記

商業簿記を論じた後,ステヴィンはオラニエ公マウリッツの財務に複式簿記を導入するという彼の授業本来の目的に移る.商業簿記に関しては何人かの先駆者がいたのに対し,王侯とその領地の経営に簿記を導入するという彼の試みはおそらくオリジナルなものであった.

ステヴィンは決然と領地経営に取り組み始めた.そのときまで支配的だった経営においては,特定の財産の管理を行っていた管財人たちが自分たちの得た収益を主計官に渡すことになっていたが,この両者は長期間,時には何年にもわたって,年次決算の締めとその残高の清算を延ばすことができる立場にあり,時には制度によってそのように強制されてさえいた.このため運用できる資金の堅実な管理は可能であったためしがなかった.特に主計官は,管財人たちによって納められた金銭を,時には何年にもわたって私物化することができた.マウリッツ公はその節約ぶりと慎重な財政運営で知られていたので,ステヴィンがこのようなずさんな経営を告発したとき,別の方式が必要だということで両者の間で意見の一致をみたのは明白である.開始の決定は1604年1月0日付で下された.

新方式 ステヴィンの新方式は,官吏をわずらわせることなく彼らに型どおりの業務を維持させることに主眼を置いている.ただし彼らには,毎年ではなく毎月会計報告を提出することが義務づけられ,それまで行われていたように,出納するはずであった金額を申告するのではなく,実際に受領し,支出した額を申告しなければならない.毎月送られてくる記録をもとにして主計官への送金が行われる.こうしていかなる時点においても状態表を作成し手元にある資本がいく

らかを確定することができる．帳簿の締めは会計年度に続く年の最後に行われる．そのことによって，遅れて行われた支払いの多くもまだそれらが属する年に記帳することができる．ここには現代の地所経営のさまざまな側面が見て取れる．

主計官は総管財人としての権限において地代および「よそ者」からの貢租を自身の管轄下に置いており，また彼は俸給，年金および王侯の宮廷生活のための支出について責任を負っているが，それらは毎月いくつかの支出項目に分かれる集合勘定に記帳される．ここでもステヴィンは複式簿記方式を提唱する．彼は七種の支出項目を書き上げるが，それらはすなわち調理場，厩舎，狩猟と鷹狩，君主の宮室，会計院，家屋，庭園の支出である．それぞれの部門ごとに一人の出納官［dispensier］が売買と物品の保管配給を，一人の主計官が金銭の収支を，簿記官が経営を司り，一方，監査官は細目を監査し，監督官は全体を監督する——ステヴィンの息子ヘンドリックによれば，この最後の職務は彼の父が遂行していたという．

五種類の支出項目　王侯のための簿記の特別な部門は，特別財政すなわち軍事活動の財政運営である．ここでステヴィンは，築城，弾薬，火砲，糧食，海事のための支出という五種類の支出項目を設けている．また彼は，長期にわたる戦争の間，軍の保管庫ではしばしば管理が完全なる混乱状態に陥ることを指摘し，そこでも早急にイタリア式簿記を導入することを提唱する．

宮廷生活と軍事活動の運営のための複式簿記に関する講義の内容が現実に実行されたかどうか突き止めるのもやはり困難である．おそらくそうはならなかったのだろう．オラニエ公の宮廷の食糧貯蔵室の監督官が食材の消費を借方と貸方を明記してきちんと揃った帳簿一式に記入していたとか，オラニエ公のシーツや武具，馬，犬，鳥，および他の所有物すべてが複式簿記の形式で紙面に記録されていたということは信じがたい．複式簿記がいかなる運営にも適しているわけではないということをステヴィンは熱心さのあまり明らかに見逃していたのである．

ステヴィンの収入　領地の管理においては複式簿記の方式が確かに導入されていた．近年，デン・ハーグの国立公文書館でナッサウ家の領地管理委員会の公文書の中から（1604年についての）仕訳帳と元帳が見つかった（Zandvliet

4. 簿記法

図5.4 ステヴィンにより，彼の監督のもとで導入され，記帳された1604年の元帳の表紙．上表紙にはマウリッツの家紋が水彩絵の具で描かれ，金で縁取りされている．
デン・ハーグ，国立公文書館，ナッサウ家領地管理委員会文書，1.08.11, inv. nr. 1440.

(2000) 参照）．この中ではステヴィンの方式が使用され解説されている．記録の冒頭にはステヴィンによって，ないし彼の監督のもとに書かれた序文がついている．これらの帳簿はそれに続く一連の帳簿の最初のものになるはずであり，オラニエ公から特に注目されていたので，大変入念に装丁されていた．それらは羊皮紙の表紙で製本され，その上にはナッサウ家の紋章が印されていた（図5.4）．その中には多数の廷臣とその俸給の一覧もある．そこにはステヴィンの名前もあり，年俸600ギルダーと記されているが，この金額はオラニエ公の往復書簡ですでにみたとおりである（第2章第2節を参照）．そして忘れてはならないことに，ステヴィンは上記の年，さらに450ギルダーを余計に受け取っていたのである！この俸給は高額であり，ステヴィンはリストの中で三番目か四番目であった．そのことからマウリッツの宮廷において彼の地位がいかに重要であったかがわかる（図5.5参照）．

　他の史料は，ステヴィンの領地管理の方式が短命に終わったことを明らかにしている．すでにステヴィン自身が簡略化を提案していた．彼の提案の文章は，息子のヘンドリックが出版した，「公爵閣下の財務長官ブルへのシモン・ステヴィン著」と銘打たれた『マテリアエ・ポリティカエ』の中の「対照簿を用いた領

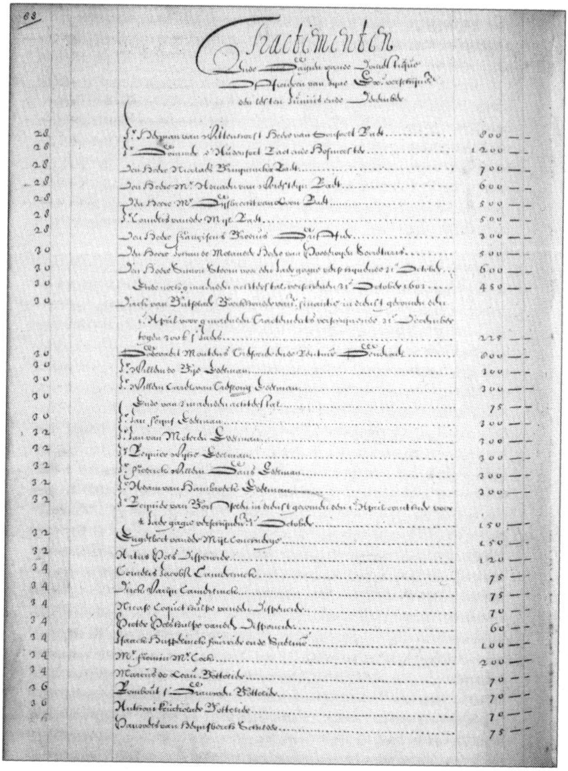

図 5.5 1604 年の日記帳にはマウリッツ公に仕える官吏に支払われた給与が記されている．ここからステヴィンが 600 ギルダーの年俸を受け取っていたことが読み取れる．
デン・ハーグ，国立公文書館，ナッサウ家領地管理委員会文書，1.08.11, inv. nr. 1439.

地経営および他の必要事項」にみることができる．対照簿 [contrerolle] とは，会計年度の初頭に予想される収入と支出を記載するための帳簿であることがわかる．今日ならばこれは予算見積もりの一形態と呼べるだろう．どの項目にも現実に授受した金額を記入するのに十分な余白がとられている．「領地経営の付録」で扱われていることの中にはオラニエ公の親衛隊の財政運営も含まれている．

　……それ自体，ないしはそれに多くの点で大変似たるものがユリウス・カエサルの時代に，そしてそのはるか以前にローマで用いられており……　　　ステヴィ

ンは，『数学覚書』での簿記に関する文章の締めくくりである第七章で，イタリア式簿記はおそらく古代人たちによってすでに行われていたと主張する．彼はこのことを「古代の簿記に関する推測」の中で次のように記述している．

　余の友人にて古代史を修めたる者あり，簿記に関するこれなる論考の最初に印刷されたるをみて，以下の如き推測を抱けり．すなわち，それは余人の考えるが如くイタリアにて二百年ほど前に始まりたるものにあらずして，それ自体，ないしはそれに多くの点で大変似たるものがユリウス・カエサルの時代に，そしてそのはるか以前にローマで用いられており，古代からの名残いくばくかを手に入れたる人々が近年それらを再び実用に供したにあらずやと．この見解，余には不条理とは思われぬが，それはこれほどすばらしく奥深き技法が蒙昧の時代の心において新たに見出さるるとは怪しかるべきことを思わばなおさらなり．

　ルネサンスの時代に収集され再発見された知識は本来，もっと古い忘れられた文明に由来するものだという見方がステヴィンの時代には主流であったが，上の文章でステヴィンが述べたこともそれに沿ったものである．その文明をステヴィンは他の著作の中で「賢者の時代」［Wysentyt］と呼んでいる．さらに彼は中世を「蒙昧の時代」［Lekentijd］と呼んでいるが，欄外の余白の中に記された注によれば，この言葉はラテン語の Barbari seculi を翻訳したものであった．

# 第 6 章

「不思議にして不思議にあらず」
―『計量法原論』と『水の重量についての原論』，
静力学と静水力学に関する 16 世紀で最も重要な著作―
'Wonder en is gheen wonder'

ライデンで「学生」として登録されてからわずか 4 年後の 1586 年，シモン・ステヴィンは『計量法原論』と『水の重量についての原論』を出版している．これらの著作は歴史的に意義あるものであり，そのことによって 1586 年は科学史における「驚異の年」[anni mirabiles] の一つに数えることができる．『計量法』と『水の重量』は静力学と静水力学に重要で革新的な寄与をなす古代ギリシア以来初めての著作であり，アルキメデス-ステヴィン-ガリレオ-パスカル-ホイヘンス-ニュートンという系譜の上に位置づけられる．

これらの著作を手にとり一歩一歩ステヴィンの論証を辿っていくことは，今日でも（なお）知的な喜びを与えてくれる．練達の教師ステヴィンは格別の教育的配慮をもって，できるだけ親しみやすいよう筆を進める．とはいえ，（第 7 章の代数学と同様に）この主題を読みこなすには集中力がいくらか余計に必要だ．ここでもやはり「王道はない」のである．

1. はじめに

1586 年，ステヴィンはファン・ラーフェリンゲンが責任者を務めるライデンのプランタン印刷所から科学史上の一里塚となる著作を出版した．この著作は『計量法原論』（図 6.1），『計量の実践』，『水の重量についての原論』，『水の重量

1. はじめに

図 6.1 ステヴィンの歴史的傑作『計量法原論』の扉．これによって彼は約 1850 年ぶりにアルキメデスの炬火を受け継ぎ，その静力学をさらに発展させた．この扉にこの本の所有者であった学者 Nic(olaus) Mulerius の署名があることに注意されたい．彼はこの本にさまざまな覚書を書き込んでいた．
ブルッヘ市立図書館，B 265．（撮影：Hugo Maertens）

についての実践の初歩』という四つの巻より構成されている．はじめの二巻は今日我々が静力学と呼ぶ事柄を扱っており，後の二巻は静水力学にかかわっている．どちらにも諸原理の考察という理論の部と実践という応用に当てられた部分がある．

　理論と実践が手に手を携えて進むというのはステヴィンが理想とするところであったが，それはまだ常に可能なわけではなかった．例えば，彼が技術者として仕事する多くの場合には厳密な基礎づけを断念せざるをえなかった．「技術者ステヴィン」と「数学・物理学者ステヴィン」との完璧な協同作業が成功した例は，排水風車の技術的な構造に関する著作「風車について」である．明らかにステヴィンは，排水風車の設計を改良し，それによって金になる特許をとるという

動機に動かされていた．とはいえ，きわめて複雑な機械装置の建造に当たって，ステヴィンが定量的で数学的な計算をその基礎に据えた，という事実の革新性は疑いえない．排水風車に関する計算のため，彼は静力学（『計量法原論』）および静水力学（『水の重量についての原論』）の法則を必要としたのである．

　すでにアルキメデスやヘロンは静力学と静水力学の分野における理論的知見を応用と結びつけており，そのことは特に彼らが論じた機械に表されている．アルキメデスは純粋に数学的で演繹的な思考をその応用よりもはるかに優れたものと見なしていたが，歴史上彼の名前が知られているのは，とりわけ，梃子の原理の見事な応用と，流体中の物体に働く浮力に関するアルキメデスの法則のおかげである．後者の発見は有名な「わかった！」['eureka!'] という歓声とともに記憶されている．

　静力学に関するステヴィンの仕事の意義はとりわけ次の点にある．すなわち，彼はアルキメデスの仕事を単に復元するのではなく，同等に価値あるやり方で発展させている（Dijksterhuis）．ステヴィンがヨルダヌス・ネモラリウス［Jordanus Nemorarius］（1225-1260）とその学派，ダ・ヴィンチ，フェデリゴ・コマンディーノら彼の先駆者たちと一線を画しているのは，「計量法の原理」を体系的に拡張し，それに対して革新的な寄与をもたらしたこと，そして，例えば前述の排水風車の改良にみられるように，それをそれまでにみられなかったような形で応用したことによっている．排水風車を論じる際，彼は「静水圧」および回転モーメントなどの物理法則や概念を用いていたが，これらが明確に定式化されるのはずっと後になってのことである．ステヴィン自身がこれらの概念を明確に定式化することはなかったが，彼はそれらを正しく使用したのであった．

永久運動の否定を静力学と静水力学に適用　16世紀の知的背景と科学技術の水準に照らしてステヴィンの業績を位置づけることには重要な意義がある．当時，静力学と静水力学の分野において，本質的にアルキメデスの業績を超えるものはまだ何もなかった．唯一の例外として，ネモラリウスを中心とする学派においてはアリストテレスに帰せられている動力学の理論に基づいて力の合成が研究されていた[1]．時系列上に位置づけると，ステヴィンはニュートン（1642-1727）が生まれる22年前に亡くなり，ガリレオ（1564-1642）より16歳年上で，また，

1. はじめに

クリスティアーン・ホイヘンス（1629-1695）より数十年早くに生きていた．彼はジャン・カルヴァン（1509-1564）やジョヴァンニ・ピエルイジ・ダ・パレストリーナ［Giovanni Pierluigi da Palestrina］（1525/6-1594），エル・グレコ（1541頃-1613）といった創造的な精神と同時代の人であった．ようやく1550年頃から徐々にペルガのアポロニオス（紀元前262年頃-紀元前190年頃），アルキメデス（紀元前287年-紀元前212年頃），アレクサンドリアのパッポス（300頃）らの著作がラテン語の翻訳で一般に利用できるようになっていた．

このような歴史背景のもとで，ステヴィンは静力学と静水力学の分野における輝かしい貢献を引っ提げて登場した．静力学において彼は有名な数珠を使って力の合成法則を証明した．静水力学では重要かつ基本的な静水力学の逆理を発見し，同時にアルキメデスの法則について，アルキメデス本人が考案したものよりも一般的な証明を提出した．ステヴィンはいつもきわめて独創的な思考実験を導入している．さらに注目すべきは，静力学で数珠を扱うときも，静水力学でアルキメデスの法則を導き出すときも，同一の原理が使えることを彼が知っていたということである．この原理とはすなわち永久運動［perpetuum mobile］の不可能性（ステヴィンの格調高いオランダ語では，「永遠の運動……其れ偽りなり」［het eeuwich roersel……t'welck valsch is］）である（図6.2）．もちろん彼の根拠は直観的なものだったが，いずれにせよこれは歴史上初めてのことであった．永久運動の否定は重要な自然法則であり，この原理は「ステヴィンの法則」と呼ばれるにふさわしいだろう．

厳密にいうと，静力学におけるステヴィンの論証はエネルギー保存則の応用の一つにほかならない．このきわめて重要な法則は1840年頃，つまり260年後になってようやくヘルマン・ルートウィヒ・フェルディナント・フォン・ヘルムホルツ［Hermann Ludwig Ferdinand von Helmholtz］（1821-1894）をはじめとするさまざまな学者たちによって定式化されることになる．ステヴィンに続いて，エヴァンジェリスタ・トリチェッリ［Evangelista Torricelli］（1608-1647）やク

訳注[1] 偽アリストテレスの『機械学の諸問題』とヨルダヌス・ネモラリウスの『重さの学』がルネサンスにおける機械学，力学の勃興において果した役割については，山本義隆『一六世紀文化革命』，みすず書房，2007の第6章「軍事革命と機械学・力学の勃興」を参照．

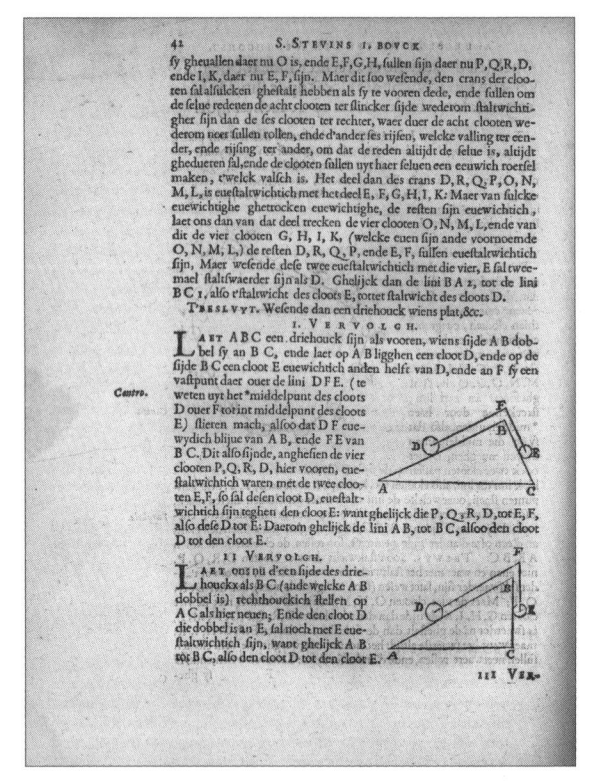

図6.2 ステヴィンは『計量法原論』の中で「永遠の運動」(永久運動) の存在を否定する.
ブルッヘ市立図書館, B 265.

リスティアーン・ホイヘンスも同様にエネルギー保存の法則を先取りすることになるが，その意味でステヴィンは彼らと同一線上に位置づけられると Dijksterhuis が正しく指摘している．

実用上の問題が計量法と水の重量についての研究のきっかけとなった　静力学と静水力学を拡張する際にステヴィンの念頭にあった問題は，日常的な実践と結びついていた．例えば，諸物体の平衡の問題，および機械に作用する複数の力の合成の問題は，手工業での数々の実践的な応用において重要な役割を果たしていた．

・古典的な天秤の場合：　ステヴィンは『計量の実践』の中で完全無欠なる秤

1. はじめに

……を記述している．彼は基準となる質量と平衡させてジャガイモ一袋の重量を量る．当然その場合は二本の腕の長さが均等でない梃子（いわゆる棹秤）の出番となる．

・滑車，巻き上げ機，ねじ，ローラーなど多種多様な機械の場合．

・航海術の場合には船舶の安定性を理解し，それに精通することがきわめて重要である．

・建築術の場合，例えばドームのつり合い．ボーヴェの大聖堂のことを考えてみよう．その建築は1225年に始まりちょうど3世紀後に中止された．この大聖堂のドームはフランスで最も高かったが，崩落してしまった．16世紀には十字交差部の尖塔が同じ運命を辿った．このような崩壊が起こったのは，ゴシック建築を建てた棟梁たちの静力学に関する知見に大きな欠陥があったためである．

定義，要請および命題―公理論的な視角― ギリシア幾何学において公理論的構造がいかにして形成され，アルキメデスがそれを静力学と静水力学にいかに応用したのかということは注目に値する．アルキメデスの場合，論理的な基礎づけは演繹的な論証の厳密性にとって確かに不可欠のものであった．コーシーやガウスといった後の数学者たちは数学的厳密性の基準を高く設定したのだが，アルキメデスの論証の厳密性は彼らのそれに勝るとも劣らぬものであった．

数学的証明の始まりは紀元前6世紀のミレトスのタレスにまで遡るが，それと共に，推論のいくつかの立脚点それ自体は証明されえないということが明らかとなった．すでにアリストテレスがこの問題について明確に言及しているのがみられる．これら論証のための証明不可能な基礎は公理と呼ばれる．公理的な方法においては，公理と共に定義も命題を導出する際の出発点となる．

ステヴィンは公理を要請［begheerten］と呼ぶ．「いくつかの事柄は一般的なる知識により原理として知られているゆえ，証明を必要とせず……」（『計量法原論』）．彼はこれが数学の方法だということを明確に述べている．「我らは数学者の習いに従い，命題に取りかかるに先立ち，これらの事柄が容認さるることを要請す」．アルキメデスは，史料的に裏づけられる限りにおいて，歴史上初めて数学，より正確には幾何学を自然学に応用した．『水の重量についての原論』の冒頭で，ステヴィンはアルキメデスの名前をあげている．「読者諸氏へ．アルキメ

デスが水中の物体についての書物の中で我々に伝えたる事柄を書いた動機とは何か」．

したがってステヴィンはアルキメデスの著作に精通していた．彼はそこから着想を得る一方，それから独立に，新たな道を行こうとしたのである．ステヴィンは先輩であるアルキメデスから公理論的な構成法を受け継いだのだが，この点に関して後者の厳密性に常に比肩しえていたとはいえない．例えばステヴィンによる公理と定義の区別は必ずしもそれほど厳格であったわけではない．実践的な角度から物事を考える彼の傾向はおそらくそのことと無関係ではなかっただろう．

『水の重量についての原論』でステヴィンは彼の説明の論理的構造を以下のように明確に述べる——定義に始まり，要請，そして命題へ．今日的見地に従えばステヴィンの議論が完全に妥当であるとはいえない箇所が，『計量法原論』と『水の重量についての原論』の中のそこかしこに見受けられる．また命題を導く際，結果は正しくとも推論のやり方にはまだ改善が必要な事例もある．

これら批判的な指摘はステヴィンの業績の歴史的意義を減じるものではない．諸々の概念や認識がある程度の紆余曲折を経て成立するというのは，形成段階にあるいかなる学問分野においてもみられる現象である．その際，最初の定式化にはしばしば論理的な不完全さが見受けられる．ガリレオにおいても同様に不完全な議論を見つけることができるし，アルキメデスの場合でさえ，まれではあるが，概念的な問題をめぐる議論のきっかけが見つかることがある[2]．

2. 『計量法原論』の構成

『計量法原論』の第一巻では二つの主題が扱われる．最初にステヴィンは梃子を検討する（命題一〜十八）．それに続く最も画期的な部分（命題十九〜二十八）では，数珠を用いて斜面の分析を行い，それを足がかりにして二つの力に関する基本的な合成法則を導入する．まず命題十九系六でこの合成法則が正しく定式化される．ただしそれを導く過程には疑問の余地が残る．命題二十〜二十八は命題十九で得られた洞察を解説し拡張することに当てられている．もっと後の版

訳注[2] 例えば，『平面板の平衡について』での梃子の原理の証明の妥当性についてはマッハが疑問を投げかけて以来の論争がある．

2. 『計量法原論』の構成

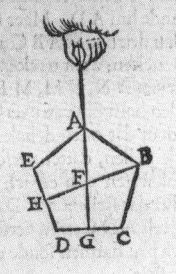

(『数学覚書』の一部『計量法の補遺』[Byvough der Weeghconst] (1605)，より正確には『計量法の補遺』第一部「綱の荷重について」[Van het Tauwicht])でステヴィンはさらに力の平行四辺形と等価な合成法則を解説することになる．『計量法原論』の第二巻は物体の重心決定に関するものである．計量法の応用(実践)については『計量の実践』で扱われるが，その中でステヴィンはさまざまな機械，器具について詳細に論じている．

2.1 物体の重さの中心

一様な重力場は実質的に対象の重心に作用するため，物体の重心は機械，建物，船など，質量を有する系の平衡の研究に当たって特別な役割を果たす．重心の決定は平衡にかかわる問題を解く際に重要である．その際，建造物や機械の形態の複雑さは何ら影響しない．

ギリシア人たちは重心の概念をすでに知っていた．アルキメデスは彼以前の著

図 6.3 ステヴィンは経験的なやり方で質量中心を決定した．今日の教科書も依然としてここに描かれた方法を踏襲している．『計量法原論』より．
ブルッヘ市立図書館，B 265.

者たちに言及しているが，その人々の著作はその後失われてしまった．注目に値するのは，アルキメデスが重心の取り扱いを彼の静力学理論の公理論的な構造において体系的に処理しなかったことであり，同じく実際家であったステヴィンもその点に関して彼に倣った（図6.3）．彼らは重心の理論を公理とは別の，ある既知の事柄と見なしていたのであった．

2.2 梃子

梃子がすでに歴史上相当早くから研究されていたことは驚くに当たらない．一種の梃子である天秤はすでにはるか昔から一般的に使われていた．梃子の平衡を決定する条件はアリストテレス学派が初めて定式化したが，そのやり方ははなはだ直観的なものであった．アルキメデスは梃子についてもしっかりと基礎づけられた公理的研究を展開した．解答がすでに知られていたのであるから，彼の研究はもっぱら方法論的に重要であった．

アルキメデスの思考様式もアリストテレス学派のものと全く異なっていた．アリストテレスは，力が梃子を動かすと生じる作用点の変位に注目し，それを力の平衡と関連づけた．アルキメデスは，「対称的に荷重のかかった梃子はつり合う」など一連の単純な公準を出発点とした．彼がよりどころとしたのは，「質量のある物体の重心」という概念である．歴史の経過と共にこれら二つの相補的なアプローチは究極的には同等に実りあるものであることが明らかになった．

ステヴィンによる梃子の研究はアルキメデスの流れを汲んでいる．とはいえ当初からステヴィンの議論はギリシア的規範から外れており，その構造において独自の特徴をみせている．ステヴィンはこの問題を，互いに平行な（垂直方向の）力が作用している物体の平衡として論じる．彼は数々の具体例と応用を示した後，『計量法原論』第一巻の前半部を「これにて直重量［rechtwichten］の特性を説明せり……」という言葉で締めくくった．

図6.4では梃子の研究に際して『計量法原論』で扱われる典型的な直重量の問題の一つが示されている．直［recht］は「垂直」を意味し，斜［scheef］は「傾斜」のことである．揚重量［hefwicht］は上向きの，降重量［daelwicht］は下向きの力を指す．ステヴィンは次のように述べる．「降重量とそれに等しき揚

2. 『計量法原論』の構成

> 32 S. STEVINS I. BOVCK
> VI. VERTOOCH.   XIII. VOORSTEL.
>
> EEN daelwicht ende een hefwicht an hem
> euen, doen met euen houcken an euen ermen euen
> ghewelden.
>
> 1ᵉ. VOORBEELT met rechtwichten.
>
> TGHEGHEVEN. Laet A des balcx B C vaſtpunt, ende A B met A C twee euen ermen ſijn, ende an B hanghe het rechtreckwicht D, ende an C ſy het rechthefwicht E, euewichtich an D, ende ſijn balck ſy F G, diens vaſtpunt H, ende euen ermen H F, H G, ende den houck A B I, ſy euen anden houck A C F. TBEGHEERDE. Wy moeten bewyſen dat het rechtdaelwicht D, ende trechthefwicht E, ande euen ermen A B, A C, euen ghewelden doen. TBEREYTSEL. Laet an C een ghewicht K hanghen, euen an D. TBEWYS. Laet ons weeren E, en is blijckelijck dat de macht van D is de ermen A B, A C, in die ghegheuen gheſtalt te houden, want D is euen an K, ende A B an A C. Laet nu D weeren, ende E wederom anhanghen, ende de macht van E is oock de ermen A B, A C, in die ghegheuen gheſtalt te houden, want K is euen an E, ende H F an H G, daerom E ende D doen an, euen ermen A B, A C, euen ghewelden.
>
> 11ᵉ VOORBEELT met ſcheefwichten.

図6.4 「等しき長さの腕において，等しき角度で働く互いに等しき降重量と揚重量とは等しき威力を及ぼす」〔Een daelwicht ende een hefwicht an hem even, doen met even houcken an even ermen even ghewelden〕．『計量法原論』より．
ブルッヘ市立図書館，B 265.

重量が均等なる腕に等しき角度をなして作用すれば，等しい力を加えん」．これは，直揚重量はそれと等価な作用をする直降重量と取り替えられるということを述べている．ステヴィンいわく，「……それゆえ均等なる腕 AB と AC にかかる E と D は等しき力をかける」．つまり——上記の条件に対して——重量 E を取りつけた結果 C に作用する上向きの力（直揚重量）は，直降重量 D があることによって C に作用する上向きの力に等しい，というのがステヴィンの論旨である．図6.4 が示すのは最低限証明に必要な要素に絞られている．A は固定点であり，同様に実験者の手から伸びる糸の結び目が支点の位置を決定するのは明らかである．

2.3 斜面から力の平行四辺形へ —数珠—

斜 面 職人の仕事場，つまり建築現場や造船所，港湾での荷物の積み下ろしの際などに問題となるのは，上下に作用する力ばかりではない．同様に斜め方向への押し引きの力も用いられる．

命題十九以降，ステヴィンは垂直以外の方向に働く力，彼の言葉によれば傾斜した［scheve］方向に働く力に注意を向け，このことを以下のように告げている．「続いて斜重量の特性が記述される……」．出発点となるのは斜面上にある物体間の平衡の分析である．斜面は古来より，大きな重量を高く引き上げるための「機械」として用いられていた．ひょっとするとピラミッド建築の際にも使われていたかもしれない．すでに14世紀にはこの「斜面の問題」はヨルダヌスの学派の中で解決されていた．その際に出発点となったのはアリストテレスの方法である．解法は大筋では正しかったが，まだかなり回りくどいものだった．ダ・ヴィンチも斜面上の質量の静力学に関してすでにいくらかの知見を有していたが，流布していた解答の中には誤りもあった．一方，ギリシア人はこの問題を解決することができなかった．アルキメデスにはそれに関する言明は見当たらない．斜面上で重量を「上向きに動かす」ために必要な力を計算しようという試みとして，古代において唯一知られているのはパッポスの著作に載っているものであるが，それは間違っていた．一方，ステヴィンとガリレオは，疑いなくそれぞれ独立に，そして異なる方法を用いて，ほぼ同時期に斜面の問題を解いたのである．

力の平行四辺形の基礎としての斜面 ステヴィンは斜面上の球の実質的な重さを決めようとした．彼が求めたのは，今日ならば，球の重量の斜面方向の「成分」と呼ぶところのものである．ステヴィンは，そのような力の成分のため，姿勢重量［staltwicht］という概念を導入し，論証を行った．彼はその用語を常に正確に同じ意味で用いたわけではないが，斜面について得た結果を力の平行四辺形のための基礎として利用できたことは注目に値する．力の平行四辺形を導入したのが彼だということは，一般的に承認されている．

数珠—ステヴィンの洞察力に富んだ思考実験— ステヴィンは数珠を用いた有名な証明を示し，斜面の問題の解に基礎を与えた（命題十九）．彼の見事な思考実験について詳しくは囲み6.1を参照されたい．

2. 『計量法原論』の構成

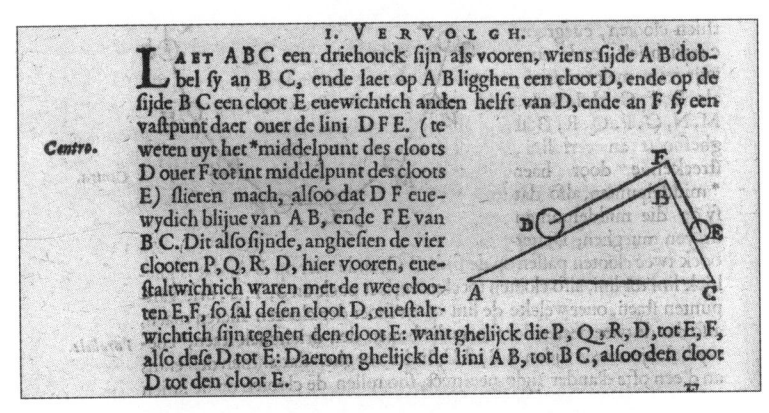

> I. VERVOLGH.
>
> LAET ABC een driehouck sijn als vooren, wiens sijde AB dobbel sy an BC, ende laet op AB ligghen een cloot D, ende op de sijde BC een cloot E euewichtich anden helft van D, ende an F sy een vastpunt daer ouer de lini DFE. (te weten uyt het *middelpunt des cloots D ouer F tot int middelpunt des cloots E) flieten mach, alsoo dat DF euewydich blijue van AB, ende FE van BC. Dit also sijnde, anghesien de vier clooten P, Q, R, D, hier vooren, euestaltwichtich waren met de twee clooten E, F, so sal desen cloot D, euestaltwichtich sijn teghen den cloot E: want ghelijck die P, Q, R, D, tot E, F, also dese D tot E: Daerom ghelijck de lini AB, tot BC, also den cloot D tot den cloot E.
>
> Centro.

図 6.5 「数珠の証明」からの第一の系．AB が BC の二倍の長さであれば，球 D の重量が球 E のそれの二倍であるとき，両者はつり合う．『計量法原論』より．
ブルッヘ市立図書館，B 265.

続いて，この命題十九の系一において（図 6.5），垂直に立てられた三角形 ABC の辺 AB が辺 BC の二倍の長さである場合，重量 D と E を平衡に保つためには，重量 D は重量 E の二倍の大きさでなければならないことが示される．その場合，球 D と E は等姿勢重量 [evestaltwichtigh] であるといわれる．続いてこの結果が一般化される．すなわち，傾斜角がいかなる値であっても線分 AB 対 BC は球 D 対 B に等しいということは妥当である．これは斜面の法則にほかならない．

力の平行四辺形　　斜面の法則を足がかりとして，ステヴィンは二つの力に関する基本的な合成法則に到達した．最初に彼は二つの力が互いに直交している場合について証明を与え，続いて一般的な場合に進んだ．彼は数々のわかりやすい例を用いて合成法則を解説している．『数学覚書』の一部である『計量法の補遺』第一部「綱の荷重について」の中にはその好例がみられる．その中の 181 ページには図 6.6 がみえるが，ステヴィンはここで三つの力が作用する場合の平衡を扱っている．その際彼は数珠によって得た洞察を用いている．彼は斜面の法則をもとに CH と CK の方向に働き，重量 G を平衡に保つ二つの力を算出するが，これは力の平行四辺形の操作に従って，CI に沿って働く二力の合力を計算するのと同じことである．

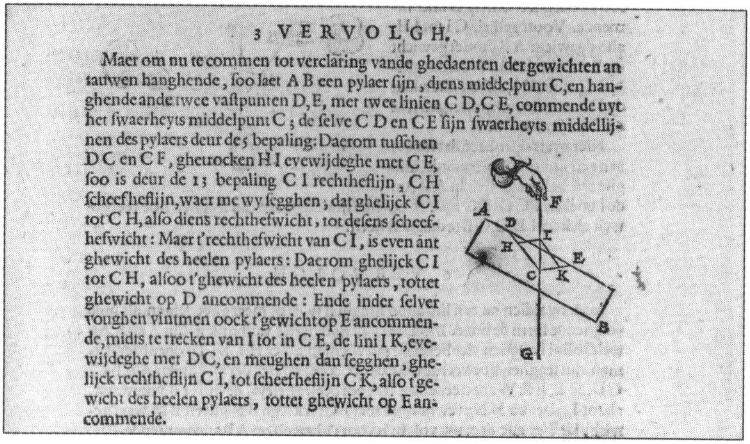

図 6.6　三つの力が作用する場合のつり合い．『計量法の補遺』第一部「綱の荷重について」より．
ブリュッセル，ベルギー王立図書館，貴重書，VH 8038 C.

図 6.7　力の平行四辺形．『計量法の補遺』第一部「綱の荷重について」より．
ブリュッセル，ベルギー王立図書館，貴重書，VH 8038 C.

　図 6.7 には「綱の荷重について」からの別の例が具体的かつ明瞭に提示されており，これを用いてステヴィンは任意の方向に働く二つの力の合成法則を解説する．CE と CD の方向に働く力（それぞれ E と D に向かう）は物体 AB の重量を支える．これらの力の大きさを求めるため，ステヴィンは CE と平行な線分 HI を作図する．図 6.7 でも，図 6.6 と同様に，与えられた方向に沿った線分を

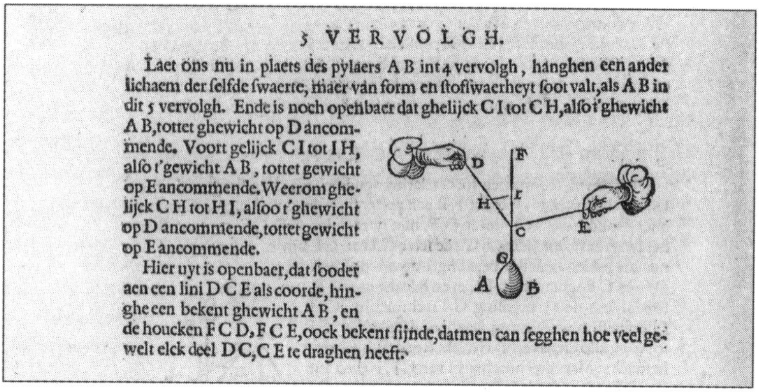

用いて力が表されている．したがってステヴィンは実質的に近代的なベクトル概念を用いていたのであって，ただその際に彼は与えられた線分において力がどちらの向きに働くかを図の中に示さなかっただけなのである．

ステヴィンはさまざまな活動において綱が用いられるという事実を特に強調している．「……実践においてはとりわけ綱が最もよく用いられている」．『計量法原論』第一巻の命題二十七は力の平行四辺形と等価な命題であるが，「綱の荷重の要約」［Cortbegryp des Tauwichts］を読むと，ステヴィンがそれを力の合成のための基本命題と見なしていることがわかる．「内容の概略以下の如くなり．

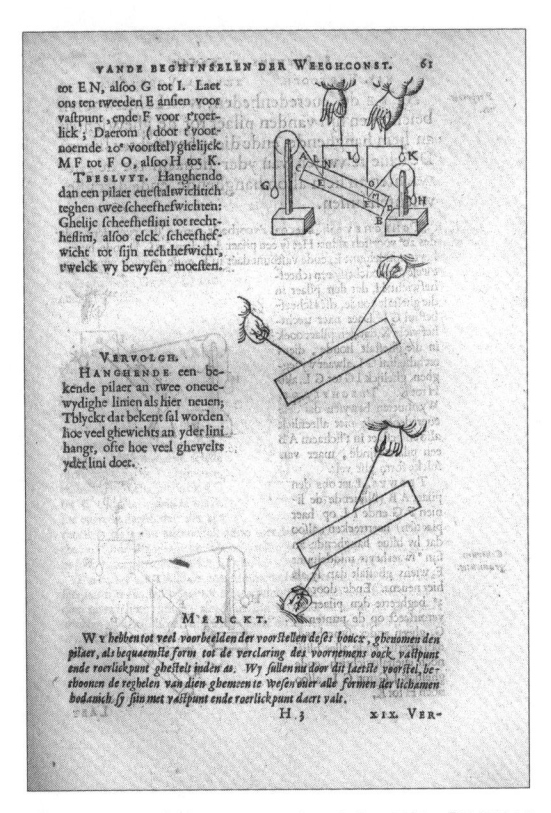

図6.8 互いに垂直ではない二力の合成の図解．『計量法原論』より．
ブルッヘ市立図書館，B 265.

『計量法』第一巻命題二十七にて，二つの斜揚重量により吊り下げられたる柱体が等姿勢重量ならば，斜揚線対直揚線は，斜揚重量対直揚重量に等しきことが証明されり……」．

ラグランジュは理論力学の先駆者であり，『計量法原論』における創意溢れる論証について高邁な言い回しで論評したが，不当にも彼は，ステヴィンが力の平行四辺形を互いに垂直な力に対してのみ導き出したと考えた．例えば，図6.8はステヴィンによって『計量法原論』の第一巻命題二十七につけられたものだが，そこで彼が論じているのは角柱に作用する任意の方向を向いた力の平衡である[3]．

一点で支えられた物体　ステヴィンは一点で支えられた物体ないし機械の平衡の分析にも注意を向けていた（『計量法原論』第一巻の命題二十，二十一，二十三，二十四）．このテーマを発展させたのが，巻き上げ機や，風車の翼板の交点を通る風車軸など，固定軸をもった物体に関する彼の後の研究である．ここでも彼は，この重要な問題に初めて科学的なやり方で取り組んだ．

力の合成法則の定礎者　ステヴィンは力の合成法則とその応用について深い洞察を有していた．関連文献でも彼は，力の平行四辺形を導入した人物として正しく言及されている．彼は，全く初等的な幾何学以外，何らの数学的道具立てなしに斜面の問題と力の合成法則を導くことができたのであり，このことはさらなる注目に値する．

訳注[3]　ラグランジュ『解析力学』第一部第一節「静力学の諸原理について」を参照．和訳はフィールツ（喜多秀次・田村松平訳）『力学の発展史』，みすず書房，1977の付録に収録されている．該当箇所でラグランジュが問題にしていたのはステヴィンが斜面の法則から力の平行四辺形を導き出す過程の論理的妥当性であった．これについて参考までに科学史家Dijksterhuisの見解を引用する．Dijksterhuis (1943), p.127, n.1：「ラグランジュは，『解析力学』第一部の9ページで，ステヴィンが力の平行四辺形の命題を証明したのは二つの成分が互いに直交している場合に対してのみだという見解を述べている．このことは，「証明した」という言葉に強く力点を置くなら正しい．しかしながらステヴィンがその命題をまったく一般的に洞察し使用したということに疑いの余地はない」．

● 6.1 ● 数　　　珠

　古いオランダ語で cloot は「珠」を意味している．例えばヘルブラント・アドリアーンスゾーン・ブレデロ [Gerbrand Adriaenszoon Bredero] (1585-1618) は「小歌」[Een Liedeken] の中で次のように詠っている．「彼女の瞳は鳶色で，その唇は赤く，胸は珠よりも丸い……」．clootcrans は「珠」を通した紐，すなわち数珠のことである．

　ステヴィンの数珠を使った証明（『計量法原論』の定理十一（命題十九以下）は，物理法則を誰にでもわかるように導き出す方法の一例である．

　　……そして珠はそれら自身によってある永遠の運動をするだろうが，これは偽りである．

　ステヴィンは，AB が BC の二倍の長さで，底辺 AC は水平線に平行である……直角三角形 ABC（図 6.9）を考える．彼は球 D が辺 AB 上にあり，それと等しい大きさで重量も等しい球 E が BC 上にあると仮定する．彼が証明しようとするのは，珠 E の姿勢重量と珠 D の姿勢重量との比は辺 AB (2) と BC (1) との比に等しいということである．ステヴィンは姿勢重量という言葉で斜面に沿った球の「実効」重量を意味しているが，我々はそれを斜面に沿った重量の成分と呼んでいる．次に彼は，思考実験（図 6.9）において，これら二つの球 D と E がいくつかの（等しい大きさの）球と一緒に数珠つなぎになっており，その数珠は定点 S, T, V の上を滑ることができるようになっていると想定する．「三角形 ABC の周りに，十四の互いに等しき大きさ，等しき重量で等距離にある珠があり（……）紐で結ばれ輪を成しているとせよ……」．この紐が数珠である．したがって，AB 上にある球の数は BC 上にある数の二倍になる．続いてステヴィンは，AB 上の球 D, R, Q, P の姿勢重量が，BC 上の球 E と F のそれに等しいことを証明しようとする．

　前者の（球 P, Q, R, D の）姿勢重量が後者の（球 E, F）ものよりも大きいと仮定しよう．四つの想像上の球 O, N, M, L は四つの想像上の球 G, H, I, K とつり合っているので，その結果八つの球 D〜L のグループは六つの球 E〜K のグループより重くなるはずである．それゆえこの八つの球は下降し，他の六つは上昇するだろう――「八つの珠は転落し，他の六つは上に昇るべし……」．するとある時点で，それぞれの球は前に別の球があった場所を占めることになる．しかしながら，全体として考えると，この置き換えによって数珠の配置は変わらないはずである．したがって，「数珠は従前の如き姿勢をとるべし」．それゆえその運動は継↗

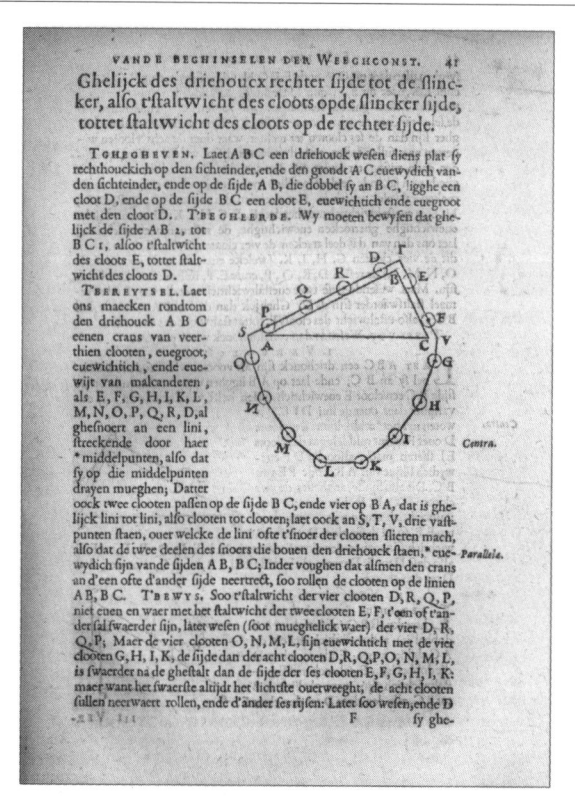

図 6.9 このページでステヴィンは「数珠を用いた」有名な証明を提示している．この直観的な思考実験によって，彼は，ほとんど数学を用いずに，力の合成法則を導き出すための基礎を敷くことに成功している．著作の扉絵として数珠を選んだことから，彼がいかにこの証明を誇りにしていたかがわかる．『計量法原論』より．
ブルッヘ市立図書館，B 265.

続する，すなわち，それらの球は永久運動を行うことになる．それは不合理である——「さればそれらの珠はおのずから永遠の運動を為さんが，其れ偽りなり」．したがって数珠は静止したままのはずであり，左右の球のグループは互いに「バランスする」はずである．続いて，左側の四つの球 O, N, M, L と右側の四つの球 G, H, I, K が取り去られたと想定しても，これらは互いにつり合っているので，平衡が乱されることはないはずである．そこから問題の定理が導かれる．すなわ

ち，ABの長さがBCの長さの二倍であれば，四つの球D，R，Q，Pは二つの球E，Fと平衡を保つので，Eの姿勢重量はDのそれの二倍である．ところが，長さABとBCの比の選択は任意であるので，証明は一般の場合について妥当する．

次に（命題十九の系一）ステヴィンは——図6.5において——球Dの重量が球Eのそれの二倍であると仮定する．そして上述の数珠の証明（図6.9参照）を使って，彼は斜面の法則を導く．すなわち，「それゆえ珠Dと珠Eとの（重量の）比は線ABとBCの比の如くなり」．

厳密にいえば，摩擦や空気抵抗などがない状態において永遠の運動は実際に可能であり，古典力学はまさにこの理想化された条件を理論的前提としているのだということはできよう．しかしながら，ステヴィンの論法をいささか修正しさえすれば，初速度が与えられない場合に彼が考察したような数珠が動き出さないことは，古典力学の枠組みの中で——ただしエネルギー保存の法則に準拠して——完全に証明可能である．

3.『計量の実践』

『計量の実践』でステヴィンは，『計量法原論』で記述された彼の静力学理論の具体的応用例を示す．『計量の実践』の献辞で彼は，実践なくして理論は十全なる意味をもたないと述べている．

そのような応用の例としてステヴィンが解説するものとしては，物体の重心の実験的決定法，いくつかの計量器具（天秤や棹秤）の分析およびその製作法，そしてさまざまな種類の梃子の働きなどがあげられる．梃子がすでに長らくさまざまな道具に応用されてきたことに触れ，ステヴィンは次のように述べる．「しかれども，それはただ経験によりてのみ為され，その中に存する等比性（比例）の深き知識によらざれば，多くの偉大なる新事業が成就せざりしこともしばしばなりけり……」（同書p. 322）．

続いてステヴィンは応用例の範囲を斜面と巻き上げ機にまで広げる．彼が『計量の実践』で説明する応用例の一つは，「荷車につながれたる馬一頭がある高さを登りたれば，平坦地の場合と比べ，いかほど多くの重量を引くべからん」という問題に関するものだった．そこで彼は，馬が荷車を斜面上で平衡に保つため必

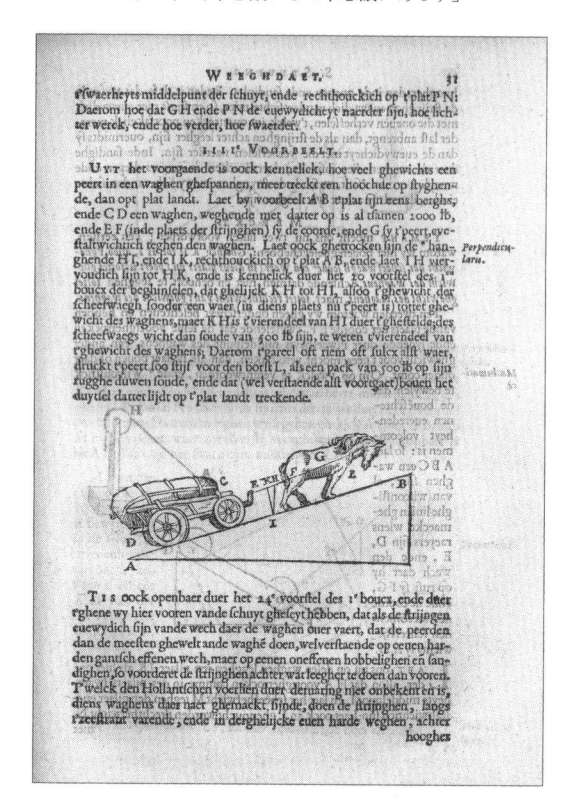

図 6.10 「荷車につながれたる馬一頭がある高さを登りたるとき，平坦地の場合と比べてどれだけ多くの重量を引くことになるかも前述のことより明らかなり」．ここで提示されている力の合成法則の適用例には視覚的な説得力がある．三角形 KHI をみよ．『計量の実践』より．
ブルッヘ市立図書館，B 265.

要な力を定量的に求める（図 6.10）．

　ここではステヴィンの応用例のうち，独創性の点で，あるいは教育的な観点から特に興味深いものをいくつか選んで紹介する．

3.1　鶏盗人—巧みな教育術—

　ステヴィンが異なる長さの腕をもつ梃子について説明するやり方は，教育的にみて大変興味深い（図 6.11）．彼は「……槍 CD を……肩の上に担ぎたる」男を

3. 『計量の実践』

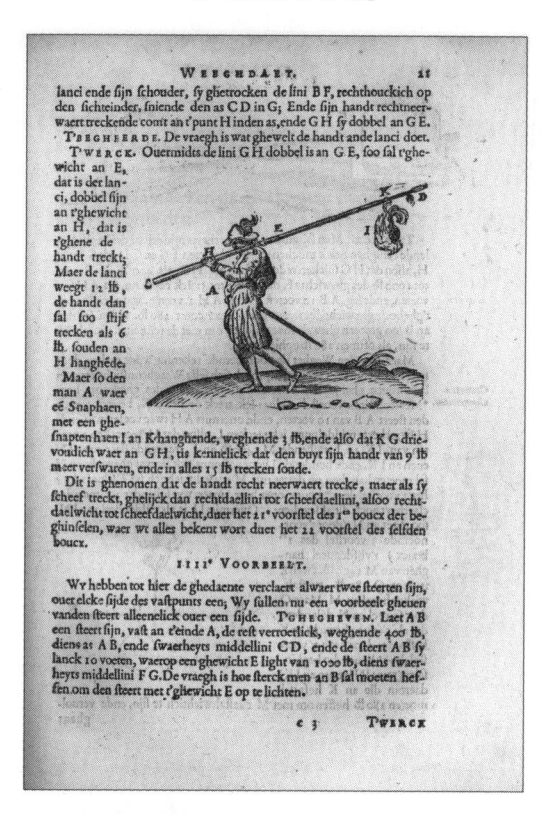

図 6.11 鶏盗人は腕が二つある梃子の平衡を教育的直観的に図示している．『計量の実践』より．
ブルッヘ市立図書館, B 265.

素描している．肩と槍との接点が支点であり，接点の左と右に一つずつ，合わせて二つの梃子がある[4]．右側の梃子には一羽の雄鶏がぶら下がっていて，点 K に重みをかけている．さて問題は，男の手が槍に及ぼす力がいくらかということである．『計量法』の知識があればこれを計算するのはたやすい．ステヴィンは挿絵の男について次のように述べている．「しかしもし男 A が K に盗み取りたる

訳注[4] 『計量の実践』の元の問題では鶏の重量 3 ポンド，作用点 K，槍の重量 12 ポンド，重心 E として，手の力の作用点が H，支点が G にあるとき，EG：GH：KG＝1：2：6 ならば，手にかかる力がいくらになるかを求めている．

雄鶏Iをぶら下げたる鶏盗人［snaphaen］であったら……」．'snaphaan'とはとりわけ馬賊，強盗の類のことである[5]．おそらくステヴィンはここで暗にスペイン兵のことを指しているのであろう．

　ステヴィンの著作の図版には，かなり単純で，時にはいささか不自然な印象を与えるものもあるが，他の図版，例えばこの鶏盗人などはグラフィックアートとしてもちょっとした傑作であり，これらの図版を描いたのは誰なのかという興味をかき立てる．教育的観点からも，物理の教科書でよく見かける素っ気ない図版を使うよりも，槍の先に分捕った雄鶏をつけたこの鶏盗人を使った方が，梃子の原理を学ぶ読者の関心を引くことができる．図6.11に関連して，刷られた版画は常に版木の鏡像であるということにも注意する必要がある．ここではサーベルが鶏盗人の左側ではなく右側に描かれている．『シモン・ステヴィン主要著作集』の編者の指摘にあるように，記号のF（槍と帽子の後部との間にあるがよく見えない）とEも入れ替わってしまっている[6]．

3.2　メムリンクとステヴィンにみるクレーンと巻き上げ機

　ステヴィンは，『計量法原論』の知識に基づいて，今一つの重要な機械である巻き上げ機の分析を初めて行った[7]．この非常に古くからある機械は重い荷物を持ち上げたり，移動させたりするためのもので，水平軸の周りを回る車輪とその上を通る綱からできている．ステヴィンが『計量の実践』で分析したような巻き上げ機の一つは図6.12にみることができる．このような巻き上げ機は踏み車の

訳注[5]　'snaphaan'は'snappen'「捕らえる」と'haan'「雄鶏」からできた言葉で，上記のように17世紀には馬賊，強盗という意味があった．日本語でいえば「棒をもった泥棒」に相当するような駄洒落．

訳注[6]　『シモン・ステヴィン主要著作集』の脚注は図6.11下部の例IIIIに関するもので，snaphaanの図には関係ない．図6.11では槍と肩との接点Bから引いた垂線BFと槍の中心軸CDとの交点が支点Gであり，Eは前に述べたように槍の重心を指す．したがって図中の記号に誤りはない．

訳注[7]　巻き上げ機などいわゆる単純機械の理論はすでに古代から知られていた．後に出てくるヘロンの'baroulkos'はパップスの『数学集成』第八巻で紹介されている．ステヴィンに近い時代ではグイドバルド・ダル・モンテ［Guidobald dal Monte］（1545-1607）の『機械学書』（1577）の中に詳細な分析がある．

3. 『計量の実践』

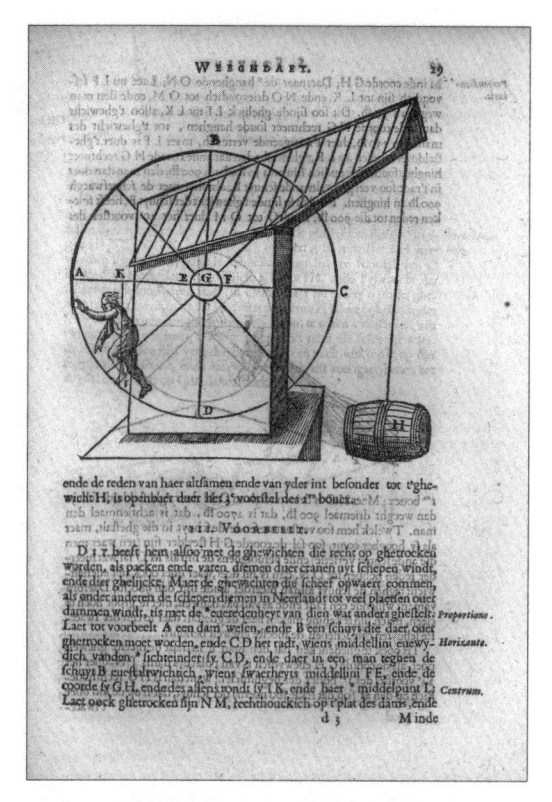

図 6.12 「軸に重量物をぶら下げたる巻き上げ機があるとせよ」．『計量の実践』より．巻き上げ機は港湾のクレーンで使用されていた．
ブルッヘ市立図書館，B 265.

ついたクレーンとして港湾で使われていた．図 6.13.1 はハンス・メムリンク［Hans Memling］（1435 頃-1494）作「聖ヨハネ祭壇画」の細密画の一枚であるが，その中では，そのような木製クレーンを用いてブルッヘでワイン樽の荷下ろしが行われていた様子が描かれている．モーターで駆動される近代的なクレーンの働きも同じ梃子の原理に基づいている．

ステヴィンは，「巻き上げ機の引き揚ぐる重量と引き揚ぐらるる重量との比は，軸の半直径と車輪の半直径の比に等し」いことを証明した（図 6.13.2 参照）．巻き上げ機は短い腕（軸の半径）と長い腕（車輪の半径）をもつ梃子と見なすこと

第6章 「不思議にして不思議にあらず」

6.13.1

6.13.2

図6.13.1 メムリンクが「聖ヨハネ祭壇画」に描いたブルッヘのクレーン広場の踏み車付き木製クレーン．ステヴィンは『計量の実践』の中で同様の機械を研究した．
ブルッヘ，市立美術館・博物館連合，メムリンク美術館．
図6.13.2 ステヴィンがその仕組みを説明した滑車，巻き上げ機，梃子などの機械は中世において建設工事に用いられていた．
ロンドン，大英図書館，Add. MS 35313, fol. 34.

ができる．巻き上げ機は，梃子と同様に，それに作用する力よりも大きな力を物体（ここではワイン樽）に及ぼすことを可能にする．ステヴィンの時代に使われていたような巻き上げ機は，倉庫に備えつけられた起重設備などに今なおみることができる．そのような巻き上げ機は，屋根裏部屋の中や，外壁に設けられた荷物の積み下ろしのための鉤付きの梁に取りつけられている．

3.3 万　　力

『計量の実践』の中で大変注目に値するのは，「万力」の構造と諸特性を説明す

ることに関する命題十である.「万力」[almachtich] はステヴィンが考案した機械であり,それについて彼は,「万力（我らがその巨大な力ゆえその名を与えるところの道具）」と述べている.彼はまた,万力を考案するに当たって,アルキメデスに帰せられているハリスティオン [charistion] に着想を得たことも述べている.伝説によると,シュラクサイの王ヒエロン二世（紀元前306年頃–紀元前215年頃）は,エジプトの王プトレマイオス一世（紀元前366年頃–紀元前283年頃）への贈り物として,桁外れに大きな船をつくらせた.船が完成したとき,そのあまりの重さのため,シュラクサイの市民たちはそれを進水させることができなかった.アルキメデスがハリスティオンを考案したとされるのはそのときであり,その機械を使ったヒエロン王は全く独力でその船を海に引き入れることができたという.梃子の大いなる実用性を証明するこの伝説は,命題十の冒頭で紹介されている.梃子によって力は増幅できるので,作用する力をさらに大きく増幅できる機械が考えられるはずである.ここでステヴィンはハリスティオンよりもさらに強力な機械を発明しようとする.それが万力であり,歯車によって駆動される巻き上げ機の一種であった.Dijksterhuis の指摘によれば,万力はアレクサンドリアのヘロンが記述している 'baroulkos' に大変よく似ているという.ステヴィンについていえば,例えば彼は,万力の軸の回転数とクランクの回転数の間の関係を確定するため,定量的な計算を行っている.

　ステヴィンは『計量の実践』の最後で,10年間にわたって万力のクランクを毎分4000回回し続けると,どれだけの距離地球を移動させることができるかを計算している.もちろんそれは,どこかに足場があると仮定しての話である.このような計算がいささか「空想的」にみえるにせよ,それはこの類の仮定に基づく問題も取り上げるステヴィンの伸び伸びとした精神を改めて物語っている.おまけに,彼が仮定した地球の質量はかなり現実のものに近い.

3.4 『計量法の補遺』

　『計量法の補遺』は『計量法原論』の20年後に出版された増補だが,その中でステヴィンは六つの主題を取り上げる.

　　第一　綱の荷重について [Van het Tauwicht]

第二　滑車の荷重について［Van het Catrolwicht］
第三　頭頂部が重い浮体について［Vande vlietende Topswaerheyt］
第四　馬勒の圧力について［Vande Toomprang］
第五　引水について［Vande Watertrecking］
第六　空気の重量について［Vant Lochtwicht］

　これらの仕事のうちの二つ，「引水について」と「空気の重量について」は失われてしまった．「引水について」でステヴィンは治水や干拓などについて扱っていただろうと推測されるが，確かではない．港湾建設と排水風車に関するステヴィンの著作から，彼が『水の重量についての原論』の知識をしばしば実際の状況に応用していたこと，そして必要な際にはそれを経験的知識で補っていたことは明らかである．その際，彼には，物理学的に基礎づけられた物体運動の理論，いわゆる「動力学」が欠けていたのは確かである．それはガリレオとトリチェッリによる先駆的な試みの後，ようやくニュートンによって定式化されることになる．「空気の重量について」が実際に書かれていたとしたら，それが我々に伝えられていないのは非常に残念なことである．『計量法の付録』［*Anhang van de Weeghconst*］[8]の第五章から，物体は空気中で浮力の作用を受けていることをステヴィンが理解していたこと，そしてさらに彼がこの力の大きさを知っていたことは明らかである．彼がこの洞察に辿り着いた最初の人々の一人であったことは確かであり，ひょっとしたら第一番目であったかもしれない．とりあえず我々にできるのは，彼が「空気の重量について」の中で企図したことを推測すること——そしてこの著作がいつかまたどこかで見つかることを期待することのみである．

　『計量法の補遺』に収められた四つの著作のうち，「綱の荷重について」と「滑車の荷重について」は互いに関連しており，両者とも日常的に使用されていた，そして今日なお使用されている単純機械を対象としている．『計量法原論』での理論を補完し応用したい（実践に移したい）という願望がステヴィンを駆り立てていたのは明らかである．「綱の荷重について」と「滑車の荷重について」の論

訳注[8]　『水の重量についての原論』（1586）に付録としてつけられた小論考．

考は理論でありかつ実践であると位置づけられるべきである．「滑車の荷重について」の「要約」でステヴィンは次のように記している．「実践において滑車は大なる重量を持ち上ぐるのに大変よく用いられ，与えられたる重さを持ち上ぐるのにいかほどの力が必要かあらかじめ知ることは時に有益でありうることを鑑みれば……」．

『計量法の補遺』に収められた次の研究は「頭頂部が重い浮体について」である．この著作は『水の重量についての原論』の応用編である．これに関しては，静水力学へのステヴィンの寄与を論じる際に再び取り上げることにする．

「馬勒の圧力について」は大変独創的であり，注目に値する．この著作は，Hendrik Casimir (1909-2000) が述べているように，おそらく今日でも依然として騎手たちの関心を惹くものである．ステヴィンはここで，馬をはみ（銜）によって御するとき働く力を研究している．この研究の一つの目的は，はみの形状と馬勒の「厳しさ」との間の関連を突き止めることである．ステヴィンの分析において，はみは梃子としてとらえられる．これにより『計量法原論』の知識を用いることが可能となる．とはいえ問題は単純ではない．例えば，馬勒のはみの場合に，何が梃子の支点（定点）に当たるのかという問いに対する答えは自明ではない．次の「馬勒の圧力の要約」の記述から，マウリッツ公がこの問題に対して大いに関心を寄せていたということがわかる．

> 公爵閣下は幼少のみぎりより今日に至るまで絶え間なく大いなる熱意をもって大変勤勉に馬術に精進され……しかれども言葉を通じても書き物を通じても未だ馬勒の圧力の原理について透徹せる知識に触るること能わざりし……．

ステヴィンは当然みずからの著書の中で解答を試みた．

> かようにしてこのことも，この事柄の透徹せる知識に至らんとの望みから，閣下をしてこれに先立つ『計量法原論』の理解に大変熱心ならしめたる由縁の一つにして，それもまた閣下の御意に適（かな）うところとなれり……

3.5 動力学

物理学に対するステヴィンの寄与は，とりわけ静力学，静水力学および力のつ

り合いに関するものである．動力学に対する彼の寄与はわずかであるが，とはいえ彼の力の合成法則は動力学でも有効である．また彼の他の研究の中にも，例えば排水風車に関するもののように，時に動力学の応用や，それとの接点を有するものがある．

「運動の法則」がようやく本格的に形成されることになるのはニュートンの手によってである．ガリレオは物体の落下と上昇に関して先駆的な予備研究を行っていた（『新科学論議』[*Discorsi e dimonstrazioni matematiche intorno à due nuove scienze*]，1638）．ただし，自由落下運動が等加速度運動であることをおそらく初めて見抜いたのは，神聖ローマ皇帝カール五世の聴罪司祭も務めたデ・ソトーで，1545年頃のことであった．1618年にはベークマンが，落体の落下距離と時間との間に成立する定量的な関係について核心的な問いを定式化した．ベークマンは自分の仕事を書物の形で発表しなかったが，後に有名になる『日記』に自分の考えを書き記していた．ただし，ベークマンの日記がようやく発見されるのは1905年のことである．ベークマンがその問いを最初に立てたのはデカルトへの手紙の中である．ベークマンは書簡のやりとりを通じてデカルトと長年にわたり共同研究をしていた．同じく彼の日記からは，ベークマンが早くも1618年に慣性の原理を次のように定式化していたこともわかる．「いったん動いたものは，妨げられない限り，常に動いている」．物理学において決定的に重要な意味をもつこの原理はたいていニュートンによるものとされている．ベークマンはデカルトの協力を得て，1618年に落下法則を初めて導き出した．彼らは，静止状態から真空中を自由落下する物体について，落下距離は落下時間の自乗に比例して増加するということを発見した．デカルトとベークマンは落下法則に関する数学的に正しい結果に行き着いた．しかしこのことは，時折仮定されるように，彼らが落下運動に関して意義のある基礎づけを見出したということを意味するわけではない．状況は大変錯綜していたのである．ベークマンとデカルトの見解は異なっており，落下運動の「原因」をめぐっては相当な混乱があった．結局のところ我々は，ベークマンもデカルトも，落下法則に対する結果を，重力のような概念の上に基礎づけることができなかったと結論せざるをえない．

ガリレオは重力の概念とそれが果たす役割の理解により近くまで迫っていた．

3. 『計量の実践』

　ガリレオの落下法則ができ上がるのは 1638 年である．最初彼は誤った仮定から落下法則に対する正しい結果を導き出していた．すでに 1604 年以前から，彼は落下運動を理解するための本格的な試みに着手していた．彼はあまりに数多くの困難と矛盾にぶつかったため，この主題について計画された著作『運動について』［De motu］は最後まで出版されなかった．ガリレオは質量をもった物体の運動を理解するためさまざまな試みを行い，その記録を系統的に保存していた．それらを通じて我々は，彼が発展段階の新しい概念といかに格闘したかを今なおみることができる．彼は「速さの度合い」について語り，「加速」概念に近づいていった．ただし，自由落下運動の法則と投射体が描く放物線形の軌跡は確かに力学に対するガリレオの基本的貢献であるが，彼が『新科学論議』の中でそれを完全に一貫した推論に基づいて導き出すのに成功していたかといえば，そのようにはいえないだろう．

　ガリレオは「前古典的」知見を乗り越えたのではなく，むしろその限界を探ったのであった．このことは彼を新たな諸概念に導き，それらの概念のおかげでニュートンら彼に続いた人々は前古典的力学を乗り越えることができた．前古典的力学とは正確なところ何であったのかを定めることもきわめて難しい．アルキメデス，アリストテレスから，ジャン・ビュリダン［Jean Buridan］（1295 頃-1358 頃）まで，そしてオッカムのパリ学派のニコル・オレーム［Nicole Oresme］（1323-1382）までの思想はいかにして発展したのであろうか．彼らは共に物理学的概念と数学的補助手段の発展を助け，そこからステヴィン，ガリレオ，ホイヘンスらの力学研究が出発することになるのであるが．Dijksterhuis の指摘によれば，中世において 14 世紀には哲学-神学的思考の衰退が起こったが，それに対して自然科学ではオッカムのウィリアム［William of Ockham］（1285 頃-1347 頃）の学派を筆頭に 16～17 世紀の物理学の方向へ向けての展開がみられたという．オレームは『比の比について』の第五章「運動の速さについて」［De velocitate motuum］の中で落下運動の「原因」を論じているが，それは，すでに 14 世紀において，力学の問題についていかに深い考察がなされていたかを示している．

　ステヴィンとデルフト市長は 30 尺の高さから二つの玉を落とした　　動力学的な問題設定は，ケプラー，ベークマン，デカルト，ガリレオらを介してニュー

トンの法則に結実し，根本的かつ究極的には実り豊かであることが判明したのであるが，この発展に照らしてみるとステヴィンの影がいささか薄いことは否めない．とはいえ落下運動については，彼も『計量の実践』の冒頭で事のついでに言い及んでいる．彼がそこに到達したのは，摩擦力についてのいささか独特な観点からであった．

　機械についての研究を始めるに当たって，ステヴィンは次のことを指摘する．すなわち，『計量法原論』は平衡を保つために必要な力を教えるが，実際運動が始まるためにどれだけの力が必要かを明らかにはしない．現実の機械においては，運動が開始する以前に摩擦力に打ち勝たねばならないことを彼は理解していた．彼は，例えば斜面上にある物体の場合，その物体が斜面のためにこうむる摩擦抵抗は重量と比例関係にないと仮定する．実際これは鋭い洞察であり，ステヴィンはおそらく摩擦力を認識しその記述に着手した最初の人物である．

　ステヴィンが落下実験を行った中心的な動機は，物体の落下時間は，その重量が大きくなるに従って短くなるというアリストテレスの立場を反証しようという意図から来ていた．ステヴィンは，彼の友人でデルフト市長のデ・グロートの協力のもと検証実験を行った．彼は一方が他方より十倍重い鉛の玉二つを用意し，30尺の高さで静止状態から同時に落下させた．実験はデルフトで行われた可能性が高い．その結果からステヴィンは次のように結論した．「それらほぼ同時に板の上に落ちたれば，板を打つ両者の音は一つに聞こえたり」．デルフトの落下実験は遅くとも1586年までには行われていた．

　このような落下実験を最初に行ったのはガリレオだろうというのはよくいわれることである．彼がピサの斜塔の上から二つの玉を落とした可能性があるのは1589〜1592年の間である．しかしガリレオの著作と彼の経歴を綿密に調査しても，彼がそのような実験を企図したということを示唆する手がかりはどこにも見当たらない．その上，ガリレオの落下実験は1586年より完全に後であり，したがってステヴィンより後である．さらにいえば，誰が最初かという問いを立てることはいささか不毛である．というのも，早くも6世紀にヨアンネス・フィロポノス［Joannes Philoponus］がその実験を行っていたからである．そして1553年にはベネデッティがその実験を行っており，おそらくステヴィンはそのことを

知っていたのであろう．これらの落下実験の意義は，およそ不可侵なものとして通用していたアリストテレスの見解が，少なくともこの件に関しては正しくないということを示した点にある．さらにこれらの実験は科学の基礎としての「実験的方法」の発展に寄与した．この面においてガリレオは先駆者であり，中でも斜面上を転がる球の通過距離と経過時間との間の関係を調べるため行った数々の実験は特筆に価する．

4.『水の重量についての原論』と『水の重量についての実践の初歩』

高潮(たかしお)の危険性はオランダではよく知られており，ハンス・ブリンカーの伝説は大変有名である．ハーレム出身のこの少年は，堤防に開いた穴に一晩中自分の指を差し込んで，自分の町を浸水の危機から救った．ところが，メアリー・エリザベス・メイプス・ドッジ［Mary Elizabeth Mapes Dodge］（1831-1905）の著書『ハンス・ブリンカーと銀のスケート―オランダの少年の物語―』［Hans Brinker or the silver skates, a story of life in Holland］（1865）の中では，水害を防ぐのはハーレムの水門番の息子ペーテルになっている．とはいえ民間伝承で「ハーレムの英雄」になっているのはペーテルではなくハンスの方である．ハーレム近郊のスパールンダムの堤防の上とハルリンゲンにハンスの銅像がある．ところで，実際にそれをやったのがペーテルであれハンスであれ，一本の指で海を押しとどめることが可能であるということも，ステヴィンによって発見された自然法則からの帰結である．オランダにおいて水との対決は避けがたい．またその危険性についてだけでなく，水車や航海術などその有効利用の可能性についても同様に研究が必要とされる．低地諸国で最初の自然科学者であったステヴィンが水門や堤防，排水風車についての実践的研究に深くかかわったのも驚くべきことではない．『水の重量についての原論』の中で展開された理論を我々なら今日，（理論的）静水力学と呼ぶであろう．それを通じてステヴィンは，38歳にして，物理学に対する彼の最も重要で最も独創的な貢献を成し遂げたのであった．

静水力学の発展の歴史における二つの道筋

a. 静水力学のために考案された特殊な公準に基づく，アルキメデス-ステヴィン流の理論．ステヴィンはいくつかアルキメデスのものと異なる公理を導入

し，それにより革新的な結果を得ることができた．

　b．　固体の力学の概念を用いて流体を記述しようとする，ガリレオと彼の学派の方法．

　第一の道筋，つまりアルキメデスとステヴィンのアプローチは，第二のものに対してしだいに優位を占めるようになった．これはとりわけ，静水力学において「圧力」の概念が決定的な役割を果たすということが明らかになったおかげである．アルキメデスにおいて圧力の概念は依然ただ間接的に認められるにすぎなかった．ステヴィンは流体が容器の内壁や底面に及ぼす力を初めて計算した．このようにして彼は，「圧力」の概念に言及することこそなかったが，事実上，圧力を計算したのである．後にその概念は，まずステヴィンによる仕事の基礎の上になされたパスカルとロバート・ボイル［Robert Boyle］（1627-1691）による静水力学研究において，続いてダニエル・ベルヌーイ［Daniel Bernoulli］（1700-1782）とヨハン・ベルヌーイ［Johann Bernoulli］（1667-1748）の流体力学に関する業績において，さらに洗練されたものとなった．一方，ガリレオ-トリチェッリの伝統における「圧力」概念の欠如はイタリアにおける静水力学の発展にとって一つのハンディキャップを意味したが，そうした制約があったにもかかわらず，トリチェッリは流体力学において前者の成果に見劣りしない進歩を達成したのであった．

　ステヴィンは「読者へ」の前書きの冒頭で，次のようにはっきりとアルキメデスの名をあげている．

　　水中で保持されたるものについての書中に書き残したる事柄を書くに当たり，アルキメデスがいかなる動機をもっていたのかは知らぬが，その中で彼は事物の本性をとらえることに見事に着手したり……

ステヴィンはアルキメデス以来初めて静水力学において進歩を成し遂げた

　1913年の『ウェブスター大辞典』には正しくも次のように記されている．「静水力学において，アルキメデスの時代以来最初の発見はステヴィヌスによってなされた」．静水力学の分野において彼はアルキメデスの仕事を受け継ぎ，発展させた最初の人物であり，実際，彼はアルキメデスの著作をラテン語訳で読んだ最初の世代の一人だった．これは以前には不可能なことだった．なぜならギリシア

語からラテン語に翻訳されたアルキメデスの著作が一般に普及するのはようやく1550年頃のことだったからである（囲み1.1参照）．

静水力学に対するステヴィンの貢献は画期的なものであり，彼の方法は『計量法原論』のものと同様に革新的であった．それによりいくつかの重要で新しい結果がもたらされたが，その頂点に位置しているのは今日「静水力学の逆理」と呼ばれるものである．以下では，まず『水の重量についての原論』の構成を解説し，ステヴィンがアルキメデスの法則を一般化していることに注意を向ける．続いて，静止流体が容器の底や内壁に及ぼす力を計算するため，ステヴィンが用いた思考実験を説明する．

4.1 『水の重量についての原論』の構成

『水の重量についての原論』もステヴィンのおなじみのパターンに従って二つの部分からできており，最初に「理論」[Spiegheling]（『水の重量についての原論』）が，続いて「実践」[Daet]（『水の重量についての実践の初歩』）が来る．本体の『原論』は46ページにわたるが，『実践』はわずかに9ページである．『水の重量についての実践の初歩』においては「原理」に関する三つの実験的証明が扱われる．ステヴィンはここで，daetの概念を「実践」['praxis']というよりむしろ「実験」の意味で用いていたと考えられる．これら二つの主要部分の両方に読者へのメッセージがついている．『水の重量についての原論』につけられた「読者へ」の前書きでステヴィンは，科学にかかわる活動においてはギリシア語よりもオランダ語が有利であるとの持論を再説している．短い『水の重量についての実践の初歩』の「読者へ」では，同書の中で記述される三つの実験を全部合わせても水の重量についての実践という名に真に値するものではないため，『水の重量についての実践の初歩』と名づけるのだということが述べられる．彼はまた次のように告知する．「続編はしかるべきときまで待たれよ」．しかしながら，知られている限り，ステヴィンが『水の重量についての実践』の決定版を著すことはなかった．

『水の重量についての実践の初歩』の三つの命題は，まずどれくらい深く船が水中に沈むかという問題（図6.14），続いて静水力学の逆理を説明するためのい

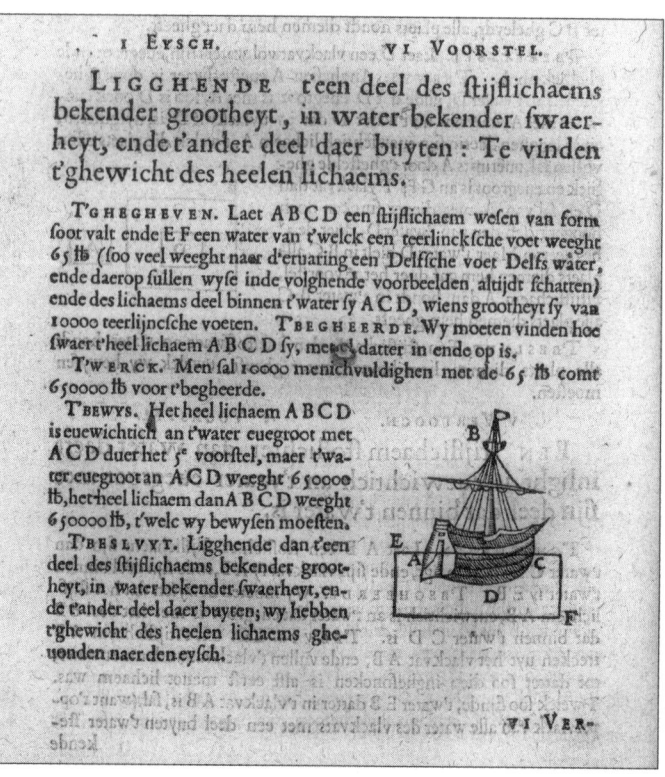

図6.14 水上で船の喫水はどのくらい深くなるか.『水の重量についての原論』より.
ブルッヘ市立図書館, B 265.

くつかの例題,そして最後に,「人が水中深くを泳ぐとも,彼の上にある水の大いなる重量により押しつぶされてしまわぬのは何ゆえかを説明するの理」である.ここで特に注意に値するのは,いかにして流体中に浮力が現れるかということを示すためのステヴィンの実験である.この実験は今日なお多くの中等学校で演示されている(囲み6.2, 6.4 参照).

『水の重量についての原論』は次の献辞と共に始まる.「シモン・ステヴィンはオランダ全国議会のご多幸を祈念致し候」.ここでステヴィンが強調するのは,オランダのように,治水と航海に日々携わっている国における『水の重量についての原論』の知識の重要性である.「これらの国々では,他国において以上に,

絶えず水にかかわる事業が行われたること……」.

『計量法原論』と同様に，この著作も公理的な構造をもつ．十一の定義の後に七つの要請，つまり公準が続く．それからさらに二十二の命題が続く．数多くの例題は論証を補い，それを読者にわかりやすいものにしている．

4.2 アルキメデスの法則をより一般的に導き出す

　ステヴィンは静水力学の独創的な研究手法を発展させた．アルキメデスの仕事を知り，それによって刺激を受けていたとはいえ，ステヴィンは新たな視点からこの研究に取り組んだのである．『水の重量についての原論』の構成に当たって，彼は二つの新しい基本原理を用いた．第一の原理は永久運動の否定であるが，第二原理はとりわけ独創的であり，次の仮定からなっている．すなわち，流体の一部が「固化」したと想定しても，流体において成立している平衡は乱されない．これら『水の重量についての原論』の根本原理をステヴィンは卓越した思考実験に当てはめたが，それらの思考実験自体も物理学の方法論の発展に大きな意義をもつものである．

　アルキメデスの法則を論じる前に，ステヴィンは浮体についていくつかの命題を立て，それを水上の船に適用した．これらの補題から命題五が導かれる——「水より物質として軽き固体［stijflichaem］を水中に置けば，それは水中に沈みたる部分と同量の水と等重量なり」．ステヴィンはこの特性を幾何学的な表現の助けを借りて証明する（図 6.15.1）．そうなると，この命題は直ちに水上に浮かぶ任意の形状の船に適用できる．この船についてステヴィンは次の問いを立てる——水面下にある体積が与えられたとすると，船全体の重量はいかほどか？

　またもやステヴィンの論証は優れた教師の業である．証明は読者の予備知識を必要とせず，推論を追うのはたやすい．二つの長方形のみからなるきわめて単純な図形は，任意で複雑な形状と質量分布をもつ船を記述するのに十分であることがわかる．船という実用的な例を示しているのに加え，教育的に配慮されたデザインは美的観点からも魅力的である．ここには，物理的システムを可能な限り単純にモデル化し，そこから自然法則を導き出すという，理論物理学の大変純化された形態がみられる（図 6.15.2）.

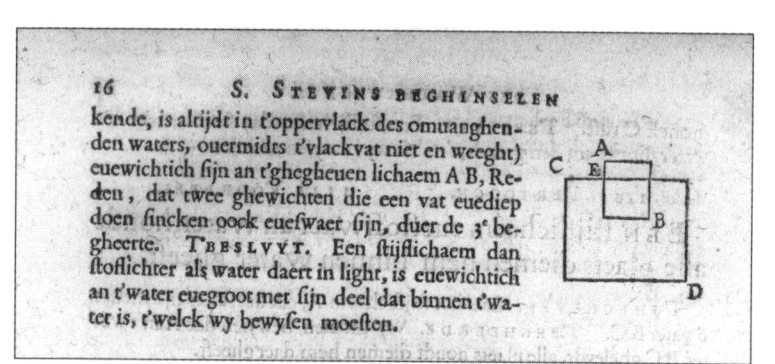

6.15.1

> 16　S. STEVINS BEGHINSELEN
>
> kende, is altijdt in t'oppervlack des omuanghen-
> den waters, ouermidts t'vlackvat niet en weeght)
> euewichtich fijn an t'gheghuen lichaem A B, Re-
> den, dat twee ghewichten die een vat euediep
> doen fincken oock euefwaer fijn, duer de 3ᵉ be-
> gheerte. TBESLVYT. Een ftijflichaem dan
> ftoflichter als water daert in light, is euewichtich
> an t'water euegroot met fijn deel dat binnen t'wa-
> ter is, t'welck wy bewyfen moeften.

6.15.2

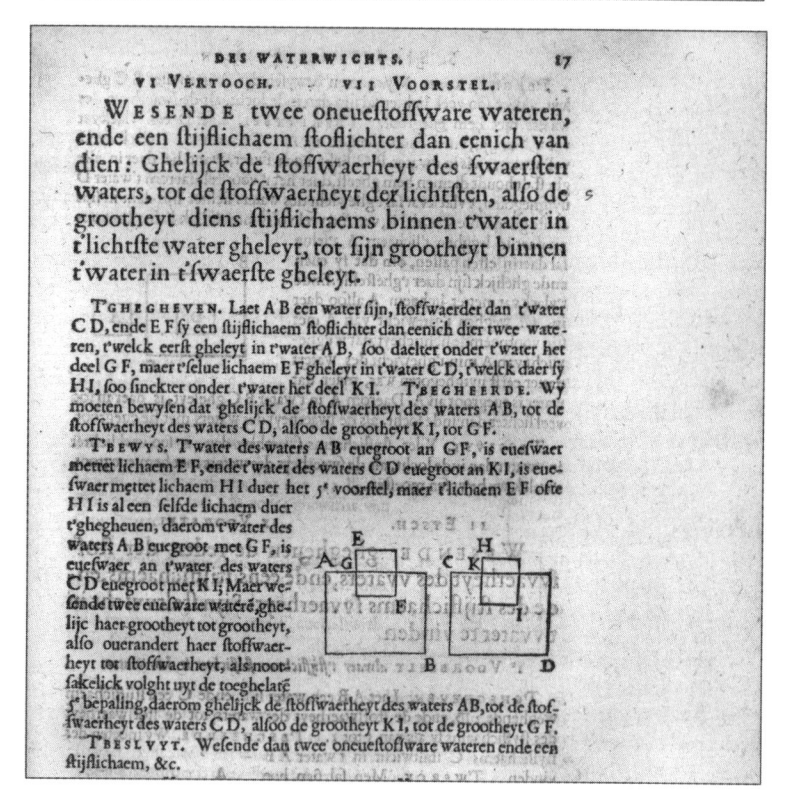

> DES WATERWICHTS.　17
> VI VERTOOCH.　VII VOORSTEL.
>
> WESENDE twee oneueftoffware wateren,
> ende een ftijflichaem ftoflichter dan eenich van
> dien: Ghelijck de ftoffwaerheyt des fwaerften
> waters, tot de ftoffwaerheyt der lichtften, alfo de
> groothey diens ftijflichaems binnen t'water in
> t'lichtfte water gheleyt, tot fijn grootheyt binnen
> t'water in t'fwaerfte gheleyt.
>
> TGHEGHEVEN. Laet AB een water fijn, ftoffwaerder dan t'water
> CD, ende EF fy een ftijflichaem ftoflichter dan eenich dier twee wate-
> ren, t'welck eerft gheleyt in t'water AB, foo daelter onder t'water het
> deel GF, maer t'felue lichaem EF gheleyt in t'water CD, t'welck daer fy
> HI, foo finckter onder t'water het deel KI. TBEGHEERDE. Wy
> moeten bewyfen dat ghelijck de ftoffwaerheyt des waters AB, tot de
> ftoffwaerheyt des waters CD, alfoo de grootheyt KI, tot GF.
> TBEWYS. T'water des waters AB euegroot an GF, is euefwaer
> metet lichaem EF, ende t'water des waters CD euegroot an KI, is eue-
> fwaer mettet lichaem HI duer het 3ᵉ voorftel, maer t'lichaem EF ofte
> HI is een felfde lichaem duer
> t'gheghuen, daerom t'water des
> waters AB euegroot met GF, is
> euefwaer an t'water des waters
> CD euegroot met KI; Maer we-
> fende twee euefware watere, ghe-
> lijck haer grootheyt tot grootheyt,
> alfo oueranert haer ftoffwaer-
> heyt tot ftoffwaerheyt, als noot-
> fakelick volght uyt de toeghelaté
> 5ᵉ bepaling, daerom ghelijck de ftoffwaerheyt des waters AB, tot de ftof-
> fwaerheyt des waters CD, alfoo de grootheyt KI, tot de grootheyt GF.
> TBESLVYT. Wefende dan twee oneueftoffware wateren ende een
> ftijflichaem, &c.

　自身の新しい公理の応用例として、ステヴィンはアルキメデスの法則を改めて独創的な仕方で導き出し、それを一般化する。彼はその原理を次のように定式化する（『水の重量についての原論』命題八）。

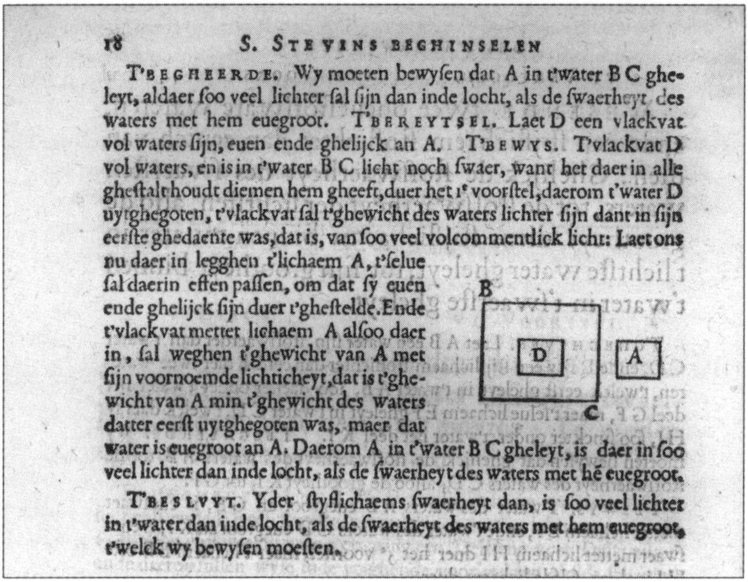

4. 『水の重量についての原論』と『水の重量についての実践の初歩』

```
18            S. STEVINS BEGHINSELEN
     T'BEGHEERDE. Wy moeten bewyſen dat A in t'water B C ghe-
leyt, aldaer ſoo veel lichter ſal ſijn dan inde locht, als de ſwaerheyt des
waters met hem euegroot.  T'BEREYTSEL. Laet D een vlackvat
vol waters ſijn, euen ende ghelijck an A.  T'BEWYS. T'vlackvat D
vol waters, en is in t'water B C licht noch ſwaer, want het daer in alle
gheſtalt houdt diemen hem gheeft, duer het 1e voorſtel, daerom t'water D
uytghegoten, t'vlackvat ſal t'ghewicht des waters lichter ſijn dant in ſijn
eerſte ghedaente was, dat is, van ſoo veel volcommentlick licht: Laet ons
nu daer in legghen t'lichaem A, t'ſelue
ſal daerin eſſen paſſen, om dat ſy euen
ende ghelijck ſijn duer t'gheſtelde. Ende
t'vlackvat mettet lichaem A alſoo daer
in, ſal weghen t'ghewicht van A met
ſijn voornoemde lichticheyt, dat is t'ghe-
wicht van A min t'ghewicht des waters
datter eerſt uytghegoten was, maer dat
water is euegroot an A. Daerom A in t'water B C gheleyt, is daer in ſoo
veel lichter dan inde locht, als de ſwaerheyt des waters met hē euegroot.
     T'BESLVYT. Yder ſtyflichaems ſwaerheyt dan, is ſoo veel lichter
in t'water dan inde locht, als de ſwaerheyt des waters met hem euegroot,
t'welck wy bewyſen moeſten.
```

6.15.3

図 6.15.1〜3　ステヴィンは簡単な図で浮体に関する命題の証明を行う．『水の重量についての原論』より．
ブルッヘ市立図書館，B 265.

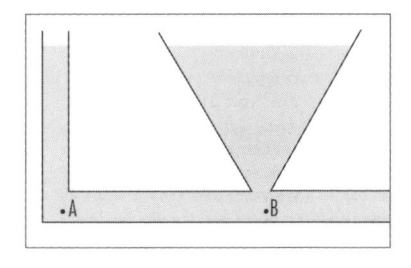

図 6.16　ステヴィンの静水力学の逆理を教科書的に表現したもの．B の上にある水室内の水の体積は A の上にある管の中の水の体積よりも大きいが，水位が同じであれば両者はつり合う．

水中において，あらゆる固体の重さは，それと等しき大きさの水の重さの分だけ，空気中にあるときよりも軽くなる．

容器を満たす水のうち任意の体積を区切ると想定すると，区切られた体積の水は周囲の水と平衡にあると考えられる（図 6.15.3）．ステヴィンは，この体積を区切る幾何学的な仮想の境界面を面容器［vlackvat］と名づける．この言葉は

『オランダ語辞典』[*Woordenboek der Nederlandse Taal*（*WNT*）][9]にも出ているが，参照されるのはステヴィンだけであるので，おそらくステヴィンによる新造語だろう．面容器Dから水が除かれたと想像すれば，この面容器の重量は，その前その中にあった水の重量に等しい分だけ減る．続いて面容器が物体Aで満たされると，物体Aを入れた面容器は，そこから取り除いた水の重量をAの重量から引いた分の重さになるだろう．その結果Aは，水中に入れると，同じ体積の水の重量の分だけ空気中にある場合よりも軽くなることになる．

4.3 ステヴィンによる静水力学の逆理

『水の重量についての原論』の命題十に続く部分で，ステヴィンは静水力学に新たな発見をもたらす．これらの発見は物理学の発展において歴史的意義を有するもので，ステヴィンの全著作中最も重要で創造的な寄与である．命題十自体では，ステヴィンの「静水力学の逆理」が論じられている．この驚くべき現象には，後になってボイルがその名を与えることになるが，これに関与しているのは実のところステヴィンの発見なのである．

教科書の中やインターネット上では，ステヴィンの逆理は通常，図6.16にあるような流体入り容器の装置を用いて導入される．静水力学の諸原理が解明されるまでは，流体のこの振る舞いは大変謎めいたもののように思われていたということを強調しておかねばなるまい．図6.16の流体入り容器は二つの互いに連結された区画よりなるが，それらは上で開いており，それらの底面は等しい断面積をもつ．もし一方の区画に水を注げば，それは他方の区画にも流れ込み，両方の区画の水面は等しい高さになる．この現象は逆説的にみえる．区画Bの上にある円錐中の水の体積の方が大きいので，それが底面Bに対して及ぼす単位面積あたりの力は，底面A上にある管の中の水のものより大きくなり，Aの上の管内の水位はそのためBの中の水位より高くなるように直観的には思われるが，そうはならない．これがステヴィンの静水力学の逆理の一例である．

アルキメデス-ステヴィン的伝統　　注目すべきことに，『水の重量についての

訳注[9]　オランダ語の代表的辞典．第8章を参照．

原論』で基本となる諸原理を述べ，それらをアルキメデスの法則について試した後，ステヴィンはすぐさま本題に入り，流体中の与えられた面にかかる力（これはつまり圧力のことである）を決定し，計算する．彼は水平面だけでなく傾いた面にかかる力も計算している．このようにして彼は，時に「アルキメデス-ステヴィン的伝統」といわれるものの基礎を置いた．この伝統は近代的な静水力学および流体力学理論の基礎となっている．

ステヴィンによる流体力学の根本原理の導出は大変重要であり，彼の説明は大変美しいので，ここではしばらくこの巨匠の足取りを一歩一歩追っていこう．命題十でステヴィンは次のことを証明する．

> 水平面と平行なる水底にかかる水の重量は，その水底を底とし，水の表面を通る平面からその底まで引きたる垂線を高さとする柱体と同じ大きさの水の重さに等し．

ステヴィンのいう水底［bodem］とは「水の重みがかかるところのあらゆる面」（圧力がかかる任意の面）を意味し，底［grondt］とは立体の底面のことである．

最初にステヴィンは直方体についてこの定理を論じる（図6.17.1）．この場合，これは厳密には証明されるべき定理ではなく，むしろ一つの公理というべきであるという指摘は正しい．それでも，直方体に対して証明を与えようというステヴィンの試みは確かに才気に溢れているということは注記しておくべきだろう．命題十の系一では，水よりも「物質として軽い」［stoflichter］物体が水や他の流体の表面に浮かんでいても，物体を浮かべる前後で水位が同じである限り，それによって水底にかかる重さは多くも少なくもならないということが証明される．この特性を解説するためには，図6.17.2の一番上の図が用いられる．ステヴィンが「物質として軽い」と呼ぶのは，周りの流体よりも比重が小さい物体である．

命題十の系二〜四の中で展開する論証において，ステヴィンは流体の一部を想像上で「固化」ないし「凍結」させるという独創的な着想を導入する．その際彼が用いるのは図6.17.2の中央と一番下の図である．彼が出発点とするのは，比重が同じ流体中に沈んだ任意の形状の物体は，その流体の中でどのような位置に

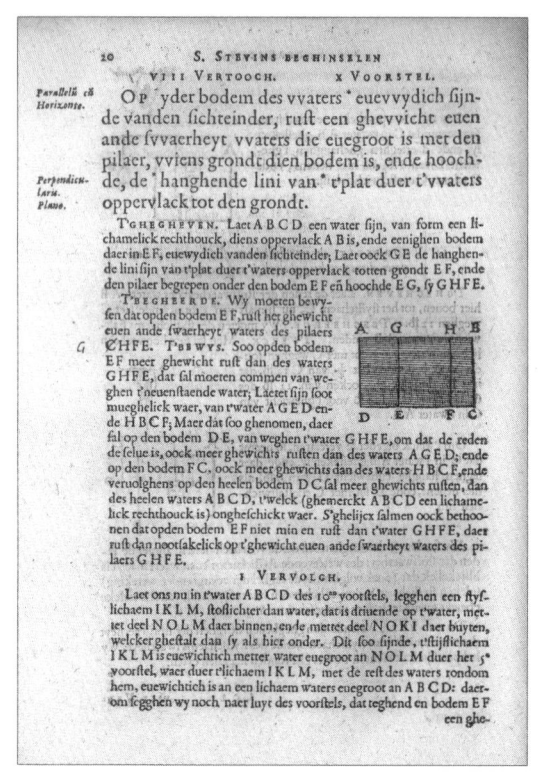

6.17.1

図 6.17.1〜2 『水の重量についての原論』の pp.20-21 にあるこの重要な部分では水が水底に及ぼす力が扱われている．ここではステヴィンを静水力学の逆理に導いた巧妙な思考実験が大変明瞭に提示されている．
ブルッヘ市立図書館，B 265.

あっても平衡を保つということである．流体の水位が常に同じに保たれていれば，流体の一部が「固化」しても，水底 EF にかかる力は変わらないだろう．

ステヴィンいわく（系二），

今一度，水 ABCD 中，物質が水と等しく重き固体を，一つないし複数個入れるとし，IKFELM に囲まれたる分の水のみ残るとせよ．しかれども，これら物体が底 EF にかける重みは，元来水のかけたる以上に増すことも減ずることもあらず．それゆえ，命題の述ぶるが如く，水底 EF にかかる重量

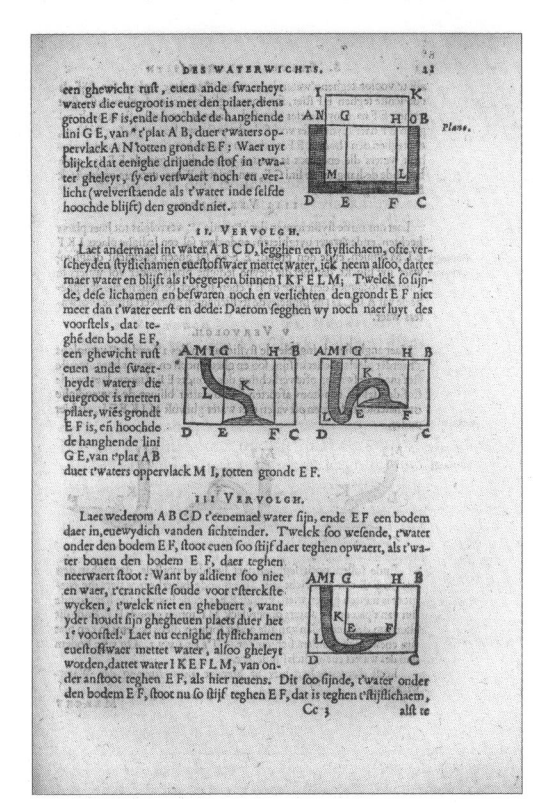

6.17.2

は，EF を底とし，水面 MI を通る面 AB から底 EF まで垂れたる線 GE を高さとなす柱と等しき大きさの水の重さに等しと改めて述ぶるものなり．

「物質として等しく重し」［evestofswaer］という術語でステヴィンは，ある対象——ここでは水——と同じ比重をもつ物体を指している．「垂れたる線」［hangende lini］GE とは，容器の底に対して垂直な線分である．さらに，図 6.17.2 において，紙面中央右側と一番下の図版に描かれている固体[10] は，その一部が EF よりも低いことに注意せよ．

系三では，流体が水底 EF に対して上向きにも同じく力を及ぼすことが証明さ

訳注[10] 正しくは「流体」にすべきと思われる．

れる．

　再び ABCD を水とし，その中にあって水平面と平行な水底を EF とせよ．されば，水底 EF の下の水は，水底 EF の上の水がそれを下向きに押すと同じ強さにて上向きに押す．なんとなれば，もし左様ならざれば，弱きが強きに譲らんが，さにあらず．けだし命題一によりそれぞれは己の与えられしところを保つゆえなり．今物質として水と等しく重き固体いくばくかあり，それらを次の如く置くとせよ．すなわち，水 IKEFLM はこの横（の図）にある如く EF を下から押す．されば，水底 EF の下の水は今や，以前水を押したると同じ強さで EF，すなわち固体を押すが，しかれども，その水は，先に申したる如く，上にありし水が押したるのに等しき強さで EF を押すのであり，上にありし水はこの命題の述べたる如くに EF を押したれば，それゆえ下側の水もやはりこの命題の述べたる如くに EF を押す，すなわち上に述べたるが如く，水底 EF には，EF を底とし，水面 MI を通る面 AB から底 EF まで垂れたる線 GE を高さと為す柱に等しき大きさの水の重さに等き重量がかかるなり．

　系三〜五でステヴィンの思考実験は完成する．彼は，図 6.17.2 の斜線部で与えられたような形に流体のみを残しておく．流体の（斜線部以外の）部分が「固化」し，考察の対象から外れたとしても，そのことによって水底 EF に働く力は変化しないはずである．それゆえ命題十は，例えば図 6.17.2 の斜線部で示されたような任意の形状の流体に対して適用できる．したがって水底 EF に働く力は，水底 EF を底面とし，水面と水底 EF の間の距離に等しい高さの柱体内にある水の重量に等しい．

　「ステヴィンの法則」　命題十とそれに続く一般化の中で，ステヴィンは物理学における，より限定すれば静水力学における，根本法則の発見を告げる．流体中に沈んでいる水平な面に（さらに一般化され傾斜した平面に対しても）流体が及ぼす力は，この平面の面積と流体の深さにのみ依存し，容器内の流体の体積には依存しない（それゆえこれは後に「静水力学の逆理」と呼ばれた）という洞察はステヴィンの卓越した業績である．これは「ステヴィンの法則」と呼ぶにふさわしい自然法則であり，その重要性，およびほかに例をみない論証の独創性は強

調されてしかるべきである．

　続く諸定理でステヴィンは，命題十で発見した法則を基礎とし，その知識を拡張して，任意の形状で任意の深さまで水に浸った壁面や，傾斜した壁面に流体が及ぼす力を研究する．

　今日我々ならそれを「水に沈んだ平らな面に働く力は，その平面に等しい底面をもち，その平面の重心と水面との垂直距離を高さとする柱体の重量に等しい」と定式化するだろう．

　ステヴィンは直立した壁面に水が及ぼす力だけでなく，傾いた壁面に働く力も定量化し，その大きさを正しく計算している．これは注目すべきことであり，やはりここでも彼は先駆者であった．流体中で働くこれらの力の知識はステヴィンの応用面での業績，特に排水風車と水門の技術にとって大変重要である．

　『水の重量についての原論』の意義については，次の三つの囲みの中でさらに解説する．囲み 6.2 では，ステヴィンが静水力学の逆理を示すため導入した実験を記述するが，それは今日でも多くの中等学校において演示される実験と同様のものであり，それによって彼は水中で上向きの力が働くことを例証した．ステヴィンが水圧機の原理を考案したということも明らかである．囲み 6.3 では，『水の重量についての原論』の中で，直立した壁面および傾いた壁面に働く圧力を求めた計算の概略を示す．ステヴィンの法則（命題十）の導出と合わせて，この詳細な計算は理論物理学を応用した早い時期の例である．最後に囲み 6.4 では，『計量法の補遺』で扱われた船舶の安定性について論じる．そこで描き出されるのは，開花しつつあったルネサンス科学も，ギリシアの手本を全面的に凌駕できていたわけではなかったという事実である．

● 6.2 ● パスカルに対するステヴィンの先取権

　ステヴィンは『水の重量についての実践の初歩』で流体中における上向きの力の存在を示す実験を提示する．この実験は今日に至るまで多くの中等学校で静水力学の講義の時間に行われているものである．ステヴィンは，水が圧力を及ぼすことを示すみずからの実験装置を次のように記述する．

6.18.1

> V VOORBEELT.
>
> Om nu oock werckelick betooch te gheuen ouer de voorbeelden alwaer t'water opwaert teghen den bodem steeckt, als int 3.e veruolgh des voornomden 10.en voorstels, so laet ABCD een water sijn, ende EF een dichte buys, ende G een schijf stoffwaerder dan water, ick neem van loot, als in dese eerste form.
>
> M A R C K T.

6.18.2

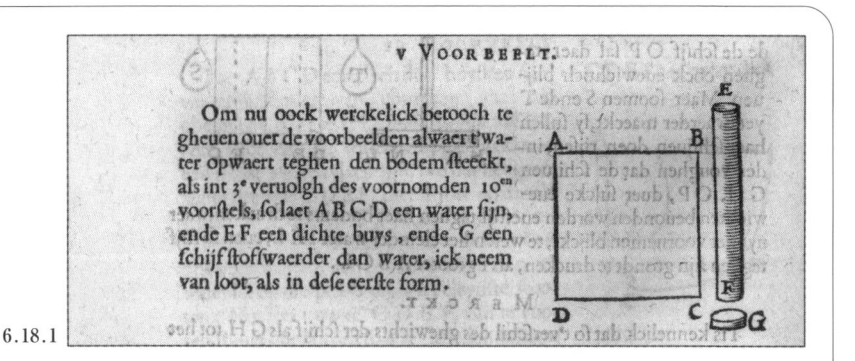

> DER WATERWICHTDAET.　61
>
> Laet dese schijf G gheleyt worden teghen t'gat F, alsoo datse dicht daer op pas, ende de buys met de schijf dan also t'samen in t'water ABCD ghesteken, ick neem tot H toe, als hier onder, de schijf G en sal naer den ghemeenen aert des loots, in t'water niet sincken, maer ande buys blijuen hanghen, ende daer teghen soo stijf drucken, als een ghewicht euesswaer an t'water dat euegroot is anden pilaer, diens grondt de groote des gats F, ende hoochde HI is, min t'verschil des ghewichts der schijf G, tot t'ghewicht des waters an de schijf euegroot. Maer soo de schijf G niet dicht ghenouch teghen de buys en slote, ende datter eenich water indrong, soo sal de schijf G daer soo langhe anhanghen, tot dat sulck inghedronghen water t'voornomde ghewicht ouerwint.

　今，前記第十命題の第三の系におけるが如く，水が水底に対し上向きに突き上げる諸々の事例につきても現実的なる論拠を与えんとせば，第一の絵図におけるが如く，ABCD を水となし，EF をば水密なる筒，G を水より重き物質，例えば鉛の円盤とせよ（図 6.18.1）。

　それからステヴィンは筒の底を小さな板で塞ぐ。この板は，水よりも大きな比重を有しているにもかかわらず，水がそれに上向きの力を及ぼしているため，沈まないで筒に押しつけられている（図 6.18.2）。

　この円盤 G を口 F にぴたりとはまるように当て，以下にみえる如く，筒を円盤と共に，仮に H まで，水 ABCD に差し入れるとせよ。さすれども円盤 G は鉛に共通せる性に従って水中に沈むということをせずして，筒についたままおり，それが筒を押す力は，口 F の大きさの底を有し，HI が高さであると↗

4. 『水の重量についての原論』と『水の重量についての実践の初歩』

> Maer want nu yemandt dencken mocht, het groot swaer water rondom de buys staende, stijver drucking der schijf teghen de buys te veroirsaken, dan een cleender water van de selfde hooghde, soo laet ons t'water neuen de buys rondom afcorten, dat is, dat de reste water sy in een vat van form als hier neuen, ende d'eruating sal bewysen (versouckende de macht des gheprangs in t'een en t'ander water, duer euewichten inde buys op G rustende) dit cleen water euen soo stijf te drucken als t'voornoemde grooter, waer af de reden bouen grondelick beschreuen is.
>
> TBESLVYT. Wy hebben dan duer daetlicke voorbeelden het 10ᵉ voorstel der beghinselen des Waterwichts verclaert, naer t'voornemen.
>
> MERCKT.
>
> Wat het 11ᵉ voorstel belangt, daer uyt is onder anderen kennelick, wat ghewicht waters datter druct, teghen elcke sijde der duer van een sluys, ende dierghelijcke: Oock dattet water ouer d'een sijde alleenlick een stroobreet, daer teghen soo stijf prangt als t'water diens breede de Zee van Oceane ouer d'ander sijde; Welverstaende als sy euenhooghe sijn. Van welcke dinghen wy om haer voornoemde claerheyt hier gheen besonder voorstellen en maken.

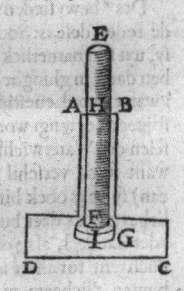

6.18.3

図 6.18.1〜3　ステヴィンは静水力学の逆理を示すためこの簡単な実験を考案した．これは今日に至るまで学校の授業で行われている．『水の重量についての原論』より．ブルッヘ市立図書館，B 265．

　　　ころの柱と等しき大きさの水の重量から円盤 G の重量とそれに等しき大きさの水の重量との差を引いたる重さに等し．
　続いてステヴィンはこの実験を静水力学の逆理と関連づける．水が板に及ぼすこの上向きの力は——筒を沈めた容器の幅が狭かろうが広かろうが——等しい大きさである（図 6.18.2 と図 6.18.3 とを比較せよ）．
　　　しかし今人ありて，筒の周りにある水の大なる重さは，高さの等しきより少量の水よりも，円盤を筒に強く圧着せしめると考えるやもしれぬので，筒の周りの水を減じ，すなわち，残りの水がこの脇にある如き形の容器の内にあるとせん．さすれば経験は（G にある筒におけるつり合いより，各々の水における圧迫の力を求むることで）この少量の水が前記のより大なる水と等しき強さで圧迫することを示すであろうが，その道理は上で余すところなく書き記したり．
　ステヴィンが静水力学の逆理を完璧に理解していることは，この実験を締めく↗

くる彼の所見から明らかである.

  註

   第二命題につきては，それによりとりわけ水門等の扉の両側を押す水の重量がいかほどか知れり．また，一方の水が麦わら一本の幅を有するのみにして，他方は海洋の幅を有するといえども，両者が等しき高さであると承知しておれば，押す強さは同じなりと．それらの事柄については前述より明らかゆえ，ここでは何ら特別の命題を立てざるなり．

  結び

   さすれば我らは，所期の如く，実例により『水の重量についての原論』の第十命題を解明せり（第十命題については 4.3 項をみよ）．

 きわめて重要であるのは，静水力学の逆理の例として秤による諸実験を記述するに当たり，ステヴィンが水圧機の原理をも導入していることである（図 6.19, 6.20）．

 ABCD は水で満たされた容器で（図 6.19），その底面 DC には円孔 EF が開いており，その上に丸い木製の円盤 GH が置かれているとする．GH は孔 EF を覆っているが，比重は水より小さい．IKL は水で満たされた別の容器であり，高さは容器 ABCD と同じであるが，容積はより小さい．その底面には同じく孔 EF に等しい円孔（MN）が設けられていて，その上には円盤 GH と等しい大きさで等しい重さの円盤 OP が置かれている．そうすると実験により，水中にある木材の通常の振る舞いに反して，円盤 GH が浮き上がらないということが示されるだろう．円盤は孔 EF に対して，柱体 EFQR 内の水の重量から，木製の円盤 GH の重量と，円盤と同じ体積の水の重量との差を引いたものと同じ圧力を及ぼすはずである．このことを実験的に確かめるためには，円盤 GH を天秤に取りつければよい．この天秤には上に述べた重量に等しい重り S がかかっている——「さすれば円盤 GH はそれと平衡を保つべし」．今度は円盤 OP を，やはり S と同じ重さの重量 T がかかった天秤に取りつけるとしよう．そうすると円盤 OP は同じく平衡を保つだろう．しかし S と T を少しでも重くすると，「それらはかの円盤を浮き上がらせ」るので，円盤 GH と OP は水底に同じ圧力を及ぼすということがわかる．そこから証明すべきであった命題の正しさは明らかである——「すなわち，より小なる水 IKL は，より大なる ABCD と等しき強さで底を押すこと」．

「パスカルの天秤」の原理をステヴィンはすでに確立していた　　ここで記述し↗

4. 『水の重量についての原論』と『水の重量についての実践の初歩』

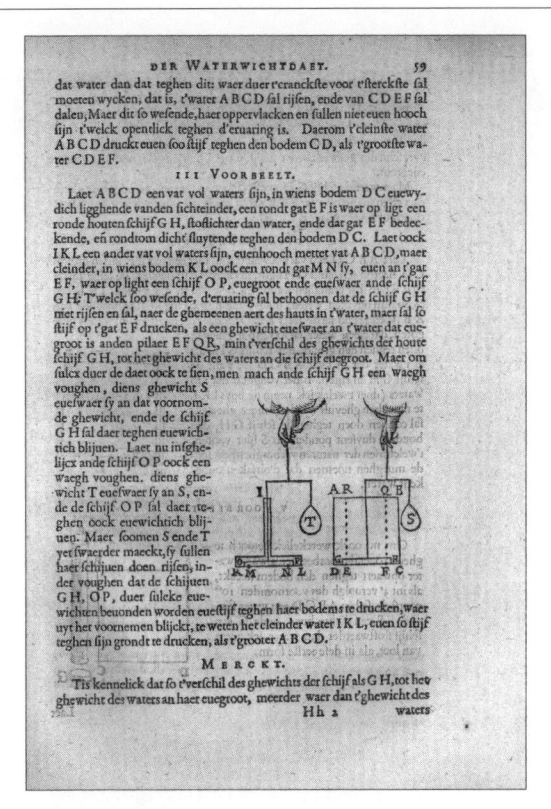

図 6.19 天秤を用いたこの実験も静水力学の逆理を示している．『水の重量についての原論』より．
ブルッヘ市立図書館，B 265.

たステヴィンの実験は 1586 年の『水の重量についての実践の初歩』の三番目の例であるが，これは 1660 年にパスカルがいわゆる「天秤の装置」で行ったのと本質的には全く同じことである．この実験は今日に至るまで 15～16 歳の生徒たちに向かって教室で実演されている．したがって「パスカルの天秤」の先取権はステヴィンに与えられるのがふさわしい．なぜなら彼は『水の重量についての実践の初歩』ですでにその原理を確立していたからである．したがって我々としてはむしろ「ステヴィンの天秤」と言うべきだろう．

またサイフォンや水圧機に関するステヴィンの原理もしばしば誤ってパスカルに帰せられている．その原理は『水の重量についての実践の初歩』の第四の例とし

> **IIIIe VOORBEELT.**
>
> Laet A B C D een vat vol waters fijn, met een gat E F inden grondt C D, daerop een fchijf G H light, ftoflichter dan t'water, de felue fal op t'gat E F fo ftijf pranghen als vooren bewefen is. Laet oock, I K L een cleen dun buyfken wefen, diens opperfte gat I inde felfde hoochde van A B fy, ende t'onderfte gat fy E F: Daer naer dit buyfken vol waters ghegoten, dat cleen water fal foo groot ghewelt doen teghen den grondt des fchijfs G H, als al t'water dat in t'vat A B C D is, want de fchijf G H fal rijfen. Inder voughen dat 1 ℔ waters (duer t'welck ick neem de buys I K L te mueghen ghevult worden) meer ghewelts fal connen doen teghen de fchijf G H, dan hondert duyfent ponden als S hier vooren, t'welckmen der naturen verborghenheyt foude mueghen noemen dat d'oirfaken onbekent waren.

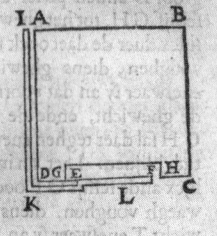

図 6.20 『水の重量についての実践の初歩』のこの例は水圧機の原理を示している．ブルッヘ市立図書館，B 265．

て説明されている．その原典を図 6.20 に複写したので，読者は，ステヴィンが水圧機に関するこの重要な原理を発見しているのをみずからの目で読んで確かめていただきたい．この第四の例には木製の円盤 GH が登場する．細い管 IK が，容器 ABCD と同じ高さまで水で満たされると，IK 内の少量の水は，ABCD 内のはるかに大量の水と同じ圧力を円盤に及ぼす．すると円盤 GH は浮上するだろう．そのようにして IK を満たす 1 ポンドの水は，例えば 10 万ポンドの水柱よりも大きな圧力を円盤 GH に及ぼすことができる．そのためには細管 IK 内の流体の水位が容器 ABCD 内よりも高いということだけで十分である．ステヴィンはこの法則の逆説性を十分に自覚していた——「是，その原因未知ならば，自然の秘奥と呼ばれん」．

ステヴィンは彼の著作，そして主として『水の重量についての実践の初歩』の中でさまざまな——彼の考案による——実験を詳細に記述している．ステヴィンの時代までは，「論理的演繹」により導かれた洞察に対する付帯的な証拠として実験をとらえるというようなことはおよそ前例のないことであり，その意味で，ステヴィンが考え出した諸実験は方法論の領域において先駆的であった．'daet' という言葉でステヴィンは一般的に実践を意味するが，ここにおいてそれは明白に「実験的」という意味を獲得する．

ステヴィンはしだいに，マウリッツ公と共和国に仕える「万能人」に成長し，1586 年以降，彼の物理学に対する関与はごく限られたものになった．『計量法原

4.『水の重量についての原論』と『水の重量についての実践の初歩』　　　*219*

論』と『水の重量についての原論』の先駆性と深遠さをみるとき，我々はただ，もしステヴィンが物理学に全力を捧げていたら，さらにいかなる寄与がなされていただろうと自問するのみである．

● 6.3 ● 垂直な壁面と傾斜した壁面に対する水圧

『水の重量についての原論』の中では，容器内の直立した壁面および傾斜した壁面に作用する水の力も求められる．その際ステヴィンは，全水圧の合力とその作用点を正しく算出することに初めて成功した．

それについては図 6.21 を参照し，容器 AB の垂直な壁面 ACDE が可動すると想定しよう．ステヴィンは，水が壁面 ACDE に及ぼす力を相殺するには，（求めるべき）点 K においてどれだけの力が働かねばならないかを考える．彼は滑車 L 経由でこの力 I を K に働かせる．彼は，この力の大きさは角柱 ACHDE 内の水の重量に等しく，その作用点 K（圧力の中心）は高さ EA の三分の一のところに来ると↗

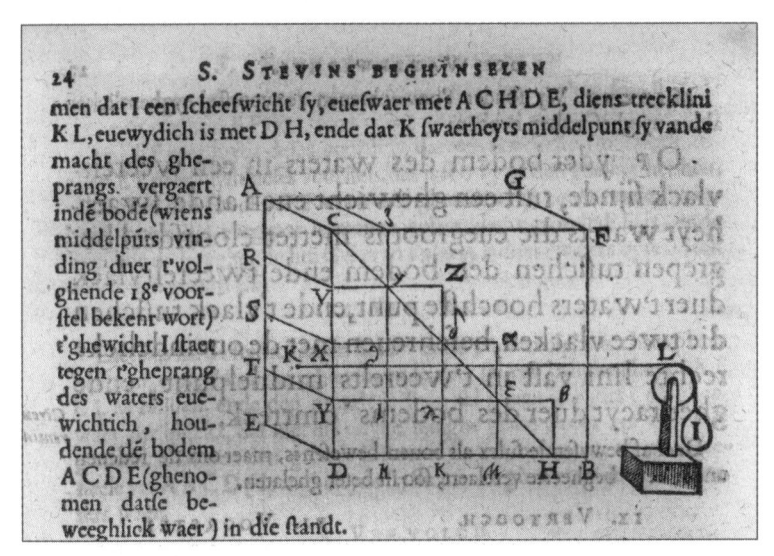

図 6.21　垂直な壁面に水が及ぼす力を決定する際の作図．『水の重量についての原論』より．
ブルッヘ市立図書館，B 265．

いうことを証明する．ほとんど通例のように，ステヴィンは力が働く向きを言葉で告げるが，それは図から明らかである．

それからステヴィンは一連の例題の助けを借りてみずからの議論を一般化するが，その例題には垂直な壁面に関するもの，傾斜した壁面に関するもの，最上端が水面と接している平面に関するもの，完全に水中に沈んだ任意の形状の面に関するものなどが含まれている．いずれの場合でも，求める力と等しい重量をもつ，水でできた角柱の大きさが確定される．Dijksterhuis が記しているように，ステヴィンの得た諸結果は，「算出されるべき力は，与えられた面の面積に，流体の表面から面の重心（図心）までの垂直距離を掛けた積を体積とする流体の重量に等しい」という命題と等価である．

まず与件として装置の記述が与えられる．AB は水の入った容器で，水底 ACDE をもつ直方体である．この「水底」ACDE が直立した壁面であることに注意．すでに前に触れたように，『水の重量についての原論』において「水底」という言葉は水平な面についても水平でない壁面についても用いられる．水面は ACGF の高さにある．ステヴィンは，角柱 ACHDE の重量に等しく，KL の方向に，すなわち DH と平行に働く大きさ I の力は，容器内の水が及ぼす力につり合うということを証明しようとする――「かの重量は水による圧迫と平衡す……」．平面 ACDE は長方形（ACRV，RVXS，…）に等分される．ステヴィンは，それらの長方形に水が及ぼす力の合計は二つの値の間，つまり ACHDE に内接する直方体を合計した体積の水の重量と，外接する直方体を合計した体積の水の重量との間に収まることを確認する．次に四つの等しい長方形を八つに細分すると，内接立体が及ぼす力と外接立体が及ぼす力との差はそれだけ小さくなる．このように，求めるべき力は常に上界と下界の間にあり，それらは互いに接近する――「さすれば，水底のかようなる無限分割により，水底 ACDE にかかる重量と半角柱 ACHDE の重量との差が与えられた任意の重量より小さくなりうることは明らかなり……」．そこでステヴィンは，ギリシアの形式論理学の公式を用いて，半角柱 ACHDE の重量は水底 ACDE に作用する力に等しいと結論する．

ここでは詳しく論じないが，傾斜した平面に対する圧力を決定するに当たって，ステヴィンが微積分算のさきがけとなる技法と概念を用いているということにも触れておきたい．それをよく表すのは，図 6.21 で側面 ACDE を複数の長方形（ACVR など）に分割していることである．そのようにして彼は，細分された平面 ACVR，RVXS，…のそれぞれに作用する力を，それぞれ上界と下界の間に挟み↗

込んで限定しようとする．このため，流体の二つの部分，例えば RVZδXS と RVγθXS が考察される．これらのうち前者は壁面に対し流体部分 RVγδθXS より大きな力を，後者はより小さな力を及ぼす．この手順は直立する壁面 ACDE を分割する長方形の数を際限なく増加させることで完成する．ギリシア数学に比べてステヴィンによる極限概念の取り扱いはより直截(ちょくさい)であるが，これは近代的な無限小解析に向けての一歩前進を意味する．

ステヴィンは第四の例で，K に働く力 I（図 6.21）を具体的な数値が与えられた場合について計算している．これは，理論物理学の方法が，近代的な解析と数量化の精神に則って用いられているのがみられる歴史上最初の例の一つである．

同様の偉業をステヴィンは排水風車に関する計算で成し遂げている．とりわけ彼は，風車の翼面にどれだけの（単位面積あたりの）力が働けば，羽根車の水かきに水が及ぼす力と平衡するかを計算している．その際ステヴィンが行ったのは，実践的関心に向けられた物理の問題を数学の言葉で定式化し，それに『計量法原論』および『水の重量についての原論』の諸原理を適用することであった．言い換えれば，彼は理論的-物理的モデルをつくり，それを解いたのである．同時に彼は，今日我々が「トルク」ないし「モーメント」と呼ぶ力の組み合わせを用いるが，それが再発見されるのはずっと後になってのことであった．

● 6.4 ● なぜ船は浮かぶのか？

水に浮かんだ物体の安定性に関する知識は航海術にとって不可欠のものである．いくつかの海難事故，例えば 1987 年にゼーブルッヘ沖で起きたものは，安定性の法則を無視すると何が起こりうるかを如実に示している．静水力学に関するこれらの法則を歴史上初めて研究したのはアルキメデスである．今日においてもなお，浮体に関するアルキメデスの研究の深さと——率直にいって——天才性は印象的である．ここにおいて静水力学が一から発明され，基礎づけられたというだけでなく，その上それは高度な数学的厳密性と優雅さを伴っていた．アルキメデスの『浮体について』は数学と自然学が共に手を携えた最初の著作であり，ギリシア人によるこの方法論的革新は今日に至るまで物理学を支配している．中でも，この著作の第二部でアルキメデスは回転放物面体の垂直切断面の形をした物体についてさまざまな安定姿勢を決定するが（図 6.22.1），これは数学における真の離れ業であり，古↗

代ギリシア・ローマにおいて決して乗り越えられることなく，その後もこれに比肩しうるものはきわめてまれに現れたにすぎないのである．

ここではアルキメデスの最も簡単な結果の一つのみを述べることにしよう──「『浮体について』第二巻の命題（定理）二「回転放物面体の垂直切断面の形状をした均質な物体が水中で安定して浮かんでいるのは，その高さが 3/2p より大きくない場合である」（図 6.22.1：ただし p は放物線の形を決めるパラメータとする）．

結論を出すに当たって，アルキメデスは二つの特別な点，すなわち，放物面体切片の沈んでいる部分の質量中心（図 6.22.2 の点 B）と水上に突き出ている部分の質量中心（図 6.22.2 の点 Γ）を考察する．B と Γ において働く力の作用が合わさって放物面体を静止状態に戻す場合，回転放物面体切片は安定して浮かんでいる．

ステヴィンは，『計量法の補遺』第三部「頭頂部が重い浮体について」の中で，船舶の安定性を論じている．彼によるとこれは「水上に漂うあるいは浮かぶ頭頂部が重い浮体について」の論考である（図 6.23）．頭頂部が重い [topzwaar] の意味するところは，「重心が頂部近くにあり，その結果倒れたりひっくり返ったりしやすい」（van Dale『オランダ語辞典』）．ステヴィンの動機は攻囲戦の際に発生しうる実践的問題から来ていた．

　　高さ二十尺ほどの直立せる梯子を備えたる艀（はしけ）をつくり，兵卒をしてその上に上らせたきことあり．されど，そのために頂部が重くなりすぎ，艀がひっくり返り兵卒が水の中に放り出されぬかどうか疑わしければ，──念のため──梯子と付属物一式を備えたる艀をつくり，実地に検査せり．このことは余をして，あらかじめ与えられたる形状と重量に関する計量法的計算によりこれを↗

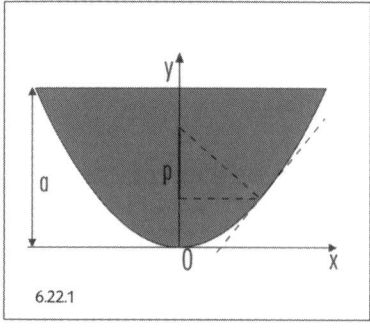

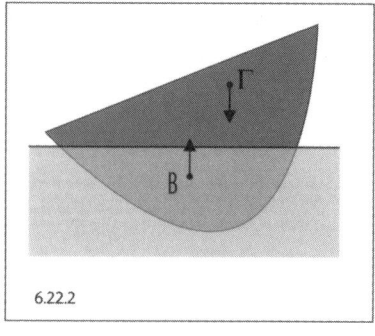

図 6.22.1～2　アルキメデスが（回転）放物面体の形状をした浮体の平衡を研究したやり方は誰もまねのできないものであった．

4. 『水の重量についての原論』と『水の重量についての実践の初歩』

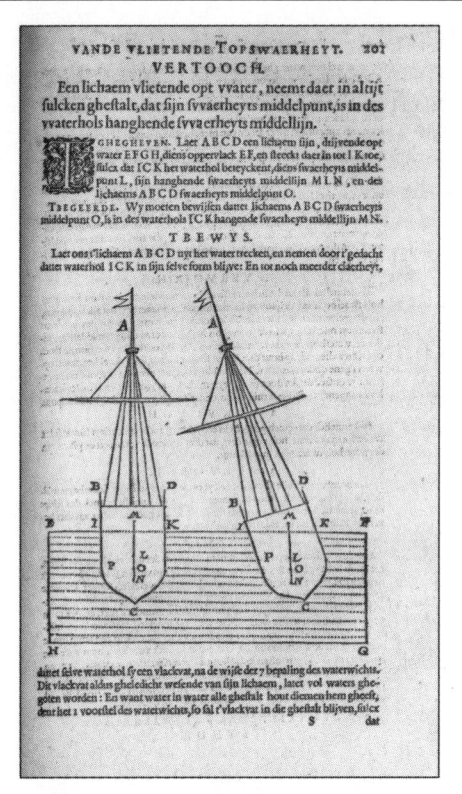

図 6.23 ステヴィンが船舶の安定性を分析する際の図.『数学覚書』,『計量法の補遺』第三部「頭頂部が重い浮体について」より.
ブルッヘ市立図書館,B 1919.

　　知るべからんか考察せしめたり……
　この研究に当たってステヴィンは,浮体および水洞[waterhol]の重心という概念を用いた.水洞という簡潔な言葉でステヴィンが意味していたのは,船の水面下の容積を水で満たすと想定した場合に,その容積を占める水（いわゆる船の排水量）のことである.彼は,船が安定して航行するのはその重心が水洞の重心（いわゆる浮心,ないし浮力の中心）より下にあるときであるという結論に辿り着く.これは特殊な場合においては正しいが,一般的に妥当な答えではない.
　『水の重量についての原論』においてステヴィンは,静水力学に新しい基礎を

もたらし，新たな進路を切り開き，新しい諸法則を発見した．しかしながら，頭頂部が重い物体に関する彼の議論が浮体に関するアルキメデスの解析と同水準にないことは明らかである．

クリスティアーン・ホイヘンス　浮体の安定性に関して，アルキメデスの衣鉢を継いだのはクリスティアーン・ホイヘンスである．弱冠 21 歳で彼は『液体上に浮かぶものについて全三巻』[*De iis quae liquido supernatant Libri 3*] を著した．彼がこの文章を出版することはなかったとはいえ，――彼の伝記作家 Andriesse (1994) によれば――それは「彼の達人ぶりの証明」である．

ホイヘンスは 17 歳のとき「重心の最小高度」に関する新たな物理学の原理を提案していた．それを導き出すに当たって，彼は明らかにステヴィンの数珠から着想を得ていた．彼は安定性の新しい規準を発見したが，それはアルキメデスが研究したのと異なる形態のものについても適用可能であった．ホイヘンスの『液体上に浮かぶものについて』が出版されることはなかったので，彼の研究結果は後になって再び発見されねばならなかった．この研究を行ったのはダニエル・ベルヌーイやレオンハルト・オイラー [Leonhard Euler] (1707-1783) らである．

流体中に浮かぶ物体の安定性の問題に対してより体系的な解法が与えられるようになるのは，ピエール・ブゲ [Pierre Bouguer] (1698-1758) が 1746 年に「傾心」（メタセンター）の概念を導入した後のことである．（例えば船の場合，傾心は，船が傾かないときの浮力の中心と船の重心とを結ぶ直線と，船が傾いたときの浮力の中心を通る垂線との交点になる）．重心が傾心より下にあるとき，浮体は「安定平衡」にある．

4.4　静水力学に関するステヴィンの仕事の位置づけ

ステヴィンが静水力学を再定式化し，再発見し，さらに拡張したということを強調することは大切である．彼はアルキメデスと同じ諸公理から出発したのではなく，出発点として次の二つの新しい公理を導入した．

1. 永久運動の不可能性．
2. 水全体の体積の一部を思考において「固化」させるという新しい着想．この「固化」は平衡に影響しない．

これらの両原理は『水の重量についての原論』で列挙される要請の中には入っ

ていないが，それでもステヴィンによる静水力学の議論の基本公理となっている．

エルンスト・マッハ［Ernst Mach］(1838-1916) は——力学に関する彼の著名な標準的著作の中で静水力学を論じるに当たり——ステヴィンの「固化」概念を明示的かつ体系的に用いた．マッハが称揚したのはステヴィンの重要な方法論的諸発見である——「ステヴィンの仮構物，例えば三角柱にかけた環状の鎖なども，このような奥深い洞察の例である……」[11]．

ステヴィンが研究に着手する以前の静水力学に関する知識の状況については，本章の序文ですでに参照した．Dijksterhuis は 1580 年頃の状況をまとめて次のように述べている．「しかしながら静水力学が彼（＝アルキメデス）により達成された水準を越えることは決してなかった」．Dijksterhuis によれば，静水力学は古代において到達した水準を維持することさえできなかったという．静水力学の父アルキメデスの成果は忘却の淵にあった．ステヴィン以前の基礎的な静水力学はアルキメデスの法則に限られたままであった．マッハが認めたように，『水の重量についての原論』はアルキメデスの法則をアルキメデス自身が行ったよりも満足の行くやり方で導き出している．

それでは，アルキメデスとステヴィンの間の時代に誰が静水力学にかかわっていたのだろうか．

アルキメデス以後，ステヴィン以前における静水力学の展開　何世紀にもわたって造船や水路の建設に携わってきた「技術者」たちの間には，水，さらには流水の特性について相当な量の経験的知見が存在していたことには疑いがない．しかし理論的な裏づけが成立するまでの道のりは明らかに，より困難であった．周知のように，ギリシア科学の発展において静水力学が登場するのはかなり後になってからであり，その後はルネサンスに至るまで再び惰眠を貪ることになる．ダ・ヴィンチは，密度の異なる二種類の流体が互いにつながった容器内にある場合の平衡について記していた．彼は水理技術者としても活動していたのである．相当数に上る彼の覚書からわかるのは，他の多くの分野の場合と同様に，水理学

訳注[11]　伏見　譲訳『マッハ力学—力学の批判的発展史—』，講談社, 1969, p. 457.

に関する彼の考察ももっぱら定性的なものであったということである．彼は自身の洞察を裏づけるために数学的な技法を用いるということをしない．自然科学に関しては，彼は主として才気に満ちた過渡期の人物像として，そして，ギリシア人以上に「科学的観察」に重きを置いた最初の人物の一人としてみられるべきである．ヴェネツィアの数学者ベネデッティはガリレオの先駆者であった．彼は静水力学の分野において，アルキメデスが記述したように水中に沈んだ物体が浮力を受けるということを明確に理解しており，ルネサンスの時代にそのような洞察に至った最初の人物の一人であった．彼はまた，アリストテレスの考えのいくつかについて批判的な態度をとっていた．例えば，アリストテレスとその学派に由来し，13世紀にはヨルダヌスが用いた仮想速度の原理を彼は全く拒絶した．ステヴィンもこの原理に対して否定的な見解を表明していたが，必要な場合にはこだわることなくその原理を用いていた．

仮想変位とは，ある物理系もしくはその部分の，仮想された（十分小さな）変位のことである．仮想変位の原理のもとでは，その系が本当は動いていないときでも，あるいは動くことのできない場合でさえ，その小さな仮想の変位を考察することで，エネルギーの保存のような物理法則を適用し，そこから新たな結論を導き出すことができる．ちなみに歴史的に最初に成立したのは，仮想速度（あるいは単位時間あたりの仮想変位）の概念であった．

静水力学におけるもう一つの流れであるガリレオ-トリチェッリの伝統はもっと遅く，ステヴィンによる『水の重量についての原論』(1586) の公刊より後になって成立した．ガリレオの静水力学は仮想速度の原理の初歩的な形態を基本要素として含んでいた．ガリレオ-トリチェッリの伝統は，静力学の諸原理を静水力学に流用しようと試みるものである[12]．例えば，ガリレオが動力学を研究し，斜面に沿って下に流れる水を分析したとき，彼は斜面を転がり落ちるボールの法則性を援用しようとした．しかしガリレオはある時点で，鉛の玉は水平面上で静止していることができるのに対し，流体はそうではないという事実の重要性を見抜いた．つまり，流体は流れて広がってしまうのである．このことを彼の説明に

訳注[12]　「動力学の諸原理を流体力学に流用」と読むべきか．

4.　『水の重量についての原論』と『水の重量についての実践の初歩』　　227

取り込むことは困難であることがわかった．何よりもガリレオ-トリチェッリの伝統は「圧力」という決定的な概念を欠いており，完全に満足の行くものとはいえなかった．流体中の「圧力」の概念はアルキメデス-ステヴィン-パスカルの伝統においては自然な仕方で登場した．後代のダニエル・ベルヌーイおよびオイラーによる流れの理論に関する著作，そして現代の流体力学に対するあらゆる貢献は「圧力」を中心概念とする方程式に基づいている．その意味においてそれらはアルキメデス-ステヴィンの伝統の上に発展したものである．

いくつかの発見に関してステヴィンはパスカルに先行していた　マッハからDijksterhuis まで，さまざまな著者たちが指摘してきたように，静水力学におけるステヴィンの諸発見はしばしば，そして不当に，パスカルのものとされてきた．しかしながら今や事態は明白である．静水力学の逆理とそのいくつかの帰結および水圧機の原理は 1586 年の『水の重量についての原論』ですでに正しく記述されている．パスカルが生まれるのは 1623 年になってのことである．これらの所見は当然パスカルの業績の意義を減じるものでは全くない．静水力学の発展において彼は，アルキメデスとステヴィンに続いて，次の重要な一歩を印した．彼は水中の「ある一点における圧力」を鍵概念として導入し，この圧力が方向に依存しないことを洞察した．さらにパスカルは，水中の圧力はすべての方向に等しく伝播するという法則を定式化し，その法則には彼の名が冠せられている．しかしながら，壁面の単位面積に働く力としての圧力概念は，ステヴィンの著作においてすでに非明示的な形で含意されていた．ステヴィンは平面に働く力を決定したが，このことは「圧力」の概念につながるものである．とはいえ依然として彼は，この力を毎回アドホックなやり方で決定し，計算しなければならなかったのだが．

ステヴィンが『計量法原論』と『水の重量についての原論』で手に入れた知見は，後の著作のいくつかで役に立つことになった．例えばそれは「潮汐の理論について」[Vande Spiegheling der Ebbenvloet] の場合であるが，そこで彼は運動学的な潮汐理論を構想していた．彼が技術者，発明家として排水風車，水門，さまざまな水理計画そして建築に従事していたときも，これらの知見はその有用性を証明した．

5. 結論的考察──ステヴィンによる物理学上の仕事の意義──

　以前には知られていなかった自然法則の発見こそが，物理学者の達成しうる最高の成果であるという考えの人なら誰でも，静水力学の逆理の中に物理学に対するステヴィンの貢献の頂点があるのを認めるであろう．静水力学はアルキメデス以来ほぼ 1800 年間，全く前進していなかった．静水力学の分野でのアルキメデスの業績さえ歴史の経過の中で相当消失してしまっていた．ステヴィンが静水圧という中心概念を一般的な形で導入しなかったにしろ，それは静水力学の逆理の発見のオリジナリティーをいささかも減ずるものではない．それも同程度に重要な一つの自然法則なのである．ところで，ステヴィンは流体が任意の平面に及ぼす力の大きさを計算したのであるから，彼はすでに事実上「圧力」という量にかかわっていた．パスカルの貢献は，「圧力」という概念の一般的な性格と流体中におけるその一様な伝播を仮定したという点にあった．

　専門文献が「ステヴィンの静水力学の逆理」といわずに，ただ「静水力学の逆理」とのみ語っているのは驚くべきことである．それに引き替え，格においては同等の諸発見に関して──つまり基本的な自然法則について──人は（光学における）「ホイヘンスの原理」や（静水力学における）「パスカルの法則」について語っている．その名がある法則や公式に結びついている発見者が，これによって相応な尊敬を得るというだけではない．そのような命名は──認定の是非について時に物議をかもしうるとはいえ──研究者にみずからの専門の歴史的発展についても何がしかの知見を提供するのである．

ステヴィンは「永遠の運動」，すなわち永久運動を否定することによって自然法則を導いた最初の人物であった　『計量法原論』での数珠を使った証明で得られた結果はすでに別の経路で知られていたが，ステヴィンの独創的で人を引きつける演繹手法は少なくとも結果と同程度に重要である．数珠を使った思考実験は大変美しく意表を突くもので，その美的価値と的確さに並ぶのは，アインシュタインが特殊相対論で用いた，運動する列車やエレベーターや時計に関する周知の思考実験くらいのものであろう．それはまさにステヴィンによる洞察力豊かな一歩であり，卓越した慧眼であった．球が平衡にあることを確定するに当たり，

5. 結論的考察—ステヴィンによる物理学上の仕事の意義—

彼は数珠を閉じるため，同じ球からなる半円形の紐を想定したが，そのとき彼は直観的に紐の形の対称性を仮定した．続いて彼は，「永遠の運動」（永久運動）の不可能性を仮定することで，これらの諸概念を組み合わせた．最後に彼は，手品のように見事な手際で力の合成法則を取り出してみせた．

ステヴィンは，永遠の運動を否定することで自然法則を導き出した科学史上最初の人物であった．しかしながらさらなる分析によれば，数珠つなぎになった球を使っての推論では，永遠の運動を否定するのではなく，エネルギー保存の原理を要請しなければならないことが示される．Dijksterhuis が正しく指摘しているように，このことはステヴィンの直観の基本的な正しさをいささかも減ずるものではない．

自然科学において，特にステヴィンがここで到達したような深いレベルにおいては，方法論的な事柄が大変重要である．数珠による直観的な証明を厳密に定式化する場合，以下の事柄が鍵となる構成要素であることがわかる．

1. 想像上の，したがって問題において現実には現れない球を付け加えることによる問題の「置き換え」．ステヴィンの思考実験において，この問題の変換は自明とは程遠いものであり，平面幾何学の課題を行う際，作図すべき補助線を考え出すことなどよりも深遠な事柄にかかわっている．ステヴィンが紐を「閉じた」ことはむしろ「素粒子」に関する現代理論物理学の洗練された方法を想起させる．そこでは，一定の基本的な問題に際して，計算過程におけるある非物理的な近似を避けるため，理論に架空の粒子（「幽霊粒子」あるいは「ゴースト」）が付け加えられる．計算の最後でそれらの「幽霊粒子」は，ちょうどステヴィンの数珠の想像上の球と同様に，消えてしまう．

2. 対称性原理の適用．その際四つの球 ONML と四つの球 GHIK との平衡が仮定される．厳密にとれば，この対称性の考察の基礎にあるのは直観だけである．20世紀の理論物理学において対称性原理の強力さが明らかとなった．とりわけ，いくつかの素粒子の存在は対称性原理の助けを借りて予測されたが，それらは後になってようやく実験的に発見された．かくして，直観的にとはいえ，対称性の議論を用いたという点でステヴィンはやはりはるかに時代に先んじていた．

3.　数珠つなぎになった球の証明を厳格に定式化する際に持ち出されるのは——厳密な意味では——永久運動の否定ではなくエネルギー保存の原理である．ステヴィンはここで無限小の摩擦という極限の事例を前提に論じており——クリスティアーン・ホイヘンスやトリチェッリと並んで，そしてこれらの概念のさらなる研究に 3 世紀も先立って——これらの保存原理を直観していた最初の人々に属している．ステヴィンの方法と思考実験は，（ベルヌーイ一族とオイラーが普遍的概念装置にまで発展させた無限小計算についていえるように）同時代人，追随者，そして続く世代によって直ちに引き継がれうるようなタイプのものではない．ステヴィンの場合，問題となる直観はあまりに根本的なものであったため，彼の方法のいくつかが飛躍的に発展できるようになるのは，ようやく 19 世紀，さらには 20 世紀になってからのことである．

　ここで三つも独創的な原理が組み合わされていることに加え，その結果である証明が読者の予備知識を前提していないということも注目に値する．これは物理学ではまれなことである．数珠を使った証明には力の平行四辺形のために比類のない価値があるというだけでなく，それは物理学全体において美意識，明晰性および説得力の見本なのである．

　根底で科学方法論にかかわるステヴィンの中心思想は，理論と実践とを明示的に結合させることである．彼は 'spiegeling' と 'daet' について語る．たいてい彼は 'daet' という言葉を実践という意味で使っていた．しかし『水の重量についての原論』において 'daet' はむしろ理論の実験的検証を意味している．理論に対する究極的な試験は実践であり，自然科学におけるこの決定的な跳躍はギリシア人の方法論との断絶を意味している．それはたいていガリレオのみに帰せられているが，実のところステヴィンはこのピサの男に先んじていたのである．

第 7 章

イタリアとフランスの代数学をつなぐ環

Schakel tussen de Italiaanse en Franse algebra

　数学者としてのシモン・ステヴィンの功績を明らかにするには，彼を代数学の歴史の中に位置づけるのが最適である．そこからわかるのは，彼が，16世紀初頭，主にアラビアに由来する当時の知識をまとめたイタリアの代数学者と，16世紀後半およびそれ以降の偉大なフランスの革新者たちとをつなぐ環であったことだ．後者はステヴィンの仕事と代数学に対する彼の個人的な寄与を知っていたに違いないことが再三にわたって明らかになろう．

■ 1. はじめに

　数学の発展に対するステヴィンの功績として，彼の唯一のラテン語の著作『幾何学問題集』，彼の唯一のフランス語の著作『算術』（この中には『利子表』と『十分の一法』の翻訳が収録されている），そして『数学覚書』のいくつかの部分をあげることができる．『利子表』と『十分の一法』（これらは本書においてそれぞれ独立した章で論じられている）を例外として，ステヴィンの著作の大部分は学術出版物というより教科書としての性格を有している．
　彼の幾何学に関する仕事は『幾何学問題集』と，『数学覚書』の一部である「計測の実践について」[Vande Meetdaet] の中に出てくる．それについてここで特に扱うことはしない．

『算術』の主要部分では，すでに長らく知られており，たびたびイタリアの数学者たち（とりわけジロラモ・カルダーノ（パヴィア 1501-ローマ 1576），ニッコロ・タルターリア（1500）など）（囲み 7.1 参照）によって扱われた主題が改めて論述されている．とはいえ，ここでもステヴィンが独自性を主張しうる点が三つある．

・扱われる題材は独自の観点に則って配列されている．

・その著作の中には独自の発見が取り込まれているが，そのいくつかは以下の諸節において明らかにされる．

・いくつかの根深い誤謬が正される．

数概念に関する 16 世紀的な見解とステヴィン　　根深い誤謬の一つは，数概念に関する 16 世紀的な見解である．古代ギリシア人の影響のもと，1 より大きい自然数のみが「数」と見なされていた．その概念を拡張することは決まって，当時の数学者たちにより，「ばかげていて，不合理で，不可解である」と説明されていた．ステヴィンは次のようにこの見解と戦う．

・1 も数である ［Que l'unité est nombre］．

・数は不連続量ではない ［Que nombre n'est poinct quantité discontinue］．

・$\sqrt{8}$ のような表現にはなんらばかげていたり不合理だったりするものはない．それはその平方が 8 になるような数を表すにすぎず，二乗すると 16 になるような数が 4 であるのと同様である ［Que nombres quelconques peuvent estre mombres (sic) quarrez, cubiques, etc. Aussi que racine quelconque est nombre］．

・ばかげている，あるいは不合理，変則的，不可解，無理な数などはない ［Qu'il ny a aucuns nombres absurdes, irrationels, irreguliers, inexplicables ou sourds］．

ここに引いたフランス語の引用のすべてはステヴィンにとって特別の意味があった．彼もやはり『算術』の中でこれらを大文字で印刷させ強調していた．

これに続いて以下に『算術』からの例をいくつかあげる．それらを選んだ理由は，それらが今日の数学においても未だに大変役に立つからである．ここで話題にするものの中には，多項式の表し方と二次，三次，四次方程式の解法がある．これにより，方程式 $f(x) = 0$ の根を数値的な方法で決定することがステヴィンにはすでに可能であったという事実が示されるが，このテクニックは今日なおコ

ンピュータによる数値計算において応用されている．

7.1 二次，三次，四次方程式

　初めて平方方程式，つまり二次方程式を解いたのはバビロニア人たち（紀元前400年頃）であったとしばしば主張されている．実際のところ彼らが行ったのは，今日の我々の用語法では二次方程式と呼べるような諸問題を解くための，ある種の近似アルゴリズム，つまり演算手順を開発することであった．その方法の核心は平方完成を行うことにある（囲み7.2参照）．紀元前300年頃，アレクサンドリアのエウクレイデスは二次方程式の解の一つを決定するための幾何学的な方法を開発した．エウクレイデスは，方程式という概念こそ知らなかったものの，実質的にそれを解いたのであった．インドの数学者たちはバビロニア人の方法をさらに発展させた．正の解だけではなく負の解も許容するような，ほとんど現代のものと変わらない方法をもたらしたのはブラフマグプタ［Brahmagupta］（598-665）である．彼は未知量の概念を表すのに省略表記を用いたが，たいていそれはある色を表す語の頭文字であり，時には同一の問題の中に複数の未知量が現れることもあった．アラビア人たちはインド人たちの進歩を知らなかったので，負の解を認めず，未知量を示す記号も知らなかったが，800年頃にはムハンマド・イブン・ムーサー・アル・フワーリズミーがさまざまなタイプの二次方程式の分類を行った．彼は自著『アル・ジャブルとアル・ムカーバラの書』［Hisab al-jabr w'al-muqabala］の中で代数学を論じている．彼は二次方程式のそれぞれのタイプについて具体的な数値による例題を扱うにとどまった．

　アブラハム・バル・ヒーヤ［Abraham bar Hiyya Ha-Nasi］（バルセロナ1070-プロヴァンス1136）はスペイン系ユダヤ人の数学者，天文学者で，サヴァソルダ［Savasorda］というラテン語名でも知られている．1116年，彼は『計測と計算に関する論考』［Hibbur ha-Meshihab ve-ha-Tishboret］という著作を出版したが，この本は1145年にティヴォリのプラトーネ［Plato van Tivoli］により『面積の書』［Liber Embadorum］という書名でラテン語に翻訳された．この本によって，ヨーロッパに初めて二次方程式の完全な解法が紹介された．

1500年頃，イタリアで数学の新たな時代が切り開かれる　　1500年頃，イタリアで数学の新たな時代が切り開かれた．1494年に，今では『算術大全』という

略称で知られている著作,『算術・幾何・比および比例大全』[*Summa de arithmetica, geometrica, proportioni et proportionalita*]の初版が出版されたのである.この著作を著したルカ・パチョーリ(サンセポルクロ 1445-1517)は,ヴェネツィアやローマをはじめとする各地で,さまざまな教師のもとに数学を学んでいた.1477 年以降,彼は各地を旅して,ペルージャ,ザダル,ナポリ,ローマの諸大学に滞在し,そこで数学を講じている.1494 年にはヴェネツィアで『算術大全』を出版した.これは当時の知識を網羅したもので,重要な革新をもたらすものではなく,またパチョーリは三次方程式も論じていなかった.その代わり彼は四次方程式に関する議論の口火を切った.すなわち,二次方程式の方法を援用すれば,ある限られた種類の四次方程式を解くことはできるが,他のものは当時の数学の知識では扱えないと主張したのである.彼は正しかった.

シピオーネ・デル・フェッロ[Scipione del Ferro](ボローニャ 1465-1526)はボローニャ大学で数学と幾何学の講座を担当していた.パチョーリも 1501 年から 1502 年にかけてボローニャで教鞭をとっていたので,そのとき,彼に会っていたに違いない.一般的に認められているところによると,デル・フェッロは三次方程式を代数的に解くことができたらしい.今日我々に推測できる限りでは,彼は $x^3 + mx = n$ という形式の三次方程式のみ解くことができたようだ.デル・フェッロはこの方程式を 1515 年頃すでに解いていたはずであるが,奇妙なことに彼は自分の死の直前の 1526 年までその業績を全く秘密にしていた.そのときになってようやく彼は自分の学生のアントニオ・フィオール[Antonio Fior]にその方法を伝授したのであった.

フィオールは凡庸な数学者で,デル・フェッロほど口が堅くもなかったことも確かである.まもなくボローニャで,三次方程式は解くことができるという噂が流れた.タルターリアことブレシアのニッコロ(図 7.1)は,その噂に触発されて $x^3 + mx^2 = n$ という形式の方程式を解いたが,彼はそのことを秘密にはしなかった.1535 年 1 月 17 日,フィオールはタルターリアに三次方程式を解く公開試合を挑んだ.その際,以下のルールが取り決められた.
・それぞれの対戦者は相手に 30 題の問題を出す.
・それぞれ 40〜50 日の考慮時間を与えられる.
・最も多くの解答を提出できた者が勝者となる.
・解いた問題一問ごとに小額の賞金が与えられる.

フィオールの問題はすべて $x^3 + mx = n$ という形式のものであったが,タル↗

1. はじめに

NICOLAVS TARTAGLIA GEOMETRA
Diuitias patriæ cumulat Tartaglia linguæ,
Euclidem Etrusco dum docet ore loqui.
Hic certam tractare dedit tormenta per artem,
Et tonitru, & damnis æmula fulmineis.

図7.1 タルターリアは，1499［1500］年にブレシアに生まれ，1557年にヴェネツィアで没した．彼は三次方程式を研究し，いずれの既知の型についても根を求める方法を考え出した．この肖像はフィリップス・ガレ［Filips Galle］の手になるもので，彼は16世紀に有名な科学者たちの肖像画集を編纂し，『学識ある人々』［*Virorum doctorum*］（Antwerpen, 1572）のタイトルで出版した．ブリュッセル，ベルギー王立図書館，貴重書，VH 9097 A.

ターリアは1535年2月13日までにすべてのタイプの三次方程式に対する一般的解法を見つけ，これによりそれらすべてをわずか二時間足らずで解いてしまった．タルターリア勝利の報はカルダーノの耳に届いた．彼はミラノ，パヴィア，ボローニャで数学の教授をしていたが，このときは『算術実技』［*Practica Arithmeticae*］（1539）という著作の準備をしていた．カルダーノはタルターリアを招いて秘密の解法を公表するよう説いた．タルターリアは，自分がそれを出版するまで秘密を↗

守るという約束で，解法をカルダーノに教えた．ところがカルダーノはその約束を守らなかった．1545 年，彼は代数に関するラテン語での最初の著作『偉大なる術』［Ars Magna］の中でその方法を公表してしまったのである．

タルターリアの公式をいくつかの三次方程式に適用したとき，カルダーノは奇妙な結果を見出した．例えば公式を使って求めた $x^3 = 15x + 4$ の解の中には $\sqrt{-121}$ が現れる．カルダーノは負の数の平方根を得ることができないのを知っていたが，他方で $x = 4$ がその方程式の解の一つであることも知っていた[1]．彼は 1539 年 8 月 4 日，タルターリアに宛てて手紙を書き，この問題を解明してくれるよう頼んだ．タルターリアにはそれができなかった．『偉大なる術』の中で，同様の問題に取り組むためカルダーノはついに複素数を用いた解法を提出した．ただし彼は明らかに自分自身の技法をよく理解していなかったようで，それは「巧妙だが無益である」と述べていた．

タルターリアから三次方程式の解法について教えを受けた後，カルダーノは自分の学生のロドヴィコ・フェッラーリ［Lodovico Ferrari］（1522-1565）に四次方程式の研究をすすめた．フェッラーリは，これらの方程式を解くことに成功したが，その際彼が用いたのは，その種の方程式について未だかつて提出された中でおそらく最もエレガントな方法であった．『偉大なる術』の中でカルダーノは存在しうる四次方程式の二十の場合すべてを公表した．

また，タルターリアの方法で三次方程式を解く際には負の数の平方根が出てくる．この問題はラファエル・ボンベッリ［Rafael Bombelli］（ボローニャ 1526-ローマ 1572 頃）によって研究された．自著『代数学』［L'Algebra］（1572）の中で彼は，当時の代数学を概観しつつ，複素数という重要な概念を導入した．それと共に彼は複素数の加法と減法の規則も与えた．さらに彼は，三次方程式を解くためのカルダーノ-タルターリアの公式が負の数の平方根を含む解を与える場合でも，実数解が正しく得られることを示した．

これらのイタリア人代数学者が特別な記号法を使うことはまれであった．パチョーリが使った数学的な記号法は大変限られていたし，カルダーノはすべてを言葉で記述し，全く記号を使わなかった．

訳注[1] $x^3 = 15x + 4$ にカルダーノの公式を適用すると，$x = \sqrt[3]{2 + \sqrt{-121}} + \sqrt[3]{2 - \sqrt{-121}}$ が得られる．

1. はじめに

フランス人のヴィエトは変数の概念を導入した　フランス人フランソワ・ヴィエト［François Viète］（フォレトネール・コント 1540-パリ 1603）は，その著作『解析法序説』［*In Artem Analyticum Isagoge*］の中で変数の概念を導入した．変数を表記するため彼は母音の大文字（A, E, I, O, U）を使った．彼はまた係数（既知の定数）の概念を考案し，これを子音の大文字で表した．我々の現代の表記法で $5bx^2 - 2cx + x^3 = d$ と表される方程式は，彼の表記法では，

B_5 in A quad $- C$ plano 2 in $A + A$ cub aequatur D solido

となる．

この中にみえる A quad は x^2 を，A は x を，A cub は x^3 を表している．ヴィエトは依然として幾何学的に問題を解いており，x^3 を立方体と，x を線分と見なしていたということが理解できよう．彼にとって三次元的な対象を一次元的な対象に加えることには意味がなかったので，彼は方程式が次元のレベルで正しくなるようにした．学術的な言葉でいうと，彼は同次性の原理に則って，式に現れる項がどれも同一の次元を有するようにしたのである．

・最初の項は二次の未知数と一次の B との積であり，それらの次元を合わせると 3 になる．

・第二の項に現れるのは一次の未知数なので，項の次元がやはり 3 になるよう，C には plano（「平面」）の言葉が付け加えられている（C は二次元量と見なされる）．

・第三の項は適切な次元を有している．

・D には solido（三次の量を示す「立体」に由来する）という言葉が添えてあり，したがってその項の次元も 3 になる．

このようにヴィエトによる方程式の表記法は現代の代数的な表記法にはまだ程遠い．

ボンベッリはこの点において初めて変化をもたらした．以下にボンベッリの表記法の例をいくつかあげる．

$5x$ に対しては $\overset{1}{\underset{5}{\smile}}$

$5x^2$ に対しては $\overset{2}{\underset{5}{\smile}}$

ここにおいて初めて幾何学的な解釈に頼らない未知数の表記法が使用された．ステヴィンの『算術』が位置づけられるべきなのは歴史年代上まさにこの位置である．

● 7.2 ● アル・フワーリズミーによる平方完成の例題

この例は数学好きの人向きである．アル・フワーリズミーの著作に出てくる方程式 $x^2 + 10x = 39$ から出発しよう．彼は純粋に代数的な解法と幾何学的な解法の両方を用いる．代数的には彼は解答を次のように解釈する．

　　我々は，合わせて 39 になるような，二乗の冪(べき)と十個の根を求める．このタイプの方程式に関する問題は次のように定式化できる——その根十個と合わせると合計が 39 になる二乗の冪，すなわち平方は何か．解法は次のようになる——先ほど述べた諸根の半数をとると，我々の例では十個の根があるので，その半分は 5 である．この数を自乗すると，それは 25 になる．この最後の数を 39 に足すと 64 になる．この後者の数の平方根は 8 になり，これから問題にある根の半数，つまり 5 を引くと，その結果 3 が得られる．この数 3 は平方の一つの根を表し，平方自身の値は 9 になる．

一見してこの解法はかなり抽象的であるようにみえる．幾何学的解法は上記の代数的解法よりはるかにわかりやすく，それは実質的に平方完成に帰着する．科学史家たちは，アル・フワーリズミーがエウクレイデスの『原論』からその着想を得たのではないかと推測している．

彼は辺 x をもつ正方形の図から出発したが，これは x^2 の幾何学的表現である（図 7.2.1）．この正方形に $10x$ を加えねばならない．そのためもとの図形にそれぞれ幅 10/4 と長さ x をもつ四つの長方形を加える（図 7.2.2 参照）．すると最後の図形は x^2+10x に等しい面積を有するが，それは 39 に等しいはずである．今度は， ↗

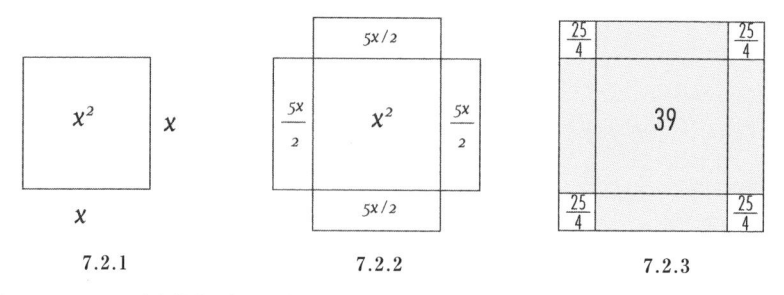

| 7.2.1 | 7.2.2 | 7.2.3 |

図 7.2.1〜2.3　二次方程式の根を決定するための幾何学的な技法はいわゆる平方完成に基づいている．その方法を初めて解説したのはアル・フワーリズミーであった．これら三つの図は，解法に当たって出てくる三つの段階を示す．

> それぞれ $(5/2) \times (5/2) = 25/4$ の面積をもつ小正方形を四つ加えることで，その図形を平方完成する（図 7.2.3 参照）．新たな正方形の面積は $4 \times (25/4) + 39 = 64$ となる．そうするとこの大きな正方形の一辺の長さは当然 8 になる．しかしこの辺の長さは $5/2 + x + 5/2$ であるので，$x + 5 = 8$ すなわち $x = 3$ となる．

2. 幾何学的数

「幾何学的数」とは，ある基数の連続する冪ないし連続する根からなる数列を示すためステヴィンが用いる用語である．幾何学的数を構成する際の彼の思考過程を『算術』第一巻の第二部「幾何学的数の定義」[des definitions des nombres geometriques] で記述されているとおりに一語一語辿ってみよう．

　　古代人が 2．4．8．16．32．… ないし 3．9．27．81．243．… の如き数列の特性について考察したるところによれば，初項を自乗したる積は二番目の項を与え，続いて今度は第二項に初項を掛けると，その積は三番目の項を与え，そして第三項に初項を掛けると，それは四番目の項を与え，他も同様なるが，それというのは 2 の自乗は 4 になり，それに 2 を掛けると 8 になり，そして後者に 2 を掛けると 16 になり，等々となるゆえなり．彼らはそれらの数を明確に示すことができるように，それらに固有名を与えることが必要と考え，順序から言って最初の項を素数[2]と呼びたるが，それを我らは①で示し，そして二番目の項を彼らは第二項と名づけたが，それを我々は②で表し，そして他も同様なり．例えば，

　　① 2．② 4．③ 8．④ 16．⑤ 32．⑥ 64，…

同じく，

　　① 3．② 9．③ 27．④ 81．⑤ 243．⑥ 729，…

続いて，最初の数は正方形の一辺の如きものであり，そして二番目のもの

訳注[2]　素数 (prime number) という名称はギリシア人がそれを「第一の数」($πρῶτος\ ἀριθμός$) と呼んだことに由来する．

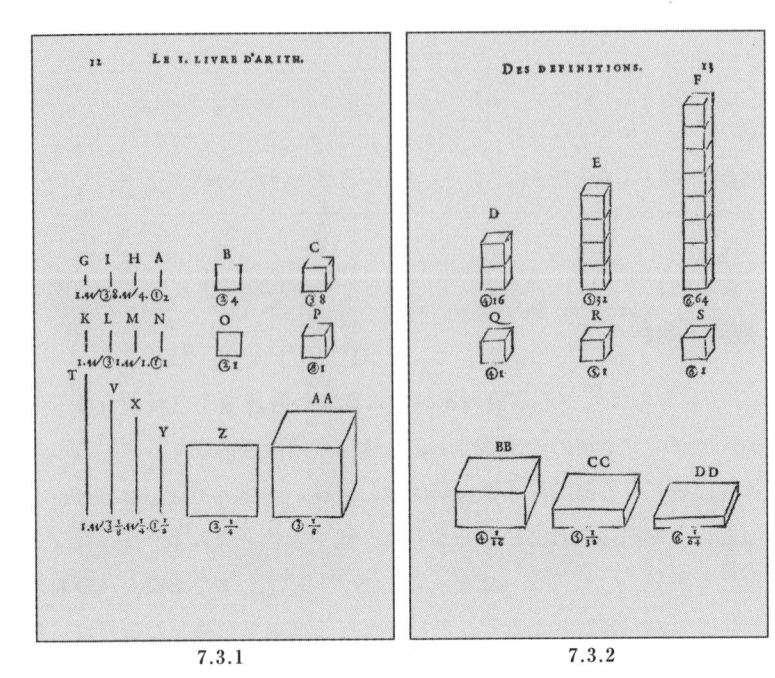

図 7.3.1～2　幾何学的数の概念は，解析幾何学の成立に当たって重要な役割を果たした．ステヴィンは自著『算術』の中にそれらの直観的な表現を記載した．
ユトレヒト大学図書館, Rariora duod. 17.

はその平方，そして三番目のものは最初のものの立方である，等々と，そして数と大きさとのこの類似性が多々なる数の秘密を表したると考え，彼らはそれらにも大きさの名を与え，最初のものを辺，二番目のものを平方，三番目のものを立方と，そしてそれゆえ全てそれらの数一般を幾何学的数と呼びけり（図7.3.1, 7.3.2）．

幾何学的数と幾何学図形　この導入の後，ステヴィンは，これらの数がある幾何学図形の大きさに実際一致することを示す．彼の見方を図解するため，『算術』第一巻からの原図をここに転載する（図7.3.1, 7.3.2参照）．これらの図において線分Aは長さ$a>1$を示しており，ここでのその値は2であるとされている．これをステヴィンは①とする．正方形Bはa^2を表し，立方体Cはa^3を表している．次に$a^4 = a^3 a$を導入するため，ステヴィンは立方Cをa個積み重ね

塔 D を得るが，これは底面の辺の二倍の高さをもつ直方体である．すなわち，D：C＝B：A．$a^5 = a^3 a^2$ を直観的に示すために彼は立方体 C をさらに a^2 個積み重ねるが，ここで a^2 は抽象的で算術的な数を表していることに注意されたい．結果はやはり塔であり，E：D＝C：B という比例関係が保たれている．以下同様である．二番目の列においては $a=1$ の場合が一連の図形 N, O, P, Q などによって表されており，$a<1$ （具体的には $a=1/2$）については列 Y, Z, AA, BB などを得る．この場合，空間図形の容積が減少することに注意せよ．

同図においてステヴィンは第一項の冪の指数が分数である場合にも注意を向ける．彼はこのため次の記号法を導入する．
$$④ = \sqrt{\sqrt{4}} = \sqrt{2}$$
$$③ 8 = \sqrt[3]{\sqrt[3]{8}} = \sqrt[3]{2}$$

$\sqrt{2}$ を表すため，ステヴィンは単位長さ G の線分をとり，G と A との比例中項である線分 H を作図する．図においては G＝1 で A＝2 として，G：H＝H：A．同様の推論によって彼は G：I＝I：J＝J：A，すなわち $I=\sqrt[3]{2}$ を得る．$a \leq 1$ の場合も同様の手順で構成され，その場合は図中の K と T が単位要素である．

数 a の冪と根を幾何学図形として表す上述の論法は幾何学と代数とを関連づける最初の一歩であった．根を求めるためステヴィンはある単位要素を導入した（図中の線分 G, K, T をみよ）．ところで彼がすべての冪についても単位要素 e を用いていたとしたら，彼は次の比例関係を記すことができたであろう．
$$e : ① = ① : ②$$
$$① : ② = ② : ③$$

このようにして彼は数と線分との対応を確立できたであろうし，それによって解析幾何学の導入が可能となっていたであろう．半世紀以上後になってルネ・デカルトがこの発見をすることになる．1637 年，彼は著名な『方法序説』の付録として，『幾何学』[*la Géométrie*] を出版した．デカルトが，アルベール・ジラールの版を通じて，そしてオランダ人イサーク・ベークマンおよびフランス・ファン・スホーテン（父）[Frans Van Schooten de Oudere] (?-1645) との交際によって，ステヴィンの仕事を知っていたと仮定することは荒唐無稽な空想という

わけでもない．デカルトはやはりベークマンを通じてステヴィンの『歌唱法の理論』[*De Spiegheling der Singconst*] を知っていた（第 11 章参照）．彼の知見に磨きをかけて，後にデカルトは今日「デカルト座標系」という名称で知られている座標系を考案することになる．

3. 代数的数と多項式による表現

「演算」と題された『算術』の第二巻で，ステヴィンは代数的数の理論を扱う．彼がここで導入する記号表記は代数記号の発展における重要な局面の到来を告げている．

代数的数は不定の量 [quantité] に関する多項式として定義される．ステヴィンはこれを，『十分の一法』においてと同様に，記号①で表す．彼はこの不定量を一次量 [prime quantité] と呼ぶ（この記号はここでは『十分の一法』の中でのものとは全く違う意味を有している）．その不定量はこの量の冪も含む．これらは順番に二次量，三次量，…量と称し，記号②，③，…で表される．これらの記号を用いてステヴィンは簡潔な仕方で多項式を書き記す．例えば，今日我々の表現での多項式 $3x^3 + 7x^2 + 2x + 3$ はステヴィンの記号法では，

3③ + 7② + 2① + 3

となる．

ステヴィンの多項式の書き方は 16 世紀に慣用であったコス式記号およびまだ多くの学者たちが用いていた同次性の原理と比べると相当な改善を意味していた（囲み 7.1 参照）．コス式記号法においては cosa, tanto ないし coss（ステヴィンの一次量，今日でいう未知数ないし変数 x），そしてそれらの冪すべてがそれぞれ固有の記号で示され，固有の名前をつけられていた．ステヴィンによって導入された記号法は実のところ指数による表記法であるが，この方法を使えば，それら個別の記号とその名称の知識は不要になる．

ステヴィンの表記法　　そのような簡略化を提案したのはステヴィンが最初ではなかった．その前にイタリア人数学者ボンベッリが，1572 年にボローニャで出版された『代数学』という有名な著作の中で，ステヴィンのものとはいささか異なる形態の指数表記法を提案していた（囲み 7.1 参照）．ステヴィンはこのこ

3. 代数的数と多項式による表現

とを自身の『算術』の中で述べていた．解説のためここでコス式記号の使用例を示すが，それらの記号はたいてい手書きで，著者ごとに相当異なっていた．

ヴァレンティン・メンナー［Valentin Mennher］は1565年に，xの指数の値とコス式記号との関係を示す表を作成した．

0	1	2	3	4	5	6	7	8	9
N	φ	ӡ	ℨ	ℳ	β	ӡ°	bβ	ℳ	ᵤ

それらの記号にはそれぞれに名前があり，φから（右に向かって）順番に，cosa, zensus, cubus, zensus de zensu, surdesolidus, zensicubus, bisurdesolidus などと呼ばれていた．

例として，二つの多項式の積を取り上げてみよう．

$(3x-1)(5x+2) = 15x^2 + x - 2$

コス式記号では，これは

$(3φ-1N)(5φ+2N) = 15ӡ + φ - 2N$

となり，ステヴィンの表記法では，

$(3① - 1)(5① + 2) = 15② + 1① - 2$

となる．コス式表記法の問題点は，φφ と ӡ との間に明確な関連が存在しないことである．今日の，そしてステヴィンの表記法においては，その関連が明確である．

①① = ②

あるいは，

$xx = x^2$

これはまさに，同じ底をもつ冪の積は，それらの冪の指数の和の回数だけその底を乗じたものに等しいという規則（いわゆる指数法則）を意味している．

その記号表記を完成するため，ステヴィンはさらに「量の元（げん）」［commencement de quantité］という名前で数1を表す記号⓪を導入した．ただし彼がこの記号を用いたのは，個別の多項式を書き記すためではなかった．この記号が登場するのは，丸で囲まれた指数が，ある多項式の一般的な形式を示すために使われているときのみである．これは以下のようになる．例えば③②①⓪は，aを未定

の係数として

$$a_0 x^3 + a_1 x^2 + a_2 x + a_3$$

という形式の多項式を表す．

　表面的な考察では，ステヴィンの記号法は過大評価されてしまうかもしれない．③と x^3 との間には一見ほとんど違いが存在しないようにみえよう．この違いが実のところいかに大きく本質的であるかに気づくのは，ある問題において異なる量の多項式が現れるとき，すなわち変数 x のほかに変数 y が出てくるときである．この場合ステヴィンは，彼がいうところの「後から置かれた量」[postposees quantitez]（「最初に置かれた量」[quantitez positives] に並んで現れる未定量）を表すために，同じ記号①②③…に sec（seconde），ter（tierce）などを付け加えてどうにか処理する．したがって，例えば 3 ② ＋ 2 ① ＋ 6 が，

$$3x^2 + 2x + 6$$

を表すとき，同じ問題に現れる多項式

$$5y^2 + 3y + 7$$

は 5 sec ② ＋ 3 sec ① ＋ 7 によって表される．

　ここでもステヴィンはフランスの代数学者たちの先駆者である．しかしながら，多変数の多項式に関するステヴィンの表現はエレガントというには程遠い．ヴィエトはその著作『解析法序説』の中で，既知および未知の量を表すために，初めて文字を導入した（囲み 7.1 参照）．彼は未知量を表すのに母音を，既知量には子音を用いた．既知の量を表すのにはアルファベットの最初の方の文字を使い，未知量には x, y などアルファベットの最後の方の文字を用いるという規約は，デカルトが『幾何学』の中で導入したものである．この規約は今なお慣例となっているが，我々はそれを意識することなく使っている．我々が $ax = b$ の解を求めるとき，どれが求めるべき未知数であるのか誰も迷わないはずである．

4. 方程式

4.1 はじめに

　多項式を表現するための指数表記法は誰もが評価できる改良であるのに対して，方程式の解法を第四の比例項の決定として，すなわちよく知られた三数法[3]の応用としてとらえることは，今日の読者にとってむしろ困難である．ステヴィンがそのようなやり方で方程式を解こうとしたのは，その方法が商業の世界で大変よく用いられていたからであり，上述のように彼はその業界に精通していたのである．当時の商業上の問題はほとんどすべて次のような形式に定式化されていた．

　「りんごが三個で60フランのとき，りんご五個はいくらになるか？」

　すなわちここで求められているのは，二つずつの組が互いに比例関係にある四つの数のうちの一つであり，今日の表記法では，

$$\frac{60}{3} = \frac{x}{5} \quad \text{あるいは} \quad \frac{3}{60} = \frac{5}{x}$$

となる．

　三数法は当時の算法教師たちによって大変重要視され，黄金則と呼ばれていた．

　ステヴィンは方程式にかかわる問題を（三数法の習慣に従って），次の形式に表現した．

　「② ＝ 2① ＋ 3ならば，3① ＋ 5はいくらになるか？」

　この見方をステヴィンは高次方程式の定式化において用いたが，その解法においては用いなかった．今日ならば，「$x^2 = bx + c$ を満たす x の値はいくらか？」という形で提出するであろう問題を，ステヴィンは『算術』の演算，問題六十八で次のように記述する．

> 第一の項が②，第二の項が①⓪，第三の項が任意の代数的数である三つの項が与えられたとき，それらの第四の比例項を求めよ．

　しかしながら，

訳注[3] 比例の外項の積は内項の積に等しいという法則．$a:b=c:d$ ならば $ad=bc$．

②＝2①＋24

のような具体例を解く際には，比例式の最初の三つの項は，

②，2①＋24，①

とされている（すなわち現代的な表記では $x = p$ のとき，$x^2/(2x + 24) = x/p$ となる．4.2 節および『シモン・ステヴィン主要著作集』[The Principal Works of Simon Stevin] 第 IIB 巻（1958）の pp.474-475 も参照）[4]．

ステヴィンは，方程式中に現れる未知数の冪の中で最も高次のものを必ず左辺に置いた．

ステヴィンにおける係数　ステヴィンにとって係数は，彼の先人たちにとっ

訳注[4]　上記の箇所での著者の解説はこのままではいささか難解であるように思われる．Dijksterhuis（1943）の pp.75-76（英訳版（1970）では pp.25-26）に次の記述があるので参考までに引用する．

「4 エルの毛織物が 16 ポンドのとき，7 エルはいくらか？」

これと次の問題とを対比してみよう．

「②＝2①＋3 ならば，3①＋5 はいくらになるか？」

これら二つの問題の間には形式的な類似性が存在しているが，これは次のように定式化することで一層明らかになる．

「4 エルの毛織物の価値＝16 ポンドならば，7 エルの価値はいくらか？」

「②の価値＝2①＋3 の価値ならば，3①＋5 の価値はいくらか？」

三数法によれば最初の問題の解は数 4，16 および任意に選んだ数 7 の第四比例項を決定することに存するので，第二の問題の解は②，2①＋3 および任意に選んだ代数的数 3①＋5 の第四比例項を決定することとして定式化される．しかしながら①の値がわかればいずれの代数的数も計算できるので，(3①＋5 の代わりに) ①を第三項としてもよい（つまり（最初の問題で）1 エルの毛織物の値段を計算してもよいのと同じこと）．ステヴィンは問題を解くときにはこうしているのだが，問題を定式化するときにはそうしない．これにより一見奇妙に思われる事態が生じるのであって，現在，我々ならば

「$x^2 = bx + c$ を満たす x の値はいくらか？」

と定式化するであろう問題を，ステヴィンは，

「第一の項が②，第二の項が①⓪，第三の項が任意の代数的数である三つの項が与えられたとき，それらの第四の比例項を求めよ」

のように立てるのであるが，

②＝4①＋12

のような具体例を解く際には，比例式の最初の三つの項は，

②，4①＋12，1①

とされるのである．

てと同様，常に既知の数（具体的な数値）であり，記号で表されるのは未知数とその冪のみであることに注意しなければならない．この考え方を拡張したのはヴィエトとデカルトである（囲み7.1参照）．ステヴィンは同一の次数の方程式に対する一般的な解法を示すことができなかったが，彼は方程式を未知数xに関して現れる最も高次の冪に従って分け，それらをその「次数」に従って分類した．ステヴィン以前にはそのような分類は，方程式中の項の数に依存する，別のやり方で行われていた．例えば，$ax = x^2$ という関係はいわゆる単純な方程式に属しているのに対し，$x^3 + bx^2 = cx$ は合成された方程式の仲間に入る．この分類法からの離反が生じるのは16世紀末から17世紀初頭にかけてのことで，次数に従っての最初の分類はステヴィン（1585），ヴィエト（1590），ジラール（1629），デカルト（1637）にみられる．ここでもステヴィンはフランスの数学者たちに対して明確に影響を与えていた．

二次方程式の場合，ステヴィンでは②①⓪になるが，三つの異なる場合を区別しなければならない．主形式

$$② = ① + ⓪$$

があり，この中の正の符号の一つを負号と置き換えることによって二つの異なる場合が生じる．

$$② = -① + ⓪ \qquad ② = ① - ⓪$$

二つの要素②⓪ないし②①で構成される形式が別個に考察されることはない．最初のものは基本量から派生する量［quantitez derivatives des primitives］を有する方程式の一般形に当たるが，それはつまり，$x^2 = y$ という置き換えによって線形方程式に変形できるということである．二番目のものは①で割ると線形になる．しかしながら，これによって根0が隠れてしまうことは注意されない．ステヴィンの時代において0が根と見なされることはきわめてまれであった．

三次方程式の場合は三つの主形式があるが，そのそれぞれにつき，右辺の項の符号に応じていくつかの副形式が区別されることになるので，全体で十三の異なる場合が登場する．四次方程式の場合，主および副形式の数は当然さらに大きくなる．

以下では方程式の解に対するステヴィンの考え方を解説し，二次方程式につい

てのみ典型例を取り上げよう．次数が何であれ，ステヴィンは常に四段階からなる同一のパターンに従って作業した．

　a)「構成」[Construction]：　根の計算におけるいくつかの段階の実行．

　b)「算術的証明」[Démonstration arithmetique]：　求めた根を代入によって検証．

　c)「幾何学的証明」[Démonstration géométrique]：　求めた根が線分と見なされるとし，それが方程式を満たすことの幾何学的証明．

　d)「構成の起源」[Origine de la construction]：　a)で適用された計算方法の導出．

　ステヴィンは『算術』の中でいつものように自分の典拠を明示している．しかしながらこれは当時一般的なことではなかった．著作権は未だ存在しておらず，学術的な文献の知識は一部の限られた人々の特権であった．それゆえ，彼がいかなる仕方で先人たちを引いているかを自由訳で再現することは有益であるように思われる．彼らをステヴィンは「量に関する三数法の発明者」[inventeurs de ces regles de trois des quantitez] と呼んでいる．

　高次方程式を解くため最初に三数法を応用した人物として，ステヴィンは幾人かの無名の著者たちのほか，アラビア人モーゼスの息子マホメットをあげているが，これは今日一般的にアル・フワーリズミーとして知られている人物のことである．四次方程式については Louys de Ferrare を参照するが，彼も今日ではむしろボローニャのフェッラーリとして知られている．ステヴィンはアレクサンドリアのディオファントスがアル・フワーリズミー（800 頃）の方法を知っていただろうと記している．ステヴィンが歴史年代に詳しくないことはここから明らかである．それに対して，代数学にかかわっていたイタリア人たちについては彼は大変精通している（囲み 7.1 も参照）．彼はパチョーリ，デル・フェッロ，タルターリア，フィオール，カルダーノに言及している．また彼はボンベッリのイタリア語で出版された著作も参照している．これらの人物が正しく列挙されていることと，さまざまな数学者同士のライバル関係（囲み 7.1 参照）が言及されていることから，ステヴィンが個人的に彼らの幾人かと交友関係にあったではないかと推測される．彼がボンベッリのイタリア語の著作に言及し，その著者を「我ら

が時代の偉大なる算術家」[un grand arithmeticien de nostre temps]と呼んでいる事実は，彼がイタリアで大学教育を受けたことを示しているかもしれない．この方面への調査は今までのところ実を結んでいない．

4.2 二次方程式

二次方程式
$$② = 2① + 24$$
に関して，上記の四つの段階は次のようになる（同様の例はステヴィンによって『算術』第二巻の問題六十八で扱われている．ところで，彼の例は② ＝4① ＋12であるが，図がわかりやすくなるように，ここではDijksterhuis (1943)に倣って，② ＝2① ＋24 を考察することにする（図7.4）)．

a) 「(2①の) 2 の半分は 1 であり，その平方も 1 であり，それに与えられた⓪すなわち 24 を加えた和は 25 になるが，その平方根は 5 であり，それに最初にあげた 1 を加えると 6 になる．私はいう——6 が求めるべき第四比例項である」．

b) 比例式
$$②/(2① +24) = ①/①$$
で①に 6 を代入すると，これは 36/36＝6/6 に帰着される．

c) 図 7.4 で AB＝ ①とすると，正方形 ABCD＝ ②となり，AE＝2 とすると，AEFD＝2①となるので，EBFC＝② －2① ＝24 となる．

「構成」a) に続き，AG＝GE＝1 とし，平方 GEHI＝1 を完成する．GH を延長すると，それは K で線 BC を交わり，それによって正方形 GBKL が得られる．

図7.4 ステヴィンの時代の代数において最も重要な研究対象の一つは，高次方程式の根を求めることだった．それらを決定するに当たっては幾何学の原理が援用された．ここには $x^2 - 2x - 24 = 0$ という平方方程式，すなわち二次方程式の解法を図示した．

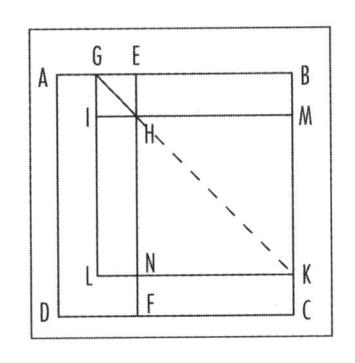

すると EBCF+GEHI=GBKL であり，したがって正方形 GBKL=24+1=25 である．したがって BG=5．明らかに AB=AG+BG=1+5=6 である．

一般的に方程式 $x^2=px+q$ について，AG=GE=$p/2$，AEFD=px，EBCF=q，そしてそれゆえ，

$$BG=\sqrt{\left(\frac{p}{2}\right)^2+q} \longrightarrow AB=\frac{p}{2}+\sqrt{\left(\frac{p}{2}\right)^2+q}$$

これはまさしく今日の我々が知っている解の一つを記述する．第二の解は平方根の前に負号をつけると得られる．ステヴィンの幾何学的論法からその解は出てこない．

d) 最後に，もともといかにして解が見出されたかを明らかにするため（囲み7.2も参照），ステヴィンは方程式を，

$$x^2-2x=24$$

の形式に書き，線形関数の平方になるよう左辺を補完する．

すると $(x-1)^2=25$ となり，そこから $x-1=5$，すなわち $x=6$ が得られる．

代数と幾何学 16世紀の数学者の思考過程をわかりやすく解き明かすため，上ではあえて解法の全過程を紹介した．d)で論じられた技法がわかっているなら，a)での手順を遂行し，c)の幾何学的論証をする必要がどこにあるのか疑問に思われるかもしれない．それを明らかにするには次のことを理解する必要がある．すなわち，エウクレイデス以来，数学者たちが重んじてきたのは幾何学であり，それとの緊密なつながりから代数を解き放つには，ステヴィンの時代，大変な努力が必要だったのである．我々がみてきたように，ステヴィンの①は依然として線分を表しており，①=6が幾何学的関係②=2①+24を満足することが幾何学的な考察によって保証されない限り，解答の正しさに対する証明を受け入れることができなかったのである．

すでに指摘したように，ステヴィンが見つけたのは根のうちの一つだけだったが，そのことは彼にとって何ら問題ではなかった．彼の時代，方程式はその根の一つが決まれば解けたと見なされていた．もっと多くの根がそれを満たすことがわかっても，それは解法に対する本質的な貢献というよりは，変わった事柄の一つと見なされた．また当然一般解の中には負の根が現れうるのだが，その存在可

能性についてステヴィンは決して言及しなかった．彼の時代，根は幾何学的な線分を表すと考えられており，それゆえ負の根は解として認められなかったのである．

ジラールは，彼がステヴィンの著作を再版して数年後の 1629 年，『代数における新発見』[L'invention nouvelle en l'algébre] の中で代数学の基本定理，すなわち，「n 次の方程式はちょうど n 個の根をもつだろう」[Toutes les équations d'algèbre reçoivent autant de solutions, que la denomination de la plus haute quantité le demonstre] という命題にかかわるいくつかの考察を表明した．このことによりジラールは n 次方程式のすべての根を求めるための基礎を敷いた．しかしながら，彼は複素数を解として認めることには貢献しなかった．デカルトは 1637 年，この問題を次のように表現した．「あらゆる n 次の方程式に対して，n 個の根を思い描くことができるが，これらの思い描かれた根は実在の量には対応していない」．一般的な解の規則を得るにはヴィエトを待たねばならなかった[5]．彼が初めて，幾何学的な解法に代わる解析的な解法を考案したのである．

4.3 三次方程式

この種の方程式に関しては，ステヴィンは完全にタルターリア-カルダーノ理論に従っていた．『算術』第二巻の問題六十九では，基本方程式 $x^3+mx=n$ を解く問題を自身の用語法で次のように表している．

初項③，第二項①⓪，第三項は任意の代数的数である三つの項が与えられたとする．それらの第四の比例項を求めよ．

タルターリアの方法を記述する際にも，二次方程式を論じたとき示した四段階技法に従っている．「本節に存する不完全さについて」(『算術』第二巻）と題された独立した一節においては，三次方程式を解く際には，時に負の数の根を求めなければならないとも指摘している．これについて彼は，他の著者たち，とりわけボンベッリとカルダーノの解法を研究したと述べる．しかし彼はそれらを自身

訳注[5]　ヴィエトの『解析法序説』出版は 1591 年である．年代の順序が前後しているので誤解を避けるため注記した．

の著作に取り入れようとしない．彼が求めるのは，偶然の副産物ではない確固とした規則なのである．彼は，探求すべき分野はまだ十分にあるのにあえて不確実なものを追うのは時間の浪費であると考え，それをするのはそれに喜びを見出す他の人々に喜んで委ねるという．

　他の多くの活動の場合と同様に，ステヴィンはここでも自身の健全な理性に従った．しかしながら長い目でみると，数学は不合理なボンベッリの公式からより多くの利益を得たことがわかる．

4.4　四次方程式

　まず目につくのは，ステヴィンが四次方程式を取り扱うやり方は，二次および三次方程式の取り扱いに比べ，はるかに単純だということである．その理由は一目瞭然である――④の量についての幾何学的な解釈がないのである．

　科学史家の何人かは，ギリシア人が四次元幾何学に手を出さなかったことに感謝しなければならないと考えている．ギリシア人たちが四次元的な量の表現方法を使うことができたならば，四次方程式の場合にも代数的な処理方法は自明ではなかっただろう．いずれにせよ確かにステヴィンは問題を代数的に論じるべきであった．二次および三次方程式に関して，数学において代々続いた幾何学的伝統を捨て去ることができなかったのは残念なことである．四次方程式に関しては，カルダーノが公刊したものの中にフェッラーリの業績が収録されており，ステヴィンは完全にそれに依拠していた．

4.5　数値による方法

　今まで論じた代数のアルゴリズムはステヴィン自身が考えたものではなかった．彼が自身の著作で行ったのは，それらをある程度整理することである．ただし，方程式を解くことに関連して，彼は新たな発見も付け加えた．その一つは彼の『代数に関する付記』の中に見出される．この中でステヴィンは，任意の次数の方程式の根を数値的に近似するための方法を記述している．現代の用語法では，解は中間値の定理によって決定されると述べられよう――ある関数 $f(x)$ が点 a と点 b で異なる符号をもつならば，a と b の間に少なくとも一つ，方程式

4. 方　程　式

$f(x)=0$ の実根がある．ステヴィンは方程式を $f(x)=0$ の形に整理しなかったので，彼の定式化はいささか異なる．彼はその方法を，

$$x^3=300x+33915024$$

という例題において使ってみせるが，そこでは最初 x に 10 の冪を次々代入し，$x=100$ のとき左辺は右辺より小さく，$x=1000$ のときはより大きい値をとるということを確かめる．したがって 100 と 1000 の間に根が存在する．続いて 100, 200, 300 などの一連の値を試し，それによって根を 300 と 400 の間に挟み込む．このようなやり方で彼は 324 という値を見出す．それからステヴィンは例題を，

$$x^3=300x+33900000$$

という形に変更し，根が 323 と 324 の間にあることを見出す．さらに 3230/10, 3231/10 などの一連の数で前と同様の手順を繰り返す．ここで小数第一位の値を求めるのに，ステヴィンは十進小数ではなく依然として分数（分子と分母の比）で計算している．ただし彼は確かに自著『十分の一法』に登場する考え方も用いている．その後同様に小数第二位の値も決定し，同様にしてあらゆる根を望むだけ正確に近似することができる．現代の用語法で表現すれば，彼の数値解は極限において厳密な解に近づくのである．

ステヴィンにおける関数の概念　　二番目の例題では方程式の根は一つしかない．一つより多くの根がある場合にこの方法を適用することについてステヴィンは何も述べない．この近似法の基礎にある洞察は大変重要である．ここで，方程式の両辺はもはや未知の定数としてではなく，ある変数の関数としてとらえられており，その解は，方程式の両辺にある関数が同一の値をとるときの変数の値は何か，という問いに対する答えと見なされている．カルダーノにも同様の論法がみられる．ただし，ステヴィンが確かに関数概念を用いていたとしても，関数という言葉がステヴィンの語彙に属していなかったことは認識しておかねばならない．同時期にガリレオ・ガリレイは，関数という概念を用いて，物理的過程において観測された複雑な曲線の記述を行った．変数と定数に（加法，減法，乗法，累乗などの）任意の演算を適用することで形成される数式として関数を記述したのはレオンハルト・オイラーが最初で，ずっと後の 1734 年になってのことだった．

では数学に対してステヴィンは，正確なところどのような貢献をしたのだろうか．彼は十進法を選択して，十進小数のための計算技法の導入し，尺度，貨幣などに十進法を適用することを提案した．我々はまた「極限」概念を扱う彼の注目すべきやり方，および方程式の実数根を決定するための数値的近似方法の導入についても指摘しておいた．

5. 代 数 規 則

『算術』第二巻の最終章は，「代数的数の仮置法，またの名を代数の規則」[la reigle des faux des nombres algebraiques, dicte reigle de ALGEBRE] に当てられている．これは（多項）方程式の解法に関するステヴィンの記述の結びである．ここで彼は algebra すなわち代数という言葉をその狭い意味において，すなわち算術ないし数学で用いられる規則の一つとして用いている．代数という用語は今日，解析，幾何学，群論，論理学，…と共に数理科学を包括する幅広い領域を表している．

……無数の算術定理を産出する汲めども尽きぬ泉……　　16 世紀には代数規則が数多くの数学者たちを詩人にしたが，ステヴィンもそれに対する深い賛嘆を表明せずにはいられなかった．

　　我らはこれより本書の最後の問題，すなわち，無数の算術定理を産出する汲めども尽きぬ泉にして数に内在する神秘を明らかにするもの，大変卓越し驚嘆に値する代数の法則を扱う．

この章の残りは，代数規則の応用である二十七の問題で占められている．実のところ，それらが扱っているのは与えられた方程式を変形，整理する問題だが，その中にはまた今日の我々がいうところの二変数の連立方程式も含まれている．代数術 [stelconst] とは，文章で表現された条件に基づいて方程式を立てることである．例として，以下に問題二をあげる．

　　5 を二つの部分に分け，それらの積が 6 であるようにせよ．

このような問題を解く方法の一つは，二次方程式を適用することである．同じような問題二十七題をもってしてもまだ飽き足らない読者のため，ステヴィンは，極めつきの応用問題として，ディオファントスの最初の四巻のフランス語訳

5. 代 数 規 則

を付け加える．できる限り原著に忠実に従うことに価値を見出さないステヴィンは，ディオファントスの諸命題を，代数規則を適用するための問題と見なしたのである．それゆえ彼の著作のこの部分は文字どおりの翻訳と見なさない方がよい．むしろそれは，ディオファントスを『算術』の表記法に書き直したものである．ステヴィンはディオファントスのギリシア語原典ではなく，ハイデルベルク大学教授クシランダー［Xylander（Wilhelm Holzmann）］（1532-1576）が作成し，1575年に出版したラテン語訳をもとにしていたが，これには注意が必要だ．今では，クシランダーが底本としたギリシア語写本にはあちこちに誤りがあったことがわかっている．

第 8 章

ステヴィンによるオランダ語への寄与
―われらが言語の偉大なる豊饒さに鑑みて―

De bijdrage van Stevin tot het Nederlands

　シモン・ステヴィンは巧みな言語設計者であった．彼は新たな語彙を練り上げ，ラテン語の単語を近代オランダ語にするに当たって最初の訳語を考案した．彼は自分の仕事が，ラテン語を操る少数の人々に限らず，より広く一般に開かれたものとなることを望んだのである．言語に対する彼の関心は，ルネサンスの時代に全ヨーロッパで起こった国語の興隆と軌を一にしていた．

　彼の影響は今日のオランダ語の中に息づいている．「引く」，「比例する」，「平方根」，「割る」，「平行な」，「中心」，「長方形」，「赤道」，および他の多くの単語が彼によって考案された．

1. ステヴィンとオランダ語の発達

　ステヴィンはオランダ語にまぎれもなく多大なる影響を及ぼした．一般的に彼はオランダ語における科学技術語彙の生みの親の一人とされている．

　当然のことながら，ステヴィンは真空状態から出発しなければならなかったわけではない．16世紀には低地諸国においても，ルネサンスと人文主義の影響のもとで地域的な帰属意識が開花した．スペイン王の低地地方に対する圧制は連帯感の覚醒を促すことになった．文学作品や科学的著作が自国語で執筆されることもますます多くなった．そしてそこから標準化された書き言葉への需要が生まれ

1. ステヴィンとオランダ語の発達

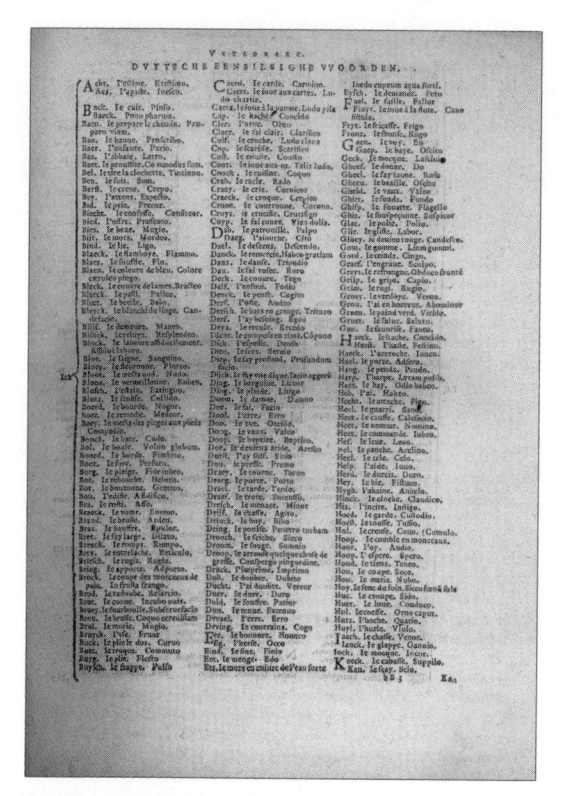

図 8.1 ステヴィンはその有名な「独逸の言葉の尊厳についての声明」を『計量法原論』の冒頭に置いた．彼はオランダ語の簡潔さに価値を認め，「単音節語」の長いリストをつくってそのことを例証した．『計量法原論』より．
ブルッヘ市立図書館，B 265.

た——その時代まで誰もがそれぞれ固有の方言で書いていたのである．宗教改革は誰もが聖書の内容を理解できるようになることを目指したが，そのことは国語標準化への需要をさらに強めた．16～17 世紀にはまた，綴り字，語彙および文法規則を解説する著作も多く出版された．16 世紀半ばのオランダ語標準化を推進した旗手には，アントウェルペンのヤン・ヒムナハ［Jan Gymnich］やヘントのヨース・ランブレヒツ［Joos Lambrechts］といった印刷業者たちがいる．

　語彙を拡充するための努力もなされた．学問においてラテン語を国語に換えるとなると，学術的な概念を表すため相当数の新語を考え出さねばならなかった

が，この分野においてステヴィンは重要な役割を果たした．彼は16世紀末から17世紀初頭にかけて活躍した最も重要な近代オランダ語設計者の一人となるのである．科学においては彼に先んじて植物学者レンベルトゥス・ドドネウスとして知られるレンベルト・ドドゥンス（1516-1585）が1554年に著名な『本草書』[*Cruydeboeck*] を著していた．

2. 初期に出版された自然科学および医学上の著作

中世および16世紀オランダ語の自然科学のテクストは，主に言葉の広い意味における自然科学を扱っている．

「全ディーツ語[1]詩人の父」と称されるヤコプ・ファン・マールラント [Jacob van Maerlant]（1235-1291?）の中世オランダ語テクスト『自然の精華』[*Der Naturen Bloeme*] は人間の生活と行動，四足動物，鳥，怪物，昆虫，地虫，植物，薬草，泉，（貴）石，金属のことを扱っている．『自然の精華』は自然誌の事典であり，韻文で綴られた動植物の本であるが，それが下敷きとしたのは，主として，リューフェン（ルーヴァン）で活躍したドミニコ会士トマス・ファン・カンタンプレ [Thomas van Cantimpré]（1201-1272）の『事物の本性についての著作』[*Opus de Natura Rerum*] であった．ファン・マールラントの著作に自然科学としての独創性はないとはいえ，それは自然科学について民衆の言葉で書かれた最も初期の論考の一つなのである．

自然科学的，医学的傾向を有する中世オランダ語の手稿としてもう一つ重要なものが14世紀半ばに書かれている．それは（19世紀のオランダ国王）ウィレム一世の治世に学術・文学アカデミーの常任秘書であったカレル・ファン・フルテム [Karel van Hulthem]（1764-1832）が1818年にロンドンで買い取ったもので，彼に因んで「フルテム手稿」と呼ばれている．この中にはさまざまな著者の中世オランダ語文学作品が多数収録されている．そこに登場するのは，「万物の自然学」[Natuurkunde van het Geheelal]，さまざまな医学的主題，処方箋，アヴィセンナ [Avicenna]（980頃-1037）の医学，ヤン・イーペルマン [Jan

---

訳注[1] 中世オランダ語のこと．

（Jehan）Yperman］の『医学書』［*Boec der Medicina*］（1310）と『外科術』［*Cyrurgie*］（1310）など多種多様な主題である．

　民間療法，天文学，算術が中世オランダ語の文献において最もよく登場する自然科学の主題であった．民間療法は誰もが病と死を免れないからであり，算術はそれに対して商工業で大いに需要があったからであり，天文学は主として占星術，つまり迷信のためであった．

　上記の著作の大部分は寄せ集めであり，一部は古代の著作，あるいはフランス語やイタリア語の著作の翻訳であることもしばしばである．ネーデルラント諸国において科学的な研究が生まれるため，またより均一な言語が発展するためにも，それらは一定の役割を果たした．それらはまたオランダ語史の研究にとって不可欠の原史料である．

3. 『オランダ語辞典』におけるステヴィンの大きな存在感

　『オランダ語辞典』（CD-Rom 版，1995）上の「単語」のところでステヴィンの名前をクリックすると，四百八十八件もの引用が出てくる．その数字の一部は息子のヘンドリック・ステヴィンを参照するものだが，シモン・ステヴィンを参照するものが大半である．このことは，すべての事例においてステヴィンがこれらの言葉を用いた最初の著者だということを意味するわけではないが，一定数の言葉に関してはそのことが確かに妥当することに疑いの余地はない．ある事例においては，それらが新造語，すなわちブルッヘ人ステヴィン自身が考案し導入した単語であることがほとんど確実である．しかしながら，ある単語が新造語かどうかを決めるのは微妙な事柄である．誰かが問題の単語の登場するさらに早い史料を発見する可能性は常に存在する．ステヴィンの著作に出てくる言葉が本当に彼が考案した新造語なのか，それとも彼が新しい語義を与えただけなのか，あるいは限られた専門家集団の中ですでに使用されていて，彼がその使用を広めようとした言葉なのかを知るには，ステヴィンの著作をもっと古い手稿や書籍と比較しなければならない．

　WNT においてステヴィンの著作は典拠として重視されている．その辞書の中で彼の存在感がそれほどまでに大きいことには，いくつもの原因がある．

a) いくつかの主題に関しては，彼はオランダ語で書いた最も早い著者の一人であるか，あるいはまさしく最初の著者である．このことは『計量法原論』および『水の重量についての原論』については確かに当てはまる．例えば，算術に関してはすでにステヴィン以前に簡単な教科書（「算法書」['rekenboeken']）が存在していたが，静力学と静水力学に関しては事情が違っていた．

b) 航海術，天文学，簿記，（算術以外の）数学，技術，建築，戦争術など，16世紀末にはすでにオランダ語の出版物が存在していた分野においても，ステヴィンの著作には影響力があった．彼の威信の大きさによって，これらの著作で彼が行った言語の分野に対する寄与もまた大いに関心を集めることとなった．コンスタンテイン・ホイヘンス [Constantijn Huygens]（1596-1687）のような一流の文学者たちが彼らの詩の中でステヴィンの名をあげることまであった．そのことから，彼が文学者たちの間でもさまざまな専門分野での権威として認知されていたことがわかる．

c) ステヴィンはそれぞれの概念に対して適切な言葉を選ぶことに多大な注意と関心を払っていた．既存の語彙を使い，それらの意味を広げたり，より明確にできる場合もあったが，そうでない場合には熟慮の上，意識的に新たな語彙をつくったのであり，時にはラテン語の概念を翻訳したり，時には新しい合成語や派生語を形成したりした．

4. 新造語と新しい語義

4.1 プランタンおよびキリアーンの辞書とステヴィンの著作との比較

ステヴィンの伝記作家たちは今に至るまで，算術の分野におけるものを除いて，オランダ語に対する彼の正確かつ全面的な貢献について，例えば，どこで彼が新造語を導入し，どこでしなかったかをはっきり確定するような決定的な研究結果を報告しえていない．Dijksterhuis (1943) はステヴィンの寄与をさまざまな語彙のカテゴリーに分類した．その際彼は，ある単語がクリストフ・プランタンとコルネリス・キリアーン [Cornelis Kiliaen（van Kiel）]（1530-1607）の有名な辞書に出てくるか否かを新造語に対する基準の一つとして受け入れた．また単語の意味についてもこれらの辞書が標識となっていた．プランタンが出版した

4. 新造語と新しい語義

辞書『低地独逸語宝鑑』[*Thesaurus Theutonicae Linguae, Schat der Nederduytscher spraken*]は1573年のものである．1574年にはプランタンのもとで働いていたキリアーンの小事典『独羅辞典』[*Dictionarium Teutonico-Latinum*]が出たが，1588年にはこれの第二版が出版された．Dijksterhuisは1599年の第三版を使っていたが，それには『独逸語語源辞典，あるいは独羅辞典』[*Etymologicum Teutonicae Linguae, sive Dictionarium Teutonico-Latinum*]という別の書名があった．彼はキリアーンがステヴィンを典拠として使っていないことに注目した．

Dijksterhuisが使ったカテゴリーをここに示す．

I ステヴィンが欄外に注をつけ，プランタンとキリアーンの両者，またはその一方によって言及された語．

  Ia ステヴィンがそれに付与したのと同じ意味で．

  Ib ステヴィンが使ったのとは違う意味で．

II ステヴィンが欄外に注をつけたが，プランタンとキリアーンのいずれにおいても登場しない語．

III ステヴィンは欄外に注を記さなかったが，それにもかかわらずおそらく彼によってつくられたか導入されたかした語．このカテゴリーはさらに以下のように分かれる．

  IIIa プランタンとキリアーンの両者，またはその一方において（ステヴィンにおけるのと違う意味で）登場する．

  IIIb これら二つの辞書のどちらにも出てこない．

これらの基準は全く水も漏らさぬものというわけではない．すでに本格的に研究され，その成果が利用できるようになった算術の場合をみれば，そのことは明らかである．とはいえこの基準は，ある特定の語についてのステヴィンの寄与を判断する上で，堅実な指針を与える．Ib, II, IIIのカテゴリーには少なくとも二百五十語が見出せる．上記の基準に従ってDijksterhuisがステヴィンの著作からの単語を分類しているので，参考のため以下のいくつかをあげる．第一列にはステヴィンが「独逸の言葉」[duytsch]（＝オランダ語）で示した単語が，第二列には彼があげた同義の外国語が載っている．

Ia	daet	effectus, praxis
	cortbegryp	argumentum
	ghedachtenissen	commentaria
	spiegheling	theoria
Ib	bepaeld	limitatus
	natuerlick	physicus, physice
	pael	limes
	strijding	argumentatio
	vliet	studium
	begheerde	quaesitum
	besluyt	conclusio
	bol	convexus
	dobbeling	duplicatio
	ghegheven	datum
	reden	ratio
	vertooch	theorema
	voorstel	propositio
	afwijcking	declinatio
	breede, breetheyt	latitudo
	evenaer	aequator
	langde, lanckheyt	longitudo
	reetschap, tuych	instrumenta
	vergaring	college
	schutsel	orecchione, oreillon
	maniere	modus
	genesing	medicina
	wijsheyt	philosophia
II	deursichtighe	perspectiva
	eenheyt	unitas

	keghelsne	conisectio
	meetconst	geometrica
	keer	coude
	swaerheydtsmiddelpunt	centrum gravitatis
	versoucker	suppliant
	boveplaets	place supérieure
IIIa	bijl	（trapezium）
	perck	
IIIb	zeylstreeck	

4.2　1445年以降のオランダ語で書かれた算術書

　プランタンとキリアーンの辞書に関する比較研究に基づいて，Dijksterhuis は1943 年にステヴィンの言語に対する寄与に関する諸々の結論を引き出したが，これは改めて全面的に精査する必要がある．近年，算術の場合について，このことをはっきりと示したのは Marjolien Kool である．算術は商工業の日々の営みにおいて早くから不可欠であった．例えばアントウェルペンのような商業の中心地では，商人たちは自分の子供たちに計算を覚えさせたいと思っていた．それゆえ，そこでは算術を教授する学校がすでに 15 世紀に存在していたことも驚くに当たらない．15 世紀以来徐々に受け入れられてきた算術は新しく実験的なものであり，ローマ数字よりもはるかに計算しやすいアラビア数字に基礎を置いたものになりつつあった．算法教師たちはオランダ語の算術用語を考案しなければならなかった．アラビア数字での計算心得を記述した最古のオランダ語「手稿」は 1445 年に遡る．この『アルゴリズムなる九つの数字を考察する術』[*Allgorithmus is een aert in den welken siin ghevisiteert IX figuren……*] はバーゼル大学図書館に保管されている．

　Kool の研究　　Kool（1992）は，ステヴィンの著作に出てくる算術用語のうち，すでにそれ以前から見出せるものはどれかを徹底的に調査した．彼女が調査対象としたのは 1585 年以前の「算術史料」二十二点である．その中には，上で引用した手稿『アルゴリズムなる……』のほか，1508 年に出版され，現在はブ

リュッセルの王立図書館所蔵の『整数および分数で，アルゴリズムの正しい技法に従って計算することを学ぶ方法』[Die maniere om te leeren cyffren na die rechte consten Algorismi. Int gheheele ende int ghebroken] もある．引用される算法教師には，1532年に算術書を出したクリスティアヌス・ファン・ファーレンブラーケン [Christianus van Varenbraken] の『多くの美しく完璧な規則をもつかの高貴なる技法，算術についての特別な書』[Een sonderlinghe boeck in dye edel conste Arithmetica, met veel schoone perfecte regule] をはじめとする著作を出版したヒーリス・ファン・デン・フッケ [Gielis van den Hoecke]，1569年にブルッヘで『アラビア算法書』[Cijferbouck] を出版したアドリアーン・ファン・デル・グヒト [Adriaen van der Gucht] らがいる．

　Kool は，ステヴィンが使う六十一の算術用語のうち，三十一はすでに以前これら二十二の算術書の一つに同じ意味で登場しているという結論に達した．その一例は「分母」[noemer] という語である．Dijksterhuis によれば，この語はカテゴリーⅡに属している．しかしながら「分母」はすでに1508年に『整数および分数で，アルゴリズムの正しい技法に従って計算することを学ぶ方法』の中に登場していることがわかっている．当時の日常語の中で（あるいは少なくとも上記の算術書の中に）すでに用意されていたものの中からステヴィンが取り出してきた言葉の例として，Kool があげるのはほかに，rekenen［計算する］(1510)，somme［合計］(1463)，telder［分子］(1580)，vergaderen［集める］(「足す」という意味で) (1463)，vierkant［四角］(「平方」として) (153))，wortel［根］(1532)，worteltrecken［根の開方］(1537)，mael［倍］(1558)，aftrecken［引く］(1445)，cijffer［数字］(1510)，deelder［除数］(1537)，deelen［割る］(1445)，deelinghe［割り算］(1569)，ghebroken［壊れた］(=分数) (1508)，ghetal［数］(1445)，helft［二分の一］(1445) などである．

　ステヴィンによって算術に導入されたことがかなり確かで，Kool がもっと早い時期の著作では全く遭遇しなかった新造語には，uytbreng［乗算による積］，teldaet［実用算術］，parich［偶数］，onparich［奇数］，soomenichmael［商］，teerlincxwortel［三乗根］，thiendetal［十進法で表された数］，ghebreeckende［零］，平方根がある．

算術の分野においてステヴィンが導入した新語義には，afcomst［四則演算］，begheerde［要請］，beghin［「小数点の左の」数字］，beghinsel［①四則演算，②「小数点の左の」数字］，mael［商］，sijde［根］，teerlinck［三乗冪］，telconst［算術の理論］，thiende［完全に十進法に基づいた位取り記数法］，werckstuk［問題］，werf［商］などがある．

算術においてステヴィンの（新造語も新語義も入れた）新たな創作語彙の数が，1992年の段階まで彼の伝記作者たちが示していたものより少なくなることは明らかである．それに加え，「彼の」術語のいくつかは現在もはや使われていないこと（例えば，uytbreng），そして算術における彼の新語義の多数は1580年頃すでに存在していた言葉に非常に近かったということにも注意するべきである．例えば平方根［viercanten wortel］は確かにステヴィンの新造語であるが，平方の根［viercantighe wortel］なる語はすでに1580年に使用されている．状況はparichについても同様で，この語は確かに新造語であるが，paer［対］はすでにキリアーンの『独羅辞典』（1574）に登場している．

算術の概念のいくつかについてはステヴィンがそれらに明確な形を与えた最初の人物であり，このことによってthiende，beghin，beghinselなどに新しい語義が与えられた．これらの単語はすでにより初期の算術書のいくつかに登場していたが，そこでは別の意味が与えられていた．正しく指摘されているように，ステヴィンは大変よく練り上げられた算術語彙の体系を打ち立て，その使用に当たっては，──例えば単なる算術書の著者とは違って──ほぼ完全に一貫しており，同義語を併用することがほとんどなかった．歴史的に大変重要な著作である『十分の一法』を通じて彼が使用した語彙の影響は大きくなり，彼がもたらした新しい単語と語義に加えて，算法教師たち専門家の業界にはすでに存在していたものから彼が選択した算術用語は，さらに勢力を得たのであった．

4.3 『オランダ語辞典』から何がわかるか？

多数の単語について WNT はステヴィンを最古の出典として示している．WNT は出典としてプランタンとキリアーン以外にも16世紀の文典の大変広範な基礎資料を使用している．WNT が最古の典拠としてある著者に言及すれば，

これは確かに意義あることなのである．

　算術の事情は特別である――ステヴィンが活躍した他の多くの分野では，それ以前にオランダ語で書かれたものは全く，ないしほとんどなかった．このことが明白に当てはまるのが『計量法原論』と『水の重量についての原論』である．これらの分野に関しては，低地諸国でステヴィン以前には何ら本質的な貢献がなされることも，それについて出版されることもなかった．彼がこの分野に（欄外のラテン語名称とともに）もたらしたオランダ語の専門用語は，プランタンとキリアーンで「フィルターにかけた」後でなら，高い確度で新造語ないし少なくとも新しい語義と見なすことができる．その際ステヴィンが職人の業界からの言葉を選び出し，それに新しい語義を付与したこともあったに違いない．

　物理学と天文学については，算術教科書と比較できるようなオランダ語の著作は存在していなかった．航海術，技術，軍事科学，簿記，音楽，法学，建築などに関する単語は，もっと抽象的な物理概念より大衆にとってより身近だったので，プランタンとキリアーンの辞書などには通例として採用されたはずである．したがってプランタンとキリアーンの辞書による「フィルタリング」は，ステヴィンが従事した分野のうち算術を除くすべてについて，依然として妥当な方法である．

　WNT の出典は 1500 年まで，そして時にはさらにそれ以前にまで遡る．*WNT* で補いつつプランタンとキリアーンを使うことは，ステヴィンが使う語の身分を新造語ないし新語義として同定する上で有意義であり，それほど専門的ではない分野に由来する語に関しては，一つの指針を与えるものと見なすことができる．しかしながら――例外的とはいえ――算術の場合が例示するように，この戦略に全く穴がないわけではない．

　WNT の出典としてのステヴィン　　この項ではステヴィンの著作の中から，プランタンとキリアーンの辞書で「フィルターにかけた」単語をいくつか選んでいる．そのうえでそれらをさらに一回 *WNT* で濾している．時には，いくつかの単語の鮮度を調べるため，van Dale がどういっているかも調べている．

　――ステヴィンは，'keer' という語の出典として *WNT* で五十五回言及されている．

KEER

 5) 大勒馬銜(だいろくばみ)（カーブ）にある湾曲部．——大勒馬銜はまっすぐにおよび曲がってつくられ，第一図にあるようにまっすぐに，第二図にあるように曲がって，その湾曲部は X から Y へ向かって反り返り（等等）——それゆえそれは大勒馬銜の返し［keeren］という，STEVIN, Wisc. Ged. 2, 4de Stuk, 207（馬勒の圧力について）．

 この単語は「大勒馬銜にある湾曲部」として van Dale に出ている．この意味での 'keer' はステヴィンが導入した語の一例である．その語は彼が計量法を応用したものから借用され，今日なお通用している．

 ——計量法は WNT でステヴィンへの参照とともに四回言及されている．秤［weegh］の派生語の数々も同様にステヴィンを参照している．「量る」［wegen］の見出しにはこうある．

 計量法とは，物体の重量すなわち重さについて，その比，比例および性質を教える学芸なり，STEVIN, Gedacht. 6, 5（1586）．幾何学が図形の重さではなく大きさを考察する如く……；反対に計量法はその大きさではなく重さを考察するのであり，……計量法はステヴィンから大変完全かつ完璧に学ぶことができ，また数学において最も洗練された主題の一つなり，STAMPIOEN DE JONGE in CHR. HUYGENS, Œuvres 1, 7（1645）．

そこから，

 計量法的な［weegkunstig］，計量法に属する，またはそれに関係する．——もし量り手が根拠に関する知識のみによってその……計算を行わんと欲すれば，計量法的図形をみずから描けばよい，STEVIN, Gedacht. 6, 103（1586）．ここで（すなわち滑車に関して）この一般的な計量法の規則が成り立つことが見て取れる：為し手の道のり対受け手の道のりは，受け手の力対為し手の力と同様である，6, 194（1605）．計量法に関する論述において，我々には，地上の諸物の運動に関して，その本性の明晰な見通しが不可避的に必要であり……；かくして我々は，相当な年数のうちの……少なからぬ部分をそのための眼鏡を見出すことに費やしてきた（永久運動の仮定ないしその拒否が話題となっている），STEVIN, Burg. Stoff. 1, 40*（1620 年以前）．

そこからまた，

　計量法的な［weegkunstelijk］，計量法の方法と規則に従って．──幾何学および算術の提題にはさまざまな操作がある如く，計量法もまた同様なり．なんとなれば，その柱体から，柱体全体に対して例えば二対三の比になるような切片を切り取ることできんがためなり，あるいはさもなくば……それを他の物質との比較で量り，それから三分の二をとってもよかろうが，我々はそれをより計量法的に行わんと欲するなり，STEVIN, Gedacht. 6, 21 (1586).

ステヴィンが計量法について WNT での基本的な参照先だというだけではなく，STAMPIOEN DE JONGE in CHR. HUYGENS, Œuvres 1, 7 (1645) への参照も意義深い．なぜならそれは，1645 年にステヴィンの計量法がホイヘンス家でも知られていたことを示しているからである[2]．

関連語である weeghkunde も，1666 年に初出として van Dale に載っている．

──重量［gewicht］の場合，WNT でステヴィンへの参照が二十九件出てくる．

　GEWICHT（以前は GEWICHTE），中性名詞，複数形 gewichten；縮小形 gewichtje，複数形-jes．中高ドイツ語 gewihte, gewiht（LEXER 1, 990）；アングロ・サクソン語 gewiht, gewyht, gewihte（BOSWORTHTOLLER 446）；東フランク語 gewicht（DOORNKAAT-KOOLMAN 1, 625）；新高ドイツ語 gewicht 中世オランダ語 gewichte（VERDAM 2, 1906）；PLANTIJN（1573 年）および MELLEMA（1618 年）で gewicht に併記されて gewichte，KILIAEN は gewicht のみ示す．

　本来の理解では，抽象的．ある物体に作用する重さ，重力の大きさはその物体の重量と呼ばれる（LORENTZ, Natuurk. 1, 99）．──計量法とは，物体の重量すなわち重さについて，その比，比例および性質を教える学芸なり，S. STEVIN, Wisconst. Gedacht. IV, 5.

このように WNT の中で「重量」という言葉は，ステヴィンのその語の用法

訳注[2]　ホイヘンス家で家庭教師をしていたスタンピウンはクリスティアーンの教科書として『計量法原論』を指定していた．

を引き合いに出すことで「本来の理解では，抽象的」と詳しく定義されている．

4.4 オランダ語についてのステヴィンの見解

　オランダ語を旗印に高く掲げようというステヴィンの動機は，その歴史的文脈に照らし合わせると明白になるはずである．しかしそのほかにもステヴィンは，（オランダ語を含む）「独逸の言葉」には，さらに他のすべての言語に優越する数々の特性があると考えていた．

　第一に彼はオランダ語の簡潔さを強調している．彼はこのことを，単音節語，動詞の一人称未完了現在形などの何百もの例でもって説明した．例えば彼は，ラテン語やフランス語，ギリシア語などに比べると，「独逸語には単音節の単語がかなり多く存在している」と論じている．思考や概念を一音（単音節語）で表現する能力を，ステヴィンはある言語にとって固有の品質保証マークと見なしていた．

　ステヴィンが高く評価したもう一つの特性は，オランダ語の合成語作成能力であった．言語の目的とは，とりわけ思考の内容を説明することであり，そのためには，それらがどこでもよく結合を許すということが重要である．オランダ語が単語を組み合わせることにおいてギリシア語やラテン語より優れているということをステヴィンは巧みに例証した（図8.2）．二つの単語，例えば水 [water] と井戸 [put] を選ぶとせよ．それらは水井戸 [waterput] とも井戸水 [putwater] とも組み合わせられる．このようにして二つの異なる概念が生まれる．彼はまたさらに例として，猟犬 [iachthondt] と犬猟 [hondiacht] や，ガラス窓 [glasveinster] と窓ガラス [veinsterglas] をあげていた．そこに帆かけ車 [zeilwagen] と車帆 [wagenzeil] を加えてもよかっただろう．

　またステヴィンによればオランダ語は科学的な論証を表現するのにも最適である．彼は次のように論じた——「なんとなれば，かの計量法に氾濫せる等姿勢重量 [evestaltwichtigh]，直揚重量 [rechthefwicht]，斜降線 [scheefdaellini] などを言い表すべき言葉をいずこに求めんや．それいずこにもあらず」．

　第四にステヴィンは，熱狂的な言い回しで長々と，オランダ語が聞き手の心を動かし夢中にさせるには最適の言語であると述べた——「最後に我々は，その趣

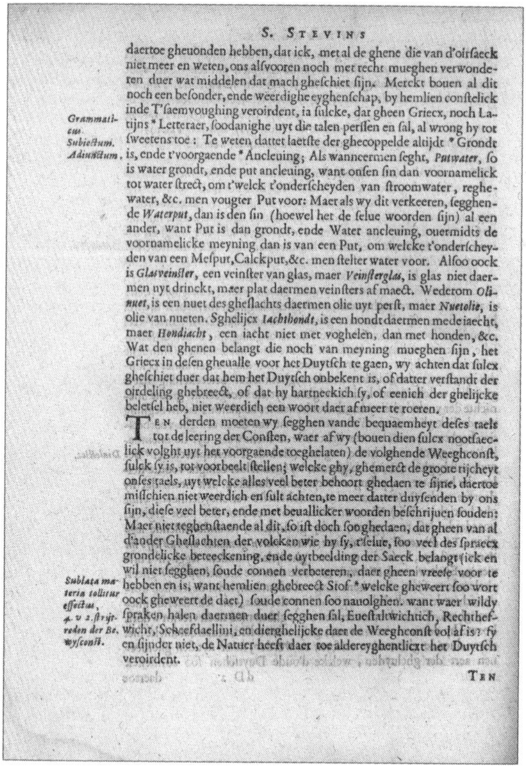

図 8.2 合成語をつくる際のオランダ語の柔軟性を分析するに当たって,ステヴィンは「水井戸」と「井戸水」や「窓ガラス」と「ガラス窓」,「猟犬」と「犬猟」などの例をあげた.『計量法原論』より.
ブルッヘ市立図書館, B 265.

旨に従い,この言語の感動性を示すべし」.それに当たって彼は,「独逸諸国」における説教師たちの説得力などに言及した.

　この叙情的な文句は「独逸語の尊厳についての声明」という題のもと科学における彼の古典的な傑作『計量法原論』の冒頭に置かれたものだが,そこにおいて普段はかくも冷静な技術者ステヴィンの姿を認めるのは難しい.他方,指摘しておくべきは,ステヴィンと彼の同時代人たちのほとんどの著作は仰々しい書き出しと献詩から始まっていたということである.

当然ながらステヴィンの修辞的なオランダ語擁護論はその歴史的背景に照らしてとらえねばならない．ここにおける一つの要素は北方ルネサンス運動の高揚である．ギリシア-ラテン文化の系譜に連なるイタリア人たちは，長い伝統の上にみずからの像を投影することがごく当たり前にできたのであるが，イタリアでの文芸復興に続いて古代ギリシアの知的偉業を発見し，その礎を受け継いだアルプス以北の学者たちも，同様の仕方でみずからの正統性の証を立てる必要を感じていたのであった．

　みずからの言語であるオランダ語を使用し発展させることは彼らに固有のアイデンティティーを与えた．彼らはまた好んで「賢者の時代」[Wysentyt]，すなわち数学にかかわる諸学が偉大な繁栄をみた，はるか遠い過去に言及した．それは古代ギリシア・ローマよりもさらにずっと前の時代であり，後に失われてしまうことになる完全な知恵と認識が健在であった時代であった．古代ギリシア人であれルネサンス人であれ，アルプスの北でも南でも，彼らが成し遂げたのはその失われた知恵を再構成することにすぎないことになる．Dijksterhuisが念を押しているように，賢者の時代とは根も葉もない観念であった．しかしその観念は当時の思潮には確かに合致していた．例えば，アントウェルペンの医師ジョアンネス・ゴロピウス・ベカヌス[Joannes Goropius Becanus]（1518-1573）は，オランダ語はすべての言語の中で最も古いなどと主張し，その説は当時一世を風靡したが，ステヴィンはこれをさらに敷衍している．彼によれば，理想的な賢者の時代に存在していた数学と自然学の完全な知識は失われてしまったが，オランダ語を至るところで学問における公用語として導入すれば，たちどころにそれを取り戻すことができるはずであった．

　ステヴィンが時代の風潮に染まっていささか突飛な動機を抱いていたからといって，オランダ語に対する彼の客観的にみて大変価値ある寄与が傷つけられることはない．ちなみにステヴィンは，有能であってもラテン語を勉強しなかった多くの人々が科学知識を深める機会を逃すことのないよう，科学の研究，教育はオランダ語で行われるべきであるとも述べていた．この「社会的な」論拠は明らかにステヴィンの時代にも意味があった．

　自国語の使用に向けたステヴィンの努力はただ徐々に，また明らかに周りから

> 576　MENGELDICHT.
> Met kindertaal, of ruim zo erg te doemen.
> Ik fmet alré myn dicht veelfins door 't noemen:
> En breng alleen van dit grof laken by
> Wat ftaaltjes, tot bewys van zyn waardy;
> Maar zwyge 't meeft der feilen, die onendig
> Ons moederfpraak ontluiftren fnoodt en fchendig.
> O jammer! 'k zie de fchriften dus bekladt,
> Die elk geleert en wys en treflyk fchat.
> Onkunde van de letterkunft, gelaftert
> Al 't aardtryk door, houdt Neêrlants taal verbaftert.
> 　　d'Onduitfcheit en de taalfmet van het lant
> Week enigfins voor 't licht van uw verftant,
> O ⁵ Spiegels, ô ⁶ Stevynen, ô ⁷ de Groten.
> Maar 't loflyk wit is ftrax niet heel befchoten.
> Hooftfchryver van den Staat, gelauwert Hooft,
> Gy helpt ons meeft. uw eer blink', nooit verdooft.
> Maar wie u niet recht naftapt, doolt licht grover.
> Ook bleef na u noch werk voor andren over.
> 　　En och wat raat? taalkunde, die het ftuk
> Verftaat, geeft toe, en buigt zich onder 't juk
> Van 't erfgebruik. 't Hof met Onduitfche termen
> 　　　　　　　　　　　　　　　　　　Houdt
>
> ⁵ Henrik Laurenszoon Spiegel, een andere Ennius of Pakuvius in 't Nederduitsch, is in zynen Hartspiegel en zedevormenden Almanak lofyk voorgegaan, tot zuiveringe en verbeteringe zo wel van de fpraake, als van de zeden; hoewel geenfins de volmaaktheid bereikt hebbende, noch vry van hardigheit, gelyk niemant kan vreemt geven in die tyden der voorgaande ewe.
>
> ⁶ Simon Stevin, een groot taalkundige en taalverbeteraar, by den Droft Hooft hierom hoog geacht, heeft dit ys ook niet weinig gebroken, veel nieuwe vonden uitvindende in zyne wiskunftige werken, om onze Duitfche fpraak van baftertwoorden en onduitfcheit aldaar te fchuimen. In zyn boek van de Weegkunft en Waterwigt, in den jare 1586 te Leiden uitgegeven, beweert hy vooraf met een geleerde rede en geen geringe redenen, dat de Duitfche taal, vry out van oorfprong, in beknoptheit van uitdrukkinge, rykdom van koppelwoorden, bequaamheit om kunften te leren, en kracht op het gemoet van dieze horen, niet alleen geen Franfche, Italianfche, en Spaanfche, maar zelf ook geen Griekfche en Latynfche talen hoeft te wyken, ja die alle overtreft; hare uitheemfche verachters ook bondig wederleggende.
>
> ⁷ Hoe Hugo de Groot, in 't Griekfch en Latyn veel meer anders en veel gelukkiger arbeidende, de netheit van zyne moedertale ook gezocht en onduitfche termen gefchuwt hebbe, kan zyne Inleiding ter Hollantfche Rechtsgeleertheit uitwyzen; met zyn Bewys in Nederduitfch dicht van den Chriftelyken Godtsdienft.

図8.3　北部ネーデルラント諸国出身の詩人ヨアンネス・フォレンホーフェ［Joannes Vollenhove］(1631-1708) は，「低地独逸の著作家たちへ」という詩（『詩』［Poezy］, pp. 564-577 収録）の中で配慮の行き届いた言葉遣いの重要性を訴えた．この詩集の中でステヴィン［'Stevyn'］はヨースト・ファン・デン・フォンデル［Joost van den Vondel］やグロティウス，ピーテル・コルネリスゾーン・ホーフトらと並び称され，詠われている．
デン・ハーグ，王立図書館，760 D 26.

の影響のもとに生まれた．彼の初期の諸著作（『利子表』(1582) および——ステヴィンの著作と確証されれば——『組合企業の計算に関する新発明——シモン・ステファヌスによって発明され，初めて公刊されたるもの——』［*Nieuwe Inventie van Rekeninghe van Compaignie......*］(1581)）において，彼はオランダ語のほか

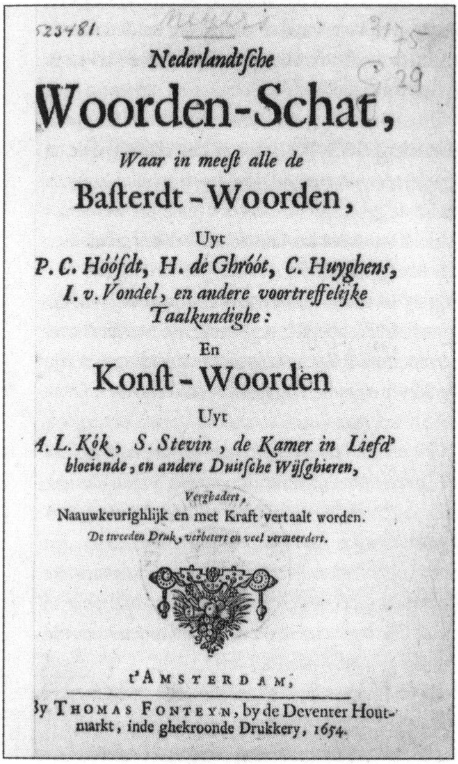

4. 新造語と新しい語義

> *Nederlandtſche*
> **Woorden-Schat,**
> *Waar in meeſt alle de*
> **Baſterdt - Woorden,**
> Uyt
> *P. C. Hóófdt, H. de Ghróót, C. Huyghens,*
> *I. v. Vondel, en andere voortreffelijke*
> *Taalkundighe :*
> En
> **Konſt - Woorden**
> Uyt
> *A. L. Kók, S. Stevin, de Kamer in Liefd'*
> *bloeiende, en andere Duitſche Wijſghieren,*
> *Vergadert,*
> Naauwkeurighlijk en met Kraft vertaelt worden.
> *De tweeden Druk, verbetert en veel vermeerdert.*
>
> t'AMSTERDAM,
> By THOMAS FONTEYN, by de Deventer Hout-
> markt, inde ghekroonde Drukkery, 1654.

図 8.4　1654 年にトーマス・フォンタイン［Thomas Fonteyn］が出版した『蘭語宝鑑』［*Nederlandtsche Woorden-Schat*］の扉．ここにみられるように，オランダ語に対するステヴィンの影響は，言語学に関する 17 世紀の指導的な著作においても顕著である．
デン・ハーグ，王立図書館，3175 G 29.

ラテン語（『幾何学問題集』(1583)）とフランス語（『算術』(1585)）も使っていた．『十分の一法』と『ディアクレティケーすなわち論証術』［*Dialectike ofte Bewysconst*］の出版以降，ステヴィンは明らかに自国語に対するより多くの関心を育み，とうとうオランダ語だけを使うようになった．『計量法原論』(1586) の第一巻で彼はこのことに関して立場を明確にした．その後の諸著作においても彼は再三そのことを明言している．

ステヴィンが当時のオランダの文学者や，アムステルダムの「花開く愛の盛りに」[In Liefde Bloeyende] のような雄弁家協会によって敬われていたのも驚くには当たらない．よく知られているのは詞華集『低地独逸のヘリコーン』(1610) でステヴィンに捧げられた献辞である．当時著名であった詩人のヘルブラント・アドリアーンスゾーン・ブレデロもオランダ語へのステヴィンの寄与を称えていた（図 8.3，8.4）．

5. 国際的な現象としての固有の言語に対する関心

16 世紀に科学と文化を自国語で営もうと努力したのは，低地諸国出身の文人や学者たちだけではなかった．同様の運動は例えばイタリア，フランス，そしてドイツにおいても興隆した．

オランダ語で出版するというステヴィンの決断の不利な点は，彼の知見が外国に届くのが遅れたということであった．彼のいくつもの発見，その最も顕著な例は静水力学の逆理であるが，それらの発見は後に他の学者たちによって繰り返された．ウィレブロルト・スネリウス（スネル），フーゴー・グロティウスほかによるステヴィンの著書の翻訳も，彼の業績に時宜よろしく国際的な脚光が当たるようにするには十分ではなかった（ステヴィンの著作の外国語訳の一覧は Mertens (1998) によって作成された）．

例えばクリスティアーン・ホイヘンスとの違いはここにおいて顕著である．ホイヘンスは長らくパリに住み，ほとんどフランス語で出版し，常に当時の一流の学者たちと手紙をやりとりし，交際していた．確かにホイヘンスは史上最も創造的な学者の一人であるが，そうだとしても，ステヴィンが，例えばラテン語で書いていたならば，彼の業績はもっと大きな反響を得ていたであろうことは疑いえない．

ここでまた触れておくべきは，ステヴィンは手紙を書くことがほとんどなかったが，もし彼が筆まめであったら，より広く国際的に認められるのに役立ったであろうということである．ステヴィン自筆の稀少な手紙の一つを発見した Bockstaele (1976) も，このことを強調していた．

第 9 章

透視画法理論
― 「視覚論について」 ―
Perspectiefleer

　中世の画家たちは経験的な透視画法表現を発展させた．ヤン・ファン・アイクはその典型例である．透視画法理論を数学的に基礎づけることはイタリアで始まり，1600 年にはグイドバルド・ダル・モンテ［Guidobaldo dal Monte］(1545-1607) がそのために画期的な著作を著していた．「透視画法について」の中でシモン・ステヴィンもこの分野に独創的な貢献をもたらし，既存の知識を教育的配慮のもとに総合したが，それは特に，画家たちが与える説明に満足しなかったオラニエ公マウリッツのため意図されたものだった．

1. ステヴィンの「透視画法について」の歴史的位置づけとその先駆的諸側面

1.1　初期透視画法理論

　透視画法（線遠近法）は単純で自明の事柄ではない．古代エジプトには豊かな文化があったが，その絵画表現では，視覚的効果に関して「奥行き」を考慮する試みが全く欠けていた．これらの表現は幼い子供たちの描く絵と比較できる．子供の絵の中でも透視画法はふつう用いられない．透視画法の最初の形態がようやく現れるのは，ポンペイから出土したギリシア様式の壺やフレスコ画においてである．しかしながら，ビザンチンの芸術は再び「平板」で，遠近のない図像に戻ってしまった．ジオット・ディ・ボンドネ［Giotto di Bondone］(1266-1337) と

その弟子たちの絵画の中ではいくつかの透視画法的な要素を認めることができる．しかしながら絵をみる者は，自分がこれらの絵の中に描かれた空間の外にいるような印象を受ける．

　15世紀前半に，主としてイタリアで，透視画法理論の体系的かつ数学的な理論が発展したが，その際，中心的な役割を演じたのは建築家と画家であった．フィリッポ・ブルネレスキはその先駆者の一人と見なされうる．彼は固定された視点からの中心投影をその方法の基礎に置いた．建築家のレオン・バッティスタ・アルベルティと画家のピエロ・デッラ・フランチェスカ［Piero della Francesca］（1420頃-1492）はブルネレスキの方式をみずからの論考中に書き記した．ルネサンスの画家たちは彼らの規範に忠実であろうと努めた．

　透視画法が用いられた絵画の最初の例として時折引き合いに出されるのがパオロ・ウッチェロ［Paolo Uccello］（1397-1475）の「受胎告知」［Annunziato］である．また，トンマーゾ・グイディ・マザッチオ［Tommaso Guidi Masaccio］（1401-1428/29）の「三位一体」［Trinita］もこうした評価を受けることがある．しかしながら両作品とも，描かれた空間の中に鑑賞者の目を取り込むことにかけては，当時のフランドルやオランダの画家たちの作品に及ばない．フランチェスカの作品はイタリア・ルネサンス絵画の頂点であったが，彼でさえ光の効果の微細な表現のこととなったら，オランダ・フランドル派の水準には到達しなかった．フランドル派，特にファン・アイクは，「実際のものがみえているような」錯覚を生み出すことにかけて多大な成功を収めた．ファン・アイクの手法は本質的に非数学的であったが，かつての巨匠たちがいかに透視画法を扱ったかということについては，今日に至るまで喧々諤々の議論が続いている．Dalton（2001）はHockney（2001）とFalco（2001）の近年の理論を解説しているが，それによればすでに1430年の時点でレンズや他の光学装置が画家のアトリエで使われていたらしい．

　透視画法理論の研究，その歴史的発展および空間に関する諸概念のより広い文脈におけるその位置づけ，これらすべては大変広範な主題を構成するため，ここでこれ以上論じることはできない．我々にとって興味があるのは，透視画法理論の数学的基礎の発展と，それに対してステヴィンがどのような貢献をしたかとい

うことである．

フェデリゴ・コマンディーノは1558年，アルベルティが記述した種類の透視画作成法が正しいことを幾何学的に初めて証明した．ジョヴァンニ・バッティスタ・ベネデッティが1585年に二番目の証明を与えた．透視画法の規則を数学的により一般的に定式化することを始めたのは，イタリアのダル・モンテとネーデルラント諸国のステヴィンなのである．

1.2 ステヴィンとダル・モンテ

1600年，ダル・モンテは『透視画法書六巻』[*Perspectivae libri sex*] を出版した．これは透視画法に数学的——この場合はむしろ幾何学的——理論を導入した最初の著作である．『透視画法書六巻』は画期的な著作であった．その中で紹介されている方法は要素が任意の方向を向いた作図対象の透視画像を作成するためのもので，原則的に透視画法表現のすべての問題が幾何学的に解決できることが示されていた．ステヴィンが「透視画法について」を出版したのは1605年である．ステヴィンはおそらく直接的ないし間接的にダル・モンテの著作を知っていたと思われるが，そのことは述べてはいない．ステヴィンが透視画法理論を研究する手法もまた純粋に幾何学的であるが，彼はダル・モンテがすでに得ていた結果だけでなく，いくつかの新しい定理も導いている．既知の諸命題についても，ステヴィンが考案した証明は，おおむね数学的にみてより妥当なものである．いつものことながら彼の解説は要領を得ていて，教育的にみても大変優れている．数学的透視画法理論に対するステヴィンの最も革新的な寄与は「透視画法について」の命題五と六にみられる．これらの命題によって——初めて——ガラス（「ガラス」の定義については次節を参照）を傾いた状態で使うことができるようになった．ここにおいてステヴィンは透視画法理論の問題を原則上すべて解いたことになる．これらの命題でのステヴィンの論証は際立ってエレガントであり，それらの命題は現代数学においても依然として一定の役割を果たしている．また「透視画法の逆問題」に関するステヴィンの洞察も鋭く，時代に先んじたものであった．いくつかの箇所での議論はまことに印象的である．

2.「視覚論について」の概要

透視画法理論に対するステヴィンの先駆的な貢献は「高名にして高貴なる……オラニエ公マウリッツ殿下の教材を収録せる……『数学覚書』第三篇「視覚論について」[Vande Deursichtighe]」として伝えられている．

余白には Deursichtighe の脇に De perspectivis とある．これらの語をステヴィンはどういう意味で使っているのだろうか．彼は「概要」の中で deursichtighe という言葉を解説する．

deursichtighe については，三巻の書が著される．第一巻は verschaeuwing について，第二巻は spieghelschaeuwen の諸原理について，第三巻は wanschaeuwing について．

彼は verschaeuwing を次のように定義する（定義一）．

verschaeuwing とは奥行きのある物体の，奥行きがあるようにみえる平面模写である．

ステヴィンの時代，（現在では「透視画法」を指す）「パースペクティブ」という概念は，我々が今日それに与える意味を一義的に有していたわけではない．deursichtighe はステヴィンにおいてはむしろ「光学（視覚論）」という概念に当たり，verschaeuwing が近代的な「透視画法」の概念を指していた．

「視覚論について」の中でもステヴィンは公理論的構成，すなわち定義と公理から出発して諸定理を導き出すやり方に従う．定理は六つある．

図9.1を参考に諸定義の導入の仕方をみてみよう．

対象［t'verschaeulick］と我々が呼ぶのは，それについて透視図が作成されるところのものである．作成された透視図はそれの射影［schaeu］である（定義四）．

床面［vloer］とは，対象図形がその上に立って，あるいは横たわっているところの平面である（定義五）．

目［oogh］とは，目の視覚機能を行うとされる点である（定義六）．

鑑賞者線［sienderlijn］とは，目から床へ引かれた（垂）直線であり，床面上にあるその端点は足［voet］という（定義七）．

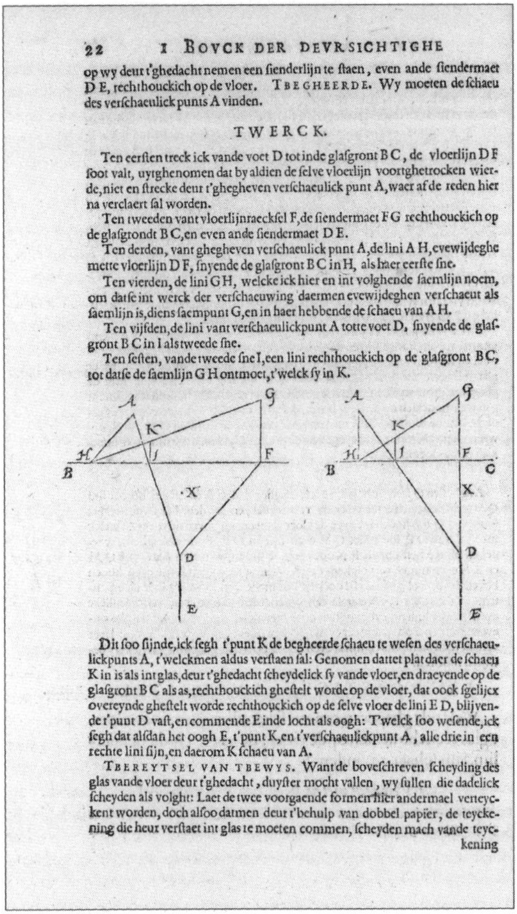

22 I BOVCK DER DEVRSICHTIGHE

op wy deur t'ghedacht nemen een ſienderlijn te ſtaen, even ande ſiendermaet D E, rechthouckich op de vloer. TBEGHEERDE. Wy moeten de ſchaeu des verſchaeulick punts A vinden.

TWERCK.

Ten eerſten treck ick vande voet D tot inde glaſgront B C, de vloerlijn D F ſoot valt, uytghenomen dat by aldien de ſelve vloerlijn voortghetrocken wierde, niet en ſtrecke deur t'gheghveven verſchaeulick punt A, waer af de reden hier na verclaert ſal worden.

Ten tweeden vant vloerlijnraeckſel F, de ſiendermaet F G rechthouckich op de glaſgrondt B C, en even ande ſiendermaet D E.

Ten derden, vant gheghveven verſchaeulick punt A, de lini A H, evewijdeghe mette vloerlijn D F, ſnyende de glaſgront B C in H, als haer eerſte ſne.

Ten vierden, de lini G H, welcke ick hier en int volghende ſaemlijn noem, om datſe int werck der verſchaeuwing daermen evewijdeghen verſchaeut als ſaemlijn is, diens ſaempunt G, en in haer hebbende de ſchaeu van A H.

Ten vijfden, de lini vant verſchaeulickpunt A totte voet D, ſnyende de glaſgront B C in I als tweede ſne.

Ten ſeſten, vande tweede ſne I, een lini rechthouckich op de glaſgront B C, tot datſe de ſaemlijn G H ontmoet, t'welck ſy in K.

Dit ſoo ſijnde, ick ſegh t'punt K de begheerde ſchaeu te weſen des verſchaeulickpunts A, t'welckmen aldus verſtaen ſal: Genomen dattet plat daer de ſchaeu K in is als int glas, deur t'ghedacht ſcheydelick ſy vande vloer, en draeyende op de glaſgront B C als as, rechthouckich gheſtelt worde op de vloer, dat oock ſgelijcx overeynde gheſtelt worde rechthouckich op de ſelve vloer de lini E D, blijvende t'punt D vaſt, en commende E inde locht als oogh: T'welck ſoo weſende, ick ſegh dat alſdan het oogh E, t'punt K, en t'verſchaeulickpunt A, alle drie in een rechte lini ſijn, en daerom K ſchaeu van A.

TBEREYTSEL VAN TBEWYS. Want de boveſchreven ſcheyding des glas vande vloer deur t'ghedacht, duyſter mocht vallen, wy ſullen die dadelick ſcheyden als volght: Laet de twee voorgaende formen hier andermael verteyckent worden, doch alſoo datmen deur t'behulp van dobbel papier, de teyckening die heur verſtaet int glas te moeten commen, ſcheyden mach vande teyckening

図 9.1 与えられた点 A の透視画像を求める際の基本作図．そのために必要な六つのステップは文中で記述されている．『数学覚書』第三篇「視覚論について」より．ブルッヘ市立図書館，1919．

鑑賞者尺［siendermaet］とは，鑑賞者線に等しい長さの線である（定義八）．

ガラス［glas］とは，目と対象図形との間にあり，対象がその射影を映し出すとされるところの，無限に広がる平面（余白には Planum infinitum とある）である（定義九）．

ガラス基線 [glasgront] とは，ガラスと床面とが共有する切り合い（切り合い [sne] ＝切断すなわち交線）である（定義十）．

視線 [strael] とは，目から出る直線である（定義十一）．

集点 [saempunt][1] とは，互いに平行な（余白には Parallelis とある）対象直線群の射影の延長が集まるところである（定義十二）．

そして，そのようにして集点に集まる諸線を，集線 [saemlijnen] という（定義十三）．

床面上で足からガラス基線まで引かれた直線を床線 [vloerlijn] という．そしてそれとガラスとの接点は床線接点 [vloerlijnraecksel] という（接点 [raecksel] とはここでは交点のことである）（定義十四）．

公準（要請 [begheerten]）としてステヴィンは次のように仮定する．

物理的実体たる [natuerlick] 被射影点，物理的実体たるガラス平面上に映るその射影，および物理的実体たる目は一直線上にあるということ．

射影の対象として与えられた点，線ないし面がガラス上にある場合，それらは同時に自身の射影でもあるということ．

対象となる点，射影された像および目は第一の公準により同一直線上に位置する．二番目の公準は，対象となる点，線分ないし平面がガラス上にある場合，それらは自分自身の射影になっているということを述べている．

図9.1は命題五（問題一）からとったものだが，これを使って上記の諸定義のいくつかをより詳しく解説することができる．図9.1は床面（今日の名称では「基面」）上にある．床面に対し鉛直なガラスがあると想像し，それは床面とガラス基線 BC で交わるとする（点 F の右にあるべき文字 C が図9.1の左半分では欠けていることに注意）．ガラス基線に対する現代の名称は「基線」である．A は被射影点であり，ここでは床面の上にある．線分 DE は鑑賞者尺であり，点 D は足である．足の上には鑑賞者線があると想定されており，その長さは鑑賞者尺 DE に等しい．それゆえステヴィンは，紙面（ここでは床面と同一である）上の線分 DE を用いて，鑑賞者尺（足から目までの距離）を図示している．鑑賞者線

訳注[1] 現代の用語では「消失点」に当たる．

は，ガラスと同様に，床面上に鉛直に立っていると想定されているが，それはそのようには描かれていない．なぜなら，そのためにはやはり透視画法に基づく作図が必要であるが，それこそまさにここで探求されていることであるからである．求められている点 A の像（射影 [schaeu]）を見出すため，ステヴィンはここで六段階からなる幾何学的作図法（作業 [twerck]）を示すが，それは的確であり——何よりわかりやすく図解されているため——教育的観点からも大変優れている．

図 9.1 の上のところでその六段階の手順が読者に紹介されているが，それをステヴィンの指示どおりに鉛筆と定規でやってみるのも面白い．六番目の作業の後で点 K が確定され，簡潔な証明によって，K が求められていた射影であることが明らかにされる．

「透視画法について」の中で——六つの命題を基礎として——扱われる一般的な問題は，固定した視点から対象をみた際の透視画像を，両者の間に置かれた任意のガラス上に描くというものである．提題五はそのため基礎となる結果であり，それによって，床面内にある所与の点の像を見出すことができる．床面より上にある点については，提題六が解法を与えている．

2.1 六つの定理

ステヴィンが透視画法理論において考案した応用例はすべて六つの定理に基づいている．

定理 1. 与えられた二つの点の像を始点および終点とする線分は，もとの二点を結んだ線分の像である[2]．

この命題を証明する必要があるとステヴィンが見抜いているのは注目すべきことである．

定理 2. 互いに平行な直線群をそれらの直線に平行なガラス上に射影すると，それらの像は互いに平行である．

定理 3. 互いに平行な諸線分を，それらと平行ではないガラス越しにみる場

訳注[2] 対象の直線はガラス（画面）上の直線に射影されるということ．

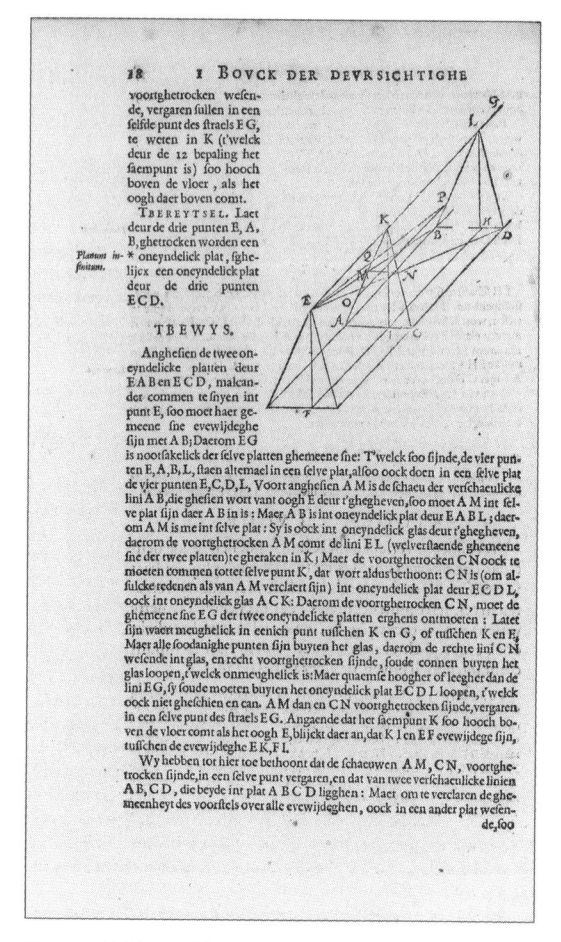

図 9.2 平行線分の透視画像の分析．E が目である．ステヴィンは AK が A を端点として B を通る半直線の像であることを自明と考える．『数学覚書』第三篇「視覚論について」より．ブリュッセル，ベルギー王立図書館，貴重書，VH 8038 C．

合，それら線分の像の延長は，それら互いに平行な諸線分に平行な視線と同一の点で交わる．前述の平行な諸線分が床面とも平行であれば，それらの交点は床面の上でちょうど目と同じ高さに来る．

この重要な命題はステヴィンの図 9.2 をみれば一目瞭然である．ガラスは ACK によって表される．線分 AB の延長は目 E を通らず，A はガラスの上にあ

る．ABの像はAMで，EABによって決まる平面とガラスとの交線の上に位置している．この交線上の点Kで（ABと平行な）線分EGがガラスと交わる．言い換えれば，AMの延長はKを通る．Kの位置はABの方向のみに依存しており，ABと平行な任意の線分の像はKを通る直線上に位置することになる．したがってKは集点である．図9.2の場合のように，平行な諸線分が水平であれば，それらの像の集点は目と同じ高さに位置する．

定理3から，AKが，Aを始点としBを通る半直線の像であるということが直ちに帰結するが，この帰結をステヴィンは自明のことと見なし，それについて別個の命題を立てることなく使用している．

定理4．互いに平行であるが，ガラスとは平行でない水平半直線群それぞれの集点は，目と同じ高さに位置する．

定理4は言外に水平線の定義を含んでいる．

定理5．ガラスがガラス基線を軸として回転し，鑑賞者線が足を中心に回転するとして，その際ガラス面内にあってガラス基線と垂直な直線と鑑賞者線が常に平行である場合，床面内にある点の像であるガラス上の点の位置は常に同一であろう．

この命題は，透視画法理論に対するステヴィンの最も重要な理論的貢献である．この命題の内容はいわゆる不変特性の一つであり，興味深いものである．画法幾何学に関する指導的な数学書のいくつか，例えば1907年のLoriaの著作などでは，定理5およびその諸々の帰結は「ステヴィンの命題」と呼ばれている．Loriaは，ステヴィンがこの定理5をもって「中心投影の基本定理」を発見したと記している．Andersen (1990) は，注目すべきは論証のやり方ではなく，ステヴィンがこの定理を「定式化する」という考えに至ったという事実であるということを指摘している．

定理6．この定理は，射影されるべき点が床面の中ではなくそれよりも上に位置している場合にまで定理5を一般化している．

ステヴィンは，ガラスが傾いた位置にある場合の透視図の作図問題を満足の行くやり方で解くことに初めて成功した．

任意の点の透視図を求めることを可能にするこれら六つの定理を使えば，透視

図の作成に関する問題は原則的にすべて解くことができる．ステヴィンはいくつもの例題を与え，それらに自分の方法を適用している．彼はすべての作図問題を，上ですでに紹介した問題1の作図に帰着させる．図9.1で点Aの透視画像Kを得るため，彼はDF，FG（=DE），AH（∥DF），GH，AD，ADとBCの

9.3.1 　　　　　　　　　　　　　9.3.2

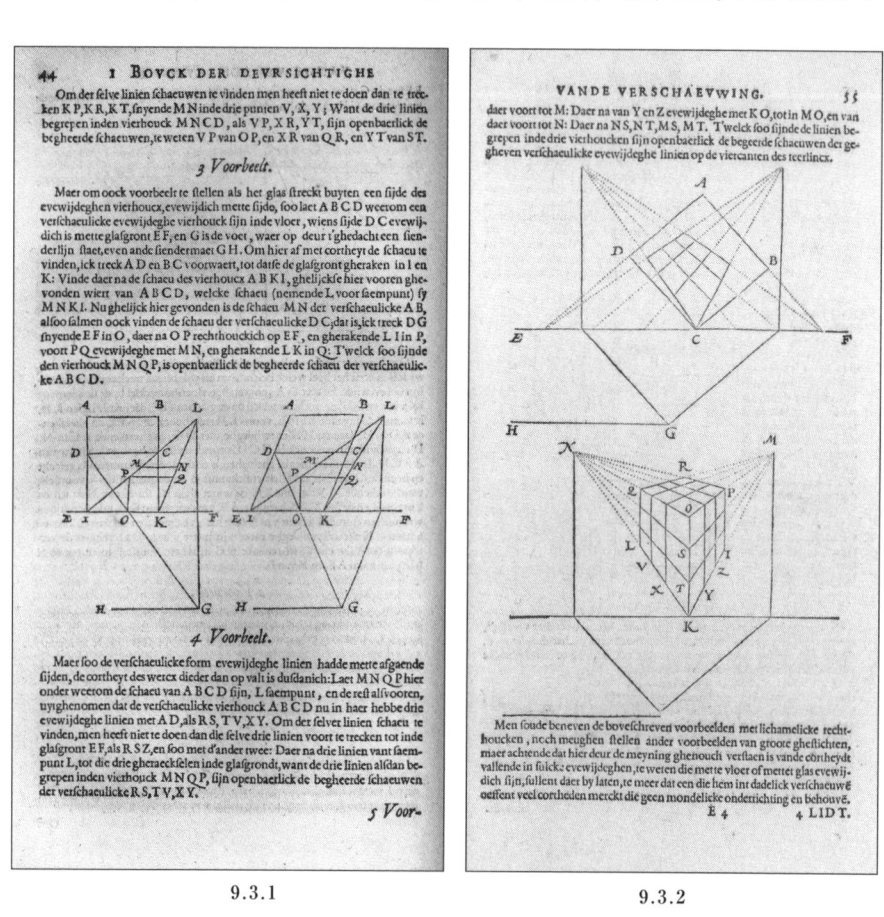

図9.3 「視覚論について」の中でステヴィンは，例えば直方体（図9.3.1）について，および今では古典的となった立方体の透視画像（図9.3.2）について，より速く透視画を作図する方法も提案している．図9.3.1は1998年にNature誌に載ったもので，教会の内部構造を描いたサーンレダムの絵画における「空間の幾何学的知覚」の分析が紹介された際，その付図として掲載された．『数学覚書』第三篇「視覚論について」より．
ブルッヘ市立図書館，B1919．
ブリュッセル，ベルギー王立図書館，貴重書，VH 8038 C．

交点Iを次々に作図し,最後に像K（Iに立てたBCに対する鉛直線とHGとの交点）．この基本的な作図法は必ずしも最も簡単なものというわけではない．ステヴィンはさらにさまざまな例題を与えているが,その中には長方形や立方体のわかりやすい事例（図9.3.1, 9.3.2）もあり,それらについてはより洗練され,手早くできる作図法を提案している．

また曲線の透視図作成法に対するステヴィンの寄与も重要である．彼は円の透視図が楕円になる事例をあげている．ガラス面における円が床面における楕円の像であることもありうる．Sinisgalli (1978) は,「円周が楕円に投射されること」を「ステヴィンの定理」と呼んでいる．Sinisgalli (1978) は「視覚論について」をラテン語とイタリア語に翻訳した．1405～1605年の期間における透視画法理論の発展に関する緻密な研究の中で,彼はステヴィンの著作を詳細に扱っている．

2.2 逆問題

透視画法のやり方の解説に続き,「透視画法について」の二番目の主題として,今度は目を見出すことについてが取り上げられる．このように,ステヴィンは透視画法理論の「逆問題」も研究しているのである．彼は絵の例を与え,「ある絵が与えられたとき,画家の目はどこにあるか」という問いを立てる．彼の動機となったのは,そこに目があると絵が完璧な形でみえる適当な位置を求めよという問題であった．

数学において,一般的な逆透視画法問題に対しては一意的な解が存在しないということはよく知られているが,ステヴィンはそのことに気づいていた．彼は,射影される対象に関して付帯的な仮定を設けなければならないことを知っている．例えば彼は,「透視画法について」の77ページにつけた注［Merck］の中で,目を見出すことにおいて,像が点や直線,三角形であるような例題から始めなかったのはなぜかという問いに答えて,「……それらには一意的で確定した解ではなく,無数の解がある」と記している．

徐々により一般的な問題を扱うことで,ステヴィンは逆透視画法問題において注目に値する進歩を達成しえたかもしれない．とはいえそれは——完全な形では——19世紀の数学者たちによって初めて完成された．

目を見出すことに関する解説の後には,誤謬検知という表題のもと,透視図作成における誤りを避ける,ないし探知するのに役立つ五つの指針が続いている.

3. マウリッツ,ステヴィン,そしてデューラー

「透視画法について」末尾の付録では,ステヴィンがマウリッツと相談して設計した透視図作成器具(図 9.4)が紹介されている.それはアルブレヒト・デューラーが考案した器具に着想を得ていた(図 9.5).ステヴィンはその器具を次のように描写している.

　余,いずこかにて読みしが,そしてそれは余の記憶によればアルベルト・デューラー[Albert Durer](ママ)の書の中なりきと思ゆるが,その中で彼は本来の透視画法とはいかなるものか説明せんとして,平らなるガラス越しに対象物をみて,そうしてガラスの中にみゆるものをそこに描きたると想像せよといいしが,なんとなれば,それこそその場所にありたる目より見たる真の完全なる射影なるゆえなり.

そしてさらに,

　　この射影に関する記述は(それはこれに先立って我々をしてガラスを定義せしめたのであるが)公爵閣下にあらせられては大変見事と思し召されしゆえ,そのような射影をガラスにおいて思い描くのみならず,実際それに書き込まんと欲せられ,そのために,付図に示す如きガラスを用意させられしが,そこにありて A はガラスを指すが,……それはまっすぐにも斜めにも思いどおりに立てられるよう蝶番 B の周りを回り,小ネジ C で以て固定される.小さな覗き穴 D はガラスに近づけることも離すこともでき,小ネジ E で固定できる.ガラスも高くしたり低くしたりすることができ,小ネジ F で固定できる.

この透視図作成器具およびその働きの記述に比肩するものを見つけるのは困難である.改めて我々はステヴィンの並外れて明快で簡潔な論証を目の当たりにする.ステヴィンはここで大変はっきりとマウリッツの役割に言及している.彼は透視図作成器具をつくるという思いつきをマウリッツに帰しているが,マウリッツは人々や他の事物の射影図を描いただけでなく,ステヴィンのいうことには,

3. マウリッツ，ステヴィン，そしてデューラー

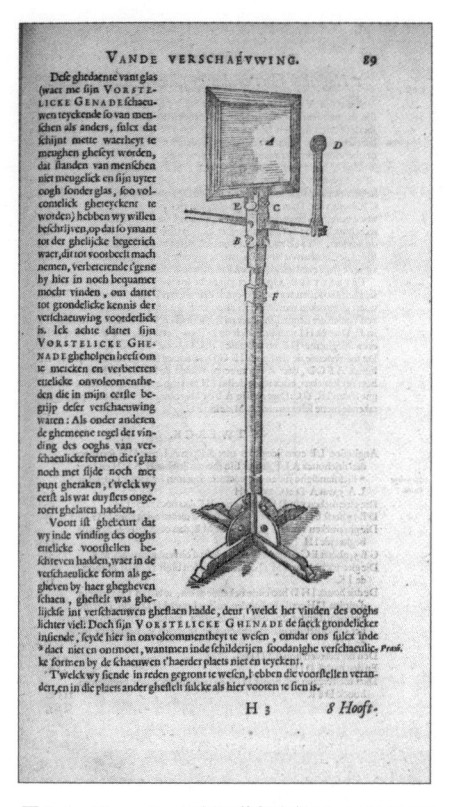

図 9.4 デューラーの例に着想を得て，ステヴィンとマウリッツは透視図作成器具を設計した．その器具は任意の傾斜をとることのできるガラス板 A からできている．作画者は D からガラス板の後ろに位置する被写体を覗きみて，被写体の特徴的な点の位置をガラス板 A 上に示すことができる．『数学覚書』第三篇「視覚論について」より．ブリュッセル，ベルギー王立図書館，貴重書，VH 8038 C.

彼はこの器具のおかげで「透視画法について」の最初の草稿にあったいくつかの不備を指摘し，改善することさえできたのであった．その真偽はともかくとして——多くの著者たちがステヴィンとの師弟関係におけるマウリッツの寄与について推測を行ってきた——，確かなのはマウリッツが，とりわけ数学と工学の領域においては，大変熱心な勉強家であったということである．ステヴィンはすでに

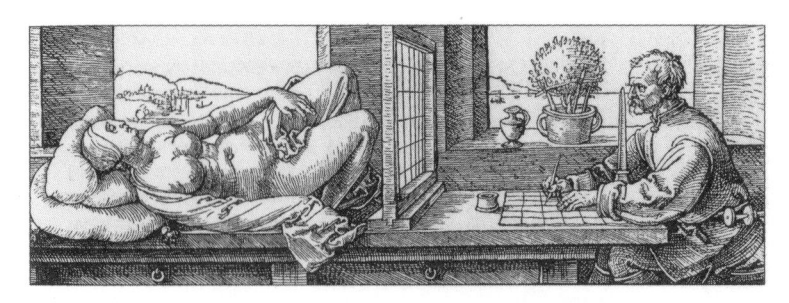

図 9.5 自身の手の内を明かすデューラー．彼は実験的な透視画法理論をよく心得ていた．彼は升目をつけた窓枠を用い，自分が窓枠の中にみる像を，やはり升目のついた画用紙に描き写す．
©Van Parys Media / AKG-images.

「透視画法について」の書き出しで，マウリッツの求めに応じてこの著作を著したと記している．マウリッツは，彼が最初に質問をした画家が与えた透視画法の説明に不満であったのである．

4. ステヴィンに続く者たち—ド・フリース，ス・グラーフェサンデ，……

「透視画法について」が数学的透視画法理論の歴史における傑作と呼ばれうるにもかかわらず，それは予期されるほど関連文献中で取り上げられてこなかった．Andersen（1990）は「透視画法について」がフランス・ファン・スホーテン（子）［Frans van Schooten, Jr.］（1615-1660）やウィレム・ス・グラーフェサンデ［Willem 's Gravesande］（1668-1742）らステヴィンの「信奉者たち」を通じて影響力を及ぼしたと論じている．後者はその後さらに数学者ブルック・テイラー［Brook Taylor］（1685-1731）にインスピレーションを与えた．ここで見過ごしてはならないのは，ステヴィンの時代において先行研究や著者をあげるということはまだ一般的な習慣ではなかったということである．ステヴィンは，代数に関する著作（第 7 章を参照）では確かに先人たちの仕事を引用していたが，透視画法理論においてはそれとは異なり，例えばダル・モンテさえ参照していない．

ステヴィン以後のオランダの数学者や物理学者は「透視画法について」のことをよく知っていた．ベークマンは自分の『日記』［*Journal tenu par Isaac Beeckman*］の中で（1623 年 7 月），絵画における透視画法表現について論じるに当た

り，それを引き合いに出している．若き日のクリスティアーン・ホイヘンスが1645年に自分の家庭教師から与えられた課題の中には，フレーデマン・ド・フリース［Jan Vredeman de Vries］（1527-1604）かサミュエル・マロロワ［Samuel Marolois］（1572頃-1627）ないしステヴィンの著作で透視画法を学ぶように，というのがあった．彼はステヴィンを選択し，後に，透視画法理論で自分にとって難しいことは何もないと考えるようになった．ファン・スホーテン（子）がダル・モンテとステヴィンの双方から影響を受けたことは彼の『透視画法論考』［*Tractaet der perspective*］において明らかである．アブラハム・デ・グラーフ［Abraham de Graaf］は著書『数学大全』［*De Geheele Mathesis*］（1676）においてステヴィンの伝統を引き継ぎ，それに当たってはファン・スホーテンの著作に拠っていた．ライデン大学の卓越した物理学教授であり，またニュートンの物理学を教え，実験で裏づけた最初の人々の一人であったス・グラーフェサンデもまた，『透視画法試論』［*Essai de perspective*］（1711）という著作を著してステヴィンの伝統に連なった．

　国外においては17世紀に，一般的な数学書，例えばピエール・エリゴーヌ［Pierre Herigone］（1580-1643）やクロード・フランソワ・ミリエ・ドシャール［Claude François Milliet Dechales］（1621-1678）の著作において，ステヴィンの「透視画法について」の影響が見受けられる．やはり興味深いのは，テイラーの『線透視画法』［*Linear perspective*］（1715）と『線透視画法の新原理』［*New principles on linear perspective*］が明らかにス・グラーフェサンデを，したがってステヴィンをもとにしていたということである．テイラーの著作，そして結果として――間接的に――ステヴィンの「透視画法について」はイギリスの実用的な透視画法に相当の影響を及ぼしたのである．

　上記の著作はやはりことごとく出典を明示していないが，ステヴィンの「透視画法について」の影響は明らかに指摘できる．

　Andersen（1990）は，数学的な透視画法理論の進歩を達成した数学者たちについて，次のような系譜を確定した――ダル・モンテ，ステヴィン，ス・グラーフェサンデ，テイラー，ヨハン・ハインリヒ・ランベルト［Johann Heinrich Lambert］（1728-1777）．

本当のところステヴィンの著作は，その難解さと高度な数学的内容のため，画家や建築家のような実務家たちにとっては魅力のあるものではなかった．このことは否定できない事実である．この点，すばらしい図版のついたフレーデマンの著作，あるいはヘンドリック・ファン・ハウテン［Hendrik van Houten］の『視覚論の基本原則についての論考』［*Verhandelingen van de grontregelen der doorzigtkunde*］（1705）でさえ，はるかに一般向けだった．もちろん，これらのより実務家向けの諸著作といえども，ダル・モンテとステヴィンの著作で展開された透視画法の数学的規則には従わねばならなかったのである．

5. 透視画法理論に関するステヴィンのオランダ語の単語

上記のようにステヴィンは，我々なら透視画法（線遠近法）と呼ぶところのもののために verschaeuwing という言葉を導入した．『オランダ語辞典』［*WNT*］はこの単語およびその派生語に関する最初の出典としてステヴィンをあげている．

Afl.— Verschaduwing.

1°. 透視図，透視図デッサンにおいて描写すること；派生して，その理論，透視画法理論．――― Verschaeuwing, scenographia, sciographia, STEVIN achter DIJKSTERHUIS, Stevin 310 a（1605頃）． Verschaeuwing とは奥行きのある物体の，奥行きがあるようにみえる平面模写である，STEVIN, Gedacht. 5, 7（1605）．今，anschauwen という語について語るに当たって，次の verschaeuwing についての第一巻の最初の要請でより敷衍して述べられる如く，我々は実在の事物自体ではなく，ただその影［schaeu］のみをみるのだということを知るべきである．すなわち我々がみるものすべては影［schaeu］にほかならないのであって，したがって ansien も anschaeuwen であるのだから，独逸民族［de Duytsche］はそこから，Ansien という語と共に使えるように，Anschauwen という言葉をつくったのである，2, 39（1608）．

2°. シルエット，不完全な描写，欠陥のある鏡像．―――最良の絵に私は名を与えることができない，あたかも人生のいびつな verschaduwingh のような，汝その美徳を解するや．陽光の中に歩み出で，最も美しき人生の影が

何であるかをみよ，HUYGENS 2, 50 (1656).

van Dale は見出し語として'schaduwing'を採用している．ステヴィンが verschaeuwing という概念に与えた簡潔で，視覚的な定義に注意されたい．

6. その後の影響

Andersen (1990) は，透視画像という概念および透視画法理論に対するステヴィンの視点が純粋に数学的であったということを指摘している．ステヴィンにとっての透視画法は完全に幾何学上の問題であった．彼の定義はすべて本質的に幾何学的であり，透視画法理論の核となるのは彼にとっては点の像である．一方，たいてい彼の先達たちは，透視画法理論を視覚に関する当時の知見と幾何学との混合物として扱っていた．

「視覚論について」を熟読した者は，きわめて明快で，整然としていて，体系的な構成に感銘を受ける．それは大変エレガントな名教科書なのである．その主題に関するステヴィンの洞察は深く，彼が透視画法理論の細部に至るまで精通していたことがそこここから読み取れる．いつものように，ここでも彼の論証は大変わかりやすく，明快である．この主題を余すところなく論じるのにステヴィンがごくわずかなページ数（91 ページ）しか必要としなかったということは，何人もの著者たちが指摘するところである．

ステヴィンは「透視画法について」の中で透視画法理論に関する大変深遠な洞察を示した．彼の着想は現代の射影幾何学の根本にも横たわっている．

ステヴィンは「視覚論について」を透視画法のみを扱った単行本としてではなく，浩瀚な『数学覚書』の中の一章として出版した．おそらくそれゆえ——ラテン語とフランス語の翻訳がすでに 1605 年に出ていたにもかかわらず——建築家，画家や透視画法の他の理論家たちに対するこの著作の直接的な影響力は比較的限定されていたのだろう．

近年，透視画法理論に関するステヴィンの業績に対する関心が高まっており，そのことは一流の学術雑誌の一つ Nature 誌においても見受けられる．Kemp (1986)，Pérez-Gómez (1999) と Pelletier (1999)，van den Heuvel (1994, 2000) のような著者たちは透視画法を芸術，建築，科学が交差する結節点として

図 9.6 サーンレダムによるハーレムの聖バフォ教会の内部構造の描写 (1648). Kemp (1998) が「幾何学的観察者の芸術」と称したこの作品は透視画法に関するステヴィンの著作に基づいていた.
エディンバラ, スコットランド・ナショナル・ギャラリー.

分析している.

　「視覚論について」を所有していた画家たちの中にはピーテル・サーンレダム [Pieter Saenredam] (1597-1665) がいたが, 彼は主に教会建築の内側を描いた (図 9.6). Kemp (1998) はサーンレダムが自作の画面構成においてどのようにステヴィンの著作を用いたかを示している. 彼は下絵のスケッチの中で常に目を描いていたのである.

第 10 章

非凡な教育的才能
―ステヴィンの「視覚的言語」―
Uitzonderlijk didactisch genie

　シモン・ステヴィンの説明は，教育における匠の技である．近年，ステヴィンの教育術の極意を解明することを目的とした学術研究プロジェクトが企画された．
　ステヴィンの「視覚的言語」と「情報図形」は，そのプロジェクトにおいて核となる概念であるが，その特徴は意味の二面性であり，コンピュータシミュレーションにきわめて適していることが明らかとなっている．このことを例示するに当たっては特に，太陽中心説および地球中心説双方の天文学のための最初の「教科書」であった「天界の運行について」[Vanden Hemelloop] から例をとることにする．

1. はじめに

　ステヴィンの著作のかなりの部分は第一義に教育的な性格のものである．例えば『数学覚書』はステヴィンがオラニエ公マウリッツに行った授業の大半をまとめたものである．しかしながらそれには『計量法原論』や『水の重量についての原論』といった独創的で革新的な業績も再録されている．「透視画法について」のように，主として既存の知識の解説からなっているような章においてすら，オリジナルな寄与が含まれている．ステヴィンが既存の見解に対し常に批判的なア

プローチをとっていたということも注目すべきである．これは『算術』中のディオファントスの翻訳に特に当てはまる．

　ステヴィンを論じた著者たちは，彼の著書の多くが有する「教科書」的な性格に必ずしも十分な注意を払ってきたわけではない．このことは，『数学覚書』，そして『算術』でも，オリジナルな業績が既存の知識と一緒になって——時には薄く，時には濃い——混合物を形成しているという事情により助長された．例えば，天文学を扱っているかなり短い著作である「天界の運行について」をみよ．フランス人の数学者ドシャールはこの著作に対して否定的な論評を加えているが，それは当を得ていない．なぜなら彼はそれを教科書としてではなく，科学的業績としてのオリジナリティーという観点から評価したからである．ドシャールの例を引いているのは Dijksterhuis であるが，ステヴィンのオリジナルな業績をその浩瀚な著作から抽出しようと試みたのは彼の功績である．

　ステヴィンがマウリッツの教師になっていなかったとしたら，彼はおそらく数学と物理学に対してもっと多くの独創的な貢献をなしたであろうという見解が示されることがある．しかしながらその際に見失ってはならないのは，ステヴィンが自身の初期の著作，とりわけ数学の著作においても，教育上の意図のもと，論じられる主題の現状に関する批判的な解説に数多くのページと章を割いていたということである．ステヴィンは，自身の最も革新的な発見でさえ，『計量法原論』や『水の重量についての原論』のような比較的一般的な書物の枠組みの中で提示したのであった．

2. ステヴィンの情報図形

　ステヴィンは図像表現の分野における先駆的な仕事を通じて教育者としての並外れた才能をさらに開花させた．自然現象やその構造および法則一般について説明する際にステヴィンが用いるユニークで画期的な図像表現は，ますます多くの研究者を惹きつけている．視覚的な論理と構文論の先駆者としてステヴィンを研究するプロジェクトを企画している研究者たちまでいる．例えばマンチェスター大学の Lenk & Kahn（1991）が述べたことによれば，彼らは「視覚的言語」を探求する中で再三再四ステヴィンとヤン・アモス・コメニウス［Jan Amos Comenius］（1592-1670）に行き着くのであるが，「ヨーロッパの著名な学者であるこの二人は，自身の文章を補うため視覚的素材をきわめて効果的に用いている」とのことである．Lenk と Kahn の知見は刮目に値する．

すでに中世において，世界の自然的および超自然的な諸側面に関して視覚的な助けとするために図表が用いられており，1589年までには「図式的表記法」が開発されていた．「視覚的研究」の分野で 15〜16 世紀の間に達成された重要な事柄には次のものがある．

・幾何学的透視画法理論の発展による世界の視覚的秩序のより現実的な表現．ちなみにステヴィンは「透視画法について」でそれに寄与した．

・視覚化の精密な方法の創造．低地諸国出身の研究者たちはこのことによく貢献した．人体解剖図はアンドレアス・ヴェサリウス［Andreas Vesalius］（1514-1564）によって見事に表現され，植物学においてはドドネウス，カルロス・クルシウス，マッティアス・ロベリウス［Matthias Lobelius］（1538-1616）が植物種を実物どおりの図像に再現し，ヘラルト・メルカトルを代表とする地図製作者たちは正確な地図を作製した．

・自然界における寸法，形態および特徴の関係に関するデューラーの研究．彼は「理想的な」形態を自然界に現れる形態と比較し，深遠な洞察と規範に到達したのだった．細密画家によっても，絵画芸術においても，すでにこれらの洞察の多くは陰に陽に崇高な仕方で解釈されていた．

ステヴィンが『計量法原論』や『水の重量についての原論』など自身の著作の多くにおいて披露した「視覚的教授法」は実に鮮烈である．

Lenk と Kahn の研究で強調されているのは，読者や生徒の精神が新たな情報を把握し吸収できるのは，それが彼らの経験における他の既存の情報と関連づけられる場合のみだということである．「新しい情報がその場所を占めることができるためには，それに先立って構造ないし枠組みが存在していなければならないのである」．『計量法原論』でステヴィンが前提とするのは，さまざまな対象を量るという実践経験が読者の意識において共有されているということである．同様に彼は，計量の際用いられる天秤，天秤の腕，支点および小さな「重り」にこの読者がよく慣れ親しんでいるということも仮定している．彼の目標は，この仕組

みが働く際に従う規則ないし法則を説明することである．当時慣例的だったやり方では数字で一杯の表が用いられ，時折それに純粋に幾何学的な説明図がつけられたが，ステヴィンはそのような手法はとらない．慣例的な表現方法では未熟な学生に通じないだろうということを彼は知悉しているのである．

LenkとKahnによれば，視覚的に抽象化された幾何学的解説を，読者にとって既知である日常経験の対象と関連づけたことはステヴィンのユニークな功績である．三角形の斜辺の上で重い荷車を引いている馬（図6.10参照）や，二人の

図10.1　ステヴィンはグラフィック言語の中で「現実」と「数学」とを融合させる．彼が与える抽象的で幾何学的な解説は，読者が日常の経験から知っている対象と状況に関連づけられている．『計量の実践』より．
ブルッヘ市立図書館，B 265.

男が運ぶ重心が可視化された長方形の荷物（図10.1）はその好例である．

このようにして，情報図形の分野における現代の専門家や研究者たちは次のことを発見した．すなわち，人間には同じ瞬間に多くの「異なる」水準において思考を結びつける能力があるが，ステヴィンは学生のその能力に訴えかけていたのである．彼は情報を「同時に異なる水準において」送り，その際には写実的な規約と抽象的な規約とを織り交ぜている．彼は，読者がパズルのピースを適切な仕方で組み合わせることを予期していたのである．ここで言及される「規約を重ね合わせる技法」の成果がステヴィンの「情報図形」であり，それは彼の時代の技術者と研究者の教育に用いられ，今日なお我々を魅了するのである．LenkとKahnによれば，「電子媒体が氾濫し，技術的手段による視覚的要素の操作がこれほどまで容易になった我々の時代においても，ステヴィンの方法は発想の源となるはず」である．彼の図版の多くは「アニメーション化」や「今日のハイパーテクストおよびマルチメディアソフトウェアの応用で可能となったマルチウィンドウ表示」に適しているのである．

緻密な計算に基づき「等姿勢重量」という概念を生き生きと表現する鶏盗人

ステヴィンの「視覚的言語」のもう一つの見事な例は，『計量法原論』に出てくる鶏盗人（図6.11参照）である．この鶏盗人は等姿勢重量という概念を巧妙なやり方で生き生きと表現している．『水の重量についての原論』からの例は，ステヴィンがその喫水の深さを求める船（図6.14参照）や，彼が静水力学の逆理を視覚化するのに用いる図版と概念装置（図6.17, 6.18参照）である．

この鶏盗人にはおそらくさらに第三の水準が含まれている．すなわち，梃子の幾何学的な要素が見慣れたスペイン兵の像に加工されているというだけでなく，スペインの傭兵がここで盗賊の姿をしているということには，疑いなく皮肉な含みがある．この表現はグラフィックアートとしても特によくできている．しかしながら残念なことに，この鶏盗人の版画が誰の手になるのかはわかっていない．

3.「天界の運行について」

天文学に関するステヴィンの著作は本質的に教育的性格のものである．それらは「天界の運行について」というタイトルのもと，1608年に「世界誌について」

の第三部 [Vant Weereltschrift] として出版された.「世界誌について」は五篇からなる『数学覚書』(1605, 1608) の第一篇であった.「天界の運行について」はステヴィンの並外れた教育的技量を示す典型例である.

3.1 プトレマイオスとコペルニクスに関する解説

「天界の運行について」はよく整理され,明快に書かれたテクストである.この本は三つの大きな部分に分かれているが,その内容は冒頭の「要約」でまとめて示されている.しかしながらその視点は独特で独創的である.まず,ニコラウス・コペルニクスが『天球の回転について』(1543) で導入したような太陽中心体系に関して,ステヴィンがすでに 1608 年の時点でそれが「正しい」ものであるという見解に到達していたのは明らかであるが,これは真に注目すべきことである.このことは太陽中心説に関する彼の議論から明白であるが,その中で彼は太陽中心説のために大変深く考え抜かれた議論を展開している.コペルニクスの命題は「天界の運行について」の山場となる第三部で紹介されるが,そこでもそれはやはり半ば自明であるかのように論じられている.

ところで,ガリレオの地動説擁護論が 1616 年以降異端審問との衝突に至ったのに対し,ステヴィンの態度はさほど議論を巻き起こさなかったが,そのことは彼の信念の裏づけが弱かったことを意味するわけではない.ステヴィンが太陽中心説を確信するようになったのはガリレオとは独立であったことに疑いの余地はない.低地諸国では,リューフェン(ルーヴァン)大学の教授でメルカトルの師であったゲンマ・フリシウス [Gemma Frisius] (1508-1555) がすでに――公にはできなかったが――太陽中心説の信奉者となっていた.彼の見解と出版物がステヴィンに影響を与えたというのはかなりありうることである.ガリレオがコペルニクスの体系を支持して最初に公の発言をしたのはようやく 1611 年,すなわち「天界の運行について」の出版から 3 年後だったということに留意されたい.

ちなみにやはりステヴィンも,自身の太陽中心説支持の見解のため宗教界の権威と衝突した.このことはグローニンゲン大学初代校長ウッボ・エンミウス [Ubbo Emmius] (1547-1625) の 1608 年の手紙からわかるが,その中で彼は――専門知識もなしに――ステヴィンの見解に反対し,マウリッツへの彼の影響

について深い憂慮を表明している.

　ステヴィンが太陽中心体系をしっかりした根拠に基づいて受け入れた最初の科学者の一人であったという指摘は正しい——そしてまた彼が，そのことについて教科書を書き明瞭な解説を与えた最初の人物と見なされうることも確かである.歴史的な著作である『天球の回転について』が現れてすぐに——当初はプロテスタント陣営から——神学的な反対意見が表明された.それでも『天球の回転について』は惑星軌道を計算する際にはその出発点として用いられ，称賛された.かくして人は「まるで太陽が太陽系の中心にあるかのように」計算したのである.ステヴィンは，ベネデッティ (1585) やヨハンネス・ケプラー (1596)，ウィリアム・ギルバート (1600) らと並んで，太陽中心体系をあえて「文字どおりに」受け取ったまれな学者たちの一人であった.

　地動説の考え方は——異端審問の際のガリレオの受難が証言するように——大変長く険しい過程を経てようやく世界像の新しいパラダイムへと成長することができた.（1600年前後に出版された）天文学の基本的な著作はすべて，クラウディオス・プトレマイオスによって書き記されたような地球中心体系を前提としていた（古代ギリシア人の中にも，サモスのアリスタルコスのように，太陽中心体系を仮定し，擁護する者がいた.しかしそのときにもやはりこの概念に対しては大反対が巻き起こった）.

　ステヴィンが太陽中心体系をしっかりした根拠に基づいて受け入れたということだけでなく，（地球の不動性の仮定に基づく）プトレマイオスの体系と（地球が動くという主張に至る）コペルニクスの体系の両方を解説し，それら相互の関係を示したことにも注目すべきである.

　我々は読者に「天界の運行について」を是非手にとってみるようすすめたい.ステヴィンの深い知性と教育的な才能を明瞭に物語るのは，天文学の専門家ではない彼が書いた教科書が，プトレマイオスとコペルニクスの理論を原典よりも数段わかりやすく読者に紹介しているという事実である.実のところ，『アルマゲスト』も『天球の回転について』も大変読みにくい著作である.それに対して「天界の運行について」は大変よく整理され，明瞭に構成されており，おそらく今なお，天動説と地動説の両方に精通するためには最良の入門書である.

3.2 卓越した教育手法

ステヴィンは何か天文学上の発見をしたわけではないので，ここでは特に「天界の運行について」の要約を示して，その巧みな教授法を強調するにとどめる．とはいえ，ステヴィンがこの著作でも独創的な見解を打ち出していたことは明らかとなろう（図10.2）．

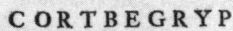

図10.2 「天界の運行について」の「要約」では全体の内容が簡潔に整理されている．「あたかもこのことについて全く何も知られていないかの如くに」すべてを解説するのがステヴィンの意図であった．『数学覚書』第一篇「世界誌について」第三部「天界の運行について」より．
ブリュッセル，ベルギー王立図書館，貴重書，VH 8038 C.

図10.3 ステヴィンは太陽中心説を支持し，それを「運動する地球の本然なる命題に基づいた」自身の著作によって裏づける．『数学覚書』第一篇「世界誌について」第三部「天界の運行について」第三巻「遊星の運行を求めることについて…」より．
ブリュッセル，ベルギー王立図書館，貴重書，VH 8038 C.

3.「天界の運行について」

「天界の運行について」の第一巻では,「地球の不動性の仮定に基づく経験的天体暦［ervaringsdachtafels］により遊星と恒星の運行を求めることについて」論じられる（遊星［dwaelder］とは惑星のことである）. ステヴィンがよりどころとするのはヨアンネス・スタディウス［Joannes Stadius］(1527-1579)が計算した天体暦である. 太陽, 月, 諸惑星の天球上での位置に関して, 十分長い期間にわたる真の観測から出発することができたら理想的であったろう. しかしそのような観測結果は入手不可能であった. 存在していたのは「天体暦」, すなわち, 一定の時間間隔ごとに天体の位置を計算した表であるが, それは一定数の既知の実測点をもとにそれらを補間して編纂されていた. ステヴィンの工夫は, マウリッツのための授業では, これらの「天体暦」を実測に基づく表, すなわち遊星の経験的天体暦と見なすことにあった.

「天界の運行について」の第二巻は,「地球を不動とする本然ならぬ［oneyghen］仮定に基づく数学的操作に従いたる遊星の運行（惑星軌道）について」である. その表題は, ステヴィンが地球中心の世界像を正しい出発点として受け入れてはいなかったことを明らかにしている.「この第二巻の要約」の中では, 第一巻での観測から, 太陽, 月, 諸惑星は——不動の地球からみると——離心円と周転円上を運行していることがわかり, それらについて諸々の特徴（遠地点など）を記述したことが確認され,「数学的操作自体……を収めた」第二巻では, 離心率と軌道の寸法の数値を決定することが告げられる.

「天界の運行について」の第三巻で, ステヴィンは太陽中心の描像に基づいた惑星軌道の取り扱いを紹介する. この巻の扉にもみられるように（図10.3）, 彼は何度も, 太陽中心の描像が真の, 本然の［wesentlicke］ものであると述べている. ステヴィンは主として単純さと「自然さ」を根拠に太陽中心体系を受け入れた. 例えば, 惑星の軌道が太陽から離れるに従って公転速度が減少するというデータはよい論拠であると考えられた. また, 惑星軌道の諸特性については太陽中心体系のものの方がプトレマイオスの（地球中心）体系のものよりもはるかに人工的でなくなるということも引き合いに出されている.

しかしながら彼は, 計算のいくつかに関しては地球中心の体系の方が簡単になることも承知していた. 例えば, 月の軌道は太陽ではなく地球からみた方が当然

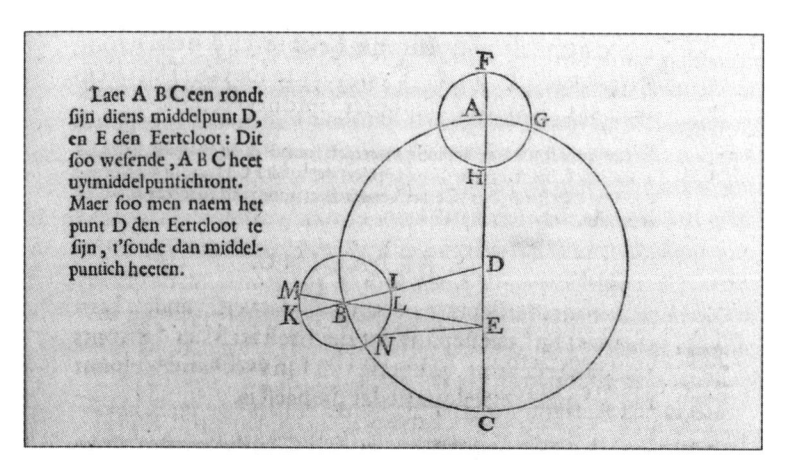

図 10.4 この図の中でステヴィンは，地動説と天動説の立場の間で変換が可能であることについてエレガントな数学的証明を与えている．『数学覚書』第一篇「世界誌について」第三部「天界の運行について」第三巻「遊星の運行を求めることについて…」より．ブリュッセル，ベルギー王立図書館，貴重書，VH 8038 C.

より単純である．

　Pannekoek が『シモン・ステヴィン主要著作集』第三巻（1961）で指摘したように，ステヴィンは第三巻の最初の提題においてすでに，コペルニクスの理論の重要な改善をもたらしている．コペルニクスは地球に三つの回転運動，すなわち，地軸の周りの日周運動（自転），太陽の周りを回る年周運動（公転）（その際，地球の自転軸は地球と太陽を結ぶ線と固く結ばれていると彼は考えていた），そして地軸をほとんど一定の向きに保つアドホックな第三の年周運動（地軸の円錐回転運動）を付与しなければならなかった．

　ステヴィンは地球の自転軸を不動のものとして首尾よく取り扱った．自転軸の不動性の根拠とされたのは，地球は一つの磁石と見なせるという事実であったが，ここでかかわっているのはある根本的な特性であるということを彼は正しく感じ取っていた．ステヴィンはギルバートの『磁石および磁性体についておよび大きな磁石である地球についての新しい自然学』[*De Magnete magneticisque corporibus et de magno magnete Tellure physiologia nova*]（以下，『磁石論』）からこの著作の着想を得たことを示している．コペルニクスは地球の自転軸が歳差運

動を除いてほぼ一定の向きを保持することに気づいていたが，彼は第三の回転という回り道を経由せずにこのことを説明できなかった．ステヴィンは地球の自転軸の一定の方向を指して磁石的な静止 [seylsteenighe stilstandt] といっている (seylsteen は古いオランダ語で方位磁針のことを指す．van Dale の辞書では zeilsteen というつづりで載せており，WNT は seylsteen という語の出典の一つとしてステヴィンをあげている)．針路を変える船の上でも方位磁針が同一の方向を指し続けるのと同様に，地球の回転軸は——ステヴィンの描像では——太陽の周りの地球の「運行」の間も同一の方向にとどまるのである．

プトレマイオスとコペルニクスおよびステヴィンによって用いられたような惑星軌道の概念は，現代のものと一致しない．古代の天文学者たちは，諸惑星が回転する球の表面に乗って運ばれると想像していた．ステヴィンははっきりと，惑星が「塔の周りの鳥たちの如く」動くと想像することはできないと述べている．彼は歴史上初めてプトレマイオスとコペルニクスの関係を論じた．彼はそれを洗練されたやり方で，最も微妙なニュアンスをも貫く洞察力をもって行ったのである．

「天界の運行について」には，教育術の数々の精華が盛り込まれている．わずか二枚の「能弁な」図の助けを借りてステヴィンはこの著作の冒頭で二十四個の定義を導入する．新しい概念の例は，自然日（太陽日），自然年（太陽年），エジプト年，ユリウス年，遊星，離心円である．ステヴィンは「離心円」を，中心点が「地球外に」ある円のこととし，「同心円」の中心は地球の「中心」であるとする．図 10.4 の線分 DE は離心線という．遠地点は離心円上の最も遠い点であり，近地点は最も近い点である．遊星道とは惑星軌道のことである．惑星は図 10.4 の FGH を通って運行すると仮定されるが，それが周転円であり，ABC は導円である．

図 10.4 では，点 E が地球であるとすると，（中心を D として）点 ABC を通る円は一つの離心円であることが示されている．続いてステヴィンは次のようにいう——「しかるに点 D を以って地球と見なさば，そは同心円と称さるるべし」．この簡潔かつ正確な文は，図と併用されることで，離心円と同心円の違いを明瞭で曖昧さの余地なく言い表している．ステヴィンは生徒，この場合はマウ

リッツが，学ぶ主題について予備知識をもっていないということを前提としていた．ちなみに彼自身，「この天界の運行の記述を始めるに当たり，あたかもこのことについて全く何も知られていないかの如くに仮定せん……」とはっきり述べている（図10.2参照）．このことからステヴィンが，みずからに与えられた「教育課題」の趣旨に配慮し，正確な定義を用いるよう心がけていたことがわかる．ちなみに彼はそれに続けてさらに次のように述べている――「……その後，事柄の知識が実際に増大せる折に辿りしと思しき順序で論述を行う……」．

地球 E を中心とする体系から太陽を中心とする体系への思考の切り替えをするのに図10.4は大変適している．ここでもステヴィンは――教育的観点から的確な仕方で――太陽中心と地球中心という二つの視点を「織り交ぜている」．この種の表現や連想はひょっとすると現代の学生にはありきたりなものとなってしまったかもしれないが，ステヴィンの時代にそうではなかったのである．

ステヴィンの解説は教育的にみて洗練されているにとどまらず，また微妙な問題を鋭く洞察している．「天界の運行について」の中で我々がこの例に出くわすのは，地球中心の記述と太陽中心の記述との間の変換が論じられるときであり，このことに大きな関心を払ったのはステヴィンが最初であった．記述の上で中心的な物体を地球から太陽に取り替えるとき，厄介なことが生じる．コペルニクスはそれを見逃したようだが，ステヴィンの目はごまかされなかった．実際には，太陽と地球とを入れ替えて，地球中心の軌道が太陽中心の惑星軌道になったといえば事足りるわけではない．地球中心の軌道（周転円の中心を運ぶ導円）と一致するのは太陽の周りの惑星軌道ではなく，地球の「年周円」の中心の周りの軌道なのである[1]．コペルニクスはこの難点を承知していたが，その解法が全く自明

訳注[1]　周転円，導円，離心円など古代天文学の概念の解説についてはトーマス・クーン（常石敬一訳）『コペルニクス革命』（講談社学術文庫），講談社，1989や高橋憲一訳・解説『コペルニクス・天球回転論』，みすず書房，1993，矢島道子・和田純夫編著『はじめての地学・天文学史』，ベレ出版，2004などを参照．惑星が回る周転円の中心は導円上を運行するとされるが，プトレマイオスの体系において一般的に導円の中心は地球の中心とは一致しない．他方，コペルニクスの体系においても地球軌道の中心は太陽の中心と一致していなかった．ステヴィンの指摘に関する専門的な解説については，『シモン・ステヴィン主要著作集』第三巻，p. 15以降の解説を参照されたい．

だと思ったので，特別な論証は必要ないと考えたのだろうとステヴィンは推察する——「一見するに，証明が不要なほどそのこと明らかなりと思いたるべし……」．

注目すべきは，ステヴィンが——「天界の運行について」の場合のように——目標が純粋に教育的なものであった場合でさえ，常に何者にもとらわれない批判的態度から出発していたことである．彼はその主題について徹底的に考え抜き，微妙な問題と格闘した——（地球中心の理論と太陽中心の理論はどちらも惑星運動に関して同一の結論をもたらすことは自明だとコペルニクスが考えていたことに関して）「さりながら，原因の深い知識に至らんとすれば，そのことはより多くの確証を要求するよう覚えたりしが，そは余の念頭に去来せしさまざまな事柄のためなり……」．地球中心説と太陽中心説との間の変換を確立したこの事例からも明らかなように，もともと教科書として企画したものを執筆するときさえ，彼はその独創性を発揮したのであった．

3.3 示すことと説明すること

本章では教育者としてのステヴィンの巧みさに光を当て，『計量法原論』や『水の重量についての原論』，「天界の運行について」からとった例を用いて解説した．ひときわ目を惹くのは，言語（および数学記号）と図像（彼の視覚的な論理と構文論）の斬新な組み合わせである．彼の的確，明快，簡潔で巧みな言葉遣いも際立っている．ステヴィンがオランダ語の古典的作家の一人に数えられるのはそのためである．

ここに選んだのはごく一部の事例だが，ステヴィンの「視覚的言語」を説明する例は，特許（図 4.1 参照）から，旋回軸式水門（図 4.4 参照）とさまざまな種類の港湾の分析（図 4.6 参照），『築城術』[*De Stercktenbouwing*] での平面図，特に稜堡の展開（図 4.10 参照）と続き，『計量法原論』，『水の重量についての原論』および数学上の諸著作に出てくる上述の「能弁な図像」まで，彼の仕事全体においてみられる．すでに第 9 章で扱った「視覚論について」から明らかなように，『数学覚書』は一ページ一ページがその例証となっている．『十分の一法』は挿絵なしの著作でありえたが，そこでさえ演算と論証はグラフィック言語によっ

て補佐されている（囲み3.2, 3.3参照）．

　van den Heuvelは，『築城術』と『家造り』を分析するに当たって，ステヴィンにおける論理的秩序と教授法にも触れている．

　教育者としてのステヴィンの独創性を論じる場合，第6章で論じたような思考実験の斬新な用法も確かに言及すべきである．ここで一つのユニークな側面は，数珠［clootcrans］の例のように，予備知識のない読者に物理学の自明でない法則性を説明することに彼が成功したということである．思考実験の役割と意義を研究している著者たちの何人もが，その革新者としてステヴィンの名をあげている．

第 11 章

未完の楽典
— 『歌唱法の理論』—
Een onvoltooide compositie

『数学覚書』の中でシモン・ステヴィンは一節を割いて音楽理論に関する自身の見解を開陳している．1624年にベークマンはステヴィンの未公刊手稿『歌唱法の理論』を閲覧した．ここで「歌唱」というのは人の声ではなく音楽一般のことであるので，このタイトルはいささか誤解を招くだろう．この手稿のその後の運命，それらの受容およびステヴィンの音楽理論の正確な意義を調べるのは興味深いことである．その際問題となるのは楽器の調律の数学的理論であるが，これはすでに古代ギリシア人によって論じられていた．ステヴィンの仕事に続いて，ベークマンを嚆矢とする人々により，音楽の物理が研究されることになる．

1. はじめに

『歌唱法の理論』はステヴィンの未公刊著作である．彼はまだ原稿を印刷業者に渡すに至っていなかったのだろうか．彼はその著作がまだ完成していないと判断していたのだろうか．

ステヴィンは印刷業者を見つけるのに苦労したことはなかった．しかしながら，例えば「風車について」，「歯車について」[Van den Handel der Cammen en Staven……]および『マテリアエ・ポリティカエ―民政関連諸論題―』など，1620年に彼が亡くなったとき未刊のままになっていた著作はほかにもある．こ

れらの著作は息子のヘンドリック・ステヴィンによって出版されたか，ベークマンによって彼の『日記』の中に記録された．これらの手稿については，それが 1620 年にまだ出版されなかったのは先にしなければならない仕事があったというだけのことで，ステヴィンはおそらくまだそれに最後の仕上げをしようとしていたのだと考えることができる．

『歌唱法の理論』の場合は，おそらく実務的支障以外の理由が出版を妨げたのだと思われる．実際ステヴィンは音楽を専門とする多数の人々にその原稿を送りつけており，その中にはナイメーヘンのオルガン奏者アブラハム・フェルハイエン [Abraham Verheyen] もいた．それに対してフェルハイエンは，慇懃な調子で返答しつつ，音楽に関するステヴィンの見解のいくつかに批判を加えている．多分ステヴィンは，フェルハイエンの反論にきちんと対処してから出版に移ろうとしたのだろう．『歌唱法の理論』を『数学覚書』に収録するのがステヴィンの当初の意図であったのだが，彼はそれを断念した．

『歌唱法の理論』の未公刊手稿はベークマンの手を経て，最終的にはコンスタンテイン・ホイヘンスのコレクションに収められた．現在それらは彼の往復書簡の一部としてデン・ハーグの王立図書館に保管され，手稿 KA XLVII と呼ばれている．それら『歌唱法の理論』の手稿は，大きく分けて，ステヴィン自身の手になる草稿と，息子のヘンドリックが清書した版との二種類とからなるが，後者は形式が全く異なり，より完成に近いようにみえる．自筆原稿の大部分は，不完全な最初の下書き版と一種の暫定清書版からなっている．下書き版は明らかに最初の草案以上のものではない．時には段落全体が線で消されたり，別の段落で置き換えられたりしている．暫定清書版にも細かな修正があるが，もはや本格的な訂正は加えられていない．この版にもいくつか空所があるが，そこには後で文章が補われるはずだったことが明白である (Bierens de Haan (1884) の版ではそれらの空所は「……[sic]……」で示されている．ところで彼の転写には全く誤りがないというわけではない．実際，我々の知る限り，今に至るまでまだステヴィンの自筆文書が一ページも写真複写されたことがないというのは驚くべきことである)．このテキストもまだ印刷業者に渡す段階のものでなかったことは明らかである．おそらくそれはフェルハイエンのような何人かの批判的読者に宛て

1. はじめに

て送るためのものだったのだろう．

ステヴィンの合理的数学的理論は，歴史的にみて一つの移行段階であった

『歌唱法の理論』でのステヴィンの業績の本質は，平均律，すなわちオクターヴの中の連続する音の高さがすべて「同じ比率で進行する」音律を数学的に求めたことにある．すでに古代において，サモスのピュタゴラスなどによって音律についての数学的研究が行われていた．

歴史の経過に従って，音楽理論に対するステヴィンの未公刊の業績はさまざまに評価された．ベークマンは当初『数学覚書』における短い一節から音楽理論に関するステヴィンの数学的な知見を知り，それに賛同していたが，後に自分で革新的な「一致理論」を考案し，協和音に関して物理学的な説明を試みた．ただしそれはオクターヴの分割に関するステヴィンの考え方から離反するものであった．

協和音とは，不協和音と反対に，耳に心地よく響く二つの異なる音である．この定義は明確とはいえないが，とりあえずここではこれで十分である．ところで以前は不協和音とみられていたものも，今ではしばしば協和音と感じられているので，これらの概念はいささか曖昧なものである．

Bierens de Haan が『歌唱法の理論』を再発見し，1884 年に出版する時点まで——フェルハイエンとベークマンを除けば——デカルト，マラン・メルセンヌ [Marin Mersenne] (1588-1648) およびホイヘンス（父子）のみがそれと接触したことがわかっている．デカルトがそれについて知ったのは疑いなく彼の友人ベークマンのおかげで，ベークマンはそのことを 1629 年にメルセンヌにも書き送っている．1884 年に至るまで，ベークマン以外にステヴィンの『歌唱法の理論』のもとの手稿を閲覧できた学者としてあげられるのは，クリスティアーン・ホイヘンスだけである．ベークマンとホイヘンスが異議を唱えたのは，主として，五度の音程比が 128 の十二乗根，つまり数学的に表すと $(128)^{1/12}$ であり，1.4983…… で与えられるというステヴィンの命題に対してであった．

ここでは混乱を避けるため，「音程」という言葉は「五度」やその例である C-G などを指すのに対し，「音程比」は，その音程の最も低い音から最も高い音に移るため，その音の周波数にいくら掛けねばならないかを示す数であるという

ことにしておこう．

デカルトは1635年にステヴィンの「誤謬」について書いているが，その発言の根拠は示さなかった．メルセンヌは自著『普遍の調和』［Harmonie Universelle］（1636）の序言で，ステヴィンの音楽理論は奇妙であるとの見解を記したが，ステヴィンの見解に関する彼の直接的な知識は（フランス語に翻訳されていた）『数学覚書』中に現れる上述の所見に限られていた．

ステヴィンの標準的な伝記を記した作者たちがステヴィンの音楽理論の位置づけについてそれほど深く追求することはなかった．フェルハイエンやベークマン，デカルト，メルセンヌらの立場に照らし合わせ，ステヴィンが『数学覚書』での簡潔な所見や『歌唱法の理論』の草案メモにおいて正確に何を主張していたのかを調べるのは重要である．

近年，改めてステヴィンの音楽論考に対する関心が高まっている（Cohen, 1987；Rasch, 1998）．

2. ステヴィンはオクターヴを十二の等しい音程に分割する

『歌唱法の理論』で提示されるのは音楽に対する数学的なアプローチであり，それは古代に始まりすでに何世紀にもわたって続いていた伝統の枠組みの中に納まっている．その枠組みにおいて音楽は自由学芸［artes liberales］の中で，算術，幾何学，天文学とともに，（数学的な部門である）四科［quadrivium］を形成していた．もちろん音楽は数学的な一学科などとして限定されることなく，はるかに広大な地平を有する芸術であり，それは人間が単なる骨格以上のものであるのと同様である．とはいえ解剖学は大変重要であるし，楽音の背後にいかなる数学的規則性が隠れているのかを把握することは確かに意味のあることである．

ステヴィンが歌唱法とかかわりをもつに至ったのは，マウリッツ公に対する講義がきっかけであったことに疑いはない．しかしながらここでも彼は，既存の知見を教育的かつ独創的な基礎の上に表現することにとどまらなかった．彼は，ピュタゴラス以来論じられてきた，音楽を実践する際の中心的問題の議論に一石を投じたのである．音を互いに調和させること，その際核心となる問いは次のようなものだった．すなわち，どのように——いかなる方式に従って——楽器を調律

するか．その際，音の高さはどのような比をとるか．これは楽理に詳しい人にはなじみの問題である．我々が突き当たるのは，有限数の鍵を用いる音楽においてオクターヴ中に現れるすべての和音を純正に保つこと（「うなりがない」ということ）の根本的な不可能性である．それゆえ調律のやり方は常に，どの和音を優先するかに左右される．このことは歴史の流れの中で，多様な調律法（ないし音律）の成立を促した．すでにステヴィンの時代には，ピュタゴラスやジョゼッフォ・ツァルリーノ [Gioseffo Zarlino]（1517-1590），ロドヴィコ・フォリアーノ [Lodovico Fogliano]（?-1538 頃），ヘンリクス・グラマテウス [Henricus Grammateus]（1496 頃-1525）らの名前と結びつけられるさまざまな調律方式が通用していた（図 11.1）．

1624 年にステヴィンの未亡人を訪ねた際，ベークマンは『歌唱法の理論』の手稿の断片に出会った．彼は二つの章の草稿と二つの付録を見つけた（図 11.2）．草稿のうち一方はステヴィンの筆跡であった．草稿中すでにかなり印刷段階に近い部分の内容はほとんど基本的な理論と定義だった．したがってこれらの草稿はどちらも完成していなかった．『歌唱法の理論』中で，ステヴィンが教育的な側面以外に独自の寄与をなしているのは弦楽器（ヴィオラ・ダ・ガンバ[1]やリュート）に関して論じた部分である．そこで彼は，「正しい」音程を得るためにはフレット——すなわち棹を横切る「勘所の横桁」——をどのように取りつけるべきかについて，自身の立場を明確に打ち出している．やはり注目されるのは，ステヴィンが，ギリシア人たちと同様に，物理学的にではなく数学的に議論を進めていることである．例えば，彼がうなり，すなわち，ほぼ同じ高さの二つの音が同時に鳴るとき，それらが互いに強め合ったり打ち消し合ったりすることで発生する一種のトレモロについて語った箇所はどこにもない．ところがうなりは簡単に聞き取れるのである．

ステヴィンの『歌唱法の理論』の草案は，構成としては，『計量法原論』と同様に，定義，説明および要請から始まる．しかし徐々に区分けはより自由にな

訳注[1] 17～18 世紀にヨーロッパで用いられた擦弦楽器で，足［gamba］の間に挟んで演奏することからこの名がある．リュートと同様にフレットがある．

図 11.1 カラヴァッジオの「リュートを弾く女」．すべての音程が純正になるようにリュートのフレットを取りつけるというのはほとんど解決不能な問題であり，それは我々が現在「平均律」と呼ぶ実践的な妥協への最初のきっかけとなった．その方向に沿ってなされた最初の諸提案は純粋に実践的な性質のものだった．それに対してステヴィンの場合，この調律法は数学的に裏づけられた方式へ向かうきっかけであった．
サンクト・ペテルブルグ，エルミタージュ美術館．（撮影：Scala）

り，幾何学の比と歌唱法の比との比較や自然な楽音の真の比についてといった表題をもつより大きな一まとまりの完結した文章が作成されるようになる．これらのより大きな章がさらに細分されることはなく，このことはやはり『歌唱法の理論』が完成していなかったことを示している．

　ステヴィンの出発点は，「全音が全て等巾ならば，同じく半音も全て等巾なり」というものである．この言明は，当時最も広く行われていた音律（例えば，「中全音律（ミーントーン）」）に反するものである．定義の中でステヴィンは，自国語の使用に留意して，各音程を，eerste（一度），tweede（二度），derde（三度）などと呼んでいる．さらに慣例の仕方で音程の長短が定義される．

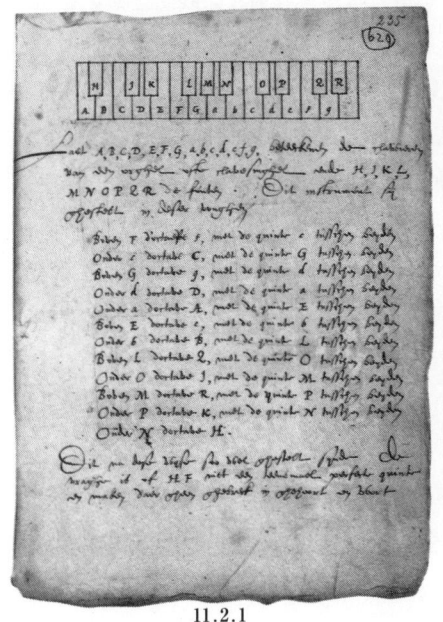

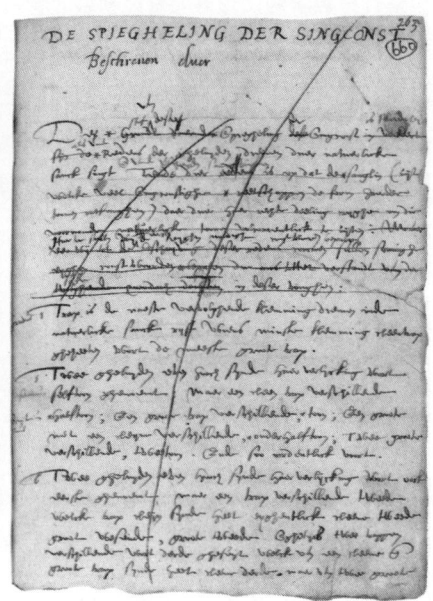

2. ステヴィンはオクターヴを十二の等しい音程に分割する

図 11.2.1 『歌唱法の理論』のいくつかの部分については二種類の自筆原稿が残されている.これらは明らかにそれぞれ最初の下書き版(断片的に残っているのみ)と暫定清書版であるが,後者の中にはさらに小さな訂正が施されているところがある.暫定清書版の大部分は,ここに複写したページのような形に仕上げられている.
デン・ハーグ,王立図書館,KA XLVII, fol. 235r.

図 11.2.2 おそらくこのページが『歌唱法の理論』の最初の書き出しであったと思われる.これは保存されている下書き版の最初のページで,一番上には表題がついている.
デン・ハーグ,王立図書館,KA XLVII, fol. 263r.

ここでステヴィンは比例概念に関する論考「比一般について」[Vande Reden int ghemeen]を挿入する.ここで注目に値するのは,特定の概念,例えば等比性[evenredenheyt],すなわち比例,などの真の理解に達するためには「独逸の言葉」が重要であるというステヴィンの立場である.彼は,ギリシア人はこれらの概念のいくつかの理解を究めることができなかったと判断している——「……ギリシア人および彼らの追随者たちのもとには比例について正しく深き理解が存在せざりしことを示したり」.当然これらの考察はステヴィンの技術的,数学的論考の価値をいささかも減ずるものではない.それは,ケプラー——惑星

の運行を数学的に理解した最初の人物——がアニミズム的な諸観念を抱いていたことや，アイザック・ニュートンが神秘主義に関するたくさんの覚書を書き残したことが，物理学における彼らの発見をいささかも損なうことがないのと同様である．今日我々を驚かせるのは，これら近代科学の先駆者たちがこれほど明らかに形而上学や神秘主義，錬金術に関する思想の影響下にあったということである．

『歌唱法の理論』においてステヴィンは音階の唯一正しい分割を目指しており，こうしてすでに長らく決着済みと見なされていた議論を蒸し返した．人々は中世以来，「真の」あるいは「自然な」音程比に関する古代の見解を復唱してほぼ満足していたのである．後代の理論家たち自身の寄与はもっぱら「プラグマティックな妥協手段」，例えば，五度の不純さ（つまり，うなり）をできる限り少なくしつつ，最もよく使われる短三度や長三度を純正に保てる調律法の開発などに限られていた．これに対しステヴィンは，全く新たな視点から，我々の音律の本質について原則にかかわる議論を再開した．彼はオクターヴの唯一「正しい」分割が存在すると主張したが，それを得るには，ある音程の高い音と低い音の音高の比が単純な整数からなる分数（五度であればＧとＣの比は3/2）になるという考え方と縁を切ることが必要なのであった．ステヴィンによるオクターヴの分割が実践上は平均律——今日我々が皆使用している調律方式——と一致していたとはいえ，彼は音楽の歴史的発展から離れた問題設定からそこに至ったのであった（図 11.3）．

彼がその方式を考案した最も重要な動機は，五度を十二回重ねた音がオクターヴを七回重ねた音と微妙に異なるという事実を受け入れられなかったためらしい．その差は「ピュタゴラスのコンマ」として知られるが，それが非常に小さいことから，ステヴィンは，同一の音に帰着しないことの主たる原因は，五度を聴覚で十分正確にとらえることが不可能なためだと結論した．このことを彼は次のように述べていた．

　しかして，二音をきわめて完全かつ確実に合わすこと，人間の聴覚には，それがいかに鋭くとも，不可能なること明らかなり．それより，各々個々には気づかれぬほどの過失であれども，大量に集まりたれば顕著なる誤差を為す

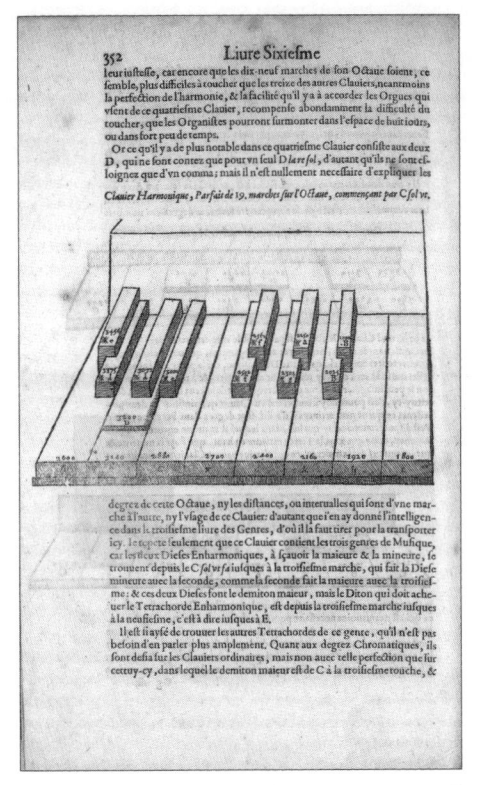

2. ステヴィンはオクターヴを十二の等しい音程に分割する

図11.3 オクターヴごとに十八の鍵のあるアルキチェンバロ．「……さもなくば，このために音の比の数だけ勘所（＝フレット）がなければならない……」．「勘所」（＝フレット）のある楽器だけでなく，鍵盤楽器の場合でも，それぞれの音程をできる限り純粋に合わせようとする努力は複雑化を招いた．ステヴィンはこのことを，音程比に関する伝統的諸理論が正しくないことの証明ととらえた．メルセンヌ『普遍の調和』(1936)の「楽器について」(p. 352) より．
ブリュッセル，ベルギー王立図書館，貴重書，Fétis 5347 C.

ということが帰結す……

ステヴィンの時代，実験の地位は現在とは異なっていた その際ステヴィンが，差は「常に同じ方向に」出てくるという事実を全く素通りしたことはおそらく奇妙に思われよう．我々は系統的なズレと偶然のものとの間に区別を設けることを学んでいるが，その観点からすると，完全五度の調律に当たってそのような

差が通常の許容誤差の範囲内で生じないことは明白であるように思われる．というのもその場合，五度を十二回重ねたものは，オクターヴを七回重ねたものより大きくなるのと同じ頻度で小さくもなりえたはずだからである．実のところここでは，上向きに五度を五回重ね，下向きに四度を七回重ねたものについて話す方がよい（そしてまたその方が実践と合っている）．結果は同じであるが，実用上の精度はより大きい．このとき同時に，統計学と誤差計算がステヴィンの時代にはまだ存在していなかったことを踏まえておかねばならない．そしてまたみずから追試を行うことも決して当たり前のことではなかったのである．このことに関連して，ステヴィンが言及した実験は，実際やってみると，彼が述べた結果をもたらさないということは多くを物語っている．さらにステヴィンは音程を正しく調律する際の精度を明らかに過小評価していたが，そのことも同様に実践経験の欠如を示している．このことはフェルハイエンによっても指摘されていた．フェルハイエンは長三度について，「……それは自然の聴覚によって八度（＝オクターヴ）と同じくらい完全に合わせられる……」と正しく記している．実際，長三度は聴覚によってオクターヴよりも正確に調律することさえできるが，それというのもオクターヴは実践においてわずかな音のズレが最も問題にならない音程の一つであるためである！

　第二のきっかけは明らかにリュートやヴィオラ・ダ・ガンバのフレットの取りつけに関する実践上の問題であった．実際，その問題は平均律を用いることによってのみ解決することができる（図11.4）．それにより確かに原則上は音程に狂いが生じるが，奏者は，一定の細かい修正を施すことによって，ほとんど気づかないほどにその狂いを小さくすることができる．これらのことすべてが合わさって，平均律こそが正しい音程をもたらすのだという印象をステヴィンに抱かせたのかもしれない．彼がこのやり方で調律されたチェンバロかオルガンを聴いていたら，おそらくそれについて違った風に考えていたことだろう．

　さらに，あらゆる時代を通じて単純性やエレガントであることは理論や体系にとって重要な規準であった（もちろんそれらが現象をよく説明できた場合に限られるが）．数学的にみた場合，このような単純性を長所とするのは当然オクターヴ上に十二の等しい半音を有する体系である．あるのはただ一種類の半音のみで

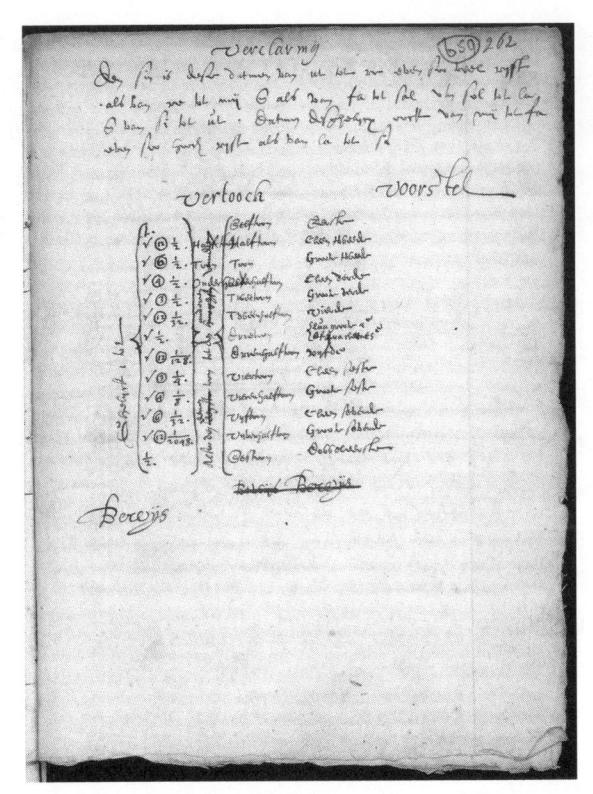

2. ステヴィンはオクターヴを十二の等しい音程に分割する

図 11.4 ステヴィンは平均律に関して数学的に正しい計算を行った最初の人物であった．この画期的な著作はそれ以前の実践的な取り組みと対照をなしている．たまたまそれらの取り組みが多かれ少なかれ同じ結果をもたらしていたとしても．しかしながら，おそらく彼の最も非凡であった点は，平均律こそが「真の」音程比であったと考えていたことであろう．ステヴィンは自分の音律の基礎を 2 の十二乗根のみに置いた．
デン・ハーグ，王立図書館，KA XLVII, fol. 262r．

あり，すべての音程は単純な仕方で互いに関係づけられる——オクターヴは正確に三つの長三度であり，二つの長三度は正確に短六度をなし，以下同様である．一見同じ音程になりそうな音程の組み合わせの間にもはや齟齬はない——四つの五度は，二つのオクターヴに一つの長三度を足したものと正確に同じ音になり，以下同様である．最後に，経験的に定める必要のある音程比はただ一つ，オクターヴの 2/1 という比である．

Cohen（1987）は，ステヴィンがオクターヴを分割することで，同時に（完全な音程という意味での）協和音という概念に新しい説明を与えようとしたと指摘したが，それはおそらく正しいだろう．音階の分割についてステヴィンが，決して出版しなかった草稿の中でとはいえ，いつもの彼から考えられるのとは違いかなり尊大な発言をしていたということは注目される．彼は自身の分割を唯一真なるものと呼び，他の方式を誤謬と決めつけて，次のように宣言した．

　　　今，古き意見に従って，五度の甘美なる音色が言明不能で，不合理で，不便なる数にいかにして存するやと思う人あらば，それに対して我らは延々と答えることもできようが，そのような誤解に満ちた言明不能ほど不合理で，不便なる精神にこれらの数の言明可能性，合理性，適切性，そして自然かつ巧みな完全性を教えることは我らの意図にあらぬゆえ……

これらの発言の激しさを単に伝統的な説明の拒絶として説明することは困難である．それはむしろ，その背後にあった哲学の拒絶から来ているように思われる．その哲学は，ある決まった数には特別な特性が属しているはずだということを前提としていた．ステヴィンはみずからの近代的，数学的観点からこのような考え方を時代遅れと見なした．彼はもはや，単純な分数に特別な意味を認めるいかなる理由も見出さない．物理学的な説明のためには科学がまだ十分発達していなかった．それゆえステヴィンは，音程間の真の比率をもたらすと思われた数学的体系にその説明を求めた．

すでに全音，二全音などを定めるに当たって，ステヴィンはもっぱら2の十二乗根の単純な整数指数の冪の比を用い，3/2，4/3などの「単純な」比に特別な地位を認めなかったことが見て取れる．ステヴィンの業績の核をなすのは彼がオクターヴを十二の等しいステップに分けたということである．人間の聴覚が対数的に働くことがわかっているので，高い音を順番に求めるには，周波数には常に同じ因数を掛けてやらねばならない．まさにステヴィンは対数概念に至る流れの源に位置する人物であり（囲み3.1参照），根を使った計算に大変習熟していた．彼はオクターヴを保持し，それが十二のステップを通るようにしたかったので，彼の場合，二つの連続する音の間の移行は常に2の十二乗根を掛けることに等しかった．ステヴィン以前には常に単純な有理数，つまり五度，長三度などを生ず

る比が出発点に選ばれていた．しかしながらステヴィンはそれらの比の有理数としての性格にいかなる意義も付与しなかった．彼の逸脱は，うなりのない音程の背後にある物理が彼の時代にはまだ知られていなかったという事実と関連していたことは疑いない．この知識がなければ，理論的な観点から，単純な有理比に特別な地位を認める理由は全くなかった．

ガリレオの父であるヴィンチェンツォ・ガリレイ［Vincenzo Galilei］（1525 頃-1591）は——知られている限りにおいて——ステヴィン以前に等しい半音からなる方式を詳細につくり上げた唯一の人物であった．彼がそれを行ったのはその著書『古今音楽対話』［*Dialogo della musica antica e della moderna*］（1581）の中である．とはいえこの方式はもっぱらリュートにフレットをつけるための実用的な妥協として成立したものであり，整合的な音律とは何らかかわりのないものであった．その基礎にあったのは数学的モデルではなく，経験的に平均値として適当とわかった半音の間隔だけであった[2]．それに対してステヴィンの半音の間隔は数学的に徹底的に考え抜かれた体系からの帰結であった．ヴィンチェンツォ・ガリレイにとって，半音が等しいということはもっぱらリュートやヴィオラ・ダ・ガンバの演奏において必要とされる技術的な事柄であるが，ステヴィンにとっては音律の根本的で，普遍的に妥当する特性であった．

● 11.1 ● 『歌唱法の理論』における重要な概念の説明

音程： 二つの音の間の隔たり．音程の名前は，音階上で第一の音から第二の音に来るとき通る音の数から来ており，その際は第一の音自身も一緒に数えている．例えば隔たり C-G（C=1, D=2, E=3, F=4, G=5）と D-A（D=1, E=2, …, A=5）は五度の例である．C-E（C=1, …, E=3）と D-F（D=1, …, F=3）のような三つの音の隔たりは三度と呼ばれる．

半音： E と F の間ないし B と C の間の隔たり．

訳注[2] ヴィンチェンツォ・ガリレイは半音の音程比として 18/17 を提案していた．

全音：　C-D, D-E などの隔たりで，これらは E-F のほぼ二倍の大きさである．
長三度：　二つの全音からなる三度，例えば C-E．
短三度：　一つの全音と一つの半音からなる三度，例えば D-F や E-G．

一致理論：　ベークマンが展開した，物理的な基礎に基づいて和音の説明を与えようとする理論．簡単にいうと，音を規則的に続く空気のパルスと見なし，その周波数が高さを決めるという考え方である．二つの音のパルスがより頻繁に一致すれば，それらがなす音程はより協和的になる（縦棒がパルスを表す）．

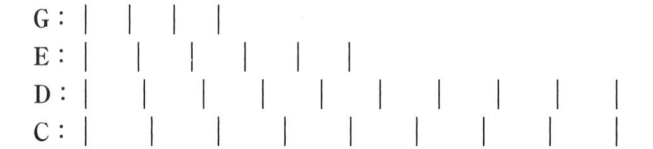

```
G:  |     |     |     |
E:  |   |   |   |   |   |
D:  |  |  |  |  |  |  |  |
C:  |   |   |   |   |   |   |   |   |
```

五度である C-G の場合，パルスがそれぞれ二回および三回繰り返された後，再び一致するのが見て取れる．長三度である C-E の場合，その回数はそれぞれ四回と五回で，全音 C-D の場合，それぞれ八回と九回である．この最後の場合のように，非常に大きな間隔を隔てないと一致が起こらないとき，それらの音を同時に鳴らすと不協和音になるとベークマンの時代には考えられていた．ステヴィンの音程比では，（五度のように）伝統的には協和音となるはずの音程であっても有理数にならないので，ベークマンの一致理論によれば明らかにすべて不協和音と見なされることになる！

うなり：　周波数がわずかに異なる音（一致理論を参照）の波動は互いに干渉し合い，周期的な音の強弱を引き起こす．これがうなり（「ウォン-ウォン-ウォン効果」）と呼ばれる．協和音 [consonantie] は一緒に鳴ってもうなりを起こさないので，純正に感じられる．

調律[3]：　調律とは，音程を（物理法則から決まる）自然の音階とはやや異なる具合に適当に加減して，実際の演奏に合うように調節することである．オクターヴ中，演奏できる音の数が決まっている楽器（例えばリュート，ヴィオラ・ダ・ガ

訳注[3]　temperament（英），temperatuur（蘭）．

> ンバ，鍵盤楽器）では，オクターヴあたりの音の数は演奏しやすさの観点から多すぎてはいけない．ピアノやギターの場合のように，たいていその数はせいぜい十二までである．しかしながらこのように使える音の数が限られていると，すべての和音を純正に合わせるのは不可能である．それゆえ 16 世紀以来，さまざまな妥協策が発達してきた．その際，より多数の和音を使えるように，一定の許容範囲内で意識的に不協和音程が導入された．この妥協策を後に調律と呼んだ．これらの妥協策がどの和音を残すことになるかは，楽曲からの要請と対象となる楽器の技術的特性によって決定された．
>
> 中全音律（ミーントーン）： 16 世紀には，三度が音楽においてますます重要になった．それゆえ当時，八つのよく使われる三度を純正に保つため，四つのあまり使われない協和音程を犠牲にする中全音律が発達した．それに従うと，十二ある五度のうち十一は使用に堪える程度に狭くなるのに対し，十二番目のものはあまりに広すぎ，堪えがたいほど音が外れてしまうため，「狼の五度」と呼ばれた．
>
> 平均律： オクターヴをステヴィンのやり方で十二の等しい音程に分割する調律方式は，18 世紀後半になると一層よく用いられるようになり，これは今日依然として通用している．結果として，ある任意の調の音階においてどの音も同様に不協和音になる．それによって調の特色が乏しくなり，音程自体の美しさが損なわれるが，それと引き替えに，演奏に当たって（フレットの位置を変えないと転調できないなどの）制限がなくなる．

3. そしてモノコードを幾何学的に分割するため……およびモノコードの算術的分割

「幾何学の比と歌唱法の比との比較」の節で比の概念の定義とそれについての一般的な議論，そして特に歌唱法に関する議論を述べた後，続いてステヴィンはこの主題に関するギリシア人の見解をかなり詳細に検討する．彼の意見では，五度，四度，および長三度の音程として一定の単純な有理比を前提としていたギリシア人たちは，欠陥のある音階を用いていた．

しかしながら，全般的にいって，伝統的な方式に対するステヴィンの批判は彼

自身の出発点を規範として受け入れたときのみ有効であることがわかる．とりわけステヴィンが明らかに暗黙の前提としていたのは，一定数の協和音程からなる音階をオクターヴの中で完結させる音律がとにかく可能だということである．その結果，すべての不整合は自然ではなく関係する音律のせいにされる——このことをステヴィンはプトレマイオスの音律に対する批判の中で最もあからさまに述べていた．同じ理由でステヴィンはそれまでに考案されたさまざまな調律法を妥協策として解釈することも拒んだ．例えば彼はツァルリーノの調律法を恣意的だとして批判したが，その批判が妥当であるのは，これらの方式が「真の」音程をもたらすと称していた場合のみである．

ステヴィンは，ギリシア人たちが，きわめて聡明であったにもかかわらず，「比」について正しい概念を有していなかったという事実について詳細な検討を加えた．ステヴィンはギリシア人の言語の潜在能力はオランダ語ほどではなかったと断定し，このことをギリシアの理論における比例概念の混乱と結びつけた．オランダ語の比例（等比性）［evenredenheyt］という言葉は等しい比に関連しているということをすでに含意しているが，ステヴィンによるとこのことは，オクターヴを等しい比に分割すれば，それが含むすべての音程が得られるはずだということを明示しているからである．

続いて「モノコードの幾何学的分割」という節では，リュートのフレットを正確にどこに取りつければ，上で論じられた音階の分割が実現できるかが幾何学的に決定される．

　　次に，自然歌唱の真かつ完全なる音を得るべく，モノコードを幾何学的に
　　分割せんがため……

それからステヴィンがモノコードの算術的分割と呼ぶものが続くが，そこで彼はフレットの（相対的）位置を数値的に算出していた．図 11.6 の中には彼の計算結果がみられる（10000 ＝弦の全長）．電卓があればステヴィンがここで手計算した数を求めるのはあっという間であり，今となっては何の造作もないことである．しかしながら当時これらの数すべてを計算することは大変手間のかかる仕事であっただけでなく，わざわざそのための計算方法も開発しなければならなかった．このときステヴィンは 2 の平方根と立法根を求める計算を組み合わせて結

3. そしてモノコードを幾何学的に分割するため……およびモノコードの算術的分割　*323*

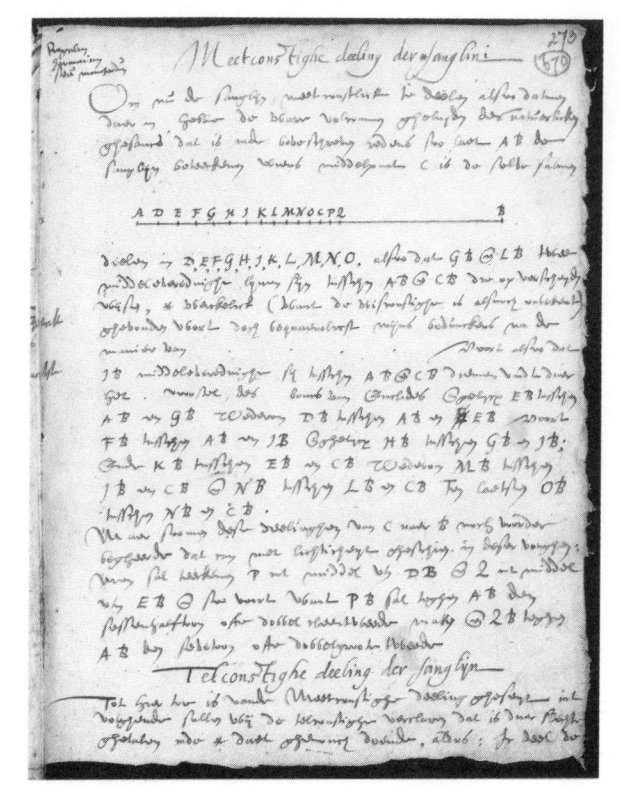

図 11.5　「幾何学的分割」．リュートのフレットの取りつけ方についての研究．いくつかの箇所では文章がまだ完成していないことが明らかに見て取れる．
デン・ハーグ，王立図書館，KA XLVII, fol. 273r.

果を求めた．そのための技法を彼は以前『十分の一法』（囲み 3.3 も参照）と『数学覚書』の一部である「算術」[4] の中で公表していた．

ステヴィンの数値はあちこちで正しい値からずれているが，それらは原則的に丸め誤差だけである．念頭に置いておく必要があるのは，当該の数の桁数がそれを計算した際の最小精度を正確に反映していなければならないという現代の規

訳注[4]　『数学覚書』第五篇第一巻「算術の記号法について」[Van de Telconstighe Anteyckeninghen]．

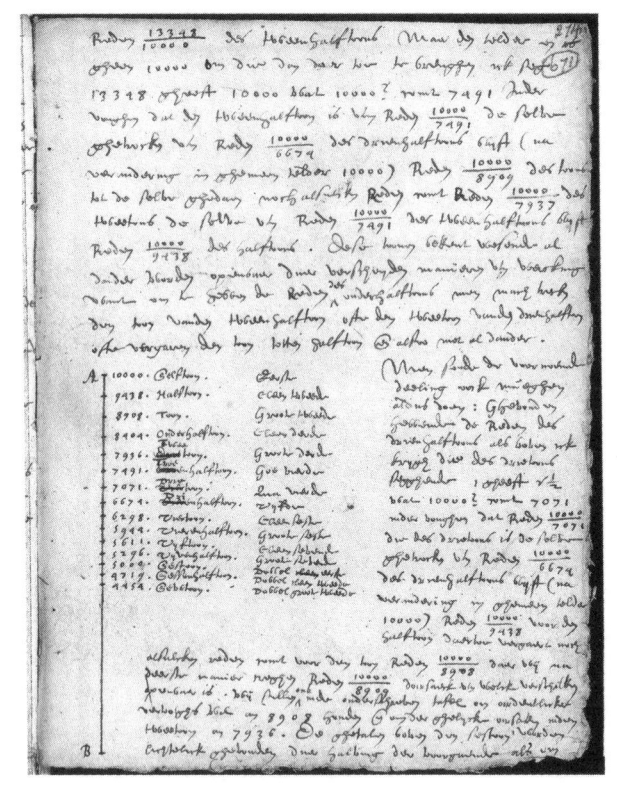

図 11.6 ステヴィンによる音高の計算.ステヴィンは音程比が理論的には
どのようになるべきかを述べただけではない.さらに彼はその値を実際に
計算してみせたが,その結果の精度は実用上十二分のものである.この計
算のために彼は以前に自分で開発した乗根を求める方法を用いた.
デン・ハーグ,王立図書館,KA XLVII, fol. 274r.

約[5]がステヴィンの時代にはまだ存在していなかったということである.当該の
数の相対的な精度が十分であれば,最後の桁での1～2単位の誤差は明らかにま
だ許容範囲内と見なされていた.またこの条件が満たされていれば,丸め誤差の
積み重ねに思い煩うこともなかったのは明白である.実際フレットをこの精度に
合わせて取りつけることからして不可能なので,実践的見地からすれば,ステヴ

訳注[5] すなわち有効数字の計算にかかわる規約.

ィンの表におけるズレは何ら問題ではない．しかしながら，転写の誤りが明白である事例が一つある（そこで 8404 とあるのは 8409 であるはずである）——いい加減に書いた 9 が 4 にみえることはある．10000 を $\sqrt{\sqrt{2}}$ で割ればこの数は簡単に求められるので，この大きさに関する丸め誤差は除外でき，計算間違いとは考えにくい．セント[6]，すなわち半音の百分の一の単位でズレを計算してみれば，差の最大値は 0.6 セントであり，ステヴィンが計算した数は実践的にみて十分以上に正確であることがわかる．

確立されたと見なされる知識と，それについてまだ意見の違いが存在する主題との間に明確な区別を設けることはステヴィンの習慣であった．それゆえ『歌唱法の理論』には係争中の論点に関する「付録」がつけられている．「四度について」の章でステヴィンは，四度が協和音かどうかに関する論争に首を突っ込んだ．同様に「付録」の中には，目次によると，「変音の調は無益な区分なり……」[Bemollaris cantus is onnut onderscheijt……] という題の章が出てくる．この中でステヴィンは，対象となる楽曲を四度低く移調すれば，音部記号にフラット（♭）をつけずに済むと論じていた．これは，楽譜の中の音高（ピッチ）が純粋に相対的と見なせるという条件のもとでのみ正しいが，ステヴィンの時代，その条件はもはや成り立たなかった．ある「標準ピッチ」が確かに存在していたのである（ステヴィンの時代，絶対音高は重要でなかったという Fokker の主張（『シモン・ステヴィン主要著作集』第五巻）は一般的には正しくない）．

『歌唱法の理論』の残された断片の末尾に来る章では，オルガンとチェンバロを調律するとき生じる不完全性の原因が説明される．ここでステヴィンは，鍵盤楽器を通例のやり方で調律する際に嬰ト音（G#）での五度の音程が外れるのは，単に他の五度の調律が不正確なためだと論じた．しかしながらこの説明は，嬰ト音での五度が「……あるときはやや広すぎ，あるときはやや狭すぎるが，ちょうどよいときもある……」という誤った仮定を前提としており，五度と四度が調律される際の精度の過小評価に基づいていた．しかしながら当時の実践の観点から

訳注[6] 調律で使う音程の微小な単位．一オクターヴを 1200 セントと定義．平均律の全音は 200 セント，半音は 100 セントとなる．

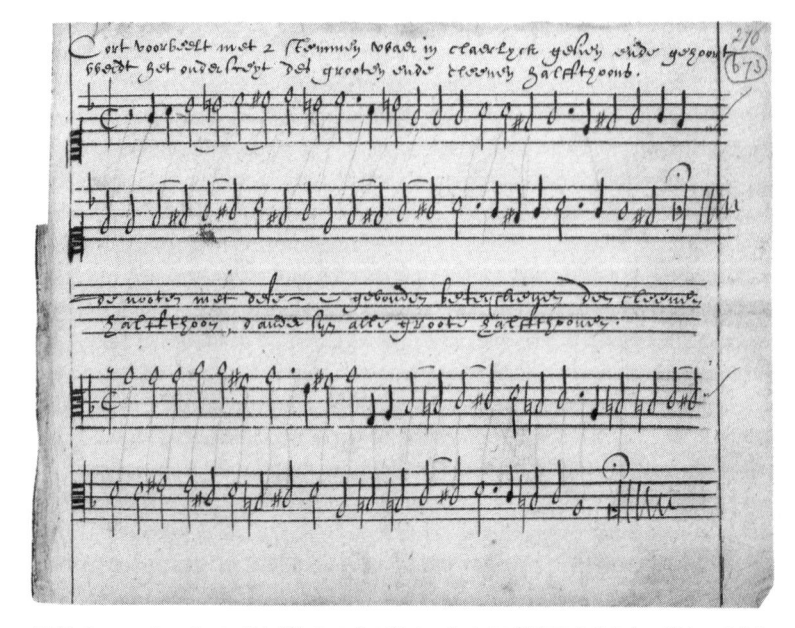

図11.7 フェルハイエンがあげたこの曲の例で，すべての協和音をうなりの出ないように合わせようとすれば，大きい半音の音程の三分の二以下の小さい半音が生じる．この大きなコントラストは半音を多用する当時の音楽にとって不可欠であったが，平均律ではその特色はすべて失われてしまう．このサンプル曲は Bierens de Haan（1878）の版にも掲載されたが，それには写し間違いがある．
デン・ハーグ，王立図書館，KA XLVII, fol. 276r.

みても，ステヴィンの論法にはさらに別の弱点がある．彼は，鍵盤楽器が完全な五度と四度に基づいて調律されることを自明の前提としていた．しかしながら，フェルハイエンの返答からもわかるように，これは当時もはや事実ではなかった（図11.7）．ステヴィンの議論からはやはり，彼が鍵盤楽器調律の作業の実際に通じていなかったか，それについて曖昧な知識しか持ち合わせていなかったと推定できる．

4. ステヴィンの時代の調律法とリュートのネックへのフレットの設置

ステヴィンの時代，調律において，鍵盤楽器（オルガン，チェンバロ，クラヴィコード）とフレットのある弦楽器（リュート，ヴィオラ・ダ・ガンバ）とは明

らかに区別されていた．最初のグループの楽器の場合，どの調律法をはじめに選ぶかについて，それらの技術的構造からの制約は何もなく，そのためそれらは全く曲の都合に合わせて，美的な理由から決めることができた．ステヴィンの時代の音楽においては三度が重要だったため，実践においては，最もよく使われる三度をできる限り完全にすることに主眼を置いた，中全音律が選ばれた．フレットのある楽器の場合には，技術的な構造が制約を課した．ある一本の弦の上で音の相互の間隔をある特定のやり方で選ぶと，他の弦についても同じやり方で音程が決まってしまう．このことから来る齟齬は時に厄介で，それはすべての半音の音程を同じ広さにすることによってのみ解決できた．このことは自動的に平均律につながった．このことが審美的な価値の理解とは何ら関係なかったことは明らかである．単に他の選択肢がなかったのだ．

おそらくステヴィンの実践的知識はもっぱらリュートに関するものだった

ステヴィンが提唱した数学的音律を実践に応用していたら，このような平均律になっただろうといえるが，そのような調律法は当時行われていた音楽の役には立たなかった．このことから，彼は当時の音楽の実践に通じていなかったと考える歴史家もいる．

我々にはこの結論はいささか極端すぎるように思われる．ステヴィンは少なくとも当時の権威ある音楽理論の著作を，部分的にではあれ知っていたのである．とはいえやはりより明白であるのは，音楽の実践に関する彼の知識には一定の欠落があったということであり，その中にはもちろん鍵盤楽器調律の作業の実際に関する知識も含まれる．また彼には特別に訓練された聴覚もなかったようである．さもなくば調律の際の聴覚の精度を過小評価することもなかっただろう．そのような欠落は，音楽のような複雑な主題を特に自身の専門としなかった人物にあってはふつうのことであり，また，ほかにあれほど多くの領域で活動し，そこにおいて秀でていた人物については驚くには当たらない．ステヴィンが言及した実験を自分では決して行わなかったことも明らかである．さもなくば，それが正しくないことを自分で確かめられたであろう．

ステヴィンが明確に精通していた音楽の実践的な問題は，リュートの指板（フィンガーボード）にフレットを取りつける方法であった．これに関してステヴィ

ンの計算には確かに実践的な意義がありえたのであり，それは，例えばヴィンツェンツォ・ガリレイの計算などよりも実質的に正確な位置を与えたのである．しかしながら『歌唱法の理論』の出版が見送られたため，それがそれ以上音楽界に浸透することはなかった．平均律について初めて精密な計算結果が出版されるのは，やはりメルセンヌの『普遍の調和』(1636) を待ってのことなのだろう．しかしながら彼の方法はステヴィンのものに比べると全然革新的ではなかったのである．

5. フェルハイエンの批評

ナイメーヘンのオルガン奏者フェルハイエンは，ステヴィンから送られた草稿に返答していた．フェルハイエンの批判の主たる論点は，ステヴィンの計算の数学的な正しさには議論の余地がないものの，それは望ましい完全な音程をもたらさないということに帰着した．ステヴィンとは違い，フェルハイエンは調律の問題に関する自身の実践経験から伝統的な音程比が確かに「正しい」ということを知っていたが，その正しさを理論的に裏づける物理学的基礎は当然彼にも欠けていた．彼はさまざまな音程を聴覚により高い精度で合わせられることを知っていたし，それにより，ステヴィンが誤差の範囲に帰したズレが，実のところ本質的なものだということがわかっていた．

フェルハイエンは平均律以外の仕方でリュートを調律できないのはなぜかを示した――「……さもなくば，このために音の比の数だけ勘所（＝フレット）がなければならない……」．鍵盤楽器については，すでに言及した中全音律を含む四つの可能な調律法をあげた．この調律法については彼も音程の計算書を作成した．その数字はすべて記された最後の桁まで正確である．フェルハイエンは自分が計算能力においてステヴィンに引けをとらないことをみせたかったのだろうか．

フェルハイエンは，ステヴィンの方式の基礎が経験的に正しくないことを彼に気づかせ，続いて鍵盤楽器の調律が実践においてどのように行われるかを示した．ステヴィンのように聡明で批判的な気質の持ち主は，これらの所見と検証を簡単にやり過ごせなかったのであろう．この分野に関する彼の実践経験は不十分

であり,少なくとも,そのことによって自分が間違った方向に導かれた可能性を直視しようとしたというのは想像に難くない.『歌唱法の理論』の出版延期がフェルハイエンの批判にかかわっていたということは,やはりかなり確かなようだ.

6. ステヴィンによる音律の歴史的位置づけ

DijksterhuisとFokkerによる『歌唱法の理論』の議論はたいてい無批判的すぎるとみられている.二人とも数学と物理学を偏重しており,彼らがステヴィンの帽子にさらに音楽という羽飾りを挿したのはいささか性急だったかもしれないと主張されている.いずれにせよ,過去において歌唱法に関するステヴィンの意図がよく理解されていたかを調べるべきであろう.近年,Cohen (1987) がこの問いをより深く検討した.

ステヴィンは我々が「平均律」と呼ぶものに対応する音程を計算した最初の人物であった[7].彼はそれを大変正確に行った.この業績は彼のものであり,歴史記述においても彼に帰せられている.ここで奇妙なことは,このオクターヴの分割法が「真の」音律であるとステヴィンが思っていたことである.そしてやはり,ステヴィンは初めて平均律を一般に普及させることを提唱し,その点に関してはるかに時代に先んじていたとも一度ならずいわれてきた.しかしながらCohenは,ステヴィンが目指したのは「平均律」とは異なるものだったと述べている.すなわち,調律とは実践的見地からの妥協であるが,ステヴィンの方式は実践的妥協の必要性から生まれたものでは全くなく,音の間の現実的な関連を見極めたいという欲求から出てきたものであった.Cohenによれば,ステヴィンはそれでもって協和音程の完全性に関する新たな説明を与えることができるのではないかと期待したのであった.

訳注[7]　ジョゼフ・ニーダム『中国の科学と文明』第七巻,思索社,1977のpp. 262-278によると,中国の朱載堉は1584年に出版された『律學新説』の中で平均律について論じ,次のように述べた――「創立新法.置一尺為実.以密率除之.凡十二遍.所求律呂真数(新法を創立す.一尺を置き実と為す.密率(平方根と立方根の比)を以て之を除す.凡そ十二遍.求むる所律呂の真数なり」).ニーダムは,「朱載堉が,後年ヨーロッパでも知られたのと全く同じ平均律の公式を発明したという説に何らの疑念もない」と述べている.

平均律を提唱することに関して，ステヴィンがはるかに時代に先んじていたということもやはりできない．なぜなら彼はそれが一つの妥協であることを理解しておらず，したがって調律法を意図的に選択することを提唱したわけでもないからである．彼が調律の原理に通じておらず，鍵盤楽器の場合に実践で用いられる解決策の知識をもっていなかったという印象すら受ける．これに関連して，彼が調律法に関するツァルリーノの提案を，まるでそれが真の音程比を計算する試みであるかのように批判していたことは多くを物語っている（ところで，その観点からだったらステヴィンの批判は正しかったであろう）．彼は明らかに，自分が標準的な調律のやり方と見なしていたこと（十二の五度のうち十一を聴覚に基づいて完全五度に調律する単純な方法）を純正な調律の不完全な形態としかみておらず，それが完全には成功しないのは我々の聴覚の不正確さのためだと考えていた．彼の意見では，正しい音を数学的に定めれば，容易に望みどおりの結果の改良につながるはずだった．数学的比を音に変換することは，すでに古代ギリシア以来，モノコードを使って行われていた．モノコードとは一本の弦のついた音響箱で，その上にはスライドさせることのできる駒（琴柱）がついており，それを数学的な計算に基づいて設置することにより，どの音程比も正確に音に変換することができる（図11.8）．そのようにして生成された音は，今度は調律すべき楽器に移すことができた．しかしながら，正しい音を数学的に定めることはやはり本質的に異なる調律法をもたらすことをステヴィンは理解していなかったようである．それに気づかせたのはフェルハイエンであった．

それでは，ひょっとしてステヴィンは早すぎたシェーンベルク［Arnold Schoenberg］（1874-1951）だったということはできるだろうか．なぜなら，シェーンベルクも妥協的な思考に別れを告げ，やはりオクターヴを十二の等しい半音に分割することが本質的な事柄であると宣言したからである（彼のいわゆる十二音技法）．しかしこの比較は成り立たない．というのも，シェーンベルクとステヴィンとの間には本質的な違いがあるからである．シェーンベルクが彼の体系で目指していたのは，完全な音程の真の比率を追求することではなかった．彼は完全性に関する伝統的な概念と楽音間の諸関係を新しい種類の音楽のために捨て去ったが，そこではオクターヴにおける十二の音すべての絶対的な等しさが出発

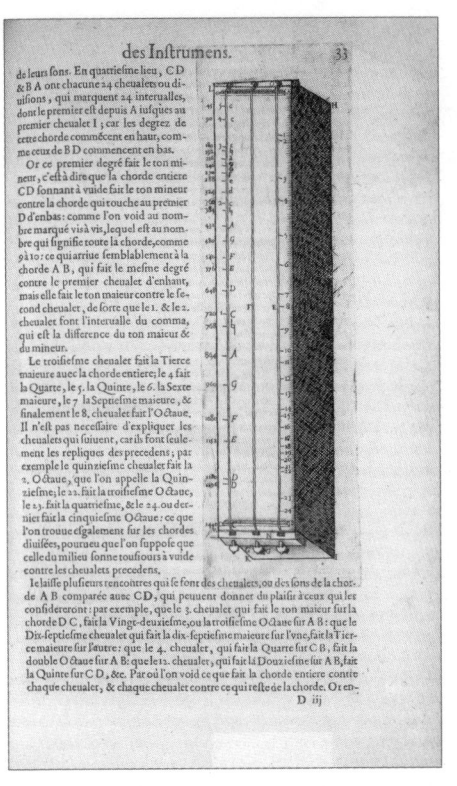

6. ステヴィンによる音律の歴史的位置づけ

図11.8 モノコードはすでに古代から知られていたが，電子工学ができるまでは，これが数学を計算された音程比がもたらす協和音とつなぐ環であった．琴柱をずらすことで二本の弦の長さを望みの比率に合わせることができた．メルセンヌ『普遍の調和』(1936) の「楽器について」(p. 33) より．
ブリュッセル，ベルギー王立図書館，貴重書，Fétis 5347 C.

点として意識的に選ばれていた．ステヴィンの場合，シェーンベルクと比較して事態は実質的に逆であった．彼は，我々が純正と感じるような真の音程比を発見したと思っていたのである．純正さは彼にあってはまさに決定的役割を果たしていたのであり，彼は，二つの音が2の十二乗根に遡れるような音程比に対応するとき，これが「事実上」達成されるとだけ述べていた．シェーンベルクが過激な「選択」をし，音律に意識的に「介入」したのに対し，ステヴィンは「現存している」音律の正しい数学的「記述」を（初めて）与えたにすぎないと考えてい

た.

　最後に依然として残っている問いは，条件づけにより我々はステヴィンが計算した音程比を「真のもの」と見なし始めているが，そうだとすれば，ステヴィンの正しさは我々の時代において認められたのではないのか，というものである．というのも，我々は平均律に従って調律されたギター，ピアノ，オルガン——歴史的なオルガンやそれに着想を得た新しいオルガンを再び平均律ではない調律法に従って調律するという傾向が増大しているとはいえ，95％以上のオルガンは依然として平均律に従って調律されている——，ハープ，そして忘れてならない電子楽器と共に成長してきたのであり，それらは自身の音を日々（しばしば頼まれもせずに）我々に向かって降り注いでいるのである．しかしながら，そのことによって我々がそれらを真に完全な音程よりも正しいと感じるようになったかどうかは別の問題である．音楽家による音合わせは非常に複雑な作業であり，それは確かに標準的な平均律には従っていないということが研究からわかっている．それゆえ平均律に従った音合わせが今日の音楽の実践にとっての規範だと一般的に主張することはできないのである．

　ステヴィンの草稿においては，いかに彼が——物理学的ではなく——数学的な根拠に基づいてオクターヴを「等しく」分割することを擁護し，それを算出したかをみることができる．ステヴィン自身の意図とは違っていたものの，平均律は彼の計算のまさに「音に聞く」成果であったが，当時の音楽の発展の論理的筋道にはそぐわなかった．ステヴィンの計算の最大の意義は，やはりその革新的な計算法，数に対する新しい見方，そして彼以前の人々が特定の数に認めていた特別な意味づけを拒絶したことにあったように思われる．小数点以下の位や分数指数の冪，対数などに慣れているせいで，我々はしばしば，それらの概念の発展に関してステヴィンにもその一部を負っていることを忘れているのである．

第 12 章

ステヴィンとその仕事への反響

De weerklank van Simon Stevin en zijn werk

1. はじめに

　シモン・ステヴィンは低地諸国の歴史において特別な位置を占めている．彼に因んで名づけられた広場と街路は数多く存在する．彼が生まれた町であるブルッヘには 1846 年に青銅の立像が建てられ，その除幕式は盛大なお祭りとなった．さらに数え切れないほどのシモン・ステヴィン協会が存在するが，その性格は多種多様である．例えば，オランダとベルギーには複数のシモン・ステヴィン・セーリングクラブがあり，アイントホーフェン工科大学には電気力学の技術者のためのシモン・ステヴィン学生協会があり，彼の名を冠したいくつもの天文台があり，ステヴィンに因んで名づけられた建築学，衛生学，マネージメント学の研究機関があり，そしてまた城塞の研究，保存，修復の促進を目的とするシモン・ステヴィン財団も存在する．

　今なおステヴィンの影響力はさまざまな学術組織，学術機関に及んでいる．オランダ，イギリス，北アメリカの八つの科学史学科の間には国際的なシモン・ステヴィン交換留学プログラムが存在している．毎年オランダの技術基金 STW は権威ある「シモン・ステヴィン・マスター」の称号を技術の分野の第一線の研究者に授与している．その称号には副賞として約 50 万ユーロの賞金がついている．BBC の教育部門のウェブサイトは「各地の偉人たち」の見出しのところでステ

ヴィンに4ページを割いている．月面のクレーターの一つは Stevinus という名前である．さらに言及しておくべきはベルギーの数学–物理学雑誌 Simon Stevin で，これは今では『ベルギー数学協会誌』[Tijdschrift van de Belgische Mathematische Vereniging] として知られている．指導的雑誌の Nature と Scientific American にはステヴィンの名前がたびたび登場する．ステヴィンは著名な著者たちによって，その業績，洞察，そして専門知識が今日のコンピュータを可能ならしめた十人の歴史上の人物のリストにあげられている．彼の名はその中でブレーズ・パスカル，チャールズ・バベッジ，ハーマン・ホレリス，ジョン・フォン・ノイマン，コンラート・ツーゼ [Konrad Zuse]（1910–1995）らの人物と並び称されている．ステヴィンの『十分の一法』は，西洋文明の発展に重要な影響を与えた著作を選び出した著名な目録『西洋をきずいた書物』[Printing and the mind of man] に掲載されている．16世紀については，そのリストは六十五冊の本しか取り上げていない．

　1948年のステヴィン生誕400周年記念に際して，ベルギーの科学・文学・芸術アカデミーは，112ページからなる紀要を丸ごとステヴィンの特集号とした．1995年には，相当数の貴重な歴史的手稿を所蔵するブルッへの市立図書館でステヴィンの業績を巡る企画展が催された．1998年にはヘント大学の中央図書館が，所蔵するステヴィンの著作と同時代人の著作を並べる企画展を催した．これら二つの企画展のカタログはかの偉大な科学者，発明家に関する我々の今日の知識の格好の見取り図を与えている．1998年12月11日と12日には本書の筆者らが van den Heuvel 博士と共にブルッへで「ブルッへの人シモン・ステヴィン」と題したシンポジウムを催した．そこではオランダ，デンマーク，ベルギーの専門家たちが，科学と技術にとってステヴィンが有する重要性を解説した．

　この50年間にたびたびステヴィンに関する出版物が現れた．それらすべてに言及することは我々の手に余るので，ここでは最も重要なもののいくつかに絞る．我々はすでに，最も著名なオランダの科学史家の一人である，Dijksterhuis の著作をあげた．彼は何人かの協力者と共にステヴィンの著作集と，その大変包括的な研究を出版した．その中にはステヴィンの著作の多くが収録され，注解を加えられ，現代英語に翻訳された．マサチューセッツ工科大学（アメリカ合衆

1. はじめに

国)の数学教授であったオランダ人の Dirk Struik (1894-2000) は,この著作集および『ステヴィンとホイヘンスの国』[*Het Land van Stevin en Huygens*] (1966) の中で,オランダの黄金時代である 17 世紀の科学に対する彼の個人的見解を提示した.その際ステヴィンはかなり大きくとり上げられている.『古代から 1815 年までのベルギー科学史』[*Geschiedenis van de Wetenschappen in België van de Oudheid tot 1815*] 中,特に P. Bockstaele と P. Radelet-De Grave が執筆した章の中では,ステヴィンの著作が詳細に紹介されている (van Paemel (1995) も参照).

アムステルダムの国立美術館で 2000 年末から 2001 年初頭にかけて開催された企画展「オラニエ公マウリッツ」は,ステヴィンとマウリッツとの関係に関して大変啓発的であった.また,この企画展の図録はこの関係について大変詳細に立ち入っている.1590 年以降のステヴィンの出版物の大部分はやはりマウリッツないし国家にとって重要であった主題を扱っていた.

ステヴィンは彼の同時代人たちおよび著名な科学者たちによって大変高く評価されていた.そのことはウィレブロルト・スネリウス (以下, スネル), ギルバート,ベークマン,コンスタンテイン・ホイヘンスとクリスティアーン・ホイヘンス,そしてアドリアーン・ファン・ローメン (アドリアヌス・ロマーヌス) [Adriaan van Roomen] (1561-1615) の書き残したものから明らかにわかる.ファン・ローメンは静力学と帆かけ車のことでステヴィンを評価した.ベークマンは,ステヴィンの未亡人から借りた彼の手稿の数々を自身の『日記』の中に書き写した.また,グロティウスも友人であるステヴィンの仕事に対して大いに敬意を払っていた.後代になっても,ジョセフ・ルイ・ラグランジュの『解析力学』,エルンスト・マッハの『力学の批判的発展史』[*Die Mechanik in ihrer Entwicklung*],そしてリチャード・フィリップス・ファインマン [Richard Phillips Feynman] (1918-1988) の有名な『ファインマン講義』などの名著がステヴィンの業績に対して満腔の賛辞を寄せた.

若きニュートンはジョン・ウィルキンス [John Wilkins] の『数理魔術』[*Mathematical Magick*] に影響されたが,この大衆向けの著作はその内容の多くをステヴィンとガリレオに負っていた.

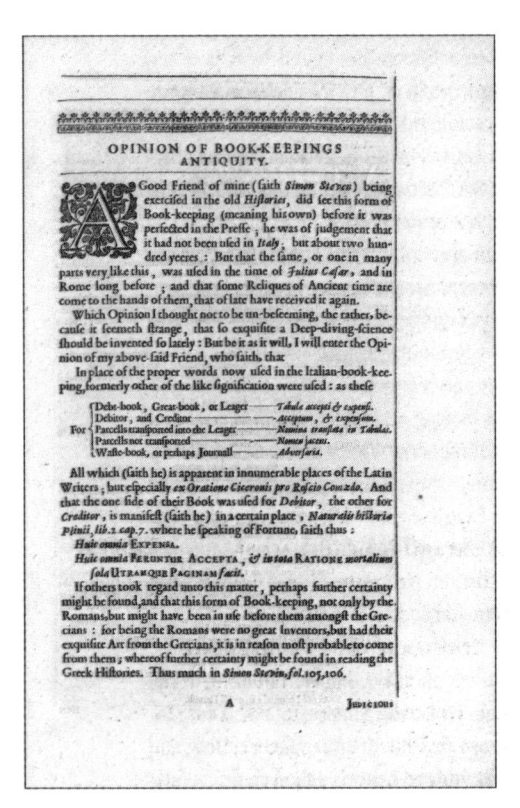

図 12.1 簿記に関するステヴィンの著作の影響は大きかった．そのことはこの 17 世紀イギリスの専門書の例からわかる．ダフォーン『商人の鏡』第二版（1651）．
アムステルダム大学図書館，UBM：OF 80-140.

　物理学に関するステヴィンの著作のみが影響力をもっていたわけではないことは，例えば簿記方で教育者だったリチャード・ダフォーン［Richard Dafforne］が『商人の鏡』［*The Merchants Mirror*］（1635）の中で簿記に関するステヴィンの著作を参照していることから証明できる（図 12.1）．土木工学に関する標準的著作『水理建築術』（1737-1753）の著者ベルナール・フォレ・ド・ベリドールは，近代水理学の起源はネーデルラント諸国にあり，水門の分野における革新を最初に解説したのはステヴィンであると述べた．
　以下においては，ステヴィンの仕事が 16～17 世紀の第一線の学者たちに及ぼ

した影響をさらに詳しくみて，後代の反応のいくつかを短く紹介しよう．

2. 同時代人たちに対するステヴィンの影響

2.1 ファン・ローメン「ステヴィンの静力学に関しては，ラテン語にするのが困難である……」

ステヴィンの同時代人の中で異彩を放つ人物の一人がファン・ローメンであった．彼は，ルネサンス時代の学者たちの良き習慣に倣って，アドリアヌス・ロマーヌスと自分の名前をラテン語風に書いた．彼はアントウェルペンに生まれ，最初ケルンのイエズス会のコレージュで学んだ．後に彼はリューフェン（ルーヴァン）で医学の勉強をした．彼は1585年にローマに滞在し，エウクレイデス『原論』の1574年版の訳者の一人であったクリストフ・クラヴィウスと知己になった．リューフェン大学でファン・ローメンは1586年から1592年まで数学と医学の教授をしていたが，当時はまだこのような組み合わせが可能であった．1593年にはヴュルツブルクで最初の医学教授に任命され，1603～1610年の間，リューフェンとヴュルツブルクに交互に滞在した．1604年には司祭に任命された．1610年以降はポーランドで数学を教授した．とにかくファン・ローメンは大変よく旅をした男であった──ローマ，ハイデルベルク，ウィースバーデン近くのニュルンベルク，クラクフ，フランクフルト・アム・マイン，ボローニャ，ジュネーヴ，プラハに旅行，滞在したほか，彼はフランス中を巡る旅行も敢行した．

ファン・ローメンの書簡のやりとりから，彼が当時の学術活動を緊密にフォローしていたことがわかる．彼の文通相手にはルネサンスの花形学者たち，とりわけルドルフ・ファン・キューレン（囲み2.4参照），数学者で天文学者のクラヴィウス，ケプラー，ユストゥス・リプシウス，プランタン印刷所のヤン・モレトゥス一世，フランス・ファン・ラーフェリンゲン──この二人はプランタンの娘婿であった──重要なフランスの数学者ヴィエトらが名を連ねていた．実に壮観な一覧であるが，それは完全というには程遠い．ファン・ローメンはケプラー，ティコ・ブラーエ［Tycho Brahe］（1546-1601），そして当然リプシウスと面識があった．不幸なことにファン・ローメンの往復書簡の多くは失われてしまった．書簡の中で彼は円の求積，三角関数表の作成，代数方程式の解法，そしてク

ラヴィウスも密接にかかわっていた，教皇グレゴリウス十三世による改暦について論じていた．クラヴィウス宛ての書簡の中でファン・ローメンは何度もステヴィンについて言及していた．彼はステヴィンとファン・キューレンを低地諸国で唯一の数学者と呼んでいた．彼は何度も，ステヴィンが彼の著作をオランダ語で出版したことに触れていた．彼は *Wegkunst*（ママ）を引用し，ステヴィンがオランダ語に導入したいくつかの概念はラテン語に翻訳するのが難しいと説明していた．

Ad Staticem Stevinii quod attinet, non facile in latinam linguam vertetur propter terminos quibus utitur, qui cum vario modo sint compositi, non facile Latine reddentur v.g. Rechthefwicht, Scheefhefwicht etc. ubi quod [quot ?] syllabae tot dictiones, priorem ad verbum ita redderem recte-elevandum-pondus, alterum oplique-(sive ad obliquos angulos) elevandum-pondus......

[ステヴィンの静力学に関していえば，それをラテン語に翻訳するのは容易でない．それは彼が使う術語のためで，それはさまざまな仕方で構成されているため，ラテン語にするのは容易ではない．例えば，Rechthefwicht, Scheefhefwicht などで，その中では各音節が単語を成し，前者の語に関してはまっすぐに持ち上げる重量［recte-elevandum-pondus］，他方については斜めに［oplique-］（あるいは斜めの角度で［ad obliquos angulos］）持ち上げる重量［elevandum-pondus］とすることができよう……］

クラヴィウス宛ての1597年の書簡に出てくるこの一節は（Bockstaele によりファン・ローメンに関する彼の興味深い研究において引用されているが），『計量法原論』に出てくる術語，例えば Rechthefwicht が実際ステヴィンによって導入されたということを示唆している．

ファン・ローメン自身，才能ある数学者であった．彼はもっぱら既存の方法を応用したが，論証の精密さにおいて卓越していた．例えば彼は π を小数第十六位まで決定した．ファン・ローメンはまたアル・フワーリズミーの代数学について注釈を書いた．この注釈の刊本については二冊のみが存在を知られていたが，それらは1914年と1944年，リューフェン大学図書館の一回目と二回目の火災の際に失われてしまった[1]．

2.2 ギルバートとステヴィンの『港湾発見法』

Dijksterhuis によると，次の五つの年が新しい自然科学にとっての「驚異の年」であった．

1543 年：　コペルニクスの『天球の回転について』
1586 年：　ステヴィンの『計量法原論』と『水の重量についての原論』
1600 年：　ギルバートの『磁石論』
1609 年：　ケプラーの『新天文学』[Astronomia Nova]
1638 年：　ガリレオの『新科学論議』

ギルバートの『磁石論』は，1600 年にロンドンで出版された．医師で自然学者であったギルバートは医者として卓越した名声を博し，エリザベス一世 (1533-1603) の侍医となった．

彼の自然学に関する著作の重要性はとりわけ方法論的な性質のものである．磁力について彼が書いている事実は，以前からすでにかなりの程度知られていた．ただし，電気的相互作用と磁気的相互作用とを区別したのは彼が最初であった．また彼は地球が大きな磁石であると明言したが，これは記録されている限りにおいて最初のものであった．コンパスは古くから位置決定のため不可欠な器具であり，磁石は航海にとってとりわけ重要であった．

ギルバートはその著作において「経験的」で確かな要素を導入した．ステヴィンと同様に彼は理論の世界と実践の世界との間の橋渡しをした人々の一人である．ギルバートにとって実験的検証は自然科学の唯一の基礎をなすものであった．ただしギルバートがいう実験的方法とは，我々がそれについて今日思い描くものとは違うものを意味していた．今日，実験的検証は，観測事実を数学的に，可能な限り正確に記録することを当然の前提としているが，ギルバートにそのような観点はなく，彼のアプローチは完全に定性的であった．したがって彼は測定を行わず，その代わりある物理学的特性を観察したのはどのような場合だったかを明瞭に記述した．彼は観察のみを自然研究にとって妥当な方法と認めた．彼は人の言葉にいささかの権威も認めず，彼のモットー "Nullius in verba" [誰の言

訳注[1]　現在，リューフェン大学図書館には焼失前にこの著作を筆写した手書きノートのコピーが所蔵されている．

葉においてでもなく] は後にロンドン王立協会によって受け継がれることになる. もはや「権威」には自然科学における論拠としての役割は残されていないのであった. 科学における唯一の審判としての優先権を観察に与えるギルバートの立場は, 一般的に経験的アプローチの先駆者と認められているアンドレアス・ヴェサリウスの流れを汲むものであった.

ガリレオの話によれば, 彼はある哲学者から『磁石論』をもらったが, その哲学者はその本の新しい思想が自分の書斎にある他の本を損なうことを恐れていたという. 『磁石論』はケプラーとガリレオの関心をいたく刺激したが, それはこの著作の考え方が, 太陽中心モデルを基礎づける新しい原理を求めていた彼らの探求と密接に関連していたためである.

古代ギリシア人に関するギルバートの態度は, 例えばステヴィンやレオナルド・ダ・ヴィンチらのものとはいささか異なっていた. ステヴィンの「賢者の時代」は偉大なギリシア人思想家たちの時代に対するある種の郷愁を露呈していた. 経験主義者のギルバートはより距離を置いていた. 古代ギリシア人たちは相当な知識を獲得していたが, 彼らが近年の発見を知ったならば, きっと喜んでそれを受け入れるであろうと彼は述べている.

『磁石論』の巻頭には, 航海術, 数学, そして地図製作の卓越した専門家であるエドワード・ライトが寄稿している. 彼は対数表の使用法の解説を出版し, ジョン・ネイピアの著作をラテン語から翻訳した人物である. その序言でライトは書いている.

> また, 疑いないことであるが, きわめて学識高い両氏ペトルス・プランキウス……およびこの上なく優れた数学者シモン・ステヴィヌスは, 初めてこの磁石の書を目にし, あの探港術 $λιμηνευρετικη'$ が予期せぬ大改良を加えられたのを知れば, その歓喜には尋常ならざるものがあろう[2].

ライトは『磁石論』の出版に当たってギルバートを援助していた. このライトこそ 1599 年にステヴィンの『港湾発見法』(1599) を英語に翻訳した人物である. このことについてギルバートは, ある脚注の中でこのように書いている.

訳注[2] 三田博雄責任編集『ギルバート』(科学の名著 7), 朝日出版社, 1981 の p.9 の訳を参照.

シモン・ステヴィヌス『港を探索することの理論』[*Portuum Investigandorum Ratio*]，ライデン，1599年[3]．これは著名な数学者エドワード・ライトによって同年英語で出版されたが，彼は後にそれを自身の著作『航海術において見出されるいくつかの誤謬とその訂正』[*Certaine errors in navigation detected and corrected*] の第三版に付録として収めた．

このようにギルバートは，ステヴィンの『港湾発見法』を，英訳が出てから1年足らずのうちに，書名を明記して参照している．彼がライトと親密な関係にあったことを念頭に置けば，これは驚くには当たらない．ギルバートは，ステヴィンの『港湾発見法』の中の観察に関して，いくつかの細かいデータを反駁しているものの，他方，伏角に関するステヴィンの方法を大変評価していた．ギルバートはそのことを次のように述べている．

> ステヴィヌスは（フーゴー・グロティウスによると），『港を探索することの理論』の中で，子午線に従って偏角を区別している[4]．

ギルバートは，ステヴィンがポルトガルの船乗りたちなどの情報をもとに採用したコンパスの偏角に関するいくつかのデータを批判した．ステヴィンの方法について彼はいう．

> しかし，もし海上で磁針の偏向を確実に知ることのできる適当な器具が手元にありさえすれば，遠洋航海中に正しい偏角を測定して港を見出す方法はきわめて重要である[5]．

観察を知識の唯一の源泉としてこれほど明快に選択していたギルバートが，自身が得た経験データを体系化しようと試みるに当たって，全くアニミズム的な方向にいきなり逸れ始めるのは興味深い矛盾である．このことは新科学にとって中世の伝統と信念から自由になることがいかに困難であったかを物語っている[6]．これはギルバート一人についてのみいえることではない．ケプラーは同様の道を探求していたし，おそらくニュートンは『プリンキピア（自然哲学の数学的諸原

訳注[3] グロティウスによる『港湾発見法』のラテン語訳．
訳注[4] 『ギルバート』p. 203.
訳注[5] 『ギルバート』p. 204 を一部改変．
訳注[6] アニミズムはむしろルネサンスの新思潮であったとされる．

理)』や物理学に関する他の研究に使うより多くの時間を神秘主義に費やしていた．これに対してより醒めていたのがステヴィンとガリレオである．ステヴィンの場合，「不思議にして不思議にあらず」という標語は彼の研究の即物的な性格を明確に示している．また，ガリレオが「どのように」という問いを中心に据え，「なぜ」という問いを放擲したとき，彼にも明らかに新しい精神が浸透していた．

2.3 ウィレブロルト・スネリウス（スネル）―ステヴィンの『数学覚書』ラテン語版翻訳者―

スネルはステヴィンの著作を国際的な議論の場に発表することが重要であるという意見の持ち主であり，それゆえ『数学覚書』をラテン語に翻訳した．かくして *Hypomnemata Mathematica* は 1608 年に日の目をみた．その翻訳は容易な仕事ではなかった．第一に問題の著作は大著であった．その上ステヴィンは静力学と静水力学の分野でかなりの新語を導入しており，ラテン語の訳語がいつも見つかるわけではなかった．ステヴィンもオランダ語の術語のラテン語訳をところどころで欄外に載せていたが，その数は限られていた．

またスネルは，ステヴィンを翻訳するというのは自分の思いつきであることを知らせることが有益であると考えた．マウリッツ公に対する称賛で一杯の序言は，科学への寄与をもたらしたのは公自身であるかのような印象を生みかねなかった．マウリッツ公を称える詩を書くことにとりわけ秀でていたのはグロティウスである．『港湾発見法』を翻訳する際，彼はこれらの翻訳が全面的に公に負うものであるという印象を生むよう努めた．彼によれば，公は「あたかも通訳をして話せしめられたる如く」なのである．この点，スネルはより控えめだった．

スネルの名前は光の屈折法則と結びついている　　ベークマンの『日記』は，スネルがライデンでの講義の中で，みずからの手で製作した教材の助けを借りて太陽中心説を説明したときの様子を我々に教えてくれる．

> Willebrordus Snellius cùm explicaret motum trepidationis in Terrâ, sinistrâ tenuit globum ligneum loco Solis quiescentis, dextrâ autem alterum globum, oblongo ligno priori annexum, loco Terrae mobilis. Volvebat circa Solem itaut

poli Terraeeandem plagam semper respicerent ad similitudinem Terrae Verae……

［ウィレブロルト・スネリウスは，地球の歳差運動を説明するに当たって，左手に静止している太陽の代わりとして木製の球をもち，右手には，運動する地球の代わりとして，楕円形の木材で前者につなげられた別の球をもった．その球は，本物の地球と同様に，地軸が常に同じ方向を向くように太陽の周りを回転した．］

スネルがステヴィンの「天界の運行について」を読んで，自分の講義の着想を得たことには疑いがない．スネルは一流の学者となり（彼の父ルドルフも数学者で文学者であった），歴史的に意義のある貢献をなした．彼の名前は光の屈折法則と結びついている．レンズを通って進む光には，顕微鏡にとっても望遠鏡にとっても決定的な意味があった．ガリレオもクリスティアーン・ホイヘンスも，発明されたばかりの望遠鏡の助けを借りて，惑星に新しい月を発見した．アントーニ・ファン・レーウェンフック［Antoni van Leeuwenhoek］(1632-1723) は顕微鏡の助けを借りて 1683 年に微生物を発見した．またレンズの研磨に際しては――ホイヘンスはこれを自分の手で巧みに行ったのだが――スネルの屈折法則は不可欠であった．屈折法則研究のきっかけを与えたのはケプラーであった．デカルトがスネルとは独立に屈折法則を発見したというのはありうることである．スネルは彼の人生の最期に当たって，つまりようやく 1626 年に，その法則を定式化した．スネルの死後まもなくホイヘンスは未刊の手稿を閲覧した．デカルトは 1628 年，ベークマンに，自分は 1626 年に屈折法則を導き出していたと述べた．しかしスネルは屈折法則に対し実験的な分析を行っていたが，デカルトはそれをしなかった．

ステヴィンの著作において光の屈折に言及している箇所は二つある．『数学覚書』第三篇「視覚論について」の「要約」で彼は次の三つのテーマに関する著作を予告している（第 9 章を参照）．

Vande Verschaeuwing［透視画法ないし遠近法］，Vande Beginselen der Spieghelschaeuwen［鏡像の形成すなわち反射光学］，Vande Wanschaeuwing［光の屈折］である．

予告された Vande Wanschaeuwing に関する書は我々に伝えられていない．それでも我々は，ステヴィンが Wanschaeuwing という言葉で光の屈折を指したということを知ることができる．「要約」の欄外にはラテン語で refractione という訳語が載っている．ステヴィンが再度 Wanschaeuwing に言及するのは「ノヴァヤゼムリヤ現象」[7] を説明する際である．

計算技法にも大変巧みであったスネルは，三角測量を用いて子午線の長さを決定する先駆的試みを行った．三角測量法自体はゲンマ・フリシウスが開発していた．フランドルの地図製作者だったフリシウスは遠距離の測定に大変しばしばその方法を用いていた．

三角測量法の基礎は三角形のネットワークを構築することである．三角形の三辺のうち一つの長さがわかっていれば，他の距離を計算するには必要な角度さえ測ればよい．地図製作者たちは教会の塔を観測点，つまり三角形の頂点として用いた．スネルは地球の外周である子午線の長さを測定しようとした．最初の測定で彼が得た値は，現代の尺度に直すと，38500 km に相当する．

ステヴィンは主に「航跡について」と『港湾発見法』で位置および距離測定を扱った．彼がかかわったのは特に海上での経度測定であった．子午線のことを彼は正午円 [middachront] と呼んだ．

スネルは各地を旅し，プラハとヴュルツブルクにも滞在した．彼が会った人物の中にはブラーエ，ケプラー，ファン・ローメンがいた．ケプラーは彼のことを「我らが時代の幾何学者たちの誉れ」[geometrarum nostri seculi decus] と呼んだ．スネルがステヴィンを個人的に知っていたと仮定してもよいだろう．

ステヴィンがライデンに学生登録されたとき，父親の方のスネルはその大学の教授であった．この二人はある委員会で席を並べていたこともある．ウィレブロルトは『数学覚書』を訳し，ステヴィンは彼を自分の子供たちの後見人に指名していた．ただしウィレブロルトはこれを受諾しなかった．

訳注[7] ノヴァヤゼムリヤ効果（現象）とは，日光の屈折で引き起こされる極地性蜃気楼であり，それによって太陽は実際より早く上昇するようにみえる．気象条件によっては太陽の像が扁平に変形することもある．1596 年から 1597 年にかけてノヴァヤゼムリヤ島で越冬したオランダ人航海士ヘリット・デ・フェール [Gerrit de Veer] が最初に報告した．

2.4 ベークマンと彼の『日記』―ステヴィンの著作への言及とその写し―

　ベークマンは一般の人々にはほとんど知られていなかった．とはいえ彼は物理学の領域におけるいくつかの洞察で彼の時代に先んじていた．ベークマンはミッデルブルグ（ゼーラント）に生まれ，1607年にライデンで学業にとりかかった．彼が受けた授業の中にはルドルフおよびウィレブロルト・スネルのものもあった．1618年，彼はフランスのカーンで医学の博士号をとった．彼は1618年の段階ですでに，閉じた筒の中の水が上昇するのは真空の牽引力ではなく大気圧のためだという命題を擁護していた．またそのときに彼は慣性原理の一種を提出した．彼の前には965年に生まれたアラビア人学者イブン・アル・ハイサムがそれをやっていた．1618年にベークマンはブレダでデカルトと知り合った．こうして彼らは共同研究をするようになった．二人の学者はともに落下法則を導き出し，それを定式化した．

　自由落下の法則の証明の典型例はガリレオの1638年の著作『新科学論議』の「三日目」の中にみられる．しかしながら落下法則を把握しようとするより早い時期の試みがいくつも知られている．まず第一に1540年ごろスペインで書かれたドミンゴ・デ・ソトーの著作がある．それからガリレオ自身のより初期の試みがあるが，それは確実に1604年まで遡る．ベークマンとデカルトが落下運動の法則に関する研究を，1618年にガリレオとは独立に行ったということは一般的に受け入れられている．ガリレオの仕事とベークマン-デカルトのそれとの間には注目に値する平行関係が存在する．落下法則とそれを取り巻く諸概念の成立の歴史は大変複雑で，やはりそのために何巻もの本が出ている．力学においてニュートンが見事な総合を成し遂げてから，ようやく落下運動の解釈は見通しのよいものとなる．しかしながらそれ以前は力学の概念が未発達で，明晰というには程遠い状況であった．

　ガリレオは，そして落下法則に関する限りデ・ソトーやデカルト，ベークマンも，研究を始めるに当たって中世の伝統的な諸概念から出発しなければならなかったが，それらはいくらかの変遷の後に「前古典的力学」と呼べるようなものに変化していった．

　ベークマンの科学上の業績は彼の『日記』の中に記録されているのみである．

それは1905年になるまで発見されず，ようやく1939年から1953年にかけて出版された．それでも彼は，最初にデカルトと，続いてメルセンヌやピエール・ガッサンディらと共同研究を行っており，そのことによって科学の発展に確かな影響を及ぼしている．またドルドレヒトのラテン語学校の校長としても彼は影響力をもっていた．彼の浩瀚な日記からベークマンはかなり首尾一貫した機械論的世界観を構築していたことがわかる．彼が自分の知見を公にするに至らず，また完成した著作を仕上げることもできなかったという事実のため，その影響力は限られたものとなっている．また彼の数学を扱う能力は，例えばステヴィンのそれと比肩しうるものではない．ベークマンの才能はとりわけ直観的な洞察力にあった．彼は，当時「自然哲学」と呼ばれていた学問の進歩にとって，数学的推論を実験的検証と結びつけることが重要であることを見抜いていた．

『日記』は奇妙で雑然とした文書である．ベークマンはありとあらゆる事柄を書き留めていた．オランダ語で半ページ書き込んであるかと思えば続いての一節はラテン語で書いてあり，ところどころにギリシア語の引用があるという具合である．

ここで第一に我々の関心を引くのは，ベークマンとステヴィンとの間の接点である．ステヴィンが亡くなったとき，ベークマンは32歳だった．知られている限りでは，彼らは互いを個人的には知らなかった．ただしベークマンはステヴィンの著作によく通じていた．ルドルフ・スネルの生徒として，そしてウィレブロルト・スネルの学友として，彼はステヴィンの仕事に触れていたに違いない．1624年6月15日にベークマンはステヴィンの未亡人を訪ねた．彼はこの訪問の間に閲覧し，抜き書きをつくったステヴィンの著作の一覧を『日記』の中に書き留めた．ステヴィンの未刊手稿のうち，『家造り』，『歌唱法の理論』，「歯車について」，「排水風車と浚渫」，「戦争術について」などの概要がわかるのはベークマンのおかげである．これらステヴィンの未刊著作が記録されることになったのは，この集中的な複写作業に負うところが大である．後にステヴィンの息子のヘンドリックがまだ残っていた手稿を出版した．ヘンドリックは彼の母親が父の手稿をかなり無頓着に扱っていたことに不満を述べている．

『日記』の中でベークマンは，ステヴィンの著作中の命題や主張についてきわ

めて多くのコメントをつけている．彼が典拠としてあげるのは，自身が所有する『数学覚書』と彼が書き写した未刊手稿である．自身の見解を立証するため，彼はさまざまな箇所で『計量法原論』と『水の重量についての原論』の命題に訴えている．彼が使った図のいくつか，例えば彼が斜面上の物体の運動や，水で満たされたカップの底にかかる圧力について論じたり，あるいは彼がやはり一種の「万力」[Almachtich]を提案したりするときの図は，ステヴィンの著作からほとんどそのまま写したものである（図12.2）．ただし最後の例の場合，ステヴィンが歯車を使ったのに対し，そこでは滑車が使われている．

ベークマンが，「説明」とは不思議な事柄を我々が理解できる事柄に帰着させることであると述べていることからも，ステヴィンの影響は明らかである．これはステヴィンの標語「不思議にして不思議にあらず」にほかならない．ステヴィ

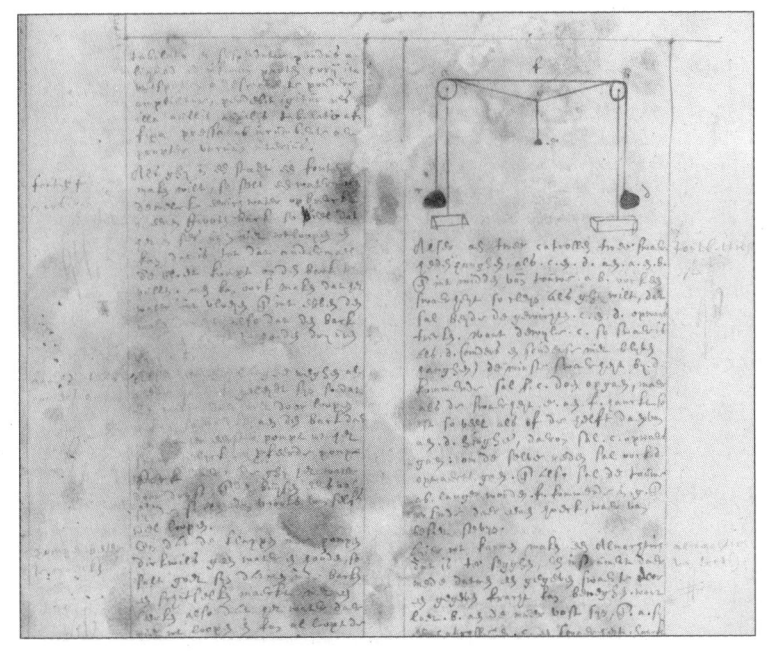

図12.2 ステヴィンの万力に着想を得て，ベークマンが考案した綱の万力．ベークマンの『日記』（1614年4月〜1615年1月）より．
ミッデルブルグ，ゼーラント図書館．

ンと同様に，ベークマンも永久運動——これを彼は perpetuum mobile と呼んだが——を否定し，ステヴィンが初めて用いた staltwichtig（滑車の使用するに当たって）や scheefwicht という用語を使っている．ベークマンは『日記』の中にデカルトが書いた「パルナッソス」[Parnassus] という題の覚書も書き写している．この覚書から明らかにわかるのは，流体が容器の壁面に及ぼす力に関するステヴィンの仕事をデカルトが知っていたということである．ベークマンは，例えば『歌唱法の理論』の内容など，少数の事柄についてステヴィンと意見を異にすることがあったが，たいていは，特に計量法や水の重さあるいは簿記に関する場合は常に，ステヴィンを当然の権威として引用していた．滑車の仕組みを論じながら，彼はいう——"Stevyn Tartagliae praefertur......"[ステヴィンはタルターリアに優れり]（『日記』1633 年 5 月 15〜22 日）．

2.5 クリスティアーン・ホイヘンス

若きオランダ人数学者・物理学者が創設されたばかりのパリ王立科学アカデミーの筆頭になったというのは確かににわかには信じがたいことだが，クリスティアーン・ホイヘンスは見事これを成し遂げた．オランダにおいては，クリスティアーンの父であり，第一流の文学者で外交官であったコンスタンテイン・ホイヘンスの方がひょっとするともっと有名かもしれないが，世界的にはクリスティアーンがより大きな名声を博している．彼はまぎれもなく歴史上で最も偉大な学者の一人であった．

神童は『計量法原論』で学ぶ　コンスタンテインに雇われた家庭教師のヤン・ヤンスゾーン・スタンピウン（子）[Jan Jansz. Stampioen de Jonge]（1610-1690）が 1644 年一年分の教材として 15 歳のクリスティアーンに出した「教科書」の一覧の中には，ティコ・ブラーエ『新編天文学演習』[*Astronomiae instauratae progymnamata*]，デカルト『方法序説』，ケプラー『屈折光学』，コペルニクス『天球の回転について』，ペルガのアポロニオス『円錐曲線論』，プトレマイオス『天の諸運動について』[*Caelestium motuum*]，ステヴィン『計量法原論』と『数学覚書』，…などがみられる．この一覧から，家庭教師のスタンピウンは，非凡な才能に恵まれた若きホイヘンスができるだけ早く当時の科学に触れ

2. 同時代人たちに対するステヴィンの影響

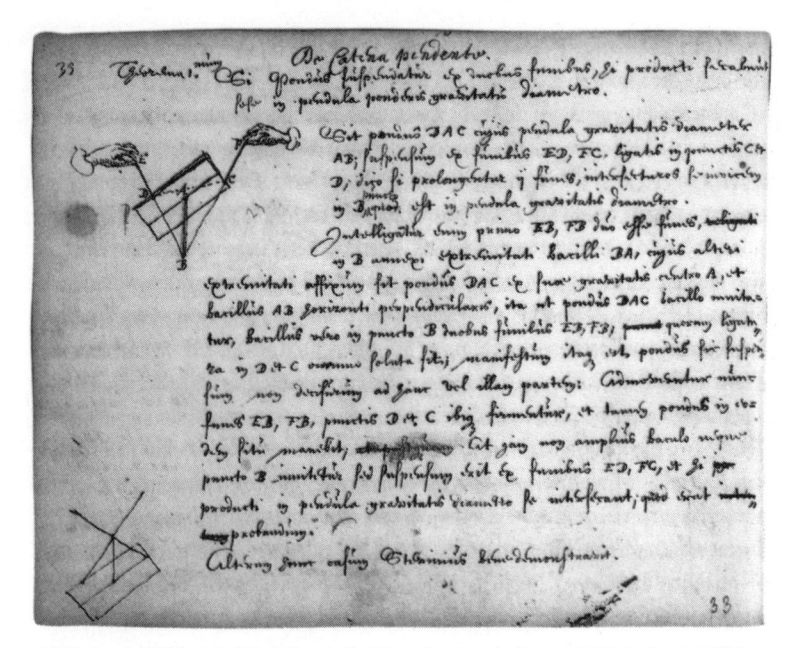

図 12.3 まだ幼少のみぎりより，クリスティアーン・ホイヘンスはステヴィンの著作，特に『計量法原論』と『水の重量についての原論』に親しんでいた．この懸垂線に関する 1646 年の研究でホイヘンスはステヴィンを参照している．
冒頭：33……'De Catena pendente. Theorema 1.^{mum} Si pondus suspendatur ex duobus funibus,……'［ぶら下がった鎖について．第一定理．もし錘が二つの紐に吊るされるとしたら……］
最終行：'Alterum hunc casum Stevinius bene demonstravit.'［この二番目の場合はステヴィンが見事に証明している］
ライデン大学図書館，Hug. 17, fol. 23v.

るようにしたことが見て取れる．この――よく吟味された――著作の目録からは，その時点でステヴィンがすでに基本文献の著者の一人に数えられていたこともわかる（図 12.3）．

　クリスティアーン・ホイヘンスはみずからの研究においてステヴィンの力の合成法則を見事に用いた．二点から吊り下げられた綱ないし紐がとる形（「懸垂線」）を計算で求めるため，彼は球の系からなるモデルを研究した．それらの球はどれも同じ大きさで，皆同じ長さの紐で結ばれていた．このモデルは明らかにステヴィンの数珠を思い起こさせる．球の重量と球の間で働く力とを結びつける

に当たって，クリスティアーン・ホイヘンスはステヴィンの力の平行四辺形を論拠とした．このときホイヘンスは17歳であったが，この研究で彼は，以前ガリレオらが懸垂線の形とした放物線は実際の形に合わないという重要な知見に達した．ホイヘンスが1646年に書き留めた数学的議論が全く水も漏らさぬものであるとはいえないにしても——彼がきちんとした幾何学的論証に辿り着くのはずっと後の1691年のことであった——，彼の初期の洞察は正しくそして興味深いものであった．1691年，彼は求めた曲線に「鎖」[catena]^{8}という術語を用いたが，これもやはり彼が最初であった．

　1657年，クリスティアーン・ホイヘンスは協力者の時計職人と共に振り子時計の特許権を得た．その基礎として特に重要だったのは，もう一つの特殊な曲線であるサイクロイドの性質に関するホイヘンスの洞察である．この曲線は，直立した円が直線上を滑ることなく転がるとき，円周上にある一点が描く軌跡として定義される．これを用いてホイヘンスは，振動周期が振れ方に依存しない振り子を製作することができた．振り子時計の数学的基礎づけを考案する際にも，ホイヘンスは，少なくとも暗黙裡に，ステヴィンの力の合成法則に訴えていた．17世紀の半ば頃には『計量法原論』が静力学における知識の頂点であったことを考えれば，これは驚くには当たらない．

　チェンバロ奏者であったホイヘンスは，音楽理論に手を広げたときもステヴィンの見解に触れることになった．ホイヘンスも，ステヴィンや他の数学者たちと同様に，音楽について数学的観点から着想を得た研究を行った．自然な倍音，およびどうすればそれらを数学的な調和の枠組みの中に収められるかということについて，彼は1662年ごろ——未完に終わった——覚書を記した．彼は『歌唱法の理論』を知っていた．ステヴィンによるこの未刊の著作が保存されたのは，ホイヘンス家の書斎のおかげでもある．メルセンヌの『普遍の調和』(1636) も大いにホイヘンスの興味をそそった．以前ステヴィンが試みたのと同様に，ホイヘンスも最適な「等分平均律」を計算で求め，それを実用化しようとした（第11章参照）．ステヴィンは平均律に従ってみずから計算した数学的な値こそが「真

訳注^8　数学用語の「懸垂線」[catenary] はこれに由来する．

の」音程であるとしていたが，ホイヘンスは彼とは意見を異にしていた．中全音律（ミーントーン）では，'E' でのカデンツが 'D' でのカデンツよりもやや「悲しげで穏やか」である事実をホイヘンスは敏感に感じ取れたのである．数学的な平均律ではそうした多様な楽音の微妙なニュアンスは消えてしまう．

ホイヘンスの業績とステヴィンのものとのもう一つの接点は，静水力学に関連している．ステヴィンは静水力学の逆理を発見したが，それは第一級の業績であった（第I巻の第6章参照）．また彼は流体が容器の壁面に及ぼす力を初めて計算した．ホイヘンスの方は——ステヴィンの仕事から66年後に——浮体に関するアルキメデスの非常に根本的な研究をさらに発展させた．その成果は「液体中の浮体について」[De iis quae liquido supernatant] の中に見出せるが，その中にはエヴァンジェリスタ・トリチェッリの見解も取り入れられていた．この著作はステヴィンの『水の重量についての原論』から100年以上後に遺作として出版された．

ホイヘンスのさらなる業績としては，衝突現象，遠心力，そして光学に関する諸研究があげられる．彼の名前からまず思い浮かぶのは，やはり光の伝播を支配する基本原理，いわゆる「ホイヘンスの原理」である．彼はレンズの研磨や望遠鏡の製作にも非凡な才能を発揮した．1655年，彼は土星の衛星の一つであるタイタンを発見した．ホイヘンスはニュートンやケプラー，ライプニッツ，ベルヌーイ一族らと親交があり，また彼の独創的な業績はこれらの人物のそれと肩を並べるものであった．力学と静水力学に関しては，アルキメデス-ステヴィン-ホイヘンスという流れを考えることができよう．

2.6 ウィッツェン「私には著名な S. ステヴィン氏の論証の方が満足の行くものであるように思われる」

ステヴィンはその時代の最も創造的な科学者の一人であっただけでない．航海術，軍事科学，排水風車，水門，水理計画，都市計画および建築の分野における彼の特許と業績は，彼がきわめて創意に富んだ技術者であり，数学的，物理学的な分析と計算を用いて技術的応用を基礎づけることにおいて先駆者であったことを示している．

それでは技術者たちはステヴィンの仕事をどのように迎えたのだろうか．このことに関する興味深い証言が『古代と現代の造船と操船』[Aeloude en hedendaegsche scheepsbouw en bestier] という著作の中にみられる．ニコラース・ウィッツェン [Nicolaes Witsen] (1641-1717) はそれを書いたとき 20 歳であったが，それが出版されたのはそれから 10 年後の 1671 年であった．

ウィッツェンはアムステルダムの市長であり，連合東インド会社の理事会のメンバーで，イングランドへの特務大使を務めていた．さらに彼は並外れて博識で，旅行経験の豊富な人物であった．彼は英国王立協会の「フェロー」にまでなっていた．彼が特に好んだのは地図製作術であった．(後の)ロシア皇帝ピョートル一世 [Peter de Grote] (1672-1725) に東インド会社のドックで働くことを許可したのはウィッツェンである．ウィッツェンはピョートル大帝と親交を結び，彼をオラニエ公ウィレム三世[9]に引き合わせた．ウィッツェン自身，約 1 年間モスクワに滞在し，ロシアのことをオランダに紹介する最初の本を執筆した．

ウィッツェンの造船術に関する著作はたくさんの挿絵で彩られており，その中でステヴィンは何度も話題に上っている．第十七章でウィッツェンは，「どれだけの量の水が船の側面によりかかっているかについての数学的論証．船舶計測術」を扱う．命題，例題，そして注解と全くステヴィン流に，彼は船の底面や側面に働く重量を求める．彼は，重心，どのようにして船の重さがわかるか，どのような船が水に沈むかなどのほか，さらに実践が提起する関連問題についても論じる．彼は部分的に鉛玉で満たした容器を沈める実験を記述している．彼の図版のいくつか(例えば図 12.4)もやはりステヴィンの著作を下敷きにしたものである．彼はその際，次のように述べている——「著名な S. ステヴィン氏が，彼の未だ十分な評価を受けていない『水の重量』の中で，このことのヒントを私に与えた……」．実際ウィッツェンの最初の「命題」はステヴィンの静水力学の逆理の応用の一つである．

大変注目すべきことに，ウィッツェンはステヴィンの『水の重量についての原

訳注[9] オラニエ公ウィレム一世の曾孫．1672 年にホラント・ゼーラント州総督に就任．第三次英蘭戦争，ルイ十四世のオランダ侵攻の難局を切りぬけ逆に反仏同盟の盟主となる．イングランドに名誉革命が起こると国王として招かれ，1689 年ウィリアム三世として即位．

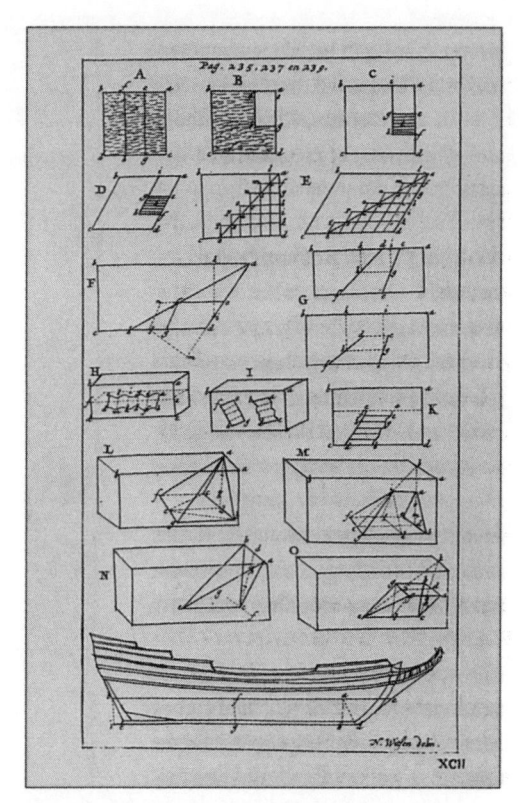

2. 同時代人たちに対するステヴィンの影響

図 12.4 並外れて博識で旅行経験の豊富な人物であり，英国王立協会の「フェロー」で，連合東インド会社の理事会のメンバーなどで，アムステルダムの市長で，ピョートル大帝の友人でもあったウィッツェンは，造船術に関する立派な著書の中でステヴィンの著作を詳細に参照している．Nicolaes Witsen, *Aeloude en hedendaegsche Scheepsbouw en Bestier......*, t'Amsterdam, by Casparus Commelijn, Broer en Jan Appelaer, 1671 より．

論』から後に「パスカルの法則」と呼ばれるようになる概念を受け継いだ──「……なぜなら水中の一点は（……）全方向から同じ強さで押されるためであり，これについてはステヴィンの『水の重量』を参照されたい……」．船のさまざまな部分の形状の解説で彼は帆がマストに及ぼす力についても扱うが，その際ウィッツェンはステヴィンの見解を支持する．アリストテレス，アルキメデスおよび

ウバルドゥス（グイドバルト・ダル・モンテ）の梃子の理論を論じた後で，彼は次のように書いている．「しかしこれらの証明はいずれもいささか異論の余地を残すように思われるので，これ以上詳しくは述べない．私には以下に述べる著名な S. ステヴィン氏の論証の方が満足の行くものであるように思われる」．

ウィッツェンの著書から，ステヴィンの著作が 17 世紀において，スネルやベークマン，クリスティアーン・ホイヘンスといった学者たちの世界だけでなく，造船をその頂点とする実用志向の技術の担い手たちの間でも影響力を有しており，高い権威を享受していたことがわかる．

3. 後代の傑出した学者たちの反応

18 世紀から今日に至るまでステヴィンの業績について論評を残した卓越した学者たちのリストの中から，ここではラグランジュとマッハおよびファインマンを選ぶ．

3.1　ラグランジュ「ステヴィンのこの証明……きわめて巧妙である……」

ラグランジュは，オイラーと並んで，18 世紀の最も重要で才能に恵まれた数学者と見なされている．彼は力学に対し根本的な寄与をなした．ラグランジュの知見は大変射程の広いものであり，今日なお「ラグランジアン」などの現代物理学の中心概念や，高等数学におけるさまざまな基本定理にその名をとどめているほどである．

力学のためにラグランジュが考え出した力強く美的な数学的構造は「解析力学」という固有の名を得るに至ったが，そもそもこれはラグランジュが 1788 年に出版した著書のタイトルであった．かつて「一種の科学の詩」とも呼ばれたことのあるこの不朽の名作の中で，ラグランジュはステヴィンの業績についても語っている．ラグランジュは，力の合成法則を研究する際，ステヴィンの数珠をあげ，こう書いている．「私がステヴィンのこの証明をここで述べたのは，それがきわめて巧妙であり，しかも，それにもかかわらずあまり広く知られていないがためである．なおステヴィンはこの理論から，同一点に作用する三力の間のつり合いの理論を演繹し，それら三力が任意の直角三角形の三辺に平行かつ比例する

場合につり合いが成立することを見出した」（これについては，1605年にライデンで出版された『数学覚書』および1634年にエルゼヴィル書店より出版された仏訳『ステヴィン著作集』に収録されている『計量法原論』および『計量法の補遺』をみよ）[10].

かくしてステヴィンの数珠-証明は，（プロイセンの）フリードリヒ大王（フリードリヒ二世）が1766年に「ヨーロッパ最大の数学者」と呼んでいた人物に感銘を与えたのであった．

3.2 マッハ「ステヴィンの演繹は力学の先史時代における最も価値ある示準化石の一つであって……」

マッハは哲学者，実証主義者，そして物理学者であった．その著名で影響力の大きかった著作『力学の批判的発展史』（1883）の中で彼は絶対的な時間と空間というニュートンの概念を批判した．その大変明晰に書かれた著書はアインシュタインが特殊相対性理論を定式化する際に影響を与えている．一般相対性理論においてアインシュタインが出発点としたものの中には彼が「マッハの原理」と呼んだものもあった．超音速は今日「マッハ数」によって測られる．

『力学の批判的発展史』の中で，マッハは最初に静力学と静水力学の歴史の明快な概観を提示する．その際彼はステヴィンの業績に綿密な検討を加えている．斜面についてマッハは次のように書いている．

> まずステヴィンが斜面の力学的性質を研究したが，彼は確かにそれを全く独創的なやり方で行った[11].

そしてさらに，

> ステヴィンの演繹は力学の先史時代における最も価値ある示準化石の一つであって，科学の形成過程，本能的認識からの科学の発展にすばらしい光を投じている．

訳注[10] フィールツ（喜多秀次・田村松平訳）『力学の発展史』，みすず書房，1977の付録につけられた和訳を本書に合わせ一部修正．

訳注[11] 以下，伏見　譲訳『マッハ力学—力学の批判的発展史—』，講談社，1969の該当箇所を参照．

そして，

　ステヴィンが得た結論は，その出発点とした仮定よりも多くのものを含んでいるように思えるので，彼の考察は才気溢れるもののようにみえる．

　ステヴィンの数珠-証明を分析するに当たって，マッハは独自の図版を考案した．彼はさらにステヴィン的原理に従って力の平行四辺形を詳しく検討する．彼はまた静水力学に対するステヴィンの貢献にも光を当てる．マッハはステヴィンの業績を綿密に研究し，ラグランジュ同様，それに対する称賛の言葉を残した．

　ステヴィン的な仮構，例えば角柱状の鎖の輪のそれは同様にそのような見通しの例である．それは多くの経験により鍛えられた表象であり，……ステヴィンの鋭敏な研究者の知覚にとってその仮構の中には矛盾が存しているのであり，それが深い思想家の眼を逃れることはほとんどない．

　さらに格別の意義を有するのは，思考実験［Gedankenexperiment］という言葉を考案したとされ，思考実験の意義を見極めようとしたマッハが，自身のお気に入りの例として常にステヴィンの数珠-証明を提示していたことである．

3.3　ファインマン「なぜなら輪は回転しないから……」

　ファインマン（1965年，ノーベル物理学賞）を知らぬ者は物理学者の中にはいないが，彼はスペースシャトル「チャレンジャー号」にまつわる悲劇を調査した委員会に参加したことによって一般にも広く知られている．ファインマンはこの惨事に関する自身の結論を深遠な発言で締めくくった．「技術の成功のためには，事実が広報活動に優先しなければならない．なぜなら自然はだませないからだ」．

　『ファインマン講義』（「物理学者の赤本」）は，現代物理学へのすばらしい入門書である．力の合成法則のところまで来るとファインマンは，それを導く二つの──月並みとはいえ──鮮やかなやり方を論じた後で，次のように書いている．

　りこうなやり方というのも，しかし，相対的なことである．このことを導くのに，もっとうまい方法があるのであって，それはステヴィヌスによって発見され，その墓石に刻み込まれている（原著者注：ただし最後の部分は誤りである）[12]．

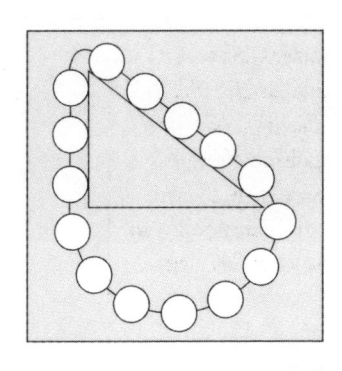

3. 後代の傑出した学者たちの反応

図 12.5 才気溢れる物理学者ファインマンは『ファインマン物理学講義』の中でステヴィンの数珠-証明の基礎にある創意工夫について称賛の念と共に語っている.

そしてファインマンは数珠について論じる.

図 12.5 で，W は 3/5 ポンドでなければならないことがわかるのである（原著者注：念のため言っておくと，この問題では，斜面に載ったボールの重量の斜面方向成分の数値が具体的に論じられている）. なぜなら鎖は回転しないから……[13]

数珠-証明が依然として想像力に訴えかけるものであることは，『ファインマン講義』に付属の演習本の扉を飾るのにその図が選ばれたことによって例証されている.

● **12.1** ● ブルッヘにあるステヴィンの立像

ブルッヘのシモン・ステヴィン広場にはステヴィンの立像がある（図 12.6）. その像はベルギーの彫刻家ルイ・ウージェーヌ・シモニス [Louis Eugène Simonis]（1810-1882）作のブロンズ製で，石の台座の上に立っている. 記念碑全体は高さ 3 m，幅 1 m で，奥行きは 2 m である.

西フランドル州政府とブルッヘ市は 1839 年，ブルッヘ生まれの学者ステヴィンを記念して立像を建てることを決定した. そのことはベルギー国会において激しい反対に直面した. 著名な植物学者でもあった，ワロン・カトリックの代議院議員↗

訳注[12] ファインマン，レイトン，サンズ『ファインマン物理学Ⅰ. 力学』，岩波書店，1967, p. 54.
訳注[13] 前掲箇所を本文に合わせて一部修正.

図12.6 ブルッヘのシモン・ステヴィン広場にあるステヴィンの立像．（撮影：中澤 聡）

バルトレミ・デュモルティエ［Bartholémy Dumortier］（1797-1878）は1845年2月20日の議会で，敵に与（くみ）するために自国から逃亡したのみならず，敵軍で軍務にまでついていた者のために立像を建てることは不適当であると指摘した．報道機関が駆り出され，デュモルティエは1845年3月5日の *L'Observateur* 紙に論文を発表したが，それは次のような一節で終わっていた——「読者諸氏，編集者氏は疑いなく学識ある人々である．結構！ 彼のために銅像を建てることが問題になる以前に，シモン・ステヴィンを知っているような人など千人に一人もいないということに私は賭ける．そして恥ずかしながら告白するが，私もその中に入るのである」．

デュモルティエの暴言はかなりの騒動を巻き起こし，自由主義の政治家シルファイン・ファン・デ・ウァイエル［Sylvain Van de Weyer］がステヴィン擁護に

乗り出した．デュモルティエとファン・デ・ウァイエルは，カトリック派と自由主義派との亀裂が深刻な政治的危機のきっかけとなった時期，互いに政治的なライヴァルであった．彼らの個人的立場はあらゆる点で正反対であった．デュモルティエは急進的なカトリックであり，ファン・デ・ウァイエルは確信的な自由主義者であった．デュモルティエは 1830 年，バリケードの中でオランダの軍隊に抵抗する戦いに加わっていたが，ファン・デ・ウァイエルは身を危険にさらすことなくフランスに逃亡した．デュモルティエは過激な反オランダ主義者であり，ファン・デ・ウァイエルはベルギー大使としてロンドンでオランダとの条約締結の交渉に当たっていたが，それに関してデュモルティエは大変な不満を抱いていた．ファン・デ・ウァイエルは 1846 年に自由主義派とカトリック派との連立政権の長に据えられ，その際，彼の政策はカトリックの反対派と対決しなければならなかったが，それによって論争に対する世論の関心がさらに煽り立てられたことには疑いがない．ファン・デ・ウァイエルは J. Du Fan（fan ＝ 英語で「扇子」[waaier][14]）という偽名で書いた小冊子の中でデュモルティエを尋常ならぬ辛辣さで攻撃した．その際論点となっていたのは，実のところもはや歴史上の人物としてのステヴィンではなく，近代科学と自由主義国家の政治的意義であった．ファン・デ・ウァイエルによればステヴィンが祖国から逃亡したのはカトリックの弾圧によって追い立てられたからであり，その同じ弾圧が今度は立像の建立を禁じようとしているのであった．そしてファン・デ・ウァイエルは次の言葉で新たなカトリックの弾圧の波に対して警告を発した――「生者を掌握する前にまず死者から片づけるものだ」．

かくして，立像はつくられることになった．除幕式は 1846 年 7 月 26 日に計画されていた．一つ，ちょっとした問題は，像がまだ完成していないことだった．それでも公式式典は挙行されたが，その場には石膏の像しかなかった．1 年後，ちゃんとした像が設置された．除幕の際，市当局は大がかりな祭典を催した．晴れやかな祭りの週はステヴィンを称える詩と散文作品のコンテストなどで幕を開けた．皮肉なことにフランス語の文章もいくつか候補に上った．ブルッヘ市民がこぞって祭典にかかわっていた．祭りの週の間，興味のある者は無料でいくつかの展覧会をみて回ることができた．市場は市公文書館の企画で歴史的なギャラリーにつくり替えられた．さらに，そこここでダンスパーティーが催され，ブルッヘのさまざまな団体はみずからパレードを企画したのだった．

訳注[14]　Weyer という名前に掛けている．

12.2 ステヴィン関連出版物と古書店

　歴史的出版物の原書の価値はその古さ，著者や出版者の名声，図版，現存する部数，それらの状態などによって決まる．

　囲み1.1で話題にしたアルキメデスのパリンプセスト［palimpsest］は10世紀に遡る写本で，知られている限り最も古い，現存するアルキメデス手稿である．その中にはアルキメデスの著作である『方法』について我々が有する唯一の史料が収録されている．それにより我々は歴史上最も重要な学者の一人の実像に迫ることができる．その手稿の保存状態は最善とはいえないが，1998年にクリスティーズでついた値段からもわかるように，その作品の価値は計り知れない．同じく最も価値の高い手稿にはダ・ヴィンチの下絵や素描があるが，それらはその稀少性と歴史的な意義に加え，美的な価値も備えている．科学史にかかわる他の手稿や出版物で想像力をかき立てるものとしては，例えばコペルニクス，ヴェサリウス，メルカトルらの著作があげられる．

　科学に関連する手稿や出版物の「市場価値」は，「好み」が大きな役割を演じる芸術作品の価値に比べ，おそらくいくらかより客観化可能だろう．ゴッホの「ひまわり」に対して支払われた法外な金額を決定する要素は，ホイヘンスの『振り子時計』や1585年に出たメルカトルの『大地図帳』のある版の価格を決める要素よりも定量化しにくいように思われる．とはいえ美術商であれ，古書店であれ，結局のところそれは需要と供給の問題である．

　以下に，ステヴィン関連出版物の原書，死後出版されたもの，および翻訳につけられた値段のデータをいくつかあげる．

　括弧の中の年数は，競売が行われた年を指す．

　・*De Beghinselender Weeghconst.*——*De Weeghdaet.*——*De Beginselen des Waterwichts*, Leiden, 1585：14000ギルダー（1982年）

　・*Wisconstige Gedachtenissen*, Leiden, 1605-1608：2800ギルダー（1971年）；5400ドイツマルク（1981年）

　・*L'Arithmetique de Simon Stevin de Bruges*, Leiden, Plantin, 1585および*La Pratique d'Arithmetique*, *ibid.*, 1585との合本：4200ドイツマルク（1984年）；13000ドイツマルク（1995年）

　・*Les Œuvres Mathematiques de Simon Stevin de Bruges*, A. Girard, Leiden, 1634：350ドイツマルク（1961年）；750ドイツマルク（1979年）；900↗

ギルダー（1984 年）；1600 ドイツマルク（1985 年）；2100 ドイツマルク（1998 年）

・*Nouvelle Manière de Fortification par Escluses*, Rotterdam, 1618：900 ドイツマルク（1985 年）

・*La Castrametation*, [『軍陣設営法』] Leiden, 1618 および *Nouvelle Manière de Fortification par Escluses, ibid.*, 1618 との合本：2200 ドイツマルク（1990 年）；5000 ドイツマルク（1995 年）

・*Problematum Geometricorum* [『幾何学問題集』], Antwerpen, 1583：5600 ドイツマルク（1996 年）

・*Nieuwe Maniere van Sterctebou, door Spilsluysen* [『旋回軸式水門による要塞建築の新方式』], Rotterdam, 1617：55 ギルダー（1956 年）；240 ギルダー（1967 年）；1400 ギルダー（1995 年）

・*De Sterctenbouwing*, Leiden, 1594：55 ギルダー（1956 年）；130 ギルダー（1960 年）

・*Castrametatio, Dat is Legermeting......*, Rotterdam, 1617：840 ドイツマルク（1974 年）；1500 ギルダー（1975 年）；2900 ギルダー（1977 年）

De Beghinselen der Weeghconst. —— *De Weeghdaet.* —— *De Beginselen des Waterwichts* が売りに出されるのはきわめてまれである．Asher-Rare-Books（Berlin）のデータによると，この著作は 1998 年 6 月 15 日クリスティーズにて 46000 アメリカドルで売却された．2002 年頭には提示価格はさらにかなり上昇した．クリスティーズなどの競売の案内の中で *De Beghinselen der Weeghconst* は「16 世紀における力学の最重要著作」と紹介されている．

以上のデータは主に *Jahrbuch der Auktionspreise für Bücher, Handschriften und Autographen*（Dr. Ernst Hauswedell & Co-Stuttgart）による．ここからわかるようにステヴィン関連の原書が売りに出されるのはまれである．

参考までに，クリスティアーン・ホイヘンスが光の波動説を提唱した先駆的著作である『光についての論考』[*Traité de la lumière*]（1690）には 1998 年 6 月 15 日，クリスティーズで 57500 アメリカドルの値段がついた．2001 年 1 月 11 日には同じ著作がニューヨークのサザビーズで 115750 アメリカドルで競り落とされた．

初期活字本や古地図を扱う古書業界においてステヴィンの諸著作は，16 世紀から 17 世紀初頭にかけての印刷本の中で，大変評価されているといえる．『西洋をきずいた書物』の中にステヴィンの著作が選ばれていること，そしてここにあげた彼の著作の販売価格はそのことを物語っている．

● 12.3 ● シモン・ステヴィン―博識なる革新者―

　静力学と静水力学に関するステヴィンの業績から彼の研究手法や知識の深さ，思考様式についてはかなりよくわかるにしても，依然としていくつかの疑問は未解決のまま残る．例えば，ステヴィンは力学に関するパリ学派やヨルダヌスの学派の先行研究を知っていたのだろうか．また，落下実験を行った後で彼がさらに動力学の研究を深めなかったのはなぜだろうか．これらの問いを考察するには，より広く，興味深い枠組みの中にステヴィンと彼の業績を位置づけてみなければならない．

　学者としてのステヴィンの人物像は，当時としてはユニークで革新的であった．また彼は伝統的な学者たちによって直ちに受け入れられたわけでもなかった．1581年にライデンにやってきた後，最初の数年間をステヴィンは数学と力学の研鑽に費やし，1585年以降，技術者，とりわけ水理技師として活躍した．どのようにしてステヴィンは力学にあれほどのめり込むことになったのだろうか．

　ユストゥス・リプシウスのような古典学者は1584年以降のステヴィンのような人々から距離を置き，彼らのことを次のように描写した――「（……）他の学芸を知らず，言葉もほとんど知らぬただの数学者で，何より理論家ではなく機械工なり（……）」．ステヴィンは伝統的な学者の世界の外にいたのだろうか．彼はそのような世界を乗り越えようと努力したのだろうか．リプシウスの当初の否定的な態度は，古典的学問と実践に携わる技術者との対立に関係していたのだろうか．ステヴィンが――ちょうどダ・ヴィンチがそうであったように――非嫡出子であったという事実は影響していたのだろうか．あるいは，ステヴィンはひょっとして学位をとっていなかったのだろうか．

　ステヴィンの歴史的意義は，彼が唱導し，科学の営みに適用した新しい哲学と内在的に関連している．彼によれば，理論は実践や実験と手を携えて進まねばならない．我々はステヴィンが，力学のみに没頭するのではなく，徐々にさまざまな学問のより広いスペクトルに手を広げていった様子をみることができる――論理学，国家のあり方，言語，地理学，宇宙論，…．ステヴィンはそのようなやり方で伝統的な学者との違いを鮮明にしようとしたのだろうか．

　ステヴィンは，初期の著作の中では，常に理論と実践とを調和させつつ，新たな知識を獲得することを科学研究の目的としているのに対し，後には遠い昔（彼がいうところの「賢者の時代」）に知られていた――けれども歴史の霞の中に失われてしまった――知識を改めて獲得することを目標とするようになる．このようにし↗

てステヴィンは自身の学問観を部分的に伝統的な学者のものに合わせたのだろうか．彼はこのようなやり方で彼らと同じ地位を手に入れようとしたのだろうか．それともこれは，自身の哲学をこれらの古典学者たちに売り込みやすくするための策略だったのだろうか．彼らの中にはフーゴー・グロティウスも含まれるが，彼自身非常にステヴィンの影響を受けていたのである．

ステヴィンの引用からは，彼が古代ギリシア・ローマの著作家たちを大変よく知っていたことが明らかである．これはやはり古典学者の印象をよくするための努力とみることもできる．けれども彼は，古代の著作にはさまざまな弱点があるが，自分はそれを乗り越え，新しい解答を見つけられると自信たっぷりに明言してもいる．

ステヴィンの最初のハンディキャップがいかほどであったにせよ，彼の経歴は一つのサクセスストーリーとなった．彼は 1590 年までにマウリッツ公の個人教師になり，残りの生涯を通じて公の日々の相談役となった．陣中で彼の幕舎はマウリッツ公のもののすぐ隣にあった．ステヴィンの帆かけ車はマウリッツ公の自慢の種であり（図 2.5 参照），またステヴィンにはライデンに工兵技師学校を開設するなどの任務も与えられたのである．

ステヴィンが裕福で影響力のある家族に支えられていたのは確かであるとしても，貴族の称号をもたないステヴィンがどのようにしてマウリッツの宮廷でそれほど影響力をもちえたのかという疑問が生じる．後にグローニンゲン大学の初代学長となるエンミウスは 1608 年，ステヴィンの太陽中心説の立場を知り，それがマウリッツ公の評判を悪くするだろうと述べたが，その発言はしばしば引き合いに出されてきた．ここには，自身人文学者ではない学者が宮廷で影響力のある顧問となっていることに対する古典学者の不満と嫉妬が現れているのではないだろうか．例の批判は間接的にマウリッツ公にも及ぶため，エンミニウスはそれを公の場で行うことを控え，ただ書簡の中にとどめたが，このことは興味深い．『数学覚書』の中でステヴィンはマウリッツとの会話を詳細に説明しているが，まさに太陽中心説を擁護する章だけにはそれがないのである．これはステヴィンの優れた政治感覚を証言しているのではないだろうか．

ステヴィンがスネル父子のように大学教授にならなかった理由は明らかでない．それは彼の研究と関係していたのだろうか．ライデン大学の学生登録簿には，studuit artes apud Stochium（……）とある．artes が予備教科であることを考えると，おそらくステヴィンは 1581 年以前には大学教育を受けていなかったのだ

ろう．疑いなく彼はかなりのことを独学で学んでいた．彼がライデン大学在籍中に学位をとったという証拠も存在しない．後に歴史的意義のある業績を生み出す研究に，彼はその時期すでに一人いそしんでいたのだろうか．あるいはステヴィンと彼の新しい見解が古典学者に受け入れられなかったことが理由だったのだろうか．あるいは，マウリッツ公の宮廷で第一人者の地位を占め，大学教授よりもはるかに高い俸給を受け取り，共和国の権力の中枢で日々多大な影響力を行使することの方が彼にはより重要だったのだろうか．いずれにせよ，力学の研究がステヴィンの主要な活動だった期間は限られている（1581～1586年）ことは理解しておくべきだろう．

参考文献：R. Vermij（2002）[15]；C. van den Heuvel（2000）；G. van Paemel（1995）．

訳注[15] *The Calvinist Copernicans, The reception of the new astronomy in the Datch Republic, 1575-1750*, Koninklijke Nederlandse Akademie van Wetenschappen：Amsterdam, 2002.

エピローグ

　アイゼンシュタイン［Elizabeth L. Eisenstein］は，「変容した自然の書物」［The book of Nature Transformed］と題した一章の中で次のように書いている．「若きアイザック・ニュートンは，ジョン・ウィルキンスの『数理魔術』(1648) に刺激を受けたが，これは通俗的な科学エッセイであり，ステヴィンの著作やガリレオの初期の論考にその内容を負っていた」[1].

　ニュートンは 1676 年 2 月 5 日にこのように書いた．「私が少し先をみることができたとしたら，それは私が巨人たちの肩に乗っていたからです」．

　シモン・ステヴィンはそのような巨人たちの一人だったのである．

訳注[1]　Elizabeth L. Eisenstein, *The Printing Press as an Agent of Change*：*Communications and Cultural Transformations in Early Modern Europe*, Cambridge University Press, 1979, p. 555.

[解 説]

シモン・ステヴィンをめぐって
―数学的自然科学の誕生―

山 本 義 隆

I. はじめに

　エルンスト・マッハの有名な『力学史』の冒頭には,「有史以前の墓にも多くの道具が含まれている．その製作や取扱いは無視できない技術的熟練とさまざまな力学的経験を前提としている．したがって今日の意味での理論が考えられるずっと以前に，道具，機械，機械についての経験と知があった」と記されている[1]．

　もちろんこれは，古代ギリシアにおける理論力学の形成を語るにあたって，それに先行する先史以来の人類の力学上の経験が無視しえないのだということを指しているのであるが，それに似た状況を17世紀ヨーロッパにおける新科学――近代の力学――の出現にたいしても認めることができる．実際，中世後期の西欧社会は，商業と技術が目覚ましく発展していた．11世紀以降，ヨーロッパの河川には数多くの水車が作られ，製粉だけではなく縮絨や製材や鉄製などにも広く使用され始めていたことも知られている．さらにその時代にはカテドラルや城砦などの巨大建築物が数多く建設され，干拓や運河の掘削のような大規模水理工事も広範囲におこなわれていた．多様な技術的・工学的経験が蓄積されていたのである．そしてまた13世紀以降，都市には商人や職人の子弟のための算数教室が作られていた．ローマ数字にこだわり実用的な計算術を蔑ろ(ないがし)にしている大学や教会と異なり，商人の世界ではインド-アラビア数字をもちいた10進位取り表記が広がり，計算技術も発展していた．共同経営組織による広域化された商業では，利益配分や両替等に込み入った計算が求められていたのである．

　近代自然科学，とりわけ近代力学は，ギリシアの理論的科学の継承だけではなく，それに中世におけるこの技術的発展の経験が結びつくことによって生みださ

れたことは否定できない．ふたたびマッハの指摘を引いておこう：

> われわれの直接の先行文化，ギリシアの自然科学者，天文学者，数学者が遺した遺産は，いくら評価しても評価しすぎるということはない．われわれは，不十分だとはいえひとつ世界像を持ち，とりわけギリシアの数学者の論理的・批判的訓練で武装して，有利な条件のもとに研究を始めたのである．これを所有していることが，われわれの仕事の進展を容易なものとした．**けれどもただ科学的遺産だけではなく，物質的文化，この場合，とくに伝統的な機械と道具，と同時にこれらの使用法の習慣といったことも，重要であったと見なければならない**（強調山本）[2]．

しかし，後期中世ヨーロッパにおいてギリシアの理論的諸学を伝承したのは12世紀以降に創設された大学であった．実際，12世紀になってイスラム社会を経由して再発見された古代ギリシアの学芸の吸収と伝承こそが，聖職者の養成とならぶ中世大学の創設目的であり存在理由であった．そこでは，商業や工業とは没交渉に，それゆえ大学外での経験知の蓄積とはまったく無関係に，研究と教育が営まれていた．大学の学者たちは，一方では，ラテン語の専一的使用により古代から継承したその理論知の独占を維持し，他方では，商人の金勘定や職人の手仕事を蔑視し，商業や工業の世界に蓄積されている膨大な経験知を一顧だにしなかったのである．かたや商人や職人の世界はというと，これまた閉鎖的で，技術的知識はたこつぼ的に細分された各職種のギルド内部に秘匿され，もっぱら口承と実地訓練によって伝授されていた．

そんなわけで，古代文献の講読や初期の教父の著作の釈義に終始している大学つまり思弁と理論の世界と，日常の生産や流通に従事する職人や商人の世界つまり経験と実践の世界は，基本的に別世界であった．その分裂は16世紀にいたるまで解消されることはなかった．わがステヴィンも「大学における多くの講師や学生たちは，理論たとえばエウクレイデスの幾何学の基礎だけを学ぶけれども，実際に土地や城壁を測量することもなければ，実用にかかわる事柄に手を染めようとはしない．逆に，実務に携わる測量士たちは，自分たちが使っている規則を

I. はじめに

鵜呑みにし，その根拠や証明を理論的に吟味することもなく信じ込んでいる」(*PW*, Ⅲ, p.618)[3]と，知の世界の分断状況をはっきり認めている．

マッハの言う「ギリシアの数学者の論理的・批判的訓練で武装した」知的エリートと「伝統的な機械と道具の使用に習熟した」職人・技術者は社会的に別個の階層に属し，別個の世界に生きていたのであり，その両者の遺産を単純に「われわれの先行文化」と一括するわけにはゆかないのである．

ともあれ，17世紀の科学革命による近代科学の形成は，それに先だってこのような知の分断状況が——部分的にせよ——打破されて初めて可能となったのである．16世紀に生じたその過程をエルヴィン・パノフスキーは「区分撤去」(decompartmentalization) と名づけたが[4]，それはどちらかというと大学アカデミズムの外部から，つまりそれまでは学問研究から疎外されていた人たちのヘゲモニーで進められたのである．そのあたりの消息はファン・ベルケルの『オランダ科学史』に要を得て簡潔に書かれているから，そっくり引かせていただこう（もちろんこの記述はオランダに限ってのものではない）：

> 我々は，この頃の科学史を論じるために，画家や彫刻家や建築家であり，また同時に運河を建築し，水門をつくり，城塞を計画したりする人々，そしてこのような実際の技術を通じて，時には新しい道具を発明したりする人々のことについて，考察しなければならない．……この新しいグループの工芸技術者たちに，古くからの器具製作者が合流する．古くからの器具製作職人とは，航海や土地測量用，天体観測や音楽用の道具をつくる人々であり，ここにはさらに，時計職人，地図製作者，軍事技術者が含まれる．工芸技術者たちとともに，この器具製作者たちは，一方に大学の学者たちを置き，また一方に「文盲の」手工業職人たちを置くその中間に，新しい社会的カテゴリーを形成した．自然科学の発展のために，この新しいカテゴリーは意義がないわけではなかった．彼らは，かつてアカデミックな世界では顧みられなかったもの，すなわち広範な経験的知識，多様な技術的器具・道具類，そして数学の重要性へのより明確な見解をもっていた．彼らは数学の重要性を認識したという点に関して，商業計算を教えることの延長線上に近代代数学の発

展の端緒を与えた，計算術の教師たちと同一線上に立っている[5]．

つまり職人・技術者や画家や外科医（画家も外科医も当時は職人であった）や軍人や船乗り，そして商人およびその商人の子弟に商業数学を教える市井の算術教師が，機械を作り操作する技術あるいは自然にたいして働きかける自分たちの方法や商品と資本を管理する自分たちの手法が知の獲得に有効であることを認識し，自分たちのうちに伝えられてきた知識や経験が新たな知を与えるものだと自覚し，それを自分たちの言葉である俗語（自国語）でもって表現し，折から登場した印刷書籍で公表し始めたのである．職人・技術者のヘゲモニーにより，大学アカデミズムによる知の独占に風穴をあけていったこの過程は「十六世紀文化革命」と称するに値する知の世界の大きな地殻変動であった．ドイツの画家アルブレヒト・デューラー，フランスの外科医アンブロアズ・パレと陶工ベルナール・パリシー，イングランドの船乗りロバート・ノーマンと砲手ウィリアム・ボーン，イタリアの算術教師ニッコロ・タルターリアと技術者ヴァンノッキオ・ビリングッチョやラファエル・ボンベッリなどが，その過程の目立った顔ぶれとしてあげられる（詳しくは拙著を参照していただきたい）[6]．

その地殻変動のうえに17世紀の科学革命は可能となった．実際，ギリシアで培われた厳密な論証の技術を身につけた大学の知識人が，職人・技術者サイドからの提起と突きあげに刺激され，自分たちも商人や職人の実践に関心を持ち，その経験知の重要性に気づき，みずからも手作業を厭わなくなったときに初めて，実験と測定に依拠した数学的自然科学が生みだされたのである．

そして17世紀の科学革命を代表する顔がガリレオ・ガリレイだとすれば，この「十六世紀文化革命」の中心に位置するのが本書の主人公，シモン・ステヴィンである．科学史家トマス・クーンの印象的な一節を引いておこう：

ルネサンスの間に中世の大学による学問の専有は徐々に崩壊していった．新しい富の源泉，新しい生活様式，新しい価値観が結びついて，それまでは職人や細工師として分類されていたグループの地位は向上していった．……**科学革命に対するこの新しいグループの重要性は議論の余地がない**．ガリレ

オは種々の側面において (in numerous respects)，シモン・ステヴィンはあらゆる意味で (in all) その落し子であった (強調山本)[7].

II.「万能の人」シモン・ステヴィン

シモン・ステヴィンは1548年に南部ネーデルラントの商都ブルッヘ (現ベルギー領フランス語名ブリュージュ) に生まれている．日本に引き寄せて語るならば，ポルトガルの商船が種子島に漂着し日本に鉄砲がもたらされた5年後，スペインの宣教師フランシスコ・ザビエルが日本にキリスト教を伝える1年前，つまりコロンブスとヴァスコ・ダ・ガマの航海から約半世紀にしてヨーロッパ人の活動範囲が東の果てまで及んだ時代である．

科学史や文化史の目で見れば，彼の生まれる5年前には，ルネサンス期にほぼ完全な形で発見されたアルキメデスの著作が印刷され，タルターリアがエウクレイデスの『原論』のイタリア語訳を出版している．近代の天文学と解剖学の嚆矢となったコペルニクスの『天球の回転について』とヴェサリウスの『人体の構造について』が，そしてネーデルラントでは複式簿記について書かれたヤン・インピンの『新しい手引き』が出版されたのもこの年である．ヴェサリウスの解剖学書は，その前年に出たレオンハルト・フックスの『植物誌』あるいはその3年前にバーゼルで出版されたプトレマイオスの『地理学』とともに，美しい木版画の精密で写実的な挿図を数多く含み，自然科学書の新しい可能性を開くものであった．俗語 (イタリア語やオランダ語やドイツ語など) による学術書の登場もこの時代の特筆すべき事柄で，その前の世紀に発明された印刷術が新しい学問の形成と普及に大きく寄与し始めていたのである．

そしてまたステヴィンの生年は，ロッテルダムのエラスムスが死んだ12年後，コペルニクスが死んだ5年後，宗教改革の立役者マルティン・ルターが死んだ2年後，世界と社会にたいする新しい見方が人の心を捉え始めた時代である．地動説と無限宇宙を唱えて火刑に処せられたイタリア人ジョルダノ・ブルーノは同年の生まれ，地球が一個の巨大な磁石であることを見いだしたウィリアム・ギルバートやフランスの代数学者フランソワ・ヴィエトは4歳年長，精密な天体観測を継続してヨハンネス・ケプラー登場の土台を築いたデンマークのティコ・ブラー

エやイングランドで初めて地動説を唱えたトマス・ディッゲスは2歳年長，2歳年少には対数の考案者ジョン・ネイピアがいる．ガリレオの生まれる16年前，ケプラーの生まれる23年前で，近代科学の黎明期といえるだろう．

しかしネーデルラントにかぎれば，パラケルスス主義化学者ファン・ヘルモントや屈折の法則に名を残すウィレブロルト・スネルが生まれたのがともに1580年，「国際法の父」フーゴー・グロティウスの生年は83年，ホイヘンスやスピノザやフェルメールの登場は17世紀であり，ステヴィンはオランダが科学と文化の世界で輝くのにかなり先んじて生まれたことになる．

ステヴィンの先駆性の片鱗は，1608年に出版された（したがってそれ以前に書かれた）彼の『数学覚書』に含まれている「天界の運行について」で，彼が地動説の正しさをはっきり認めていることに窺える．実際それは，地動説にたいする及び腰の言及といった体のものではない．そこには天体の運動について「固定された地球という不適切な主張にもとづく」（op de oneyghen stelling eens vasten Eertcloots）ものと「運動する地球という本源的な主張にもとづく」（op de wesentlicke stelling des roerenden Eertcloots）ものというように明確に区別された二通りの説明が与えられている（PW, III, pp.108, 114, OM, II, pp.235, 291）．ステヴィンは，天動説と地動説が数学的には等価であると捉え，そのうえで地動説（太陽中心説）の優位——物理学的真理性——をはっきり認めている．つまり太陽中心説を，単に惑星の位置を計算するための方便（数学的モデル）としてではなく，宇宙の実在的構造を表すものと理解していたのである．

ケプラーの『新天文学』の出版が1609年，ガリレオが地動説を語り始めるのが1611年であることを鑑みれば，ステヴィンの先進性が了解しうるであろう．

天文学史の研究者ウエストマンによれば「1543年から1600年の間に太陽中心説の基幹的主張を受け入れた思想家は10人を越えない」とあり，そこに名前のあげられているのが，イギリスのトマス・ディッゲスとトマス・ハリオット，イタリアのジョルダノ・ブルーノとガリレオ・ガリレイ，ドイツのヨアヒム・レティクスとミカエル・メステリンとクリストファー・ロトマンとヨハンネス・ケプラー，スペインのディエゴ・デ・スニィガ，そしてネーデルラントのシモン・ステヴィンである[8]．

ところでここにあげられている10人のうちで,唯一ステヴィンは,商業と技術の実務から数学と物理学の道に入った,その意味で当時のアカデミズムの外部の人間である.しかるに,ステヴィンの活動分野・守備範囲は,その広さにおいて抽きんでている.

実際,ステヴィンの最初の著書は商業実務つまり複式簿記と利子表についてのものである.のちには数学と物理学について重要な書物をいくつもものにしているが,しかし書斎の人ではない.彼は風車の改良や水理工事に手を染め,風力で陸上を走る帆かけ車(陸上ヨット)を考案・製作し,航海術の改良にも寄与し,軍の技術者になってからは要塞建設や都市計画まで手掛け,そのいずれにおいても特筆される足跡を遺している.ステヴィンのキャパシティーを知ってもらうために,それらについて,専門書の評価をいくつか瞥見しておこう.

複式簿記(ヴェネツィア式簿記)については,すでに1494年にイタリアのルカ・パチョーリがその秘密を『算術・幾何学・比および比例大全』で活字にしている.会計史の専門書によれば,その後16世紀にはフランドルの会計学が主流となったが,それはインピンとステヴィンに負っているとのことだ.とくに「ステヴィンは複式会計に新しい可能性をもたらしたので,過去の著述家と違って卓越していた」と評されている.さらにステヴィンは国家行政や軍の会計管理に複式簿記をもちいるべきことを初めて提唱した人物として知られる[9].

ステヴィンはまた1590年に,市民の生活や義務について論じた書『ウィタ・ポリティカ―市民的生活―』を著している.最近出版されたネーデルラント共和国成立史の書には,同書について「技術者にして博識家シモン・ステヴィンの『ウィタ・ポリティカ』は,連合州をアテネかローマ,または現代のスイスのような民主共和国たらしめた」と記されている[10].その実際の影響がどのようなものであったのかはよくわからないが,ステヴィンのその書は事実上のブルジョア革命といわれるオランダ独立戦争――ネーデルラント革命――で何らかの役割を果たしたのであろう.君主が議会を蔑ろにしようとするとき,君主に抵抗するのは市民の義務であるという同書におけるステヴィンの主張は,あきらかにアメリカの独立宣言やフランス革命の思想的先駆である.

他方で,16世紀末にステヴィンが書いた航海術の書は,すぐさま英語やラテ

ン語に訳され，オランダだけではなく海外進出に乗りだした 17 世紀のイングランドはじめ外国でも広く読まれている．ラテン語に訳したのは，のちに公海自由の原則を提唱し「国際法の父」と呼ばれることになる青年ヒューホー・デ・グロート（ラテン名フーゴー・グロティウス），英訳は『航海における若干の誤謬』の著者として知られるエドワード・ライトによるもので，そのライトに英訳を勧めたのは『イングランド国民の主要な航海および発見』や『西方植民論』で知られる英国の植民地主義者リチャード・ハクルートであった．

要塞建設については，アメリカの文明史家ジョン・ネフの評を引いておこう：

> 要塞の防衛に関するステヴィンのきわめて独創的なアイデアは彼の生前にはすべてが採用されたわけではなかったけれども，より有効な要塞建設にたいする彼の寄与は，ネーデルラントをスペインから防衛するうえできわめて重要であった．彼の築城術は，長期にわたる恐ろしい会戦といよいよ頻発していた都市の略奪ののちに，防衛側を優位に立たせることによって，17 世紀を通じてヨーロッパの戦争の安定化を助けることになった[11]．

17 世紀のフランスの軍人セバスティアン・ヴォーバンは築城家として名高く，「ヴォーバンが城壁を築けば難攻不落」と語り伝えられている．20 世紀のオランダの数学者ファン・デル・ヴェルデンの書には，そのヴォーバンに影響を与えたのがステヴィンの要塞建設の思想であったとされている．この点については本書本文（Ch. 4-6）にも指摘されているとおりである[12]．

オランダはまた風車で有名であるが，その方面でもステヴィンは名を遺している．技術史の論文には「ネーデルラントの土地干拓史には排水〔風〕車に関連して卓抜な二人の名前があげられる．すなわちシモン・ステヴィンとヤン・アドリヤーンスゾーン・レーフヴァテルである．……ステヴィンは，同時代のガリレオ・ガリレイ同様，りっぱな数学者であっただけではなく，今日の言葉でいえば科学者と実地の水理技術者を兼ねていた．……スペイン戦争に際してホラント州の海岸防御線の一部となったフロテ・ウィーリッケ水路西側の，プリンセンデイクの築造にあたって，ステヴィンは設計者か助言者であったらしい」とある[13]．

ここに記されている対スペイン独立戦争におけるステヴィンと軍とのかかわりは，彼が共和国軍最高司令官オラニエ公マウリッツの個人教師を務め，技術顧問として仕えたことによる．そのマウリッツは軍事技術に革命をもたらした人物として知られているが，その変革のひとつが，それまで貴族の戦いでは卑劣としてもちいられなかった塹壕や土塁を重視し，さげすまれていた土木作業を人足にではなく兵士に課したことにあった．「マウリッツ公の軍隊においては，シャベルは剣よりも，さらにはマスケット銃よりも強いとされていた」といわれる[14]．察するに，これにもステヴィンの示唆や影響があったのではないだろうか．

建築史ではまた，ステヴィンの都市計画案がインドネシアにおけるオランダ植民地都市の形成に大きな影響を及ぼしていることも知られている[15]．

そして1685年にイングランドのロバート・フックは「ステヴィンが製作した帆かけ車」，すなわち「人力または動物の力にいっさい頼らないで」「28名もの人員を乗せ，風の力によって2時間にわたって浜辺の砂の上を安全かつ確実に42マイル走行した車」について，その改善の可能性や，他の車への応用についての詳しい考察を加えている[16]．ステヴィンの発明したこの帆かけ車の評判は，17世紀には国外にも伝わっていたようだ．もっともそれは，平地が多く風の強いオランダでしか実用性はなかったであろう．

しかしこういった商業や工業や軍事における技術上の顕著なそして多岐にわたる功績もさることながら，ステヴィンの寄与はそれ以上に学問世界，とりわけ数学と物理学において傑出している．たとえばマッハは，近代初頭の静力学（物体のつり合いの理論）の形成について「これまであげた〔古代のアルキメデスや中世のヨルダヌス・ネモラリウスのような〕著者たちは，イタリアにおいては特にガリレオに，オランダではステヴィンに影響を与え，この両方の経路を経てフランスに影響し，そこでロベルヴァルおよびデカルトにおいて豊かな土壌を見いだした」[17]と記し，ステヴィンとガリレオを同列に扱っている．しかし実際にはステヴィンはガリレオに30年以上先んじていたのであり，分野によってはガリレオの功績を上まわってさえいる．

しかるに知名度という点ではステヴィンは，ガリレオやデカルトに大きく劣っている．比較的早くにステヴィンの業績を紹介したのは，20世紀前半の科学史

界の重鎮サートンであった．そのサートンは，ステヴィンを「おそらく 16 世紀後半におけるもっとも独創的な科学の人物」と記したうえで「まさにその独創性ゆえに無視されてきた」と付け加えている．科学史家ギリスピーの「ステヴィンは，宣伝の方はそれほどでないにしても，思考力ではガリレオに匹敵するという人もある」という同様のコメントも，実相を言い当てている．そのことは，ステヴィンが多くの著書をオランダ語で書いたことにもよる．科学史家ワイトマンの「もしもステヴィンの著作が同時にラテン語ないしガリレオのようにもっとよく知られた俗語のひとつで出版されていたならば，通俗的な科学史はこの二人の人物を今とは異なるように強調していただろう」という指摘もあたっている[18]．

実際，日本語ではこれまでステヴィンについて書かれたモノグラフは翻訳書をふくめても皆無であった．ガリレオについては著書の翻訳のほかに研究書や伝記が溢れているのと大違いである．英語にまで目を広げても，今回訳出された本書『科学革命の先駆者 シモン・ステヴィン―不思議にして不思議にあらず―』の英訳が 2008 年に出るまでは，オランダの科学史家デイクステルホイスや技術史家フォーブスたちの編集で 1950 年代にアムステルダムで出版された詳細な解説付きの蘭英対訳『シモン・ステヴィン主要著作集』全五巻 6 冊のほかには，ステヴィンについて英語で読める書物は 1943 年にオランダ語で出版されたデイクステルホイスの『シモン・ステヴィン― 1600 年前後のネーデルラントにおける科学―』の 1970 年の英訳くらいしか存在していなかった．

ちなみにデヴレーゼとファンデン・ベルヘによる本書は，内容的には 60 年前のデイクステルホイスのものより詳しいだけではなく，その後の科学史的研究の成果も十分に取り入れられ，『主要著作集』自体を別にすれば，現時点でもっとも完備なステヴィン研究書といえよう．そして**本訳書は日本ではじめて天才ステヴィンの全身像を明らかにしたものである**．したがって，ステヴィンの業績については本書を読んでいただければよく，屋上屋を架するごとき解説は必要としないであろう．ただ本書は，もともとはオランダ人に向けて書かれたもので，ステヴィンの時代のオランダの歴史などはオランダ人にはわかりきっていることとして比較的簡単に済まされているようである（ただしこの点は，英訳版に加えられた「プロローグ」で大幅に補われることになった）．

それゆえ本解説では，17世紀科学革命の担い手たちに先行して営まれたステヴィンの科学の時代背景を探り，とりわけ彼の数学と力学の歴史的な特性を明らかにし，それを16世紀のオランダ史と科学史に位置づけることを試みる．

III．プラトン主義とギリシア数学について

 はじめに，数学から見てゆくことにしよう．

 20世紀には，ガリレオの時代の新しい科学すなわち近代物理学の勃興がプラトン主義に導かれたものであると，しばしば語られてきた．しかし以下に見るようにステヴィンの科学はむしろその対極にあり，その特性は，ルネサンスから17世紀にかけての新しい数学的自然学にたいして貼られてきたこの「プラトン主義」というレッテルと対比することによって，鮮明に浮き彫りにされる．

 1939年に出たアレクサンドル・コイレの『ガリレオ研究』は，「自然の数学化」を目標としたガリレオを「アルキメデス主義者でしかもプラトン主義者である」と規定し，「ガリレオの時代にあっては数学主義とはプラトン主義を意味していた」と断じている．つまりコイレによれば「自然学における数学主義とは——たとえ自覚されていなかったとしても——プラトン主義であり，ゆえに〔ガリレオの時代における〕古典科学の出現は——高みから俯瞰するならば——プラトンへの回帰なのである」ということになる[19]．たしかに17世紀科学革命の中心人物の一人であるイングランドのロバート・ボイルは，「プラトンが言うには，この世界は神が人類にむけて書いた手紙であり，彼が他の処で言っているように，それは数学の言葉で書かれている」とコメントしている．これに「自然という書物は数学の言語で書かれている」というガリレオ自身の言説を重ね合わせるなら，コイレの主張もそれなりに説得力を持つようにみえる[20]．

 ただしここでコイレが「プラトン主義」と言うとき，それは非数学的・定性的なアリストテレス自然学との対比で語られていることを忘れてはならない：

> もしも自然学の実在的価値や指導的位置に対してよりもいっそう高い身分を数学に対して要求するならば，その人はプラトン主義者である．逆に……自然学は経験以外のいかなる基礎をも必要とせず，知覚の上に直接築かれる

のに反し，数学はたんに補助的なものとして第二次的な従属的な役割に甘んじなければならないと主張するならば，その人はアリストテレス主義者である[21].

しかしこのような単純な振り分けでは，ガリレオはもとより，近代の力学ひいては物理学の形成者は，ほとんどすべて「プラトン主義者」に括られてしまうであろう．

それだけではない．ガリレオがプラトン主義者だというコイレの言明には「ガリレオやデカルトの科学は技術者や職人により作られたものではなく，理論よりいっそう現実的なものをほとんど何も作らなかった人びとによって形成された」という主張が伴っている[22].つまり，近代の数学的自然科学が理論の純然たる自律的で内在的な発展として，論証家の思弁のみから生まれたというのである．

もちろんコイレの真意は，ガリレオが「プラトン主義者」であったかどうかにあるのではない．その点は，ガリレオが主著『天文対話』——原題『二大世界体系の対話』——を執筆した目的が，単に天動説にたいして地動説を擁護するためではなく，「常識やアリストテレス自然学の非数学的性格に対して数学的科学，自然の数学的証明の正しさを主張することにあった」というコイレの指摘が示唆している[23].階層的構造を有しそれぞれの場所が特異な役割を果たしている有限宇宙を幾何学的に均質な無限宇宙で置き換え，熱冷乾湿を基本とするアリストテレスの質的自然を形状と運動を基本とする機械論の量的自然で置き換えた，そしてそのことで自然のなかに数学的法則を読み込んでいった，その世界像と自然観の転換の重要性こそ，コイレが強調したかったことであろう．

しかし，だからといって近代に登場したそのような自然の数学的把握を単純に「プラトン主義」と括ってよいということにはならないし，ましてや，それが技術からの刺激も技術者の関与もなしに生まれたという極端な主張にいたっては，やはり無理があると言わざるをえない．実際，ガリレオは主著『新科学対話』の冒頭で，ヴェネツィアの造兵廠の機械工作場における見聞やその職人技術者との交流がおのれの研究にどれほど有益であったのかを熱っぽく語っている．思弁的なあのデカルトでさえ，屈折光学の研究においては「研究など一度もやったこと

のない職人の技巧に頼らねばならない」と記しているのである[24]. それらの文言を単なる文学的修辞と見なして無視するのは恣意的にすぎるであろう.

そしてステヴィンの科学, その数学と力学こそは——以下, 本解説全体をとおして見てゆくように——この「コイレのテーゼ」にたいする何よりも明確な反例として屹立しているのである.

もともとプラトンの数学は, ピュタゴラス学派の影響を大きく受けたものであった. そして古代ギリシアにおける学的な数学の創始者といわれるタレスやピュタゴラスは, それに先行する古代文明, すなわちエジプトやバビロニアの影響を受けている. エジプトにおける数学は, もっぱら課税や商業や建築, そして測量のための技術として発展したと考えられているが, そこで使用されていた数は, 単位1の倍数としての正整数, および (3分の2を例外として) 単位を等分した単位分数 (分子を1とする分数) に限られていた. 他方で, 星占い (占星術) を重んじ, 観測天文学を発展させていたバビロニアでは60進小数が使用されていた.

しかし, タレスやピュタゴラスは, 古代文明の影響を受けていたにせよ, 彼らによって数学は, 個々の現実的な問題を解くための計測や計算の技術から一般的に論証されるべき学問へと昇華させられたのである. プロクロスの断片にあるように, ピュタゴラスは「幾何学の原理を上方より考察し, その定理を非物体的に, 知性的に探究することによって, 幾何学に関する知の愛求を自由人にふさわしい教養という形に変えた」のである[25].

プラトンは数学で何か新しいものを見いだしたわけではないが, タレスやピュタゴラスの学問的な数学観を継承し, それをより明白に表現することになった. かくしてギリシア数学は, 学的に純化される過程で, 建築や測量や商業のための技術としての数学から離反していったばかりか, 天体観測との直接的なつながりさえ失ってゆくことになった.

プラトンは天体観測にもとづく天文学を真の知として認めない理由を, 主著とも言うべき『国家』において次のように語っている:

　　ぼくとしては, 目に見えない実在にかかわるような学問でないかぎり, 魂

の視線を上に向けさせる学科としてはほかに何も認めることができないからだ．そして，人が感覚される事物に属するものを何か学ぼうと試みるのであれば，……ぼくに言わせれば，その人はけっして学び知ることはできないだろうし——なぜなら，そのように**感覚される事物のいかなるものについても知識は成立しえない**のだから……．すなわち，天空にあるあの多彩な模様〔星〕は，それが目に見える領域にちりばめられた飾りであるからには，このような目に見えるもののうちではたしかにもっとも美しく，もっとも正確ではあるけれども，しかし真実のそれとくらべるならば，はるかに及ばないものと考えなければならないということだ（529B-D；強調山本）[26]．

太古から変わることのないと思われた天上世界ですら，「真実在（イデア）」の似姿であって「目に見えぬ実在を目指して学ぶための模型」にすぎないのであれば，生成と消滅のはてしない地上世界は「真実在」からはさらに遠く離れているということになる．プラトン円熟期の対話編『ピレボス』には，「知識と知識の間にも差異があり，一方の知識は生成し消滅するものに注目するけれども，他方の知識は生成も消滅もしないで，つねに同一同様のあり方をしているものに注目する．われわれは真実性に注目するかぎり，後者の知識の方が前者の知識よりも真実性が多いと考えた」（61E）と説明されている．つまるところプラトンにとっては，厳密な意味での「認識（エピステーメ）」は，人間の感覚で捉えうる変化に富んだ現象界にたいしては成立しえないのである．真の学問は，現象界の背後にある不可視で不変なイデアにたいしてのみ語りうるのである．したがってプラトン本来の立場では，地上の自然現象にたいしてはもとより，天体の運動にたいしてさえ，厳密な法則性は語りえないことになる．少なくとも，イデアについての学問，天空の世界の学問，そして地上の事物の学問は，その真実性において明確に差がつけられていた．

同様に数学（算術と幾何学）においても，現実世界の事象や事物に即して現れる数や形象はイデアとしての数や形象とは区別されなければならないのである．

幾何学についていえば，幾何学とは，紙の上に現実に描かれた三角形や円についての学ではなく，イデアとしての三角形や円についての学だということを意味

III. プラトン主義とギリシア数学について

している．すなわち「彼ら〔幾何学者〕は目に見える形象を補助的に使用して，それらの形象についていろいろ論じる」が，しかし「その場合，彼らが思考しているのは，それらの形象についてではなく，それを似像とする原物についてなのであり，……彼らはそのような実物を別の立場から似像として用い，思考によってしか見ることのできないかのものを，それ自体として見ようと求めている」のである（『国家』510DE）．「思考によってしか見ることのできないもの」と「目に見える形象」の区別は『ピレボス』では「神的な円自体，球自体」と「人間界のこの円，あの球」の区別として語られている（62A）．

プラトンに学んだアリストテレスは，師のイデア論には批判的であったが，それでも「大工と幾何学者の直角の求め方は違い，大工はその作品に役立つ程度においてそれを求めるが，幾何学者はそれが何であり，その本質がどのようなものであるのかを求める」と語っている[27]．学問的な理論幾何学は実用的な「大工の幾何学」とは厳然と区別されていたのである．そしてその区別は，18世紀になっても『百科全書』のディドロの手になる「技術」項目に記された「アカデミズムの幾何学」と「作業場の幾何学」の区別に引き継がれている[28]．

同様に，数にかかわるすべての事象がその意味での算術の対象になるわけではない．プラトンにとって算術は，それ自体で自存している純粋な数についての学問であり，物に即して現れる数——事物の測定や金勘定によって現出する道具的な量や数——はその対象ではありえない．すなわち，数学は「ただ思惟によって考えられることができるだけで，ほかのどのような仕方によっても取り扱うことのできないような数」についての学問であり，したがって数学の学習は「貿易商人や小売商人として売買のためにそれを勉強し訓練するのではなく」，「純粋に知性そのものによって数の本性の観得に到達するところまでゆかねばならない」のである．これは『国家』からの引用（526A，525C）だが，『ピレボス』ではその区別は「一般多数の人が用いるもの」すなわち「計算したり計量したりする技術で，建築とか商取引に用いられるもの」としての「計算術（ロギスティケー）」と，それとは異なる「知識追求を主とする学者の取り扱う」ものとしての「数論（アリトゥメティケー）」の区別として語られている（56DE）．

かくして「ギリシャの数学者は，≪計算術家≫または職業的計算家と自分たち

とを，みずから進んではっきりと区別していた」のである[29]．いや，それは単なる区別ではない．その背景には手作業に従事する職人や金勘定に携わる商人にたいする抜きがたい蔑視があり，自由人が携わるべき学としての「数学（マテーマティケー）」と手を染めてはならない術としての「計算術（ロギスティケー）」は，厳然たるヒエラルキーにのっとって峻別されていたのである．

そのプラトンの数学（数理論）は，1を数の分解不可能な究極の構成要素（単位）として特別視し，1の分割としての分数を認めようとしなかった．それゆえ，整数のみを数と見なすという特異な制約をもたらすことになった：

　　この学問〔数学〕は魂をつよく上方へ導く力をもち，純粋の数そのものについて問答するように強制するのであって，目で見えたり手で触れたりできる物体のかたちをとる数を魂に差し出して問答しようとしても，けっしてそれを受けつけない．じっさい，君も知っているだろうが，この道に通じた玄人たちにしても，彼らは<1>そのものを議論の上で分割しようと試みる人があっても，一笑に付して相手にしない．君が<1>を割って細分しようとすれば，彼らのほうはその分だけ掛けて増やし，<1>が1でなくなって多くの部分として現れることのけっしてないよう，あくまで用心するのだ（『国家』525DE）．

これは『国家』からの引用であるが，イデア論をめぐるプラトンの対話編『パルメニデス』には「1なるものが1であるべきなら，それは全体であるべきでもないし，部分をもつべきでもない」（137D）と端的に断定されている．このように「ギリシャ数学には分数の概念はない」のであり，「ギリシャでは'数'という語は整数だけに対して使われ，分数は単一の要素と見なされることはなく，二つの整数のあいだの比ないし関係と見られていた」のである．つまるところ，ピュタゴラスとプラトンの数学は正整数の数論であった[30]．

数の概念は，基数にせよ序数にせよ，もともとは個数や順序を素朴に数えることから生まれたのであろう．やがて古代国家が成立し，強力な王権のもとで大規模建造物の構築が始まるとともに，規格の統一のためにものさしの使用も始まっ

たと思われる．しかし現実の石塊や木材をものさしで測ればかならず端数が残る．1未満の数のこのような出現は，数の概念を得てのち最初に概念の拡張を促す要因であった．しかしギリシア数学はそのような拡張を拒否した．ギリシア数学は除法によって導入された分数にかわるものとして整数の比を語ることによって，1未満の数を整数の世界に引き戻したのである[31]．

そしてそのことが，整数の比で表されない $\sqrt{2}$ のような無理数の発見がギリシア数学にもたらした衝撃と動揺の大きさを説明する．アルキメデスが梃子のつり合いの条件として，荷重の比が腕の長さの逆比に等しいことを証明するさいに，腕の長さの比が整数比になる場合とそうはならない場合を区別し，後者の場合にはもってまわった面倒な議論をしていることに，その直接的な影響を認めることができる[32]．

商業や技術というピュタゴラスやプラトンの徒がさげすんでいた現実の生活世界では，もちろん分数も使用されていた．「計算家たちの方はエジプトやバビロニアの先人たちとおなじように，分数，あるいは分数と整数との和などを平気で数として扱い，何の躊躇も感じていなかった」のである[33]．しかし学問世界の数学は，あくまで整数の世界であった．そこには無理数はおろか0もない．古代ギリシアの学問的数学がどれほど特殊なものであったかがわかるというものだ．

ともあれ，プラトンの数学はもとより，分数使用まで含めても，小数を持たない数学は自然科学のための道具としてはおよそ不具合である．そのことは，古代ギリシアにおいても，観測量を扱う天文学では，このプラトンの規範が無視されていたことからも窺い知ることができる．実際，観測量というものは精度を上げるために尺度の不断の分割を要求し，それは分数だけではなく，精度の向上とともにやがて小数表現を不可欠とするようになる．そんなわけで，天文学ではバビロニア数学の影響が支配的であった．古代ギリシア最大の天文学書，ヘレニズム期のプトレマイオスの著した『アルマゲスト』には「〔これまでの〕分数のシステムが使いにくいため，われわれは60進法のシステムを使用する．そしてその方式でわれわれは，つねに近似をより向上させるために，感覚によって到達しうる正確さからの差が無視しうる程度になるところまで掛け算や割り算を進める」とある[34]．ここに「60進法のシステム」とは事実上60進小数を指し，『アルマ

ゲスト』では角度にたいしてだけではなく弦の長さにも 60 進小数が使用されている．

とするならば，近代に始まる自然の数学的把握，すなわち可感的自然を計測量で表し，そこに数学的法則性を読み込むことを目指した近代科学は，むしろ数のプラトン主義的把握を脱却することによって初めて可能になったと考えなければならないであろう．

Ⅳ．ステヴィンによる数概念の拡張

ステヴィンによる数学の革新，つまり数学理論への彼のオリジナルな寄与は，本文にもあるように，1 を数に含めただけではなく，$\sqrt{8}$ のような無理数を他の数と同レヴェルの数と見なし，数が連続量であることを明言し，さらには事実上の位取り表記をともなった 10 進小数を導入したことにある．それらは 1585 年の『算術』と『十分の一法』の二著に展開されているが，いずれも今から見ればおよそ「発見」という名に値しそうもない当たり前のことのようで，その重要性を理解するのは困難に思える．しかしその「発見」こそは，可視的事物を超越したイデアとしての数というプラトン的観念を放棄し，数を地上的世界に引きもどし現実的事物につなぎ止める大きな契機であり，数学的自然科学を生みだすためにどうしてもくぐらなければならない関門であった．

フランス語で書かれたステヴィンの『算術』の第一部は，その方程式論，とくに未知数の冪指数の表記法にオリジナリティーを認めることができるが，むしろその冒頭に明記された「1 は数である」（l'unite est nombre）という命題のほうが興味深い．実際，それまでは，古代ギリシア数学の集大成たるエウクレイデスの『原論』第七巻における「数とは単位からなる多である」という規定，そして 7 世紀のセビリアの司教イシドルスの『語源論』に書かれた「数は単位より作られる多である．Unus〔1〕は数の種子であり，数ではない」[35]という理解がゆき渡っていた．1478 年にトレヴィーゾで出版された，現在知られている印刷された最古の算術書や，1484 年に出版され 16 世紀をとおして読み継がれたピエトロ・ボルギの『計算術の書』にも同様に，数とは単位よりなる多で，最小の数は 2 とされていたのである．プラトンの影響はここまで及んでいた．1 を数に含め

IV. ステヴィンによる数概念の拡張

たのは，ステヴィンをもって嚆矢とする[36]．

同書でステヴィンはまた「数は不連続ではない」と語り，さらに $\sqrt{8}$ は二乗して 8 となる数であり，それは 4 が二乗して 16 になるとの同様のことであって，そこになんらの不合理はないとし，方程式の無理数を含む解を正しい解として許容し，無理数を通常の数と同等に扱うべきことを主張している．

つけ加えるならば，ステヴィンは簿記論についての著述で，仕訳帳のある記載例を 1600 年の 1 月 0 日から始めている（Ch. 5-4.1）．年の始まりを 1 月 0 日としたのは「暦の年の始まりを取り引き業務の初日と区別するため」と断られているが，しかしそれはそれまでの西欧にはなかった視点で，数にたいするステヴィンの透徹した見透しの一端を示している．

そして『十分の一法』で，ステヴィンは 10 進小数の位取り表記を提唱した．

10 進小数は，広義には，たとえば，

$$2 + \frac{3}{10} + \frac{6}{10^2} + \frac{5}{10^4} + \frac{6}{10^5} + \frac{7}{10^6}$$

のような表記法も含むが，狭義にはその位取り表記 2.360567 を指す．この後者の書き方では，始めの 6 は百分の六を表し後の 6 は十万分の六を表すことがその位置だけから読み取りうるのであり，それが位取り表記の優れた点である．なおこれより，そのためには空所を指定する 0（ゼロ）の使用が絶対的に必要なことがわかるであろう．ステヴィンによる小数表記

$$2\,⓪\,3\,①\,6\,②\,0\,③\,5\,④\,6\,⑤\,7\,⑥ \quad \text{or} \quad \overset{⓪①②③④⑤⑥}{2\,3\,6\,0\,5\,6\,7}$$

は，この位取り表記をすべて明示的に書き表したものである．現代的にいえば，⓪は小数点，末尾の⑥は冪指数を表している．

ステヴィンの表記法は，このかぎりではバビロニアの 60 進小数「15° 23′ 45″」（もちろんバビロニアでこのようなインド-アラビア数字が使用されていたわけではない）や，中国の 10 進小数「二分三厘四毛五糸……」のような表記法と同様に思われる．しかしステヴィンの『十分の一法』の眼目はたんなる表記法の提唱ではない．彼はたとえば 3 ⓪ 2 ① 5 ② 6 ③ × 2 ⓪ 8 ① 1 ② の計算を次のように解説している．まず 3256×281＝914936 を計算し，冪指数に相当する末尾の③と②を足して⑤を求め，914936 の後にその結果である⑤をつけ，順に繰りあげるこ

とで各数の位取り指数を決めれば，9⓪1①4②9③3④6⑤すなわち9.14936が求まる．つまりステヴィンの決定的な寄与は，小数にたいして整数とまったく同様に四則演算が適用できることを明らかにしたことにある．帯分数をもちいた和や積の計算の複雑さにくらべれば，このことの透明性がわかるであろう．こうしてステヴィンは「これによってわれわれのかかわる問題において出会うすべての計算を，分数を用いることなくおこなえるようになる」と結論づけた（PW, IIa, p.402, OM, I, p.208）．

なお，これからわかるように，実際には冪指数を表す末尾の指数だけがあればよい．そのことにステヴィン自身気づいていたようで，のちの幾何学の書では$\sqrt{50}=7.07\cdots$，$\sqrt{21}=4.58\cdots$，$\sqrt{2}=1.41\cdots$のそれぞれを707②，458②，141②のように記している（OM, II, p.390f.）．

実は，事実上10進小数に相当する表記法は，1476年に没したドイツの天文学者レギオモンタヌス（ヨハンネス・ミューラー）がすでに三角法の記述にさいして使用していた．$\sin\theta$の値は半径1の円において角度2θで交わる2本の半径が切り取る弧の弦の半分の長さであり，たとえば$\sin 60°=\sqrt{3}/2=0.866025\cdots$．これをレギオモンタヌスは，必要な有効数字の桁数に応じてその円の半径を10の冪乗にとることで整数表記している．今の例では，円の半径を10^6にとることで$\sin 60°=866025$とされる．これは$\sin 60°=866025\times 10^{-6}$において，冪指数を省略したものといえよう．レギオモンタヌスが三角法を事実上の10進小数で表記したことは，プトレマイオスの60進法を10進法に置き換えたことになるが，ステヴィンはそれを天文学と三角法の計算だけではなくすべての技術とすべての計算に拡張したのであった．結局，現在使用されている1.7320…のような10進小数の位取り表記はレギオモンタヌスの表記法とステヴィンの表記法を合わせて，表記の無駄な部分を捨てたものといえる．

ステヴィンの理論が実用のものであったこと，つまり彼が扱う数がプラトンの言うような純粋で不変な存在としての数ではなく，測定されるべきものに即して現れる量の表現であるということは，『算術』冒頭の「定義2：数は，それによってそれぞれの事物の量（quantié de chascune〔ママ〕chose）を説明するところのものである」という言明に明らかであろう．したがってまた数は，人間には

多かれ少なかれ近似的にしか読み取ることのできない量に結びついていたということは，彼の割り算についての次の議論に端的に見て取れる．すなわち「4①を3②で割る場合〔0.4÷0.03=13.3333…〕のように，商が整数で表されない場合もある．この場合には3が無限に現れるであろう．そしてそのときには，事柄が必要としているだけの近似をとり，残りを捨てることができる」(*PW*, IIa, p. 420f., *OM*, I, p.210)．したがって誤差の避けられない測定量の扱いには小数はとくに優れている．数学者森毅の著書『指数・対数のはなし』にあるように「小数というのは本来的に誤差感覚と結びついている」[37]のである．ちなみに復刊されたこの森毅の書には，ステヴィンの『十分の一法』の銀林浩による邦訳が付されている．

割りきれない分数が小数でいくらでも近く近似しうるという彼の認識はまた，実数の連続という観念への途を開くものであった．そのことはステヴィンの方程式論においてより一層明らかになる．

方程式論へのステヴィンのオリジナルな寄与は，近似解法として，逐次近似法の一種で今日言う「区間縮小法」を提唱したことであり，さらにはその手順を10進小数で表現することで，近似の精度をいくらでも上げうることを示したことにある．ステヴィンは複雑な3次方程式を例にもちいているが (Ch. 7-4.5)，ここでは簡単な方程式 $x^2=8$ の正の解で説明しよう．ステヴィンの議論をわかりやすく現代的に表すと次のようになる：

$$2^2 < 8 < 3^2 \quad \therefore \quad \sqrt{8} \fallingdotseq 2,$$
$$2.8^2 < 8 < 2.9^2 \quad \therefore \quad \sqrt{8} \fallingdotseq 2.8,$$
$$2.82^2 < 8 < 2.83^2 \quad \therefore \quad \sqrt{8} \fallingdotseq 2.82,$$
$$2.828^2 < 8 < 2.829^2 \quad \therefore \quad \sqrt{8} \fallingdotseq 2.828,$$
$$2.8284^2 < 8 < 2.8285^2 \quad \therefore \quad \sqrt{8} \fallingdotseq 2.8284,$$
$$\vdots \qquad\qquad\qquad \vdots \;\;.$$

こうしてステヴィンは「このやり方をかぎりなく進めてゆくと，われわれは求める数にかぎりなく近づいてゆく」(*OM*, I, p.88) と結論づける．

ステヴィンは無理数 $\sqrt{8}$ を数と認めただけではなく，その実体を，割りきれない分数の場合と同様に，小数でいくらでも近く近似しうることを示したのであ

る.「数は連続である」というステヴィンの主張は，このように10進小数によって現実的な裏づけを与えられた．そこには，ブルバキの『数学史』の言うように「数の連続体に関する明晰な直観像の生まれていることが認められる」のである[38]．ステヴィンのこの到達地点は，整数とその比のみを主要に扱うそれまでの数論の羈束(きそく)を脱却して，連続な実数という新しい数的世界を開示するものであり，近代解析学，ひいては数理科学の飛躍的発展の土台を築くものであった．上記の森毅の書には「古代の整数的世界と近代の小数的世界」が対比されているが[39]，その分水嶺に立つのがステヴィンであったといえよう．

ステヴィンによる数の認識は，彼岸的認識の対象としての聖化された数（整数）から此岸的認識の道具としての数（実数）への転換であり，端的にプラトン的数学からの脱却であった．連続的な実数の概念こそが，変化する自然とりわけ時間的ないし空間的に変化する量についての数学的な法則化，ひいては計測量にたいする厳密な科学を可能にするものであった．

もともとガリレオを「プラトン主義者」として描きだしてコイレに影響を与えたのは，哲学者エルンスト・カッシーラーの初期の著作であったといわれる[40]．しかしコイレの『ガリレオ研究』が出版された翌1940年に当のカッシーラーは，ガリレオが現象世界とイデア世界の二元論を打破したことにたいして，つまり「数と量の支配がたんに算術と幾何学に限定されるものではなく，むしろ自然そのもの，すなわち経験的所与なるもの，経験的に移りかわっていくものの総括態にまで及んでいる」とするガリレオの立論にたいして，「かかる立場は，やはりなおプラトン主義の立場ではある．しかし，言うならばそれは符号を変え転調したプラトン主義なのである」と釈明している[41]．勇み足ともいうべきコイレの極端な主張に釘をさしたのかもしれない．しかしカッシーラーは，その転換にはステヴィンによる数概念の拡張が伴っていたことには，まったく触れていない．

以下では，ステヴィン数学の起源を見てゆくことにしよう．

V. 西欧中世における二つの数学

古代ギリシアを征服したローマ帝国は，ギリシアの数学に事実上なにも付け加えなかったばかりか，むしろギリシアから相続した学問的遺産の多くを消失せし

めた．古代のローマ人は実際的な民族であり，ローマでは商業や貿易が盛んであったため，ギリシアの思弁的な数学をありがたがらなかった．しかしだからといって，商業サイドから数学を発展させるということもまたなかったようである．貴族つまり軍事国家ローマ帝国の支配階級も商業をさげすんでいたのである．

そしてキリスト教がローマの支配層にまで浸透し，やがてヨーロッパ全域に広がっていったのちは，信仰が学問の上位に置かれ，学問は信仰に資するかぎりでその価値を認められることになった．ローマ帝国末期の教父で，中世ヨーロッパ思想に大きな影響を与えたアウグスティヌスは「数に通じていないと聖書のなかに転義的で神秘的に述べられている多くの箇所が理解できない」と語り，数学の学習を推奨している．いや，むしろそのような理由でキリスト教が生まれる以前の異教徒ギリシア人の作った学問を容認したと言うべきであろう．7世紀にセビリアのイシドルスが「数の学問は疎かにすべきではない．というのも聖書の多くの節には幾多の謎が隠されていることは明らかだからである」といったのも，まったくおなじ理由である[42]．

しかしそのことは，3は三位一体の数，6は天地創造の数，10は十戒の数として，それぞれに固有の価値と意味を有するというような，個々の数にたいする形而上学的・神秘的な理解を促しこそすれ，数学としての数の科学を発展させることにはつながらなかったし，ましてや自然の数学的理解を促すことにもならなかった．「中世的思惟は……数のなかに神の知恵の写し絵を見ていたわけであるが，その場合の数は，叡知的な数であって物体的な数ではなかった」のである．いずれにせよ，「現象界」と「イデア界」というプラトン的二元論は「自然の国」と「恩寵の国」という二元論に転釈され，中世においても維持されることになった[43]．そのうえキリスト教の聖職者は，ギリシアやローマの支配階級と同様に商業を軽蔑していたばかりか，むしろ罪悪視さえしていたのであり，商業や工学にとって必要な計算技術の普及や向上をもたらすことにもならなかった．実用数学としては，せいぜい復活祭の日取りを決定するための暦の計算くらいであった．アラビア数学をヨーロッパ社会に紹介した先駆者として教皇シルベスター二世（在位1000-1003）のような人物がいなかったわけではないが，やはりそれは例外的であった．

そして，古代ギリシアで生まれたにせよ，むしろその後は退化さえしていったこのような数学と音楽と幾何学と天文学の「四科」が，中世のヨーロッパで大学が形成されてのちには，修辞学・弁証法・文法の「三学」とともに「自由学芸」として大学で教育されるようになった．西欧中世の大学は専門課程としての神学部・法学部・医学部とそこに進む準備課程としての学芸学部からなっていたが，「自由学芸」はその学芸学部のカリキュラムの中心に位置づけられていた．つまり中世のエリートが身につけるべき教養であった．そのさい，「四科」として教えられた数学は，紀元100年頃のニコマコスの『算術』の事実上の抄訳である6世紀のボエティウスの貧弱で古めかしく非実用的な『算術入門』がほとんどすべてであった．エウクレイデスの『原論』は難解とされていた．
　しかしヨーロッパ後期中世には，古代ギリシアに発し大学の「四科」に受け継がれた数学とは異なる源流に発する数学が存在していた．そのことの証拠は，15世紀末にプラトン主義が復活したときに，商都フレンツェの貴族人文主義者ピコ・デラ・ミランドラが「近頃では特に商人たちが最も精通している術」としての「商人の算術」をプラトン以来の「神的な算術」と混同せぬようにと，強調していることに見て取れよう[44]．
　実際，ヨーロッパ中世における数学のニュー・ウェーブは，大学やキリスト教会からは蔑まれていた商人の世界で生みだされたのである．それは，ピサの商人レオナルド（別名フィボナッチ）がイスラム社会との交易のために習得したアラビア数学を13世紀にヨーロッパ社会に紹介したことに始まる（実際には，アラビア数学は12世紀にアル・フワーリズミーの数学書のラテン語への翻訳などがなされていたが，それは大学では広まらなかった）．0を含むインド－アラビア数字をもちいた10進位取り表記は0から9までの数を並べるだけでどんなに大きな数でも正確かつ自在に表すことができ，0も位取り表記も知らないローマ数字にたいして圧倒的に優れていた．のみならずアラビア数学は計算技術を重要視するものであり，当時のヨーロッパの大学や教会で使用されていた数学にくらべてはるかに実用的であった．かくしてフィボナッチの伝えた数学は，サクロボスコによる貧弱な紹介をのぞいて事実上それを無視してきた大学をしりめに，商人の世界には，商業数学としてゆっくりではあれ着実に浸透していった[45]．

13世紀には,ヨーロッパの商業は,商人が商品を携えて諸国を旅してまわるそれまでの遍歴商業から,商人が都市に定住し為替手形をもちいて遠隔地の代理人に支払いを依頼する定住商業へと移行していった.14世紀以降には,企業規模も拡大し,とくに北イタリアの諸都市ではヨーロッパ各地に支店網を有する共同経営組織 (compagnia) が広く作られるようになった.その結果,文書による取り引きが広がり,商品と資本の厳格な管理,通貨の両替や利益配分や利息の込み入った計算が必要になっていった.かくして新興階級としての都市商人にとって基本的な読み書きと計算の能力 (literacy and numeracy) は欠かせないものとなり,子弟に俗語の読み書きを教えるための手習い教室や初等数学・商業数学を教えるための算数教室が各地の都市に作られていった.それは,ラテン語教育とキリスト教思想の注入を主とする聖職者や支配エリート養成のためのそれまでの学校(文法学校)とは別の,教会の息のかからない学校であった.新興の都市市民が子弟の教育のヘゲモニーを教会から奪還し始めたのであり,ラテン語で護られていた大学アカデミズムや教会文化とは異なる,俗語で営まれる実際的で実用的な新しい文字文化が生まれたのである[46].

このような商人や職人の子弟のための教育機関は,当初は地中海貿易で栄えた北イタリアの諸都市で算数教室 (scuola d'abaco ないし bottega d'abaco) として作られていったが,やがてアルプス以北にも広がっていった.ドイツでは,ハンザ同盟を中心にして商業が発展した北海・バルト海沿岸の諸都市に習字教室 (Schribeschule) や算数教室 (Rechenschule) が作られたことが知られている.このような教室はまた,鉱山業の発展していた中央ヨーロッパにも作られている.それというのも,貨幣経済の発展とともに重要度を増していった鉱山業・冶金業・試金術も,職人や技術者の計算能力の向上を促していたのである.実際,ステヴィンの『十分の一法』の11年前に出版されたボヘミアの試金技術者ラザルス・エルカーの書には,「試金者は計算の経験を積み算術に精通していなければならない.というのもこれは,試金のほかに,貨幣鋳造や合金の溶離の仕事においても欠かすことはできず,マスターたるものに必要とされる資質だからである」と,はっきり記されている[47].

そしてこれらの算数教室での教育と広範囲の商業活動をとおして,インド-ア

ラビア数字を使用した 10 進表記にもとづく計算法が普及していった．そのことは当時の算数教室でもちいられた多くの教科書から読み取ることができる．実用的な計算術のノウハウを記したそれらの教科書は，15 世紀末以降は，印刷されたものもいくつも作られているから，商業数学の知識が広く求められていたことがわかる．

　しかしそれは，主要に商人や職人の世界の話であった．17 世紀になってさえ，イギリス人ジョン・ウォリスは，少年時代（1630 年代）を回顧して，算術は「学問としてではなく貿易商，商人，船員，大工，測量士といった人たち，そしてロンドンで暦をつくっている人間が用いる職人芸と考えられていた」と語っている．それゆえ算術は自分のことを商人風情より身分が上だと考えている人たちからは相変わらず軽蔑されていたのである[48]．算数教室の教科書は，大部分がそこの教師たち自身によって執筆されていたのであるが，これらの算術教師たち――イタリアの maestro d'abaco，ドイツの Rechenmeister ――も，社会的には職人や小商人とおなじ階層に属し，大学の教師とは截然と区別（差別）されていた．しかしこの算数教室の教師たちの努力によって，さまざまな計算手法が開発され，四則演算の方法も改良が加えられ，商業数学の黄金律と呼ばれた三数法（ある商品の a 量の価格が α であれば，b 量の価格はいくらかを求める方法）が開発されていったのである．方程式論もその延長線上にあった．

　その集大成が，1494 年にイタリア語で出版されたルカ・パチョーリの『算術・幾何・比および比例大全』である．同書は，当時おこなわれていた乗法や除法のさまざまな手法からヴェネツィアの商人のあいだで始まったといわれる複式簿記にいたるまでが詳述された商業数学のエンサイクロペディアという性格を有しているが，同時に，当時の最先端の問題であった方程式論にも記述が及んでいる．その後の算術教師タルターリアから技術者ボンベッリにいたるまでのイタリアにおける方程式論発展の源は，このパチョーリの書にあった．あるいはまた，南仏の商都リヨンで 1484 年に『数の科学における三部分』を書いたニコラ・シュケーは，そのことでもって「近代代数学の父」と呼ばれているが，しかし同書もまた基本的には商業数学の書であり，シュケーの主要な関心も商業数学にあった．16 世紀における方程式論と代数学の飛躍的発展は，大学アカデミズムの外で営

まれていたこの商業数学の延長線上に生まれたのである[49].

　数学史の書によれば「16世紀全体を通じて，理論数学者たちは専門家も素人も実際的な計算技術のほうに関心を示していたが，それは2000年前のプラトンが数論と計算術を区別していたこととはきわめて対照的であった」とある[50].この時代に理論数学の専門家がいたというのは，ちょっと首をひねるが，パチョーリやタルターリアやボンベッリにとって学的で理論的な数論と職人的・商人的な計算術というプラトン的区別が意味を失っていたことは事実であろう．

　ちなみに自然の数学的把握を主張した先駆者としては15世紀のニコラウス・クザーヌスが知られている．クザーヌスによれば「神は万物を数と重さと尺度にしたがって創造した」のであり，そして「私たちの精神による理解の範型は数である」とされる．実際にも彼は，病人の診断における脈拍や尿の量の測定を重視し，磁力の強度の定量的測定法を初めて語り，植物生理学の研究に重量測定を持ち込んだことで知られる．つまり計測自然学の可能性を語った先駆者であった．

　そのクザーヌスは，1450年の書『知恵に関する無学者の対話』で学問ある「弁論家」に抗して実践的な知を語る「無学者」の口を借りて，真の知は古代からの権威づけられてきた書物のなかよりも市場の喧騒と街頭の雑踏のなかにこそ見いだされると主張し，次のような会話を記している：

　　無学者　あなたはこの市場で何がおこなわれているのを見ていますか．
　　弁論家　あそこではお金が数えられており，別の一隅では賃金が計算されており，反対側では油やその他のものが量られております[51].

　少年時代に北ネーデルラントのハンザ都市デーフェンテルの学校で学んだクザーヌスの数学主義が，商品経済の発展に大きく影響を受けたものであることを，この一文は鮮明に示しているであろう[52].

VI. ステヴィン誕生までのネーデルラント

　そしてシモン・ステヴィンによる数学改革の源流もまた，この商業数学の伝統にあった．

当時，北イタリアの都市とならんで繁栄を誇っていたのが，現在のオランダとベルギーの大部分に相当するネーデルラント地方であった．とりわけ南部フランドルは，中世盛期には毛織物工業の中心地として北イタリアとならぶ西欧経済の中心地であった．

そのネーデルラントがスペインの支配下に入ったのはブルゴーニュ公シャルル（のちの神聖ローマ帝国皇帝カール五世）がカルロス一世としてスペイン王位についた1516年である（厳密にはスペインの王位は発狂した母フアナのもので，カルロスはその代行であったようだ）．カール五世が退位する1555年まで，ネーデルラントが単一の国家として存在していたわけではないが，かといってそこが「スペイン領」であったというのもかなり名目的なものであったようだ．実際にもネーデルラントは独自の議会を保有していた．のみならず「ネーデルラントはこの年まで……みずからの自由と，交易の交差点としてみずからの役割を謳歌しており，ドイツ，フランス，さらには遠くイギリスにまであらゆる門戸を開放していた」のであり，とくに南部は「都市化が高度に進み産業化され」，そして「政治的な安定性，金銭的な特権に恵まれていた」といわれる[53]．

シモン・ステヴィンの生地フランドルのブルッヘは，13世紀以降，イングランドの羊毛，ドイツの穀物，フランスおよびライン地方のワイン，そして北ヨーロッパやロシアからもたらされる木材・小麦・毛皮の集散地として栄え，14世紀にはヨーロッパにおけるもっとも重要な金融市場のひとつになっていた．しかし15世紀末にはブルッヘの繁栄は終りを告げ，商業の中心はアントウェルペン（アントワープ）に移動する．アントウェルペンはイングランドの毛織物や東洋からの商品の大陸への入り口でもあれば，南ドイツの銀と銅の集散地でもあり，カール五世の統治下で北ヨーロッパ随一の国際貿易港，そしてヨーロッパ最大の金融市場にのし上がっていった．「1500年から1580年にいたるまでのおよそ1世紀にわたり，この国際都市は既存世界の金融市場，物資と富のさまざまな交換全体を独占的に支配した．どの国民もこの市壁のなかに場内販売所をもち，ヨーロッパの重要な借款はすべてここで取引された」のである[54]．

中世末期以来，このように南ネーデルラントは商業の先進地帯であり，経済史的には「16世紀における資本主義の典型的な国」であった[55]．

そんなわけで，もちろん南ネーデルラントにおいても，すでに13世紀末には商人のための学校が作られていた[56]．実際，本文にもあるように（Ch. 8-2），残されている中世オランダ語文献にも，算術についての記述が多く見られる．そして16世紀には商業数学の教科書がいくつも印刷出版されている．1508年にはオランダ語で書かれた『整数および分数で，アルゴリズムの正しい技法に従って計算することを学ぶ方法』がブリュッセルで出版され，それは10年にはアントウェルペンで再版され，そして29年にはフランス語訳が出ている．1537年にはフラマン語で書かれた『算術のすばらしい技法についての驚くべき書物』がアントウェルペンで出版され，43年には再版されている．著者はファン・デン・フッケ，同書は＋（プラス）と－（マイナス）の記号を演算記号として使用した最初期の著書として知られている[57]．

1540年にはリューフェン（ルーヴァン）大学出身で天体観測や測量の機器の開発改良にも手を染めたフリースラントの地理学者ゲンマ・フリシウスによる『実用数学のやさしい方法』がアントウェルペンで出版されている．同書はラテン語で書かれてはいるものの，それまで文法学校や大学では軽視——事実上無視——されていた商業数学を含んでいた．そんなわけで，それまで数学教育がほとんど等閑に付されていた文法学校では，ゲンマの書の出現は「事件」であったとさえ伝えられている[58]．そして1543年にはアントウェルペンの商人インピンの手になるフラマン語の算術書『新しい手引き』が出版されているが，これには著者が青年時代に滞在したヴェネツィアで身につけた複式簿記の技法が記されている．1557年にはおくれていた北ネーデルラントにおいても，学校で使うための最初の算術書が俗語で出版されたといわれる[59]．

ネーデルラント経済史の書物によると，この時代，「ヨーロッパのどこを見渡しても，南ネーデルラントの教育水準や識字率の高さに及ぶところはない」とある[60]．それはひとえに，この地では商人の力が強く，商人が子弟の教育に熱心で，またそのための学校が発達していたからにほかならない．オランダ人数学史家ストルイクの言うように，16世紀前半のネーデルラントでは「数学学習に向けての主要な推進力は，ますますもって商業の直接的および間接的な必要性に由来していたのであり，そしてまた成長する都市の要請にもとづいていた」のであ

り，ここでも「算術教師（rekenmeester）がその間に及ぼした影響は過小評価できない」のである[61]．

かくしてネーデルラントは商業数学の先進国となってゆく．その後のことにも触れておこう．「初期には，疑いもなくイタリアがもっていた商業計算の分野における主導権は，その後の諸世紀の間にオランダに移った．オランダは，たんに市民的美徳とよばれるすべての美徳ばかりでなく，計算の正確性の面からも模範国となった」[62]．これはゾンバルトの書『ブルジョア―近代経済人の精神史―』からの引用であるが，同書には 18 世紀にベンジャミン・フランクリンが語ったという，仲間の未亡人であるオランダ生まれの女性が彼女の夫であったアメリカ人男性ならとても作れないような正確な決算書を送ってきたことに驚いたというエピソードが記されている．同様に，17 世紀末にはイングランドの一経済学者が，オランダでは男の子だけではなく女の子にも「算術と商業計算についての十分な知識」が教育されていることを，驚きをもって記録している[63]．

VII. ネーデルラントの独立革命

以上，ステヴィン誕生までのネーデルラント社会の発展を駆け足で見た．ステヴィンはその経済的発展のただなかで成長している．実際ステヴィンは，本書の本文にも述べられているように，青年時代にブルッヘ自由庄の財務局で働いていたとか，商業都市アントウェルペンで簿記や会計の仕事に携わっていたと伝えられている．もっとも，この頃のことについて，その詳細はわかっていない．ステヴィンの姿がはっきり捉えられるようになるのは 1581 年であり，この年，彼は北部ネーデルラントのホラント州ライデンに姿を現す．現在日本で「オランダ」と通称されている国家が呱呱の声をあげた時代である（「オランダ」は「ホラント」（Holland）を指すポルトガル語の発音に由来する）．

先にも言ったように，カール五世は 1555 年には退位を宣言してネーデルラントの統治権を，そして翌 56 年にはさらにスペインの王位を息子のフェリペ二世に譲渡した．以来，ネーデルラントはフェリペ二世の支配下に置かれるようになった．

戦争に明け暮れていたカール五世は，その戦費の多くを豊かなネーデルラント

に押しつけていた．しかしフランドルのガン（現ベルギー領ヘント）で生まれ，ブルゴーニュの精神文化のなかで育った彼は「生粋のネーデルラント人」[64]であり，地元貴族との協調を図り，課税承認権を有する州議会や全国議会の意向をそれなりに尊重する姿勢をみせていたので，経済的な繁栄もあり，その支配が破綻することなかった．ネーデルラントの人々がみずからの共同性と独自性を意識し始め自分たちの言語を「低地ドイツ語」（Nederduits）と呼ぶようになったのも，カール五世の時代であったといわれる[65]．

　ところが，カスティーリヤで生まれ育ったフェリペ二世は根っからのスペイン人であった．結果的にカール五世は，民族意識に目覚め始めたネーデルラントの人々を，その地に縁もゆかりもない支配者の手に委ねたことになった．実際，フェリペは，スペイン貴族を重んじる反面でネーデルラント貴族を蔑んでいた．そもそもフェリペにとってネーデルラントは本国の財政難を緩和するために住民から搾り取る植民地でしかなく，父カールが配慮していたネーデルラントの都市や貴族の特権を彼は意に介することなく侵害していった．しかも宗教改革にたいしてカトリック側が反撃に転じたその当時，軍事大国スペインは同時に教条的カトリック国家であり，フェリペはカトリシズムの守護神たることを自任し，プロテスタンティズム（カルヴァン主義）の影響がとりわけ商人や職人層に浸透していたネーデルラントにおいて厳しく異端審問を実行したのである．しかし本質的には，スペインにとってネーデルラントは経済的に大きな価値を有していたという事実である．

　1566年には穀物価格の高騰にたいする民衆の闘争，そしてスペインの強圧的な軍事支配と苛酷な新教徒弾圧に抗議する大衆運動が高揚し，それにたいしてフェリペは反乱鎮圧に1万余の軍隊を差し向けている．そのスペインの恐怖政治に抗してスペイン軍の撤収と宗教迫害の停止を求める1568年の下級貴族や都市の商人そしてカルヴァン主義者の反撃が，1648年のミュンスター条約締結にいたるまでの80年にわたる対スペイン独立戦争の発端であった．

　1579年には，ユトレヒト同盟が締結され，それはやがて北部七州（ホラント，ゼーラント，ユトレヒト，ヘルデルラント，オーフェルエイセル，グローニンゲン，フリースラント）に拡大し，ガンやアントウェルペンを加えて「ネーデルラ

ント連邦共和国」の原型が形成された．そして 1581 年に議会はフェリペの統治権の否認（「廃位布告」）を宣言したが，これがオランダの事実上の独立宣言といわれている．といってもその時点で統一政府のようなものがあったわけではなく，いまなお州の連合体にすぎなかった．なおその間，カトリックの影響の比較的強かった南部十州ではスペインの支配が維持されていたが，それがオランダとベルギーへの分裂の始まりであった．

その後も戦闘は続いたが，1588 年にスペイン無敵艦隊がイングランド海軍によって壊滅的な敗北を喫して以降，スペインは軍事的にも後退に向かう．もともとスペインの圧政にたいするネーデルラント反乱は，もちろん階級的対立を内包していたし，はじめから独立を統一的な目的としていたわけでもない．反乱の指導者で大貴族のオラニエ公ウィレム（ウィレム一世）はスペイン以外の国の君主を頭に戴いてスペインから分離する方向を模索していた．1581 年の「廃位布告」もそのためのものであった．しかし 1580 年代末には共和制国家としての独立を求める路線が明確化されていったようだ．そして 1596 年，スペインと対立していた英仏との三国同盟が締結されたが，それがネーデルラントの事実上の独立国としての国際的認知であった．

スペインの後退は軍事的な面だけではない．1595 年にヴェネツィアの大使は「アメリカ，すなわちインディアスから〔スペインに〕来る金銀は，すべてここネーデルラントで消費されている」と記している[66]．当時はまだネーデルラントとの戦争の最中であるが，スペインの大商人や貴族は新大陸で強奪した豊富な金銀を，ネーデルラントやジェノヴァやフランスの商人から商品を買いあげるのに費していたのであり，その結果，スペイン国内での自律的な工業発展はむしろ阻害されることになった．そのうえスペイン史の書には「蓄財や利殖をともなう行為や手職は'ユダヤ的'であると忌避され，労働に手を染めない地代収入での生活が名誉であると考える風潮が広まり，このことがスペインでの資本主義の発展を遅らせる一因となった」[67]とある．こういう見方がどの程度立証されるのかはよくわからないが，資本家階級の野心が富を新たな事業に投資するより金銭で貴族身分を手に入れるのにむけられていたことは事実のようだ[68]．そのうえ相次ぐ戦争で国家財政は疲弊し，フェリペは事実上破産状態であった．それにたい

して「〔16世紀に持続的な成長のはじまった〕オランダ経済は，80年におよぶスペインとの紛争の間は地味ながらも安定して成長していた」のである[69]．こうなると勝負の行方は見えている．1609年のスペインとネーデルラントのあいだで12年間の休戦協定が交わされたことは，スペインがネーデルラントの独立を事実上承認した——承認せざるをえなかった——ことを意味していた．そのことは，長いタイム・スパンで見れば，ヨーロッパの政治・経済・文化の中心が地中海世界（イタリア，スペイン）からアルプス以北（イングランド，ネーデルラント，フランス）に移動したことを表している．

　中央政府も持たずに強大なハプスブルク帝国と闘ったこのオランダ独立戦争は，ネーデルラント内部においては社会革命をともなっていた．もともとネーデルラントは経済においても文化においても南部に重心があった．しかし北部が反乱の拠点となり，南部が取り残される過程で，1570・80年代にはその経済と文化の担い手が北部に逃げだしていった．フランドルやブラバントから数万人もの住民が，とくにアントウェルペン陥落（1585年）以降，北部に移住していった．「この中には手工業職人や裕福な商人，印刷業者や出版業者，学校教師や大学教授，牧師や画家たちが含まれており，彼らのおかげで北部は短時間のうちに，文化的・知的な側面において大きな成長をとげることになった」．アントウェルペンの資本や人的資源だけではなく，国際貿易のノウハウや芸術・文化への造詣，はては言語や活力までもがアムステルダムに移行していったのである[70]．

　かくしてアントウェルペンにかわってアムステルダムが台頭し，やがてアムステルダムは「商品市場，海運の中心，資本市場という三重の意味でヨーロッパの中心」となり，繁栄を謳歌するにいたる[71]．開明的な商人や職人，そして知識人が北部に引き寄せられた背景には，もともと北ネーデルラントは遅れてキリスト教化し，教会制度の中心から遠くにあり，当時はスペインによる異端弾圧から取り残され，しかも貴族の力が比較的弱く，市民階級が強力な存在になっていたからであると考えられている．ストルイクの言うように，当時の北部ネーデルラントは「純粋の市民（burgher）の社会」であった[72]．

　こうして本国スペインにたいする反乱として始まったこのオランダ独立戦争は，最終的には商業ブルジョアジーの勝利に終わった．そもそもが「共和国成立

初期のアムステルダムの，そしてまたホラント州の事実上の支配階級であった都市貴族」自身が「商人的性格」を有していたことが認められている[73].「結局のところがっちり支配権を確立し，新たな社会秩序の受益者となったのは，貴族でも下層民でもなく，ブルジョアジーにほかならなかった」のである[74]. 200年後にフリードリヒ・シラーはオランダの独立を「世界史において十六世紀をもっとも輝かしい世紀となしたもっとも注目に値する国家的事件のひとつ」[75]と記している．このオランダの独立戦争を「市民革命」と見なしうるのかどうかという点には歴史家の間では議論もあるようだが[76]，アメリカ独立戦争やフランス革命に先行する最初の共和国であることは間違いない．そしてこの新生共和国は宗教にたいする寛容を国是としたが，それは当時にあっては画期的な，むしろ驚愕すべきことであった．

VIII. ステヴィンの数学

さて，経済と文化の重心の北上とともにフランドルからホラントに移動したステヴィンは，1583年に35歳でライデン大学に学生登録している．10代半ばで大学に進むのが通例であった当時としてはきわめて高齢である．ライデン大学は，1575年に前年の半年近くのスペイン軍による攻囲を耐えぬいたライデン市民の勇気と辛苦を称えて記念となるものを残したいというオラニエ公ウィレムの意向を受けて，市民の側から願いでたことで創設された大学であったと伝えられている[77]．このエピソードの真偽はともかく，ライデン大学は，ヨーロッパの他の諸大学とは異なり，カトリックの息がかかっていないだけではなく，中世スコラ学の影響もほとんど受けていない特異な大学であった．かくして18世紀になるとライデン大学はいち早くニュートンの自然哲学を教授した大学として，大陸における新科学普及の中心となってゆく．しかしもともとは新生国家の指導部を養成するために創られた大学であり「創設当初，数学と自然科学にはほとんど注意が払われていなかった」といわれる[78]．

実際ステヴィンは，この大学において，オラニエ公ウィレムの次子であり，1585年にオラニエ公が暗殺されたのちに共和国軍最高司令官となるマウリッツの知己を得たことをのぞいて，学問的に何かを学んだ形跡はない．そもそもステ

VIII. ステヴィンの数学　　　　　　　　　　　　　　　　　　　401

ヴィンの著述活動は学生登録以前に始まっている．その後も彼は，排水風車の改良や水理事業に能力を発揮し，共和国軍の軍事技術者，そしてマウリッツの技術顧問として生涯を終えることになる．アカデミズムの人では終生なかった．この点について本書は，一方では第2章でステヴィンが青年時代にフランス，ドイツ，スイスないしイタリアあたりの大学で学んだのではないかという推測を記しているが（Ch. 2-1），他方，英訳版でつけ加えた囲み 12.3 には「1581年以前には大学教育を受けていなかっただろう」とあり，ライデン大学で「学位をとったという証拠も存在しない」と記されている．後者の主張が正しいと思われる．

　現在知られているステヴィンの最初の著書は商人のために簿記を論じた1581年の『組合企業の計算に関する新発明』で[79]，2番目の著書が，大学に登録する前年に出版した『利子表』である．後者はそれまで金融業者のあいだで秘密にされていた複利の利息を明らかにしたものである．そしてまた先述の『十分の一法』と『算術』をステヴィンが上梓したのは，大学に登録した2年後である．『算術』の第一部は方程式論であるが，第二部は主要に商業数学にあてられ，『十分の一法』と『利子表』が再録されている．これらの事実は彼が大学登録以前に商業とりわけ経理ないし金融関係の仕事に携わっていたことを傍証している．

　のみならず，1608年にライデンで出版されたステヴィンの教科書『数学覚書』にも「イタリア式商業簿記」の章があり，複式簿記が詳述されている．しかもそれは，既存の簿記ノウハウの解説にはとどまらない．専門家によるならば，彼の書にはパチョーリの記述を越えて資本の「状態表」と「損益表」が記されているが，それらは近代の貸借対照表と損益計算書に相当すると考えられている[80]．マウリッツの数学の個人教師であったステヴィンがこれを書いたのは，軍や国家の財政管理への複式簿記の導入を進言するためであった．ステヴィンは実務に強い関心を有していたのであり，現実に「行政管理に役立てるために複記入技術を推奨して，商業会計組織と官庁会計を結合したのは学者のステヴィンである．アムステルダムやスウェーデン諸都市がこの提案を採用した」といわれる[81]．

　ステヴィンの生きた背景，ステヴィンの経歴，そしてステヴィンのこの関心を考慮するならば，彼の数学は，まさしくプラトン的数学の対極，すなわち商業数学から発展したものであったと忖度(そんたく)しうる．そのことは，本書の本文にもあるよ

うに（Ch. 7-4.1），ステヴィンの方程式論が当時の商業数学の奥義とされていた三数法に依拠したものであったことからも窺われるであろう．

とりわけステヴィンによる10進小数の提唱は，数概念の拡張という純粋数学理論の立場からのものというよりは，計算手法の改良とともに，そして主要には，それまで12進法や20進法が混在して不便きわまりなかった貨幣や度量衡の単位をすべて10進化することによって，商業活動や生産活動そのものを合理化・円滑化するというきわめて現実的な目的があった．実際にも彼は『十分の一法』の冒頭で「天文家，測量士，絨毯計測士，ワイン計量官，体積を量る専門家一般，造幣長官，そしてすべての商人に」と呼びかけているばかりか，同書の末尾にはそれぞれの職種と技術ごとに10進小数使用の具体的手法を記している．「定義」と「演習」の二つの部分からなっている同書は，数学者のための理論的な数学書ではなく，計量・計測に携わる商人や技術者のために書かれた実用書であった．科学史家ワイトマンの言うように，「青年時代にアカデミックな訓練をまったく受けていないで，おそらくは早くから商人の会計係としての'計算能力'を育んできたことによって，ステヴィンは，扱いにくい'分数'を10進小数で置き換えることの重要性を広く認めさせる最初の人間になった」[82]のである．

10進小数が定量的な測定を要する研究にとって実際に有用で重要なことは，この200年後に，定量的測定に日常的に携わっている化学者ラヴォアジェによってあらためて強調されることになる．

18世紀化学革命の立役者フランス人ラヴォアジェは，化学反応の前後で質量が保存することを主張し，化学研究における精密な質量測定の重要性を説いたことで知られる．そのラヴォアジェは主著『化学原論』において，当時使用されていた質量単位，リーブル，オンス（＝1/16リーブル），グロス（＝1/8オンス），グレイン（＝1/72グロス）にかえてリーブルの10進分割を提唱し，「この10進法計算に少しでも慣れれば，誰でもがあらゆる実験がそれによって単純かつ平易になることに驚かされるであろう」と記している．そして実際に2リーブル5オンス3グロス63グレーンすなわち $2+5/16+3/(16 \cdot 8)+63/(16 \cdot 8 \cdot 72)$ リーブルが2.3427734リーブルで表されるといった例をあげて，「このように10進法で表された生成物については，どのような換算や計算も簡単におこなうことがで

き，これまでのように必ずひとまずはグレーンに換えて，それから再びリーブル，オンス，グロスに換算し直すといったことはもはやする必要がない」[83]と，その利点を説明している．

　それにしてもこの『化学原論』の出版が1789年，そしてフランス国民議会が質量と長さの単位を10進法に基礎づけることを宣言したのが翌90年であることを考えれば，16世紀のステヴィンの先駆性が理解できるであろう．

　しかしステヴィンの数学が商業と技術のための「計算術」にその根を有するといっても，ギリシアの理論的な数学と無関係・没交渉に生みだされたということではけっしてない．むしろ16世紀における数学の発展は，ステヴィンのものも含め，実生活での数学の使用に習熟していた実務家（算術教師，技術者，建築家，画家）が，16世紀になって印刷出版され始めた古代ギリシアの厳密で学的な数学と出会うことによって生まれたと見るべきであろう．

　16世紀にイタリアにおいて，3次方程式や4次方程式の一般的な解法を編みだすにいたるまでの方程式論の飛躍的な発展が見られたことはよく知られている．それは，前述のように商業数学の発展に促されたものであるが，それだけではない．16世紀のイタリアにおける代数学の発展は，算術教師タルターリアに大きく負い，水理事業に従事していた技術者ボンベッリによってその頂点を迎えるが，タルターリアはアルキメデスやエウクレイデスに通暁していたことが知られている．そしてボンベッリの成果は彼がパチョーリ以来のイタリアの方程式論の伝統だけではなく，それにくわえて古代ディオファントスの著書を学ぶことによって達成されたのである．あるいは金工職人としての教育を受けた画家のデューラーは，1525年にまさに「大工の幾何学」を記述したものとして『定規とコンパスによる測定術教則』を上梓したが，しかし彼もエウクレイデスの『原論』を購入して独習していた．

　同様にステヴィンも，商業数学の出自ではあれ，エウクレイデスやアルキメデスやディオファントスといった古代の学者の書に精通していた．ステヴィンの『算術』は二部に分けられ，第二部では商業数学が論じられているが，第一部では，定義・演算・方程式という形で厳密な数学理論が展開され，さらにはディオファントスの書の翻訳が付されている．ステヴィンにとって，数学はあくまでも

実際的応用のためのものであったが,しかしそれと同時に,数学は個々の応用のせまい枠をはなれて理論的に語られるべきものであり,技術的応用のためであれ数学的理論それ自体の正確で原理的な理解は不可欠と考えられていたのである.

そのさいステヴィンは,『算術』を理論編の第一部と応用編の第二部に分けているように,厳密な数学理論とその応用をはっきりと区別している.この点では,のちにステヴィンが書いた『数学覚書』に含まれている「賢者の時代」の「理論と実践の結びつきについて」と題する節の記述が示唆的である.そこでステヴィンは,一方では理論の目的は実践にとっての基礎を提供することであると語りながらも,同時に「実践なき理論は役にたたないという何人かの人たちの主張についていうならば,この主張はもっと批判的に考察されなければならないと思われる」(PW, III, p.620) と記して,理論とその実際的応用の安易な統合を批判し退けている.

それというのも,数学理論は汎用的で,その技術的応用はきわめて多方面に及ぶものであり,それゆえ数学理論の教科書にいくつかの実際的応用を書き込んだとしても,その方面に直接関心を有していない読者は,必要のない事柄まで学ばされることになる.「しかし体系だった論証の連鎖としての理論だけが記載されているならば,それはすでに出版されているさまざまな実用書から好みに応じて選択する実践のどの部門であれ,それを知的に把握するための一般的な基礎として役だつことになる」(PW, III, p.622) からである.

つまり,厳密な数学理論を純粋に記述した古代の学者の書は,応用を意図して書かれたものではないにせよ,応用にとってのその有用性ゆえに実践家にも価値を持つのである.「たとえば,理論家であるエウクレイデスについていうと,彼が実践家であったということをわれわれは知らないが,しかし彼は実際の建築家や測量士やその他の実践家に大変に役だついくつもの定理を書き残している.理論家のプトレマイオスやその他の何人かの人たちは,自身では航海士ではなかったものの,実際の遠洋航海やその類の企画にさいして,彼ら理論家の書き残した規則を航海士たちが知ったときには彼らを師と仰ぐまでに役だついくつもの規則を残しているのである.それゆえこれらの理論家たちの諸理論は,たとえ彼ら自身が実践家でなくとも,実践家である他の人たちにとって有用であるかぎりで,

無用なわけではない」(*PW*, III, p.620). 大工の実践幾何学と幾何学者の理論幾何学を峻別したアリストテレスと異なり，ステヴィンは，理論幾何学を大工の幾何学にとっても有用であるがゆえに評価するのであった.

したがってステヴィンとっては，数学が現実的自然に適用可能なことは一点の疑いもないことであった．それは，ステヴィンが実務家の出であったことだけではなく，そもそもがアリストテレス主義の影響をほとんど受けていないことにもよるであろう．というのも，実はこの点は，スコラ学の影響下にあった大学の知識人のあいだでは，近代に数学的自然学が生まれるときに厳しい議論の的になった問題であったからである.

ステヴィンの死後，ガリレオは1632年の『天文対話』で，地球の回転と地上物体の運動についての幾何学的な論証の後に，新科学を拒否する頑固アリストテレス主義者シムプリチオの口から，球と平面は一点で接するという命題は数学的命題としては正しくとも現実の物質でできた球と平面については成り立たないが，それとまったく同様に，幾何学的に真であるからといって自然学的に真である保証はないという批判をあえて語らせている．それは数学的真理と自然学的真理を区別し，前者の後者への適用に否定的なアリストテレスの二元論にもとづく批判である．これにたいしてガリレオは，現実の物質的な球や平面が広がりをもつ面で接するという事実はもちろん認めるが，しかしそれはそこでいう球や平面が不完全であるからにすぎず，現実の物質であれ，それらが完全に作られていれば幾何学で証明されるとおりの振る舞いをするはずである，と反論している．

　　具体的に生じることはおなじ仕方で抽象的にも生じるのです．そして抽象的な数でなされた計算と運算とが金貨や銀貨，また売買に具体的に合致しないということなれば，これはまったく新奇な事実でしょう．ところでシムプリチオ君，これがどういうことだかおわかりですか．もし計算家が砂糖や絹や羊毛について計算を合わせようと思えば，箱や大包みや他の梱の重さを差し引かねばなりませんが，それとおなじように，幾何学的哲学者が抽象的に証明された結果を具体的に認識しようとすれば，物質の障害をとり除かねばなりません．このことがなされうるならば，ことがらは算術計算とまったく

おなじように生じると断言します．……ですからもし君が，たとえ物質的であっても完全な球と完全な平面をうれば，それが一点で接することに疑いはありません[84]．

ガリレオは商人の計算術と学としての数学を区別しない．それゆえガリレオは数学の自然学への適用を正当と見ているが，この一文は，そのことにたいする根強い批判がくすぶっていたことを示している．しかしすでにその 30 年ほど以前に，ステヴィンは先の「理論と実践の結びつきについて」において，次のように記し，ガリレオのこの議論を先取りしていたのである：

理論は，たとえば自然の物体と無関係に量や数についての仮説によって操作する理論家エウクレイデスのものがそうであるように，自然の物体をともなわない架空の操作である．実践は，土地や城壁の測量のように，そこに含まれているロッドやフィートの数を数えるものであって，本質的に自然の物質によっておこなわれる操作である．理論的な諸命題の結論は完全であるが，実践的な諸命題の結論は不完全である．したがって，たとえば数学的な三角形の底辺と高さの積の半分は，その〔三角形で囲まれた〕平面の面積を過不足なく完全に正確に与える．しかし地上や滑らかな物質面上の現実の三角形が測定されたときには，その結論は不正確である．というのも，第一にわれわれは，どの長さであれ，毛髪の幅の千分の一も違わないほど正確に測定することは適わないからであり，またかりにそれが正確であったとしても，そのことは証明できないからである．第二に，いかなる自然の線も自然の平面も，数学の定義が要求しているほどに真っ直ぐや真っ平らではありえないし，またかりにそうだとしてもそのことは証明できないからである．**理論の特性や目的は，実際的な操作の方法にたいする確かな基礎をそれが提供することにある．実際的な操作では，より精密により注意深くおこなわれたならば，それに応じて，理論のもつ完全さに人の利用にとって必要とされるだけ近づくことができるのである**（*PW*, Ⅲ, p.618；強調山本）．

Ⅷ． ステヴィンの数学

　このステヴィンの書から 80 年後，1687 年に出版された近代数理物理学の金字塔たるアイザック・ニュートンの『自然哲学の数学的諸原理』（通称『プリンキピア』）初版の「序文」冒頭に，このステヴィンとガリレオの見解の明確な追認を見いだすことができる：

　　古代の人々は力学を二通りに考えました．証明によって厳密に進める理論的な力学と実用的な力学です．あらゆる手工芸は実用的な力学にかかわり，機械学の名はそのことに由来します．しかし職人たちの仕事が完全に精確というわけではないために，完全に精確なものはすべて幾何学のもので，精確さに劣るものはすべて機械学のものと割り振られるまでに幾何学と機械学が峻別されるようになりました．けれども誤差はその学芸〔機械学〕のものではなく，職人たちのものです．低い精度の仕事をする者は不完全な機械師です．もしまったく精確に仕事ができるなら，その職人は完璧な機械師と申せましょう．なぜかと申しますと，幾何学が依拠するところの直線や円を描くということは機械学に属することだからです．幾何学はそれらの線を描くことを教えるものではなく，それらの線が描かれるということを要請するものです．幾何学はそれを学習するものがその敷居をまたぐに先立って直線や円を正確に描くことが教えられてあることを求め，その上で，そういった操作によってどのように問題が解かれるかを告げるものだからです．……ですから幾何学は機械学の実践に基礎づけられているのであり，力学全般のなかで測定の技術を精確に提示し証明するところの分科以外のなにものでもありません[85]．

　17 世紀にガリレオ，そしてニュートンによってこのように力強く明確に表明されることになる，自然にたいする厳密な数学の適用可能性の確信，ひいては「数学的自然科学」という思想は，少なくともそのひとつのそして強力で豊かな水源を，ステヴィンに有しているのである．いまひとつの水源はニコラウス・クザーヌスにあると思われるが，その点について今は触れない．ただ，1911 年のカッシーラーの大著『近代の科学と哲学における認識問題』第一巻が，クザーヌ

スから書き起こされ，かつクザーヌスに多くのページがあてられているのにたいして，ステヴィンにはほとんど触れていないのは率直にいって公平を失するとだけ指摘しておこう．20世紀のはじめには，ステヴィンの知名度がそれほど低かったということであろうか．

ともあれ，このようにステヴィンの数学こそは，厳密にしてなおかつ実用に供される数学という近代の数学への第一歩を記したものであった．そのことをさらに立ち入って見るために，彼の力学に目を転じることにしよう．

IX. ステヴィンの力学書の記述

ステヴィンは，本来的には技術者であり，その立場から数学の技術的応用に強い関心を有していた．そのことは，ステヴィンの力学書の書き方によく見てとることができる．

力学についてのステヴィンの主著は，本文にあるように『計量法原論』，『計量の実践』，『水の重量についての原論』，『水の重量についての実践の初歩』の四巻よりなる静力学・流体静力学の書で，これらはすべて1586年の1年間に出版されている．ニュートンの『プリンキピア』出版に1世紀先んじるこの年は，ステヴィンの「驚異の年」(annus mirabilis)である．

何よりも特徴的なことは，彼の『算術』が「理論」と「応用」の二部構成になっていたのと同様に，静力学の原理論である『計量法原論』にもその具体的応用ないし実証を明らかにする『計量の実践』が，流体静力学の原理論である『水の重量についての原論』にもその実践の書（これは事実上未完）が付随していることである．

その『計量の実践』の冒頭は，次の興味深い献辞で始まっている：

　　最終的にそのうえになんらかの建物を建てるという意図もなしに，重い建造物を支えうるような大きくて強固な土台を築いても無意味なのとまったく同様に，技術の理論を作ったところで，その目的が実践になければ，無駄骨折りでありましょう．土台が建物に先行するように理論が実践に先行するのはものの自然な順序であり，そんなわけで私は先に『計量法原論』を著しま

したが，その後に『計量の実践』の執筆に向かうのはしかるべきことと考えております (PW, I, p.292).

　この一文は，彼の力学が理論のための理論ではなく，現実の技術的応用のためのものであったことを端的に表している．実際にもステヴィンは，本文にあるように，風車の出力を力学理論にのっとって計算している．そればかりか「このようにして私の計画を実行するための将来の協力者を得ることができると私は期待しています」とあるから，その目的がきわめて具体的・現実的なものであったと推量される．事実この時，つまり 1586 年，ステヴィンは排水風車の特許が認可され，そのほかにもいくつかの特許の申請中で，水理工事に乗りだそうとしていたのである．

　つぎのことを付け加えておこう．ネーデルラントの大地が長年にわたる水との闘いによって造成されてきたことはよく知られている．そしてオランダの生んだ歴史学者ホイジンハは「風車なくしてホラント〔オランダ〕はポルダー〔干拓地〕の国たりえなかったのみならず，古い手工業と大部分の産業の動力もまた得られなかったであろう」[86]と記している．それゆえこの国ではまた「土地をつくり出す——干拓する——ために水を汲み上げる必要があった結果，風車が発明され，工学が繁栄した．こうして多くの点でオランダは '木製機械時代の中心' となった」[87]のである．そしてステヴィンは当時，オランダ語で執筆し，技術書のためのオランダ語をいくつも造りだしたことで知られているが，その点について彼は技術用語を「大工や石工や金属工などから学んだ」(OM, II, p.126) と記している．ステヴィンは技術の現場に立ち会っていたのである．

　しかしステヴィンの手になるこれらの力学書は，単なる機械製作のための手引きや使用のための便覧ではない．それどころか，むしろ厳密な論理に裏打ちされた理論的な書物である．その意味でステヴィンにとって静力学は，算術や幾何学と同様に厳密な学であると同時に，算術や幾何学とは区別された学としての「自由で特異な数学的科学」(een besonder vrie Wisconst, une science liberale particuliere de Mathematique) なのであった (PW, I, p.514., OM, II, p.502).

　ステヴィンによる静力学のそのような性格規定は，その記述の様式にも認めら

図1

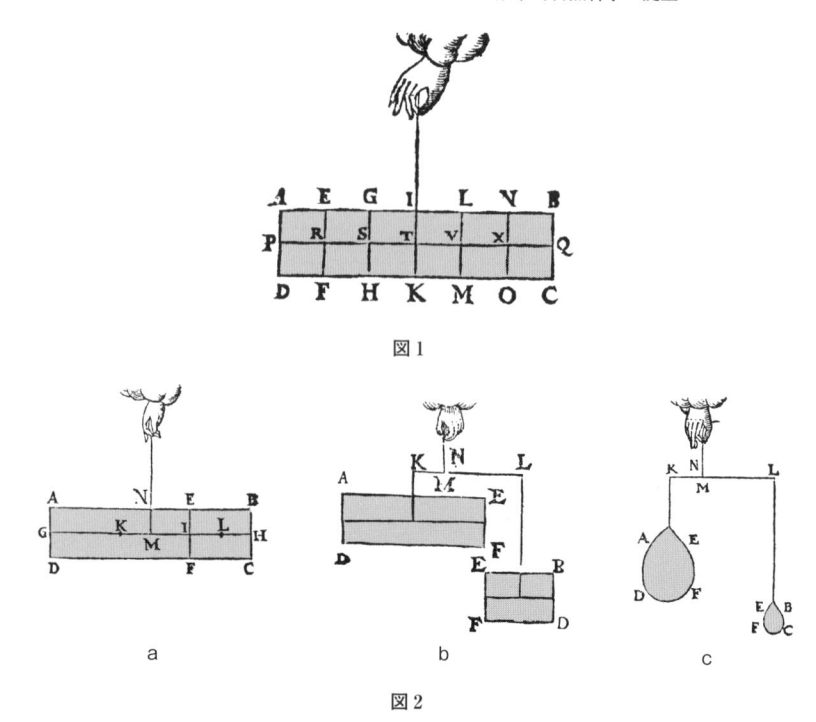

図2

れている.『計量法原論』は,エウクレイデス『原論』のような数学書のスタイルで,その第一部は14個の「定義」(Bepaling)と5個の「公理」(Begherte)が記され,第二部ではそれにもとづき,いくつもの「定理」(Vertooch)を導き出すという構成になっている.そのさい定理は単純なものから複雑なものへと順に配列されている.

最初の定理は,梃子のつり合いの条件,つまりつり合いでは腕の長さが重量に反比例するという命題を証明するもので,その議論をステヴィンは「例1」,「例2」,…として複数個記している.ここで「例」の原語は 'Voorbeelt' で,現代オランダ語では 'Voorbeeld' にあたると考えられるが,それは「例証」や「証明」の意味にも使われているようである.ステヴィンの記述法の特色を知るために,その議論の一端を整理し少々読みやすくして記しておこう.

図1および図2aのように中央で吊るした均質で太さ一様の柱ABCDを考える.この場合,左右対称ゆえ重心が中央にあるということも,中央で支えればど

ちらにも傾かずにつり合うということも，ともにアルキメデス以来認められていることで，それはこの第一部の公理に含まれている．

「例1」では，図1のようにこの柱を6等分する縦線 EF, GH, …を引き，二つの部分 LMDA と LMCB に分けて考える．重量比は2:1．他方，それぞれの重心はSとXで，支点Iに吊るした糸からそれぞれの重心SとXまでの垂直距離の比 TS:TX は1:2．「したがって，重い重量 LMDA の軽い重量 LMCB にたいする比は，長い腕 TX の短い腕 TS にたいする比に等しい」．あきらかに特定のケースにたいする「例証」である．

実際，ステヴィン自身この後に「しかしこのことがたまたまそうなったのだと受け取られないように，以下のように数学的な証明を与えることにしよう」と記して，引き続き「例2」を与えている．

「例2」では中央で吊るした柱 ABCD を，図2a のように任意にとった EF の位置で分けて考える．一方の AEFD（重さ W_A）の中心（重心）を K，他方の BEFC（重さ W_B）の中心（重心）をLとすれば，それぞれはKとLで吊るせば対称性よりつり合うから，図2bのように柱を EF で切り離し，それぞれを重さの無視できる軽い棒 KNL のK端とL端に吊るしてNで支えてもつり合うであろうし，さらには，その切り離された柱のそれぞれを図2cのように重さ W_A と W_B の錘で置き換えてもつり合いに変化はないであろう．

いま，図2aで $\overline{AE}=a$, $\overline{BE}=b$ とすれば，$W_A:W_B=a:b$, かつ

$$\overline{MK}=\overline{AB}/2-\overline{AE}/2=b/2, \quad \overline{ML}=\overline{AB}/2-\overline{EB}/2=a/2.$$

こうしてここでも「重い重量 EFDA の軽い重量 EFCB にたいする比は，長い腕 ML の短い腕 MK にたいする比に等しい」と結論づけられている（PW, I, p. 118, OM, II, p.437）．なお，この「例2」の証明は基本的にはアルキメデスのものであるが，無理数も有理数も区別せず連続的な数（実数）として扱うステヴィンは，アルキメデスがしたように腕の長さの比が通約性の場合と非通約性の場合で区別して論ずるようなことはしない．そしてステヴィンはこの後に，「例3」で柱が一様でない場合に進んでいる．

全体の構成がきわめて数学的，つまり公理論的で演繹的であるにもかかわら

ず，個別のテーマについては具体的なケースから一般論へと進む，教育的で経験主義的な記述方法が採られている．この点についてはステヴィン自身が，この『計量法原論』ののちに書き加えた『計量法の補遺』でその意図を語っている．興味深いところであるから，少し長いが引用しておこう．

　　学者たちは数学的な証明と実際的な証明を区別している．そのことはそれなりの理由がある．というのも，前者はすべてのケースに適用され，そしてまたその根拠を完全に明らかにするのにたいして，後者は与えられた特定のケースにのみ当てはまり，なぜそのようになるのかの根拠を明らかにしないからである．たとえば直角三角形の最大の辺の平方が他の二辺の平方の和に等しいことを証明するために，ある人は最短の辺が3フィートで，第二の辺が4フィート，第三の辺が5フィートの三角形を取りあげる．これが直角三角形であることはわかる．これをもちいてその人は，最長の辺の平方25が，他の二辺の平方の和，つまり16と9の和に等しいことを示す．しかしこれは考察しているケースについての証明であるにすぎず，そこからは，すべての直角三角形についてそうでなければならないということは導き出せない．またそのやり方では，なぜそうなるのかの根拠もわからない．そしてこれは実際的なやり方でなされるので，それは実際的証明と称される．しかしながらエウクレイデスが〔『原論』の〕第一巻の命題47で与えたその証明は，すべてのケースに適用され，かつ，なぜそうなりそれ以外ではありえないのかの理由を，基本原理をもちいて明らかにしている．かかる証明はその確実さゆえに「数学的」と呼ばれ，上記の理由により，数学者が数をもちいた実際的な証明に優先させるものである．……
　　重量が数とポンドのような既知の重さで指定されている『計量法原論』の第一巻や流体力学のいくつかの証明について，それらが数学的ではなく実際的な証明だというのであれば，命題の内容が数と既知の重さで示されている第一巻の最初の命題の例1には数学的に証明された例2がともなっているように，数学的な証明が併記されていることを知るべきである．他のところでもそうである．このようにして，数学的な証明にたいしては，それをより理

解しやすくするために時には実際的な証明が付け加えられているのである（*PW*, I, p.516f., *OM*, II, p.502f.）.

ステヴィンはギリシア以来の演繹的・論証的方法と職人や商人の経験主義的方法の合流する地点に新しい科学を位置づけた．つまりステヴィンは「大工の実践的幾何学」とエウクレイデスの理論的幾何学を結びつけ，そのことによって数学的自然科学を——ガリレオに先んじて——提唱したのであった．

X. ステヴィンにおける経験と実験

ステヴィンのこの方法は，その後の力学の発展に大きな力となった．

ボホナーの数学史には，ステヴィンについて「はっきりと'近代的'物理学者と言える最初の人物．主として静力学だけを研究しているのだが，中世の自然学者とはどこか非常に異なっている感じである」と記されている[88]．「中世の自然学者とはどこか非常に異なっている感じである」は，おそらくスコラ学とアリストテレス主義の影響がステヴィンにはほとんど見られないことにあるだろう．ステヴィンの書には中世自然学ではおなじみの「形相・質料」といった用語や「自然運動」と「強制運動」の区別などはまったく出てこない．この点は，しばしば比較されるガリレオの初期の著作とも大きく異なっている．ステヴィンの学問的系譜を辿れば一足飛びにアルキメデスにまで遡るのである．しかしそれと同時に，ステヴィンが動力技術にかかわる技術者であったことにより，彼の力学はそのアルキメデスをもはっきり越えている．静力学を数学として扱ったアルキメデスを越えて，ステヴィンは静力学を初めて物理学として論じたのである．

ステヴィンの力学上の功績のひとつは，それまで信じられていた，重いものほど速く落下する——物体の落下時間はその重量に反比例する——というアリストテレスの運動理論ドグマを実際の実験で否定したことにある．

『計量法の補遺』には次のように記されている：

　　アリストテレスに反する経験は次のようなものである．（自然の秘密のあくなき探究者である学識に富んだヨハン・コルネッツ・デ・グロートと私自

身でかつておこなったのであるが)一方が他方より10倍大きくそれゆえ10倍重い2個の鉛の球をとり,一枚の板ないしよく響く音を発する何らかの物体の上に30フィートの高さから同時に落下させる.そうするならば,軽い方が重い方より落下に10倍の時間を要するということは見られず,それらは一緒に落ち,そのためそれらが発する音が1回のドスンという音のように聞こえる.おなじ現象は,その重さが10倍の比にある2個のおなじ大きさの物体においても実際に生じることが見いだされる.それゆえアリストテレスの命題は正しくない(*PW*, I, p.510f., *OM*, II, p.501f.).

　文中の「経験(ervaring)」は事実上「実験」と解しうる.そしてこの実験はガリレオがピサでおこなったとしばしば語られてきたが[89],その証拠はない.かりに実際になされていたとしても,ガリレオがピサにいたのは1589〜92年であり,ステヴィンとデ・グロートの実験はそれより少なくとも3年は早い.そしてこれは,知られているかぎりで,アリストテレスの運動理論にたいする最初の実験的反証である.

　ステヴィンたちがこの実験をおこなったのは,エノー(ベルギー南西部)のジャン・タズニエの1561年の著書に,物体は重量によらずおなじ時間で落下すると記されていたのを読んだからである.実はそのタズニエの指摘は,ヴェネツィア生まれのジョヴァンニ・バッティスタ・ベネデッティの1554年の書の剽窃と考えられている.ベネデッティの議論は,次のようなものである.同一物体は同一の速度で落下するから,5個の同一物体をおなじ高さから落とせば,それらは当然水平にならんで落下するであろう.そのうちの4個を軽い糸で結びつけたとすると4倍の重さの1個の物体になるが,それが残りの1個とならんで落下するのであるから,結局ある重さの物体とその4倍の重さの物体はおなじ時間で落下することになる.巧妙な思考実験である.もちろんこの議論は図まで含めてそっくりそのままタズニエの書に再現されている[90].

　このベネデッティの「思考実験」からステヴィンの「現物実験」までの距離は,現代の私たちの目にはほとんど無限小にみえる.しかしこの時代では,そこには大きな懸隔があった.

近代以前には，疑うことのできない第一原理ないし事物の不変の本質（自然本性）から間違うことのない厳密な論証で導きだされた結論こそが客観的な真理を与え，他方，観察から得られる知識は，不安定で個人差のある感覚にもとづくものゆえ主観的で私たちを誤りに導きかねないものと見なされていた．「理性が基準であって感覚は正確ではない」という古代ギリシアのパルメニデスの言説は，この時代にいたるまでのヨーロッパ哲学を貫いている．いやそれは「たとえ経験がわれわれに反対のことを示すように思われても，われわれはかかる感覚よりも理性により多くの信頼を置くべきであろう」と言った17世紀のデカルトにいたるまで受け継がれている[91]．

それゆえステヴィンの時代には，実験は錬金術師や魔術師や理論的訓練を欠いた職人たちがおこなう闇雲な試行錯誤と見なされ，合理的な科学の方法としては認められていなかった．13世紀にマイケル・スコットやペトロス・ペレグリヌスが磁石についての実験をしたことが知られているが，それらは例外的な事例であった．また時にロジャー・ベーコンが実験科学の先駆者のように語られているが，ベーコンの言う 'experimentum' はどちらかというと「経験」の意味に近いようである．「実験的知識が科学である，ないし自然学の一部であるというような主張は馬鹿馬鹿しいことである．……自然学はそれ自身でもそのすべての部分においても思弁的科学である」[92]と断言したのは15世紀のサルディニアの一司教である．そんなわけで現代の科学史書にも「ルネサンス期以前には哲学者たちは自然現象の理解にたいする実験的観察の妥当性を否定していた」し，「17世紀以前には……実験は科学に含まれていなかった」と記されている[93]．

もっともクロンビーは『中世から近代への科学史』において，中世における実験科学の伝統を記している．しかしクーンの書によると「古代や中世の伝統のなかにあっては，検討してみると，実は多くの実験が '思考実験' であったことが判明する」[94]とある．思考実験はスコラ学にとって異質のものではなかったのだ．それどころか，不確かな感覚にもとづく現物実験よりも正確な論証にもとづく思考実験の方が信頼性が高いとさえ見なされていたようだ．

13世紀中期以降，西欧の大学において講じられていたのは，自然学は基本的にアリストテレスのものであり，天文学はアリストテレスとプトレマイオスの地

球中心説であった．しかし誤解のないように断っておくと，それらがかならずしも無批判に墨守されていたというわけではない．実際，アリストテレスの運動理論や不動の地球という定説にたいする批判はそれなりに語られてはいた．たとえば14世紀のパリのニコール・オレームは地球の運動の可能性に論及している．ただしかし，それらはいずれも事実に即してのものではなく「想像にのっとって」(secundum imaginationem) のものであり，そのさいいくつかの競合する理論の真偽を実際の実験によって判定するという姿勢は見られない．そして最後には，信仰上の理由で地球の運動を否定している．オレームはまた等加速度運動についての精緻な数学理論を展開しているが，しかしここでも実際の測定でその理論を検証するという発想はない．つまるところそれらの批判や論証は，知的なエクササイズでしかなかったのである．もともと中世の大学を支配していたスコラ学の論証は，ある命題にたいしてつねにそれを否定する論拠と肯定する論拠を挙げ，そのうえで論者がいずれの立場を採るかという形で進められていた．そのさいの否定や肯定の立論は，いってみれば一種の思考実験ないし想像実験のようなものであった[95]．

とするならば，飛躍は，アリストテレスの運動理論を批判したベネデッティと中世スコラ学者のあいだにではなく，むしろ思考実験を語ったベネデッティとそれを現物実験で確かめたステヴィンのあいだにこそあったと考えることができる．

しかしだからといって，ステヴィンが没論理的な経験主義者であったというわけではない．現物実験はあくまでも仮説としてのベネデッティの思考実験を補完して検証するためであったことを忘れてはならない．

ステヴィンの力学上の最大の功績のひとつは，斜面上の物体の実効重量（姿勢重量），つまり斜面上の物体をつり合わせるために斜面に沿った方向に加えなければならない力が重力の斜面成分に等しいこと（現代的に表現すると，物体の重量をW，斜面の傾きをθとして，姿勢重量$=W\sin\theta$）を証明し，ひいては平行四辺形による力の分解・合成への道を開いたことにある．

実効重量についてのこの結果は，実は中世のヨルダヌス・ネモラリウス，そして16世紀のタルターリアによって示されていたが，その証明はアリストテレス以来の仮想変位の原理にもとづくものであり，その根拠はいまひとつ不分明であ

った. 他方で, ステヴィンの静力学は基本的にアルキメデスを踏襲するものであったが, しかしアルキメデス自身は, この斜面の問題を扱ってはいない. というのも梃子の問題についてのアルキメデスの議論は対称性という純粋に幾何学的な議論のみに依拠しているが, しかし斜面の問題は, 幾何学だけでは解けなかったのである. その点でステヴィンはアルキメデスを越えることになる.

ステヴィンの静力学を詳しく論じたマッハの『力学史』には,「斜面の問題に関するステヴィンの解決はまったく独創的である」と評されている. ピエール・デュエムは, 近代物理学がスコラ学に前史を持つことを文献考証で明らかにし, 中世と近代の連続性を強く主張してきたことで知られる. 実際デュエムはその著書『静力学の歴史』で近代力学の創始者の多くを「剽窃者」と呼び「ガリレオが近代力学の創始者だと見る見解は, 捏造された伝説にすぎない」とまで決めつけている. そのデュエムでさえ, ステヴィンについては斜面の問題において「きわめて独創的な方法で」正解に到達したと絶賛している. この問題についてのステヴィンの独創性にたいする高い評価は, ルネ・デュガスの『力学史』を含めて, これまでの力学史の著者たちのあいだでは衆目の一致するところである[96].

実際, この斜面上の物体の実効重量についてのステヴィンの議論は, 一方では普遍的と思念される経験知を公理的原理に設定し, 他方ではたくみに考案された思考実験にもとづいてきわめて一般的な命題を導きだすという, 物理学史上でも数少ない巧妙な推論の例となっている. それは19世紀にカルノーが熱力学におけるカルノーの定理を論証した議論や, 20世紀のアインシュタインが時空の変換公式を導きだした推論にも匹敵する.

本書では囲み6.1の図6.9にその証明の前半部分の原著該当ページのフォト・コピーが掲げられているが, ステヴィンの議論は, 概略次のようなものである. 図6.9のように同一の小球を等間隔につないだ数珠（14個の球の輪）を作り, これを水平な三角柱に架ける. 問題はこの斜面上のある物体の実効重量（姿勢重量）を求めることであるが, そのためにステヴィンは, 斜面AB上の球P, Q, R, DとBC上の球E, Fがかりにつり合っていないとすると, 数珠はどちらかに動き出すが, それは不条理だという論法で, 数珠のつり合いを導く:

かりに4個の球D, R, Q, Pの姿勢重量が2個の球E, Fの姿勢重量に等しくなく，どちらか一方が他方より重い，つまりD, R, Q, Pの方が重いとする．しかし球O, N, M, Lは球G, H, I, Kとおなじ重さであるから，8個の球D, R, Q, P, O, N, M, Lは6個の球E, F, G, H, I, Kよりその姿勢において重いことになる．しかるに，より重い方はつねにより軽い方に打ち勝つから，その8個の球は下降し，6個の球は上昇するであろう．そうだとして，Dが現在Oのある位置に下がったとすれば，E, F, G, Hが現在P, Q, R, Dのある位置に，I, Kが現在E, Fのある位置に来るであろう．しかしそうなっても小球の輪は以前とおなじ状態にあり，そのため左側の8個の球の姿勢重量はやはり右側の6個の球の姿勢重量より大きく，その結果ふたたび8個の球は下降し6個の球は上昇する．この一方の側の下降と他方の側の上昇は，その原因がつねに同一であるからいつまでも続き，球は自発的に永久運動をおこなうことになるが，それは不条理である (*PW*, I, p.176f., *OM*, II, p.448)．

こうしてステヴィンはD, R, Q, Pの4個とE, Fの2個の姿勢重量が等しいから，「Eの姿勢重量はDの姿勢重量の2倍であり，したがって辺AB (2) の辺BC (1) にたいする比は，球Eの姿勢重量の球Dの姿勢重量にたいする比に等しい」と結論づける．もう少し一般的に言うと，斜面上の小球の数は斜面の長さに比例しているから，鉛直に吊るしたときの重量はAB上にある小球の和がW, CB上の小球の和がwとして，$W:w=\overline{AB}:\overline{CB}$. 今，辺BCを鉛直にとり，∠BAC=$\theta$とすれば，この式は$W(\overline{CB}/\overline{AB})=W\sin\theta=w$を表しているが，このとき斜面上ではこれがつり合うのであるから，結局，傾きθの斜面上に置かれた重量Wの物体の実効重量（姿勢重量）は$W\sin\theta$で与えられる．

ここで，「自発的に永久運動をおこなうことになるが，それは不条理である」(seluen een eeuwich roersel maken, t'welke valsch is) と書かれてはいるが，単にいつまでも動き続けるという意味の「永久運動」それ自体は，摩擦も空気抵抗もなければ理論的には可能である．この場合の「不条理」は，むしろ全体の配置に変化がないにもかかわらず静止していた球の輪が「自発的に動きだす」こと，

そしてその後も「加速」され続けることにある．この点では，マッハの書も含めて曖昧に書かれているものが多いが，デイクステルホイスの「ステヴィンはこの'小球の輪'の証明を永久運動（すなわち無からのエネルギーの創出）の不可能性に根拠づけた」[97]という表現，そして本書の囲み6.1の末尾のコメントにおけるエネルギー保存則への言及は正確である．結局ステヴィンの主張は，現代物理学の用語に翻訳すれば，重力の位置エネルギーに変化がない（重心の位置が変わらない）にもかかわらず静止物体が動きだし運動エネルギーが増加するようなことはありえないというもので，暗々裏に地表近くの重力場中でのエネルギー保存則を前提としていることになる．その意味でマックス・プランクがエネルギー保存原理の先駆者にステヴィンをあげているのは正当であろう[98]．

流体力学においても，ステヴィンはまったくおなじ意味で「永久運動の不条理」を語っている．彼の『水の重量についての原論』冒頭の「定理1・命題1」では水中で任意の水の塊が静止し続けることについて，次のように証明している．水中の一部の水塊がかりにそこにとどまることができずに下降したとするならば，もとの位置に別の水塊が入り込むが，状況は以前と同様ゆえ，その水塊も下降することになる．「このようにしてこの水は永久運動をおこなうことになるが，それは不条理である」(PW, I, p.400, OM, II, p.485)．

ところでマッハは，ステヴィンの議論を「閉じた鎖は運動しないという仮定には，まったくの本能的な認識しか含まれていない．この種の運動に類似な事項はこれまで観察したことも見たこともない，そんなことは生じない，と彼は感じ，われわれもまたそのことを感得する」と表現している．ここに「本能的」という言葉遣いはマッハに固有のもので，その意味は「本能的認識もやはり経験的認識なのであり」，「経験の中でも，本能的経験，すなわちまったく個人的なかかわりなしに，単に人間に押し迫る事実の重みと累積によって成立する経験，が特別の位置を占める」というような表現から推量できるであろう．つまりそれは人類に蓄積された普遍的経験にもとづく認識を指している[99]．

しかし永久運動が原理的に不可能だという認識は，16世紀の時点ではかならずしも疑いえないものとして一般に認められていたわけではない．マッハ自身，中世には「永久運動機関が可能」と考える「神仰」があったことを認めている．

そればかりか，デュエムが言っているように「歴史のいつの時代にも，永久運動の問題と格闘した探究心旺盛な精神は見られるのであり，彼らが馬鹿ばかりだったというわけではない」[100]のである．現実にも永久運動機関を作ろうとする夢想家たちの真剣で空しい試みはその後20世紀にいたるまで，絶えることはなかった．1853年に生まれノーベル化学賞を受賞したドイツのオストヴァルトさえ，学生時代に永久運動機関の発明を志したと述懐している[101]．アメリカの特許局が永久運動機関の申請にたいしては，動く試作品を提出することという条件をつけることで無知な発明家たちを締めだそうとしたのは，実に1911年のことであったという[102]．ステヴィンのいう限られた意味での「永久運動」の不可能性の経験，つまり外からの働きかけなしに自発的に動きだす機械がありえないという認識は，16世紀においては，やはり風車や水車やその他の動力機械の製作や改良に日々従事していた技術者にとってのものと見るべきであろう．

マッハは「ステヴィンは斜面の考察から出発して，平行四辺形原理による直角の成分の合成と分解にまで達し，この原理を一般的に妥当するものと考えたが，証明することはできなかった．最後の余白はロベルヴァルが埋めた」とステヴィンの歴史的位置づけを与え，その焦点に「ステヴィンがなした貢献は，本能的認識と明晰な認識という二つの異なるものを，たがいに比較し結びあわせ調和させ，たがいに他方の根拠としたことにあった」という評価を与えている[103]．しかし，上記の考察にもとづくならば，ここは，ステヴィンが実際の技術者として身につけた経験知と古代ギリシアから継承した厳密な論証の技術を結合させることによって，アルキメデスを越え，その後のロベルヴァルから近代静力学へといたる道を拓いたと読み直すべきであろう．

前に言ったように，ステヴィンにはアリストテレスの直接的な影響はまったく見られない．ステヴィンが影響を受けたのはアルキメデス——コイレが言うところの「最大のプラトン主義者である神のごときアルキメデス」[104]——であった．とすればステヴィンの力学は，ガリレオのものを上まわる純粋プラトン主義であるようにすら思われよう．しかし，ステヴィンの力学は数学ではない．それにそもそもアルキメデスはこの斜面の問題を扱わなかった．斜面の問題は，幾何学だけでは解決できなかったのであり，その解決には動力技術に携わる者のみが依拠

することのできたエネルギー原理についての洞察を必要としたのである．

このように「シモン・ステヴィンの生涯におけるほど，近代科学の定量的基礎づけに向かう発展において，技術的要因が顕著に見て取れるケースは，ほかにない」のである[105]．この点からでも，ステヴィンの力学が——彼の数学同様——プラトン主義の対極にあることがわかる．「古典物理学の構造は，職人や技術者の着想に起因するどころか，その完全な否定だった」[106]というコイレの極端な主張は，やはり退けられなければならない．

XI. ステヴィンにおける数学と自然学

ステヴィンにおける数学と自然学の関係，数学的論証と経験的観測の関係は，彼の流体力学研究や潮汐の論じ方に明瞭に見て取ることができる．

よく知られているように，水との闘いの長い歴史をもつネーデルラントは水理工学の先進国で，干拓や築堤や排水の技術が発達していた．そして以前にも触れたように，ステヴィンはこの方面でも第一人者であった．その現場の経験が彼の流体力学研究の土台にあったと推察することは，根拠のない想像ではない．

しかし同時にステヴィンは「アルキメデスがやめたところで流体静力学を再開し，アルキメデスを越えて進むことを始めて試みた」[107]人物として記されている．ステヴィンの流体力学は技術的経験の無反省な表出ではないし，また素朴帰納主義にもとづくものでもない．それは精密な数学的言語による厳密な論証に導かれているのである．

この方面のステヴィンの理論については，本書の本文に詳しいから，ここでは力学史に精通しているトゥルスデルによる，『シモン・ステヴィン主要著作集』第一巻にたいする書評の一部を引くことにとどめておこう：

> 一般に知られているように，流体静力学についてのステヴィンの著作は，パスカルのものにくらべて，記述においては劣るものの，内容においては勝っている．また仮説的で哲学的ですらあるガリレオにくらべると，ステヴィンは実際的な科学者であるように見られている．理論的考察とはつねに意識的に区別されている実験に関係しているのは，本書のわずかな部分でしかな

いにせよ，どのページも経験と実験に確かな足がかりを有していることを証拠立てている．そのことは 16 世紀とそれに引き続く大部分の著作においてはわれわれが見いだしえないものである．**にもかかわらずステヴィンは経験主義者にはほど遠く，明確な仮説にはじまる厳密で数学的な証明を求め試みている．同時代の誰にもまして彼は，科学が全面開花した 1600〜1900 年における科学の人であった**（強調山本）[108]．

同様にオックスフォードの科学史家ロッシェもまた，「技術者と自然哲学者の結びつき，自然についての仮説的・数学的科学と実験的探究の結びつき」によって，ステヴィンは，17 世紀になって科学者たちが口にするようになる科学研究のスタイルを 16 世紀に先どり的に実践することになったと記している[109]．

ステヴィンのこの近代性は，彼の潮汐論に表明されているところの，自然研究における数学的法則の提唱とその立証の相互関係をめぐる議論にも鮮明に読み取ることができる．

彼の『数学覚書』には「潮汐の理論について」が含まれているが，その冒頭は「日々の絶えることのない経験から，潮の満ち干が月に支配されていること，そしてまた，満潮は満月と新月のとき最大で大潮と呼ばれ，矩のとき最小になることが知られている」と始まっている（PW, Ⅲ, p.332, OM, Ⅱ, p.177）．潮汐にたいする月の影響自体は以前からも知られていたし，同時代のケプラーやギルバートも語っている．しかし彼らは，地球が大きな磁石であるというギルバートの発見にもとづき，月が一種の磁力でもって地上の水を引き寄せていると考えていた．その上ギルバートは地球に霊魂を付与したし，ケプラーもまたあるところで潮汐を地球の呼吸のように語っている．ギルバートやケプラーの言説には，このように物活論の影響が垣間見える．

他方で，機械論哲学の信奉者であったガリレオは，潮汐にたいする月の影響をかたくなに否定していた．何もない空間を隔てて月が地上の物体に作用するというようなことは，占星術かオカルティズムそのもののように考えられ，近代的で合理的な精神の持ち主であったガリレオには到底受け入れられない観念であった．ガリレオは潮汐を地球の自転と公転の重ね合わせによる地球表面の速度変化

（自転と公転が同方向の地点と逆方向になる地点での地表速度の違い）の結果として海水に生じる動揺という力学的モデルで説明している．同様に機械論者デカルトは，地球と月のあいだに充満している微細流体の圧による説明を考えた．しかしこれらはいずれも実証的裏づけを欠いた空想的議論であって，事実によって否定されている．ガリレオの理論では潮汐の半日周期を説明できないし，デカルトの仮説では月の直下が干潮になり，これも現実と異なる[110]．

これにたいしてステヴィンは，ケプラーやギルバートのような物活論とはもちろん無縁であるが，同時に，ガリレオやデカルトのように機械論的モデルを性急に捏造することもしない．彼は上に見たように，潮汐にたいする月の影響を経験的事実として認めるが，そこから潮汐の原因（潮汐の仕組み）についての空想的思弁にふけり恣意的なモデルを語るのではなく，むしろさらなる観測をとおして潮汐の実際（潮汐の法則）を明らかにする方向を目指し，実際にも暫定的な形で潮汐の変動の一般的な規則を与えている．ステヴィンの潮汐研究は，その目的が航海の安全性の確保のためという実際的な応用に向けられていたということもよるが，地に足が着いているといえよう．

自然科学の目的は，事物の「なぜ」（why：原因）を明らかにすることではなく，現象の「どのように」（how：法則）を確定することであるという，晩年のガリレオが落下法則について語ることになる立場は，潮汐をめぐる議論ではステヴィンに先行されていたのである．

ステヴィンの潮汐論は，はじめに大前提として，「1：月およびその反対側の点 (de maen en haer teghenpunt) が地球の水をその方向に引き寄せる」，「2：地球は完全に水に覆われ，風や潮汐を妨げるその他の要因がない」と仮定する．しかし彼は「仮定1」の原因の詮索やその仕組みの解明にふけることなく，次のように説明する：

　　　潮汐のこの自然な秩序は風やあるいは海中に突き出ている陸地などによって妨げられている．それゆえ，第1の仮定が一般的に要求するように，月ないしその反対側の点が天頂にあるすべての地点で満潮が起こるというわけではかならずしもない．……しかし，これらすべての不規則性のために，ここ

に理論として書きだそうと意図している潮汐のもっとも一般的な性格の理解が妨げられることのないように，上記のように地球は完全に水に覆われ，水や潮汐を妨げる要因がないとまずはじめに仮定する．そうすれば，その後に，その阻害要因の性格をより立ち入って論ずることができるであろう．というのも，実用幾何学では地上での線や面あるいは測定されるべき物体は理論で意味するような完全性を有していないとはいえ，理論幾何学が実用幾何学にとっての適切な手引を形成するように，この理論は，海の形状がここで仮定されまた以下に定義されるような完全なものではない場合にも，実用，とりわけ航海の便宜，にとっての適切な指針を形成しうるであろうからである（PW, III, p.332f., OM, II, p.177）．

そしてこの「仮定2」に関して，次のように記されている．

　　第2の仮定において言及されている潮汐の一般的性質は，潮汐が妨げられることのないように陸地から十分に離れているセントヘレナ島のような，大海の内にある小島において，もっとも有効に検証される（PW, III, p.356, OM, II, p.182）．

　第0近似としての数学的法則は，陸地や風のようなさまざまな攪乱要因（摂動）をすべて排除した理想的状況にたいするものであり，それゆえその検証はその理想的状況にもっとも近い状況によってなされなければならないのである．
　ここに語られている数学と自然学の関係こそは，およそ30年後にガリレオが運動法則の基礎を確立するために依拠した思想にほかならない．
　ガリレオは，1638年の『新科学対話』で近代運動理論の基礎を与えることになる落体の数学的法則を提唱したが，そのさい，数学的自然法則の位置づけについてこう語っている：

　　媒体の抵抗から生じる攪乱と言えば，これは著しいことですが，その影響が多様なので，一定の法則も適確な論述も述べ与えることができません．た

とえば私たちがこれまで学んできた空気の抵抗を考えるだけでも，その攪乱は，放物体の無限に多様な形，重さ，速度におうじた無限に多様な仕方ですべての運動にたいしておこなわれることが認められます．……ゆえに問題を科学的な方法で取り扱うためには，まずこれらの困難を切り離してみることが必要です．すなわち，抵抗がないものとしてその定理を発見しかつ証明したうえでそれを使用し，経験が教える制約つきでそれを応用するのです[111]．

つまり，ガリレオにおける物体の運動法則は厳密な数学的言語で表されているが，それもまた第0近似としてであった．それは，副次的攪乱要因と見なされる空気抵抗や摩擦などの影響を最大限抑制することによって人為的に作りだされる理想化された現象にたいするものである．そこで使用されている数学的概念とその帰結は，それゆえ一定の適用限界を有し，理想化が妥当と見なされる限界の外では，事後的にしかるべく「補正」が勘案されなければならないのである．つまりその意味での自然法則と現実的自然のあいだに不一致が認められれば，その差は「偶然的で外的な」攪乱要因ないし「物質的な障害」に帰せられるのであり，そのような補正項を経験的・実験的に指摘しうるかぎりで，幾何学的・数学的法則は現実的自然をよく表しているのである．

こうしてガリレオは，数学に従属的な役割しか与えなかったアリストテレス主義を越えただけではない．彼はまた，厳密な数学的理解はイデア（真実在）の世界にのみ可能であるというプラトン的理解をも退けて，錯綜した現実的自然にたいする厳密な数学的把握の可能性を根拠づけたのである．

しかし，第0近似から始まり，数学的に論証され，実験的に検証され，その都度近似の精度が向上してゆき，段階的に自然の真実に迫ってゆくものと思念されたこの――プラトンのものともアリストテレスのものともアルキメデスのものとも異なる――新しい数学的自然科学の理念と方法もまた，ここに見たように，その潮汐の扱いにおいてステヴィンによって先取りされていたのである．

実際ステヴィンは，潮汐についての上記の二つの仮定の後に，さまざまな地点で現実に観測される潮汐がこの仮定からさまざまにずれている事実についての考えられる原因をいくつかあげたうえで，そのいずれが正しいかを判定する実際的

経験が不足していることを認め，さらなる観測を訴えかけている：

　　確かな規則は多くの疑いのない経験によって作りだされるものであるから，地球上の適切と思われるすべての場所において，多くの人たちが，実際に生起している現象，たとえば何時に満潮になり何時に干潮になるのか，その満潮の高さや干潮の低さはいくらか，その時刻の風はどうであったのかなどを日々観察し記録するならば，きわめて望ましいことであろう．このような記録が公表され理論家の手に渡るならば（たとえ観測者自身が理論家でないとしても），一般的な規則にたいして陸地や風によって引き起こされる障害を考慮に入れることによって，すべての事柄が一般的な規則にどのくらい合致しているのかを見いだすことができるであろう（PW, III, p.356, OM, II, p.182）．

ふたたびボホナーを引用すれば，「'近代的'力学の最初の代表者であるシモン・ステヴィンは，まるでどこからともなく現れたかのように，むしろ忽然と科学の舞台に登場した」ということになろう[112]．なお引用にあるようにステヴィンは，潮汐研究において自然研究における多数者の参画と協働の必要性と有効性を語っているが，それはこの問題にかぎらず，彼が抱いていた理想であった．この点については，節をあらためて見ていくことにしよう．

XII. 科学における公開と協働

ステヴィンのそのような真理概念と自然科学にたいする見方は，学問の内容や目的においてのみならず，研究のあり方においても決定的な新しさをもたらすものであった．

ステヴィンの力学書でいまひとつ注目すべき論点は，学術書におけるオランダ語使用についての彼の特異な主張にある．事実，ステヴィンの著書はラテン語とフランス語で書かれた初期の数学書をのぞいて，すべてオランダ語（ホラント方言を母体として16世紀に形成された標準オランダ語）で書かれている．

もちろんステヴィンは，フランス語はもとよりラテン語にも堪能であったか

ら，彼のオランダ語使用は意図的である．実際，『計量法原論』には，その冒頭に「オランダ語の価値についての論考」が掲げられていて，そこではオランダ語がいかに力強い言語であったか，オランダ語が簡潔さと明晰さをかね備えているがゆえに学術語としていかに優れているかが，熱っぽく語られている．『水の重量についての原論』冒頭にも，「新しい技術は新しい言語を我にもたらす」とあり，アルキメデスのギリシア語よりもオランダ語の方が問題の記述に適しているとまで語られている（*PW*, I, p.384；仏訳全集にはこの部分なし）．その根拠には，ギリシア語やラテン語にくらべてオランダ語は単音節の語が多くて，明確な複合語を造りやすいといったことがあげられている．そして，本文にもあるように，ステヴィンはオランダ語の数学用語や物理学用語をいくつも造りだした．

とはいえそれは，純粋に学問的な主張というよりは，強大なスペイン・ハプスブルク帝国からの独立運動に邁進し，同時にヨーロッパ列強に伍して海外進出に乗りだした新生ネーデルラント共和国のナショナリズムの息吹に突き動かされたものであることは否めない．実際この時点で，文学や歴史の世界ではオランダ語称揚の気運が高まっていた．「人々は，成し遂げた偉大な試みに深く心を動かされて，この国民には輝かしい未来が待ちうけていると感じていたのである．……地上の最強の王国に雄々しく挑んだ人民にたいしてはすべてが開かれているに違いないとする傾向が育まれていた．そして多くの人たちは，国語こそがその鍵に違いないと悟ったのである」[113]．1584年にはオランダ語推進論の作家ヘンドリック・ラウレンスゾーン・スピーヘルの『低地ドイツ語〔オランダ語〕文法についての対話』が出版されている．航海士ルーカス・ヴァーヘナールの1584-5年に出版された『航海の鏡』，そして92年の『航海の宝』はいずれもオランダ語で書かれている．多くの分野でオランダ語書籍が生みだされていた．

しかしステヴィンによるオランダ語使用の論拠は，それだけではない．

それまでヨーロッパにおいては，学問世界はラテン語を解する知的エリートだけに開かれていた．独立運動の過程で新設されたライデン大学でさえも，その点は変わりなかった．1585年に上述のスピーヘルたちがライデン大学にオランダ語使用を申し入れたが，それは拒否されている[114]．

それにたいして1600年にマウリッツが創設したライデンの工兵技師学校では，

ステヴィンの発案で教育はオランダ語でなされることとなった．ステヴィンによるオランダ語使用推進の主要な根拠は，科学はより多くの実践的経験にもとづかなければならず，そのためには，ラテン語を解さないがゆえにそれまでは学問や研究から疎外されていた広範な技術者や職人の参画が決定的に重要だということにあった．そしてこの議論は，オランダ語だけではなく，どこの国の言葉にもあてはまるがゆえに，より一層重要である．

彼の『数学覚書』のなかの「賢者の時代」の一節を引用しよう：

> 私たちは，そのうえに科学がしっかりと築きあげられるための実践的経験によって得られる大量のデータを今なお欠いている．そのような大量のデータを獲得するためには，この仕事に多くの人たちが力を合わせて参画することが必要とされるであろう．そのために必要なだけの人たちの参加をかちとるためには，一国によるその経験と科学の追求は，その国の言葉でなされなければならない（*PW*, Ⅲ, p.608, *OM*, Ⅱ, p.110）．

科学における多数者の参画と協働作業の必要性という点については，前節に見た潮汐をめぐる議論にすでにはっきり語られていたが，天体観測の例に即して，次のようにきわめて具体的に記されている：

> 第一に，一人の人間では，惑星の位置やその他すべての必要な事項を何年にもわたって昼夜途切れることなく観測し続けることはかなわない．しかし多くの人数でこれをおこなっていれば，一人の観測では欠けていたものが他の人の観測のなかに見いだされるであろう．第二に，一人の人によって得られたデータは，たとえそれ自体としては正確であったとしても，他の人たちには，そのうえに理論を構築すべき確かな基礎としては役だたない．というのも，そのデータは検証されていないからである．しかし多くの異なる人たちによって得られたデータであれば，それらを相互に比較・照合することによって問題に必要なだけよく合致していることを確かめたうえで，それに依拠することが可能になる．……第三に，空はある地域では曇っていてそのた

め何週間も天体が見えないということがしばしば起こるけれども，そのような場合には，空が晴れている地域において他の人たちによって得られたデータに依拠することが可能になる．そして第四には，観測者のあいだに野心や競争心が芽生え（その間に道徳的な観点において人々が不品行な振る舞いをすることが往々にして見られるにせよ），各人がおのれの仕事に最善を尽くそうと努め，通常そのために科学が相当の発展を遂げることになる．それに反して，ごく小数の人たちによって担われる科学の分野では，それらの人たちのそれぞれはその発見を私蔵し隠匿するものである（*PW*, Ⅲ, p.610f., *OM*, Ⅱ, p.111）．

ここに書かれていることは，現代から見ればきわめて当たり前に思われるが，16世紀という時代を背景に読むと，その先駆性は顕著である．

その当時の最高の天体観測データは，デンマークのティコ・ブラーエによるものであった．そのデータにもとづいてケプラーが有名な「ケプラーの法則」を見いだすことができ，かくして近代天体力学の幕が上げられたことは，よく知られている．ティコのデータは，ひとつひとつの精度において優れているだけではなく，長年にわたって継続的に蒐集されたもので，統計的信頼性の点でも格段に優れていた．しかし，ティコが生涯にわたって途切れることなく天体観測を継続できたのは，国王の後援を受けた封建貴族として財政的な裏づけを有し，多数の観測助手や観測機器の製作職人やその他の使用人を擁し，そればかりかそれらの使用人にたいしてほとんど絶対的な権力を行使しえていたからにほかならない．ティコの観測基地フヴェーン島には，いくつもの天体観測機器が設置されていただけではなく，観測機器の製作工房から印刷所，はては製紙工場から私設の監獄まで備わっていたのである．

それにたいしてステヴィンは，一介の技術者としてティコと同等のデータを集めるためには，多数の人間の協力が絶対的に必要なことを見取っていた．それだけではない．観測データは相互に照合・検証が可能なように複数のセットが必要というとき，ステヴィンはティコのデータの根本的欠陥，つまりそれが唯一のもので検証が不可能であるという事実も見抜いていたのである．さらにまた，観測

に携わる人間があまりにも少ないとデータが秘蔵されるというステヴィンの指摘は，まさしくティコ自身にあてはまる．ティコに弟子入りしたケプラーは，ティコが手持ちのデータをなかなか見せてくれないことに，しばしば苦情を漏らしている．ティコにとって観測データは大切な私有財産であり，みだりに公開するなどもってのほかであった．そしてそのような姿勢は近代科学においてまずもって克服されるべきことをステヴィンは自覚していたのである．

こうしてステヴィンは結論づける：

> 私がここで天文学について語ったものと同様のことがらは，他の科学にもあてはまるであろう．それらの個々の科学においても，数多くの経験的データを集めるためには，より多くの人たちの参画が必要である（*PW*, Ⅲ, p. 612, *OM*, Ⅱ, p.111）

同世代とはいえ，封建貴族ティコ・ブラーエと共和国市民シモン・ステヴィンのあいだには決定的な断絶が存在していた．ステヴィンにとっては，自然の観測や実験は財力と権力に恵まれた特殊な個人によってではなく，多数の職人や技術者の協働作業としてなされなければならず，その成果が個人の財産として私蔵されるのではなく，公開され社会的に共有されなければならないものであった．

そのような社会的に広がりをもった営みとしての自然研究をステヴィンは構想していたのであり，それゆえにこそ科学の言語は，きわめて少数の知的エリートにしか扱えないラテン語ではなく，自国語でなければならないのであった．

XIII. ベーコンとデカルト

ステヴィンと17世紀の新科学のあいだにあって新しい時代——産業時代——の科学のありようを模索したのは，ステヴィンよりひとまわりのちに生まれ同年に死んだイングランドのフランシス・ベーコン（1560-1620）であった．

ベーコンもまた，機械技術の形成をモデルとする協働的研究と理論の漸次的発展を語っている．あらゆる問題が「第一原理」から隙のない論証の連鎖でもって解き明かされると主張するそれまでの科学や哲学は，創始者の超人的な働きでひ

とたび形成されてのちは,その適用範囲を広げること以外には変化のない,解釈することだけが許された,硬直した単一の体系であった.そのような古代の諸学にたいするベーコンの批判は,それらがいかに精巧にできていても所詮は言葉の世界のもので,人間が自然に働きかけるのには役にたたないし,またその実践に学ぶこともないという点にあった.彼は,そのような静観的で発展性の乏しい古代の諸学にたいして,人間の実践活動を根拠づけるだけではなく,人間の実践活動に即応して発展してゆく科学を対置したのである.

ベーコンの1605年の『学問の進歩』には,次のように語られている:

> 機械的技術においては,最初の考案者はごくわずかなことしかなしとげず,時がこれにつけ足しをして完成してゆくのに,諸学においては創始者がもっとも多くのことをなしとげ,時がこれをすり減らし損なってゆく.そういうわけで実際に大砲製造術や航海術や印刷術などは,はじめはやり方が下手であったが,時とともに改善され洗練されていったのであるが,それとは反対に,アリストテレス,プラトン,デモクリトス,ヒポクラテス,エウクレイデス,アルキメデスの哲学と諸学は,最初はもっとも精彩があったが,時とともに退化し,当初の精彩を失っていった.その理由は,前者の技術の場合は,多くの人びとの知的努力が同一の対象に捧げられているのに,後者の諸学の場合には,多くの人びとの努力が誰か一人の知力の研究に費やされて,しかもしばしばそれを明らかにせずむしろ歪めてしまったからに他ならない[115].

結局ベーコンがあるべき科学として語ったのは,自然との交渉の深化や経験の拡大とともに絶えず手直しされてゆく,つまり自然への働きかけの結果がフィードバックされる,可塑的で発展性のある科学であった.そしてそれは,何世代にもわたる人類の協働作業としてなされなければならない.学問全体を新しい基礎の上に作りあげることを意図した未完の大著『大革新』の一部として構想されたベーコンの主著,ステヴィンの死亡の年の1620年に出版された『ノヴム・オルガヌム』に,次の一節が認められる:

私の考えているような，そしてそうあるべきであるような自然誌と実験誌の収集は多くの労力と費用を必要とする一大事業である．……私の示す道標によって閑暇に恵まれた人々から，共同の努力から，また何世代にもわたる継続から，どんな成果が期待されるかを考えてみるがよい．とくに私の道というのは，一度に唯一人しか通れないのではなく，人びとの労力と努力を（とくに経験の収集にかんして）配分したのちに結集するのがもっともよいような道であるから，なおさらのことである[116]．

　しかし，国璽尚書を父にもち大法官にまで登りつめたベーコンは，多くの著書をラテン語で著した．彼が語りかけたのは，結局は自分とおなじ支配エリートや，「閑暇に恵まれた」ジェントリーにたいしてのみであった．彼は職人や技術者に語りかけてはいない．実際，ベーコンは理想とする科学研究の組織を晩年の『ニュー・アトランティス』で「ソロモン学院」として描きだしたが，それは選ばれて国家から俸給を得ている卓越した研究者集団が，国家の拡張主義的政策を推進し，その見返りに国家から研究費を得て研究に専心する組織であった．そしてそこでの研究成果は，そのエリート研究者のあいだでは語られるが，みだりに公開されるものではなかった[117]．
　他方で，商業実務から数学を学び，軍事技術者として新生共和国に仕えたステヴィンは，一貫してオランダ語で執筆し，あくまで技術者や生産者や商人や船乗りに希望を託していた．本当の意味での学問研究の公開と協働を語ったのは，ベーコンではなくステヴィンであった．「ステヴィンのもっとも奥深い動機は，科学をすべての階級の人々に近づきやすいものにし，その研究のために役だつ全知力を動員したいという要求にあった」というフォーブスとデイクステルホイスの指摘は[118]，オランダ人科学史家の身びいきではなく，ステヴィンの科学観を正しく捉えている．
　それにそもそもが，ベーコンの学問は，自然学であっても，また経験や実験を重視するといっても，けっして近代的な自然科学ではなかった．
　たとえば熱についてのベーコンの議論は，なるほど結果的に熱を「物体の比較的小さな分子間の膨張運動であり，しかも同時に，阻止され反発され撃退される

運動である」と語り,現代の熱運動論に通じる結論を得ているように思われる.しかし熱についての彼の探究は,さまざまな熱現象を列挙して,そのうえで「熱の形相からもろもろの本性を排除ないし除外する例」をあげて誤った理解をふるい落としていけば,おのずから「熱の形相」が浮かびあがり「熱の本性」が帰納されるというもので,熱現象についての定量的な法則を導きだすという志向はそこにはない.「運動について私の述べたこと,すなわち運動は熱にたいして種にたいする類のようなものであるということは,熱が運動を生むとか,運動が熱を生むということを意味するのではなく,熱それ自体ないし熱の本質が運動であって,それ以外の何ものでもないということを意味すると解されなくてはならない」[119] というベーコンの結論は,熱と運動が一定の量的比率で変換されるという認識にもとづく近代物理学の熱理論とはまったく別次元のもので,物理学としての熱力学の形成につながるものではない.

つまるところベーコンは「法則」ではなく「形相」を求めたのであり,アリストテレスと同様に「物理学者にむかって<測定せよ>と言うべきところで<分類せよ>と言った」のである[120].ニュートンは『プリンキピア』初版の「序文」に,「より近い時代の人たちは,実体形相と超自然を排し,自然現象を数学的法則に帰着させようと試みました」と記しているが[121],それはつまり,ニュートンに結実する 17 世紀の近代科学がベーコンを乗り越えた地点で始まったことを意味している.

他方で,ステヴィンより約半世紀後に生まれ,近代哲学の父と称されるルネ・デカルト (1596-1650) は,1637 年に『方法序説』において,おのれのささやかな発見を書物にする理由を,同様に語っている:

> 私が見つけ出したならどんなわずかなものでもそっくり一般の人に忠実に伝え,そしてすぐれた精神の持ち主をさそってさらに先に進むように努力してもらうということです.そのさい各人が自分の性向と能力に従って,しなければならないはずの実験に協力し,また何かがわかったらどんなことでも一般の人に伝えるのです.先の者がやり遂げたところから後の者がはじめ,こんなふうにして多くの人びとの生涯と業績とをあわせながら,ひとりひと

りがべつべつにいけるよりもはるかに遠くへ私たちみんなでいっしょにいくためです[122].

しかしデカルトは，おなじ『方法序説』の別のところでは「建築家がただ一人で請負って作り上げた建物は，何人もの建築家が，ほかの目的のために建てられていた古い壁を役立てながら，模様がえにつとめた建物よりも，ふつう立派で整然としている」とも記している．デカルトの上記の謙虚な言明は額面どおりには受け取れない．

実際デカルトの自然学は，実験や経験の蓄積にともないそのつど手直しされてゆくという可塑性も，協働作業によって漸次的に積み上げられてゆくという発展性も備えていない．デカルトが『哲学原理』の1647年のフランス語版に加えた回顧では，次のように言明されている：

> まず私は，物質的事物に関してわれわれの悟性のなかにありうるあらゆる明晰判明な概念を一般的に考察し，かような概念としては，ほかならぬ形，大きさ，運動と，そしてこれら三者がたがいに変化し合うときにしたがう規則とだけを見いだし，またこの規則が幾何学および機械学の原理であることを見いだしたので，私は，人間が自然に関して持ちうるすべての認識は必然的にこれらのものだけから引き出さなければならないと判断した[123].

かくしてデカルトは『方法序説』では「思いきって言ってしまいますと，私が見つけ出していた<原理>によって十分に具合よく説明できないようなものはなにひとつそこに見あたりませんでした」と大見得を切り，『宇宙論』においても「〔私の運動法則によって〕この新しい宇宙に生じうるすべてのことのアプリオリな証明を得ることができるであろう」と大言壮語している[124]．デカルトの科学は言明の自己完結した単一の演繹的連鎖としてあり，実験的検証や部分的修正を受け入れることのできない観念的で閉じた体系であった．ずっと後になってドニ・ディドロは「デカルトがあの運動法則を想像したことは許せる．許せないのは運動の法則が自分の想像どおりかどうか，実験的にたしかめなかったことであ

る」と批判することになる$^{(125)}$.

　デカルトの哲学は，宇宙空間を幾何学的に均質化し，世界の機械論的形成を語り，その原理として慣性の法則と運動量保存の萌芽を描いた．しかし，そこから先の彼の自然学の各論の多くは空想じみている．宇宙空間に充満する微細物質の渦動としての太陽系モデルや，ネジの切られた粒子による磁力の説明に特徴づけられる彼の自然学は，およそ現実離れした空想の体系――哲学的夢物語――であり，現実には地上物体にあまねく見られる重力現象すら満足に説明できなかったのである．哲学者デカルトは古代の大哲学を特徴づける体系の誘惑に足を掬われたのであった．

　しかし，技術者ステヴィンはそのような傾向とは無縁であった．

XIV. おわりに

　ステヴィンが提唱したものは，古代以来の論証的な学問にかわって，数学的な論証に裏づけられた厳密性を有しながらも，なおかつ観察にもとづき実験的に検証される諸命題の積み重ねにより形成される科学，すなわち近代物理学に代表される数学的自然科学であった．

　17世紀初頭，ベーコンの『学問の進歩』とほぼ同時期に書かれたステヴィンの「潮汐の理論について」の冒頭には，次のように記されている．少し長いが，自然科学に関するステヴィンの見方がよく表されているので，全文引用しよう：

　　これまで語られてきたように，経験はものごとの知識を得るための一般的な規則を導きだすもっとも確実な土台であり，これらの諸国での大規模な航海のおかげで，それ以前にくらべるならば，潮汐の諸性質について多くの確かな経験を得るためのより優れた手段を持ちあわせているのであるから，私には，この状況をさらに進めるために，一部はすでに使用可能な経験にもとづき，一部は自然の理法に適っているように見える仮定にもとづき，この問題についてのひとつの理論を記述するのがよいと思われる．その記述は，この問題を教科書的なやり方で論じ，今後得られるであろうより多くの経験によってより完全な知識を得ようと適切に努めるための出発点として役だつで

あろう．もしも誰かが，このような論著を公表するよりも，これらの事柄をもっと確実に吟味し，あるいはそのように検証されるようにするのが先決であるという意見をお持ちであれば，私は次のように言いたい．そのようなことは一人の人間ないしごく少数の人間のなしうることではないのであるから，私には，このやり方が短時間でより多くの情報と確実さを得るための最善の道であると思われる．というのも，多くの人たちが上述の観測をするように促されたならば，私の個人的な勧告によってかぎられた数の仲間がするのにくらべてより多くの人たちがより多くの地点で観測をおこなうことになるであろうからである（PW, Ⅲ, p.330, OM, Ⅱ, p.177）．

結局，ステヴィンの科学観は，次のようにまとめられるであろう．

科学はまずもって経験にもとづくこと，経験は今後もより豊かになっていくであろうこと，それにたいして理論は，その時点での経験と合理的な推論にもとづいて作られるものであり，したがってそれは，将来，経験がより豊富になればそのことによって絶えず手直しされるはずのものであること，その意味での理論はより多くの人に公開され，より多くの人によって絶えず新たに検証されるべきものであること，一言で言うならば，すべての科学理論は，その時点その時点での経験にもとづく，そして将来的に手直しされるべき仮説である，ということになる．

ステヴィンは，産業時代の哲学を語ったベーコンの先駆者であれば新科学の提唱者ガリレオの先行者であるが，そればかりか，実際には理想を語っただけで新しい科学が何であるのかを理解していなかったベーコンや，体系の魅力に屈して観念論に陥ったデカルトを越えていた．ステヴィンは，数学的に論証され実験的に検証される，そしてその論証と検証をとおして進歩し発展していく自然学という観念，啓蒙期にいたるまでの近代科学の理念を作りだし，実践したのである．

20世紀になって，科学のそのような単線的・累積的発展に疑問符がつけられるようになったが，それはまた別の話である．

注

(1) Mach, E.『マッハ力学史（上）』(1933), 岩野秀明訳（筑摩書房, 2006), p.32,『マッハ力学』(講談社, 1969), 伏見 譲訳, p.2. 本書からの引用は, 基本的に岩野訳によるが, 伏見訳を参考にして邦文に若干手を入れた. 以下, 引用箇所は両訳書のページを記す.
(2) *Ibid.*, 岩野訳, p.150, 伏見訳, p.76.
(3) 以下, Stevin からの引用は, *The Principal Works of Simon Stevin*, 5 vols (Amsterdam : Swets and Zeitlinger, 1955-1966) および *Les Oeuvres Mathématiques de Simon Stevin*, 2 vols (Leiden : Elsevier, 1634) より. 前者は *PW*, 後者は *OM* で略記し, 引用箇所はその巻（ローマ数字）とページで記し, 注記しない. なお, 前者は蘭英対訳ゆえ, ページは偶数のオランダ語ページで指定する.
(4) Panofsky, E.「芸術家・科学者・天才」(1953), 木田 元訳『現代思想』1977 年 6 月号, pp.94-133.
(5) van Berkel, K.『オランダ科学史』(1985), 塚原東吾訳（朝倉書店, 2000), p.7.
(6) 山本義隆『一六世紀文化革命 1, 2』(みすず書房, 2007), 同「シモン・ステヴィンと 16 世紀文化革命」『湘南科学史懇話会通信』第 7 号 (2001), pp.33-48, idem, 'Simon Stevin and the Cultural Revolution in the 16th Century', in *A Garden of Quanta* : *Essays in Honor of Hiroshi Ezawa* (World Scientific, 2003), pp.491-502.
(7) Kuhn, T.『科学革命における本質的緊張』(1977), 安孫子誠也・佐野正博訳（みすず書房, 1998), p.76f.
(8) Westman, R.S. 'The Astronomer's Role in the Sixteenth Century ; A Preliminary Study', *History of Science*, Vol.18 (1980), pp.105-147. 該当箇所は p.106, p.136, n. 6. Diego de Suniga は 1584 年にコペルニクス説が聖書と両立しうることを語ったカトリックの修道士.
(9) ten Have, O.『新訳 会計史』(1974), 三代川正秀訳（税務経理協会, 2001), p.83f. Cf. Beckmann, J.『西洋事物起原 I』(1780-1805), 特許庁内技術史研究会訳（ダイヤモンド社, 1980), p.7.
(10) Tracy, J.D. *The Founding of the Dutch Republic* : *War, Finance, and Politics in Holland 1572-1588* (Oxford University Press, 2008), p.306.
(11) Nef, J.U. *Western Civilization since the Renaissance* : *Peace, War, Industry and the Arts* (Harper Torchbooks, 1963), p.52.
(12) Van der Waerden, B.L.『代数学の歴史』(1985), 加藤明史訳（現代数学社, 1994), p. 105. なお以下, 本文の該当箇所はこのように記す.
(13) Harris, L.E.「土地の排水と干拓」, 末尾至行訳『技術の歴史(5)ルネサンスから産業革命へ（上）』(筑摩書房, 1978), Ch.12, p.247f.
(14) McNeill, W.H.『戦争の世界史—技術と軍隊と社会—』(1982), 高橋 均訳（刀水書房, 2002), p.173f.
(15) 布野修司・山田協太・山本直彦「バタヴィアの都市形態と S. ステヴィンの「理想都市」計画に関する比較考察」『日本建築学会計画系論文集』No.592 (2005), pp.185-191.
(16) Hooke, R.「オラーニェン公のために製作されたステヴィンの帆走車を手掛りにしての車に関する講演」(1685), 吉武立雄編訳『原典に見るトライボロジーの世紀』(工業調査

会，2000），pp.29-40.
(17) Mach, *op cit.*, 岩野訳，p.144，伏見訳，p.72.
(18) Sarton, G. 'Simon Stevin of Burges (1548-1620)', *ISIS*, Vol.21（1934），pp.241-303. 該当箇所は p.242f.；Gillispie, C.C.『科学思想の歴史』（1960），島尾永康訳（みすず書房，1965），p.62；Weightman, W.P.D. *Science in a Renaissance Society*（Hutchinson University Library, 1972），p.135.
(19) Koyré, A.『ガリレオ研究』（1939），菅谷 暁訳（法政大学出版局，1988），pp.86，273，269.
(20) Boyle,R. 'About the Excellencey and Grounds of the Mechanical Hypothesis'(1674)，*The Works of the Honourable Robert Boyle*（1772, reprinted Georg Olms, 1965-1966），Vol.4, p.77；Galileo, G.『偽金鑑識官』（1623），山田慶児・谷 泰訳『世界の名著 21 ガリレオ』（中央公論社，1973），p.308.
(21) Kpyré,「ガリレオとプラトン」（1943），伊東俊太郎訳『科学哲学の新研究』（日新出版，1961），p.104. 引用にあたって「物理学」を「自然学」にあらためた.
(22) *Ibid.*, p.85.
(23) *Ibid.*, p.103. ここでも，引用にあたって「アリストテレス物理学」を「アリストテレス自然学」にあらためた.
(24) Descartes, R.『屈折光学』（1637），青木靖三・水野和久訳『デカルト著作集 1』（白水社，1973），p.114.
(25)『ソクラテス以前哲学者断片集 第Ⅰ分冊』（岩波書店，1996），Ch. 14-6a, p.201.
(26) 以下，プラトンからの引用は『プラトン全集』（岩波書店）より. 引用箇所は同全集のページ欄外に記されている Stephanus 版の頁・段落を記して，注記しない.
(27) Aristoteles『ニコマコス倫理学』1098a30.
(28) Diderot, D.「技術」大淵和夫訳，『百科全書』桑原武夫訳編（岩波文庫，1971），p.305.
(29) Bourbaki, N.『数学史』（1984）村田 全・清水達雄・杉浦光夫訳（筑摩書房，2006），下，p.11.
(30) 彌永昌吉・伊東俊太郎・佐藤 徹『数学の歴史Ⅰ ギリシャの哲学』（共立出版，1979），p.44；Boyer, C.B.『数学の歴史 1』（1968），加賀美鐵雄・浦野由有訳（朝倉書店，1983），p.74.
(31) 溝口明則『数と建築』（鹿島出版会，2007），p.227f. 参照.
(32) Heath, T.L. ed., *The Works of Archimedes*（Dover Publications INC., 1912), p.192f.
(33) Bourbaki, *op.cit.*, 下，p.11f.
(34) *Ptolemy's ALMAGEST*, translated and annotated by G.J.Toomer（Princeton University Press, 1998），Ⅰ-10, p.48.
(35) Isidorus, *ETYMOLOGIES, Studies in History, Economics and Public Law*, Vol.48 (1912), p.125.
(36) 山本『一六世紀文化革命 1』p.387f. 参照.
(37) 森 毅『指数・対数のはなし〔新装版〕』（東京図書，2006），p.24.
(38) Bourbaki, *op.cit.*, 下，p.20.
(39) 森，*op.cit.*, p.29.

(40) 例えば佐々木 力『科学革命の歴史構造 上』(岩波書店, 1985), p.162 参照.
(41) Cassirer, E.「数学的神秘主義と数学的自然科学」(1940),『哲学と精密科学』大庭 健訳(紀伊國屋書店, 1978), p.60.
(42) Augustinus『アウグスティヌス著作集 6 キリスト教の教え』, 加藤 武訳 (教文館, 1988), p.106；Isidorus, *op.cit.*, p.126.
(43) Cassirer, *op.cit.*, p.62f., idem「デカルトの真理概念」(1939), *op.cit.*, p.90.
(44) Pico della Mirandola, G.『人間の尊厳について』(1496), 大出 哲・阿部 包・伊藤博明訳 (国文社, 1985), p.59.
(45) Smith, D. E. and Karpinski, L. C. *The Hindu-Arabic Numerals* (1911, reprinted Dover Publication INC., 2004), Ch. Ⅶ参照.
(46) 山本『一六世紀文化革命 1』第 5 章 1 参照.
(47) Ercker, L. (1580), *Treatise on Ores and Assaying*, translated by A. G. Sisco and C. S. Smith (The University of Chicago Press, 1951), p.11.
(48) Thomas, K.『歴史と文学』, 中島俊郎編訳 (みすず書房, 2001), p.89f.
(49) 山本『一六世紀文化革命 1』第 5 章参照.
(50) Boyer, C.B.『数学の歴史 3』(1968), 加賀美鐵雄・浦野由有訳 (朝倉書店, 1984), p.71.
(51) Nicolaus Cusanus「知恵に関する無学者の対話」(1540), 小山宙丸訳『中世思想原典集成 17 中世末期の神秘思想』(平凡社, 1992), p.544. 山本義隆『磁力と重力の発見 2』(みすず書房, 2003), 第 9 章参照.
(52) Struik, D.J. *The Land of Stevin and Huygens* (D. Reidel Publishing Company, 1981), p.33.
(53) Braudel, F.『地中海 Ⅳ』(1966), 浜名優美訳 (藤原書店, 2004), p.254.
(54) Wedgwood, C.V.『オラニエ公ウイレム―オランダ独立の父―』(1967), 瀨原義生訳 (文理閣, 2008), p.40.
(55) 上野 喬『オランダ初期資本主義研究』(御茶の水書房, 1973), p.3.
(56) Donaldson, B.C.『オランダ語誌』(1983), 石川光庸・河崎 靖訳 (現代書館, 1999), p.157.
(57) 山本『一六世紀文化革命 1』p.360.
(58) Struik 'Mathematics in the Netherlands during the first half of the XVIth century', *ISIS*, Vol.25 (1936), p.48.
(59) Struik, *op.cit.* (n.52), p.34.
(60) Aerts, E.『中世末南ネーデルラント経済の軌跡』(2004), 藤井美男監訳 (九州大学出版会, 2005), p.68.
(61) Struik, *op.cit.* (n.58), p.46.
(62) Sombart,W.『ブルジョア―近代経済人の精神史―』(1913), 金森誠也訳 (中央公論社, 1990), p.177.
(63) Yamey, B.S., ten Have, *op.cit.* への序文 p.ii より.
(64) 栗原福也『ベネルクス現代史』(山川出版社, 1982), p.37；斎藤絅子『スイス・ベネルクス史』, 森田安一編 (山川出版社, 1998), Ⅱ 第一部, p.227.
(65) 河崎 靖・クレインス フレデリック『低地諸国（オランダ・ベルギー）の言語事情』(大学書林, 2002), p.46；Vandeputte, O.『オランダ語（ネーデルラント語）の歴史』

(1993)，柴崎　隆訳・注『金城学院大学論集』No.183（1999），pp.55-93，該当箇所 p.61f.
(66) 西川和子『スペイン　フェリペ二世の生涯』（彩流社，2005），p.221 より．Beaud, M. 『資本主義の世界史 1500-1995』（1981），筆宝康之・勝俣　誠訳（藤原書店，1996），p.43.
(67) 立石博高・関　哲行・中川　功・中塚次郎『スペインの歴史』（昭和堂，1998），p.123.
(68) Kamen, H.『スペインの黄金時代』（2005），立石博高訳（岩波書店，2009），pp.44, 64, 110.
(69) Bernstein, W.J.『「豊かさ」の誕生』（2004），徳川家広訳（日本経済新聞社，2006），p.252. この時期のオランダ経済の発展については本書第7章が詳しい．
(70) van Berkel, op.cit., p.4. なお長坂寿久『オランダを知るための60章』（明石書店，2007），p.234；Braure, M.『オランダ史』（1974），西村六郎訳（白水社，1994），p.50f. 等参照．
(71) Wallerstein, I.『近代世界システム II』（1974），川北　稔訳（岩波書店，2006），p.44. 栗原, op.cit., p.47 参照．
(72) Struik, op.cit. (n.52), p.3. Cf. Beaud, op.cit., p.39.
(73) 上野, op.cit., pp.107, 123.
(74) Wallerstein, op.cit., p.41.
(75) Schiller, F. von『オランダ独立史（上）』（1788），丸山武夫訳（岩波書店，1949），p.20.
(76) 川口　博『身分制国家とネーデルランドの反乱』（彩流社，1995），同「ネーデルラント独立戦争の革命性について」『西洋史学』LVII（1963），pp.42-55 参照．Cf. 佐藤弘幸『スイス・ベネルクス史』(n.64) II 第二部，p.255.
(77) 長坂, op.cit., p.214；Braure, op.cit., pp.44, 83.
(78) van Berkel, op.cit., p.17.
(79) 橋本武久「Simonem Stephanvs [1581] の一考察—概要と記帳例示について—」『帝塚山経済・経営論集』Vol.14（2004），pp.113-121 参照．
(80) 中西　旭「近代財務諸表の萌芽—シモン・ステヴィンの著述—」『商學論纂』Vol.12（1971），pp.139-154.
(81) ten Have, op.cit., p.23.
(82) Weightman, op.cit., p.134.
(83) Lavoisier, A.L.『化学原論』（1789），柴田和子訳（朝日出版社，1988），pp.189-191.
(84) Galileo, G.『天文対話』（1632），青木靖三訳（岩波書店，1959），上，p.311f.
(85) Newton, I.『プリンキピア』初版（1687），河辺六男訳「序文」『世界の名著 26』（中央公論社，1971），p.55f. ただし訳文は，原著および英訳 Newton's Principia translated by Motte, revised by Cajori (University of California Press, 1947), p.xvii を参照して，大幅に手を入れた．
(86) Huizinga, J.『レンブラントの世紀—17世紀ネーデルラント文化の概観—』（1941），栗原福也訳（創文社歴史学叢書，1968），p.28.
(87) Wallerstein, I.『近代世界システム 1600〜1750』（1980），川北　稔訳（名古屋大学出版会，1993），p.47.
(88) Bochner, S.『科学史における数学』（1966），村田　全訳（みすず書房，1970），p.249.
(89) 例えば，Rosenberger, F. Die Geschichte der Physik (Braunschweig, 1884), Bd. II, p.16；Turner, D. M. The Book of Scientific Discovery, 3rd ed. (Georg G. Harrap & CO. LTD, 1960), p.44；Hall, R. The Revolution in Science ; 1500-1750 (Longman, 1983), p.79 など．

(90) 山本『一六世紀文化革命 2』第 6 章 2 参照.
(91) Descartes『哲学原理』(1644), 三輪 正・本多英太郎訳『デカルト著作集 3』(白水社, 1973), p.112.
(92) Thorndike, L. *A History of Magic and Experimental Science*, Vol. IV (Columbia University Press, 1934), p.501 より引用.
(93) Cotterell, B. and Kamminga, J. *Mechanics of pre-industrial Technology* (Cambridge University Press,1990), p.25；Rosenberger, *op.cit.*, p.3.
(94) Kuhn, *op.cit.*, p.59.
(95) 山本『一六世紀文化革命 2』p.701f. 参照.
(96) Mach, *op. cit.*, 岩田訳, p.148, 伏見訳, p.75；Duhem,P. *Les Origines de la Statique*, Tome I (Paris, 1905), pp.261, 272, 英訳 *The Origins of Statics* translated by Leneaux et. al. (Kluwer Academic Publishers, 1991), pp. 182, 189f.；Dugas, R., 英訳, *A History of Mechanics* translated by Maddox (Édition du Griffon, 1955), p.124；Laue, M. von『物理学史』(1950), 久保昌二訳 (白水社, 1953), p.32f.
(97) Dijksterhuis, E.J., 英訳 *The Mechanization of the World Picture* translated by Dikshoorn (Oxford University Press, 1961), p.371. Cf. *ibid.*, p.327 idem, *Simon Stevin：Science in the Nederlands around 1600* (The Hague, 1970), p.54.
(98) Planck, M.「エネルギー恒存の原理」(1888), 石原 純訳『世界大思想全集 48』(春秋社, 1930), p.17.
(99) Mach, *op.cit.*, 岩田訳, pp.68, 139, 136, 伏見訳, pp.24, 69, 66f.
(100) Mach, *op.cit.*, 岩田訳, p.41, 伏見訳, p.8, Duhem, *op.cit.*, p.279, 英訳, p.194.
(101) Ostwald, W.『エネルギー』(1908), 山県春次訳 (岩波書店, 1938), p.35.
(102) Ord-Hume, A.W.J.G.『永久運動の夢』(1977), 高田紀代志・中島秀人訳 (朝日新聞社, 1987), p.251.
(103) Mach, *op.cit.*, 岩田訳, pp.148f., 76, 伏見訳, pp. 75, 29.
(104) Koyré『ガリレオ研究』p.279.
(105) Weightman, *op.cit.*, p.134.
(106) Koyré『ガリレオ研究』p.5.
(107) Bochner, *op.cit.*, p.249.
(108) Truesdell, C. *An Idiot Fugitive Essays on Science* (Springer-Verlag, 1984), p.178. なお, ステヴィンの見出した流体力学の背理がメルセンヌの記述を介してパスカルの知るところとなり, パスカルの原理の提唱にいたった過程はデュエムが明らかにしたことだが, その点については小柳公代『パスカル―直観から断定まで―』(名古屋大学出版会, 1992), pp.393-395 参照. 同様にベークマンを介してデカルトに影響を与えた点については, 本間栄男「ステーフィンとデカルトを繋ぐベークマン」『科学史研究』43 (2004), pp.31-34 参照.
(109) Roche, J. 'Theories of Matter in the Seventeenth Century' in *The Physical Science since Antiquity* edited by R. Harré (Croom Helm, 1986), pp.41-62, 該当箇所 p.42.
(110) 山本『磁力と重力の発見 3』pp.740f., 751f. 参照.
(111) Galileo『新科学対話』(1638), 今野武雄・日田節次訳 (岩波書店, 1948), 下, p.158f.

漢字は現代のものに改めた．
(112) Bochner, *op.cit.*, p.82.
(113) Geyl, P. *The Revolt of the Netherlands 1555-1609* (London, 1932), p.283.
(114) *Ibid.*, p.286.
(115) Bacon, F.『学問の進歩』(1605), 服部英次郎・多田英次訳『世界の大思想 6』(河出書房，1966), p.32. 原文を参照して訳文を若干手直しした．また人名表記も本文にあわせた．
(116) Bacon『ノヴム・オルガヌム』(1620), 服部英次郎訳『世界の大思想 6』(河出書房，1966), p.281f.
(117) 山本『一六世紀文化革命 2』p.676f.
(118) Forbes, R.J. and Dijksterhuis, J.E.『科学と技術の歴史』(1963), 広重 徹・高橋 尚・西尾成子・山下愛子訳(みすず書房，1977), p.157.
(119) Bacon『ノヴム・オルガヌム』pp.326, 324.
(120) Whitehead, A.N.『科学と近代世界』(1925), 上田泰治・村上至孝訳『世界の思想(16) 現代科学思想』(河出書房新社，1966), p.65.
(121) Newton, *op.cit.*, 河辺訳, p.55.
(122) Descartes『方法序説』(1637), 三宅徳嘉・小池健男訳『デカルト著作集 1』(白水社，1973), p.63. この直後の引用は，同 p.20 より．
(123) Descartes『哲学原理』(n.91), p.157.
(124) Descartes『方法序説』p.64,『宇宙論』(1633), 野沢 協・中野重伸訳『デカルト著作集 4』(白水社，1973), p.164.
(125) Diderot, D.『エルヴェシウス『人間論』の反駁』(1773-4), 野沢 協訳『ディドロ著作集 第 2 巻 哲学(Ⅱ)』(法政大学出版局，1980), p.333.

文献

[基本文献]

DIJKSTERHUIS, E.J., *Simon Stevin* (Nijhoff, 's Gravenhage, 1943).
DIJKSTERHUIS, E.J. (ed.), *The Principal Works of Simon Stevin, vol. I, Mechanics* (N.V. Swets & Zeitlinger, Amsterdam, 1955).
STRUIK, D.J. (ed.), *The Principal Works of Simon Stevin, vol. IIA, Mathematics* (N.V. Swets & Zeitlinger, Amsterdam, 1958).
STRUIK, D.J. (ed.), *The Principal Works of Simon Stevin, vol. IIB, Mathematics* (N.V. Swets & Zeitlinger, Amsterdam, 1958).
PANNEKOEK, A., CRONE E. (eds.), *The Principal Works of Simon Stevin, vol. III, Astronomy, Navigation* (N.V. Swets & Zeitlinger, Amsterdam, 1961).
SCHUKKING, W.H. (ed.), *The Principal Works of Simon Stevin, vol. IV, The Art of War* (N.V. Swets & Zeitlinger, Amsterdam, 1965).
FORBES, R.J., FOKKER A.D., ROMEIN-VERSCHOOR A. (eds.), *The Principal Works of Simon Stevin, vol. V, Engineering, Music* (N.V. Swets & Zeitlinger, Amsterdam, 1966).

[引用文献ほか]

Begeleidend schrijven bij de tentoonstelling over de Universiteit Leiden in het Raadsgebouw op het Rapenburg, uitgegeven als *Libelli introductorii ab Ricardo Vulpitio compositi* (anno MCMLXXV).
Geschiedenis van de wetenschappen in België van de Oudheid tot 1815 (Gemeentekrediet, Brussel, 1998).
Printing and the Mind of Man, F.W. Briggs & Sons LTD et al., London (1963).
The New Encyclopaedia Brittanica, William Benton et al., Publisher, (1977).
Receuil des pièces, affiches, journaux, etc., relatifs aux fêtes célébrées à Bruges à l'occasion de l'inauguration de la statue en bronze en 1846 (Brugge, De Lay-De Muyttere, 1846).
ANDERSEN, K., 'Stevin's theory of perspective: the origin of a Dutch academic approach to perspective', in:*Tractrix*, 2, 25 (1990).
ANDRIESSE, C.D., *Titan kan niet slapen; Een biografie van Christiaan Huygens* (Contact Amsterdam/ Antwerpen, 1994).
BARBOUR, J.M., *Tuning and Temperament* (East Lansing, Michigan, 1951).
BEECKMAN, I., *Journal tenu par Isaac Beeckman de 1604 à 1634 publié avec une introduction et des notes par C. de Waard* (Den Haag, 1939-53).
BEEK, L., *Dutch Pioneers of Science* (Van Gorcum, Assen/Maastricht, 1985).
BEERNAERT, B. en SCHOTTE, B. (met bijdragen van J. D'hondt en K. Leenders), *Over de Koe, het Hert, de Uil..., Zes huizen, Zes Verhalen* (Stadsarchief Brugge, Publicaties Levend Archief, 2000).
BIERENS DE HAAN, D., *Bouwstoffen voor de geschiedenis der Wis- en natuurkundige Wetenschappen in de Nederlanden*, Overgedrukt uit de Verslagen en Mededelingen van de Kon. Academie van Wetenschappen, Afd. Natuurkunde, 2de reeks, VIII, IX, X, XII (1878).
BIERENS DE HAAN, D., *Simon Stevin, 'Vande Spiegeling der Singkonst' et 'Vande Molens'* (Amsterdam, 1884).
BOCKSTAELE, P.P., 'The Correspondence of Adriaan van Roomen', in: *Lias* III (1976).
BRANDT, G., *Poezy*, drie delen (Amsterdam, 1772).
CLAES, F., 'Simon Stevin als bron voor Kiliaan', in: *Tijdschrift voor Nederlandse Taal- en Letterkunde*, 111, 55 (1995).
COHEN, H. F., 'Simon Stevin's Equal Division of the Octave', in: *Annals of Science*, 44 (1987).
COPPENS, T., *Maurits, zoon van de Zwijger* (roman, Baarn, 1984).
COPPENS, T., *De vrouwen van Willem de Zwijger* (roman, Baarn, 1983).
DALTON, R., 'Through a looking glass. Did major artists use optical devices to plot points to help them paint?' in: *Nature*, 412, 860 (2001).

DAMEROW, P. et al., *Exploring the Limits of Preclassical Mechanics* (Springer-Verlag, Berlijn 1992).
DAMISCH, H., *L'origine de la perspective* (Flammarion, 1987).
DELLA FRANCESCA, P., *De prospectiva pingendi* (ms Parmensis 1576, Bibliotheek Palatine, Parma).
DEN BOER, P. en FLEURKENS, C.G., *Simon Stevin. Het Burgherlick Leven* (Erven J. Bijleveld, Utrecht, 2001).
DE REU, M., VANDEN BERGHE, G. en VAN HOOYDONK, G., *Simon Stevin*, tentoonstellingscatalogus (Gent, 1998).
DE VOS, D., *Hans Memling: Het volledige œuvre* (Mercatorfonds Paribas, Antwerpen, 1994).
DEVREESE, J.T. en VANDEN BERGHE, G., 'Stevin, Flemish Tutor to a Dutch Prince', in: *The Low Countries*, 10 (2002).
DEVREESE, J.T., 'Simon Stevin Brugghelinck, "Spiegheling en Daet"', in de tentoonstellingscatalogus *Spiegheling en Daet* (Brugge, De Biekorf, 9 december 1995 - 31 januari 1996). *Ibid.*, tentoonstellingscatalogus n.a.v. het symposium en de publieke lezingen 450 jaar na Stevins geboorte, 11 en 12 december 1998.
DE VRIES, J. VREDEMAN, *Perspective...* Lugduni Batavorum, Henric. Hondius sculps. et excud. (Colophon: s'Graven-haghe, Beuckel Corneliszoon Nieulandt, voor Hendrick Hondius (1604-1605)).
DE WAAL, P., *Van Paciolo tot Stevin, een bijdrage tot de leer van het boekhouden in de Nederlanden* (Roermond, 1927).
DIJKSTERHUIS, E.J., *Simon Stevin: Science in the Netherlands around 1600* (Nijhoff, The Hague, 1970).
DIJKSTERHUIS, E.J., 'Simon Stevin' in: *Simon Stevin*, 25 (1947), pp. 1-21.
DIJSTERHUIS, E.J., *Clio's Stiefkind* (Bert Bakker, Amsterdam, 1990).
DONCHE, P., 'De familie Cant te Veurne in de 15de en 16de eeuw', in: *Vlaamse Stam*, 38 (2002) 68-82.
DONCHE, P., 'Voorouders van de wiskundige Simon Stevin te Veurne', in: *Vlaamse Stam*, 38 (2002) 178-199.
FEYNMAN, R. P., LEIGHTON, R.B., SANDS, M., *The Feynman Lectures on Physiscs*, Addison-Wesley, Palo-Alto (1963).
GALILEI, V., *Dialogo della musica antica e della moderna* (Firenze, 1581).
GILBERT, W., *De Magnete* (Londen, 1600).
HAULOTTE, R. en STEVELINCK, E., *Luca Pacioli* (Uitgave Instituut der Accountants, Brussel, 1994).
HILDEBRANDT, S. e.a., *Mathematics and Optimal Form* (Scientific American Books, New York, 1985).
HUYGENS, C., *Œuvres Complètes*, 22 vols. (Martinus Nijhoff, Den Haag, 1888-1950).

KEMP, M., 'Simon Stevin and Pieter Saenredam: A Study of Mathematics and Vision in Dutch Science and Art', in: *Art Bulletin*, Vol. LXVIII, (1986), no. 2, pp. 237-252.
KEMP, M., 'Saenredam's shapes' in: *Nature*, 392, 445(1998).
KEMP, M., 'Journey into space' in: *Nature*, 400, 823 (1999).
KOOL, M., 'De rekenkundige termen van Simon Stevin' in: *Scientiarum Historia*, 18 (1992), pp. 91-107.
KOOL, M., *Die conste vanden getale* (Verloren, Hilversum, 1999).
KOX, A.J. en CHAMALAUN, M., *Van Stevin tot Lorentz* (Intermediair, Amsterdam, 1980).
LAGRANGE, J.M., *Mécanique Analytique* (Paris, 1811).
LENK, K. en KAHN, P., 'To Show and Explain...' in: *Visible Language* 26:3/4 (1991), pp. 272-281.
LOGGHE, V., DEVREESE, J.T., MESKENS, A., VAN DEN HEUVEL, C., IMHOF, D., *Spiegheling en daet, Simon Stevin van Brugghe (1548-1620)*, tentoonstellingscatalogus (Brugge, De Biekorf, 9 december 1995-31 januari 1996).
LOMBAERDE, P., 'Het theoretische en praktische aandeel van Simon Stevin en Wenceslas Cobergher bij de heropbouw van Oostende na 1604', in: *Het Ingenieursblad* (1983, nr 8), pp. 331-338.
MARIJNISSEN, R.H., *Lof der mislukkeling* (Pelckmans, Kapellen, 1997).
MERTENS, R.A., 'Simon Stevin', in: *Nationaal Biografisch Woordenboek* (1996), pp. 694-710, Koninklijke Academiën van België.
MERTENS, R.A., 'Simon Stevin: A European Scientist of the Renaissance', in: *Studia Europaea*, V (1998), pp. 91-122.
MORREN, TH., 'Simon Stevin', in: *Eigen Haard* (1899), pp. 52-56.
OOMES, R.M.TH., 'Een onbekend werk van Simon Stevin', in *Vereniging Jan Van Hout* (1996), 7,1.
PÉREZ-GÓMEZ, A. en PELLETIER, L., *Architectural Representation and the Perspective Hinge* (Cambridge (Mass.), 1999).
PUYPE, J.P., *Simon Stevin en de Nederlandse militaire bevelstaal* (Lezing gehouden op het symposium *Simon Stevin, Brugghelinck* (Brugge 11-12 december 1998)).
PUYPE, J.P., en WIEKART A.A., *Van Maurits naar Munster*, Legermuseum, Delft (1998).
PUYPE, J.P., 'Het Staatse leger en Prins Maurits, wegbereider van de moderne legers', in: *Armentaria, Jaarboek Legermuseum*, Aflevering 35, Delft (2000).
RASCH, R., *Stevins Spiegheling der Singconst in 17de- en 20ste-eeuws perspectief* (Lezing gehouden op het symposium *Simon Stevin, Brugghelinck* (Brugge 11-12 december 1998)).

ROTTIER, H., *Rondreis door Middeleeuws Vlaanderen* (Davidsfonds, Leuven, 1996).
SARTON, G., 'Simon Stevin of Bruges (1548-1620)', in: *Isis*, 21 (1934), pp.241-303.
SARTON, G., 'The first explanation of decimal fractions and measures (1585)', in *Isis*, 23 (1935), pp. 153-244.
SCHOUTEET, A., 'De afkomst van Simon Stevin en diens werkkring in Vlaanderen', in: *Handelingen van het Genootschap 'Société d'Emulation' te Brugge*, 80 (1937), pp. 137-146.
SCHLÜTER, L. en VINKEN P., *The Elsevier Non Solus imprint* (Amsterdam, 1997).
SINISGALLI, R. *Per la storia della Prospettiva (1405-1605). Il contributo di Simon Stevin allo sviluppo scientifico della prospettiva artificiale ed i suoi precedenti storici* ('L'erma' di Bretschneider, Roma, 1978).
D.E. SMITH, *History of Mathematics*, vol. II (Dover Publication Inc., New-York, 1958).
STRUIK, D.J., *Het Land van Stevin en Huygens* (Pegasus, Amsterdam, 1966).
STRUIK, D.J., 'Simon Stevin and the Decimal Fractions', in: *The Mathematics Teacher*, 52 (1959), pp. 474-78.
VAN ACKER, J., 'De Veurnse voorouders en verwanten van Simon Stevin', in: *Liber Amicorum Roger Blondeau* (1999).
VANDAMME, L., *De socio-professionele recrutering van de reformatie te Brugge, 1566-1567*, licentiaatsverhandeling Geschiedenis, KU Leuven, 1982.
VAN DEN HEUVEL, C., *Papiere Bolwercken*, proefschrift, Rijksuniversiteit Groningen (Drukkerij Vis Offset, Alphen aan de Rijn, 1991).
VAN DEN HEUVEL, C., 'Stevins "Huysbou"...' in: *Bulletin KNOB*, 93-1, 1 (1993).
VAN DEN HEUVEL, C., 't Samenspreeckinghe betreffende de Architecture ende Schilderkunst. Schilders, Architecten en Wiskundigen over de uitbeelding van architectuur', in: *Incontri, Rivista europea di studi italiani* 1994/1 p. 69-85.

VAN DEN HEUVEL, C., 'Architectuurmodellen en voorstellingen van een logische orde: Stevin en Ramus', in: *Feit&Fictie*, jaargang II, nr. 1, herfst 1994, pp. 95-111.
VAN DEN HEUVEL, C., 'Van Waterschuyring tot Watermanagement. De betekenis van Stevins geschriften over de bouwkunst' (lezing gehouden op het symposium *Simon Stevin, Brugghelinck* (Brugge 11-12 december 1998)).
VAN DEN HEUVEL, C., 'Wisconstighe Ghedachtenissen. Maurits over de kunsten en wetenschappen in het werk van Stevin', in: K. Zandvliet, *Maurits. Prins van Oranje*, Amsterdam, Zwolle 2000, pp. 106-121.
VAN DEN HEUVEL, C., 'Prive-lessen van Maurits' (lezing gehouden in het Rijksmuseum te Amsterdam op 20 februari 2001).
VAN DER BAUWHEDE, D. en GOETINCK, M., *Brugge in de Geuzentijd, Bijdragen tot de Geschiedenis van de Hervorming te Brugge en het Brugse Vrije tijdens de 16de eeuw* (Herdenking Oostvlaamse Synode (8 en 9 mei 1582), Brugge, mei 1982 (Uitgaven Westvlaamse Gidsenkring v.z.w., 1982)).
VAN DUIN, R.H.A. en DE KASTE, G., *Het Zuiderzeeprojekt in zakformaat* (1995, vierde druk).
VAN HARDEVELD, I., *Lodewijk Meijer (1629-1681) als lexicograaf* (Proefschrift Universiteit Leiden, 2000).
VAN PAEMEL, G., *Een standbeeld voor Stevin: Wetenschap en cultuur in de Nederlanden*, Inaugurale Rede, Katholieke Universiteit Nijmegen, 1995.
VAN RIJCKHUIJSEN, G.A., *Geslacht en Wapenboek van Gijsbert Ariensz. van Rijckhuysen, Bode met de Bussche te Leijden* (manuscript, Gemeentearchief Leiden).
WOELDERINK, B., 'Het bezoek van Simon Stevin aan Dantzig in 1591', in: *Tijdschrift voor de geschiedenis der Geneeskunde, Natuurwetenschappen, Wiskunde en Techniek*, 3 (1980), pp. 178-186.
ZANDVLIET, K., *Maurits, Prins van Oranje*, tentoonstellingscatalogus (Rijksmuseum Amsterdam, Waanders uitgevers Zwolle, 2000).

　ステヴィンの著作に関する非常に充実して詳細な解説のついた一覧は［基本文献］中に見出せる．その冒頭に掲げた Dijksterhuis（1943）は，ステヴィンの著作に関して完全に解説した研究である．続く6点にはステヴィンのオリジナルの著作が英訳付きで再録されている．
　当然，これらの著作中にもかなりの量の文献があげられている．加えて［引用文献ほか］にあげるのは，筆者ら自身が参照した文献，あるいは上記の著作中には登場しない最近の文献である．

人名索引

ア 行

アインシュタイン, アルバート [Einstein, Albert] 228,355,417
アヴィセンナ [Avicenna] 258
アウグスティヌス [Augustinus] 389
アデラード, バースの [Adelard van Bath] 93
アブラハム・バル・ヒーヤ [Abraham bar Hiyya Ha-Nasi] 233
アポロニオス, ペルガの [Apollonius van Perga] 20f.,25,175,348
アリスタルコス, サモスの [Aristarchos van Samos] x,299
アリストテレス [Aristoteles] 26,174,177, 180,182,200f.,226,353,378,381,405,413-416,420,425,431
アルキメデス [Archimedes] 20f.,24f.,172-175, 177-180,182,195,199,201-203,205f.,208f., 221f.,224-228,351,353,360,371,375,383, 403,411,413,417,420f.,425,427,431
アルバ公 [Alba, hertog van] 3,6,49
アル・フワーリズミー, ムハンマド・イブン・ムーサー [Al-Khwarizmi, Muhammad ibn-Musa] 93,233,238,248,338,390
アルベルティ, レオン・バッティスタ [Alberti, Leon Battista] 23,276
アルベルト, オーストリア大公 [Albrecht, van Oostenrijk] 10,54,125
アルミニウス, ヤコブス [Arminius, Jacobus] 51
アントニースゾーン, アドリアーン [Anthonisz., Adriaan] 140
アンナ, ザクセン公女 [Anna, van Saksen] 72
アンリ二世 [Henri II] 82

イシドルス, セビリアの [Isidoro de Sevilla] 384,389
イシドロス, ミレトスの [Isidorus van Milete] 27
イーペルマン, ヤン [Yperman, Jan (Jehan)] 258
インピン, ヤン [Ympyn, Jan] 163,371,373, 395

ヴァーヘナール, ルーカス [Waghenare, Lucas] 427
ヴィエト, フランソワ [Viète, François] 237, 244,247,251,337,371
ウィッツェン, ニコラース [Witsen, Nicolaes] 351f.
ウィトルウィウス, ポッリオ・マルクス [Vitruvius, Pollio Marcus] 144
ウィルキンス, ジョン [Wilkins, John] 335,365
ヴィルリ, パウルス [Viruly, Paulus] 119
ウィレム・ローデワイク, ナッサウ伯 [Willem Lodewijk, van Nassau] 74
ウィレム一世, オラニエ公 (沈黙公) [Willem, van Oranje] 3,53,58,65,72,258,398,400
ウィレム三世, オラニエ公 [Willem III, prins van Oranje] 352
ヴェサリウス, アンドレアス [Vesalius, Andreas] 295,340,360,371
ウエストマン, ロバート [Westman, Robert S.] 372
ウェーバー, ウィルヘルム・エドゥアルト [Weber, Wilhelm Eduard] 101
ウェルギリウス [Publius Vergilius Maro] 20
ヴォーバン, セバスティアン・ル・プレートル・ド [Vauban, Sébastien Le Prestre de] 141, 374
ウォリス, ジョン [Wallis, John] 392
ウッチェロ, パオロ [Uccello, Paolo] 279
ウルカニウス, ボナヴェントゥーラ [Vulcanius, Bonaventura] 51

エウクレイデス, アレクサンドリアの [Euclides van Alexandrië] xx,21,25f.,33,233,238, 250,337,368,371,384,390,403f.,406,410, 412f.,431
エウトキオス [Eutocius] 28

人名索引　　　447

エグモント伯,ラモラール[Egmond, Lamoraal, graaf van] 3,53
エラスムス,デシデリウス[Erasmus, Desiderius] 18,21,51,371
エラトステネス[Erathostenes] 26
エリゴーヌ,ピエール[Herigone, Pierre] 289
エリザベス一世[Elisabeth I] 339
エルカー,ラザルス[Ercker, Lazarus] 391
エル・グレコ,ドミニコス・テオトコプロス [El Greco, Dominikos Theotokopoulos] 19,175
エルゼヴィル,アブラハム[Elsevier, Abraham] xxii,70
エルゼヴィル,イサーク[Elsevier, Isaac] 70
エルゼヴィル,ボナヴェントゥーラ[Elsevier, Bonaventura] xxii,70
エンミウス,ウッボ[Emmius, Ubbo] 298,363

オイラー,レオンハルト[Euler, Leonhard] 224,227,230,253,354
オストヴァルト,ヴィルヘルム[Ostwald, Wilhelm] 420
オッカム[Ockham, William of] 199
オラニエ公──→ウィレム
オルデンバルネフェルト,ヨハン・ファン[Oldenbarnevelt, Johan van] 72,129
オレーム,ニコル[Oresme, Nicole] 199,416

　　　　　カ 行

ガウス,カール・フリードリヒ[Gauss, Carl Friedrich] 101,177
ガウリコ,ルカ[Gaurico, Luca] 28
カエサル,ユリウス[Caesar, Julius] 144,170f.
ガッサンディ,ピエール[Gassandi, Pierre] 346
カッシーラー,エルンスト[Cassirer, Ernst] 388,407
カラヴァッジオ[Caravaggio] 312
ガリレイ,ヴィンチェンツォ[Galilei, Vincenzo] 319,328
ガリレイ,ガリレオ[Galilei, Galileo] x,23,116, 172,174,178,182,196,198-202,226f.,230, 253,298,319,335,339f.,342f.,345,350,365, 370,372,375-378,388,405-407,413f.,421-425
カルヴァン,ジャン[Calvin, Jean] 48,175
カール五世(カルロス一世)[Karel V] 1,53, 102,198,394,396f.
カール大帝[Karel de Grote] 83

カルダーノ,ジロラモ[Cardano, Girolamo] 21,23,232,235f.,248,251-253
カルノー,サディ[Carnot, Sadi] 417
キケロ,マルクス・トゥッリウス[Cicero, Marcus Tullius] 20
ギヨーム,メールベクの[Willem van Moerbeke] 26-29,32
キリアーン,コルネリス[Kiliaen (van Kiel), Cornelis] 260f.,263,265f.
ギリスピー[Gillispie, Charles Coulston] 376
ギルバート,ウィリアム[Gilbert, William] x, 17,23,299,302,335,339-341,371,422f.
銀林浩　387

グイッチャルディーニ,フランチェスコ[Guiccardini, Francesco] 20
クザーヌス,ニコラウス[Von Kues, Nikolaus] 23,393,407
クシランダー(ウィルヘルム・ホルツマン) [Xylander (Wilhelm Holzmann)] 255
グスタフ・アドルフ[Gustaaf Adolf] 76
グーテンベルク,ヨハンネス[Gutenberg, Johannes] 14
クラーイ,カタリーナ[Cray (Craey, Krai, Kraai, Caerls), Catharina] 54,76-79
クラヴィウス,クリストフ[Clavius, Christoph] 29,33,95,337f.
クラウト,ディルク[Cluyt, Dirck] 67
グラマテウス,ヘンリクス[Grammateus, Henricus] 311
クリスチャン四世,デンマーク王[Christiaan IV, van Denemarken] 64
クルシウス,カロルス[Clusius, Carolus] 67, 295
グレゴリウス十三世,教皇[Gregorius XIII, paus] 22
グロティウス,フーゴー[Grotius (de Groot), Hugo] 33,56,63,67,130,272,274,335, 341f.,372,374
クロンビー[Crombie, Alastiair C.] 415
クーン,トマス[Kuhn, Thomas] 370,415

ゲハウフ,トマス[Gechauff, Thomas] 27
ケプラー,ヨハンネス[Kepler, Johannes] x,17,22f.,95,199,299,313,337,339f.,343f., 348,351,371f.,422f.,429f.

コイレ,アレクサンドル[Koyré, Alexandre]

377f., 388, 420f.
コーシー, オーギュスタン・ルイ [Cauchy, Augstin Louis] 177
コーベルガー, ヴェンセスラス [Cobergher, Wenceslas] 125
コペルニクス, ニコラウス [Copernicus, Nicolaus] x, 17, 21-24, 51f., 298f., 302-304, 339, 348, 360, 371
ゴマルス, フランシスクス [Gomarus, Franciscus] 51
コマンディーノ, フェデリゴ [Commandino, Federigo] 28f., 32, 174, 277
コメニウス, ヤン・アモス [Comenius, Jan Amos] 294
コロンブス, クリストファー [Columbus, Christopher] 371

サ 行

サクロボスコ [Sacrobosco] 390
サートン, ジョージ [Sarton, George] 93, 376
ザビエル, フランシスコ [Xavier, Francisco] 371
サービト・イブン・クッラ [Thabit ibn Qurra] 32
サヨン-ド・カロン, エメレンティアーナ [Sayon-de Caron, Emerentiana] 39f., 44f., 50
サヨン, フィンセント [Sayon, Vincent] 40, 49f., 148
サヨン, ヤーコプ [Sayon, Jacob] 40, 50, 148
サヨン, ヨースト [Sayon, Joost] 40, 42, 45-50, 148
サーンレダム, ピーテル [Saenredam, Pieter] 284, 292

シェークスピア, ウィリアム [Shakespeare, William] 20, 24, 91, 103-105, 107
シェッファー, ペーター [Schöffer, Peter] 14
ジェファソン, トマス [Jefferson, Thomas] 105-108
シェーンベルク, アルノルド [Schoenberg, Arnold] 330f.
ジオット・ディ・ボンドネ [Giotto di Bondone] 275
シモニス, ルイ・ウージェーヌ [Simonis, Louis Eugène] 357
シャルル (ブルゴーニュ公) ── カール五世
シュケー, ニコラ [Chuquet, Nicolas] 392
シュペックル, ダニエル [Speckle, Daniel] 138

ジョルジ, ジョヴァンニ [Giorgi, Giovanni] 101
シラー, フリードリヒ [Schiller, Friedrich] 400
ジラール, アルベール [Girard, Albert] xxiif., 130, 157, 241, 247, 251, 360
シルベスター二世 [Sylvester II] 389

スカリゲル, ヨセフス・ユストゥス [Scaliger, Josephus Justus] 67, 134
ス・グラーフェサンデ, ウィレム・ヤーコプ [Gravesande, Willem Jacob 's] 288
スタディウス, ヨアンネス [Stadius, Joannes] 301
スタンピウン, ヤン・ヤンスズーン (子) [Stampioen, Jan Jansz., de Jonge] 267f., 348
スタンピウン, ヤン・ヤンスズーン (父) [Stampioen, Jan Jansz., de Oude] 78
ステヴィン, アントニス [Stevin, Anthuenis (Anthonis)] 36, 38, 45f.
ステヴィン, ヘンドリック [Stevin, Hendrick] xxiiif., 54, 59, 76, 79f., 109f., 114, 119, 123, 125f., 134, 141, 143, 148, 169, 259, 308, 346
ストキウス, ニコラース [Stochius, Nicholaas] 55
ストルイク, ディルク [Struik, Dirk J.] 335, 395, 399
スニィガ, ディエゴ・デ [Suniga, Diego de] 372
スネル (スネリウス), ウィレブロルト [Snel (Snellius), Willebrord] 78, 134, 274, 335, 342-346, 354, 372
スネル (スネリウス), ルドルフ [Snel (Snellius), Rudolf] 55, 343-346
スピノザ [Spinoza, Baruch de] 372
スピノラ, アンブロジオ [Spinola, Ambrosio] 74
スピーヘル, ヘンドリック・ラウレンスゾーン [Spieghel, Hendrik Laurenszoon] 427

セルバンテス [Cervantes Saavedra, Miguel de] 20

ソクラテス [Socrates] 20
ゾンバルト, ヴェルナー [Sombart, Werner] 396

タ 行

ダ・ヴィンチ, レオナルド [da Vinci, Leonardo] xi, 19, 23-25, 29, 174, 182, 225, 340, 360

人名索引

ダ・ガマ, ヴァスコ [Da Gama, Vasco] 371
タズニエ, ジャン [Taisnier, J.] 414
ダフォーン, リチャード [Dafforne, Richard] 336
タルターリア, ニッコロ [Tartaglia, Niccolo] 21, 23, 28, 138, 232, 234-236, 248, 251, 348, 370f., 392f., 403, 416
ダル・モンテ, グイドバルド [dal Monte, Guidbaldo] 275, 277, 289, 354
タレス, ミレトスの [Thales van Milete] 21, 25, 177, 379
ダンテ, アリギエリ [Dante, Alighieri] 24
ツァルリーノ, ジョゼッフォ [Zarlino, Gioseffo] 311, 322, 330
ツーゼ, コンラート [Zuse, Konrad] 334

ディオファントス, アレクサンドリアの [Diophantos van Alexandrië] xx, 24, 248, 254f., 294, 403
デイクステルホイス [Dijksterhuis, Eduard Jan] xiii, xix, 35, 114, 116, 174, 176, 195, 199, 220, 225, 227, 249, 260f., 263, 271, 290, 294, 329, 334, 339, 376, 419, 432
ディッゲス, トマス [Digges, Thomas] 372
ディドロ, ドニ [Diderot, Denis] 381, 434
テイラー, ブルック [Taylor, Brook] 288f.
デヴレーゼ [Devreese, Josef T.] 376
テオン, アレクサンドリアの [Theoon van Alexandrië] 26
デカルト, ルネ [Descartes, René] 23, 198f., 241f., 244, 247, 251, 309f., 343, 345f., 348, 375, 378, 415, 423, 433f., 436
デ・グラーフ, アブラハム [de Graaf, Abraham] 289
デ・グロート, ヒューホー ⟶ グロティウス
デ・グロート, ヨハン・コルネッツ [de Groot, Johan Cornets] 54, 56, 58, 71, 110, 118f., 151, 200, 413f.
デ・ソトー, ドミンゴ [de Soto, Domingo] 23, 198, 345
デ・デッケル, エゼヒエル [De Decker, Ezechiel] 96
デ・ハイン, ヤーコプ [de Gheyn, Jacob] 63f.
デモクリトス [Demokritos] 431
デュエム, ピエール [Duhem, Pierre] 417, 420
デュガス, ルネ [Dugas, René] 417
デュブヴァズ, クリストファ [Dybvad, Christoffer] 84

デュモルティエ, バルトレミ [Dumortier, Barthélémy] 358
デューラー, アルブレヒト [Dürer, Albrecht] 24, 286, 295, 370, 403
デル・フェッロ, シピオーネ [del Ferro, Scipione] 234, 248
デ・レンテルゲム, バルトロメウス [de Renterghem, Bartholomeus] 164
ドウサ, ヤーヌス [Dousa, Janus] 52, 65
トゥルスデル [Truesdell, C.] 421
ド・カロン, ノエル [de Caron, Noël] 39f., 44f., 50, 52
ド・クルトヴィル, ピーテル [de Courteville, Pieter] 39, 47
ドシャール, クロード・フランソワ・ミリエ [Dechales, Claude François Milliet] 289, 294
ドッジ, メアリー・エリザベス・メイプス [Dodge, Mary Elizabeth Mapes] 201
ドドネウス, レンベルトゥス [Dodonaeus, Rembertus] 15, 258, 295
トムソン, ウィリアム, ケルヴィン卿 [Thomson, William, Lord Kelvin] 101
トランシャン, ジャン [Trenchant, Jean] 157f., 162
トリチェッリ, エヴァンジェリスタ [Torricelli, Evangelista] 175, 196, 202, 226f., 230, 350
ドリュー, レミ [Drieux, Rémi] 49
トロヤヌス, クルティウス [Trojanus, Curtius] 28

ナ 行

ナンシウス, フランシスクス [Nansius, Franciscus] 52

ニコマコス [Nikomachos] 390
ニュートン, アイザック [Newton, Isaac] x, 23, 172, 174, 196, 198f., 289, 314, 335, 341, 345, 351, 355, 365, 407f., 433

ネイピア, ジョン [Napier, John] 91, 95f., 340, 372
ネフ, ジョン [Nef, John] 374

ノートン, ロバート [Norton, Robert] 84, 104f., 107, 370

ハ 行

バイエル, ヨハン・ハルトマン [Beyer, Johann Hartmann] 95
ハイヤールト, ヨハン [Gailliaert, Johan] 47
パーウ, ピーテル [Pauw, Pieter] 67
ハクルート, リチャード [Hakluyt, Richard] 374
パスカル, ブレーズ [Pascal, Blaise] 91, 172, 202, 213, 216f., 227, 334, 353, 421
パチョーリ, ルカ [Pacioli, Luca] 163-165, 234, 236, 248, 373, 392f., 403
パッポス, アレクサンドリアの [Pappus van Alexandrië] 21, 26, 32, 175, 182
パノフスキー, エルヴィン [Panofsky, Erwin] 369
バベッジ, チャールズ [Babbage, Charles] 91, 334
ハリオット, トマス [Harriot, Thomas] 372
パリシー, ベルナール [Palissy, Bernard] 370
ハリファクス, ジョン [Halifax, John] 93
パルメニデス [Parmenides] 415
パレ, アンブロアズ [Paré, Ambroise] 370
パレストリーナ, ジョヴァンニ・ピエルイジ・ダ [Palestrina, Giovanni Pierluigi da] 175
パンハウゼン, バルトロメウス [Panhuysen, Bartholomeus] 78

ピエロ・デッラ・フランチェスカ [Piero della Francesca] 23, 276
ヒエロン二世, シュラクサイの [Hieroon II van Syracuse] 195
ピコ・デラ・ミランドラ [Pico della Mirandola] 390
ピーテルスゾーン, クラース [Pietersz, Claes] 163
ヒポクラテス [Hippokrates] 431
ヒムナハ, ヤン [Gymnich, Jan] 259
ピュタゴラス, サモスの [Pythagoras van Samos] 25, 309-311, 379, 382f.
ビュリダン, ジャン [Buridan, Jean] 119
ビュルギ, ヨプスト [Bürgi, Jobst] 95
ピョートル一世 [Peter de Grote] 352f.
ビリングッチョ, ヴァンノッキオ [Biringuccio, Vannoccio] 370

ファインマン, リチャード・フィリップス [Feynman, Richard Phillips] 335, 354, 356f.
ファルネーゼ, アレッサンドロ, パルマ公 [Farnese, Alessandro] 8, 16, 50, 53, 72
ファン・アイク, ヤン [van Eyck, Jan] 24, 275f.
ファン・アーケン, マルテン・ウェンツェル [Van Aken, Marthen Wentzel] 161
ファン・オルリーンス, ダーフィト [Van Orliens, David] 140
ファン・カンタンプレ, トマス [Van Cantimpré, Thomas] 258
ファン・キューレン, ルドルフ [Van Ceulen, Ludolph] 68, 134, 161, 338
ファン・グルンウェーヘン, ユリアーン [Van Groenwegen, Juliaen] 43, 80
ファン・スホーテン (子), フランス [Van Schooten, Frans, Jr.] 288f.
ファン・スホーテン (父), フランス [Van Schooten, Frans, de Oudere] 241
ファン・デル・ヴェルデン [Van der Waerden, Bartel Leendert] 374
ファン・デル・グヒト, アドリアーン [Van der Gucht, Adriaen] 264
ファン・デル・ルー, ヘンドリック [van der Loe, Hendrik] 15
ファン・デル・ルー, ヤン [van der Loe, Jan] 15
ファン・デン・フッケ, ヒーリス [Van den Hoecke, Gielis] 264, 395
ファンデン・ベルヘ [Vanden Berghe, Guido] 376
ファン・ハウテン, ヘンドリック [Van Houten, Hendrik] 290
ファン・ハウト, ヤン [Van Hout, Jan] 150
ファン・ファーレンブラーケン, クリスティアヌス [Van Varenbraken, Christianus] 264
ファン・フルテム, カレル [Van Hulthem, Karel] 258
ファン・ベルケル [Van Berkel, Klaas] 369
ファン・ヘルモント [Van Helmont, J. B.] 372
ファン・マルニクス・ファン・シント・アルデホンデ, フィリップス [Van Marnix van St. Aldegonde, Philips] 51
ファン・マールラント, ヤコブ [Van Maerlant, Jacob] 258
ファン・ライクハウゼン, ハイスベルト・アリエンス [Van Rijckhuijsen, Gijsbert Ariens] 42, 76
ファン・ラーフェリンゲン, フランス [Van Ravelingen, Frans] 16, 56, 62, 70, 172, 337
ファン・ローメン, アドリアーン [Van Roomen,

人名索引

Adriaan] 335,337f.,344
フィオール, アントニオ [Fior, Antonio] 234, 248
フィボナッチ ⟶ レオナルド
フィリップ善良公 [Filips de Goede] 3,102
フィロポノス, ヨアンネス [Philoponus, Joannes] 200
フェッラーリ, ロドヴィコ [Ferrari, Lodovico] 236,248,252
フェリペ二世 [Felipe II] 3,15,18,50,53,65, 103,396-398
フェルハイエン, アブラハム [Verheyen, Abraham] 308-310,316,326,328-330
フェルメール [Vermeer, Johannes] 372
フォーブス [Forbes, Robert James] 376,432
フォリアーノ, ロドヴィコ [Fogliano, Lodovico] 311
フォン・ノイマン, ジョン [von Neumann, John] 91,334
ブゲ, ピエール [Bouguer, Pierre] 224
フスト, ヨハン [Fust, Johann] 14
フック, ロバート [Hooke, Robert] 375
フックス, レオンハルト [Fucks, Leonhard] 371
プトレマイオス, クラウディオス [Ptolemaios, Claudius] 22,25,86,98,298f.,301,303,322, 348,371,383,386,404,415
プトレマイオス一世 [Ptolemaios I] 195
ブラーエ, ティコ [Brahe, Tycho] 337,344, 348,371,429f.
プラトーネ, ティヴォリの [Plato van Tivoli] 233
プラトン [Plato] 20,377,379-384,386,393, 425,431
ブラフマグプタ [Brahmagupta] 233
ブランキウス, ペトルス [Plancius, Petrus (Paetevoet, Pieter)] 131-133,340
プランク, マックス [Planck, Max] 419
フランクリン, ベンジャミン [Franklin, Benjamin] 396
プランタン, クリストフ [Plantin, Christophe] xixf.,15f.,55f.,59,70,81,84,130,157,172, 260f.,263,265f.,337
フリシウス, ゲンマ [Frisius, Gemma] 298, 344,395
ブリッグズ, ヘンリー [Briggs, Henry] 91,96
フリードリヒ二世 [Friedrich II der Grosse] 355
ブリューゲル(子), ピーテル [Brueghel, Pieter de Jonge] 22
ブリューゲル(父), ピーテル [Brueghel, Pieter de Oude] 21,24
ブルネレスキ, フィリッポ [Brunelleschi, Filippo] 24,276
ブルーノ, ジョルダノ [Bruno, Giordano] 371f.
フレーデマン・ド・フリース, ヤン [Vredeman de Vries, Jan] 289f.
ブレデロ, ヘルブラント・アドリアーンスゾーン [Bredero, Gerbrand Adriaenszoon] 187,274
プロクロス [Proklos] 379

ベカヌス, ジョアンネス・ゴロピウス [Becanus, Joannes Goropius] 271
ベークマン, イサーク [Beeckman, Isaac] xxiv,23,79,114,141,198f.,241f.,288,307, 309,311,320,342f.,345-348,354
ペゴロッティ, フランチェスコ・バルドゥッチ [Pegolotti, Francesco Balducci] 157
ベーコン, フランシス [Bacon, Francis] 430-433,435f.
ベーコン, ロジャー [Bacon, Roger] 415
ペトラルカ, フランチェスコ [Petrarca, Francesco] 20
ベネデッティ, ジョヴァンニ・バッティスタ [Benedetti, Giovanni Battista] 23,200, 226,277,299,414,416
ベリドール, ベルナール・フォレ・ド [Bélidor, Bernard Forest de] 120,336
ベルニーニ, ジャン・ロレンツォ [Bernini, Gian Lorenzo] 24
ベルヌーイ, ダニエル [Bernoulli, Daniel] 202, 224,227,230,351
ベルヌーイ, ヨハン [Bernoulli, Johann] 202, 230,351
ヘルムホルツ, ヘルマン・ルートウィヒ・フェルディナント・フォン [Helmholtz, Hermann Ludwig Ferdinand von] 175
ペレグリヌス, ペトロス [Peregrinus, Petrus] 415
ヘロン, アレクサンドリアの [Heroon van Alexandrië] 26,174,195

ホイジンハ, ヨハン [Huizinga, Johan] 409
ホイヘンス, クリスティアーン [Huygens, Christiaan] x,23,172,174,199,224,228, 230,267f.,274,289,291,309,335,343,348-351,354,372

ホイヘンス, コンスタンテイン [Huygens, Constantijn] 141, 260, 309, 335, 348
ボイル, ロバート [Boyle, Robert] 202, 208, 377
ボエティウス [Boethius] 390
ホーフト, ピーテル・コルネリスゾーン [Hooft, Pieter Cornelisz.] 52, 272
ホーヘンベルグ, フランス [Hogenberg, Frans] 136
ボホナー, サロモン [Bochner, Salomon] 413, 426
ボルギ, ピエトロ [Borghi, Pietro] 384
ホールネ伯 [Hoorne, Filips van Montmorency-Nivelle, graaf van] 4, 53
ボレッリ, ジョヴァンニ・アルフォンソ [Borelli, Giovanni Alfonso] 32
ホレリス, ハーマン [Hollerith, Herman] 91, 334
ボーン, ウィリアム [Bourne, William] 370
ボンベッリ, ラファエル [Bombelli, Rafael] 236f., 242, 248, 252, 370, 392f., 403

マ 行

マイケル・スコット [Michael Scott] 415
マウリッツ, オラニエ公 [Maurits, Oranje-Nassau] xiv, xxi, 34, 54, 58f., 62f., 68, 72-75, 79, 84, 130, 133, 137, 141, 146f., 168-170, 197, 275, 278, 286-288, 293f., 298, 301, 310, 335, 342, 375, 400f., 427
マキアヴェッリ, ニッコロ [Machiavelli, Niccolo] 20
マクスウェル, ジェームズ・クラーク [Maxwell, James Clerk] 101
マザッチオ, トンマーゾ・グイディ [Masaccio, Tommaso Guidi] 276
マジニ, ジョヴァンニ・アントニオ [Magini, Giovanni Antonio] 94
マスターソン, トマス [Masterson, Thomas] 95
マッハ, エルンスト [Mach, Ernst] 225, 227, 335, 354-356, 367-369, 375, 417, 419f.
マルティヌス五世, 教皇 [Martinus V, paus] 17
マロロワ, サミュエル [Marolois, Samuel] 289

ミケランジェロ, ブオナロッティ [Michelangelo, Buonarotti] 24
ミューラー, ヨハンネス ─→ レギオモンタヌス

ムールのヨハンネス [Muris, Johannes] 93
ムレリウス, ニコラウス [Mulerius, Nicolaus] 51, 173

メステリン, ミカエル [Maestelin, Michael] 372
メネラオス [Menelaos] 21
メムリンク, ハンス [Memling, Hans] 192f.
メルカトル, ヘラルト [Mercator, Gerard] 23, 131, 295, 298, 360
メルセンヌ, マラン [Mersenne, Marin] 309f., 315, 328, 331, 346, 350
メンナー, ヴァレンティン [Mennher, Valentin] 243

モア, トマス [More, Thomas] 21
森毅 387
モレトゥス一世, ヤン [Moretus I, Jan] 16, 337

ヤ 行

ヤコブ, クレモナの [Jacob van Cremona] 27
ヤン四世, ブラバント公 [Jan IV, hertog van Brabant] 17

ヨルダヌス・ネモラリウス [Jordanus Nemorarius] 174, 182, 375, 416

ラ 行

ライト, エドワード [Wright, Edward] 130f., 340f., 374
ライホーフェ卿, フランス・ファン・デン・ケテュレ [Ryhove, Frans van den Kethulle, heer van] 49
ラヴォアジェ [Lavoisier, Antoine-Laurent] 402
ラヴレース伯爵夫人, (バイロン, エイダ) [Lady Lovelace, Byron, Ada] 92
ラグランジュ, ジョゼフ・ルイ [Lagrange, Joseph Louis] 100, 186, 335, 354
ラファエロ, サンティ [Raffaello, Santi] 19, 24
ラプラス, ピエール・シモン [Laplace, Pierre-Simon] 100
ラブレー, フランソワ [Rabelais, François] 20
ランブレヒツ, ヨース [Lambrechts, Joos] 257
ランベルト, ヨハン・ハインリヒ [Lambert, Johann Heinrich] 289

リプシウス, ユストゥス [Lipsius, Justus (Lips, Joost)] 16, 52, 67, 135, 337, 362

人名索引

ルター，マルティン [Luther, Martin] 3, 371
ルーベンス，ピーテル・パウウェル [Rubens, Pieter Pauwel] 19, 72

レーウェンフック，アントーニ・ファン [Leeuwenhoek, Antoni van] 343
レオナルド，ピサの [Leonardo of Pisa] 93, 390
レギオモンタヌス（ヨハンネス・ミューラー） [Regiomontanus, Johannes] 27, 86, 94, 386
レーグワーテル，ヤン・アドリアーンスゾーン [Leeghwater, Jan Adriaenszoon] 117
レスター伯 [Dudley, Robert, earl of Leicester] 110
レティクス，ヨアヒム [Rheticus, Georg Joachim] 372

ロッシェ，ジョン [Roche, John] 422
ロトマン，クリストファー [Rothmann, Christopher] 372
ロベリウス，マッティアス [Lobelius, Matthias] 295
ロベルヴァル [Roberval, Giles-Personne de] 375, 420

ワ 行

ワイツ，ジャック [Wijts, Jacques] 52, 75
ワイトマン [Wightman, William P. D.] 376, 402

欧 文

Andersen, K. 283, 288f., 291
Andriesse, C. D. 224

Bierens de Haan, David xxiv, 68, 114, 308, 326
Bockstaele, P. 274, 335, 338

Casimir, Hendrik 197

Cohen, H. F. 310, 318, 329

Dalton, R. 276
De Waal, P. 165

Falco, Charles M. 276
Fokker, Adriaan Daniël 325

Hockney, David 276

Kahn, P. 294-297
Kemp, M. 292
Kool, M. 85, 263f.

Lenk, K. 294-297
Lombaerde, P. 125

Mertens, R. 274

Oomes, R. 148-150

Pannekoek, Anton 302
Pelletier, L. 291
Pérez-Gómez, A. 291
Puype, J. P. 137f.

Schouteet, A. 35, 44
Sinisgalli, Rocco 285
Struik, Dirk 335

Van den Heuvel, Charles xiv, 141f., 291, 306, 334
Van Paemel, G. 335
Vandamme, Ludo 40, 49

Woelderink, B. 57

著者名のない書物はステヴィンのもの.

事項索引

ア 行

『アストロラーブ』［*Astrolabium*］（クラウ）95
アゾレス諸島　132
『新しい手引き』（インピン）371, 395
圧力　202, 213, 218-220, 227f.
アムステルダム［Amsterdam］9, 11, 129, 134, 151, 155, 335, 352, 399
アラビア語　19, 26, 32, 70, 93
アラビア人　32, 93, 345
アラビア数字　92f., 263
アリストテレス（の）運動理論　413f., 416
アリストテレス自然学　377f.
アリストテレス主義・アリストテレス主義者　378, 405, 413, 425
アルキメデスの法則　174f., 203, 205f., 209, 225
『アル・ジャブルとアル・ムカーバラの書』［*Hisab al-jabr w'al-muqabala*］（アル・フワーリズミー）233
『アルマゲスト』（プトレマイオス）299, 383
アルミニウス派　74
アントウェルペン［Antwerpen］2, 15, 21, 42, 53, 55, 70, 85, 129, 147, 152, 155, 164, 263, 337, 394

『家造り』［*Huysbou*］xiv, xxiv, 141, 306, 346
『偉大なる術』［*Ars Magna*］（カルダーノ）236
異端審問　4, 21, 48, 298f.
一致理論　309, 320
イデア・イデア論　380-382, 425
『イングランド国民の主要な航海および発見』（ハクルート）374
「引水について」196
インド-アラビア数字　367, 390f.

『ウィタ・ポリティカ―市民的生活―』［*Vita Politica, Het Burgherlick Leven*］xx, 54, 59f., 373
『宇宙論』（デカルト）434
うなり　311, 320

永久運動　174-176, 188, 224, 228-230, 267, 348, 418-420
エコノミスト　147
エジプト　25, 99, 195, 275, 379, 383
エネルギー原理・エネルギー保存則　175, 189, 226, 229, 419, 421
エンジニア　23f., 125, 140
円錐曲線　21
『円錐曲線論』（アポロニオス）348

王侯簿記　152, 163f.
「王侯簿記について」36
黄金則　245
大市　161f.
オクターヴ　309f., 314-318, 320-322, 329f., 332
『オランダ科学史』（ファン・ベルケル）369
オランダ軍　52, 54, 72, 109, 134, 136
オランダ語　409, 426-428
『オランダ語辞典』（*WNT*）［*Woordenboek der Nederlandse Taal*］208, 259, 265
オランダ独立戦争　373, 399f.
音楽　310
音楽理論　307, 309f., 350
音程　309, 319
音程比　309, 314f., 317, 324, 328, 331f.

カ 行

改革派　49, 51
会計検査院　110
解析幾何学　240f.
『解析法序説』［*In Artem Analyticum Isagoge*］（ヴィエト）237, 244
解析力学　354
『解析力学』（ラグランジュ）335
回転放物面体　29, 221f.
開方計算　81
科学革命　13, 23f.
『化学原論』（ラボアジェ）402f.
『学問の進歩』（F. ベーコン）431, 435
貸方　155f.

事 項 索 引　　　　　　　　　　　　　　*455*

『歌唱法の理論』［*De Spiegheling der Singconst*］
　xiv, xxiv, 242, 307-311, 313f., 319, 325, 328f.,
　346, 348, 350
仮想速度の原理　226
仮想変位の原理　226
「滑車の荷重について」　xxii, 196
活版印刷術　14, 85
貨幣体系　102f., 106, 108
ガラス　277, 279-283, 285-287
借方　155f.
『ガリレオ研究』（コイレ）　377, 388
カルヴァン主義　3, 17f., 161
カルダーノ-タルターリアの公式　236
元金　158f.
管財人　167
関数　253
干拓　116-118

機械　114, 174, 177, 179, 182, 186, 192, 194-196,
　200
機械学　22, 27
機械論・機械論哲学　379, 422f.
幾何学　58, 68, 177, 186, 241, 249f., 310, 379f.,
　405, 407
　大工の——　381, 403, 405
『幾何学』［*la Géométrie*］（デカルト）　241
幾何学的数　239f.
『幾何学問題集』［*Problematum Geometricorum*］
　xix, 33, 53, 56, 231, 273, 361
技術者　225
基数　239
記数法　91
逆透視画法問題　285
救貧院　142
協和音　309, 320
ギリシア　19
ギリシア語　15, 18, 20, 26-28, 30, 32f., 65, 70,
　130, 202f., 255, 269, 346
ギリシア数学　382f.
『近代の科学と哲学における認識問題』（カッシーラー）　407
「金の盾」館　40, 49
金融業者　159

「空気の重量について」　196
区間縮小法　387
グダニスク［Gdańsk］　42, 54, 56-58, 70f., 124
『屈折光学』（ケプラー）　348
「屈折について」　xxii

区分撤去　369
『組合企業の計算に関する新発明』［*Nieuwe Inventie van Rekeninghe van Compaignie*］
　xix, 53, 55, 148, 150f., 272, 401
クレーン　192-194
グローニンゲン［Groningen］　2, 298
軍事科学　351
『軍陣設営法』［*Castrametatio, Dat is Legermeting*］　xxii, 54, 64, 109, 135, 361

経験的天体暦　301
経済学者　147
計算術（ロギスティケー）　367, 381f., 393, 403
『計算術の書』（ボルギ）　384
傾心　224
『計測と計算に関する論考』［*Hibbur ha-Meshihab ve-ha-Tishboret*］（アブラハム・バル・ヒーヤ）　233
「計測の実践について」　xxi, 231
経費帳　165
『計量の実践』［*De Weeghdaet*］　xx, 25, 54, 56,
　110, 172, 179, 200, 408f.
『計量法原論』［*De Beghinselen der Weeghconst*］
　xx, 25, 32, 54, 56, 111, 123, 172, 178, 187, 266,
　270, 273, 293, 295, 297, 338f., 347f., 350, 355,
　408, 410, 412, 427
『計量法の付録』［*Anhang van de Weeghconst*］
　196
『計量法の補遺』［*Byvough der Weeghconst*］
　xxii, 179, 183, 195, 213, 222, 355, 412f.
ケプラーの法則　429
減益利子　159
弦楽器　311, 326
現金出納帳　165
「賢者の時代」　171, 271, 340, 362, 404, 428
懸垂線　349f.
建築　13, 24, 109, 125, 140-145, 177, 276, 290f.,
　333, 351
　家屋の——　143, 145
建築家　141
建築学　141
元の単位　87
鍵盤楽器　315, 321, 325-328, 330
現物実験　414-416
『原論』（エウクレイデス）　26, 33, 238, 337, 371,
　384, 390, 403, 410, 412

航海術　109, 129-131, 177, 201, 221, 260, 266,
　340, 373

『航海術において見出されるいくつかの誤謬とその訂正』[Certaine errors in navigation detected and corrected] (ライト) 341,374
『航海の鏡』(ヴァーヘナール) 427
『航海の宝』(ヴァーヘナール) 427
抗議書派 74
高次方程式 245,248f.
降重量 180
公準 205
航跡 130
「航跡について」 xxi,130,344
工兵技師学校 62,68,140,363,427
閘門 121
公理 177
『港湾発見法』[De Havenvinding] xxi,54,62,130f.,339f.
国語 256
国務評議会 4,58,72,78,84
『語源論』(イシドルス) 384
コス式記号 242f.
固体 207,210f.
古代ギリシア 271
古代ギリシア人 25f.,33,135,230,232,252,271,307,313,321f.,340
古代ギリシア・ローマ 19,20,24,271,363
『国家』(プラトン) 379-382
五度 309,314-321,325f.,330
ゴマルス派 74
根の開方 88,98,264

サ 行

サイクロイド 350
才人たち 75
棹秤 189
サン・アヴェルタン [Saint-Avertin] 15
三角関数表 86,337
三次方程式 234-236,251
算術 68,86,148,163,165,259-261,263-266,310
『算術』[Arithmetica] (ビュルギ) 95
『算術』[Arithmetique, L'] 54,56,83,94,157,231,237,239,242,249,251,254,273,294,384,386,401,403f.,408
『算術』(ニコマコス) 390
『算術・幾何・比および比例大全』(『算術大全』)[Summa de arithmetica, geometrica, proportioni et proportionalita] (パチョーリ) 163,234,373,392
算術教師 392,396
『算術三書』(トランシャン) 157f.,162

『算術実技』[Practica Arithmeticae] (カルダーノ) 235
『算術書第一巻』[First booke of arithmeticke] (マスターソン) 95
『算術入門』(ボエティウス) 390
『算術のすばらしい技法についての驚くべき書物』(ファン・デン・フッケ) 395
算数教室 391f.
三数法 245,392,402
三度 312,314,316-321,327

「視覚論について」 xxii,275,278,343
思考実験 182,187f.,210,228-230,306,356,414-417
自国語 256,271,273f.
子午線 100,131f.,341,344
『磁石および磁性体についておよび大きな磁石である地球についての新しい自然学』(『磁石論』) [De Magnete magneticisque corporibus et de magno magnete Tellure physiologia nova] (ギルバート) 302,339f.
『指数・対数のはなし』(森) 387
指数表記 242
指数法則 243
姿勢重量 182,187,189,416-418
『自然哲学の数学的諸原理』 → 『プリンキピア』
「自然の国」と「恩寵の国」 389
実効重量 → 姿勢重量
実数 388
実践 25,173,189,196,203,218,230,339,362
『実用数学のやさしい方法』(ゲンマ・フリシウス) 395
締め切り 122
『シモン・ステヴィン主要著作集』[The Principal Works of Simon Stevin] xiii,192,246,302,325,376,421
『シモン・ステヴィン―1600年前後のネーデルラントにおける科学―』(デイクステルホイス) 376
尺度 99
斜面 178,182f.,186f.,189-201,347,355
――の問題 417,420
斜揚重量 186
自由学芸 17,20,310,390
宗教改革 3,257
宗教和議 49
重心 179,223f.
絨毯計測士 85

事項索引　　　　　　　　　　　457

17世紀の科学革命　369f., 377
十二年休戦条約　11, 74
十二年の休戦　54
『十分の一法』[De Thiende]　xx, 53, 56, 81, 88,
　　94, 96, 98, 161, 231, 265, 273, 323, 334, 384f.,
　　387, 391, 401f.
　　──の「付録」　82, 86, 88, 99
十六世紀文化革命　370
主計官　167f.
主計長　11
数珠　80, 175, 182, 187-189, 228-230, 306, 349,
　　354, 356f.
10進位取り表記　367, 390
十進小数　81f., 84, 86f., 89, 93-96, 98, 161, 253,
　　385-388, 402
十進数体系　93
十進法　81, 92, 103, 254
商館　154
『定規とコンパスによる測定術教則』(デューラー)　403
商業数学　390-393, 395f., 401-403
商業簿記　149, 153, 163, 166f.
小数　383, 386f.
商人　50, 71, 84f., 88, 147, 153, 163, 263
『植物誌』(フックス)　371
諸原理の考察　173
仕訳帳　152, 165-168
『新科学論議』[Discorsi e dimonstrazioni matematiche intorno à due nuove scienze]（ガリレオ）　198, 339, 345, 378, 424
真実在　──→ イデア
『人体の構造について』(ヴェサリウス)　371
『新天文学』[Astronomia Nova]（ケプラー）　339, 372
人文主義　17-21, 24, 65, 256
シンメトリア　144

水圧機　213, 216-218, 227
水洞　223
水門　119-128, 201, 213, 216
『水門による要塞建築の新方式』[Nieuwe Maniere van Sterctebou, door Spilsluysen]　xxii
水理学　165
水理事業　120, 125
数概念　232
『数学覚書』[Wisconstige Gedachtenissen]　xxi, 33, 54, 64, 78, 86, 130, 141, 149, 152-154, 179, 183, 231, 278, 293, 298, 307, 323, 342f., 347f., 355, 363, 372, 401, 404, 422, 428

『数学史』(ブルバキ)　388
数学的自然科学　384, 407, 413, 425, 435
『数学・哲学研究』[Wisconstich Filosofisch Bedryf]　xxiv, 79, 114, 119, 123, 125, 127
『数の科学における三部分』(シュケー)　392
数論(アリトゥメトケー)　381f., 393
スキオノハシ　137f.
スペイン　15, 19, 21, 74, 90, 345

聖画像破壊暴動　4, 5, 48f., 53
静水圧　174, 228
静水力学　21f., 25, 56, 116, 172, 201, 260, 342, 351, 355
　　──の逆理　175, 203, 207f., 210, 213, 215-217, 227f., 274, 297, 351f.
整数　83f., 86-88, 93-96, 98, 148, 160, 314, 382f., 388
『整数および分数で, アルゴリズムの正しい技法に従って計算することを学ぶ方法』(作者不詳)　395
『西方植民論』(ハクルート)　374
『西洋をきずいた書物』[Printing and the mind of man]　334
静力学　21, 25, 56, 116, 172, 260, 335, 338, 342, 355, 375, 408f., 413
『静力学の歴史』(デュエム)　417
「世界誌について」　xxi, 42, 297f.
旋回軸式水門　120-123, 125, 305
『旋回軸式水門による要塞建築の新方式』[Nieuwe Maniere van Sterctebou, door Spilsluysen]　54, 64, 109, 119, 122, 124, 134, 361
洗掘　121
全国議会　iii, 4, 7, 52, 58, 64, 72, 78, 103, 110-112, 130, 140
占星術　259
戦争　24, 72
戦争術　134, 144

ゾイデル海のポルダー化　125
増益利子　159
総管財人　168
創作語彙　265
造幣長官　85, 88, 90
俗語　2
測量士　78, 84f.
「その他の事柄について」　xxii, 36, 141, 149

夕　行

大学　6, 16

事項索引

『大革新』（F. ベーコン）　431
大決済　161f.
『対照簿を用いた領地経営および他の必要事項』〔Verrechting van Domeine mette Contrerolle en ander behouften van dien〕　xxiii
代数　56,149,236,241,249f.,254,288
代数学　172,231,233,236,248,338
──の基本定理　251
『代数学』〔L'Algebra〕（ボンベッリ）　236,242
代数規則　254f.
『対数算術』〔Arithmetica Logarithmica〕（ブリッグズ）　96
代数術　254
『代数における新発見』〔L'invention nouvelle en l'algèbre〕（ジラール）　251
『代数に関する付記』〔Appendice Algebraique〕xxi,54,56,252
対数表　340
代数方程式　56,337
体積測定一般　88f.
体積を測る専門家一般　85
太陽中心説　293,298-301,304f.,340,342,372
大勒馬衛　267
対話　149
多言語対訳聖書　65,69
多項式　232
単位　87f.
単位要素　241
単利　158

地域的な帰属意識　256
『知恵に関する無学者の対話』（ニコラウス・クザーヌス）　393
力の合成法則　174-176,178,184-186,188,229,349f.,354,356
力の平行四辺形　179,182-186,230,350,356
「地球誌について」　xxi,42,130
地球中心説　293,301,304f.
「地球の物質変転について」　xxi,42
築城技師　140
築城術　68,138,140,165
『築城術』〔De Sterctenbouwing〕　xxi,62,134,139,305f.
地動説　299,302,372
中国　14,63
中心投影の基本定理　283
『中世から近代への科学史』（クロンビー）　415
中全音律　312,321,327f.,351
潮汐・潮汐理論・潮汐論　123,227,422-426

「潮汐の理論について」　xxi,227,422,435
調律　320
直揚重量　181,186,269
直列風車システム　117f.
『地理学』（プトレマイオス）　371

通貨の統一　81
「綱の荷重について」　xxii,179,183,195

『ディアレクティケーすなわち論証術』〔Dialectike ofte Bewysconst〕　xx,53,56f.,273
定義　177,205
低地諸国　1,15,17
低地ドイツ語　397
『低地ドイツ語〔オランダ語〕文法についての対話』（スピーヘル）　427
定理　31,254,277f.,281,283
デカルト座標系　242
梃子　177f.,180,190f.,194f.,197,297,354
──の原理　174,178,192f.
──のつり合いの条件　383,410
『哲学原理』（デカルト）　434
デルフト〔Delft〕　81,110
「天界の運行について」　xxi,293f.,297f.,301,303-305,343,372
『天球の回転について』（コペルニクス）　298f.,339,348,371
天体暦　301
天動説　299,302
天秤　176,180,189,216
天文学・天文術　55,88,259f.,266,293f.,297,299f.,310
天文学者　85,303
『天文対話』（ガリレオ）　378,405

「独逸語の尊厳についての声明」　270
独逸の言葉　90,261,269,313
透視画法　275,278,295
──の逆問題　277
「透視画法について」　xxii,275,277,293,295
等姿勢重量　183,186,269,297
同次性の原理　237,242
「頭頂部が重い浮体について」　xxii,196f.,222f.
動力学　196-199,226
都市計画　141-143,373,375
綴じ本　26
土地の言葉　2
特許　109-113,117,305
鶏盗人　190-192,297

事項索引   459

度量衡　82,88,99
——の統一　81

ナ 行

ナッサウ［Nassau］　4,75,84,119,168-170
ニーウポールトの戦い　54,72
二次方程式　233,249
『日記』［Jounal tenu par Isaac Beeckman］（ベークマン）　xxiv,114,141,198,288,335,342,345f.
日記帳　165
『ニュー・アトランティス』（F. ベーコン）　432
認識（エピステーメ）　380

ネーデルラント諸国　18,34,81,102,109,129,161
ネーデルラント連邦共和国　397
年次決算　167

『ノヴム・オルガヌム』（F. ベーコン）　431

ハ 行

廃位布告　398
排水風車　54,56,110f.,114f.,118,173f.,196,198,201,213,221,374,401,409
吐き出し水門　121
パスカルの法則　228,353
八十年戦争　5,140
パピルス　25f.
バビロニア　25,379,383,385
バビロニア人　233
はみ（銜）　197
パラダイム　299
ハリスティオン　196
パリンプセスト　30-32,364
『パルメニデス』（プラトン）　382
「馬勒の圧力について」　xxii,197,198
反抗議書派　74
万能人　219

東インド会社　12,54,130,356
光の屈折法則　342f.
ビザンチン帝国　26f.,275
『百科全書』　381
ピュタゴラスのコンマ　314
『ピレボス』（プラトン）　380f.

『ファインマン講義』（ファインマン）　335f.

『風車について』［Vande Molens］（de Haan）　xxiv,114
複式簿記　155,167,373,395,401
複素数　236
複利　159
浮心　223
『普遍の調和』［Harmonie Universelle］（メルセンヌ）　310,315,328,331,350
プラトン主義・プラトン主義者　377f.,388,390,421
フランス革命　74,91,100
プランタン印刷所　14-16,341
フランドル［Vlaanderen］　2,21,41,102,128,164
『ブルジョア―近代経済人の精神史―』（ゾンバルト）　396
振り子　350
振り子時計　350
浮力　196,226
『プリンキピア』（ニュートン）　341,407-417,433
ブルッヘ（ブルージュ）［Brugge（Bruges）］　2,34-36,55,128,148,333f.,357,394
『ブルッヘのシモン・ステヴィンの算術』［L'Arithmetique de SIMON STEVIN de Bruges］　xx
分数　86f.

平均律　309,312,314,317f.,321,326-330,332,350

ホイヘンスの原理　228,351
方位四分儀　133f.
方程式 $f(x)=0$　232,253
方程式論　384,387,392,401-403
帆かけ車　54,62,64,109,335,363,373,375
簿記　166,260,266
簿記方　84
ホラント［Holland］　102f.
ホラント州議会　6,66,72,110,112f.,134
ボルダー　111,117-119
本能的認識　419f.

マ 行

巻き上げ機　186,189,192-195
『マテリアエ・ポリティカエ―民政関連諸論題―』［Materiae Politicae, Burgherlicke Stoffen］　xxiii,42,59,79,109,134,137,141-143,

145, 148, 169, 307f.
万力　110, 194f., 347

『水の重量についての原論』[De Beghinselen des Waterwichts]　xx, 25, 54, 56, 123, 172, 201, 203, 219, 266, 293, 295, 297, 339, 347, 351f., 408, 419, 427
『水の重量についての実践の初歩』[Anvang der Waterwichtdaet]　25, 201, 213, 408
ミュンスター条約　397
民衆の言葉　258
ミーントーン　——→　中全音律

無限小解析　221
無偏角線　132f.
無理数　383-385, 387

命題　205
メタセンター　224
面容器　207

元帳　152, 165f., 168
モノコード　321f., 330f.

ヤ　行

ユトレヒト同盟　397
ユグノー　157

要塞建築　62, 141, 373f.
『要塞建築の新方式』　123
要塞体系　62
要請　177, 205
四次方程式　236, 252

ラ　行

ライデン[Leiden]　6, 16, 51, 81
ライデン大学　16, 18, 34, 52f., 55, 58, 65-67, 79, 400, 427
落下運動　198, 200, 345
落下法則　198, 345
ラテン語　2, 18, 20, 26-28, 32f., 42, 65, 68, 171, 175, 203, 231, 233, 236, 255-257, 260, 266, 269, 271, 274, 291, 337f., 340, 342, 344, 346

力学　23, 56, 165, 174, 186, 189, 199, 202, 225, 345, 351, 354, 355
『力学史』(ルネ・デュガス)　417
『力学の批判的発展史』(マッハ)　335, 355, 367, 417
利子　158-160
利子計算　147f., 158
利子表　148f., 161
『利子表』[Tafelen van Interest]　xix, 53, 55, 148, 157, 160, 231, 272, 401
流体力学・流体静力学　209, 227, 408, 419, 421
リューフェン(ルーヴァン)[Leuven]　17, 56, 67, 258, 298, 337
リューフェン大学　17, 337
「領地と特別財政における王侯簿記について」　149
稜堡　139, 143, 305
理論　25, 116, 173, 189, 196, 203, 230, 339, 362
「理論と実践の結びつきについて」　404, 406

ルター派　161
ルネサンス　13, 17-21, 23-25, 28f., 171, 225, 256, 271, 337

連合諸州　9f., 40, 52, 78, 84
レンズ　276, 343, 351

60進小数　379, 383-385
六十進法　84
ローマ数字　92f., 263

ワ　行

ワイン計量官　84f., 88

欧　文

baroulkos　195
Rechthefwicht　338
scheefwicht　348

監修者略歴

山本義隆（やまもとよしたか）

1941年　大阪府に生まれる
1971年　東京大学大学院理学系研究科
　　　　博士課程中退
現　在　駿台予備学校講師

訳者略歴

中澤　聡（なかざわさとし）

1976年　東京都に生まれる
2002年　東京大学大学院総合文化研究科
　　　　修士課程修了
現　在　東京大学大学院総合文化研究科
　　　　博士課程

科学史ライブラリー
科学革命の先駆者　シモン・ステヴィン
　―不思議にして不思議にあらず―　　　　定価はカバーに表示

2009年10月15日　初版第1刷

監修者　山　本　義　隆
訳　者　中　澤　　　聡
発行者　朝　倉　邦　造
発行所　株式会社　朝　倉　書　店
　　　　東京都新宿区新小川町 6-29
　　　　郵便番号　162-8707
　　　　電　話　03(3260)0141
　　　　FAX　03(3260)0180
　　　　http://www.asakura.co.jp

〈検印省略〉

Ⓒ 2009〈無断複写・転載を禁ず〉　　　真興社・渡辺製本

ISBN 978-4-254-10642-8　C 3340　　　Printed in Japan

くらしき作陽大 馬淵久夫・前お茶の水大 冨田 功・
前名大 古川路明・前防衛大 菅野 等訳
科学史ライブラリー
周期表 成り立ちと思索
10644-2 C3340　　　　　　A 5 判 352頁 本体5400円

懇切丁寧な歴史の解説書。〔内容〕周期系／元素間の量的関係と周期表の起源／周期系の発見者たち／メンデレーエフ／元素の予言と配置／原子核と周期表／電子と化学的周期性／周期系の電子論的解釈／量子力学と周期表／天体物理，原子核合成

K.ファン・ベルケル著　神戸大 塚原東吾訳
科学史ライブラリー
オランダ科学史
10573-5 C3340　　　　　　A 5 判 244頁 本体5500円

「ヨーロッパの華」オランダ科学を通覧する広い視野からの科学史。訳者による日蘭交流史を付す。〔内容〕「才人」たち／大学の学者と貴族／啓蒙に仕する科学／再組織化と復興／専門職業化と規模拡大／戦間期の科学／植民地の科学／戦後の科学他

東工大 中島秀人著
科学史ライブラリー
ロバート・フック
10572-8 C3340　　　　　　A 5 判 308頁 本体5500円

ニュートンのライバルとして活躍し，バネに関するフックの法則や植物細胞の発見者として名高いフックの科学史的評伝。〔内容〕生い立ち／グレシャム・カレッジ／顕微鏡図説／力学／光学／天文学／望遠鏡／精密観測／ニュートンとの論争／他

愛知大 沓掛俊夫編訳
科学史ライブラリー
アルベルトゥス・マグヌス 鉱物論
10582-7 C3340　　　　　　A 5 判 200頁 本体3600円

ギリシア・ローマ・アラビア科学を集大成した中世最大の学者の主著を原典から翻訳し詳細に注解〔内容〕鉱物：一般論・偶有性／宝石：石の効力・宝石の効能・石の印像／金属一般論：質量・偶有性／金属各論／石と金属の中間のような鉱物／他

前オタゴ大 河内洋佑訳
科学史ライブラリー
ライエル 地質学原理（上）
10587-2 C3340　　　　　　A 5 判 232頁 本体4900円

現代地質学を確立した「地質学の父」とされるチャールズ・ライエルの古典的名著を，地質学史研究の第一人者ジェームズ・シコードが縮約して，詳しい解説を付したもの。地質学・地球科学・生物学（進化）・科学史に関心のある人々の必読書。

前オタゴ大 河内洋佑訳
科学史ライブラリー
ライエル 地質学原理（下）
10588-9 C3340　　　　　　A 5 判 248頁 本体4900円

自然界に一定して働いている作用によって世界がかたち作られている，というライエルの見方は，ダーウィンの進化論をはじめ自然科学諸分野に大きな影響を及ぼした。本書は，日本の読者に読みやすくわかりやすい形で，古典的名著をまとめた

R.M.ウッド著　法大 谷本 勉訳
科学史ライブラリー
地球の科学史
—地質学と地球科学の戦い—
10574-2 C3340　　　　　　A 5 判 288頁 本体4800円

大陸移動説とプレートテクトニクスを中心に，地球に関するアイデアの変遷史を，生き生きと描く〔内容〕新石器時代／巨大なリンゴ／大陸移動説論争／破綻／可動説vs静止説／海洋の征服／プレートテクトニクス／地球の年齢／地質学の没落／他

P.J.ボウラー著
三重大 小川眞里子・中部大 財部香枝他訳
科学史ライブラリー
環境科学の歴史 I
10575-9 C3340　　　　　　A 5 判 256頁 本体4800円

地理学・地質学から生態学・進化論にいたるまで自然的・生物的環境を扱うすべての学問を総合的・包括的な「環境科学」の初の本格的通史。〔内容〕認識の問題／古代と中世の時代／ルネサンスと革命／地球の理論／自然と啓蒙／英雄時代他

P.J.ボウラー著
三重大 小川眞里子・阪大 森脇靖子他訳
科学史ライブラリー
環境科学の歴史 II
10576-6 C3340　　　　　　A 5 判 256頁 本体4800円

II巻ではダーウィンによる進化論革命，生態学の誕生と発展，プレートテクトニクスによる地球科学革命，さらに現代の環境危機・環境主義まで幅広く解説。〔内容〕進化の時代／地球科学／ダーウィニズムの勝利／生態学と環境主義／文献解題他

前同志社大 島尾永康著
科学史ライブラリー
人物化学史
—パラケルススからポーリングまで—
10577-3 C3340　　　　　　A 5 判 240頁 本体4300円

近代化学の成立から現代までを，個々の化学者の業績とその生涯に焦点を当てて解説。図版多数。〔内容〕化学史概説／パラケルスス／ラヴォワジエ／デーヴィ／桜井錠二／下村脩太郎／キュリー／鈴木梅太郎／ハーンとマイトナー／ポーリング他

上記価格（税別）は 2009 年 9 月現在